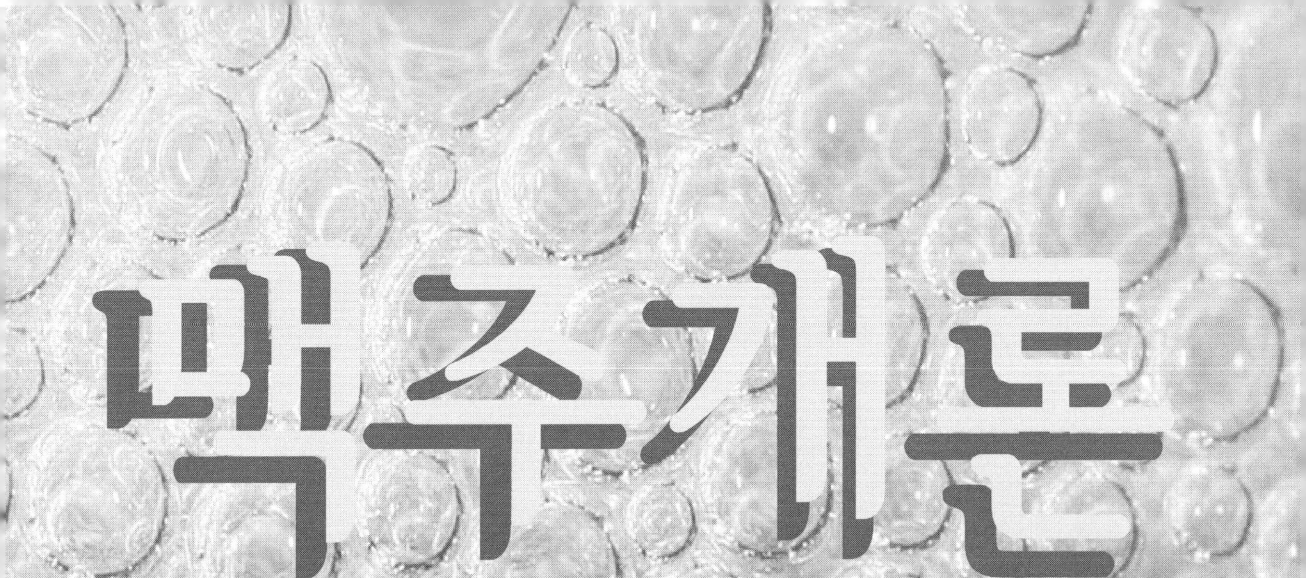

맥주개론

정철 · 박천석 · 여수환 · 조호철 · 노봉수

Brewing Science

Jinhan M&B

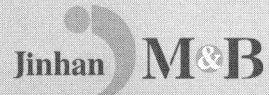

이 책은 농림축산식품부의 우리술 산업육성지원사업으로 제작되었습니다.

머리말

맥주는 저알코올 음료로서 전 세계인이 가장 즐겨 마시는 술이다. 세계의 맥주 소비량은 지난 수십 년간 지속적으로 성장하고 있으며, 세계 각국은 자국의 농산물 소비와 농가소득 증대 및 일자리 창출을 위해 맥주산업을 주요 전략산업으로 육성하고 있다.

국내에서도 그간 주세법 일부 개정을 통해 맥주 제조시설을 완화하고 소규모 맥주산업 활성화를 위한 정부차원의 정책적인 뒷받침이 이루어지고 있다.

한편, 국내 맥주 시장은 FTA에 따라 수입맥주가 증가 추세이고, 소비자는 고품질의 맥주 맛과 다양한 맥주 브랜드를 요구하고 있는 실정이다. 이에 따라 맥주 제조사 역시 신제품 개발을 통한 다양화를 추구하고 품질경쟁력 강화를 위해 연구개발에 노력을 하고 있다.

선진국에서는 이미 이러한 맥주 소비 추세에 대응하며 제조사의 기술개발을 위한 맥주 양조학 전문서적을 보급하여 고품질의 다양한 맥주 제조에 기여하여 왔다.

이 책은 국내에서는 맥주 관련 전문서적이 없는 실정을 감안하여 이론과 실무를 겸비한 맥주 서적 집필에 주안점을 두고 집필하였다. 그리고 맥주 산업계뿐만 아니라 전통주 및 타 주종에서도 맥주의 양조 이론과 기술이 접목·응용되도록 원료, 가공기술 및 품질관리까지 광범위하게 다루었다.

또한, 국내 보리 소비 촉진과 지역 맥주 특화를 위해 소규모 맥주 제조 기술 및 공정에 대해서도 함께 수록하였다.

이 책에 맥주 양조에 대한 모든 부분을 다 수록하지 못한 아쉬운 점이 있으나 맥주 관련 전문서적이 최초 발간됨으로써 국내 양조 기술 발전과 양조 인력 양성에 미약하나마 초석을 놓았다는데 자부심을 갖는 바이다.

끝으로 이 책을 발간하도록 아낌없이 지원해주신 농림축산식품부와 한국농수산식품유통공사, 그리고 편집 업무에 힘써주신 광문각출판사 박정태 회장님과 임직원들의 노고에 깊이 감사를 드린다.

2015년 10월, 저자 일동

차례

머리말 ··· 3

I. 맥주 제조의 변천사 ·· 15

01 맥주의 기원 ··· 17
1. 맥주의 어원 / 17 • 2. 맥주의 탄생 / 18 • 3. 그리스·로마시대의 맥주 / 22 • 4. 고대 게르만족의 맥주 / 22 • 5. 신의 은총을 받은 맥주 / 23 • 6. 독일 맥주의 눈부신 발전 / 25 • 7. 고대 영국의 에일 / 27 • 8. 하면발효 맥주의 탄생 / 29 • 9. 필젠 비어의 신화 / 31 • 10. 냉동기의 발명 / 31 • 11. 효모의 순수배양과 저온살균법 / 32 • 12. 라거의 전성시대 / 33

02 한국의 맥주 제조 역사 ·· 34

03 국내·외 맥주 산업 현황 ·· 38

II. 맥아 제조 공정 ·· 41

01 맥주보리 ·· 44
1. 보리의 품종 / 46 • 2. 보리의 재배 현황 / 47 • 3. 보리의 형태 / 49 • 4. 보리의 화학적 구성 성분 / 51

02 보리의 제맥 준비 ··· 59
   1. 보리의 평가 / 59 • 2. 보리의 정선 및 저장 / 63

03 맥아 제조의 실무 ··· 66
   1. 보리 침지 / 66 • 2. 보리 발아 / 70 • 3. 발아공법 / 81

04 맥아의 배조 ·· 89
   1. 배조 과정 중의 변화 / 89 • 2. 배조의 실무 / 94 • 3. 배조의 관리 / 97

05 배조 후의 맥아 관리 ·· 99
   1. 맥아의 냉각 / 99 • 2. 맥아의 제근 및 정선 / 99 • 3. 맥아의 저장 / 100 • 4. 맥아의 정선 / 100

06 제맥 과정 중 성분 손실 ·· 101

07 맥아의 평가 ··· 102
   1. 외관 평가 / 102 • 2. 기계적 검사 / 102 • 3. 화학적 방법 / 104

08 특수 맥아 ·· 108
   1. 담색 맥아 / 108 • 2. 농색 맥아 / 110 • 3. 비엔나 맥아 / 110 • 4. 브루 맥아 또는 멜라노이딘 맥아 / 110 • 5. 캐러멜 맥아 / 111 • 6. 산성 맥아 / 112 • 7. 단발아 맥아와 싹 맥아 / 113 • 8. 훈연 맥아 / 113 • 9. 디아스타아제 맥아 / 113 • 10. 구운 맥아 / 114 • 11. 밀맥아 / 114 • 12. 맥아 엑기스 / 116 • 13. 다른 곡류로부터 제조한 맥아 / 116

III. 맥즙 제조공정 121

01 원료 123
1. 맥아 / 123 • 2. 맥아 대체 원료 / 123 • 3. 양조용수 / 124 • 4. 홉 / 127

02 맥아 분쇄 145
1. 분쇄 방법 / 146 • 2. 분쇄물의 조성 성분 및 특징 / 148

03 담금 149
1. 담금 이론 / 149 • 2. 담금 실무 / 159 • 3. 담금 공법 / 161

04 맥즙 여과 166
1. 맥즙 여과조 / 167 • 2. 맥즙 여과 실무 / 168

05 맥즙 자비 175
1. 홉 성분의 용해 및 변화 / 175 • 2. 단백질 침전 / 177 • 3. 수분 증발 / 178 • 4. 맥즙 살균 / 178 • 5. 효소 불활성 / 178 • 6. 맥즙의 아로마 성분과 색상 변화 / 178 • 7. 맥즙의 산성화 / 181 • 8. 불쾌한 아로마 성분의 휘발 / 181 • 9. 맥즙 자비조 / 182 • 10. 맥즙 자비 실무 / 187

06 맥즙 수율 200

07 맥즙 제조 장비 구성 201

08 월풀조 202

09 맥즙 냉각 및 청징 ·· 205
　　1. 맥즙 냉각 / 205 • 2. 산소 공급 / 206

IV. 발효공정 ·· **207**

01 효모의 개요 ·· 211
　　1. 효모 형태학 / 215 • 2. 효모의 구성 성분 / 217 • 3. 효모 효소 / 217 • 4. 효모 증식과 생리 / 218 • 5. 효모 응집 / 222

02 효모대사 ·· 223
　　1. 효모의 탄수화물대사 / 223 • 2. 효모의 단백질대사 / 227 • 3. 효모의 지방대사 / 232 • 4. 효모의 미네랄 및 비타민대사 / 234

03 발효 부산물 ·· 236
　　1. 고급 알코올 / 236 • 2. 에스터 / 238 • 3. 알데히드 / 240 • 4. 유기산 / 240 • 5. 저분자 유리 지방산 / 241 • 6. 디아세틸 / 241 • 7. 황화합물 / 243

04 하면효모의 실무 ·· 246
　　1. 효모 선발 / 246 • 2. 효모 배양 / 246 • 3. 효모 활성도 / 249

05 하면발효의 세부 공정 ·· 251
　　1. 효모 투입 / 251 • 2. 발효과정 / 252 • 3. 발효도 / 254 • 4. 발효 중의 성분 변화 / 255 • 5. 맥주 이송 / 256

06 맥주 숙성·저장 ··· 257
1. 원통원뿔형 발효·숙성조 / 257

07 발효·숙성의 실무 ··· 264
1. 저온 발효-저온 숙성 / 265 • 2. 저온 발효-고온 숙성 / 266 • 3. 고온 발효-저온 숙성 / 266 • 4. 효모 회수 및 세척 / 267 • 5. 효모 퇴화 / 268 • 6. 효모로부터 맥주 회수공정 / 269 • 7. CO_2 회수 / 269

V. 맥주 여과 ··· 271

01 여과 이론 ··· 273

02 여과 보조제 ··· 276

03 여과공정 ··· 277
1. 필터 프레스 여과기 / 277 • 2. 파우더 필터 / 278 • 3. 멤브레인 여과 / 283 • 4. 탄산화 / 285

VI. 맥주 주입공정 ··· 287

01 케그 주입실 ··· 289
1. 케그 / 289 • 2. 케그 세척 / 289 • 3. 케그 주입 / 290 • 4. 금속 재질의 원통형 케그의 세척과 주입 실무 / 291

02 병 및 캔 주입실 ·· 292
    1. 용기 / 292 • 2. 병 세척 / 294 • 3. 병 주입 / 296 • 4. 주입기의 세척과 살균 / 300 • 5. 병의 타전 / 300 • 6. 주입 후 산소의 용해 / 301 • 7. PET 주입 / 302

03 맥주의 저온 살균과 멸균 주입 ·· 306
    1. 멸균 주입 / 306 • 2. 맥주의 저온 살균 / 308 • 3. 맥주 손실 / 312

VII. 세척 및 소독 ·· 313

01 장비 재질과 세척 ·· 315

02 세척제 ·· 316

03 소독제 ·· 317

04 세척 및 소독 실무 ·· 318

VIII. 맥주 품질관리 및 스페셜 맥주 ·· 321

01 맥주 조성 성분 ·· 323
    1. 맥주의 엑기스 / 323 • 2. 휘발성 구성 성분 / 325

02 맥주의 분류 ··· 326

03 맥주의 특성 ··· 327
    1. 일반적인 특성 / 327 ● 2. 맥주의 산화환원 전위 / 327 ● 3. 맥주의 색
    상 / 328

04 맥주의 맛 ·· 329
    1. 맛의 특징 / 329 ● 2. 맥주 맛에 미치는 요인 / 330 ● 3. 맥주의 이미·이
    취 / 332 ● 4. 맥주의 바디감 / 334

05 맥주의 거품 ··· 335
    1. 거품 이론 / 336 ● 2. 맥주 거품에 미치는 기술적 요소 / 337

06 맥주의 물리 화학적 안정성 ··· 340
    1. 콜로이드 혼탁의 구성 성분 / 341 ● 2. 콜로이드 혼탁의 형성 / 342 ● 3. 콜
    로이드 안정성을 개선하는 기술적인 방법 / 342 ● 4. 맥주의 안정화 / 343 ● 5.
    맥주의 풍미 안정성 / 349 ● 6. 화학적 혼탁 / 359 ● 7. 맥주의 거싱 / 360

07 맥주의 여과도 ·· 362
    1. 맥주의 여과성이 나쁜 원인 / 362 ● 2. 개선 방법 / 366

08 맥주의 생물학적 안정성 ·· 367
    1. 오염 원인 / 367 ● 2. 양조용 효모와 야생 효모의 생리학적 특징 / 369 ● 3.
    맥주 오염 세균 / 375

09 맥주의 생리학적인 작용 ·· 384

10 스페셜 맥주 ··· 387
   1. 다이어트 맥주 / 387 • 2. 영양 맥주 / 389 • 3. 무알코올 맥주 / 390 • 4. 알코올 농도 저감화 공법 / 390 • 5. 물리적인 알코올 제거 방법 / 392 • 6. 라이트 맥주 / 394

IX. 상면발효 ·· 397

01 개요 ··· 399

02 상면효모의 형태학적, 생리학적 특징 ································· 400

03 상면발효 공정 ··· 403
   1. 상면발효 시 맥즙의 변화 / 404 • 2. 숙성 및 저장 / 406 • 3. 여과와 주입 / 408

04 상면발효 맥주의 종류와 제조방법 ··· 409
   1. 알트비어 / 409 • 2. 퀠쉬 / 410 • 3. 효모 미함유 밀맥주 / 412 • 4. 효모 함유 밀맥주 / 413 • 5. 베를린 바이스비어 / 418 • 6. 맥아 맥주 / 419

X. 고농도 맥즙 제조공법 ·· 421

01 고농도 맥즙의 제조 ··· 424

02 고농도 맥즙의 발효 및 희석 ··· 425

03 맥주의 특성 ··· 427

XI. 맥주 관능평가 실무 ·· **429**

01 관능평가의 척도 ·· 433

02 전문 패널 테이스팅 훈련 ·· 436

03 맥주의 이미·이취 판별법 ·· 439

XII. 맥주 품질 이상과 대처법 ··· **443**

XIII. 맥주 제조 공정도(예시) ·· **451**

XIV. 소규모 맥주 제조 ·· **457**

01 소규모 맥주의 정의 ·· 460

02 소규모 제조 맥주의 특징 ·· 462

부   록 ·· 467
1. 소규모 맥주 제조용 필스너 맥주(pilsner beer) 레시피(예시) / 469 ● 2. 소규모 맥주 제조용 바이젠 맥주(wheat beer) 레시피(예시) / 471 ● 3. 기타 상면발효 맥주 레시피(예시) / 473 ● 4. 기타 하면발효 맥주 레시피(예시) / 481 ● 참고 문헌 / 484

색인 ·· 493

I. 맥주 제조의 변천사

01 맥주의 기원

맥주는 동·서양을 불문하고 세계에서 가장 많이 양조되고 음용되는 알코올 음료이다. 수천 년간 아랍과 일부 유럽 민족의 토속주이던 맥주는 세계 각국으로 전파된 유럽 문화와 함께 널리 알려지게 되었다.

맥주는 곡류를 발아시켜 효소를 생성하는 제맥 공정과 생성된 효소가 전분을 분해시켜 맥즙을 만드는 맥즙 제조 공정 및 당질을 발효시켜 알코올과 탄산가스를 생성하는 발효 공정 등을 통하여 만들어지는 술이다. 수천 년 전 고대인들이 어떻게 이러한 복잡한 과정을 통해 만들어지는 곡주를 빚었고, 마셔왔는지 그 뿌리를 찾아 거슬러 올라가는 일은 매우 흥미로울 뿐만 아니라 맥주를 이해하는 첫걸음이 될 것이다.

1. 맥주의 어원

맥주는 민족과 국가에 따라 50여 개의 다른 이름으로 불린다. 대표적인 용어로는 비어(beer), 비라(birra), 세르베사(cerveza), 피보(pivo), 알루스(alus), 에일(ale), 맥주(麥酒) 등이 있다.

beer(비어)는 보리나 곡식을 의미하는 고대 게르만 민족의 어휘인 bere(베레)에서 유래되었다는 설이 지배적이다. 게르만족에서 유래된 이 단어는 슬라브족으로 전파되었으며, 프랑스어인 biere(비에르), 이탈리아어 birra(비르라), 독일어 bier(비어) 등이 모두 같은 어원으로부터 유래되었으며, 오늘날 가장 많이 불리는 맥주의 명칭으로 자리 잡았다. 라틴어의 '마시다'라는 뜻의 bibere(비베레)에서 맥주의 어원이 유래했다는 설도 있다.

맥주를 세르베사(cerveza)라고 부르는 국가가 많다. 이는 로마 신화에 등장하는 곡물의 여신으로 시칠리아 섬의 수호신이기도 한 케레스(Ceres)의 이름을 맥주라는 술에 붙인 것이다. 세레비지에(cervisiae)나 세레비사스(cervisas)는 갈리아어나 라틴어에서 유래되어 스페인에서는 세르베사(cervesa), 포르투갈은 세르베자(cereja), 멕시코, 칠레에서는 세르베자(cerveza)로 불렸다. 상면발효 맥주 효모와 제빵용 효모 등의 학명인 *Saccharomyces cerevisiae*(사카로마이세스 세르비지에)도 맥주를 부르는 cerevisiae(세르비지에)에서 기인된 어원임을 알 수 있다.

러시아와 체코 등에서는 맥주를 피보(pivo)라고 한다. 이는 보리를 뜻하는 고어로 추정되는데 덴마크에서는 올레트(ollet), 핀란드에서는 오루트(olut), 리투아니아에서는 알루스(alus)라 부르는 명칭 역시 그 옛날 곡물로 만든 술을 일컫는 에일(ale)과 연관되어 있다.

2. 맥주의 탄생

1) 인류의 역사보다 더 오래된 술

인류 역사에 최초로 등장한 술은 벌꿀로 만든 미드(mead)나 과실주(wine)로 추측된다. 벌꿀을 채취하여 물을 탄 뒤 방치하면 자연에 존재하는 효모에 의해 자연히 술이 만들어진다. 잘 익은 과일을 으깨어 두면 자연에 존재하는 효모에 의해 알코올 음료가 만들어진다. 그렇다면 맥주의 시초는 어떻게 시작되었을까? 맥주는 인간이 곡물을 이용해 술을 빚는 기술을 터득하면서부터일 것이다. 사실 곡주의 시작과 오늘날 우리가 마시는 맥주의 기원과는 꼭 일치한다고 보기 어렵다. 곡물을 이용한 양조 기술이 진화되면서 시행착오와 발전을 거듭하여 현재의 맥주가 탄생되었을 것이다.

2) 농경생활의 시작과 곡주의 기원

곡물로 빚어지는 맥주는 인류가 정착하여 농경활동을 시작함으로써 가능했을 것이다. 역사적 고증에 따르면 인류 4대 문명의 발상지 중 하나인 메소포타미아 문명에서 맥주가 시작되었다고 한다. 매년 반복되는 티그리스와 유프라테스 강의 범람으로 인간이 살기 척박했던 이곳에 정착한 수메르인은, 관계시설을 확충하고 자연환경을 활용하여 농사를 짓기 시작하였다. 강물이 범람하면서 쌓인 진흙과 모래 퇴적물들은 곡물이 자라기에 풍부한 영양분을 제공하였고, 이 비옥한 땅은 농사를 짓기에 이상적이었다. 수메르인은 문자를 통하여 점토판에 각종 기록물을 남겼다. 이 점토판의 해독으로부터 이 두 강 사이의 기름진 토양에서 곡주가 빚어져 왔다는 사실을 확인할 수 있었다.

3) 메소포타미아 문명과 맥주의 시작

맥주의 기원은 기원전 4,000년경 메소포타미아 문명을 이룩한 수메르 민족이 최초로 만들었다고 보는 것이 정설이다. 수메르족의 고대 유적에서 술과 술잔이 그려져 있는 흙판이 출토되었고, 밀을 수확하여 맥주를 양조하는 과정을 그려 놓은 푸른 기념비(Monument blue)라 불리는 석판이 이를 입증해 준다(그림 1-1). 이 석판에는 술의 여신에게 재물을 바치는 인간의 모습도 묘사되어 있다. 자신을 섬기는 백성에게 술을 하사하는 여신 닌카시의 탄생 신화를 보면 부글부글 끓어 넘치는 물에서 태어났다 기록되어 있고 이 모습은 곡주가 발효되는 모습을 의미한다.

【그림 1-1】 루브르빅물관 소장 석판 푸른 기념비(Monument blue)

수메르인들은 보리와 밀로 빚은 술은 맥주 형태의 술을 시카루(sikaru)라 불렀는데 16~20여 종의 곡물 술을 빚었다는 기록이 남아 있다. 이들은 노동의 대가로 시카루를 매일 지급받았으며 세금을 맥주로 납부하였다. 또한, 신분에 따라 시카루가 차등 지급되었다.

수메르인 왕국의 멸망과 함께 메소포타미아 지역을 지배한 바빌로니아 왕국 역시 수메르인들처럼 일정량의 맥주를 국민에게 배급하였고, 그 양 역시 신분에 따라 차등 지급하였다.

또 다른 문명의 발상지 이집트에서도 맥주가 활발히 빚어졌다. 이집트의 맥주 제조법은 수메르인들의 맥주 제조법과 유사한 것으로 보아 소아시아인의 이동으로 전파되었을 것으로 추정하고 있다. 고대 이집트에서 맥주는 노예, 서민들뿐만 아니라 귀족들도 마셔 계층 구분 없이 음용되던 술이다. 피라미드 건설에 동원된 노동자들에게 임금으로 맥주와 마늘을 배급했다는 기록도 남아 있으며, 당시 맥주는 음료뿐 아니라 풍부한 영양분으로 식사의 역할을 담당하기도 하여 액체의 빵이란 의미로 헤크(Hek)라고 부르기도 하였다.

이집트의 군대는 정복 전쟁을 치를 때 맥주 양조자를 대동하였다. 인더스 강 유역까지 진출했던 이집트 군대는 정복지의 국민에게 양조 기술을 전수하였고, 이 기술은 이집트 군대의 이동 시마다 전파되어 유럽 인근 지역까지 이르게 된다.

4) 고대 맥주의 제조법

수메르인들과 이집트인은 맥주 양조법과 사용한 곡식과 첨가물에 대한 기록을 비교적 상세히 남겨두었는데, 이 기록을 통해 당시의 곡주를 두 가지 형태로 추정할 수 있다. 하나는 고대인들이 즐겨 먹던 곡물 죽이고 다른 하나는 **빵**으로부터 탄생된 곡주이다. 고대인들은 곡물을 **빻**은 후 물을 부어 곡물죽을 만들어 주식으로 먹었는데, 이 곡물 죽을 며칠간 방치하게 되면 미생물이 번식해 저절로 술이 만들어진다. 이 액체를 마시면 기분이 좋아진다는 것을 알게 된 고대인들은 계획적으로 곡물 죽을 발효시켜서 술을 빚었을 것이다.

레이 태너힐(Reay tannahill)의 《식량과 역사, Food in History》에 의하면 신석기 시대에 이미 곡물을 발아시켜 소화를 촉진시키도록 한 뒤에 먹는 방법을 알고 있었다고 기록하였다. 농경생활과 함께 수확한 곡물은 보관시설의 부족으로 홍수나 폭우에 의해 물에 젖는 일이 흔하게 일어났을 것이다. 고대인들은 싹이 난 곡식을 햇볕에 말려 보관했고, 이렇게 보관한 보리는 부드러운 곡물가루로서 만들기 쉬웠을 뿐 아니라 곡물 죽을 만들면 단맛이 나고 소화가 훨씬 쉬었던 것이다. 이것을 말려둔 보리가 맥주의 원료인 맥아(malt)이다. 곡물이 물에 젖으면 각종 효소가 활성화되고 씨앗 속의 전분 분해 효소가 분해하여 포도당과 맥아당 등이 만들어진다. 맥아를 가루 내어 따뜻한 물에 풀어 죽을 만들어 두면 활성화된 효소에 의해 전분이 분해되어 달콤한 맥아즙이 만들어진다. 달콤해진 곡물 죽을 며칠간 방치하게 되면 자연에 존재하는 곰팡이, 효모가 번식하여 알코올 발효를 통해 술이 만들어졌던 것이다.

또 다른 가설은 **빵**으로부터의 맥주의 탄생이다. 기원전 1,500년경의 이집트의 Kenamon 묘(墓)의 벽화에는 항아리를 만들어 세척하고 반죽을 운반하여 여과한 후 **빵**을 잘라 넣고, 맥주를 빚는 곡주 제조법이 상세히 묘사되어 있다.

이집트인들은 발아시킨 보리나 밀을 빻아 이 가루를 반죽한 다음 얼마간 숙성시켰다가 구우면 부드러운 빵을 만들어진다는 획기적인 기술을 개발하기도 하였다. 반죽 덩어리 안에서는 활성화된 효소가 녹말을 분해시켜 포도당과 맥아당을 만들고 반죽하는 사람의 손에 존재하는 야생 효모에 의해 발효가 시작되면 소량의 알코올과 탄산가스가 발생하게 된다. 이때 발생한 탄산가스 기포는 반죽을 부풀어 오르게 하고 구울 때 빈 곳이 생겨 부드러운 빵이 만들어지는 것이다. Kenamon 묘(墓)의 벽화를 보면 이 빵을 물에 불려 며칠 동안 발효시킨 뒤 체로 걸러내면 특별한 색과 맛을 가진 액체 시카루가 만들어졌다(그림 1-2).

【그림 1-2】 기원전 1500년경의 이집트의 Kenamon 묘의 벽화

고대의 맥주와 오늘날의 맥주와의 가장 큰 차이점은 고대의 맥주에는 담금 공정이 없다는 것이다. 맥아를 당화시키기 위해서는 커다란 가마솥이 필요한데 고대 유물에서는 가마솥의 흔적을 발견할 수 없다.

당시 맥주는 맥아를 이용하여 만들긴 하였으나 맥아 효소를 이용한 당화보다는 양조 과정에서 자연 번식한 누룩곰팡이가 만들어낸 효소가 큰 역할을 하였을 것이라 보인다. 이것은 동양의 발효제인 누룩과 같은 것으로 맥아를 이용하기는 하였으나 당화의 기능은 맥아의 효소 외에 양조 과정에서 자연스레 번식한 누룩곰팡이가 만들어낸 효소가 더 큰 역할을 하였던 것으로 여겨진다.

고대인들은 말린 빵을 휴대하고 다니다 물에 적셔 먹었다. 빵을 물에 적셔 두면 누룩곰팡이가 번식하여 효소가 생성되고 이 효소에 의해 당화작용이 일어나 포도당이 만들어진다. 이 당화된 빵에 효모가 작용하여 술이 만들어졌던 것이다. 이러한 제조법을 보면 고대의 맥주는 현대의 맥주라기보다 동양의 술인 탁주에 보다 가까운 형태로 여겨진다.

3. 그리스·로마시대의 맥주

그리스·로마시대로 접어들면서 맥주는 그리 후한 대접을 받지 못했다. 그 당시에는 맥주보다 와인이 더 고급술로 여겨졌다. 그리스의 역사가인 헤로도토스는 "이집트인이 맥주를 마시는 이유는 이집트에는 포도가 없기 때문이다."라고 단언했고, 그리스 작가 아이스킬로스(Aeschylos, BC 525~BC 456)는 이집트 사람들을 두고 "보리로 만든 메트(met, 야생 벌꿀을 채취해서 발효시킨 술)나 마시는 족속"으로 비웃기도 했다. 그리스와 로마인들이 와인을 더 좋아하기는 하였으나 맥주를 마냥 천대했던 것은 아니다. 그리스 사람들은 맥주를 지토스(Zythos)라 부르며 즐겨 마시기도 했으며, 영양 면에서 나름 중시했다. 로마인도 정복 활동과 함께 어쩔 수 없이 맥주를 마셨는데 제국의 변방에 나가 있던 지휘관, 성직자, 병사들은 와인 생산에 적합하지 않은 점령지의 기후 때문에 맥주를 마셨다고 한다.

4. 고대 게르만족의 맥주

유럽 지역에서의 맥주가 빚어지기 시작한 것은 게르만족이 남하하면서 로마와 영토 전쟁을 치르던 시기로 추정된다. 로마의 역사학자 코르넬리우스 타키투스(Cornelius Tacitus, AD 55~120)가 저술한 《게르마니아, Germania》에서 "사람이 마실 것을 보리나 곡식을 끓여서 와인처럼 괴어오르도록 하였는데 와인과 비슷하면서 품위가 떨어지는 술이 있다."라고 곡물 술을 언급했다. 당시 로마에서는 맥주보다 포도주가 등급이 더 높은 술로 생각한 것에 기인했을 것이다.

얼마 전까지만 해도 유럽의 맥주는 고대 메소포타미아와 이집트 문명에서 빚어졌던 것이 로마의 정복 활동과 함께 유럽으로 전파된 것으로 알려져 왔다. 그러나 최근 학계에서는 중부 유럽에서 빚어온 맥주는 고대 문명에서 전파된 양조법과는 전혀 무관하다고 보고 있다. 가장 큰 차이는 발아된 곡물을 당화시키는 데 커다란 가마솥을 사용하였다는 것이다. 이들은 물과 발아된 곡물가루를 넣고 끓이기 위해 500리터에 달하는 거대한 청동 가마솥을 사용하기도 하였다고 한다.

고대의 게르만 문헌에 의하면 발아된 곡물을 솥에 넣고 약한 불에 오래 끓인 뒤 맥주통에 담고 꿀을 첨가하여 발효하여 술을 빚는 법이 소개되어 있다. 가끔은 홉을 첨가하기도 하였다. 곡물을 끓이면 야생 효모가 사멸하여 곡물 죽이 자연 발효되기 어렵다. 이에 벌꿀을 첨가하여 꿀 속에 풍부한 효모를 통하여 맥주를 만들 수 있었던 것이다. 비로소 맥주가 발아된 곡물의 효소에 의해 곡물을 당화되고 효모를 넣어 발효를 시키는 현대와 유사한 발효 방식으로 빚어지기 시작한 것이다.

5. 신의 은총을 받은 맥주

적은 양의 곡물로도 충분한 양의 술 생산이 가능한 맥주는 영양도 풍부하여 식사 대용으로 마시기에 적합하였다. 그래서 맥주를 액체의 빵으로 부르기도 했다. 중세의 민중에게 맥주는 오염된 식수를 대신하여 마시는 음료이며 고통을 잊게 하는 치료제였다. 맥주는 포도 재배가 쉽지 않은 독일, 영국, 덴마크, 네덜란드 등지의 북유럽을 중심으로 토속주로 자리 잡게 된다.

맥주의 품질이 획기적으로 발달하기 시작한 것은 중세 유럽 수도원에서 맥주를 빚기 시작하면서부터이다. 당시 두뇌 집단인 수도원의 수사들에 의하여 양조 기술과 원료의 개량이 이루어져 제조법이 획기적으로 발전하면서 오늘날 맥주의 기초가 확립되었다(그림 1-3).

【그림 1-3】 가장 오래된 맥주 제조 그림 (1403년 Nürnberg의 도서관 소장)

중세시대 수도원은 성당과 함께 수사나 수녀가 종교의 규율 아래 공동생활을 하는 곳으로 건물과 숙박시설, 농지, 목장을 갖춘 완전한 자급자족이 가능한 마을 형태였다. 중세 유럽 수도원에서 맥주를 전문적으로 양조한 최초의 자료는 720년에 세워진 스위스에 위치한 장크트갈렌(Sankt Gallen) 수도원에서 찾아볼 수 있다. 장크트갈렌 수도원에는 820년경 작성된 수도원의 평면도가 보관되어 있다. 평면도에는 세 곳의 양조장을 갖추고 있어 중세 맥주 양조를 이해하는 귀중한 사료이다(그림 1-4).

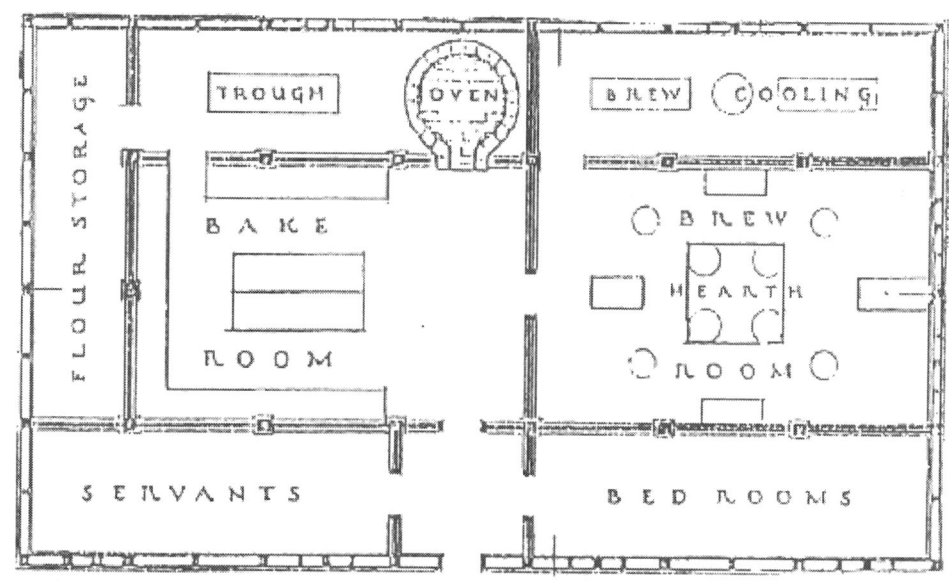

【그림 1-4】 장크트갈렌 수도원 평면도 가운데 제빵 설과 맥주 양조시설 도면

13세기 중반에는 도시가 발전하면서 시민들이 영주와 성직자의 권위에 대항하여 맥주 전매권을 따기에 이르렀다. 이로써 개인 소유의 양조장에서도 직접 빚은 맥주를 판매할 수 있었다. 개인 양조가들이 앞다투어 맥주 상업에 뛰어들면서 경쟁을 감당할 수 없었던 제조자들은 조합 형태인 길드(Guild)를 형성하였고, 이 제도가 정착됨에 따라 수도원 맥주와 더욱더 치열한 경쟁을 벌였다. 길드는 맥주를 많이 팔고 맥주 품질을 향상시키기 위해 많은 노력을 기울였고, 길드가 발달한 북독일의 맥주 품질 향상에 크게 기여하였다.

6. 독일 맥주의 눈부신 발전

북독일의 브레멘, 함부르크, 도르트문트, 쾰른, 아인베크 등의 도시는 12~15세기경에 한자 동맹에 가입하고 활발한 해외 무역을 벌였다. 이들이 빚은 고품질의 맥주는 유력한 수출품이기도 하였다. 포도밭이 많았던 남부 바이에른 지방에서는 주로 와인을 마셨다. 1618년에 발발한 30년 종교 전쟁은 독일의 맥주 역사의 축을 흔들어 놓았다. 독일의 전 지역은 전쟁으로 초토화되었고 그간 번영하였던 북독일의 도시들도 모조리 파괴되었다. 남독일의 포도밭 역시 치명적인 타격을 입으면서 포도주의 양조가 불가능해지자 남독일의 양조 산업은 북독일을 따라 맥주로 바뀌게 된다.

1) 그루트와 홉의 사용

맥주의 중요한 요소 중 하나인 홉은 언제부터 사용되었을까? 홉이 맥주의 중요한 첨가물이라는 기록은 12세기 베네딕트 수도회의 여성 수도사인 힐데가르데 폰 빙겐(Hildegardis von Bingen, 1098~1179)의 저서《약초의 역사, Historia reiherbriae》에 최초로 기술된다. 이 책에는 맥주에 홉을 첨가하였다는 사실과 홉의 효능에 대해서도 자세히 소개되어 있으며 음료에 첨가하면 장기 보관의 효과가 있음을 설명하고 있다.

홉이 맥주의 주요 첨가물로 자리 잡기 이전에는 맥주의 맛과 향을 내고 부패하는 것을 지연시키기 위해 다양한 약초와 향료를 사용했는데 이것을 그루트(grute)라 하였다. 그루트 맥주는 벚꽃가루, 서양톱풀, 로즈메리, 생강, 노간주나무 열매, 캐러웨이, 호두나무 열매, 향숙, 감초, 꽃, 잎, 뿌리 등 다양한 약재를 첨가하여 향이 풍부한 맥주였다. 심지어 독초를 첨가하여 지옥의 독이라는 맥주를 만들기도 하였고 사형수의 손가락까지 맥주에 이용하였다. 이러한 독초가 든 그루트 맥주를 마시고 집단으로 사망하는 일이 종종 발생하자 맥주 제조에 관한 관련 법령으로 통제하기 시작하였다. 홉은 중세 맥주 양조 역사의 혁신이다. 산뜻하고 씁쌀한 풍미의 홉은 빠른 속도로 그루트의 자리를 대신해 나갔으며 미생물에 대한 항균 효과를 가진 홉은 오늘날 맥주 양조에 있어 빠질 수 없는 중요한 요소로 자리 잡았다.

질 좋은 맥주에 대한 열망은 1447년 독일 남부 뮌헨에서 포고령의 반포로 이어졌다. 즉, 맥주는 오로지 보리와 홉 그리고 물만 가지고 빚어야 하며 다른 어떠한 것도 들어가서는 안 되며 그런 짓은 형벌로 다스린다는 포고령은 향후 맥주순수령 반포에도 영향을 미치게 된다.

2) 맥주순수령

중세 독일의 북부 지역에 비해 남부의 맥주 품질 차이는 매우 컸다. 북독일의 아인베크의 맥주의 품질은 유럽 내에서도 평판이 자자했다. 상대적으로 품질이 낮은 맥주를 가진 남부 뮌헨의 귀족들은 북독일의 맥주를 수입해 마시는 일이 잦았다. 수입 비용 절감을 위해 고심하던 바이에른의 귀족들은 맥주의 품질을 높여야 한다는 결론에 도달했고 물을 타거나 질 나쁜 맥주를 제조하는 부패한 맥주 양조자의 부정 행위를 근절하고자 했다.

1516년 독일 남부 바이에른(Bayern) 공화국의 빌헬름 4세(Wilhelm IV)는 맥주순수령을 공포하여 맥주는 보리, 호프, 물만을 사용하여 빚도록 하였으며, 이러한 조치는 독일 맥주산업 발전에 초석을 쌓게 된다. 1516년에 내려진 순수령에는 맥주 원료에 대해 보리, 홉 그리고 물(Gersten, Hopfen und Wasser)이라고 적혀 있다. 이 법 덕분에 남부 독일의 맥주산업은 북쪽의 경쟁자 못지않은 품질 향상을 이룰 수 있게 되었다(그림 1-5).

【그림 1-5】 맥주 순수령 원본

3) 술의 씨앗 효모의 등장

맥주순수령이 반포될 당시에만 하여도 중세의 맥주 양조자들은 효모의 존재를 알지 못했다. 발효통 바닥에 가라앉은 침전물이 효모라는 것을 인식하지 못했지만, 침전물이 남아 있는 상태에 맥즙을 부으면 왕성하게 발효가 이루어진다는 사실은 알고 있었다. 이러한 이유로 맥주순수령이 반포되었을 때 효모는 맥주 첨가물에 포함되지 않았다.

1551년에 공포된 개정판 맥주순수령에는 맥주 원료가 세 개에서 네 개로 늘어난다. 보리, 홉, 물에 덧붙여 효모(Hefe)라는 단어가 나온다. 그리고 이 원문에 하면발효와 상면발효가 언급된다. 이 시기에 이미 바이에른에서는 상면과 하면맥주를 구별하였다는 이야기이다.

상면발효 맥주는 표면에 떠오른 효모를 건져서 밑술(starter)로 쓰고, 하면발효 맥주는 가라앉은 효모를 모아 밑술로 사용한다. 이러한 양조 기술이 16세기 중반에 확립되었다는 사실이 놀랍기만 하다.

4) 맥주순수령의 위기

종교개혁과 30년 전쟁을 거치면서 황폐화되어 수도원 직영 양조장은 물론 개인 양조장의 수도 현격히 줄어들게 되었다. 그 후 순수령은 바이에른 이외에 지역에 전해졌고, 제1차 세계대전이 벌어지던 1919년을 계기로 독일 공화국 내의 모든 주에서 맥주순수령을 채택하게 되어 순수령은 독일의 국법이 된다. 이리하여 바이에른의 맥주순수법은 오늘날까지 그 효력을 미치게 되었는데 1987년 3월 12일, 유럽의 공동헌법재판소는 1918년부터 예외 없이 적용되고 있는 맥주순수법이 독일산 맥주에만 해당될 뿐 수입된 외국산 맥주에는 효력을 갖지 않는다는 판결을 내렸다. 판결과 더불어 독일의 맥주 시장은 무장 해체의 열풍이 닥칠 것만 같은 위기의 순간이었으나 그 결과는 의외로 미미했다. 현재 독일 내 외국산 맥주의 시장 점유율은 매우 낮다.

7. 고대 영국의 에일

고대 영국은 자연에서 채취한 벌꿀로 만든 미드를 마셨다. 미드의 수요는 증가하였으나 벌꿀 채취에는 한계가 있었다. 따라서 사람들은 벌꿀 대신 곡물을 당화시켜 약간의 벌꿀을 첨가한 미드를 만들어 마셨다. 하지만 이런 술이 순수 벌꿀로 만든 미드의 품질에 따라 갈 수 없었다. 진짜 미드와 곡물 술을 구분할 필요가 생겼고, 곡물로 빚은 술이란 뜻의 에일(Ale)이라는 단어가 탄생하게 된다.

597년, 로마 고레고리우스 1세는 영국인에게 기독교를 전파하기 위해 수도사 아우구스티누스 일행을 영국에 파견한다. 이들은 캔터베리(Centerbury)라는 도시에 대성당을 지었고, 이때 수도사들이 마신 술이 에일이다. 포도 재배가 불가능한 북유럽의 로마 수도사들은 맥주를 빚어 와인 대신 마셨던 것이다.

영국은 오랫동안 에일에 구르트를 사용하여 왔고 홉의 사용을 배척했다. 지역 대주교, 영주가 그루트권을 독점하고, 양조가나 상인들에게 구르트권을 주는 대가로 세금을 받아왔기 때문이다. 이는 양조업자와 주교들의 반발을 낳아 15세기에 이르러서야 홉 사용이 허가된다. 당시에는 홉을 첨가한 것을 맥주라 부르고, 그루트를 사용한 것을 에일이라 부르며 둘을 확실히 구별했다. 이후 대중은 홉이 들어간 상큼한 맥주 맛을 환영했고 양조업자들은 홉의 부패 방지 효과에 열광했다. 15세기경 유럽 대륙으로부터 홉 묘목이 들어와 재배되기 시작하였고, 16세기 초에는 잉글랜드 남동부의 켄트(Kent) 주가 홉의 명산지로 자리 잡게 된다. 17세기 말이 되면서 홉을 첨가하지 않은 에일은 거의 자취를 감추게 된다.

영국을 대표하는 맥주는 당연 페일 에일(pale ale)이다. 페일은 옅은 색이라는 뜻이지만 오늘날 담색의 맥주와는 차이가 있다. 영국은 전통적으로 흑맥주가 주를 이루다 보니 흑맥주보다 색이 밝다는 의미로 실제로는 브라운색에 가까웠다. 17세기 잉글랜드의 공업도시 버밍엄 근방의 버튼 시는 페일 에일로 유명하였다. 페일 에일을 영국 대표 맥주로 격상시킨 것은 호지슨(George hodgson)의 공로이다. 런던에 본거지를 둔 호지슨은 1750년대에 켄트 골딩(kent goldiging) 홉을 사용한 페일 에일을 생산하고 있었다. 1760년대 영국은 인도를 식민지로 만들었고 식민지의 영국인들을 위해 본토에서 페일 에일을 배로 실어 인도로 수출하게 되었다. 그러나 적도를 거치는 가혹한 기후에 대부분의 맥주가 부패되어 마실 수가 없었다. 그래서 호지슨은 방부 역할을 할 수 있도록 알코올 도수를 높이고 홉을 다량 첨가한 스트롱 비어(strong beer)를 제조하여 인도로 수출하기 시작하였다. 호지슨은 인도용 특제 맥주를 인디아 페일에일(India pale ale)이라 하였고 줄여서 IPA라 불렀다. 호지슨 맥주는 1800년대 초반까지 아시아 시장을 독점하고 있었다.

이후 올솝이나 바스도 페일에일을 개발하여 인도와 아시아로 수출하면서 호지슨과 경쟁하였고, 1840년대 접어들어 호지슨을 몰아내고 아시아, 인도 시장을 접수하게 된다.

19세기에 접어들면서 런던을 중심으로 포터(porter)라는 색이 진한 맥주가 유행하면서 담색의 페일 에일은 쇠퇴한다. 포터에는 두 가지 설이 있는데 항만의 노동자들이 즐겨 마셨다는 설과 에일 하우스에 맥주가 담긴 나무통을 운반해 온 짐꾼이 가게에 도착하여 포터(짐꾼)라고 외쳤던 것이 명칭으로 자리 잡았다는 설이 있다. 포터는 브라운 맥아를 사용하여 진한 맥주를 만들었는데 고온에서 건조시킨 맥아는 당화작용이 약해져 당도와 알코올 도수가 낮은 맥주가 제조되며, 영양학적 가치가 높아 고된 노동 후에 마시기에 적합한 맥주였다.

에일이 수공업에 이해 이루어졌다면 포터는 자금력 있는 대기업이 참여한 산업 형태의 양조가 이루어지면서 런던 맥주 시장을 점령하게 된다. 1759년 아일랜드 더블린에서 기네스가 창업하여 런던의 포터에 도전장을 내밀었다. 기네스는 런던의 포터를 철저하게 연구하여 기네스 포터를 개발하여 런던 시장을 공략하였고, 포터보다 더욱 강한 스타우트 포터를 개발한다. 스타우트는 강하다는 뜻으로 영국의 식민지 정책과 함께 수출되었다. 19세기 말 기네스사는 세계 최대 규모의 양조장으로 성장한다.

18세기 산업혁명을 거치면서 품질이 안정된 맥주가 대량으로 생산·소비되는 맥주의 근대화가 이루어진다. 영국의 제임스 와트가 발명한 증기기관은 맥주 양조에도 혁신을 가져왔다. 물의 이송에서부터 맥아의 분쇄, 맥즙의 교반 등에 동력이 이용됨으로써 대량 생산을 위한 기초가 마련되었다. 증기기관차의 출현은 맥주와 같이 무게가 많이 나가는 상품의 운반을 쉽게 하고, 거리의 장벽이 제거되어 맥주 대량 소비의 기반이 마련되는 계기가 된다.

19세기 초반까지만 하여도 영국의 양조 기술은 유럽 대륙의 양조가들에게 동경의 대상이었다. 그러나 19세기 후반에 접어들면서 에일은 몰락에 길로 접어든다. 당시 에일은 양조 성공률이 80% 정도이고 약 20% 정도는 산패되어 폐기해야 했다. 그런데 유럽 대륙의 하면발효법 맥주 양조는 성공률이 100%에 가까웠고, 상큼하고 목 넘김이 부드러운 필젠 타입의 맥주가 영국인의 입맛을 사로잡았다. 이후 황금색 라거 맥주의 독무대가 되었고 영국 시장에서 조차도 라거 맥주가 50% 이상을 차지하게 되었다.

8. 하면발효 맥주의 탄생

12세기부터 15세기까지는 북독일에서는 영국풍의 상면발효 맥주가 한창 제조되었다. 당시 저명한 북독일의 양조 도시인 브레멘, 함부르크, 도르트문트, 쾰른 등은 그때의 화려했던 역사를 현대에 전하고 있다. 영국은 18세기에 접어들어 산업혁명으로 기술 혁신이 일어났고 맥주 제조업에도 최신 기술이 도입되어 대량생산의 기틀을 마련하였다. 당시 영국은 양조 기술 면에서도 세계의 모범으로 인식되어 유럽 대륙의 제조 기술자는 모두 영국에서 기술을 배웠다. 그러나 상온에서 발효시키는 상면발효 맥주는 유해균에 오염되어 부패하는 일이 종종 발생하였다. 미생물에 대한 지식이 부족했던 당시의 양조 설비와 기술로는 잡균 혼입에 의한 산패를 해결할 수 없었다. 유해균 감염은 특히 여름철에 더욱 기승을 부려 산패한 맥주를 모두 폐기 처분하고 심지어 도산하는 경우도 즐비하였다. 이에 원맥즙의 농도를 높이고 홉을 다량 첨가한 색이 짙고 쓴맛이 강한 맥주가 대세를 이루게 된다.

15세기 독일 남부 바이에른 양조업자들은 추운 겨울에 저온에서 장시간 발효·숙성시키는 맥주가 맛있다는 사실을 발견하고 실용화에 들어갔다. 산에 굴을 판 다음 강에서 잘라온 얼음을 채워 저장실을 만들어 맥주를 보관하면 여름을 넘기더라도 산패하지 않고 잘 보관되었던 것이다. 이것은 맛 또한 좋았을 뿐 아니라 고온에서 발효시켜 산패하기 쉬운 상면발효 방식에서는 상상을 할 수 없는 높은 양조 성공률을 보였다. 이에 양조장 자체를 저온 저장고로 설계하여 운영하기도 하였다. 2층은 강에서 가져온 얼음을 가득 채우고 1층은 발효실, 지하실에는 저장고를 두어 저온에서 장기간 숙성시키기 위한 시설로 발전시킨 것이다(그림 1-6).

【그림 1-6】 2층을 얼음으로 가득 채운 맥주 양조장

하면발효 맥주의 시작은 뮌헨의 바이엔슈판텐(Weihenstephan) 양조장의 가브리엘 제들마이어 부자와 빈의 슈바체트 양조장의 안톤 드레어의 공이 매우 컸다. 카브리엘 제들마이어 2세는 빈의 안톤 드레어와 협력하여 비교적 순수한 하면발효 효모를 분리해 낸다.

제들 마이어 밑에서 하면발효 맥주의 양조를 깊이 있게 연구했던 야콥센은 1845년 뮌헨의 하면발효 효모를 얻어, 작은 병 두 개에 담아 고국인 덴마크 코펜하겐으로 돌아가게 된다. 효모의 온도가 높아지면 급격히 사멸하므로 중간중간 차가운 우물물을 퍼다가 효모가 담긴 병을 식히며 밤낮으로 마차를 달렸다. 다행히 효모는 건강하게 되살아났고 덴마크에서도 최초로 하면발효 맥주를 양조하는 데 성공했다. 그렇게 탄생한 것이 칼스버그(Carlsberg) 양조장이다.

9. 필젠 비어의 신화

체코 보헤미아 중서부 필젠의 양조가들은 종래의 상면발효 맥주 대신 뮌헨에서 탄생한 하면발효 맥주의 우수성을 일찍이 깨닫고 뮌헨의 양조자를 초빙하여 하면발효 맥주의 시험 제조에 착수한다. 필젠(Pilzen)에 파견된 뮌헨의 양조가들은 보헤미아산 맥아와 홉, 필젠의 물과 뮌헨에서 가져온 하면발효 효모를 사용하여 맥주 양조를 맡게 된다. 1842년 11월 드디어 숙성을 마친 맥주통을 개방하였을 때 뮌헨의 진한 색 맥주가 아닌 밝고 옅은 색에 놀라지 않을 수 없었다. 또한, 뮌헨 맥주의 중후한 맛과 달리 시원하고 상쾌한 맛에서 놀라움을 금치 못했다. 그 원인 중 하나가 뮌헨의 물은 중탄산염이 함유한 일시적 경도가 높은 물로 어두운색 맥주에 적합하지만, 필젠의 물은 연수이다 보니 담색 맥주가 탄생된 것이다. 시원하고 상큼한 담색의 필젠 맥주는 단숨에 인기가 높아지면서 유럽 대도시로 수출되기 시작하였다.

한편, 빈에서는 안톤 드레어가 개발한 비엔나 맥아를 사용한 하면발효 맥주인 빈 맥주가 완성되었다. 당시 유럽 대륙의 상황은 뮌헨 맥주, 빈 맥주, 필젠 맥주의 서로 다른 특색 있는 하면발효 맥주가 경쟁하는 구도였다. 그러나 19세기 후반에서 20세기 초반에 들어서면서 밝은 호박색 필젠 맥주가 점차 이들을 제압하기 시작하였다. 경쟁에 밀린 빈 맥주는 완전히 자취를 감추고 뮌헨 맥주는 바이에른 지역 맥주 정도로 머물게 된다.

10. 냉동기의 발명

오늘날 전 세계 맥주 생산의 90% 이상을 차지하는 라거 맥주는 하면발효 맥주의 대표적인 맥주이다. 하면발효 맥주는 저온에서 장기간 저장하는 것이 특징인데 여기서 저장(lagern)한다는 뜻의 독일어를 써서 라거 맥주라 부르게 되었다는 것이 정설이다.

특별한 미생물 통제 수단이 없었던 당시에 하면발효 맥주 양조법은 잡균이나 유해 효모로 인한 술의 부패를 방지할 수 있어 맥주의 품질을 획기적으로 향상시킬 수 있었다. 냉각장치가 없었던 시절이라 자연 냉각에 의존해야 했으므로 이 당시 바이에른 지방에서는 맥주 양조 기간을 9월 29일부터 이듬해 4월 23일까지로 엄격히 정해 놓기도 하였다.

라거 맥주는 산패로부터 맥주를 안전하게 보존하고 상큼한 맥주를 제공하는 장점이 있었지만, 거대한 단열 저장고가 필수였고, 맥주 1킬로리터를 제조하려면 1톤의 얼음이 필요함에 따라 막대한 자금이 필요한 양조법이었다.

1843년 카를 폰 린데(Carl von Linde)가 냉매로 암모니아를 사용한 냉동기를 발명한 것은 시대의 한 획을 그은 기술의 혁신이었다. 린데가 개발한 냉동기는 가브리에 제들마이어 2세가 운영하는 슈파텐 양조장에 처음으로 설치하게 된다. 냉동기의 발명은 계절에 상관없이 아무 때나 하면발효 맥주를 제조할 수 있었다. 라거 맥주를 세계적으로 급격하게 보급시키고 라거를 맥주의 왕자 자리에 앉히는 원동력 역할을 했다.

11. 효모의 순수배양과 저온살균법

한편, 칼스버그 맥주를 탄생시킨 야콥센은 칼스버그 연구소를 개설하여 화학과 미생물 분야에도 눈부신 업적을 남겼다. 연구소에서 미생물 분야에서 근무한 한센(Hansen)은 효모를 분리하는 데 성공하여 효모 순수배양법을 확립하였다. 이는 오염되지 않는 깨끗한 맥주 제조가 목표인 맥주 공장에 미생물 관리하는 신세계를 열어 주었다. 1883년 한센은 순수하게 분리한 하면발효 효모를 공장의 이름을 따서 사카로미세스 칼스버전시스(*Saccharomyces carlsbergensis*)라 명명하였다.

그 후 19세기 프랑스의 루이 파스테르(Louis Pasteur)가 술이 효모의 작용에 의해서 생성된다는 것을 처음 발견하면서부터 맥주의 품질이 비약적으로 발전하게 된다. 파스테르에 의해 열처리살균법(pasteurization)이 보급되어 맥주에 효모가 제거됨으로써 장기 보관이 가능해졌다.

12. 라거의 전성시대

　20세기에 들어서자 라거 맥주는 무서운 기세를 떨치며 전 세계로 전파된다. 특히 담색의 필젠 타입의 라거 맥주가 세계 최고의 맥주로 자리 잡게 된다. 제2차 대전 이후 신소재인 스테인리스 스틸이 등장하면서 나무통에 발효 저장하던 공정이 스테인리스 스틸 설비로 대체되었다. 50~60년대만 해도 개방형 탱크에서 맥주를 빚던 것을 밀폐형 탱크로 바뀌면서 위생관리가 진척되었고 품질도 빠른 속도로 향상되었다.

　원래 라거 맥주는 저온 장기 저장 공정으로 부드럽게 마시기 편한 맥주를 만드는 것이 성역처럼 여겨졌다. 0℃ 내외의 저온에서 약 3개월간의 저장 및 숙성 기간은 라거 맥주 제조에 많은 비용이 들어갈 뿐 아니라 공정의 합리화를 저해하는 장애물이었다.

　발효 종료 후 13℃ 내외로 며칠간 유지하면 나쁜 향미 성분이 역치 이하로 감소한다는 것을 알게 되면서 약 3개월이 걸리는 숙성 기간을 며칠 내로 단축시키는 획기적인 기술이 개발된 것이다. 이로써 오늘날 대부분 라거 맥주를 제조하는 양조장들은 양조장의 전체 양조 공정 시간을 많이 단축하였다.

　한편, 오늘날 맥주는 소비자의 건강을 고려한 저알코올, 저칼로리, 라이트한 맥주를 비롯해 독특한 아로마와 맛을 가진 다양한 맥주와 홉과 다양한 첨가물(약초, 과실 등) 및 부원료(쌀, 호밀, 옥수수 등)를 활용한 다양한 맥주가 개발되고 있다.

02 한국의 맥주 제조 역사

맥주가 처음 한국에 들어온 것은 구한말 개항기 때였다. 1876년 강화도조약과 함께 일본으로부터 맥주가 처음 들어 왔으며 주로 일부 상류층에서 소비되는 술이었다.

일제강점기 시절 국내 맥주 소비량이 점차 증가함에 따라 일본 맥주회사들은 국내에서 맥주 양조장을 설립하면서 맥주보리 종자를 들여와 여러 지역에서 시험 재배를 시작했다. 가장 우수한 품종으로 골든 메론(Golden melon)이 선정되었고, 맥주보리의 대표 품종으로 오랫동안 재배되었다.

최초의 맥주회사는 1933년 일본의 대일본맥주(주)가 영등포에 조선맥주주식회사(조선맥주주식회사의 전신)를 설립한 것이 시초이며, 같은 해 12월 8일에는 기린맥주 주식회사가 역시 영등포에 소화기린맥주주식회사(동양맥주주식회사 전신)를 설립했다.

한편, 맥주의 중요한 원료 중 하나인 홉(hop)이 우리나라에서 처음 재배되기 시작한 것은 1934년 일본인들에 의해서이다. 함경남도 개마고원 부근인 혜산(惠山) 지방에서 홉을 재배하기 시작하였다. 함경남도 고지대에서 재배되는 홉은 국내 맥주 양조장에 전부 충당하고도 남아 일부는 일본에 공급하기도 하였다 한다. 지금도 북한산 홉은 품질이 좋기로 정평이 나 있으며, 북한이 내세우는 주요 수출품 중의 하나이기도 하다.

남한에서는 1950년대 후반 전남 장성과 강원도 진부에서 시험 재배를 거쳐 60년대에 접어들어 재배에 착수하게 된다.

1970년대부터 본격적인 홉 국산화의 노력으로 강원도 횡성, 평창, 대관령, 경북 봉화 지역을 중심으로 국내산 홉의 생산량이 급속도로 증가하였다. 1980년대 초에는 국내 홉 생산은 400톤에 육박하여 충분히 자급할 수 있는 양을 지속적으로 생산할 수 있었다. 1987년에는 소량(2,900kg)이나마 미국으로 수출하기도 하였다. 그러나 1980년대 후반부터 농업 환경의 변화와 농산물 수입 개방으로 홉 수입이 자유화되어 독일, 체코 등지의 우수한 홉이 값싸게 도입되었고, 홉을 대량 생산하는 미국의 저가 공세에 국산 자급화를 포기하게 되어 현재는 홉은 전량 수입하는 수준으로 전락했다.

한편, 맥주보리의 재배는 1910년경에 일본으로부터 골든 메론 품종을 도입한 것을 시작으로 1930년 경 슈바리 품종을 도입하여 시험 재배를 시작하였다. 1944년에 제주도가 재배 적지로 선정되어 위탁 계약으로 재배하게 되었다. 당시 제주도에서 위탁 생산은 성공적이었고, 생산한 보리는 일본으로 보내 맥아로 가공하여 필요한 맥아량만 우리나라에 공급하고 나머지는 일본에서 사용하였다.

해방 직후에는 외화 부족으로 맥주보리 수입이 불가능했기 때문에 국내 생산에 의존할 수밖에 없어 제주도와 충남에서 골든 메론과 겉보리를 일반 양곡상을 통해 매입하여 맥주 제조에 이용하였다. 이후 6.25 전쟁으로 폐허가 된 맥주공장을 복구하였으나 원료인 맥주보리가 없고 국내 재배도 불가능하여 맥아를 수입하여 사용하였다.

1958년 맥아 제조회사인 한국맥아공업(주)이 발족하였으며 동양맥주(주)가 이를 인수하여 창립되었다. 맥주보리 국내 재배를 위하여 외국으로부터 보리 종자를 수입하여 공급하였다. 1961년부터 제주도에서 맥주보리를 생산하기 시작하였으며 1962년 맥아공장이 설립되어 국내에서 맥아 제조의 기반을 조성하였다. 외국의 우량 품종을 도입하여 농협과 계약 재배하였고 우리나라 기후에 알맞고 품질이 뛰어난 향맥, 사천 2호, 사천 6호, 두산 8호, 두산 29호, 진양보리, 삼도보리, 제주보리 등의 개량 품종을 개발하여 육성·장려하고 있다. 농촌진흥청에서는 바이러스 병에 강하고 다수성이며 단백질 함량이 낮은 고품질 맥주보리인 호품(2003년)을 개발 보급하면서 수량성과 품질면에서 국내 육성 품종의 국제 경쟁력을 확보하였다. 또한, 흰가루와 아이러스병에 강한 백호보리(2008년)는 월동기 불시 출수 피해를 줄이는 것이 가능하였으며, 월동 후 이상 저온에 안정적이며 원맥과 맥아 품질이 우수한 맥주보리 신품종 광맥보리(2010년)는 전북 지역까지 보리 재배 확대를 가능하게 하는 등 다양한 품종들이 속속 개발되고 있다.

일반적으로 흑맥주에 사용하는 맥아는 고온에 가열하여 사용하는 데 유색 보리를 개발하여 기능성과 고온에 가열하지 않아도 흑맥주 색을 띨 수 있는 중모 200, 익산 155호 등을 육성해 국산 맥주보리 산업화 기반을 조성해오고 있다.

맥주보리는 1988년 이전에는 한때 자급자족을 달성하기도 하였다. 그러나 올림픽을 계기로 맥주 소비가 크게 늘어 2001년 이후로는 수입 맥아 비율이 70%를 상회하게 되었지만, 그나마 20~30%의 국산 보리를 지속적으로 사용해 왔다. 2012년부터 한·EU, 한·미 FTA 체결과 함께 정부의 보리 수매제도가 중단됨에 따라 보리 재배 면적이 급감하여 국산 맥주보리의 원료 비중은 지금은 5% 수준으로 떨어졌다. 한·EU, 한·미 FTA의 보리 양허 조건에 따라 맥아 및 맥주보리는 무관세 쿼터량을 9,000톤부터 시작하여 15년간 매년 2%씩 복리로 늘려가다가 최종연도에는 완전히 철폐할 예정이다.

현재 국내 맥주회사들은 FTA 체결 이후 국산 맥주보리보다 품질과 가격 경쟁력이 좋은 수입 맥아를 구매하고 있고, 국내 맥주보리 농사를 포기하는 농가가 속출하고 있다〈표 1-1〉.

〈표 1-1〉 우리나라 맥주보리의 생산량(농림통계연보 2013)

(단위 : 톤)

연도	'75	'80	'85	'90	'95	'00	'05	'10	'11	'12
생산량	7,931	109,006	229,886	162,772	174,650	86,345	93,148	32,736	25,216	12,636

지금은 국내 맥주 제조사의 제맥 공장에서 수입 보리와 비록 전체 맥주 원료의 5% 정도이지만 국내에서 수확한 맥주보리를 공급받아 맥아를 제조하여 맥주 제조장에 공급하고 있다.

2013년 현재 매출액(세후 출고가 기준)이 4조 원이 넘는 국내 맥주시장에서 원료의 국산화를 위한 품종 개발과 R&D는 미미한 실정이며, 국산 보리 보급을 통한 농촌 경제 활성화를 위한 민관의 노력이 부족한 것은 매우 안타까운 일이다.

국내에서 맥주보리를 재배하게 되면 농가 소득 증대, 유휴 농경지 활용 및 환경적 보호 등 여러 가지 이로운 점이 있어 적극 권장할 일이다.

첫째, 보리는 겨울을 지나는 작물로서 가을 이전에 다른 작물을 수확하고 난 뒤 겨울 동안에 거의 활용하지 않는 유휴 경지를 활용하여 재배할 수 있는 작물로서 남부 지방에서는 이모작이 가능하다. 그리고 보리 재배에 이용되는 농기계는 벼 재배 때 사용하는 농기계와 대부분 공용으로 사용할 수 있으므로 농기계의 활용도를 높일 수 있다. 또한, 보리는 식이섬유, 비타민 및 무기 성분이 풍부하므로 쌀과 밀에 편중된 식생활에서 부족하기 쉬운 영양분을 공급해 준다.

둘째, 보리는 농약 사용이 적은 안전한 먹을거리 작물이다. 우리나라 보리는 주로 가을철에 씨를 뿌리고 초여름에 수확하는 봄보리이다 보니 농약 사용이 거의 없는 안전한 먹을거리 작물이다. 맥주보리 재배는 농지 이용도를 높이고 재배, 저장, 운송 등에 따른 농약 사용으로부터 안전한 보리를 맥주 원료로 사용할 수 있고, 우리 땅에서 나는 보리로 만든 국산 맥주에 대한 자부심도 가질 수 있다.

셋째, 10월에 파종하여 6월 상순까지 재배되는 식물이다 보니 환경 정화 및 보전 효과가 매우 뛰어나다. 보리 재배 면적 1헥타르당 환경 정화 효과와 보전 효과를 살펴보면 이산화탄소 6.13톤, 아황산가스 1.96톤을 흡수하고 산소 4.46톤을 방출하여 대기 정화에 크게 기여할 뿐 아니라 41.4톤의 토양 유실을 감소시키며 축산 분뇨 등의 유기성 폐기물도 3.04톤을 소화시킬 수 있다.

마지막으로 겨울철 황량한 들판을 푸른들 가꾸기를 통하여 농촌 경관을 아름답게 하고, 보리밟기, 청보리 축제 등 다양한 지역 축제로 승화시킬 수 있다. 지역에서 재배되는 맥주보리를 바탕으로 지역 맥주를 생산하여 지역 축제와 연계시키고, 농가 소득 증대에 기여할 뿐 아니라 국산 맥주 활성화와 발전에도 크게 이바지할 수 있다.

03 국내·외 맥주 산업 현황

세계 주류 시장은 약 2,000조 원으로 추정되며(2009년 기준), 그중 미국이 428조 원(21.4%)로 가장 큰 시장을 형성하고 있고, 이어서 영국이 230조 원, 프랑스가 190조 원으로 그 뒤를 잇고 있다. 한국은 약 22조 원(소비자 가격 기준)가량의 시장을 형성하고 있는 것으로 추정된다. 세계 주류 생산량은 연간 약 2억 2,000만 톤이며(2009년 기준), 주류 생산량의 89%가 맥주와 와인의 저도주 중심으로 이루어져 있다. 연간 세계 주류 생산량 중 약 77%는 맥주이며, 보드카와 위스키 등 고도주를 포함한 기타 주류는 약 11% 정도를 차지한다.

세계 맥주시장을 살펴보면 2011년 세계 맥주 소비량은 약 18억 6,400만 hl로서 전년대비 2.4% 증가하였으며, 특히 중국(CRE, 칭다오), 필리핀(산미구엘), 일본(산토리) 아시아 지역 업체들의 판매량 증가가 주요 요인이다. 세계 맥주시장 상위 15개 업체들의 맥주 판매량이 전체 80.6% 차지하며 세계 최대 맥주 회사인 AB인베브는 2011년 기준 4억 7,970만 hl로서 세계 맥주시장의 26% 점유하며, 상위 15개 맥주 제품 중 7개(Bud light, Budweiser, Skol, Corona, Brahma, Harbin, Sedrin)를 차지하였다〈표 1-2〉.

〈표 1-2〉 세계 상위 15개 맥주 제조사(2011년)

(단위 : 백만 헥토리터)

순	기업명	본사 위치	판매량			증감	
			2009	2010	2011	'09~'10	'10~'11
1	Anheuser - BushInbev	벨기에	468.8	476.0	479.7	1.5	0.8
2	SABmiller	영국	223.0	227.6	229.2	2.1	0.7
3	Heineken	네덜란드	164.6	159.5	164.6	-3.1	3.2
4	Carlsberg Breweries	덴마크	116.0	114.2	118.7	-1.6	3.9

5	China Resources	중국	83.7	92.8	102.4	10.9	10.3
6	Tingdao Brewing	중국	59.7	63.5	71.5	6.4	12.6
7	Molson Coors Brewing	미국	66.7	60.9	62.6	-8.7	2.7
8	BeijinYanging Beer Group	중국	46.7	50.3	54.1	7.7	7.5
9	Kirin Brewery	일본	53.0	51.8	50.7	-2.3	-2.1
10	Asahi Brewery	일본	38.2	38.2	39.1	0.1	2.4
11	Guinness Brewing	영국	22.4	22.9	23.8	2.2	3.9
12	Eles Beverage Group	터키	22.1	24.2	23.0	9.5	-5.0
13	San Muguel Brewery	필리핀	16.0	15.6	17.2	-2.3	10.0
14	Suntory Ltd	일본	13.4	14.1	15.0	5.2	5.8
15	Radeberger Group	독일	13.4	13.1	13.0	1.2	2.8

출처 : 한국주류산업협회

　제품별로는 중국 스노우(설화)가 9,160만 hl 판매되었고 중국 내에서 대부분 소비되었으며, 중국이 4억 9,010만 hl로 1위, 그 다음 미국, 브라질, 러시아, 독일 순으로 나타났다. 일본은 중국에 이어 아시아 지역 2위 소비 국가이며 맥주 소비량이 지속적으로 감소 추세에 있다. 상위 맥주 소비국 중 미국, 독일, 영국 같은 전통적인 맥주 소비 국가들의 소비가 감소한 반면, 중국, 브라질, 멕시코 등 신흥 맥주 소비국들에서 지속적으로 증가 추세에 있다.

　관세청 국내 수입맥주 현황에 따르면 최근 5년간(2010~2014년) 연평균 26%의 고성장을 지속하고 있으며, 특히 유럽산 맥주의 성장세가 뚜렷하게 나타나고 있다. 또한 수입맥주 상대국도 다변화되고 있고 브랜드수도 2015년 현재 약 400여개로 추산되고 있다.

　한편, FTA에 따른 수입 맥주 유입과 소비자들의 국외여행 등으로 인해 국내 맥주 애호가들은 이제 고품질의 다양한 맥주를 찾고 있어 맥주 제조사들은 소비자의 입맛을 사로잡는 제품 개발에 더욱더 매진해야 될 시기이다. 또한 이미 포화된 국내 맥주시장을 벗어나 한류와 함께 아시아를 중심으로 국내 맥주도 국외로 진출해야 될 시점이다.

II. 맥아 제조 공정

보리, 홉, 물 그리고 효모는 맥주 양조에 사용되는 4가지 기본 원료이다. 맥주 제조는 맥아 제조(제맥)공정, 맥즙 제조공정 및 맥주 제조공정(말효·숙성·저장·주입) 등으로 구분한다 (그림 2-1).

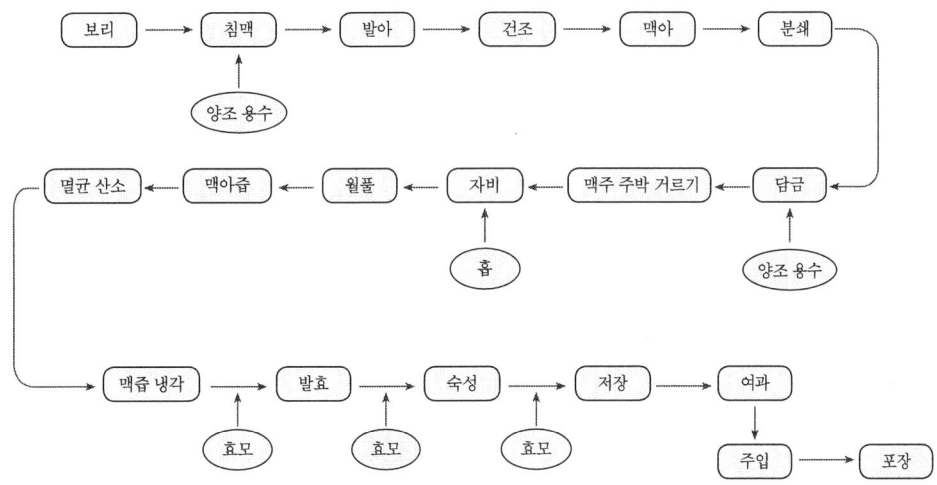

【그림 2-1】 맥주 제조공정

이 장에서는 맥아 제조공정(malting)에 대해 기술한다. 보리(barley)는 맥주 제조에 있어 알코올 생성에 필요한 주 재료이다. 당분과 아미노산류는 맥주 효모 생육에 있어서 주된 영양원이 되고 특히, 탄수화물은 에틸알코올과 향기 성분을 생성하여 맥주의 주요 구성요소가 된다.

보리는 전분 함량, 껍질의 부착 정도, 타작 후의 처리 및 맥아 제조공정 등이 중요하다. 보리는 제맥공정을 통해 맥아(malt)로 전환된 후 맥주 양조에 사용이 가능하다. 많은 국가에서 발아시키지 않은 옥수수, 쌀, 수수, 보리, 밀 등의 곡물을 맥주 제조에 부원료로 사용하기도 한다. 독일·벨기에·미국 등에서는 밀 등의 곡류를 상면발효 맥주를 만들기 위해 맥아 형태로 제조하여 사용하기도 한다.

01 맥주보리

보리는 쌀, 밀, 옥수수, 콩과 더불어 세계 5대 식량 작물에 속한다. 전 세계적으로 보리는 맥아용으로 사용되는 양이 사료용에 이어 두 번째로 많다. 우리나라는 식용으로 가장 많이 이용되었으나 오늘날에는 맥주 소비량 증가와 함께 맥주 양조용으로 가장 많이 사용한다.

맥류(麥類)는 크게 소맥(小麥), 호맥(胡麥), 나맥(裸麥) 및 대맥(大麥)으로 나눌 수 있다. 소맥은 빵, 과자, 국수 등을 만드는 밀(wheat)을 말한다. 호맥은 호밀(rye)을 말하는데 주로 호밀빵의 원료로 사용되고, 보리(학명 *Hordeum vulgare*)는 종자에 껍질의 부착 여부에 따라 나맥과 대맥으로 나누어진다. 성숙한 뒤에 외영(겉껍질)과 내영(속껍질)이 종자에 밀착되어 떨어지지 않는 것을 대맥이라고 하고, 껍질이 잘 떨어지는 것을 나맥이라고 한다. 나맥은 쌀보리를 말하며 우리가 흔히 밥에 넣어 먹는 보리이다. 대맥은 겉보리를 말하며 생김새에 따라 여섯줄보리(6條大麥, six-rowed barley)와 두줄보리(2條大麥, two-rowed barley)로 나누어진다.

보리는 종자를 9월 중순에 파종하여 6, 7월에 수확하는 재배 기간이 긴 겨울보리와 3, 4월 파종하여 8월말 추수하는 재배 기간이 짧은 봄보리로 나눌 수 있다.

그리고 형태학적으로 이삭의 양쪽에 3줄씩 종실이 달리는 여섯줄보리와 이삭의 3줄의 종실 중 2줄이 퇴화되어 종실을 맺지 못하여 양쪽으로 2줄의 종실이 달려 있는 두줄보리로 구분할 수 있다(그림 2-2). 여섯줄보리는 식용, 주정 원료, 엿기름, 보리차 등으로 사용되며 두줄보리는 주로 맥주 제조에 이용하고 있다. 그러나 맥주용 대맥은 두줄, 여섯줄 모두 사용한다.

대맥은 보리 껍질이 탈곡 후에도 종실에 붙어 있기 때문에 발아할 때 껍질 안쪽에 있는 유아초를 보호하고 균일하게 발아하도록 한다.

【그림 2-2】 6조맥(상)과 2조맥(하)의 이삭 구조 [9, 65]

한편 두줄보리와 여섯줄 보리는 특성이 다른데, 두줄보리는 여섯줄보리보다 종실이 크고 단백질 함량이 낮다. 그리고 전분 함량이 높으며 껍질이 얇아 폴리페놀과 쓴맛 성분이 적은 것이 특징이다. 또한, 종실이 균일하여 수율이 높아 맥아 및 맥주 제조에 좋은 조건을 갖추고 있다. 보리의 껍질 함량이 많을수록 엑기스 수율과 단백질 함량이 감소하게 되는데 두줄보리는 껍질의 함량이 전체 보리의 8~10% 정도이다.

여섯줄보리는 이삭에서 6줄의 곡물이 완전히 성장하기에 충분한 공간을 갖고 있지 않기 때문에 크기가 고르지 않고 껍질의 함량이 약 11~13% 정도이다. 일반적으로 보리 껍질은 맥즙 여과 공정에서 여과층 역할을 하며 껍질의 함량 10%까지는 맥즙 여과에 문제를 일으키지 않는다.

한편, 겨울보리는 여름보리에 비해 생산량이 많고 보리의 성장 기간이 짧은 것이 장점이다. 따라서 많은 국가에서 여름보리보다 겨울보리를 더 많이 재배하는 추세이고 우리나라에서도 대부분 겨울보리를 재배한다.

유럽산의 여름 두줄보리(a)와 미국산 여름 여섯줄보리(b)를 비교해 보면 유럽산은 껍질이 얇고 조밀하며 껍질이 잔주름이 많은 반면 미국산은 껍질이 두껍고 거칠며 잔주름이 많지 않다(그림 2-3).

【그림 2-3】 여름보리와 겨울보리 형태학적 특징 [8, 99]

1. 보리의 품종

앞에서 소개한 보리의 유형 내에서도 특성이 상당히 다른 다양한 품종의 보리가 존재한다. 유럽 양조장 협약(EBC) 국가에서만 300여 종의 여름보리, 100여 종의 두줄보리, 100여 종의 여섯줄보리가 등록되어 있는 것만 보더라도 그 다양성을 알 수 있다. 양조용 보리의 조건으로는 질병과 해충에 강하고 높은 곡물 수율을 가져야 하며, 균일한 종실 모양 및 분포를 가져야 한다. 또한, 제맥 과정에서 물 흡수 속도가 빠르고 물에 대한 민감도는 낮아야 한다. 특히 낮은 질소 함량과 높은 발아 능력은 필수적이며 효소를 많이 형성하는 잠재력과 높은 맥아 추출 수율 등이 양조용 보리로서 중요한 요소이다.

유럽 국가들은 이러한 양조 품질을 향상시키기 위해 100년 이상을 체계적으로 연구하였으며, 두줄 여름 보리가 맥주양조에 가장 적합하다는 것을 밝혀냈다.

그러나 최근에는 두줄 여름 보리와 품질이 거의 유사한 두줄 겨울보리가 개발되고 있고 있는데 겨울보리는 수율이 높아 가격 경쟁력이 우수한 장점이 있다.

2. 보리의 재배 현황

보리는 밀, 벼, 옥수수 다음으로 많이 재배하는 곡물로서 비교적 서늘하고 건조한 기온에서 잘 자라는 작물이다. 보리는 유럽, 북미, 러시아, 호주, 남미 등에서도 많이 재배한다. 보리의 수확량(2011)은 대략적인 1억 5,000만 톤 정도이며 러시아, 캐나다, 독일 순으로 많이 수확하고 있다.

보리 재배가 가장 발달된 지역은 유럽으로 EU 국가들은 9,400만 톤(2009년 기준)을 생산하여 세계 보리 생산량의 64%를 차지한다. 이 지역은 경제성과 품질이 우수한 두줄 여름보리 재배가 우위를 차지하고 있으나 근래에는 겨울보리 재배도 증가하고 있다.

유럽의 제맥용 대표 품종은 독일의 scarlett, barke, pasadena, annabe, 덴마크의 optic, lux, alliot, 영국의 chariot, riviera, pfisma, 프랑스의 astoria, nevada and aspen 등이 있다.

최근까지 겨울보리로는 vanessa, tiffany, regina 등의 품종이 선호도가 높았으나 맥주보리의 육종과 지속적인 개발, 개선에 따라 새로운 품종이 전면에 등장하고 있다.

한편, 유럽의 주요 재배 지역의 특성을 살펴보면 크게 4개 구역으로 나뉜다(그림 2-4).

제1구역은 연평균 기온이 6℃이며 5월에 파종하여 8월에 보리를 수확하는 지역이다. 약 100일간의 보리 성장 기간을 거치며 보리 크기가 작고 두줄, 여섯줄 봄보리가 재배된다. 이 지역에서의 여섯줄보리는 엑기스 수율과 효소역가가 우수하여 보리용 맥주 제조뿐 아니라 위스키 제조에도 활용한다. 핀란드는 이 지역에서 보리를 가장 많이 생산하며 특히 침지 시 수분도를 높이고 건조 시 온도를 낮추는 제맥공정을 통해 효모역가를 극대화시킨다〈표 2-1〉.

〈표 2-1〉 제1구역(6℃, 여름보리)의 6조맥과 2조맥의 보리 품질 차이

구분	6조맥	2조맥
엑기스(%)	80	79.9
엑기스 차이(%)	1.7	1.9
점도(mPas 8.6%)	1.53	1.60
알파아밀레이스 역가(DU)	79	49
아밀레이스 역가(WK)	310	220

제2구역은 연 평균 기온이 6~8℃이며 재배 기간이 120일 정도이다. 따라서 봄보리 재배 최적지이며 덴마크, 스웨덴 및 핀란드가 주요 재배 국가이다.

제3구역은 연 평균 기온이 8~14℃이며 재배 기간이 150일 정도이고 3월 초에 파종하여 7월 경 수확하는 겨울 및 여름보리 재배에 최적지로 꼽힌다. 보리 수확률이 높고 고품질 맥주 제조에 적합하다. 제2, 3구역은 세계 최대 양조용 보리 및 맥아 생산지이며 주요 국가로는 독일, 프랑스, 영국, 덴마크 등을 들수 있다.

제4구역은 연 평균 기온이 14℃이며 늦가을에 파종하여 이듬해 여름에 수확하는 여름보리를 재배한다. 이 지역에서는 두줄 여름 보리 및 두줄, 여섯줄 겨울보리를 210일간에 걸쳐 재배하며 주요 국가로는 이탈리아를 들 수 있다(그림 2-4).

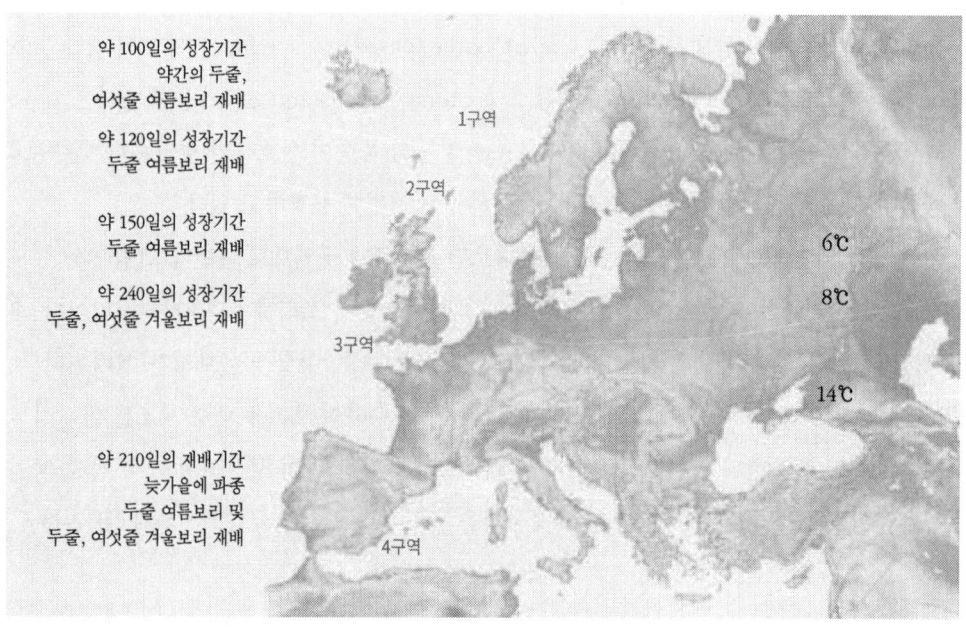

【그림 2-4】 유럽의 보리 재배 지역 [98]

그 외 북미에서는 캐나다의 alberta, saskatcheuwan, manitoba, 미국의 robust, excel, morex, azura 등의 양조용 보리 품종이며 몬타나, 와이오밍, 콜로라도 등의 서쪽 지역에서는 주로 두줄보리가 재배되는데, 일부는 양조용 보리이다. 이 지역에서는 여섯줄 여름보리 품종(western morex, russell)도 많이 재배하는데, 두줄보리에 비해 상당한 발전한 형태의 재배를 보여준다.

호주의 경우 대부분 두줄보리(schooner, clipper, franklin, weeath)를 재배하고 있다.

3. 보리의 형태

1) 곡립의 외관

보리의 종실(kernel, 겉껍질 속의 종자)은 열매껍질이 말라서 씨껍질과 꼭 붙어 있는 영과(caryopsis)를 형성하며 가장 바깥쪽에서부터 겉껍질(lemma), 안껍질(palea)로 싸여 있다(그림 2-5). 껍질(husk) 내부에는 과피(pericarp)와 종피(testa)가 붙어 있으며 대맥은 씨방벽으로부터 유착 물질이 분비되어 겉껍질과 속껍질이 과피에 단단하게 붙어 있어 탈곡 후에도 껍질이 종실에 남아 있다. 양조산업에 사용되는 보리는 껍질이 붙어 있는 것을 사용한다. 쌀보리나 밀은 유착 물질이 분비되지 않아 탈곡 시 껍질이 쉽게 떨어져 나간다.

보리 종실의 등 쪽 아랫부분에는 배아(embryo)가 있으며 배 쪽에는 밑에서 위로 길게 골이 파여 있는데 이를 종구(ventral furrow)라 하며 종구의 발달 정도는 품종에 따라 차이가 크다.

껍질이 두꺼우면 종실의 전분 함량이 낮아 엑기스가 적어지고 껍질 중에 함유하는 폴리페놀 등이 많게 되어 맥주 혼탁의 원인이 된다. 껍질은 얇은 것이 좋지만 박피가 쉽게 되는 것은 좋지 않다. 곡피의 주름은 잘고 오들오들한 잔주름이 있는 것이 좋다. 조기 수확한 것과 비를 맞은 것은 주름이 적거나 거칠게 되기 쉽고 이런 보리는 발아율이 떨어지며 엑기스의 양도 적어진다.

수확, 탈곡할 때 농기계의 부적합한 사용으로 열피, 박피가 생기는 경우가 있다. 이런 맥주보리는 배아에 물리적 충격을 받아 발아에 나쁜 영향을 준다. 또 박피된 보리는 침지 속도가 빠르거나 불균일하고 발아 중 보습 효과가 적어 수분이 쉽게 말라 발아 시 문제를 야기한다.

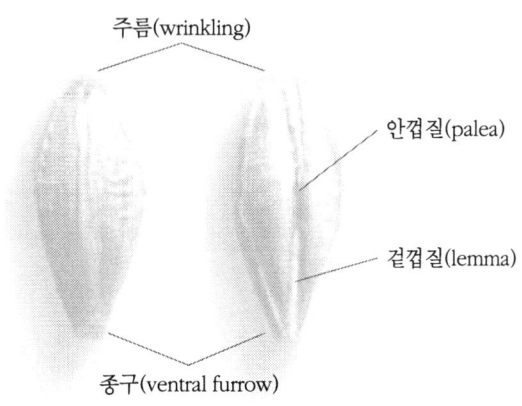

【그림 2-5】 보리 종실의 구조(좌 : 배면, 우 : 복면) [69]

2) 내부 구조

보리의 종실은 크게 배아 영역(germ region), 배유(endosperm) 및 종실껍질(grain covering) 등 3개의 주요 부분으로 구성되어 있다(그림 2-6).

배아 영역은 씨눈인 배아, 유아초 및 유근으로 구성되어 있다. 유아초는 대개 4개의 어린 싹으로 분화되고, 유근은 보통 2~4개가 분화된다. 배아 영역은 얇은 층에 의해 내배유로부터 배반(scutellum)과 매우 얇은 벽의 자엽세포 박층인 상피(epithelium)로 분리되어 있다.

배유는 전분 세포로 구성되어 있고 안정한 상태의 세포로 구성되어 있다. 대부분 전분 입자로 구성되어 있으며, 일부 단백질과 섬유소를 함유하고 있다. 전분 입자는 큰 입자와 작은 입자로 구성되어 있으며 중간 크기의 입자는 존재하지 않는다. 큰 전분 입자는 직경이 20~30 ㎛ 정도이고 작은 전분 입자는 3~5㎛ 정도의 크기이다. 작은 전분 입자는 배유 전분 입자의 전체 수의 70~95%을 차지하는데 중량은 3~10%에 불과하다. 배유 내의 전분 세포는 보리 발아 과정 중에 배아에 에너지를 공급하기 때문에 서서히 감소하게 된다.

배유 내의 작은 전분 입자의 수는 많이 다를 수 있으며, 이는 곡물을 개발할 때 보리 형태별 유전 특성과 환경 영향에 따라 달라진다.

작은 전분 입자는 보리의 제맥 특성과 맥아 제품의 품질에 많은 영향을 미친다. 전분 입자 사이는 단백질 메트릭스로 채워져 있으며 보리의 제맥공정에 영향을 주지는 않는다.

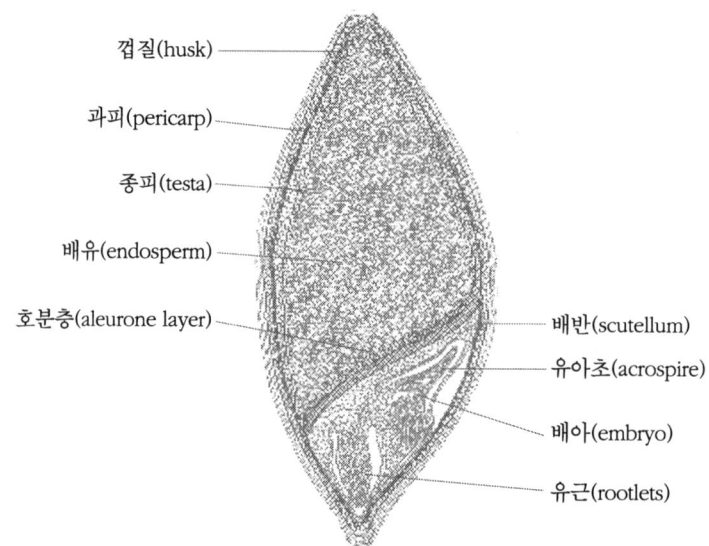

【그림 2-6】 보리의 내부 구조 [86]

전분 세포벽은 모든 내부 및 외부 물질 전달을 조절하는 단백질과 인지질로 구성된 중간에 얇은 막으로 이루어져 있다. 이 중간의 얇은 막은 베타글루칸 층에 의해 양쪽에 둘러싸여 있다. 이 베타글루칸 층은 다공질 층인 펜토산 층이 양쪽에 덮여 있고, 그 바깥으로 아세트산, 페룰라산(ferula acid) 등의 유기산이 저장되어 있다. 이러한 층들은 매우 단단하고 견고하여 안정적인 세포벽 구조를 가진다.

전분 세포벽의 두께는 보리 품종과 생장 조건에 따라 다른데 일반적으로 제맥용 보리는 식용 보리보다 얇은 세포벽을 가지고 있다. 세포벽이 두꺼우면 배유 성분의 분해 과정에 될 때 장애가 되기 때문에 세포벽의 두께는 보리의 제맥에 중요한 요소로 볼 수 있다.

배유는 단백질이 풍부한 호분층(aleurone layer)에 의해 둘러싸여 있다. 호분층은 3개 층의 두꺼운 호분세포로 구성되어 있고 호분층 안에 배유 전분 조직이 있다. 보리가 발아할 때 이 호분층에서 효소를 생산하기 위한 가장 중요한 출발점이 된다. 발아는 상피층에서 발아 호르몬인 지베렐린(gibberellin)을 호분층으로 방출하면서 시작되고 지베렐린의 자극을 받은 호분층은 주로 가수분해 효소를 합성하여 배유에 내보낸다. 세포막분해 효소(cytase)는 전분 세포벽을 우선 분해하고 아밀레이스(amylase)는 전분을 분해한다. 호분층에는 단백질 외에 지방, 폴리페놀 및 착색 물질 등이 함유되어 있다.

보리의 껍질은 7겹으로 구성되어 있지만 실질적으로 3겹으로 구분할 수 있다. 호분층을 둘러싸고 있는 가장 안쪽 층을 종피라고 하며 이 층은 반투과성으로 용해되어 있는 염을 제외한 순순한 물만 곡물 안으로 통과시킬 수 있다.

보리 껍질의 과피(pericarp)가 있으며 이 층은 종피를 둘러싸고 있고, 표피(epidermis)에 의해 둘러싸여져 있다. 보리 껍질(husk) 층은 주로 셀룰오스로 구성되어 있으며 맥주의 품질에 부정적인 역할을 할 수 있는 폴리페놀과 고미 성분 등이 침적되어 있다.

4. 보리의 화학적 구성 성분

보리의 수분 함량은 약 13~15%이다. 보통 수분 함량이 12~20%일 때 수확하는데 수분 함량이 높은 보리는 오랜 기간 저장할 수 없을 뿐 아니라 발아 능력이 빠르게 소실하기 때문에 건조시켜 보관하여야 한다. 보리를 장기 저장하기 위해서는 15% 이하로 건조시켜 보관한다. 우리나라는 수확 후에 장마철이 다가오므로 저장하기 전 수분 함량이 13% 이하가 되도록 건조시켜 보관하는 것이 좋다. 양조용 보리의 평균 화학적 조성은 다음과 같다〈표 2-2〉.

〈표 2-2〉 양조용 보리의 평균 화학적 조성(%)

탄수화물	수분	단백질	지방	무기물	기타
70~85	12~15	10.5~11.5	1.5~2.0	2~4	1~2

1) 탄수화물

탄수화물은 보리에서 70~85%를 차지하는 가장 중요한 물질로서 보리의 종류에 따라 상당한 차이가 있어 맥주 품질에 중요한 영향을 미친다. 보리의 탄수화물은 당류와 그 중합체, 전분, 셀룰로오스 및 헤미셀룰로오스 등으로 세분화된다.

보리에 존재하는 가장 단순한 당류는 포도당($C_6H_{12}O_6$)이며 광합성 중에 CO_2와 H_2O에 의해 형성된다. 보리의 당류 함량은 1.8~2.0%로써 매우 적으며 주로 설탕 형태로 존재하며 약간의 포도당, 과당 형태로 존재한다.

보리 내에서 전분은 탄소에 결합되어 있는 OH기가 서로 중합 반응하여 결합된 긴 사슬모양으로 구성되어 있다. 포도당의 탄소가 결합하는 위치에 따라 1,4-결합, 1,6-결합 및 1,3-결합 형태로 결합하고 결합 형태에 따라 아밀로오스(amylose), 아밀로펙틴(amylopectin)과 같은 전분 형태와 셀룰로오스(cellulose), 헤미셀룰로오스(hemicellulose) 형태로 보리 속에 존재한다.

전분($C_6H_{10}O_5$)$_n$은 가장 중요한 구성물질로서 보리의 63%(건조량 기준)를 차지하는 성분이다. 전분은 포도당이 연쇄 중합되어 보리 내에 저장된다.

전분은 이미 기술한 바와 같이 배유세포 내에서 전분 과립(amyloplasts)으로 축적되어 있으며, 곡류에 따라 전분 입자의 크기와 모양이 다르다. 전분 입자는 98%의 순수한 전분과 나머지 단백질, 지방, 미네랄 물질로 구성되어 있다. 이들 전분 입자는 분자 구조가 달라 제맥 및 담금 과정 중에서 분해되는 과정도 다르다.

아밀로오스는 보리 전분에 16~24%를 구성하고 $α$-1,4결합으로 연결된 긴 분자 나선형 고리로 구성되어 있으며 약 2,000개의 포도당 분자가 연결되어 있다.

아밀로펙틴은 전분의 80%를 차지하며 포도당 분자가 $α$-1,4결합 외에도 $α$-1,6결합을 가지고 있기 때문에 가지(branch)가 존재한다. 아밀로펙틴은 아밀로오스보다 10배 더 큰 최대 4만개의 포도당 분자로 구성되어 있고 6~7%가 $α$-1,6결합을 가지고 있다.

아밀로오스 및 아밀로펙틴은 α-글루코오스로 구성되어 있어 α-글루칸(α-glucans)으로 분류된다(그림 2-7).

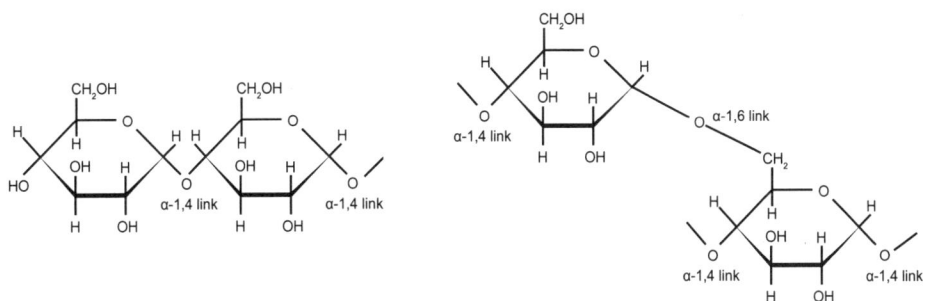

【그림 2-7】 아밀로오스(좌)와 아밀로펙틴(우)의 구조

한편, 건조된 보리의 껍질에 주로 위치하고 있는 셀룰로오스는 전체 보리의 5~6%를 차지한다. 아밀로오스와 마찬가지로 셀룰로오스는 가지가 없는 긴 α-1,4결합을 가지고 있으나 포도당 분자의 공간적 위치에 따라서 구별된다. 아밀로오스는 α-글루코오스에 의한 α-1,4결합으로 이루어졌지만 셀룰로오스는 β-글루코오스에 의한 β-1,4결합으로 구성되어 있어 불용성이 되고 사람이 소화시키지 못할 뿐 아니라 맥아 효소로도 분해되지 않는다. 셀룰로오스는 효소에 저항력이 강해 분해가 쉽지 않다.

셀룰로오스는 양조에서 당화 과정 중 변화되지 않고 남아 맥즙 여과(lautering) 공정에서 여과층을 형성하는 여과재로 작용하여 맥즙(wort)을 맑게 여과하는 중요한 기능을 담당한다. 셀룰로오스 자체는 맥주의 품질에 영향을 미치지 않지만 맥즙 여과를 과하게 하면 껍질에 저장되어 있는 또 다른 물질인 규산(silicic acid) 및 탄닌(tannins) 등이 용출되어 맥주의 품질에 부정적인 영향을 미칠 수 있다.

헤미셀룰로오스는 배유 내 전분 세포벽의 주성분으로서 베타글루칸과 펜토산(pentosan)으로 구성되어 있다. 이 두 가지 물질이 같이 작용하여 배유 내 전분 세포벽을 단단하게 형성해 준다. 베타글루칸과 펜토산은 서로 다른 구조를 가지며 맥주 제조 및 품질에도 서로 다른 영향을 미친다. 일반적으로 헤미셀룰로오스는 80~90%의 베타글루칸과 10~12%의 펜토산으로 구성되어 있다.

베타글루칸은 포도당 분자가 긴 사슬을 이루는 데 이때 결합 위치는 β-1,3결합 (26%)보다 β-1,4결합 (74%)이 주로 이루어진다. β-결합은 길고 확장된 사슬이긴 하지만 포도당 분자가 아밀로오스 사슬처럼 나선형을 이루지는 않는다. 보리의 4~7% 가량 함유되어 있는 베타글루칸은 배유의 세포벽에서 단백질과 펜토산으로 조밀하게 결합되어 있다.

베타글루칸의 분해는 맥아 제조 과정에서 매우 중요한 역할을 하는데 베타글루칸의 충분하지 않은 분해는 맥주에 악영향을 미칠 가능성이 있다. 즉, 베타글루칸의 점성이 강한 베타글루칸 젤(β-glucan gel)이 형성되어 맥주의 여과에 나쁜 영향을 미치게 된다. 베타글루칸은 맥아에 존재하는 것이지만 셀룰로오스와 다르게 효소에 의해 분해될 수 있어 당화 과정에 부분적으로 해결할 수 있다.

펜토산은 주로 자일로스(xylose)와 아라비노오스(arabinose)와 같은 오탄당으로 구성된 중합체이다. 펜토산은 1,4-D-자일로스(1,4-D-xylose) 잔여물로 긴 사슬을 이루며 아라비노오스 잔유물과 결합되어 있다. 펜토산은 껍질의 약 50%, 호분 층의 67%, 배유의 20%를 차지하고 있다. 펜토산은 제맥 및 양조 과정에서 효소에 의해 부분적으로 분해되며 베타글루칸에 비해 맥주 양조와 품질에는 큰 영향을 미치지 않는다.

2) 질소 화합물

보리의 질소 함량은 단백질로 환산하여 10~11.5% 정도 함유하고 있으며 이 단백질의 1/3 정도가 최종 맥주 제품에 이행된다(그림 2-8). 또한, 보리에 단백질이 1% 증가하면 맥주 100ml 당 총질소(9.4mg), 저분자 formol-질소(2.9mg), 중간 분자 MgSO$_4$-질소(2.2mg) 및 고분자 응고성 단백질(0.4mg)이 증가하게 된다(그림 2-9).

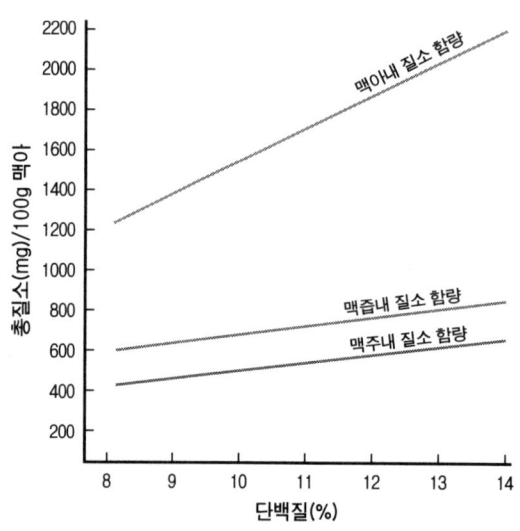

【그림 2-8】 단백질 함량(여름보리)과 맥아, 맥즙 및 맥주에서의 단백질 함량 관계 [99]

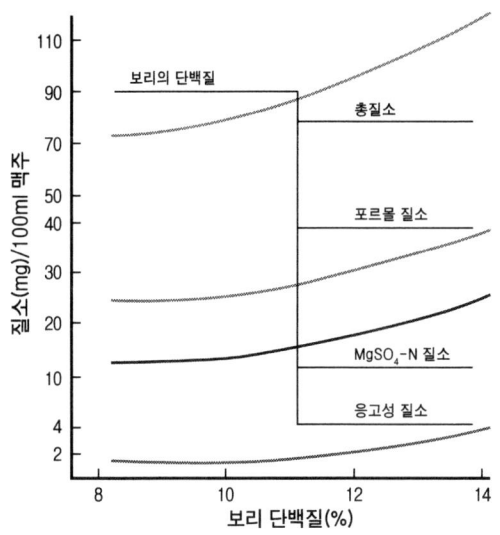

【그림 2-9】 보리 단백질 함량에 따른 질소 화합물의 변화 [99]

한편, 질소 함유 화합물의 일부는 불용성 단백질로 호분층에 존재하여 발아할 때 변화도 되지 않고 맥주 주박(spent grains)으로 남게 된다. 일부는 저장 단백질로서 배유의 세포 중에 전분립과 공존하여 발아할 때 효소의 작용으로 가용성으로 된다. 또 다른 일부는 세포나 배아의 주위에 존재한다.

맥주의 단백질 함량은 상대적으로 적지만 맥주의 품질에 중요한 영향을 미칠 수 있다. 단백질은 맥주에 소량 있더라도 맥주의 혼탁을 유발하기도 한다. 보리의 단백질 함량이 증가하는 만큼 맥아에서 얻을 수 있는 엑기스의 양은 감소하게 되므로 정상적인 양조를 위해서는 단백질 함량이 최대 11.5%를 초과해서는 안 된다.

질소 화합물의 가장 작은 단위체는 아미노산이다. 대략 150종의 아미노산이 있는데 이중 20여 개의 아미노산이 맥주 양조에서 중요한 의미를 갖는다. 아미노산(NH_2-R-COOH)은 메인기(R)에 염기성인 아미노기(-NH_2)와 산성인 카르복실기(-COOH)를 가지고 있는 것이 특징이다.

아미노기는 효모에게 매우 중요하며 충분한 유리 아미노산 질소가 효모의 영양원으로 항상 이용 가능하여야 한다. 일반적으로 유리 아미노산 질소(free amino nitrogen, FAN)는 맥즙 리터당 200mg(200ppm)이 함유되어야 효모 발효가 원활하게 진행된다.

모든 단백질은 아미노산이 가지 없이 연결된 사슬 형태로 구성되어 있으며 아미노산 분자의 배열에 따라 1차~4차 구조로 이루어져 있다.

단백질은 용질의 pH가 따라 산성과 염기성으로 작용하는 양쪽성 전해질(amphoteric)이지만 등전점(isoelectric point, pH 4~6))에 이르면 중성이 되어 용해도가 낮아지게 된다.

보리에 있는 대부분의 질소 화합물은 단백질(약 92%)로서 일반적으로 분자량이 2만~3만으로 매우 크기 때문에 저분자로 분해되지 못한 고분자 단백질의 경우 맥즙에 전혀 용해되지 않거나 맥즙 자비(煮沸)시 침전된다.

한편, 단백질은 용해도 정도에 따라 다음과 같이 분류한다.

① 글루텔린(glutelin)은 보리 단백질의 30% 정도로서 알칼리 용액에서만 용해된다. 이 단백질은 대부분 호분층에 있으며 분해되지 않고 본래 형태 그대로 맥주 주박으로 빠져나간다.

② 프롤라민(prolamin)은 80% 농도 알코올에 용해되는 단백질로서 보리에 있는 프롤라민을 호르데인(hordein)이라고 부르고 보리 단백질 중에서 37% 정도를 차지한다. 일부는 맥주 주박으로 빠져나간다.

③ 글로불린(globulin)은 염용액에 용해되는 단백질로 보리의 글로불린을 에데스틴(edestin)이라고 한다. 보리 단백질의 15% 정도를 차지하고 담금 과정 중에 용해된다. 글로불린은 네 가지 형태(α, β, γ, δ)로서 황을 함유한 베타글로불린(β-globulin)은 오래 자비하여도 완전히 침전되지 않고 남아 맥주에서 혼탁을 일으킨다.

④ 알부민(albumin)은 순수한 물에 녹으며 보리의 알부민을 류코신(leucosin)이라고 한다. 알부민은 16개의 서로 다른 요소로 구성하고 평균 7만의 분자량을 갖는다. 보리 단백질의 약 11%를 차지하고 순수한 물에 용해되고, 자비 중에 완전히 침전된다.

한편, 알부민에 속하는 분자량 4만인 단백질 Z(protein Z)와 분자량 1만 크기의 지질 전달 단백질(lipid transfer protein, LTP1)은 맥주의 거품을 형성하는 가장 중요한 요소이다. 두 단백질은 맥아 제조 과정에 몇 가지 변화 과정을 거치게 된다. 또한, 당질(포도당, 만노오스, 갈락토오스 등)과 단백질의 결합하여 생성된 당단백질(glycoprotein)이 보리에서 존재한다. 이들은 맥아 제조 과정에서 분해되어 맥주의 거품 안정화 효과를 향상시킬 수 있다.

단백질 분해물은 항상 물에 녹기 때문에 맥즙 자비 시 침전되지 않으며 최종 맥주에는 대부분 단백질 분해물이 포함되어 있다. 맥주에 잔존하는 단백질 분해물은 보리 질소 화합물의 약 8%를 차지하며 이 비율은 제맥 및 양조 과정 중에 증가한다.

저분자 분해물은 단백질의 가장 작은 구성 물질, 즉 아미노산과 아미노산이 펩타이드(peptide) 결합을 통해 형성한 중합체인 디펩타이드(dipeptide), 폴리 펩타이드(polypeptide) 및 올리고 펩타이드(oligopeptide)로 구성되어 있다. 저분자 분해물은 효모 세포에 절대적으로 필요한 영양 공급원이다.

고분자 분해물은 프로테오스(proteose) 및 단백질 분해물 복합체와 펩톤(peptones) 복합체로 이루어져 있고 이들은 맥주 거품의 안정성을 향상시키지만 맥주의 혼탁을 일으키기도 한다.

3) 지질과 무기질

보리에는 약 2%의 지질이 존재한다. 보리 지질은 주로 호분층과 배아에 있으며 호분층과 껍질에 있는 지질의 양은 배아에 비해 약 9배 정도에 달한다.

지질은 주로 지방산으로 구성되어 있고 지방산은 탄화수소에 카르복실기가 결합되어 있다.

짧은 사슬 지방산에는 탄소 수가 4개 이하로 초산을 포함한다. 중간 크기의 지방산에는 탄소 수가 5~14개, 긴 사슬 지방산의 탄소 수는 6~18개 정도이다.

지방산 중에서 특히 중요한 것이 불포화지방산이며 특정한 두 탄소 원자 사이에 하나 이상의 이중 결합을 가진 지방산을 말한다.

불포화지방산은 우리의 영양에도 중요(필수지방산)하지만 일부는 인체 내에서 합성하지 못한다. 맥주의 제조에서도 중요한 역할을 하는 불포화지방산은 효모의 세포벽 구조에 필요하며, 이들의 유도체에서 파생된 물질들은 맥주의 병입 후 맥주 맛의 숙성 과정에도 원인으로 작용한다.

불포화 지방산은 반응성이 매우 좋으며 이 반응은 리폭시게네이스(lipoxygenase) 효소 또는 비효소적 과정에 의한 자동산화를 통해 일어난다. 중간 사슬의 지방산은 발효 중에 주로 생성되고 맥주의 숙성 과정에 효모로부터 점차적으로 배출된다. 지방산은 맥주의 거품 유지에 악영향을 미친다.

지질은 대부분 글리세롤(glycerol)이 3개의 지방산과 에스터(ester) 결합으로 긴 사슬을 이룬 트리글리세리드(triglycerides) 형태이다. 지방이 산패되면 지방산과 글리세롤로 분해된다. 제맥 공정 동안 지질은 부분적으로 분해되고, 당화 과정 동안 계속해서 분해된다. 지질은 물에 불용성이며 대부분 본래의 형태 그대로 맥주 주박을 통해 빠져나간다.

한편, 무기질은 보리에서 약 2~3%의 미량 성분으로 존재한다. 중요한 무기질은 인산염(phosphate, P_2O_5) 35%, 실리카염(silicate, SiO_2) 25%, 칼륨염(potassium salts, K_2O) 20%가 있

다. 인산염은 무기질의 주요 구성 성분이면서 보리의 가장 중요한 유기 화합물 구조인 피틴(phytin), 핵산(nucleic acids), 코엔자임(coenzymes) 및 단백질 등에서 발견되는 주요 성분으로 제맥공정 및 맥주 제조 과정 중에 분리된다. 인산염은 발효 과정 중에서 일련의 화학 반응에 수반되는 물질로서 인산염 없이는 효모의 알코올 발효가 불가능해진다. 실리카염은 보리 껍질에 많으며, 전분에 존재하기도 하는데 콜로이드로 용해되며 모든 맥주 혼탁에서 검출되는 성분이다.

4) 기타 물질

보리는 폴리페놀성 물질과 고미 성분, 비타민, 효소 등의 다른 물질들도 많이 함유하고 있으며 미량이지만 맥주 품질과 제조에 영향을 미치는 요소가 많다.

폴리페놀은 껍질 및 호분층에 함유되어 있고 쓴맛을 총칭하며 떫은 쓴맛을 낸다. 건조 보리 중량의 0.1~0.3%밖에 차지하지 않지만 항산화 효과 있어 맥주의 맛의 안정성과 보존 기간에 상당한 영향을 미칠 수 있다.

그러나 폴리페놀 성분이 많을수록 맥주에 거친 맛과 쓴맛을 느끼게 한다. 일반적으로 보리 껍질의 두께에 따라 폴리페놀과 탄닌 함량은 증가하므로 곡피가 두꺼운 보리는 제맥 시에 이들 물질을 최대한 제거해야 한다.

폴리페놀의 한 종류인 안토시아닌은 과일에 많은 종류가 존재하고 자체의 산도(pH)에 따라 안토시아닌의 색상이 변경되는 매우 쓴 색소 성분이다.

폴리페놀이 산화되면 이들의 항산화 효과를 잃게 되지만 부정적 영향은 없다.

비타민은 영양 성분으로 보리에는 B_1(thiamin), B_2(riboflabin), E(tocopherol) 등이 있으나 저장과 공정 중에 파괴된다.

한편, 모든 생물체와 마찬가지로 보리에도 다양한 효소가 포함되어 있다. 제맥 및 양조 과정 중에 일어나는 화합물의 변화는 모두 효소의 작용에 의해 진행된다. 효소는 생물학적 촉매제로서 고분자 단백질이며 특이한 반응을 일으키거나 촉진하고 낮은 농도에서도 활성을 일으킨다.

보리 자체에는 여러 효소가 있지만 소량 존재하며 대부분의 효소는 제맥과정 중에 만들어진다. 효소는 양조장에서 담금공정 중에 전분, 단백질 등 고분자 성분의 분해 과정에 반드시 필요하므로 제맥공정 중의 발아 때 효소 형성은 매우 중요하다.

02 보리의 제맥 준비

1. 보리의 평가

보리 품질은 맥아 품질과 맥주 품질에 결정적인 영향을 미친다. 보리의 평가는 특히 맥아 제조자에게 매우 중요하다. 일반적으로 보리의 평가는 외관 평가, 물리적, 화학적 평가로 나눌 수 있다. 평균 조성물의 정확한 정보를 얻으려면 다른 채취 지점에서 가능한 한 많은 시료를 채취하고 이를 혼합할 필요가 있다.

1) 외관 평가

제맥용 보리는 구입 즉시 신속한 방법으로 다음과 같은 외관을 평가한다. 보리는 깨끗하고 신선한 짚 같은 냄새여야 한다. 습도가 부적절한 곳에 보관된 보리는 흙, 케케묵은 향, 곰팡이 냄새 등이 나타날 수 있다. 이런 경우 발아 능력 감소나 원료 처리의 어려움 등을 예상할 수 있다.

보리는 움켜쥐었을 때 쉽게 흘러내리고 건조한 느낌이어야 한다. 만약 손에 곡물이 붙으면 수분 함량이 높은 것을 의미한다.

보리는 또한 충분히 성숙하고 적정한 시기에 수확, 건조, 보관된 것이라면 광택이 있고 황백색이 된다. 초록빛을 띠거나 광택이 없는 흰색을 띤 보리는 너무 일찍 수확한 것을 의미한다. 비 피해를 입은 보리는 회색을 띠고, 곰팡이에 오염된 보리는 흑갈색, 퇴적에 의한 경우에는 농황색 등의 빛깔을 띠는데 이들은 모두 부적합한 보리이다. 붉은색을 띠는 보리는 푸사리움(*fusarium*) 곰팡이가 대량 번식한 것을 의미하며 맥주에 색이 용출되는 나쁜 영향을 끼치므로 이 또한 맥주 제조용 보리로 적합하지 않다.

한편, 보리 껍질의 특성으로는 이미 기술한 바와 같이 곡피가 얇고, 껍질은 잘고 오들오들한 잔주름이 있는 것이 좋다. 곡피가 두꺼우면 맥주의 주원료가 되는 전분 함량이 줄어들어 엑기스의 양이 감소한다. 또한, 곡피 중에 함유하는 쓴 물질인 폴리페놀 등이 많이 함유하게 되어 맥주 혼탁의 원인이 된다. 다만 곡피는 얇은 것이 좋지만 박피가 쉽게 되는 것은 좋지 않다.

미세 주름은 엑기스가 풍부한 보리를 의미한다. 품종의 특성에 기인할 수도 있지만 성숙이 충분하지 못한 채 조기 수확한 것과 비를 맞은 것은 주름이 적게 되거나 거친 주름이 되기 쉽다. 이런 맥주보리는 발아 비율이 낮은 경우가 많으며 엑기스의 양도 감소하게 된다.

열피(裂皮)와 박피(剝皮)된 것은 수확과 탈곡 과정에서 농기계의 부적합한 사용으로 생긴다. 이러한 맥주보리는 배아의 물리적 충격을 받았으므로 발아에 나쁜 영향을 준다. 박피된 보리는 침지 시 침지 속도가 빠르거나 불균일하게 이루어지고 발아 중 보습 효과가 적어 수분이 쉽게 말라 버리는 등 발아 문제를 가져올 수 있다. 또한, 건조 중에 색깔이 크게 증가하는 경향이 있다.

잡초 씨앗, 모래, 돌, 식물의 줄기, 밀짚, 까끄라기, 금속 물체, 깨진 곡물, 맥각(麥角) 등의 이물질이 없어야 한다.

손상된 보리는 기술적, 생물학적 문제를 일으킬 수 있으므로 제거하여야 하며, 보리의 손상은 동물에 의한 피해 또는 타작하는 동안 주로 발생한다.

그리고 보리는 꽉 차 있고, 둥글고 커야 한다. 이러한 보리 곡립은 일반적으로 더 많은 엑기스를 얻을 수 있고 단백질을 적게 함유하고 있다. 보리 곡립은 꽉 찬 곡립의 비율이 균일한 보리가 양조용으로 바람직하다.

많이 젖은 상태에서 수확한 보리는 이미 발아된 곡립을 포함할 소지가 높다. 이러한 보리는 균일하게 발아하지 않기 때문에 제맥에 사용할 수 없다.

가장 일반적인 곡물 해충은 곡물 바구미이다. 곡물 바구미의 공격을 받은 보리 곡립은 침지하는 동안 상부에 떠오르거나 파먹은 구멍이 보인다. 이러한 손상된 보리는 제맥에 사용할 수 없다.

또한, 우기나 적절하지 못한 저장 상태에 따라 보리는 배유나 껍질의 손상이 나타나는데 우선 정상보리와 외관상으로 구분이 되며, 이런 보리는 발아가 어려워 제맥에 사용할 수 없다 (그림 2-10).

정상 보리　　　비정상 보리(유기로 인한 배유 손상)　　　비정상 보리(건조불량으로 인한 옆트임)

비정상 보리(껍질 손상)　　비정상 보리(이삭의 늦은 발달에 따라 후숙장)　　비정상 보리(높은 숲도에 의한 조기 발아)

【그림 2-10】 정상 보리와 비정상 보리의 외관(www.mebak.org)

2) 물리적·화학적 평가

보리의 물리적·화학적 평가에서는 일반적인 평가(등급, 천립중, 용적중, 경도), 화학 특성 평가(수분, 단백질) 및 물리적인 평가(발아율, 감수성) 등을 실시한다.

곡립 크기의 등급은 신속하고 용이하게 판단할 수 있는 가장 중요한 일반적인 시험법이다. 보리는 진동체로 네 가지의 부분으로 정렬된다. 1번체(2.8mm)에 남아 있거나 2번체(2.5mm)에 남아 있는 보리는 모두 1등급 보리이다. 1번체와 2번체를 통과하지만 3번체에 남는 것은 2등급 보리이다. 3번체를 통과하는 보리는 3등급 보리로 맥아 제조에 이용하지 않고 사료용 등으로 이용한다. 보리의 등급 시험은 항상 100g을 기준으로 조사한다〈표 2-3〉.

〈표 2-3〉 보리의 등급 분류 예

등급	보리가 통과하지 못한 체	보리 무게(g)	보리 비율(%)
1등급	1번체	42.5	88.5
	2번체	46.0	
2등급	3번체	10.5	10.5
3등급	모두 통과	1.0	1.0
합계	-	100.0	100.0

보리 곡립에서 1등급 보리의 비율이 85% 이상이면 제맥용 보리, 90% 이상이면 양질의 제맥용 보리, 95% 이상이면 프리미엄 품질의 제맥용 보리로 구분한다. 반대로 3등급 보리의 비율이 4% 이상이면 사용하기에 부적합한 보리, 3~4%이면 평균적인 제맥용 보리, 2~3%이면 양질의 제맥용 보리, 2%보다 적을 경우 프리미엄 품질의 보리로 구분한다.

천립중(1,000 kernel weight)은 수분 함량을 포함한 보리의 중량을 측정하기 때문에 건조 중량 기준으로 계산한다. 천립중은 보리로부터 추출되는 엑기스의 수율과 관련있다. 천립중의 증가는 1등급 보리 비율과 엑기스 함량이 동시에 증가할 수 있다. 천립중은 깨진 곡립이나 다른 곡립은 제외하며 무거운 것은 곡립이 크고 전분질이 많고 엑기스가 많다. 정상적인 천립중은 38~40g(건량 기준)이며 계산식은 다음과 같다.

$$천립중(g) = \frac{보리\ 1{,}000알\ 무게 \times (100 - 보리\ 수분)}{100}$$

용적중(hectolitre mass)은 부피 100리터에 담겨진 내용물의 무게를 말하며 일반적으로 양조 보리의 용적중은 68~75kg 정도이다. 용적중이 높은 것은 전분질이 많고 따라서 엑기스가 많아진다.

보리의 경도(hardness) 측정은 제맥 과정 및 맥아의 품질을 결정하는 데 유용하게 이용된다. 배유의 경도는 보리 시료를 행과 종으로 잘라서 검사한다. 양조에 좋은 보리는 80% 이상이 부서지기 쉬운 곡립을 포함해야 한다. 유리질 형태의 곡립은 일시적 또는 영구적일 수 있다. 일시적 또는 영구적 유리질의 구분은 보리를 24시간 동안 침지하고 건조시키고 다시 절단하여 구분한다. 맥아 제조에서 영구 유리질은 처리 과정이 어렵다.

보리의 화학적인 검사로서 수분 함량은 보리를 일정 시간 동안 일정한 온도에서 건조되는 표준 건조 절차를 이용하여 결정한다. 검사 규격으로는 일반적으로 13% 이하로 되어 있지만 12% 정도에서 수매하는 것이 좋다. 13% 이상일 경우 미생물의 번식 우려가 있으며 보리 수확에서 탈곡 시점에 수분 25%에서부터 10~12%까지 수분 함량을 서서히 건조한 것이 좋다.

보리에 함유된 단백질 함량은 맥아와 맥주 제조에 중요한 역할을 한다. 단백질 함량이 높은 보리는 제맥 과정에 제조 손실이 크고 가공하기가 어렵다. 단백질 함량 1%가 증가할 때마다 엑기스의 함량이 1%씩 감소하기 때문에 단백질 함량은 보리 공급 계약 체결에서 특히 중요한 항목이다. 보리 단백질 품질검사에는 근적외선 스펙트로스코피(infrared reflection spectroscopy, NIR)를 사용한다.

고단백 맥주보리는 전분 함량이 상대적으로 낮게 되고, 엑기스가 적을 뿐 아니라 곡립에 존재하는 내용물의 용해가 저하된다. 이에 따라 단백질이 많고 발효성이 낮은 저품질 맥아가 제조된다. 또한, 발아 시 발아 온도가 비이상적으로 높게 되기 쉬워 제맥공정 관리가 어렵다. 또한, 고단백이 되면 맥주 색이 진해지고, 혼탁하기 쉽기 때문에 저장성이 나쁘고 향취가 나쁘게 된다.

한편, 보리의 물리적인 검사로서 맥주보리는 발아 시 전분 및 단백질을 분해하는 각종 효소를 생성하고 이들 효소에 의해 내용물을 가용성으로 되게 하는데 이것을 용해(modification)라 한다. 맥주보리는 발아되어야 하며 발아되지 않은 곡립은 내용물이 용해되지 않을 뿐 아니라 부착된 미생물에 의해 정상적인 곡립마저 피해를 입게 된다. 발아가 균일하지 않은 것은 과용해되거나 용해가 되지 않은 곡립이 생겨서 균일한 맥아가 제조되어 수율도 저하 된다.

발아율(germinative capacity)은 휴면이 극복되었는지의 여부와 시료의 모든 곡립이 살아 있는 비율을 말한다. 보리의 96% 이상은 발아할 수 있어야 한다.

발아력(germinative energy)은 일반적인 제맥 조건에서 발아되는 맥주보리의 백분율을 말한다. 발아력 테스트는 맥주보리가 3~5일 후에 발아를 개시하는지 여부를 나타낸다. 발아력이 높으면 건강한 보리로서 제맥이 잘된다는 것을 의미한다. 5일 후에 발아력은 96~98% 정도이어야 하며 3일 후의 발아력은 5일 후의 발아세와 가능한 한 근접해야 한다. 발아력의 판정은 TTC(tetrazolium-tetrachloride) 방법을 사용하여 측정할 수 있으며 특히 수확 후 6주 안에 발아력을 측정하는 데 적합하다.

보리의 물 흡수 정도에 있어서 민감도의 차이가 있는데 이것을 수분 감수성(water sensitivity)이라 한다. 효소적으로 활성화된 보리는 수분을 흡수하는 능력(팽창 능력)이 더 크고 빠르며 일정한 좋은 품질의 양조용 보리이다. 수분 감수성은 최소 침지 시간 내에 보리에 가능한 한 높은 수분 흡수를 달성할 수 있는지 여부를 조사하는 것이다. 72시간 침지 후 수분 흡수능력이 45% 이하이면 불충분, 45.7~47.5%이면 충분, 47.6~50%이면 좋음, 50% 이상은 매우 좋음으로 평가한다.

2. 보리의 정선 및 저장

좋은 맥아를 제조하기 위해서는 모든 보리의 곡립이 동시에 발아하고 균일하게 변화되어야 한다. 균일한 발아가 진행되지 않았다면 용해가 불충분하게 될 경우 함유 성분의 미분해로 인해 맥주의 혼탁을 일으키고, 용해가 지나칠 경우 맥주의 수율이 낮고 품질도 떨어지게 된다. 따라서 순수한 품종의 보리를 구입하고 적절한 방법으로 정선, 저장하는 것이 중요하다. 특히 대단위 재배와 수확되는 보리보다 우리나라와 같이 보리 재배가 소규모 면적에서 수확된 보리의 경우 정선과 저장은 더욱 중요하다.

1) 정선

보리 품종의 순도는 품질이 균일한 맥아를 생산하기 위한 기본 조건이다. 정선은 잡초, 종자, 깨진 보리, 까락, 돌 등 협잡물을 기계적으로 제거하는 과정을 말한다. 협잡물은 수분 함량을 높이고, 곰팡이가 피는 등 맥아 품질을 떨어뜨리는 요인이 된다.

보리의 정선 과정은 크게 예비정립기, 전기 자석장치, 정선기 및 선립기를 거치게 된다. 예비정립기는 체와 통풍에 의하여 먼지와 기타의 협잡물을 제거하는 장치이고, 전기 자석장치는 곡립속의 금속성 조각을 자석으로 제거하는 장치이다. 정선기는 조각난 곡립이나 잡초, 종자, 가락, 돌 등을 제거하는 장치이다. 선립기는 보리를 크기별로 선별하는 장치로써 원통형 선립기와 평면형 선립기가 있다. 침지 중에 작은 곡립은 큰 곡립에 비해 더 빨리 수분을 흡수하므로 크기를 선별하지 않으면 맥아의 품질이 일정하지 않다. 앞에서 소개한 바와 같이 보리는 3등급으로 선별하며 2.5㎜ 이상인 1호맥과 2.2~2.5㎜ 사이인 2호맥은 제맥에 사용하고 2.2㎜ 이하인 3호맥은 보통 사료로 사용한다.

2) 저장

보리는 수확 후 바로 제맥에 사용할 수 없다. 휴면이 끝날 때 까지 6~8주 정도 저장한 다음에 제맥해야 한다. 즉, 보리는 구입 후 보리의 휴면기와 제맥을 수행하기 이전에 일정 기간 저장해 두어야 한다.

보리는 저장 중에도 호흡을 하므로 통풍을 시켜 산소를 공급하여야 하며, 호흡 과정에 이산화탄소, 수분과 열이 발생한다. 만약 산소가 부족하면 보리의 세포 내 호흡이 일어나 알카날(alkanal), 알카놀(alkanol) 등과 같은 독성물질이 형성되고 생명력을 잃게 된다. 따라서 신선한 공기를 공급하여 호흡으로 생성된 이산화탄소와 물, 열을 제거하여야 한다. 그렇지 않으면 호흡에 인해 생성된 열과 수분으로 인한 호흡이 더욱 가속화되고, 곰팡이가 피어서 품질에 나쁜 영향을 미친다. 호흡은 수분 함량과 저장 온도에 크게 영향을 받으며 수분 함량이 15% 이상이면 호흡이 급격히 증가하므로 보리는 반드시 건조시켜서 저장하여야 한다.

　보리는 일반적으로 버틀러 사일로(butler silo)에 보관하여 관리하는데 보관의 조건은 건조하고 서늘해야 한다. 곡립의 저장 수명을 극대화하기 위해 수분 이동 및 응결을 방지할 수 있도록 사일로 내·외부 온도가 비슷하게 유지되어야 하며, 내부 온도를 균일하게 유지하기 위해 환기 팬을 설치하여야 한다. 보리를 사일로의 지붕에 닿을 때까지 채우면 공기 흐름이 나빠져 곡물 표면으로부터 수분 이동을 방해한다. 계절별로 사일로 내외부의 온도 차이가 발생되면 사일로 내부에서 대류현상이 발생되고, 외부 온도의 영향을 받는 보관된 보리 상부 공간에 수분 응결되는 현상이 발생하여 변질 가능성이 높다. 따라서 수분 응결을 방지하기 위해서는 사일로 상부에 배출 팬을 가동시켜 상부의 공기를 배출시켜야 한다.

03 맥아 제조의 실무

보리를 맥아로 전환하는 제맥공정(그림 2-11)은 맥주 제조공정과 같이 매우 복잡하고 중요한 공정이다. 맥아 제조공정을 통해 다양한 맥아 종류가 제조되고 이에 따라 맥주 맛과 타입에 큰 영향을 미치게 된다.

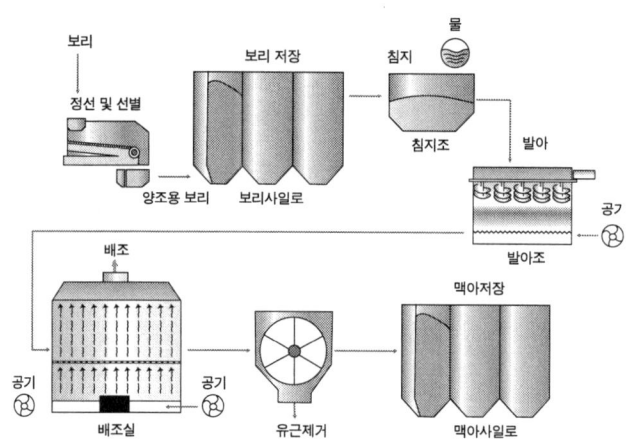

【그림 2-11】 맥아 제조공정 [111]

1. 보리 침지

저장된 보리는 효소의 활성이 매우 약한 불활성 상태이다. 보리가 발아하는 데 필요한 수분을 공급해 주는 과정을 침지(steeping)라 한다. 침지 과정 중에 수분은 과피와 종피 사이에 내부로 침투, 흡수되어 팽윤된다. 부피와 호흡량의 증가되면서 효소가 활성화되어 발아가 시작된다.

보리의 수분 흡수는 일반적으로 초기에는 빠르고 수분이 40% 이상이 되면 완만하게 진행된다. 침지에 따른 수분의 흡수 속도는 침지 시간, 물의 온도, 곡립의 크기, 산소의 공급 정도 및 보리의 품종 등에 따라 달라진다.

보리의 수분 흡수는 2가지 유형으로 구분된다. 첫째 유형(a)은 침지 시 수분을 빠르게 흡수하지만 보리 배유로의 수분 배분은 느린 타입이며 이러한 보리는 뿌리 성장과 발아가 왕성하게 일어난다. 두 번째 유형(b)은 반대로 수분 흡수가 느리지만 보리 배유로의 배분이 빠른 타입이며 뿌리 성장과 발아가 활발하지 못하다. 즉 보리의 수분 흡수 유형에 따라 보리 침지 방식을 달리해야 한다. 따라서 첫째 유형에서는 수분 공급을 더 강렬히 해야 되며, 두 번째 유형에서는 산소 공급을 충분히 해주어야 한다(그림 2-12).

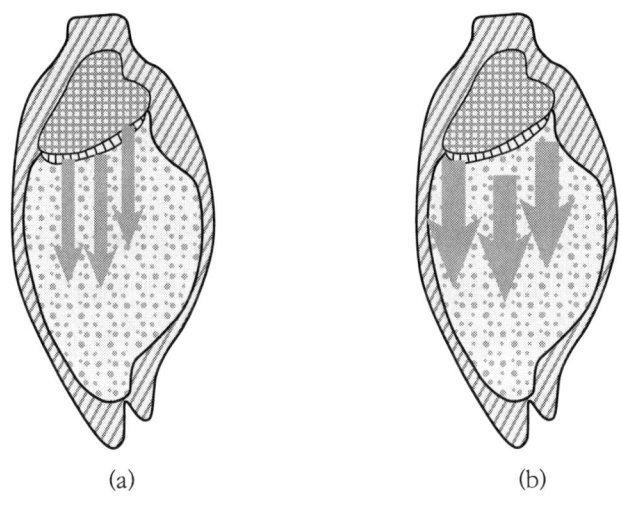

【그림 2-12】 보리 침지 시 수분 침투 유형 [69, 92]

발아가 원활히 진행되기 위해서는 수분 함량이 42~48% 정도가 되어야 한다. 발아에 필요한 수분 함량에 도달하는 시간은 수온에 따라 달라진다. 온도가 높아질수록 흡수 속도가 빨라지는데 침지도가 42%에 도달하기 위해서는 5℃에서 약 100시간, 15℃에서 약 50시간이 소요된다(그림 2-13).

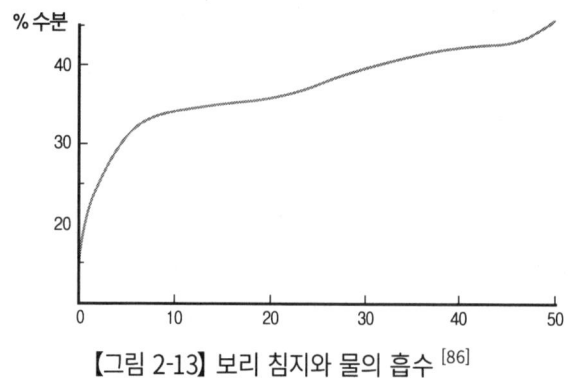
【그림 2-13】 보리 침지와 물의 흡수 [86]

20℃ 이상이 되면 표면에 미생물 번식이 왕성하여 발아에 나쁜 영향을 미치고 너무 낮은 수온에서는 침지 시간이 연장되어 보리가 질식하는 위험이 있다. 따라서 침지 수온은 지하수의 온도인 12~18℃가 적당하다. 곡립이 작을수록 수분의 흡수 속도가 빠르고, 큰 곡립일수록 흡수 속도가 느리다.

한편, 침지도는 보리의 수분 함량을 백분율로 나타낸 것으로서 발아할 때 효소의 생성, 생장과 대사물질의 전달 등에 많은 영향을 미치므로 매우 중요하다. 맥아의 종류에 따라 보리의 침지도는 달라진다. 담색 맥아는 42~44%, 농색 맥아는 44~48% 정도의 침지도가 적당하다.

수분 16%를 함유한 보리 100g이 침지 후 150g이 되었다면 침지도는 다음과 같이 계산된다. 100g의 보리가 수분을 16%를 함유하고 있으므로 침지 후 보리의 수분 함량은 66g(16g+50g)이다. 따라서 100g의 보리는 아래 계산식에 따라 침지 후 44g의 수분을 함유한 것이 된다. 따라서 침지도는 44g/100g=44%이다.

$$100g의 수분 = \frac{100g \times 66g}{150g} = 44g$$

침지에 의해 수분이 40% 이상으로 함유되면 보리의 호흡이 왕성하게 일어나고 산소의 소비가 급격히 증가한다. 이때 신선한 공기를 공급하지 않으면 산소가 결핍하고 발아가 균일하게 되지 않거나 세포 내 호흡에 의해서 에틸알코올, 에스터, 알데하이드, 젖산 등이 생성되고 심한 경우 세포가 사멸하게 된다.

침지는 급수나 물빼기를 반복하면서 이루어지는데 이를 각각 수침과 건침이라 부른다. 또 호흡에 의해서 발생하는 CO_2도 발아를 저해시키므로 침지 시에는 침지조의 하부로부터 통기하여야 하며 수침과 건침을 반복해야 한다. 물을 뺀 후 수 시간 동안 공기를 공급하여 CO_2를 배출하든가 침지조의 하부로부터 CO_2를 흡입 제거한다. 수침과 건침을 반복하는 침지법을 통풍 침지법이라고 하며, 일반적으로 수침 후 8시간 경과 후 물을 빼고 8~10시간 건침 후 다시 조작을 반복한다. 산소 결핍을 방지하기 위해 수침 또는 건침 시 산소를 공급해야 하는데 특히 건침 시 통기하는 것이 효과적이다. 침지 후반부에는 곡립의 호흡이 왕성하기 때문에 1시간에 10~20분간 간헐적으로 통풍하여야 한다.

침지조의 구조는 상부가 원통형, 하부는 원추형으로 전체의 높이는 통기가 쉽고 균일하도록 3m를 넘지 않게 구성된다. 침지 후 보리의 부피는 약 1.6배 증가하므로 침지조의 크기는 보리 100kg 기준으로 2.2~2.4hL가 적당하다. 침지 방법 및 장치는 여러 형태가 있다(그림 2-14).

침지조의 구조를 보면, 침지조의 하부에 원형의 통기관이 장치되어 있고 침지조의 바닥으로부터 물을 넣어 위에서 보리를 낙하시켜 침지한다. 통기관으로부터 압착 공기를 보리 층 내에 통과시켜 산소를 공급한다. 침지조의 중심부에 수직관이 장치되어 있어서 이 관 하부에 공기를 주입하면 보리는 물과 함께 수직관 내를 상승하여 수직관 위에 장치되어 있는 수평관을 통과하게 된다. 통과된 보리는 침지조 내로 비스듬히 낙하하며 수평관은 그 반동으로 회전하게 되어 세척, 혼합이 효과적으로 이루어진다. 침지한 최초의 물은 매우 더러우며 젖산균, 부패균, 곰팡이 등이 부착되어 있기 때문에 빨리 교체해야 한다. 4~6시간 후에는 첫 번째 침지수를 배수하고 공기를 공급해야 한다. 침지 기간 중 5~7회 물을 교체하는 것이 좋으며 그때마다 일정 시간 물을 빼 두고 공기를 공급하여 CO_2를 제거한다.

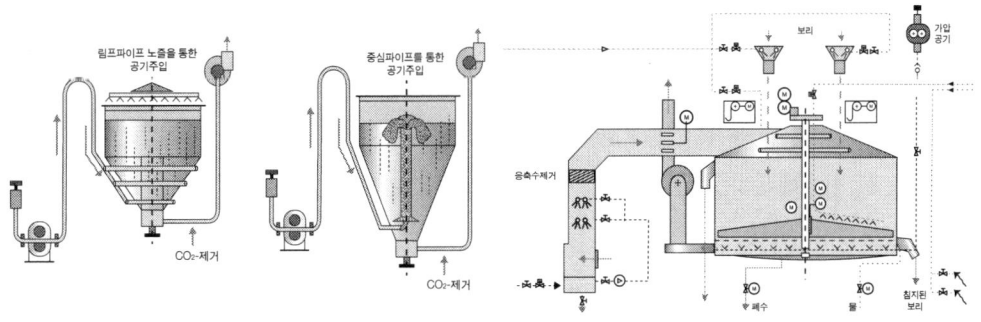

【그림 2-14】 원통형 침지 방식(좌)과 평면형 침지 방식(우) [69, 70, 111], (Seeger GmbH, Plüderhausen)

최근에는 수침 시간을 줄이고 건침 시간을 늘려 공기와 접촉하는 시간을 연장하고 있으며 건침 시간은 전체 침지 시간의 80% 정도까지 높이고 있다. 침지 시간은 수온이나 보리의 상태에 따라 달라지지만 일반적으로 약 36~60시간이 소요된다. 침지도가 부족하면 발아가 지연되고 유아초나 유근의 성장이 부족하거나 용해가 불량하고, 반대로 침지도가 지나치면 발아력이 약하게 되며 발열의 원인이 되어 맥아 손실이 많아 과용해의 맥아가 될 수 있다.

보리의 세척에 의해서 표면에 부착된 이물질이나 곡피 중에 존재하는 쿠말린(comalin) 등 여러 가지 생장 저해 물질과 탄닌, 폴리페놀 등도 침지에 의해서 제거된다. 곡피에 존재하는 여러 가지 화합물의 용출을 촉진하기 위해 NaOH 용액을 수 시간 수침한다. 0.1% 농도에서는 맥아 품질에는 영향을 미치지 않으나 농도를 더 높이게 되면 효소 생성에 피해를 줄 수 있고 맥주의 색상을 떨어뜨린다. 그러나 국산 보리의 경우 보리 껍질이 두꺼워 NaOH를 사용하는 경우가 있으나 수입 보리의 경우는 일반적으로 사용하지 않는다.

또한, 보리에 부착되어 있는 미생물을 살균할 목적으로 포르말린이나 과산화수소를 침지수에 첨가할 때도 있고, 발아 촉진제로서 지베렐린 산을 침지수에 첨가하거나 발아상 위에 살포하여 발아 기간의 단축을 유도하는 경우가 있다.

침지가 끝난 보리의 하단에는 약간의 유근이 하얗게 나온 싹(chit)을 볼 수 있으며 침지 공정에서 수분을 충분히 흡수한 보리를 발아를 위해 발아 상으로 이송하는 작업을 하맥이라고 한다.

2. 보리 발아

보리발아(germination)는 배아가 배유의 영양소를 이용하여 유아초와 유근으로 자라는 것을 말한다. 즉, 발아하는 동안 새로운 보리 식물이 종실에서부터 자라나게 된다. 새로운 식물을 형성하는 보리는 호흡 및 기타 대사 과정을 수행하기 위해 다량의 에너지가 필요하다. 어린 보리는 환경에 적응하고 광합성에 의해 자체적으로 당류를 만들기 이전에는 배유에 저장된 영양 성분을 사용한다.

한편, 제맥 초기 단계에서는 전분과 같은 물질이 배유 내부에 안정된 고분자 물질로 존재한다. 이 고분자 물질은 작은 분자로 분해되어야 효모가 발효 시 흡수가 가능하다. 고분자 물질의 분해 과정은 발아하는 동안 형성되는 효소에 의해 이루어지며 효소의 생성이 제맥의 주요 목적이다. 효소는 담금 과정에서 큰 분자를 작은 분자로 분해하는 데 필요하다.

1) 발아하는 동안 일어나는 과정

수분 함량이 30% 이상 증가하면 배아에서 발아가 시작될 수 있다는 신호이다. 발아공정은 성장 과정, 효소 형성 및 대사 전환 등 3단계로 구분된다.

발아하는 보리는 유근(rootlet)과 유아초(acrospire)가 발달하며 유근은 침지 마지막에 보리의 하부에서 관통하게 되며 육안으로 관찰된다. 침지가 끝나는 시점에 유근은 곡립의 하부에 보이게 되고 시간이 지남에 따라 서로 얽히게 된다(그림 2-15).

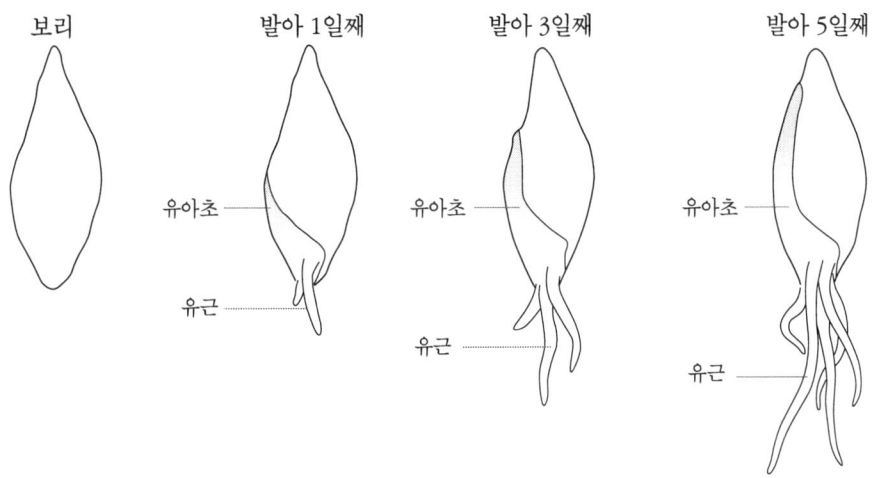

【그림 2-15】 보리의 발아 과정 [69]

유근은 약 2일 후에 2~4갈래의 작은 뿌리를 형성하는데 필스너 맥아는 곡립의 1.5배 길이로, 흑맥아는 약 2배의 길이에 달한다. 유근은 배조(kilning) 과정에서 건조 후 제거하게 되며 그만큼 맥아 손실에 해당된다.

따라서 가능한 한 유근 손실을 적게 유지하기 위해 유근의 성장에 영향을 미치는 요인을 고려해야 한다. 유근의 성장은 침지 온도와 발아 시간에 영향을 받는다.

따뜻하고 오랜 발아는 긴 뿌리가 되어 큰 손실이 발생하므로 유근으로 인한 손실을 줄이기 위해 발아는 가능한 한 낮은 온도에서 짧은 시간 내에 종료해야 한다. 유근의 성장에 의한 손실은 맥아 건조 중량의 약 4%에 해당한다.

보리의 유아초는 종피에서 껍질을 깨고 보리의 위 끝을 향해 종실의 등 부위로 성장한다. 유아초의 성장은 껍질 아래가 불룩하게 팽윤하는 것으로 알 수 있다. 유아초는 유근과 달리 껍질 밖으로 성장하지 않기 때문에 맥아를 문질러서 제거하는 동안 손실이 발생하지 않는다.

유아초의 길이로 종실 내부의 대사 변화 과정과 보리의 용해 정도를 알 수 있으며 유아초의 발달과 보리의 변화 과정은 대략 서로 비슷하게 진행된다.

유아초의 길이는 어느 정도 까지 진행된 후 중지해야 하며 그렇지 않으면 저장 물질이 대사하여 손실이 너무 크게 된다. 유아초는 필스너 맥아의 경우 곡립 길이의 약 2/3~3/4, 흑맥아의 경우 약 3/4~1 정도에 도달한다. 상기 두 가지 타입의 유아초의 조절 범위의 차이는 유형별 필요한 분해물의 양이 서로 다르기 때문이다. 유아초가 종실 위쪽으로 튀어나온 상태를 과신장이라고 하며, 이는 발아 온도가 너무 높거나 공정상의 실수로 일어날 수 있다.

한편, 보리 내의 효소가 활성화되고 새로운 효소가 생성되는 것이 발아 및 제맥의 목적이다. 이미 기술한 바와 같이 α-amylase를 제외한 대부분의 효소는 보리에 존재하며 발아 공정 중에 이 효소가 활성화되거나 생성된다.

제맥 중에 활성화되거나 생성되는 효소는 전분 분해효소(α, β-amylase), 세포벽 분해효소(β-glucanase, cytase), 단백질 분해효소(protease, peptidase), 지방 분해효소(lipoxygenase) 및 인산 분해효소(phosphatase) 등이 있다.

발아과정에서 효소가 생성되는 메커니즘을 보면, 우선 상피층에 존재하는 성장 촉진 물질인 지베렐린 산이 호분층으로 방출하면서 시작된다. 지베렐린 산의 자극을 받은 호분층에서 아미노산이 분비되어 β-glucanase, α-amylase, protease, phosphatase순으로 효소들이 생성되어 분비된다. 이때 β-아밀레이스는 호분층이 아닌 배유에서 생성되어 분비된다(그림 2-16).

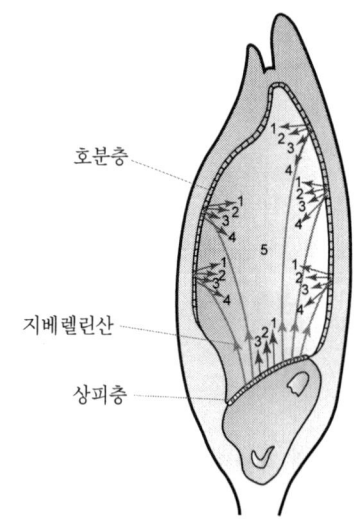

1. Endo-β-Glucanase
2. α-Amylase
3. Protease
4. Phosphatase
5. β-Amylase

【그림 2-16】 보리의 발아 과정 중 효소의 형성 과정 [120]

맥아에서 가장 중요한 효소는 전분 분해효소로서 α-아밀레이스이다.

α-아밀레이스는 보리에서는 존재하지 않는 효소이다. α-아밀레이스의 생성에는 산소가 필요하고 대부분은 발아 3~4일째 생성된다. 발아 과정 중에 생성된 α-아밀레이스는 배조 과정 중에 크게 감소한다(그림 2-17). α-아밀레이스는 발아 첫날 보리의 호흡에 의해 생성되므로 발아의 첫 번째 단계에서 적절한 통기는 α-아밀레이스 생성을 위해 매우 중요하다. 잔여 한계 덱스트리네이스(limit residual dextrinase)의 형성 과정은 α-아밀레이스 형성과 비슷한 패턴을 보인다.

효소가 매우 풍부한 맥아가 필요할 경우(증류주 제조장에서 대량의 전분을 당화하는 경우) 매우 오랜 시간 동안 발아시킨다. 그 결과 유근이 더 증가하게 되어 맥아 손실은 증가하지만 α-아밀레이스 함량은 더 증가하게 된다. 이것을 긴 맥아(long malt)라 한다.

한편, β-아밀레이스는 발아되지 않은 보리에서 다량으로 존재한다. 발아가 시작되면 효소의 양이 잠시 감소하다가 발아 시작 2~3일째 그 양이 급격히 증가한다. β-아밀레이스는 발아 1일째부터 호흡대사와 직접 관련이 있으므로 이때 지속적인 공기 공급이 효소를 생성하는데 중요하다. 발아 마지막 단계에서는 β-아밀레이스 함량은 거의 변하지 않는다(그림 2-17). 배조 후 β-아밀레이스의 함량은 발아 전보다 조금 더 감소한다.

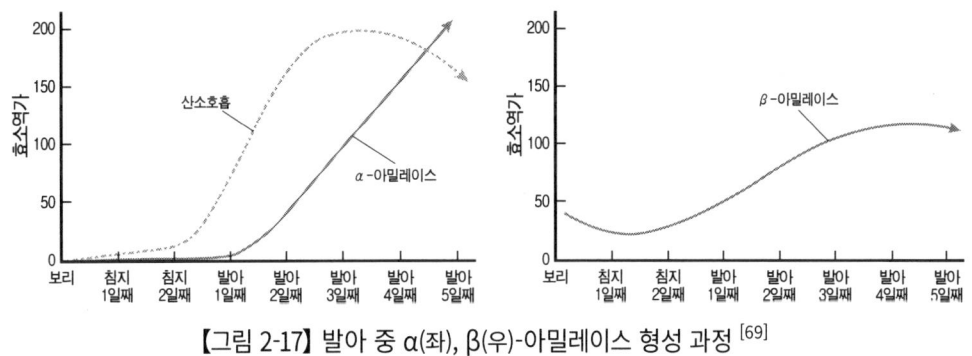

【그림 2-17】 발아 중 α(좌), β(우)-아밀레이스 형성 과정 [69]

발아 기간 중에 생성되는 α, β-아밀레이스의 함량에는 다음의 몇 가지 인자들이 영향을 미친다.

① 아밀레이스 함량은 보리 품종에 영향을 받는다.
② 같은 품종이더라도 보리 곡립이 큰 것은 작은 것보다 아밀레이스를 더 많이 생성한다.

③ 녹맥아(green malt, 발아가 종료된 맥아)의 수분 함량이 높을수록 아밀레이스의 함량이 높아진다.
④ 집중적인 산소 공급은 아밀레이스 효소 생성을 촉진한다.
⑤ 저온에서 발아하면 항상 아밀레이스 함량이 높은 반면, 고온에서의 침지와 발아는 효소가 생성되는 시기를 앞당길 수 있으나 그 생성 양은 감소하게 된다.

한편, 아밀레이스의 활성 정도는 효소역가(diastic power)로 측정하고 Windisch-Kolbach-Units(WK)로 표현한다. 디아스타아제(diastase)는 아밀레이스의 오래된 용어이다.

발아 과정 중에 전분 분해 효소인 아밀레이스 외에도 이미 언급한 바와 같이 단백질 분해효소, 지방 분해효소, 세포벽 분해효소 등이 생성된다. 이들 효소는 보리에 미량으로 존재하다가 발아 3~4일째 대부분 생성된다. 이러한 효소의 생성 과정은 아밀레이스의 생성 과정과 거의 비슷하다.

2) 발아중 보리 내의 성분 변화

발아 과정에서 생성된 효소 일부는 보리의 배아 부분에 영양소가 공급되도록 역할을 한다. 즉 효소는 고분자 물질이 저분자 물질로 전환하는 역할을 한다. 분해된 저분자 물질은 보리 내의 새로운 세포 물질을 생성하기 위해서 이동하거나 또는 호흡에 이용된다. 그러나 호흡과 새로운 조직 세포로 성장하는데 많은 저분자 물질이 이용되면 맥아 제조 수율을 낮아지므로 극히 저분자 물질의 일부만이 이용되도록 해야 된다.

한편 발아 중 보리의 저장물질 변화를 보면 다음과 같다.

(1) 베타글루칸의 용해 및 분해

배유의 세포벽은 헤미셀룰로오스와 단백질이 박막(lamella) 구조로 구성되어 있고 다른 유기산을 저장하고 있다.

발아하는 동안 이 세포벽은 세포벽 분해 효소 복합체에 의하여 부분적으로 분해된다. 이들 복합체에는 헤미셀룰레이스와 베타 글루카네이스(β-glucanase)가 포함되어 있다. 헤미셀룰로오스의 주성분인 베타글루칸은 제맥공정 중에 이미 보리에 존재하는 exo-β-글루카네이스(exo-β-glucanase)와 제맥 과정에 생성되는 endo-β-1,4-글루카네이스(endo-β-1,4-glucanase), endo-β-1,3-글루카네이스(endo-β-1,3-glucanase)에 의해 분해된다.

β-글루카네이스는 베타글루칸을 단백질 결합으로부터 분리시키며 다른 베타글루칸 분해 효소보다 최적 온도와 불활성 온도가 높다. 또한, 이 효소는 고분자의 베타글루칸만을 덱스트린까지 분해시킨다.

상기 베타글루칸 분해 효소들은 세포벽 골격을 분해하여 다른 효소들이 배유 내부로 침투하여 효소적 분해를 촉진시키게 된다. 이 과정이 용해 또는 세포용해(cytolysis)이다.

용해 정도를 평가하는 방법은 곡립의 부서지는 정도로 용해 정도를 알 수 있다. 즉 보리 곡립은 초기에는 매우 단단하게 구성되지만 발아가 끝난 후에는 손가락으로 눌러 분쇄할 수 있다. 손가락으로 문질러 보았을 때 내용물이 뭉치지 않고 잘 퍼진다면 용해가 충분히 일어났다고 볼 수 있으며 발아를 중지시켜도 좋다.

한편, 고분자 베타글루칸이 주로 겔을 형성하게 되는데 맥주 여과는 베타글루칸 겔이 만들어지는 양에 따라 문제를 일으킬 수 있다. 따라서 맥아에는 고분자 베타글루칸을 분해할 수 있는 endo-β-글루카네이스 함량이 높아야 한다. 이 효소의 필요한 양은 맥아 kg당 120unit 정도이다.

일반적으로 맥아의 베타글루칸 함량이 낮은 것이 좋으나 보리 품종마다 베타글루칸 함량에 차이가 있으므로 베타글루칸 함량이 낮은 품종을 개발하고 선택하는 것이 필요하다. 고분자 베타글루칸 함량이 높을수록 맥주 여과에 나쁜 영향을 미치는 겔을 형성할 가능성이 높아진다.

발아력이 낮은 보리로 만든 맥아는 맥주 여과 시 문제를 일으키므로 제맥할 때 발아율이 높은 좋은 보리만을 사용하고 수분 함량이 12% 이하로 건조된 상태에서 보관된 보리를 사용하는 것이 좋다. 균일한 품질의 맥아 생산을 위해서는 발아가 균일하게 진행되어야 한다. 발아하지 않은 보리가 맥아에 포함되면 담금 공정 중 60~70℃의 온도에서 용해되지도 않고 더 이상 분해되지 않는 고분자 베타글루칸을 생성하게 된다. 양호한 세포 용해 및 과도하게 단백질 분해하는 능력을 가진 새로운 보리 품종을 사용할 경우에는 발아 중인 보리의 수분 함량을 제한히고 낮은 발아 온도를 유지하여 용해를 늦출 필요가 있다.

맥아는 맥주와 맥즙 내의 베타글루칸 함량에 영향을 미치며 맥즙의 베타글루칸 함량은 200mg/l를 초과해서는 안 된다.

한편, 세포 용해는 매우 복잡한 과정이고 맥아 품질에 매우 중요한 요소이다. 세포 용해도에 대한 평가는 다음과 같은 효소들을 통해 알 수 있다〈표 2-4〉.

〈표 2-4〉 용해의 평가 [111]

구 분	평가
파쇄성(friability) 측정값	90% 이상(바람직하게는 95% 이상)
완전히 유리질화된 곡립	2% 미만
거친 차이(coarse difference)	최대 1%
단백질 용해도(Kolbach Index)*	38~42%
65℃에서 베타글루칸 함량	350mg/l 이하
65℃에서 맥즙의 점도	1.6mPas 이하

* Kolbach Index : 조단백 분해지수로서 맥아가 가지고 있는 총 질소에 대한 가용성 질소의 비율을 나타낸 값이며 단백질의 분해 정도를 %로 나타낸 값

단백질 용해도 평가는 담금 시 용해된 형태로 분해되는 보리의 단백질 비율을 포함하며 이 수치는 콜바흐 지수(Kolbach index)로 나타내며 정상적인 수치는 38~42% 정도이다.

단백질 용해도가 낮을수록 맥아의 용해도가 낮고 분해가 덜 된다. 이런 경우 세포벽이 아직 충분히 분해되지 않아 생기는 문제이고 전분 분해에도 문제를 일으킬 수 있다. 또한, 분해되지 않은 베타글루칸은 맥주 여과 시 문제를 유발할 수 있다.

반면 단백질 용해도가 너무 과다하면 아미노산과 같은 용해 분해물이 많이 생성되게 된다. 이러한 과량의 아미노산은 배조 과정에서 마이얄 부산물을 형성시킨다. 이러한 마이얄 부산물은 맥주의 TBA(thiobarbituric acid amount)와 색상을 증가시킬 뿐 아니라 맥주의 향미 안정성의 감소 원인이 된다. 따라서 콜바흐 지수는 41% 이상 초과하지 않는 것이 좋다.

한편 단백질 용해도는 주로 보리 품종에 영향을 받는데 예로서 Alexis, Chariot, Scarlett 같은 보리 품종은 중간 정도의 용해도를, Thuringia, Maresi, Krona 품종은 높은 용해도를 나타낸다. 따라서 상기 보리 품종의 경우 발아 3일째부터 산소 공급을 줄여 맥아 손실과 단백질 용해도를 낮추는 발아 공법을 적용하는 것이 좋다.

(2) 전분의 분해

전분은 배아의 에너지 잠재력을 나타낸다. 배아는 호흡을 통해 에너지를 얻고 당분은 에너지 대사과정 및 새로운 세포 형성에 에너지원으로 이용된다.

호흡대사를 위해 전분은 당으로 전환되어 배아에 공급된다. 그러나 호흡작용에 따라 전분의 손실이 발생하기 때문에 전분 손실이 최소화되도록 보리의 호흡을 제한해야 한다. 보리의

전분 함량은 약 63%이며, 맥아에서는 58% 정도로 감소하는 대신 당은 2%에서 8%로 증가한다. 즉 제맥 과정을 통해 5~6%의 전분이 당분으로 분해되는 것을 의미한다.

일반적으로 100g의 보리로 90g의 맥아를 얻을 수 있는데 보리의 전분 함량은 63g이고 호흡 등으로 인한 손실이 없다면 90g의 맥아에는 63g의 전분이 함유(70%의 전분)되어 있어야 한다. 그러나 실제로는 전분 함량이 58%뿐이므로 약 12%의 전분이 분해되어 6%는 당분으로 전환되고 나머지 6%는 호흡 등으로 제맥 과정에서 소비되어 잃게 된다.

호흡은 발아 시간, 온도와 통풍의 정도에 따라 달라지며, 호흡에 따른 소비량을 줄이기 위해서는 가능한 한 저온에서 짧은 기간 내에 발아를 종료해야 한다.

또한 보리 발아 중에서는 꼭 필요한 양의 공기가 공급되어야 한다. 발아 3일째부터는 호흡 손실을 최소화하고 단백질 용해 정도를 줄이며 리폭시게네이스 활성을 감소시키기 위해 호흡을 제한해야 한다. 호흡의 제한은 맥주의 향미 안정성에도 기여한다. 맥아 내의 당은 주로 포도당이지만 과당 및 설탕도 존재한다. 맥아당(maltose)는 곧바로 분해되기 때문에 거의 없다. 전분 입자는 발아 전과 비교해 형태나 크기가 동일하지만, 소량의 전분 분해로 인해 전분 입자는 효소로부터 분해되기 쉬운 상태로 변한다.

(3) 단백질 분해

단백질은 호흡에는 이용되지 않지만 유근과 같은 새로운 세포 조직을 형성하는데 이용된다. 세포 조직에 활용되려면 우선 고분자인 단백질은 저분자 물질로 분해되어야 한다. 발아 기간 중에 38~42%의 단백질이 가용성 물질로 분해되는데 이는 펩티데이스 효소에 의해서 아미노산, 올리고펩타이드 등의 저분자 물질로 분해된 것이다. 질소를 함유한 물질은 유근으로 전달되기 때문에 보리에 있는 단백질 함량보다 맥아에 함유한 단백질 함량은 약 0.3% 감소하게 된다.

(4) 지방 분해

지방산과 글리세롤의 에스터 결합인 지방은 지방 분해 효소인 리파아제에 의해 분해되어 지방산이 분리된다. 특히 유아초와 유근에 집중되어 있는 리폭시게네이스에 의해 분해는 연속적으로 진행되며 분해산물로서 노나디에날(nonadienal) 같은 성분은 녹맥아에서 인식할 수 있는 오이 향기의 원인이 된다.

(5) 디메틸 설파이드의 생성

디메틸 설파이드(dimethyl sulphide, DMS)는 맥주에서 양배추 또는 삶은 채소 같은 향미를 부여하는 휘발성 황화합물이다. 따라서 DMS의 생성을 예방하고 제거하는 것이 중요하다. 발아할 때 비활성인 DMS 전구체가 생성되는데 이 전구체는 열에 불안정하며 고온에서 활성화된 DMS 전구체(DMS-Precursor)와 유리 휘발성 DMS(free volatile DMS)로 전환된다(그림 2-18). DMS는 발아와 침지 과정에서 비활성 전구체로부터 생성되기 때문에 비활성인 DMS 전구체가 활성화된 DMS-P와 유리 휘발성 DMS로 전환되는 비율을 최소화하여야 한다.

침지와 발아할 때 높은 침지 온도와 높은 발아 온도에서 이 DMS 전구체는 더 많이 형성된다. 따라서 침지도, 발아 기간 중의 수분 함량, 낮은 발아 온도 및 용해를 제한하면 DMS 전구체의 함량이 낮아진다. 대부분의 DMS 전구체는 유근으로 이동하고 매우 일부분만이 맥아에 남는다.

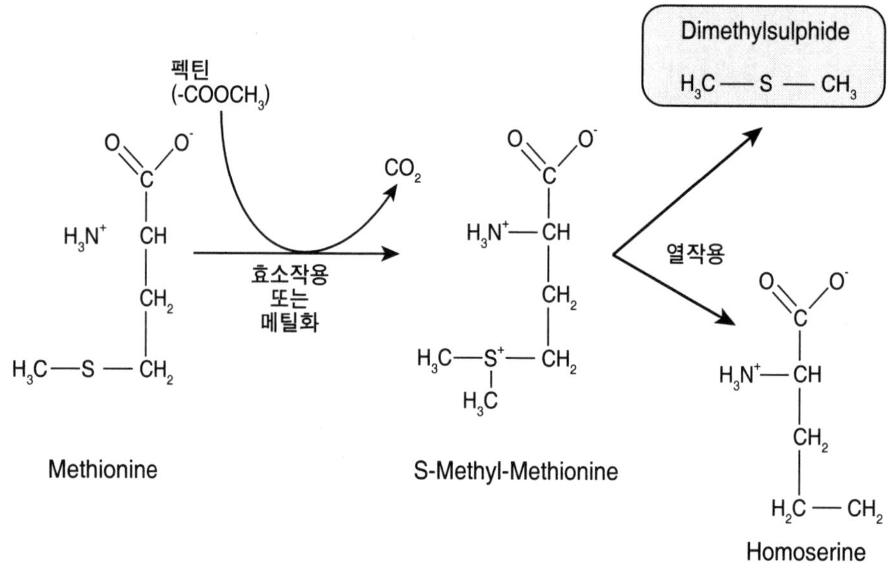

【그림 2-18】 메티오닌으로부터 DMS 생성기전

한편, 보리가 맥아로 전화된 후 보리와 맥아의 구성 성분을 비교하면 〈표 2-5〉와 같다.

〈표 2-5〉 보리와 맥아 구성 성분 비교

단위 : %(건조량)

구 분	맥아	보리
전분	58~60	63~65
자당	3~5	1~2
환원당	3~4	0.1~0.2
기타 당질	2	1
수용성 검	2~4	1~1.5
헤미셀룰로오스	6~8	8~10
셀룰로오스	5	4~5
지방	2~3	2~3
조단백질	8~11	8~11
알부민	2	0.5
글로불린	-	3
호르데인	2	3~4
글루텐	3~4	3~4
아미노산 및 펩타이드	1~2	0.5
핵산	0.2~0.3	0.2~0.3
미네랄	2.2	2
기타 성분	6~7	5~6

3) 발아 조절제

발아 대사를 조절하기 위해 특정 물질을 첨가하여 발아의 가속 또는 감속 효과를 얻을 수 있다. 이러한 물질을 성장 조절 물질이라 하며 발아를 촉진시키는 촉진제와 지연 또는 차단하는 억제제로 구분한다.

가장 널리 사용되는 촉진제는 보리에 미량으로 존재하는 지베렐린 산이다. 지베렐린 산은 곰팡이(*Fusarium moniliforme*)의 대사 부산물로서 1926년 일본에서 순수한 형태로 분리되었다. 지베렐린 산은 이 곰팡이를 배양해서 얻은 것으로 일정 기간 저장 수명을 가지는 흰색의 결정 분말이다. 수용액 형태로 사용되는 지베렐린 산은 알코올이나 아세톤 50ml당 1g을 용해시키고, 이 용액에 필요한 만큼 물로 희석하여 사용한다. 이 용액은 쉽게 분해되어 활성을 잃기 때문에 사용하기 전 24시간 이내에 조제해야 한다.

준비된 용액은 압축 공기 또는 펌프을 이용하여 노즐을 통해 발아하는 곡립에 분무된다. 박스형 발아(germination boxes)의 경우는 분무 노즐에 터너(turner)가 부착되어 있고 회전하는 동안 분무를 실시한다.

지베렐린 산은 가능한 한 조기에 첨가해야 하며 건조된 보리 또는 발아되기 전의 보리에 분무하는 것이 가장 효과가 높다. 용액은 곡립에 부착되고 발아하는 종자에 급속하게 흡수된다.

지베렐린 산의 양은 보리 1톤당 0.03~0.08g의 농도로 첨가하며, 보리의 품종과 생산연도, 제맥 시간 등에 따라 첨가량이 달라진다. 지베렐린 산은 휴면 기간을 단축하기 때문에 양조 시작 시점에는 다량 사용하다가 점차 그 양을 줄이게 된다. 맥아를 제조할 때 지베렐린 산을 사용하면 다음과 같은 장점이 있다. 발아 기간을 2일 정도 단축시킬 수 있고, 엑기스 수율을 약 1% 증가시킬 수 있다. 또한, 세포 용해가 더 잘되고, 단백질 분해를 증진시키며 높은 효소 잠재력, 보리의 휴면 기간 단축 및 맥주 제조 시 착색을 증가시킨다.

한편, 억제제는 발아하는 동안 보리의 뿌리 성장을 제한하는 역할을 하고 맥아 손실을 감소시킨다. 억제제는 〈표 2-6〉과 같은 것이 사용된다.

〈표 2-6〉 발아 억제제 종류

억제제	사용하는 농도	맥아제조 시 손실 감소 비율(%)
질산	보리 1톤당 1~1.5kg	약 3
암모니아	0.25% 수용액	약 6
포름알데히드	0.05~1%	약 1
황산	pH 1~3	1.5~3
브롬산칼륨	보리 1kg당 100~500mg	2~4

지베렐린 산과 함께 브롬산칼륨을 첨가할 경우 단백질 분해를 억제하는 동시에 상당한 양의 맥아 손실을 줄일 수 있다.

배조하기 전에 포도당을 보리에 분사하면 수율 향상 및 pH의 감소가 나타난다. 또한 베타글루카네이스의 첨가를 통해 맥아의 세포 용해와 수율이 향상되는데, 베타글루카네이스는 상대적으로 온도의 저항성과 담금 시점까지 부분적으로 활성 상태를 유지하기 때문이다. 베타글루카네이스는 발아 때 용해가 좋지 않는 보리에 특히 많이 적용된다.

3. 발아공법

발아는 현대식 공법에서는 원형 또는 직사각형 박스에서 수행되며 공법은 다음과 같다.

1) 공압식 제맥공법

공압식 제맥공법에서는 침지된 보리에 강압적으로 냉각 또는 가습된 공기를 불어넣는 방식이며 수분 함량, 온도, 습도 등이 냉각 가습된 공기의 송풍에 의해 제어된다. 따라서 공압식 제맥 설비는 차고 습한 공기를 공급하는 장치와 보리 발아에 필요한 상자형 또는 드럼형 발아 장치로 구성된다.

우선, 공기 주입을 위해 침지된 보리를 청공된 시트 위에 1.8m의 높이로 쌓고 발아가 빠른 속도로 진행할 수 있도록 침지된 보리에 많은 공기가 통과되도록 강제로 송풍해야 한다. 송풍에 필요한 공기의 양은 녹맥아에 시간당 보리 1톤 기준으로 300~700m^3의 공기가 필요하다.

이때 보리는 호흡하면서 열(보리 1톤당 20만kcal)이 발생하는데 이 열은 제거되어야 한다.

투입되는 공기는 침지된 보리보다 약 2℃ 정도 차가워야 하기 때문에 직접 증발기를 이용하여 연중 공기를 냉각시켜야 한다. 이 증발기에 의해 공기 흐름과 함께 자동으로 원하는 온도로 설정되는데 외부 온도가 크게 떨어지는 겨울철에는 공기를 예열해야 한다.

침지된 보리는 발아 기간 동안 약 45%의 물을 함유하고 있어야 한다. 건조한 공기가 침지된 보리를 통과하게 되면 침지된 보리가 말라 버리기 때문에 공기는 지속적으로 수분을 함유하고 있어야 한다(그림 2-19).

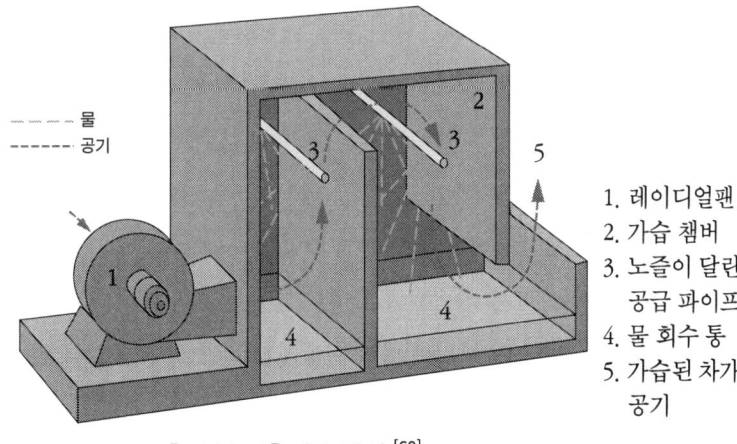

【그림 2-19】 가습 장치 [69]

공기의 가습은 물의 미세한 분무에 의해 이루어진다. 물이 조기에 침전되지 않도록 공기가 들어가기 직전에 분무하며 이때 보리 1톤당 약 0.5㎥의 물이 필요하다.

한편, 보리가 발아하는 동안 매우 강한 호흡으로 인해 보리 내부 성분을 잃게 된다. 따라서 호흡에 의해 보리의 내부 성분이 너무 많이 소실되지 않도록 CO_2가 풍부한 배기 공기를 불어 넣는 방법이 있다.

공압식 제맥공법에서 교반기의 목적은 차갑고 습한 공기를 침지된 보리에 연속적으로 접촉하게 하는 역할을 한다.

공압식 제맥공법 중에서 드럼형 제맥공법은 가로로 놓인 원통형 용기에 침지된 보리를 넣고 드럼을 회전 교반하면서 온도와 습도가 조절된 공기를 송입하여 발아시키는 방식이다. 침지된 보리가 놓이는 발아 드럼은 통기가 가능한 닫힌 시트 형태의 금속 드럼이 설치되어 있다.

드럼형 제맥기는 예로 밀폐된 원통형 용기 내에서 연속적으로 통풍하는 Galland drum 방식이 있다(그림 2-20).

이 방식에서는 보리 층이 두꺼우므로 발아 첫날에는 건조한 공기를 보내어 발아를 촉진시킨 후 4~5일째에는 회전 수를 많게 하여 뿌리가 엉키는 것을 방지해야 한다.

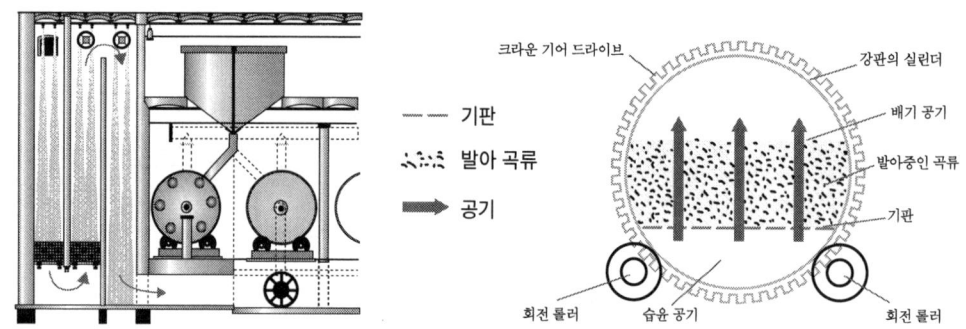

【그림 2-20】 Galland drum식 제맥(좌)과 발아 드럼(우) [69]

Galland drum 방식은 직경이 2~4m이고 길이가 3~15m인 금속 플레이트 실린더로 이루어져 있다. 침지시킨 보리가 놓이게 되는 기판은 수평으로 드럼 하부에 위치하고 있다. 습윤 공기는 침지된 보리의 아래에서 취입되어 전면의 채판을 통해 드럼을 떠난다. 드럼은 천천히 회전하는데 회전 속도는 드럼의 크기에 따라 달라지며 대략 0.5~1시간이 소요된다.

드럼에 완전 충전할 경우 약 70%가 채워지며 일정한 시간 간격으로 천천히 회전한다. 드럼 방식은 침지된 보리가 발아할 때 손상이 최소화되는 장점이 있지만 시스템을 작동하는 것이 매우 비경제적(드럼당 20톤까지 가능)이다. 이런 이유로 드럼형 제맥기는 현재 일부에서만 사용되고 있다.

한편, 공압식 제맥공법의 또 다른 공법인 상자형 제맥 방식은 오늘날 가장 일반적으로 사용되는 맥아 제조공법이며, 다양한 크기와 다양한 변형된 형태의 제조기가 존재한다. 발아 상자는 5~30톤을 처리할 수 있는 직사각형 상자가 대부분이다.

수년 전부터 상자형 제맥기는 보리를 최대 600톤을 처리할 수 있는 원형으로 구축되었고, 원형 상자는 일반적으로 몇 개의 상자가 탑처럼 배열된 타워형 제맥기가 사용되기 시작하였다. 현재 원형이 가장 바람직한 것으로 알려져 있으며 기본 원리는 모든 경우에 동일하다. 침지된 보리는 전체 발아 시간에 걸쳐 같은 층에 있고, 발아 보리는 아래에서 흐르는 냉각된 습한 공기와 접촉하면서 발아 과정이 연속적으로 이루어지는 방식으로 스크류형 교반기에 의해 교반된다. 상자형 제맥에는 다음과 같은 방법이 있다.

(1) 사각형 발아장치

사각형 발아기(rectangular germination units)는 벽돌 또는 철근 콘크리트에 내장되어 있다. 최근까지 가장 널리 이용되고 있는 방식으로 나선형 교반기로 침지된 보리를 지속적으로 뒤집어 준다. 일반적으로 발아실에는 발아 시간 주기에 따라 여섯 개 정도의 발아 상자가 옆으로 나란히 배치되어 있다. 발아실은 단열과 부드러운 벽과 천장으로 이루어져 있으며 약간의 가압으로 유지되어야 한다. 이 목적을 수행할 수 있도록 발아실은 항상 폐쇄된 상태로 유지되어야 하며 문은 공기 차단기로 밀폐되어 있다.

상자의 길이는 16~20m, 폭은 4~5m의 큰 장방형 상자인 궤(kasten) 속에서 발아하는 것으로 카스텐(kasten)식 발아 장치라고도 한다. 바닥에서 40~60cm 높이에 구멍이 뚫려 있는 철판 재질의 발아상이 있고 이 발아상 위에 침지된 보리를 0.5~0.9m 두께로 쌓는다. 발아상 $1m^2$당 보리의 양은 250~500kg을 채울 수 있으며, 한 개의 발아 상자에 20~30톤의 보리를 수용할 수 있다. 발아상 밑으로부터 습도와 온도를 조절한 공기가 송입되고 여러 개의 수직 나선형 교반기가 회전하면서 상자의 끝에서 끝까지 왕복하여 녹맥아 층을 뒤집고 발아한 뿌리가 엉기지 않게 보리를 운반한다. 발아가 끝날 무렵의 보리 층의 두께는 0.7~1.3m로 증가한다. 교반기는 스크류형 또는 나선형 교반기가 있다.

구동 장치는 약 8rpm으로 회전하면서 나선형으로 교반하고 다른 드라이버 장치는 발아 중인 보리의 상을 통해 0.6~0.8m/min 속도로 교반기 빔이 천천히 전진한다. 이 교반기는 발아 첫째 날에는 두 번 실시하고, 다음 날부터는 하루에 한 번만 실시한다. 발아 중인 보리에 추가적인 물 공급이 가능하도록 스프레이 노즐이 교반기 운반대에 부착된다(그림 2-21).

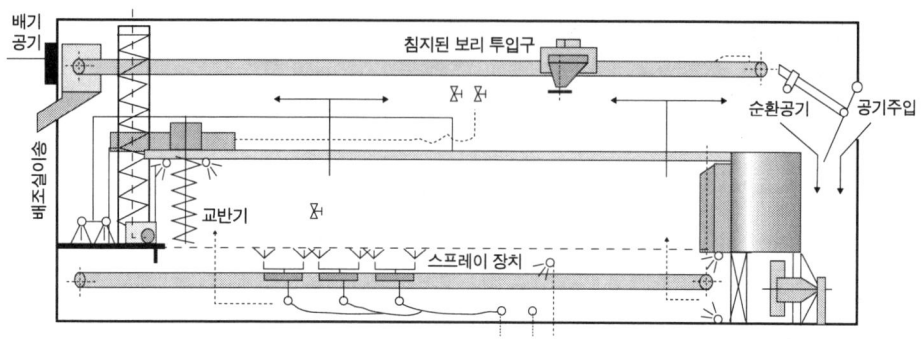

【그림 2-21】 사각형 발아 장치(Bühler GmbH, Braunschweig)

(2) 원형 상자형 제맥 장치

원형 상자형(circular boxes)은 일반적으로 직사각형 상자형과 같은 원리에 따라 내장되어 있고 같은 요소로 구성되어 있다. 원형 상자형 제맥장치에는 두가지 타입이 있다. 교반기의 빔이 고정되어 있고 원형 상자의 바닥이 회전하는 방식과 원형 상자의 바닥이 움직이지 않고, 고정된 중간 축 주위를 교반기 빔이 이동하면서 회전하는 방식이 있다. 오늘날 두 가지 유형 모두가 사용되고 있다(그림 2-22).

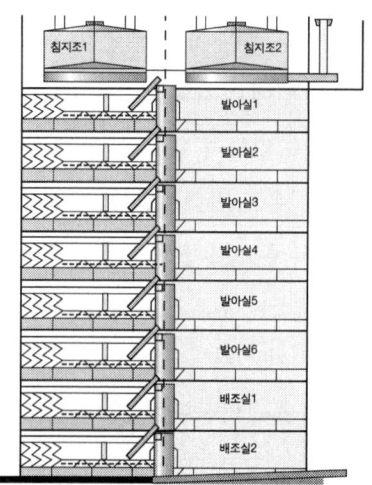

【그림 2-22】 타워형 제맥실(Bühler GmbH, Braunschweig)

일반적으로 보리의 발아 시간은 대략 5일 정도로서 제맥의 생산 사이클이 설정되어 있는 경우 연속 작업이 가능하도록 5개의 발아 상자가 옆 또는 위에 장착되어 있다.

교반기 빔이 중앙보다 둘레에서 같은 시간에 훨씬 더 큰 표면에 걸쳐 이동하기 때문에 중앙에 비해 가장자리는 더 큰 양의 맥아가 대응하므로 가장자리 스크류는 보다 더 빠르게 회전해야 한다. 이때 평탄한 장벽이 발아가 끝난 보리를 고정된 중앙의 축 방향으로 이동시켜 배출하게 된다.

발아 상자는 일반적으로 콘크리트에 세팅되고 개별로 분리된 스탠딩 상자는 일반적으로 금속으로 제조된다.

중앙 기둥이 없는 타워형 제맥기의 경우 직경이 약 30m로 제한되고 큰 직경의 경우 중앙 기둥이 필요하다. 큰 제맥기는 단위당 약 600톤의 보리를 처리할 수 있다. 타워의 직경은 34.5m 정도이고 중앙 기둥의 직경은 약 4.5m이다.

한편 상자형 제맥장치 운전 시스템에서는 제맥은 녹맥아가 항상 움직이며 교반기를 사용할 수도 있고, 항상 침지된 형태의 녹맥아가 배조실을 향해 이동한다. 침지된 보리는 1~2일 단위로 1단계씩 배조실 가까이로 이동한다. 운전 시스템에는 다음과 같은 방법이 있다.

① 이동식 구획 제맥 설비

이동식 설비는 50~60cm 길이와 3~4m 폭의 큰 발아 상자로 구성된 발아 통로로 되어 있다. 이 발아 통로는 일반 발아 상자처럼 배치되어 있지만, 발아상 칸이 반나절씩 분량으로 구획된 칸이 14~18개 부문이 나누어져 있다. 교반기는 (그림 2-23)과 같이 버킷 삽(bucket scoops)과 고무 스크레이퍼(rubber scrapers)로 만들어져 있다. 최근의 교반 장치는 경사진 스크류 교반기가 함께 작동하도록 설계되어 있다. 침지된 보리는 상자 위에 위치한 침지 탱크로부터 첫 번째 반나절 구역에 분배된다. 이때 속도를 매우 완만하게 녹맥아를 처리하는 교반기는 20~30cm/min 속도로 이동하는데 이는 침지 보리가 분배되는 시작 부분부터 배치의 끝 부분까지 매일 2번씩 이동하기 위한 것이다.

발아는 이동하면서 계속 진행되고 발아 완료 시점인 상자의 끝에 도달하면 스크류 컨베이어에 의해 콘크리트 홈통에 녹맥아가 퇴적된다. 그리고 이 녹맥아는 엘리베이터로 배조실로 옮겨게 된다.

발아 세척을 위하여 하루분량 구획은 일정한 시간 간격으로 청소 목적으로 비워진 상태로 유지된다. 이 과정 동안 발아상 밑의 각 구획을 통하여 위에 있는 보리의 발아 단계에 따라 적당한 습도와 온도로 통기하며 연속적으로 발아 작업이 진행된다. 침지된 보리는 각각의 반나절 구획마다 공급되는 공기의 양에 차이가 있기 때문에 반나절 구획의 공기 공급 밸브는 개별적으로 제어할 수 있다.

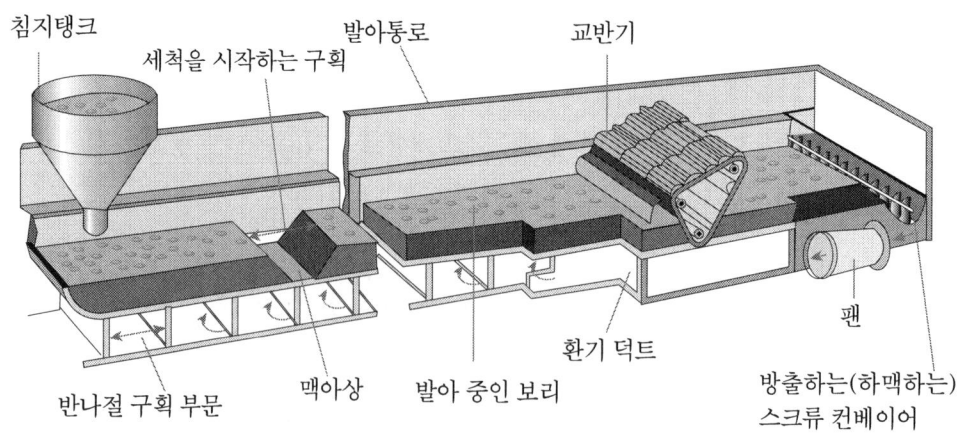

【그림 2-23】이동식 배치 설비 [70]

② 배조실 연계형 이동식 제맥 장치

이 제맥 장치는 Lausmann 제맥 시스템으로 부르며 침지된 보리가 매일 앞으로 하나의 구획으로 이동하여 인접한 배조실에서 배조되도록 설계되어 있다(그림 2-24).

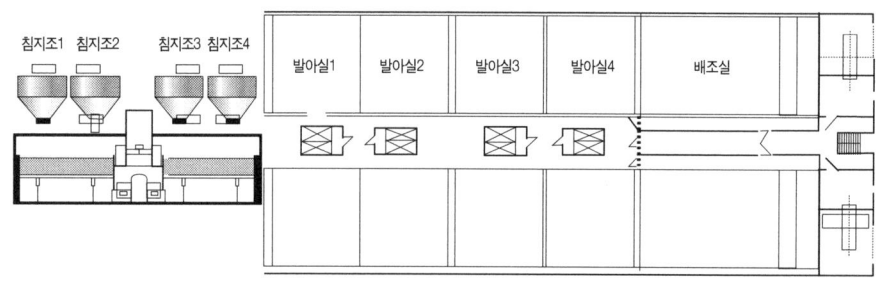

【그림 2-24】배조실 연계형 이동식 제맥 장치(Lausmann system) [86]

침지조에서 침지된 상태로 첫 번째 구획에 1단위가 배출되며 보리는 이동식 발아층에 놓여서 리프팅 장치 통해 이동하게 된다.

구획을 이동하는 동안 통기 시스템에 의해 차가운 공기가 공급되고 설치된 교반기에 의해 다음 층으로 침지된 보리가 부드럽게 이동한다. 이때 추가적인 물을 공급할 수 있도록 분무장치가 내장되어 있다.

연결된 배조실는 발아실로부터 문으로 분리되어 있고, 녹맥아가 배조실로 이동할 때는 배조실 문이 열리고 교반기에 의해 배조실로 이동된다. 배조실은 맥아를 배조할 수 있는 열교환기와 강력한 방사형 팬으로 구성되어 있다. 전체 설비는 완전 자동으로 제어되며 모든 개별적인 구획은 별도로 조절 가능하다.

이 설비는 개별적인 제맥공정을 운송 없이 가능하고, 시스템을 운영하기 위한 필요 공간이 작다. 또한, 최소한의 유지 비용과 높은 조작 신뢰성 및 가격 대비 성능이 뛰어나다는 것이 장점이다. 이 설비로 보리를 매일 5~75톤 제맥이 가능하다.

③ 발아·배조 설비

이 설비는 하나의 용기 내에서 발아와 건조를 수행할 수 있다. 이를 위해 용기는 발아를 위한 통기 장치뿐 만아니라 배조 공정을 수행하기 위한 가열기가 장착되어 있다. 요즘 설비는 원형 형태로 내장되어 있다.

이 설비의 장점은 녹맥아의 이동이 없기 때문에 에너지가 절약되며, 맥아의 손상을 피할 수 있고, 모든 과정이 한 곳에서 발생하기 때문에 시간과 공간이 절약된다. 단점으로는 발아와 배조 사이에 큰 온도 차이가 발생하기 때문에 건물의 스트레스에 의한 변형으로 이어질 수 있다. 이러한 단점을 보완하기 위해 Unimälzer 시스템의 경우, 외부 열이 차단되며 가열에 의한 팽창 스트레스가 발생하지 않는 분절형 금속 코팅을 사용하고 있다. 이 설비의 회전 층은 최대 600kg/m^2의 보리를 침적하여 작업할 수 있으며 바닥은 스테인리스 스틸 벽에 고정하고 2~4개로 구성된 엔진에 의해 0.4~0.5m/min의 속도로 순환한다.

Unimälzer 시스템에서 모든 과정이 하나의 용기 내에서 일어나므로 온도 및 환기 제어는 각 박스에 의해 조절되고 정해진 일정에 영향을 받지 않는다. 각 용기는 중앙에 배조, 환기 및 가열기가 배치되어 있고, 발아 환기 설비를 갖추고 있다.

④ Uni-Cont 제맥 설비

이 제맥 설비는 소량 제맥만이 가능한 제맥 시스템이며 모든 공정은 단일 회전 가능한 용기에서 수행된다.

보리는 3.5m 높이로 세워진 용기에서 침지되고, 미리 프로그램된 스케줄에 따라 균일한 물 분배가 이루어진다. 또한, 침지된 보리는 건조가 진행되는 동안 이산화탄소는 빠져나가고 신선한 공기로 대체된다. 또한, 뜨거운 열풍의 공급 제어되는 배조기가 부착되어 있으며 맥아는 용기의 원뿔을 아래로 회전시켜 수거한다.

이 설비는 최대 3.8톤을 처리하기 위해 설계되어 있으며, 이는 맥주 연간 생산량 130톤(=7,600hl) 제조에 해당하므로 소규모 양조장에서 관심을 가지는 설비이다. 현재 국내에서 소규모 맥주의 활성화와 함께 지역에서 생산된 보리를 지역 맥주 제조가 활발히 이루어지고 있어 이 설비를 이용한 제맥을 시도해 볼 수 있다(그림 2-25).

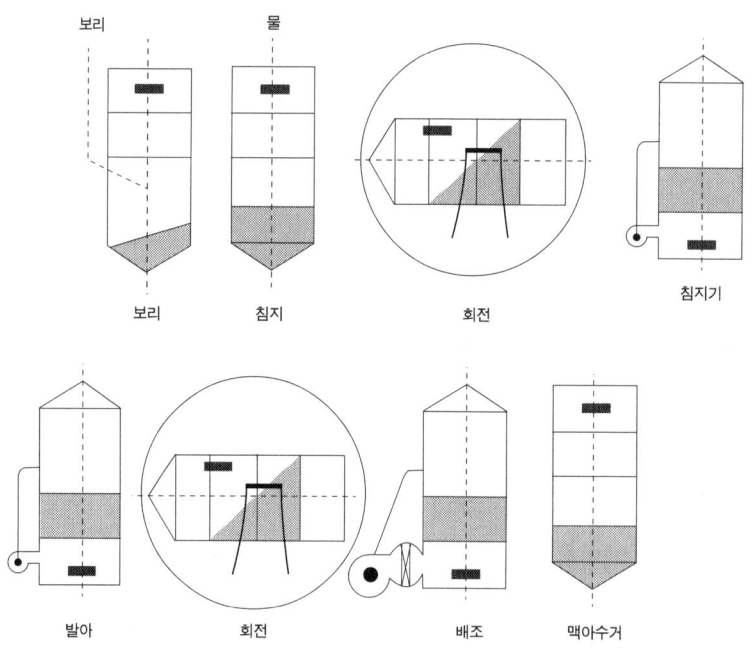

【그림 2-25】 Uni-Cont 제맥 장치(Hauner Benno, machine equipment Diespeck)

04 맥아의 배조

배조(焙燥)는 발아가 종료된 녹맥아(綠麥芽)를 건조시키는 과정을 말하며, 초기 건조(initial drying 또는 withering) 과정과 배초(焙焦, curing) 과정으로 구분된다. 배조는 발아와 용해를 중지시키고 맥아 색소와 풍미를 형성시키는 데 목적이 있다.

1. 배조 과정 중의 변화

1) 수분 함량의 감소

배조 과정을 통해 맥아의 안정성을 높이고 저장 가능하도록 40% 이상인 수분 함량을 5% 미만으로 감소시키고, 효소의 활동, 발아와 용해 등 맥아의 모든 대사과정이 중지된다. 이때 효소의 역가는 유지되어야 한다. 효소는 수분이 많은 녹맥아에서보다 건조한 녹맥아에서 열에 잘 견딘다.

수분이 많은 전분은 고온에서는 젤라틴화되어 냉각 후 맥아는 더 이상 사용이 불가능하게 된다. 이러한 맥아는 겉모양이 유리 같은 딱딱한 맥아가 된다.

초기 건조 과정은 수분 함량이 40% 이상인 녹맥아의 수분을 10~12%로 낮추는 예비 건조 과정이다. 이때 녹맥아 사이로 더운 공기를 통과시켜 녹맥아를 가열하는데 효소가 파괴되지 않도록 40~50℃에서 수분 함량을 서서히 낮추면서 건조해야 한다. 이때 건조 온도가 55℃를 초과하면 안 된다. 수분 함량이 10~12%로 감소되었을 때 건조 온도를 50℃ 이상으로 높여야 하며 40~50℃ 온도에서 수분 함량을 천천히 감소시켜야 맥주의 향미 안정성이 증가한다.

2) 발아와 용해의 종료

수분이 제거되면 발아가 중지되고, 유근은 더 이상 성장하지 못한다. 배조 과정을 통해 곡립의 성장, 호흡 및 용해 현상들은 열 효과에 의해 중지되고, 더 이상 분해 과정은 일어나지 않고 맥아의 내구성은 좋아진다.

3) 색과 향미 성분의 생성

90℃ 이상의 배초 온도에서는 아미노산과 당이 반응하여 갈색을 띤 아로마가 강한 멜라노이딘을 형성하게 된다. 또한, 아미노산과 디카보닐 화합물의 스크렉커 반응에 따라 스트렉커 알데히드(strecker aldehyde)가 형성되며 이렇게 형성된 알데히드는 아로마가 매우 강하다. 이러한 성분들은 모두 마이얄 반응을 통해 형성된 것이다(그림 2-26).

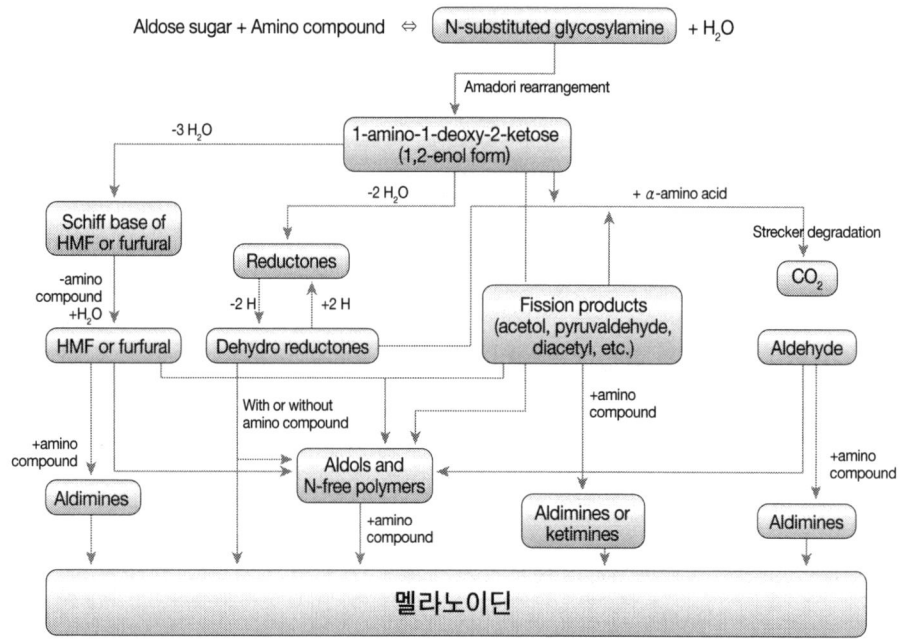

【그림 2-26】 멜라노이딘 형성 경로 [111]

마이얄 부산물의 형성은 녹맥아의 건조 과정 중 온도, pH, 습도 함량에 따라 다르게 나타난다. 맥아의 종류에 따라 색상, 풍미 생성물이 다양하게 형성되는 것도 이것 때문이다.

반면, 이 생성물 중에는 병입된 맥주에서 불쾌하고 오래된 맛을 야기하는 전구 물질도 있다. 이러한 물질들은 고온에서 장시간의 건조 과정에서 더 많이 생성되며 맥아, 맥즙 또는 맥주의 열 노출 정도를 나타내는 TBA값으로 표시된다. 높은 열 노출에 의한 TBA값은 맥아, 맥아즙 또는 맥주의 맛 안정성에 중요한 지표가 된다.

마이얄 생성물은 색상과 풍미를 생성하기 때문에 농색 맥아에서는 많이 생성되어야 하고, 담색 맥아의 경우 생성되는 것을 방지해야 한다. 마이얄 생성물은 고온에서 당과 아미노산으로부터 형성되기 때문에 생성을 방지하려면 초기 생성물의 형성을 방지하거나 적어도 제한하여야 한다.

제맥하는 동안 마이얄 생성물 함량을 낮추기 위해서는 낮은 단백질 변성을 갖는 보리 품종 사용, 침지 기간의 단축, 발아 3일째 산소 공급 단축 및 단백질 용해도를 41% 이하로 유지하는 것이 중요하다. 또한, 초기 건조는 35~50℃에서 시작하는 것이 좋고, 고온에서 단시간에 거쳐 배초하는 것이 바람직하다. 맥아(콘그레스 맥즙 기준)의 TBA값는 14보다 적어야 한다.

TBA 생성물과 단백질의 용해도 및 맥주의 이미·이취 사이에는 상관관계가 있다. 농색맥아의 제조에서는 배초 온도와 초기 건조 단계에서 생성된 출발 물질도 마이얄 반응에 중요한 역할을 한다. 즉 농색맥아의 경우 높은 습도와 고온에서 초기 건조가 이루어지는 경우 맥주 풍미는 스크렉커 알데히드에 의해 긍정적인 효과를 나타내지만 담색 맥아는 그렇지 않다.

또한, 농색맥아의 아로마 성분의 변화는 저장한 후에 발생하기 때문에 사용하기 전에 2~3개월은 저장해 두어야 한다. 이러한 방식으로 향미 안정성이 높고 맥아 향이 풍부한 맥주가 얻어진다.

껍질에서 주로 발견되는 폴리페놀 또한 필요한 경우 색상을 생성에 기여할 수 있다. 이 경우 안토시아니딘(anthocyanidins)의 무색의 전구물질인 프로안토시아니딘(proanthocyanidins)이 관여한다. 산성 용액에서 가열하면 플라반(flavan)의 말단에서 공기 중의 산소에 의해 산화되어 탄소 양이온이 방출되고 적 아토시아니딘(red anthocyanidins)이 제조된다. 이것은 붉은색 맥주 제조에 필요한 붉은 색도를 생성한다.

4) 유리 DMS와 DMS-P의 생성

이미 기술한 바와 같이 DMS는 맥주에서 양배추와 같은 바람직하지 않은 채소의 풍미를 생성하는 냄새 화합물이다. 제맥하는 동안 DMS의 형성이 시작되며 두 가지의 생성 경로가 있다.

DMS의 비활성 전구 물질인 S-메틸 메티오닌(S-methyl methionine, SMM)은 발아 단계에서 형성되며, 불안정하여 가열에 의해 유리 DMS와 DMS 전구체(DMS precursor, DMS-P)로 분리된다. 이 활성 DMS 전구체(DMS-P)를 가열하면 일부는 휘발성 DMS로 전환되며 일부는 맥아에 존재하게 된다. 변환되지 않은 DMS-P는 나중에 효모에 의해 흡수되거나 유리 DMS로 변환될 수 있다.

한편, 이 DMS는 산소와 결합하여 디메틸설폭사이드(volatile dimethyl sulphoxide, DMSO)로 산화되며 이 DMSO는 야생 효모 또는 미생물 오염에 의해 감소될 수 있지만, 더 이상 제거되지 않을 수 있어 음용하기에 부적당한 맥주가 될 수 있다.

일반적으로 DMSO의 농도와 영향력은 미미하여 무시될 수도 있는데 85℃ 이상의 높은 배초 온도 또는 맥주에 오염 물질이 존재할 경우 DMSO는 주의해야 한다.

보리와 제맥공정은 DMS-P 농도에 영향이 매우 크며 보리의 종류는 DMS-P 농도에 큰 영향을 미친다. 예로서 Alexis 품종은 DMS-P 농도가 낮다. 또한, 겨울보리가 항상 여름보리보다 DMS-P 농도가 약 2ppm 정도 더 높아 재배 지역의 기후에도 영향을 받는 것을 알 수 있다.

발아 시 높은 수분 함량은 DMS-P 및 TBA값을 높이는 요인이 된다. 단백질 분해가 많이 일어나면 더 많은 DMS-P를 생성되며 높은 발아 온도도 DMS-P 생성으로 이어진다. 발아의 지속 시간을 증가시키면 DMS-P의 큰 증가를 가져오며 초기 건조 온도의 증가는 DMS 함량을 감소시키지만 TBA값을 증가시킨다.

또한, 배초 온도는 DMS-P의 함량에 매우 큰 영향을 미치는데 배초 온도가 높을수록 DMS-P는 DMS로 변환되어 휘발된다. 일반적으로 DMS-P 농도는 담색 맥아의 건조 중량 대비 평균 400μg/100g(=4ppm) 정도 함유하고 있다.

5) 배초 기간과 온도의 효과

초기 건조와 배초 과정에서 온도와 기간은 맥아와 맥주의 품질에 결정적인 영향을 미친다. 초기 건조 공정은 맥주 맛 안정성에 긍정적인 효과를 미치는 요소에 영향을 미친다. 약 50℃의 낮은 초기 건조 온도와 긴 배초 시간은 맥주의 향미에 긍정적으로 작용한다. 담색 맥아의 배초 온도는 최소 80℃에서 수행해야 한다.

이를 통해 맥아의 열 노출이 낮게(TBA 14이하) 유지되고 DMS-P 함량도 낮게(6ppm) 유지되어 맥주의 맛 안정성에 기여하게 된다. 맥아의 열 노출(노출 시간, 온도)은 TBA값과 비례적으로 증가하며 DMS-P 함량은 더 긴 노출 시간에 감소하게 되고 높은 온도는 더 크게 감소시킨다. 여기서 DMS-P의 완전한 변화를 위해 높은 온도가 필요한 반면 맥아의 열 노출을 낮출 낮은 온도가 필요하기 때문에 양쪽을 만족시키는 절충점을 찾아야 한다.

예로서 배초를 82℃와 84℃에서 했을 때 DMS-P와 TBA값의 변화를 보면 다음과 같다(그림 2-27).

DMS-P의 농도를 5.7ppm 수준으로 맞추려면 배초는 82℃에서 5시간 진행해야 하며, 이때 TBA값은 17 정도가 예상된다. 그러나 배초를 84℃에서 진행하면 DMS-P의 농도 5.7ppm은 2.8시간에 도달하며 이때 TBA값은 13 수준이 된다. 이를 통해 84℃에서 배초를 2~3시간하면 낮은 DMS-P와 TBA값을 확보할 수 있음을 알 수 있다.

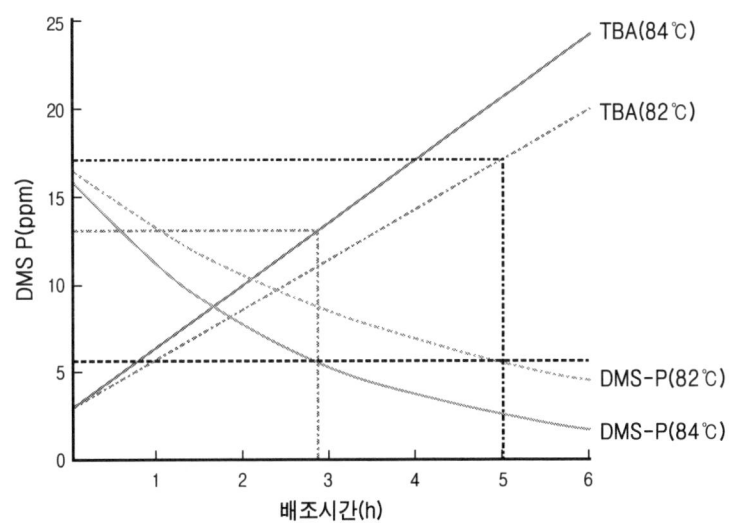

【그림 2-27】 배초 시간과 온도에 따른 DMS-P와 TBA의 농도 변화 [70]

6) 니트로사민의 형성

니트로사민(nitrosodimethylamine = NDMA)은 아민(아미노산)과 질소 산화물이 반응하여 고온에서 형성되는 발암성 물질이다. 현재는 배조할 때 직접 가열 방식에서 간접 가열 방식으로 바뀜에 따라 뜨거운 질소 산화물이 맥아를 직접 통과하지 않아 NDMA의 생성량이 줄어들었다. 따라서 니트로사민은 소량만 형성되며 독일의 경우 허용치가 맥아에서 $4.0\mu g$ NDMA/kg이고 맥주에서는 $0.8\mu g$ NDMA/kg이다.

7) 효소의 불활성화

효소는 고분자의 단백질로서 배조 과정 동안 가열에 따라 어느 정도 변성이 일어난다. 변성은 단백질의 구조에 따라 다르고 효소가 받는 영향도 다르다.

아밀레이스 효소의 활성은 초기 건조 단계에서, 특히 α-아밀레이스는 활성이 약 50℃의 온도까지 증가하고 다시 감소한다. 배초가 끝날 때에는 α-아밀레이스의 활성은 녹맥아보다 15% 정도 높다. 반면, α-아밀레이스에 비해 온도에 더 민감한 β-아밀레이스와 잔류 한계 덱스트린 분해효소는 담색 맥아의 경우 녹맥아에 비해 약 40% 활성이 떨어진다. β-아밀레이스는 배초 과정에서 담색 맥아는 30~50%, 농색 맥아는 65~75%가 소실된다.

온도에 더욱 민감한 β-글루코네이스의 경우, 효소 활성의 손실도 더욱 크다. 엔도-β-글루코네이스의 경우 손실이 20~40%이고, 엑소-β-글루코네이스의 경우 50~70%가 소실된다. 반면 내열성인 단백질 분해 효소는 배조하는 동안 약 10~30% 정도 활성이 증가하게 된다.

한편, 지방 분해효소인 리파아제, 특히 리폭시게네이스는 부분적으로만 불활성화되어 맥아에 여전히 상당한 양의 효소가 존재한다.

2. 배조의 실무

맥아 건조에는 열이 필요하며 맥아 층이 두껍기 때문에 큰 용량의 뜨거운 공기로 처리하여 맥아를 건조시킨다. 가열과 공기의 수송은 배조실의 핵심 기능이다. 뜨거운 공기가 녹맥아를 통해 통기되는 기술과 방식은 비용의 효율화를 위해 운전 방식이 변화되고 있다.

그러나 배조에서 두 단계의 기본 원리는 동일하게 유지되고 있다. 녹맥아 건조의 첫 번째 단계는 제조되는 맥아의 종류에 따라 달라지지만, 상대적으로 낮은 온도에서 수행한다. 이 단계가 초기 건조 단계이다. 두 번째 단계에서 온도는 최종 배조 온도까지 증가하는데 이것을 배초 단계라고 부른다. 이렇게 두 단계로 이루어지는 배조 공정은 배조실를 구축하는 방법을 결정하게 된다.

1) 배조실의 통기와 가열

배조실의 구조는 직화식과 열교환 방식이 있다. 예전의 배조실은 거의 모두 석탄을 연소하여 가열하였다. 고온 연소 가스는 좋지 않은 냄새 성분을 함유하기 때문에 고온의 연소 가스를 맥아에 직접 통과시키지 않는다. 또한, 니트로사민 화합물에 의해 맥아 품질이 손상될 수 있다.

너도밤나무(beechwood)는 맥아를 배조실에서 태울 때 예외적으로 사용되는데, 이러한 맥아로 만든 맥주에는 훈연 향 풍미를 제공하는 특별한 맥주(Rauchbier) 제조에 사용된다.

한편, 연소에 의한 고온 가스는 큰 금속관 속을 흐르고 관 외부로 송풍되는 공기가 가열된다. 가열된 공기에 의한 건조는 고온 가스와 직접 접촉하지 않기 때문에 간접 가열 방식이라 부른다.

최근에는 석유 또는 천연가스를 사용하며, 이로 인해 온도 등을 제어하기가 더욱 쉬워졌다. 연소가스가 지나가는 대형 파이프는 요즘은 증기 또는 온수 열교환기로 대체되었다. 질소 산화물이 풍부한 연소가스는 간접 가열의 사용을 통하여 맥아에 질소 산화물이 이행될 수 없기 때문에 니트로사민이 형성되지 않는다. 요즈음 배조는 천연가스 또는 오일로 한다.

한편, 배조 과정 중의 열 회수가 중요하며 배조 장비 내의 따뜻한 배출 공기를 재사용할 수 없는 경우 상당한 양의 에너지를 잃게 된다. 배기되는 공기를 고려하면, 초기 건조 과정은 40~50℃ 그리고 배초 과정 동안에는 80~85℃의 열이 공급된다.

뜨거운 배출 공기는 유리 열교환기내 차가운 공기를 가열하는 데 사용된다.

수백 개의 유리 튜브로 배열된 유리 열교환기는 배기 공기 통로와 벽 사이에 함께 있다. 유입되는 차가운 공기는 유리관을 통해 지나가고 유리관과 직각으로 흐르는 따뜻한 배기 공기에 의해 가열된다. 이 열교환기를 횡류 열교환기라 한다.

강렬한 배기 가스와 접촉할 때 강관과 달리 부식하지 않고 강관보다 상당히 저렴하기 때문에 유리로 만들어진 유리 튜브가 사용된다.

열 회수를 이용하여 얻어진 에너지 절감이 상당하다. 유리 열교환기는 에너지와 비용을 절감하기 위한 현대 모든 제맥의 중요한 구성 요소이다. 30~35%에 달하는 비용 절감 가능하며 겨울에 낮은 외부 온도로 인해 여름보다 겨울이 비용 절감률이 더 높다.

2) 배조실의 구조

배조실은 선반식, 수직식, 원통 회전식 및 평면식이 있다. 평면식은 1상식, 2상식, 3상식이 있다. 배조에 요구되는 열량은 1상식 배조실이 2상식 배조실보다 더 크다. 이는 2상식 배조가 배조실 내의 에너지를 더 큰 비율로 재사용될 수 있기 때문이다.

예전에는 2상식 배조실을 많이 사용하였는데 2상식은 두 개의 층으로 구성되어 있고, 건조됨에 따라 상단에서 하단으로 옮겨 교반되면서 점차 고온으로 배초하는 방법이다. 상부의 상에서 녹맥아가 초기 건조 단계가 이루어지고 아래층으로 이동하여 고온에서 배초 단계가 이루어진다.

가열 장치는 내화 벽돌로 된 가마에서 중유 보일러를 사용하여 가열한 열수 또는 고온 가스를 큰 금속관 속으로 흘려보내면 외부로 송풍되는 공기가 가열된다. 맥아상은 철제망이 많고 맥아상 아래에는 공기 혼화실이 설치되어 있다. 보통 배조실의 높이는 상단의 상은 최저 6m, 하단의 상은 2~4m가 일반적이다. 상단 건조실은 둥글게 구성된 천정에 배기통이 설치되어 있고 하부에 배풍기를 설치하여 통풍 가능하도록 되어 있다. 통풍에 요구되는 공기의 양은 맥아 1톤당 4,000~5,000㎥/hr이다. 맥아상에는 한쪽 끝에서 다른 쪽 끝으로 이동하는 교반기가 설치되어 왕복하면서 맥아층을 교반하여 온도와 배조를 균일하게 조절한다.

최근의 배조실은 1상식 또는 2상식 구조로 원형 또는 사각형 형태로 장치되어 있다. 요즘은 순환 배조 장치가 더 많이 사용되는 추세이며 배조 장치는 적재와 배출 장치가 장착되어 있다.

천공 또는 슬릿 판(slit plate)으로 구성된 바닥 부분은 교반기에 의해 균일하게 구동된다. 맥아상에는 교반기가 설치되어 있어 균일한 건조와 배초가 가능하도록 뒤집어 준다. 맥아의 적제와 배출은 매번 1시간 정도가 소요되며, 적제 및 배출을 포함하는 전체 건조 공정은 자동으로 작동하고 1회당 18~20시간이 소요된다.

최근의 2상식 배조 장치도 두 개의 층으로 구성되어 있고 한 층에서는 배초가 일어나고, 다른 바닥에서는 녹맥아의 초기 건조가 이루어진다. 2상식 배조실은 두 개의 상을 나란히 또는 수직으로 배치할 수 있으며 맥아를 이동하지 않거나 이동시켜 작업할 수 있다.

만약 맥아가 이동되어야 하는 경우는 초기 건조와 배초 과정은 별도의 층에서 이루어진다. 초기 건조와 배초 과정이 같은 층에서 발생하는 경우는 이동은 생략할 수 있다. 원칙적으로 2상식 배조실은 1상식 배조실을 두 개 동작하는 것과 같은 방식으로 동작한다. 건조와 배초의 두 단계가 2×20 시간인 2상식 배조실은 (그림 2-28)과 같이 도시된 방법으로 운영된다.

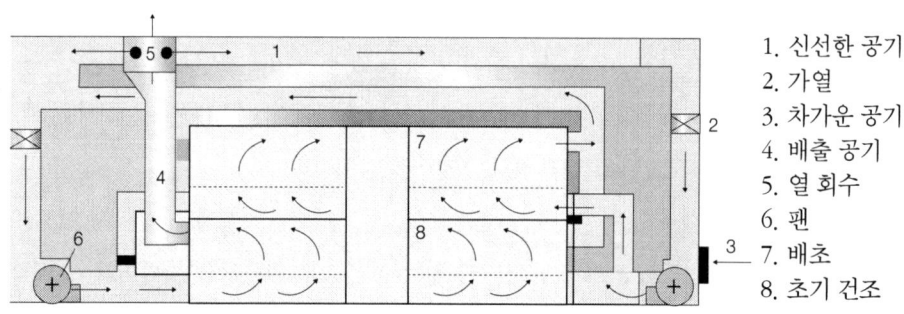

【그림 2-28】 2상식 회전 배조기 (Bühler GmbH, Braunschweig) [70]

위층에 공급되는 공기는 아래층의 온도와 완전히 독립적으로 제어된다. 공기의 양은 25~30℃에서 상부 바닥의 위에 배출 공기는 항상 수분으로 포화되어 있고, 아래층은 이것과 완전이 독립적이며 배초 온도에서 운영된다. 바닥에 맥아의 적재와 배출은 전술한 바와 같이 진행된다. 상층부와 하층부의 맥아 배출은 양쪽 바닥에서 모두 같은 속도로 이동한다.

수직형 배조실은 앞에서 소개한 배조실과 완전히 다른 형태의 구조에서 배조가 진행된다. 맥아가 수직으로 배열된 배조층 사이에 수직 20cm 폭의 층의 맥아 셀(malt cell)에 배치되고 측면에서 열풍이 맥아를 통과하면서 건조된다. 수직형 배조실은 에너지 요구량이 높아 사용하는 곳이 드물다.

3. 배조의 관리

배조 과정 중 녹맥아는 3~5시간 동안 배초 온도에서 가열된다. 이때 수분 함량이 서서히 감소되도록 제어하면서 가열해야 한다. 그렇지 않으면 맥아 내부의 전분이 젤라틴화되고 경화된 맥아가 제조되어 배조 기간 동안 여전히 분해물이 생성될 수 있다. 배조하는 방법은 제조하고자 하는 맥아의 종류에 따라 다르다. 대표적인 담색 맥아와 농색 맥아를 제조하기 위한 기본 조건은 〈표 2-7〉에서 보는 바와 같다.

〈표 2-7〉 맥아 종류에 따른 제맥 조건

구분	농색(뮨헨) 맥아	담색(필스너) 맥아
보리의 단백질 함량	11.0~13.0%	8.5~11.0%
침지도	44.0~47.0%	42.0~44.0%
발아 최고 온도	22~25℃	17~18℃
용해 정도	충분한 용해	제한적 용해
유아초 길이(곡립 대비)	3/4~1배	2/3~3/4배
상층부 건조	습하고 따뜻한 공기 재순환, 효소 활성화, 분해산물 생성	강력한 팬 통기와 빠른 건조, 효소의 불활성화, 고분자물의 분해 없음
하층부 배초 온도	105~110℃	80~85℃
멜라노이딘 생성	풍부함	매우 적음

양질의 맥아를 만들기 위해서는 온도, 습도, 교반기 가동 시간, 통풍 시간, 재사용되는 공기와 신선한 공기의 적절한 배합 등이 중요하다. 최근에는 이 모든 과정을 자동으로 조절할 수 있지만, 제맥 제조자는 각각의 공정과 상호관계에 대해 구체적으로 인지하고 있어야 한다.

05 배조 후의 맥아 관리

배조 이후 맥아를 냉각해야 하며 부착되어 있는 건조된 유근은 가능한 한 빨리 제거되어야 한다. 맥아는 배송되기 전까지 저장되고 모양을 향상시키기 위해 깨끗하게 정선한다.

1. 맥아의 냉각

배조된 맥아의 온도는 80℃이고 이 온도에서는 맥아를 보관할 수 없다. 맥아의 온도가 35~40℃ 이하가 되도록 차갑고 신선한 공기를 불어넣거나 냉각 가능한 특수 호퍼에서 냉각하여 맥아 제근 및 정선 과정을 천천히 진행한다. 배조된 맥아가 함유하고 있는 에너지의 양이 매우 크기 때문에 이미 기술한 바와 같이 냉각될 때 발생하는 열을 회수하는 것이 바람직하다.

2. 맥아의 제근 및 정선

배조된 맥아에는 여전히 건조된 유근이 부착되어 있고, 맥아 총중량의 3~4%에 해당한다. 유근은 맥아에서 필요 없는 부분으로 제거해야 하는데 이것을 제근이라 한다. 배조 후 즉시 제거하지 않으면 수분을 다시 흡수하게 되어 제근하기가 어려워진다. 유근에는 단백질 함량이 30%로 매우 높아 제거하지 않으면 양조 과정에 나쁜 영향을 미칠 수 있다. 유근은 제맥의 부산물로써 가축의 사료, 비료, 미생물 배양의 질소원으로 아주 유용한 부산물이다.

배조가 끝난 맥아는 제근기에 넣어 제근한다. 제근기 입구에 들어온 건조된 맥아는 조정이 가능한 날에 의해서 밀려 회전하면서 운반되는 동안 맥아에서 유근이 제거된다. 모든 제근기는 체로된 실린더에 대고 곡립을 눌러줌으로부터 조작된다. 곡립이 손상되지 않고 부착된 맥아근을 제거하고 부드럽게 이동하는 것이 중요하며, 분리된 유근은 공기로 날려 보내면서 맥아에서 분리시킨다.

3. 맥아의 저장

맥아를 저장하는 동안 수분 함량은 4~5% 정도로 서서히 증가한다. 갓 배조된 맥아를 곧바로 사용하면 양조 과정 중 맥즙 여과와 발효에 문제를 야기한다. 따라서 맥아는 사일로 또는 저장소에 적어도 4주가량 저장하여 후수 과정을 거친 다음 사용하여야 한다. 맥아는 성장이 없어 호흡으로 인한 손실이 없으므로 저장소는 통풍시키지 않는다. 맥아는 흡수성이 있기 때문에 습한 공기를 가까이 하지 않아야 하며, 저장된 맥아는 차갑고 건조하며 깨끗해야 한다. 사일로의 저장은 적은 표면적 때문에 맥아 저장소에 보관할 때보다 수분 흡수의 우려가 낮다.

4. 맥아의 정선

맥아는 배송 전에 여전히 먼지 입자가 부착되어 있고 분할되어 떨어진 껍질 조각들이 있어 정선해야 하며, 이 과정을 통해 맥아의 외관이 향상된다. 중앙 흡입 장치에 연결되어 있는 연마기는 자석과 맥아의 크고 작게 쪼개진 조각이나 껍질 등을 제거할 수 있는 진동체가 있다. 맥아는 골이 패인 판에 부드러운 솔이 달린 롤러로 문질러 먼지 입자를 제거한다.

06 제맥 과정 중 성분 손실

100kg의 보리를 제맥하면 100kg 맥아를 만들 수 없으며 손실이 발생한다. 보리에서 맥아가 만들어진 비율을 제맥 수율(malting yield)이라고 하고, 그 차이를 제맥 손실(malting loss)이라 한다. 제맥 수율은 가능한 한 높고 제맥 손실은 낮아야 한다. 일반적으로 세정한 보리 100kg으로 담색 맥아를 제맥할 때 완전히 침지 후 148kg이 된다. 발아 후 녹맥아는 140kg, 배조와 제근 과정이 끝난 후 80kg의 맥아가 만들어지고 제맥 손실률이 20%가 된다.

일반적으로 보리 100kg으로 제맥하였을 때 75~85kg의 맥아를 생산할 수 있다. 맥아 손실률의 약 절반 정도는 보리의 수분 함량이 12~14%이지만, 맥아의 수분 함량이 약 4%이므로 다른 물질의 손실이 없더라도 수분의 감소로 인하여 약 10%의 손실이 발생한다.

그 외 제맥공정 동안 건조 맥아의 물질 손실은 〈표 2-8〉과 같다. 손실의 대부분은 호흡의 결과와 유근의 성장에서 발생한다. 가능한 한 제맥 손실을 줄이기 위해 호흡과 유근의 생성을 억제하여야 한다. 이것은 발아 온도를 낮추고 이산화탄소가 풍부한 공기를 재순환 사용하여 호흡을 억제함으로써 얻을 수 있다고 하나 그 효과가 크지는 않다.

〈표 2-8〉 제맥 과정 중에 발생하는 손실

맥아 종류	영국 맥아	독일 맥아	
		담색 맥아	농색 맥아
총 손실	6.0~9.0	10.5	13.0
침지 손실	0.5~1.5	1.0	1.0
유아근 손실	2.0~2.5	3.7	4.5
호흡 손실	3.5~5.0	5.8	7.5

07 맥아의 평가

맥아는 중앙유럽 맥주위원회(MEBAK), 유럽 맥주위원회(EBC) 및 미국 맥주위원회(ASBC) 등 공인된 양조 기술 분석 방법을 사용하여 평가할 수 있다. 맥아는 외관 평가, 기계 시험 및 화학 기술적 방법에 의해 검사할 수 있다.

1. 외관 평가

맥아의 외관 평가는 색, 냄새, 맛과 향기, 밝기 및 불순물의 양 등을 검사한다. 특히 곡류 곤충인 바구미(weevil) 감염에 대한 확인이 중요한다. 바구미는 지속적인 손상을 일으킬 수 있으며 주로 맥아 표면의 구멍에서 검출된다.

2. 기계적 검사

1) 심사
등급은 보리와 같이 평가하며 1등급이 적어도 85%이어야 한다.

2) 천립중
보리와 같이 천립중의 무게는 동일한 방식으로 결정된다. 건량 기준 25~35g이 정상이다.

3) 용적중

용적중은 부피 100리터에 담겨진 내용물의 무게를 말하며 용적중이 높은 것은 전분질이 많고 따라서 엑기스가 많아진다.

4) 싱커 테스트

보리는 물에 침지하면 바닥에 가라앉는데 반하여, 맥아는 공기를 함유하고 있어 표면에 떠오른다. 떠오르는 양이 많을수록 맥아의 용해 정도와 유아초가 더 발달한 것이다. 싱크 분율(%)은 통상 잘 용해된 담색 맥아는 30~35%, 농색 맥아는 25~30% 수준이다.

5) 강도

강도는 세로 커터(longitudinal cutter)를 사용하여 측정된다. 완전히 유리질인 맥아율이 2%를 초과하지 않아야 하고, 최소 곡립의 95%는 잘 부스러짐이 있어야 한다.

6) 분쇄도

맥아는 너무 견고하거나 너무 딱딱하면 맥즙과 맥주의 여과의 문제를 야기할 수 있다. 분쇄도는 분쇄기(friabilimeter)로 측정되며 맥아는 회전체 드럼의 반대 방향으로 고무롤러에 의해 눌러지고, 이에 쉽게 부서지는 것과 딱딱한 맥아로 분리된다.

결과는 분쇄도 %와 완전히 딱딱한 맥아(유리질) %로 표시된다. 일반적인 담색 맥아의 분쇄도는 81% 이상이면 매우 좋음, 78~81%은 좋음, 75~78%은 만족, 75% 이하 불만족으로 판정된다. 유리질이 1% 이하는 아주 좋음, 1~2%는 좋음, 2~3%는 만족, 3% 이상은 불만족으로 판정한다.

7) 유아초의 길이

유아초의 발달은 발아의 균질도를 판정한다. 담색 맥아의 평균 유아초의 길이는 0.7~0.8이어야 한다.

8) 발아 능력

일반적으로 맥아의 6~10%는 여전히 살아 있고, 재침지하면 회복되어 자란다. 발아되는 맥아량이 10% 이상이면 맥아가 고온에서 충분히 배조되지 않은 것을 의미한다.

9) 밀도

밀도는 배유의 용해도를 표시해 주며 밀도가 낮을수록 분쇄도는 좋아진다. 밀도가 1.10kg/dm³ 이하이면 분쇄도는 매우 좋음, 1.10~1.13이면 좋음, 1.14~1.18 kg/dm³이면 만족, 1.18 kg/dm³ 이상이면 나쁨으로 판정한다.

10) Calcofluor-Carlsberg 법

맥아는 batch별 다른 용해도를 나타내고 발아되지 않은 보리가 맥아에 있을 수 있다. 맥아 용해가 부족하거나 베타글루칸 비율이 높으면 맥즙 여과에 문제가 발생할 수 있다. 이것은 Calcofluor-Carlsberg법으로 판정 가능하며, 베타글루칸이 풍부한 배유 세포벽이 제맥하는 동안 점진적으로 분해된다는 원리를 이용한 것이다. 이것은 형광 염색(fluorchrome calcofluor)을 이용하여 본래의 세포벽이 염색되고 맥아의 용해도를 눈으로 확인할 수 있다.

첫째로 맥아의 용해도를 결정하는 M값은 잘 용해된 맥아는 85% 이상이어야 한다. 이어서 맥아의 균질성(H값)이 결정되는데 균질성은 용해되지 않은 것부터 완전히 용해된 것까지 6종류로 구분되며 균질성(H값)은 75% 이상이어야 한다.

3. 화학적 방법

1) 수분 함량

수분 함량은 보리에서와 같은 측정 방법으로 결정된다. 일반적으로 담색 맥아는 3.0~3.5%, 농색 맥아는 1.0~4.5%이고 허용 가능한 함량은 5%이다.

2) 콘그레스 담금법

콘그레스 담금법(congress mashing)은 맥아의 품질 특성 및 맥주에 미치는 영향을 미리 판단하기 위해 담금 수조(mashing bath)를 이용한 표준화된 실험실상의 담금 방법이다.

맥아 50g을 매우 거칠게 분쇄하여 고운 분쇄물이 25% 정도 되게 한다. 맥아 50g을 매우 미세하게 분쇄하여 고운 분쇄물이 90% 되게 한다. 거치게 분쇄한 것과 곱게 분쇄한 것을 각각 50g을 담금 수조에 일정한 교반과 함께 45~46℃의 증류수 200ml에 넣고 45℃에서 일정하게 교반하면서 30분 동안 담금한다.

담금 용기 내의 온도를 25분 동안(분당 1℃씩) 70℃로 상승시키고 70℃의 물 100ml를 첨가하고, 교반하면서 한 시간 동안 온도를 유지시킨다. 이후 맥즙은 증류수를 첨가하여 450ml로 만들어 실온에서 10~15분간 냉각한다. 전체 내용물은 접힌 거름종이를 통해 여과한다. 첫 번째 100ml 여과 액은 필터로 돌려보내고, 필터 케이크가 건조되는 것이 보이면 여과를 종료한다. 얻어진 맥즙은 콘그레스 맥즙(congress wort)이라 한다. 가장 중요한 분석은 획득한 엑기스이며 당도계 또는 밀도 측정 장치에 의해 측정된다. 또한 맥즙 점도, 질소 함량, 당화력 등을 분석한다.

① 콘그레스 담금에서 엑기스 수율에 대한 표준 값은 담색 맥아의 건량 기준 79~82%, 농색 맥아는 75~78% 정도이다. 맥아는 엑기스 수율이 높을수록 좋고 맥아가 잘 용해된 것으로 평가한다. 용해가 잘된 맥아는 거칠게 분쇄한 것과 곱게 분쇄한 것의 엑기스 차이가 적기 때문에 분쇄도가 엑기스의 용해도에 미치는 영향이 적어진다. 따라서 두 값의 차이가 1.8% 이하면 좋고, 1.8% 이상이면 중간 정도로 평가한다. 한편, 콘그레스 맥즙 담금 시 냄새가 일반적인 맥즙 경우에 해당할 때 정상으로 간주한다. 또한, 요오드 측정은 70℃가 된 후 당화의 필요한 시간을 측정하는 것으로 요오드의 색상이 노란색이 될 때까지의 소요 시간을 말한다(10분 미만, 10~15분, 15~20분 등을 표기하며 시간이 짧을수록 좋다). 맥즙 여과 속도는 한 시간 안에 완료될 때 정상인 것으로 간주하고 더 오래 지속되는 경우 느림으로 판정한다(외형은 맑음, 유백색 또는 탁함 등으로 표기하고 맑을수록 좋음). pH값은 일반적으로 5.6~5.9이다.
② 자비 전 맥즙의 색상은 색차계를 이용하여 측정되며 페일담색 에일 맥아는 최대 4 EBC이고, 중간 색상 맥아는 5~8 EBC, 농색 맥아는 9.5~20 EBC이다. 자비 후의 색상은 멤브레인 필터로 맑게 여과 후 측정하며 담색 맥아는 평균 5.1~7.0 EBC 수준이다.
③ 맥즙의 점도는 맥즙과 맥주 여과에 대해 미리 예측하는 것으로 1.5~1.6 mpas 수준이다.
④ 맥아의 질소 함량은 10.8% 이하이어야 하며, 가용성 질소 함량은 콘그레스 담금 과정에서 용해한 질소 화합물을 가리킨다. 가용성 질소 함량은 4.0~4.4g/100g이다.
⑤ 용해성 질소 비율(Kolbach 지수)은 콘그레스 담금 공정에서 유리된 맥아의 총질소의 비율을 나타낸다. 따라서 용해성 질소 비율은 맥아의 단백질 용해의 지표이고 높은 용해성 질소 비율이 맥아가 더 잘 용해되어 있다고 평가할 수 있다. 맥아는 Kolbach 지수에 의해 35보다 작으면 용해 부족, 35~41는 잘 용해된 것, 41 이상이 매우 높은 용해로 판정한다.

⑥ 유리아미노질소 함량(FAN)은 발효 시 효모의 영양에 대한 중요한 정보를 제공한다. FAN은 일반적으로 보리 맥아의 경우 맥아 건량 기준 100g당 120~160 mg, 밀맥아의 경우 100g당 90~120 mg 정도이다.
⑦ 포르몰 질소 함량(formol nitrogen content)은 저분자 질소 화합물의 무게를 측정하며 180~220 mg/100g이다.
⑧ 당화력은 아밀레이스의 효소 활성을 말하며 Windisch-Kolbach units (WK units)로 표현된다. 담색 맥아의 당화력(역가)은 240~260 WK, 농색 맥아의 당화력은 150~170 WK 정도이다.
⑨ Hartong-Kretschmer 담금법은 45℃, 65℃에서 정해진 시간 동안 담금한 것으로 VZ 45℃, VZ 65℃로 표시한다. VZ 45℃에서는 곱게 분쇄한 맥아 50g을 첨가한 비커에 45℃에서 한 시간 동안 담금한 후 엑기스 농도를 측정한다. VZ 45℃는 단백질 분해, 즉 아미노산의 농도와 관련이 있고 보통 33~39%가 정상적인 수치이다.
⑩ TBA값은 맥아와 맥즙의 열 노출 정도를 나타내며 TBA 상승으로 맥주의 향미 안정성이 급격하게 감소한다. 특히 담색 맥아의 경우 TBA값이 중요하며 담색 맥아는 상당히 높은 TBA값을 가진다. 뮤헨 농색 맥아는 100이상, 구운 맥아는 1,500 이상의 TBA값을 가진다.

한편, 담색 맥아의 일반적인 분석치는 〈표 2-9〉와 같다.

〈표 2-9〉 맥아의 평균 분석값

구분	평균값	범위
수분(%)	4.6	4.1~5.1
고운 엑기스(%)	80.2	79.3~81.0
수율(%)	76.4	75.9~76.9
엑기스 차이(%)	2.2	1.6~2.9
점도(mpa·s)	1.60	1.52~1.68
단백질(%)	11.2	10.7~11.7
용해성 단백질(g/100g)	4.4	4.0~4.7
콜바흐 지수(%)	39	38~41

자비된 맥즙의 색도(EBC)	5.4	4.6~6.2
pH	5.76	5.67~5.85
알파 아미노 질소(ppm)	1,410	1,230~1,600
하르통 45℃ (%)	36.1	33.6~38.6
베타글루칸(ppm)	195	181~410
아밀레이스 효소역가(WK)	최소 220	

08 특수 맥아

대부분의 맥주는 전 세계적으로 담색 맥주(pale beer)이다. 따라서 담색 맥아에 대한 수요가 매우 높기 때문에 대부분의 제맥은 대용량 시설에서 거의 전용으로 담색 맥아를 제조한다.

그러나 맛, 색, 향, 식감, 거품 등의 품질 특성이 다른 다양한 종류의 맥주가 전 세계적으로 생산되고 있다. 이러한 맥주가 생산되기 위해서는 품질 특성에 기여할 수 있는 다른 맥아가 사용되어야 한다. 이러한 맥아를 특수 맥아(special malts)라고 부른다. 특수 맥아는 담색 맥아와 같이 맥주 제조에 대량 소요되는 맥아가 아니기 때문에 대용량 제맥이 어려워 전문적인 특수 맥아 전용의 장비를 보유한 특수 맥아 제조회사에서 생산한다.

열처리의 종류에 따라 특수 맥아는 배초 맥아, 캐러멜 맥아 및 볶은 맥아로 구분한다. 특수 맥아는 원하는 맥주 특성에 따라 맥아의 구성비는 종류가 각기 다르며 혼합 비율은 맥주 제조장마다 다르다.

1. 담색 맥아

담색 맥아를 제조할 때는 멜라노이딘이 생성되지 않도록 모든 조건을 조절하여야 한다. 멜라노이딘이 생성되지 않기 위해서는 보리의 단백질 함량이 11% 이하로 낮아야 하고, 침지 정도는 42~44%로 낮게 유지되어야 한다. 또한, 발아 과정에서 분해 과정이 진행되지 않도록 최고 온도를 17~18℃ 수준으로 조절하여야 한다. 그리고 용해를 제한하고 유아초는 곡립 크기의 2/3~3/4 정도이고, 유근은 곡립 크기의 1.5배 정도가 되도록 발아시킨다.

배조 과정 중 건조하는 동안에는 수분 함량이 저온(55℃)에서 8~10%가 될 때까지 초기에는 바람 세기를 강하게 하여 효소가 더 이상 기질 효소 작용에 의해 화학반응을 일으키는 물질을 분해하지 않도록 조절한다. 담색 맥아의 배초 온도는 80~85℃이다.

DMS 생성을 최대한 낮추기 위해 가능한 한 낮은 열에 노출시키며 85℃에서 2~3시간 배초하는 것이 80℃에서 5시간 배초하는 것보다 바람직하다.

그 밖의 담색 맥아의 특성으로는 색상은 2.5~3.5 EBC, 미세-거친 분쇄물의 차이의 최대치는 1.7~2.0% 이하, 점도는 1.55mPas 이하, 가용성 질소 비율은 40±2%, FAN 농도는 최소한 가용성 질소의 20% 이상을 차지해야 한다. 또한, VZ 45℃는 36% 이상이고, 비휴면이며 균일하게 발아된 보리여야 한다. 배초 온도는 DMS 전구체 함량을 낮추기 위해 증가될 수 있으며 현대 양조장에서 특히 중요하다.

필스너 맥아는 1상식, 2상식 배조실 등에서 제조된다. 1상식 배조실에서 필스너 맥아 제조의 온도, 습도 및 통풍량 조절은 다음과 같다〈표 2-10〉.

온도는 위치별로 상부, 중간, 하부로 나누어 관리하고, 맥아는 배조하는 동안에 뒤집어 주지 않아도 균일한 맥아가 제조된다. 건조는 바닥의 아래로부터 위쪽으로 진행한다. 증발된 수분은 상층부에 있는 수분이 많은 맥아의 온도를 낮추게 하여 유리질 맥아가 만들어지는 것을 방지한다. 배조 과정의 전반부는 건조되는 동안에 상층부의 온도는 저층부의 온도보다 낮아 분해가 계속된다.

〈표 2-10〉 상식 배조실에서 필스너 맥아의 제조 예

시간 (hr)	맥아의 온도(℃)			수분 함량(%)			팬의 세기
	하층부	중간부	상층부	하층부	중간부	상층부	
1~3	37	28	20	33	39	41	최대 풍량
4~7	52	45	35	17	30	35	최대 풍량
8~11	62	59	55	8	16	19	최대 풍량
12~15	78	73	71	6	6	7	3/4 풍량
16~19	85	82	79	4.5	4.5	6	1/2 풍량
20~22	86	85	84	4	4	4	1/2 풍량

2. 농색 맥아

농색 맥아를 제조할 때에는 아로마를 증진시킬 수 있도록 멜라노이딘 생성을 촉진시킬 수 있는 조건을 만들어 주어야 한다. 따라서 단백질 함량이 높은 보리를 사용하고, 침지도가 44~50% 정도로 높게 유지하고, 효소는 매우 활성화되어야 한다. 또한, 발아 중에 분해물을 다량 생성할 수 있도록 18~20℃에서 발아를 집중적으로 하고 최고 온도는 20~25℃로 유지한다.

맥아가 충분히 용해되도록 하며 유아초의 길이는 곡립의 3/4~1배 정도, 유근은 곡립 길이의 2배 정도까지 자라야 한다.

농색 맥아의 일반적인 배초 온도는 100~105℃ 정도이며 4~5시간 동안 실시하여 색도는 15~20 EBC, 미세-거친 분쇄물의 엑기스 차이는 2~3% 정도이다. 색도가 13~15 정도인 농색 맥아는 농색 맥주의 기본 특징을 형성하며 85%까지 사용이 가능하다. 또한, 색도가 20~25 정도인 농색 맥아는 25~40%까지 사용 가능하며 맥주의 아로마를 강화하는 데 효과가 있다.

3. 비엔나 맥아

비엔나 맥아는 담색 맥아의 특성을 보완하여 바디감이 풍부한 맥주를 제조하거나 황금색 맥주 제조에 많이 사용한다. 이를 위해 침지도는 44~46%로 조정하고, 과용해를 하지 않으며, 배초 온도는 90~95℃에서 실시하여 색상이 6~8 EBC 정도인 맥주가 얻어지도록 한다.

비엔나 맥아는 메르첸 맥주(März en beer), 페스티벌 맥주, 스트롱 엑스포트 맥주(strong export beer), 하우스 맥주 제조에서 100%까지 사용되기도 한다.

4. 브루 맥아 또는 멜라노이딘 맥아

브루 맥아용 보리는 농색 맥아용 보리를 사용하고, 48%의 침지도와 40~50℃에서 마지막 36시간을 지속시킨다. 녹맥아는 1.5m 높이로 높게 쌓고, 방수천으로 덮거나 녹맥아에 통기를 적게 할 수 있는 특수한 상자에서 유지시키는데 이때 호흡을 최소화해야 한다.

그 결과 유근과 유아초의 성장이 종료되지만, 효소는 활성화되어 높은 온도에서 저분자인

당과 아미노산을 대량 형성한다. 배초 과정은 90~100℃ 이상에서 3~4시간 배초시키고 색상은 50~80 EBC를 나타낸다. 브루 맥아는 제조 단가가 많이 들어 비싸다.

브루 맥아는 농색 맥아의 아로마를 향상시키기 위해 25% 이상 사용하고, 맥아 맥주(malt beer) 또는 알트 맥주(Altbier) 제조할 때 사용하기도 한다. 브루 맥아는 오늘날 멜라노이딘 맥아(melanoidin malt)로도 알려져 있다. 이 맥아는 상자방식 제맥으로 제조하며 60~80 EBC의 색상을 띤 잘 용해된 맥아가 제조된다. 맥주 제조에 5~20% 첨가하여 사용되고, 맥주에 약간의 붉은 색상을 제공하며, pH가 낮아 향미 안정성, 무게감의 강화 그리고 맥주의 색상에 기여한다.

5. 캐러멜 맥아

캐러멜 맥아는 맥주에 색상의 깊이를 증가시키고 바디감의 개선, 그리고 맥아 풍미 강조에 사용된다. 캐러멜 맥아의 제조를 위한 출발점은 용해도가 높고 45~48%의 수분 함량을 가진 녹맥아이다. 제조는 제맥 바닥에서 진행하고, 브루 맥아 제조법과 유사하다. 45~50℃의 온도에서 효소적 분해에 의해 저분자 질소 화합물과 당류가 형성되도록 쌓아진 상태에서 30~36시간 방치한다.

추가 공정은 담색 캐러멜 맥아와 농색 캐러멜 맥아를 만들 것인지에 따라 차이가 있다. 두 가지 모두 녹맥아는 로스팅 드럼 내에서 이루어진다. 담색 캐러멜 맥아는 로스팅 드럼에서 60~70℃ 사이의 온도에서 60~90분간 담금하고, 농색 캐러멜 맥아는 맥아의 성분을 캐러멜화하기 위해 150~180℃에서 1~2시간 동안 수분을 신속하게 제거하고 60분간 가열한다.

그 결과 전형적인 캐러멜 향을 가진 갈색 착색 화합물이 형성된다. 온도와 노출 시간에 따라 이 과정을 강화 또는 감소시킬 수 있다.

맥아는 드럼으로부터 신속하게 제거하고 균일하게 냉각하며 맥아 내용물의 수분 함량은 여전히 6% 정도이다. 담색 캐러멜 맥아는 농색 캐러멜 맥아 제조법과 유사하나 오랜 시간 처리하지 않는다.

최근 들어 캐러멜 맥아는 더욱 종류가 다양화되었다. 캐러멜 맥아에는 카라힐(Carahell®), 카라필스(Carapils®), 카라뮌헨(Caramünch®)뿐만 아니라 카라레드(Carared®), 카라엠버(Caraamber®) 등도 있다.

카라힐(Carahell®)과 카라뮌헨(Caramünch®)은 40~45℃에서 집중적인 효소 분해가 일어나고 곡립의 내용물은 70~80℃에서 액화를 유도한 후 로스팅 드럼 온도를 180~210℃로 증가시켜 원하는 색상의 깊이가 얻어질 때까지 1.5~2시간 배초시킨다. 카라힐의 색상은 20~40 EBC, 카라뮤니히는 80~160 EBC이고, 수분 함량은 6~7%로 서서히 내려간다.

카라레드는 특별한 제조 공정에 의해 맛의 안정화와 강도를 가지는 전형적인 향기와 붉은 색깔을 가진다. 카라레드의 색상은 40~60 BBC, 카라엠버는 60~80 BBC 정도로 카라레드보다 더 진한 색상을 나타낸다.

카라아로마(Caraaroma®)의 색상 깊이가 300~400 BBC로 카라뮌헨보다 상당히 더 어둡다. 카라힐은 페스티벌 맥주와 영양 맥주(nutrient beers)에 사용되고, 무게감을 증가시키고, 거품 유지력을 향상시키는 반면 카라뮌헨은 농색 패스티벌 맥주와 영양 맥주에 사용된다.

카라레드와 카라엠버는 특히 에일(레드 에일, 앰버 에일, 브라운 에일 등)과 레드 라거, 알트 맥주 또는 라거 맥주를 제조하는 데 전체 맥아량 대비 최대 25%를 사용한다.

카라아로마는 앰버 에일, 다크 에일, 스타우트 또는 포터 맥주를 제조하는 데 전체 맥아량 대비 최대 15%를 사용한다. 카라필스와 카라폼(Carafoam®)은 3.5~5.0 EBC의 매우 옅은 색상을 만들기 위하여 로스팅 드럼에서 담금 후 수분 함량이 6~7%가 되도록 60~65℃의 온도에서 배초한다. 즉 맥아는 매우 짧은 배초 단계 때문에 매우 작은 열에 노출되며, 전체 맥아량 대비 최대 15%를 사용하여 무게감과 거품의 유지를 증가시킨다. 라이트 맥주와 무알코올 맥주의 경우에는 최대 30% 정도 사용할 수 있다.

캐러멜 맥아는 여러 색상 단계로 제조되어 맥주 제조할 때 적정량을 첨가하여 풍부한 미각, 무게감, 맥아 아로마 강화, 전체적인 맛과 색상 및 거품 유지에 상당히 기여한다.

6. 산성 맥아

산성 맥아는 침지 또는 발아 과정에 젖산균에 의해 생물학적으로 생성된 젖산이 함유한 녹맥아를 배초하여 제조한다. 맥아에 젖산은 2~4%로 농축되고, pH는 3.4~3.5, 색상은 3.5 EBC 수준이다.

전체 맥아량 대비 약 10%까지 산성 맥아를 첨가하며, 담금액의 pH를 감소시켜 완충 능력을 증가시키게 된다.

산성 맥아는 단지 바디감을 풍부하게 하고 증류주와 조합하는 라이트 맥주나 무알코올 맥주 등을 만드는 데 사용하고 보통 전체 맥아량 대비 6~9%가 사용된다.

7. 단발아 맥아와 싹 맥아

단발아 맥아와 싹 맥아는 매우 짧은 발아 시간을 특징으로 하기 때문에 용해도가 낮은 맥아에서의 단점인 맥즙 및 맥주의 여과 문제 등이 있다. 싹 맥아의 경우 보리의 유근이 분할하는 시점인 침지의 끝 지점에 종료하고, 단발아 맥아의 경우 발아 3~4일째에 종료한다.

이러한 맥아는 용해도가 낮기 때문에 양조할 때 문제를 일으킬 수 있으므로 소량 사용해야 하며 식미, 맥아 풍미 및 바디감을 감소시키지 않으면서 거품 안정성을 높일 수 있다.

8. 훈연 맥아

훈연 맥아는 훈연 맥주 생산에 특별하게 사용된다. 너도밤나무 조각을 태운 연기는 건조 전에 맥아를 통해 공급된다. 연기에 의해 훈연 향이 맥아에 스며들게 되고 훈연 맥아로 만든 맥주에도 훈연 향이 존재하게 된다.

9. 디아스타아제 맥아

디아스타아제 맥아는 낮은 온도에서 배초시켜 효소의 역가를 고스란히 유지하고 있는 맥아를 말한다. 맥아의 높은 효소 역가 때문에 당화 작업을 개선하거나 제맥하지 않은 분쇄 곡물을 사용할 때 당화용으로 첨가된다.

10. 구운 맥아

구운 맥아는 농색 맥주의 색상을 얻기 위해 전체 맥아량 대비 0.5~2%를 사용한다. 구운 맥아 제조에는 완전히 용해되어 배초된 담색 맥아를 사용한다. 굽는 공정은 로스팅 드럼에서 수행한다. 담색 맥아가 70~80℃의 온도에서 균일하게 회전하는 드럼에 수분 함량이 10~15%가 되게 물을 분무하여 1.5~2시간 동안 고르게 가습한다. 그런 다음 180~200℃ 온도에서 1~1.5시간 동안 굽는 공정이 진행된다. 이 맥아는 효소의 역가가 없다.

굽는 동안 캐러멜 물질과 다른 부산물이 생성된다. 온도 증가와 함께 생성되는 탄맛 성분은 스타우트 같은 몇 가지 맥주 형태에만 바람직하다.

컬러 맥아의 경우 탄맛을 방지하기 위해 굽는 동안 물을 분무하여 형성된 증기가 맥아의 쓴맛을 제거하고 휘발성 탄맛 성분을 제거한다. 더 부드러운 맛을 제공하기 위한 맥주의 경우 맥아 껍질이 제거된 보리로부터 구운 맥아를 제조한다. 그때 껍질의 쓴 물질과 탄닌 성분은 향미에 더 이상 영향을 미치지 않는다.

컬러레드 맥아(colour red malts)는 초콜릿 맥아라고도 하고, 800~1600 EBC의 색상값을 가지고 400~600 EBC의 더 적은 색상을 가지는 컬러레드 맥아를 커피 맥아라는 이름으로 판매되고 있다. 초콜릿 맥아는 구운 견과류 맛을 내기도 하며 포터 맥주, 스타우트, 브라운 에일 맥주, 둔켈 맥주에서 가끔 사용되는 데 보통 전체 맥아량 대비 최대 2% 정도가 사용된다.

상면발효 맥주의 경우 밀 컬러레드 맥아(wheat colour red malt)가 사용되고 알트 맥주, 농색 밀맥주의 경우 전체 맥아량 대비 최대 1%가 사용된다.

11. 밀맥아

밀맥아는 밀맥주 제조에 사용될 뿐 아니라 쾰쉬 등 상면발효 맥주에도 사용된다. 밀의 특성을 살펴보면, 밀(학명, *Triticum*)은 벼과에 속하는 작물이며 글루텐 함량이 높은 스파게티용 경질밀(*Triticum durum*)과 빵, 국수용 연질밀(*Triticum aestivum*)로 구분한다. 밀맥주 제조에 사용되는 밀은 연질밀인 *Triticum aestivum*로서 전 세계 밀 수확의 90%를 차지하며, 맥주 제조에 사용되는 밀의 양은 0.1% 이하이다. 라틴어인 *Triticum*은 3을 의미하는데 밀의 종류가 3종류가 있다는 함축적 의미이다. 즉 염색체 수에 따라 밀은 *Triticum monococcum*, *Triticum dicoccoides* 및

Triticum spelta 등으로 구분한다. 단백질이 다소 부족한 밀(빵 제조 시 2,3등급에 해당) 역시 밀맥주 제조가 가능하다. 최근에는 엑기스 및 단백질 함량을 높이면서 유리 아미노산이 충분한 겨울 양조용 밀 등 새로운 밀 종자를 연구하는 추세이다.

밀은 강렬한 맥아 제조 공정을 사용하는 것을 피해야 하기 때문에, 맥주의 특성이 손상되지 않도록, 낮은 단백질 용해도 및 점도를 나타내는 품종(Estica, Obelisk, Andros, Kanzler, Orestis, Atlantis)을 사용한다.

밀은 보리와 비교할 때 가장 큰 차이는 껍질이 없고 단백질 함량이 높기 때문에 양조 과정에서 문제가 발생할 수도 있다. 껍질이 없기 때문에 곡립은 매우 빠르게 물을 흡수할 수 있으므로 침지 시간을 단축시킬 필요가 있다. 초기 침지는 수분 함량이 37~38%이지만, 7일간의 침지와 발아 기간 동안 수분 함량이 나중에는 최대 44~46%로 증가한다.

발아는 보리와 동일하게 수행하지만, 밀은 공정이 더욱 어렵다. 밀은 발아 시 덩어리를 형성할 위험이 크기 때문에 더 자주 뒤집어 주어야 한다. 발아 온도는 보리의 경우보다 약간 낮을 수 있지만 세포벽 분해를 촉진하기 위해 발아 마지막 날에는 온도를 17~20℃로 높여야 한다. 전형적인 밀 맥주 향기를 얻기 위해 제한된 단백질 분해가 바람직하다. 맥즙에서 질소 화합물 양이 낮으면 유리 아미노산 과잉 공급을 방지할 수 있기 때문에 생동감 있고 유쾌한 밀맥주를 제조할 수 있다. 따라서 밀은 낮은 질소 함량과 낮은 용해성 질소값을 가진 것이 좋다.

맥즙의 pH는 6 정도로 높게 유지되어야 한다. 맥즙의 pH가 높다고 해서 반드시 높은 pH를 가진 맥주를 제조하는 것은 아니다. 밀맥아 제조 조건은 수용성 질소 비율은 최대 42%, 맥즙 내의 FAN은 총질소의 18%를 형성하고, 점도는 1.65 mPas 이하, 초기 건조 공정은 40℃에서 시작하여 60℃에서 종료한다.

한편, 밀맥아는 배초 온도에 따라 담색 밀맥아와 농색 밀맥아로 구분된다. 담색 밀맥아는 80℃에서 빠르게 배초하여 색깔이 형성되는 것을 방지하여 색도가 3.0~4.0 EBC를 나타내면서 부드럽고 거품이 풍부한 전형적인 상면발효 맥주 제조에 이용된다. 농색 밀맥아는 100~110℃의 온도에서 배초하여 색도를 높이고 흑색 밀맥주, 알트 맥주, 농색 저알코올 맥주를 제조하는 데 주로 사용된다.

12. 맥아 엑기스

맥아 엑기스는 농축된 담금 액을 의미하고 최근에는 특히 자가 맥주 제조가 유행하면서 맥아 엑기스의 수요가 성장하고 있다. 일부 자가 양조자들은 가정에서 담금 과정과 시간이 많이 소모되는 맥즙 여과 과정을 생략하고, 제품화되어 있는 맥아 엑기스를 희석한 맥즙을 가지고 양조한다. 이 맥아 엑기스는 다양한 종류의 맥주를 만들 수 있는 제품이 국내에도 많이 보급되어 있어 자가 양조자들은 손쉽게 구입하여 원하는 스타일의 맥주를 제조할 수 있다.

맥아 엑기스를 제조하기 위해서는 잘 용해된 맥아를 더 진하게 담금하고 맥즙을 여과하는데 담금 액을 50~60℃에서 진공 증발 농축기에서 75~80% 농도로 농축한다. 진공 농축으로 인한 낮은 자비 온도는 멜라노이딘의 생성을 상당히 감소시킬 수 있다. 진공 증발에 의해 농축된 시럽 제품은 12% 정도로 물로 희석하여 황금색 또는 황색의 맥즙을 얻을 수 있다. 맥즙에 홉과 함께 끓이고 냉각한 후 효모를 넣고 발효시켜 맥주를 만들 수 있다.

판매되는 맥아 엑기스는 색상, 향미 측면에서 다양한 형태가 존재한다. 예로서 캐러멜 맥아 엑기스, 구운 맥아 엑기스, 밀맥아 엑기스 등의 액상 농축 엑기스들이 있다.

또 다른 형태로써 분무 건조 시설에서 수분 제거를 통해 담금액으로부터 분말 형태의 맥아 엑기스도 제조되고 있다.

맥아 엑기스는 맥주 제조 외에도 제빵, 아이스크림, 소스 및 유사 제품 제조에도 사용된다.

13. 다른 곡류로부터 제조한 맥아

보리 외에도 다양한 곡물이 맥아 제조에 이용된다. 스펠트(spelt)는 껍질이 곡물에 남아 있는 밀의 종류이다. 독일 남부에서 소량 재배되고 소맥과 같은 방식으로 제맥된다. 스펠트 밀 맥아는 상면발효 스펠트 맥주 제조에 사용된다.

엠머(emmer)는 두꺼운 껍질을 가진 밀로서 두 줄의 곡립이 있다. 지금은 아주 드물게 재배되며 가끔 당화 맥아(diastatic malt) 또는 특수 맥주 제조를 위해 제맥된다.

호밀(rye)은 매우 높은 펜토산 함량 때문에 제맥하기 매우 어렵다. 일반 보리 맥아의 점도가 1.5mPas 미만이지만, 호밀 맥아의 점도는 3.8~4.2mPas로 매우 높다. 침지 정도는 40% 이하로 다소 낮게 침지하고, 침지 및 발아는 7일 정도 소요된다. 호밀 맥아는 보리 맥아보다 일반적으로 색상이 어둡다. 호밀 맥아를 농색 맥아 방식으로 배초할 경우 제조된 맥주는 빵 또는 빵 껍질과 같은 맛을 가진다. 호밀 맥아는 단지 지역적 의미를 가진 곳에서 맥주를 제조하거나 특별한 맥주 제조에 사용된다.

귀리(oats)는 엑기스 함량이 상대적으로 낮고, 간단하고 저렴한 맥주를 제조하기 위해 보리와 함께 이미 중세 초기부터 맥아 형태로 사용되었다.

최근에 귀리 맥주는 다른 이유로 중요시되고 있다. 세리악 병(coeliac disease, 장흡주 장애를 가진 병)을 앓고 있는 사람들은 특히 글루텐 같은 특정 아미노산 배열에 과민증을 가지고 있다. 거의 모든 곡물에서 이러한 아미노산 배열을 포함하고 있지만, 귀리, 쌀, 옥수수, 메밀 및 사탕수수와 같은 재료는 함유하고 있지 않아 위험 없이 세리악병 환자가 섭취할 수 있다. 귀리 맥아와 함께 제조된 상면발효 맥주는 매우 독특한 맛을 나타낸다. 주로 벨기에 스타일의 맥주 제조에 가끔 사용하고, 오트밀 스타우트 맥주에서는 전체 곡물량 대비 22% 정도의 귀리 맥아를 사용한다.

수수 맥아(sorghum malt)는 수수 맥주 제조에 사용된다. 남아프리카공화국 한 곳에서만 부분적으로 가압 제맥 공정을 사용하여, 매년 16만 톤의 수수 맥아를 제조한다. 또한, 수수는 가정에서 맥주 제조를 위해 제맥되기도 하며 수수 맥주의 총소비량은 300만 헥토리터로 추정된다. 수수의 효소 역가가 보리보다 낮기 때문에, 27~30℃에서 17~21시간 동안 물을 자주 갈아주면서 집중적인 침지 작업을 진행해야 한다. 녹맥아는 17~21℃에서 통기와 함께 수분 함량이 52~58%가 되도록 조정하여 발아시킨다. 수수 곡립은 제맥하는 동안 매우 강렬한 성장을 하는데 특히 유근이 극단적으로 자라 초기 건조 시 얽히기 쉬우므로 배조실에서도 잘 뒤집어 주어야 한다. 수수 맥아는 보리 맥아의 수입이 어렵고, 보리가 재배되기 어려운 기후 조건을 가진 아프리카 국가에서 양조에 많이 사용된다.

한편, 맥주 제조에는 맥주 타입에 따라 여러 가지 맥아가 사용되며, 투입되는 맥아량은 맥주 제조자의 의도에 달려 있다. 〈표 2-11〉과 (그림 2-29)는 맥주 타입에 따라 일반적으로 투입되는 맥아 종류를 나타낸 것이고, 맥주 제조자의 레시피에 따라 투입되는 맥아 종류와 양은 달라질 수 있다.

<표 2-11> 맥주 타입에 따른 사용되는 맥아 종류 [84]

맥주 타입	색도(EBC)	맥아 타입	배합률(%)
필스너 맥주	6~7	필스너 맥아	100~95
		캐러멜-필스 맥아	5
담색 맥주	8	담색 맥아	100~95
		캐러멜-필스 맥아	5
엑스포트 맥주	12	담색 맥아	100
		또는	
		필스너 맥아	99
		캐러멜-농색 맥아	1
농색 맥주	50~60	농색 맥아	90
		담색 맥아	9
		색도 맥아	1
		또는	
		농색 맥아	80
		담색 맥아	14
		캐러멜-농색 맥아	5
		색도 맥아	1
		또는	
		농색 맥아	50
		훈연 맥아	30
		담색 맥아	19
		색도 맥아	1
밀 맥주	12	밀 맥아	50-90
		담색 맥아	rest
		또는	
		밀 맥아	70
		담색 맥아	5
		캐러멜-담색 맥아	25
		또는	
		밀 맥아	70
		담색 맥아	15
		농색 맥아	15

밀 맥주	40	담색 밀 맥아	60
		농색 맥아 또는	40
		담색 밀 맥아	40
		농색 밀 맥아	30
		농색 맥아	30
알트 맥주	35	담색 맥아	99
		색도 맥아 또는	1
		농색 맥아	90
		담색 맥아 또는	10
		담색 맥아	85
		캐러멜-농색 맥아	15

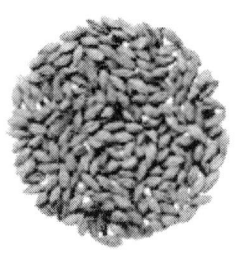
Munich malt
바디감 우수, 커피향 부여, 농색 맥주 제조에 사용

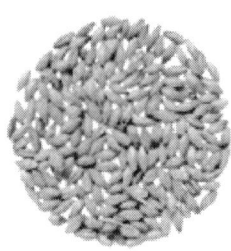
Vienna malt
라거 맥주 제조에 사용

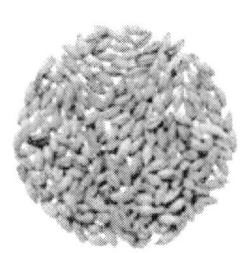
Pilsner malt
황금빛 맥주 제조에 사용

필스너 맥주

Chocolate malt
포터 및 스타우트 제조에 사용, 초코릿 향 부여

Crystal malt
갈색 에일 맥주 제조에 사용, 견과류 향 부여

Smoked malt
훈연취 부여, 독일 밤베르크 맥주에 사용

포터 맥주

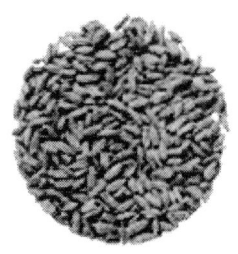
Rye
호밀 맥아로서 맥주에 곡류취 및 향료취 부여

wheat
밀 맥아로서 독일과 벨기에의 밀맥주 제조에 사용

oats
귀리 맥아로서 스코틀랜드 맥주 제조에 사용

스타우트 맥주

【그림 2-29】 맥아 종류와 맥주

III. 맥즙 제조공정

01 원료

맥즙 제조에는 기본 원료로써 맥아 또는 부원료, 양조용수 및 홉이 필수적으로 필요하다.

1. 맥아

하면발효 및 상면발효 맥주 제조에 사용되는 보리맥아(담색 맥아, 농색 맥아)는 다양하며 특별한 맥주 맛을 강조하는 경우에는 특수 맥아가 이용된다.

2. 맥아 대체 원료

맥아 제조공정에서 나타나는 맥아 손실과 전분질의 손실을 최소화하고 생산단가를 절약할 목적으로 쌀, 옥수수, 생보리, 정제 효소 등을 사용하며, 경우에 따라서는 당분을 직접 사용하기도 한다. 그러나 효모 영양과 원활한 발효 및 맥주 맛을 고려하여 맥아 대체 원료(부원료)의 사용은 일정량을 초과하지 않는 것이 일반적이다. 독일의 경우 맥주순수령에 따라 수출 맥주를 제외하고는 부원료 사용은 금지하고 있으나 전 세계적으로 이러한 부원료는 맥주 제조에 일반적으로 많이 사용되고 있다.

보리의 점성 물질인 검(gum) 성분은 담금공정 중에 전분 및 단백질 분해효소를 함유하고 있는 맥아에 의해 분해되어야 하기 때문에 보통 맥주 제조 시 보리의 투입량은 보통 10% 이하이다. 보리를 과다 투입하여 제조된 맥주는 질소 성분이 적고, 한계 발효도가 낮으며, 거품 유지력은 높아지지만 100% 맥아로 제조된 맥주에 비해 맛의 안정성은 감소하게 된다. 이러한 이유로 아밀레이스, 펩티데이스 및 베타 글루카네이스 등의 정제 효소를 첨가하기도 한다.

　동아시아와 남부 유럽에서 재배되는 쌀은 수분이 12~13%, 엑기스 수율이 82%, 지방이 0.5~0.7%, 단백질이 8~9%, 섬유질이 0.5~1%, 미네랄이 1%로 구성되어 맥아보다는 엑기스 수율이 높고 전분 호화 온도도 높다. 쌀을 일부 사용 시에 맥주 맛은 보통 목 넘김이 부드럽고 드라이한 것이 특징적이다.

　전 세계적으로 많이 재배되는 옥수수는 맥주 제조에서는 콘스타치나 분말 형태로 가공된 것을 사용한다. 옥분의 경우 엑기스 수율은 78~80%, 단백질은 8.5~9.0%, 섬유질은 1.0%, 미네랄은 1.0~1.5%로 구성되어 있다. 맥주 제조 시 옥분을 첨가함으로써 맥주의 단맛을 상승시키는 것으로 알려져 있다.

3. 양조용수

　맥주 제조공정과 맛에 영향을 미치는 물은 양이온(H^+, Na^+, K^+, NH^{4+}, Ca^{2+}, Mg^{2+}, Mn^{2+}, Fe^{2+}, Fe^{3+}, Al^{3+})과 음이온(OH^-, Cl^-, HCO_3^-, CO_3^{2-}, NO_3^-, NO_2^-, SO_4^{2-}, PO_4^{2-})이 평형을 이루고 있으며, 화학적으로 맥주 공정에 영향을 미치지 않은 이온($NaCl$, KCl, Na_2SO_4, K_2SO_4)과 화학적으로 맥주 공정에 영향을 미치는 이온[$Ca(HCO_3)_2$, $MgSO_4$]으로 구분된다. 또한, 맥주 공정에 영향을 미치는 이온은 다시 pH를 상승시키는 이온(CO_3^{-2}, HCO_3^-)과 pH를 저하시키는 이온(SO_4^{-2}, NO_3^-)으로 구분하며 전자를 일시적 경도(temporary hardness) 또는 탄산염 경도(carbonate hardness), 후자를 영구적 경도(permenant hardness) 또는 비탄산염 경도(non carbonate hardness)라 말하며 둘을 합쳐 총경도(total hardness)라 한다.

　일시적 경도는 물속의 Ca, Mg 이온이 중탄산염(bicarbonate)으로 존재하고 끓여서 탄산염으로 침전시켜 연수로 만들 수 있는 경수이며, 영구적 경도는 물속의 Ca, Mg 이온이 황산염, 염산염으로 존재하고 끓여도 연수가 될 수 없는 경수이므로 화학적 방법(수산화칼슘, 탄산나트륨)으로 처리해야 한다.

　경도(degree of hardness)란 물속에 함유되어 있는 칼슘과 마그네슘의 이온량을 탄산칼슘($CaCO_3$)으로 환산하여 mg/l로 나타낸 값(1 경도 = 1mg $CaCO_3$/l)을 말한다(한국, 미국 표기방식). 각 나라마다 경도에 대한 표기방식이 다르다(독일, 1°dh=10mg CaO/l, 프랑스, 1°f=10mg $CaCO_3$/l, 영국, 1°e=14.3mg $CaCO_3$/l).

경도는 다음 수식에 의해 계산된다.

$$경도 = \frac{칼슘\ 또는\ 마그네슘(mg/l) \times 50}{0.5 \times 원자량(칼슘\ 또는\ 마그네슘)}$$

따라서 물의 이온 존재 형태에 따라 물의 총경도가 달라지는데 경도에 따라 연수(단물), 경수(센물) 등으로 구분되고 맥주 공정과 맥주 맛에 영향을 주며 0~75mg/l(연수), 75~150mg/l(약한 센물), 150~300mg/l(센물), 300mg/l(강한 센물) 등으로 구분된다. 맥주 제조사는 맥주 타입과 특성에 따라 경도를 조절하여 양조용수로 사용하게 된다.

한편, 양조용수의 각 이온은 맥주 양조 과정에 다음과 같은 영향을 미친다〈표 3-1〉.

〈표 3-1〉 양조용수의 미네랄 성분이 맥주 양조공정에 미치는 영향

성분	영향
H^+, OH^-	물의 기본 성분이며 농도는 pH가에 다르게 나타남
Ca^{2+}	양조용수 경도에 영향을 미치며 α-amylase의 안정성, 인산염의 침전 및 효모 응집과 침전에 영향
Mg^{2+}	30mg/l 정도 함유되어 있고, 칼슘이온보다는 용해도가 좋아 맥즙 pH와 풍미에 영향이 적다. 맥주에 $MgSO_4$가 존재하면 이미를 부여하고 효소의 co-factor
SO_4^{2-}	맥주의 드라이하고 쓴맛의 원인이 되며 발효 중의 SO_2와 H_2S생성 원인 성분
Cl^-	맥주의 부드럽고 바디감 상승에 영향
NO^{3-}	효모에 독소로 작용하나 50mg/l까지 저항력이 있음
Na^+, K^+	매우 적은 양이 함유되어 있고 Na은 맥주 풍미에 영향
HCO^{3-}	고온에서 CO_3^{2-}와 CO_2로 분해되며 고농도일 때 알카리 수의 원인
Al^{3+}	알루미늄 용기에서만 용출되며 맥주에 미량 존재
Mn^{2+}	맥아로부터 용출되며 맥주에 미량 존재. 효소의 보조인자
SiO_2	40mg/l까지는 무해하나 효모 응집, 이상 발효, 맥주 혼탁 및 맛 변질 등에 영향
Fe^{2+}, Fe^{3+}	고농도일 때 효모 활성에 부정적이며 혼탁에 영향
NH^4	폐수에 존재
Pb^{2+}, Zn^{2+}, Cu^{2+}, Sn^{2+}	양조 장비, 기기 및 용기 등에서 용출, 고농도일 때 효모에 독소로 작용. 효모 작용에 부정적 영향. 혼탁에 영향

그러나 양조용수의 산도가 낮은 경우, 즉 pH가 높은 경우에는 담금 시 효소(아밀레이스, 펩티데이스, 글루카네이스, 포스포테이스) 활성이 감소되어 맥아의 전분과 단백질 분해가 불

완전하게 되고 최종 발효도 저하 및 맥즙 여과가 느려지는 등 부정적인 영향을 미치며 맥즙 수율도 1~3% 감소하게 된다. 또한, 맥즙 자비 시 단백질 제거가 불완전하며, 맥아껍질의 탄닌 성분이 과다 용출되어 맥주 색상을 어둡게 하고 거친 쓴맛을 부여한다. 그 외 홉의 고미 성분이 과도하게 용출되어 맥주에 과도한 쓴맛을 부여하게 되는데, 이 경우에는 연수를 이용할 때보다 홉의 투입량을 적게 사용해야 된다.

또한, 높은 pH는 발효공정에도 영향을 주게 되는데 발효가 느려지고 불완전한 발효에 따라 고미 성분 및 단백질 제거가 저하되어 전체적으로 맥주 품질에 부정적으로 작용하게 된다. 물에 칼슘과 마그네슘이 많으면 경도가 높아져 pH가 높아짐에 따라 맥주 제조사는 물을 양조용수로 사용하기 위해서는 경수를 연수로 변화시켜야 한다.

한편, 맥주 양조용수의 처리는 그 발달 과정이 주로 독일을 중심으로 한 유럽 지역에서 맥주순수령(1516년), 중기기관의 발명(1765년), 저온살균법(1865년), 냉동기관 발명(1871년), 효모 순수배양(1883년) 등의 역사를 거쳐 발달되어 왔다. 독일을 중심으로 유럽 지역은 연수보다 경수 지역이 많기 때문에 물처리 기술이 발달되었고, 맥주 양조산업의 발달과 함께 맥주 제조사들은 경수를 처리하여 양조용수를 만들어야 했기 때문에 맥주 처리 기술이 매우 발달되어 있다. 양조용수의 조건은 음용수로 가능해야 하며 여기에 양조용수로 적합하게 다시 처리를 해서 사용하게 된다. 국내 양조용수는 각 시에서 공급하는 수돗물(강물을 시에서 처리한 음용수)을 공급받아 맥주 공장에서 처리해서 사용하거나, 지하수를 처리해서 사용하거나, 하천수를 직접 받아서 처리하여 사용하게 된다. 법적으로 양조용수는 연 2회 58개 법적인 규제 항목을 검사하여 이상이 없어야 한다.

또한, 국내 맥주 제조사들은 이보다 더 엄격한 자체 양조용수 기준에 적합하게 처리하여 사용하게 된다. 국내 대부분의 하천수는 연수로서 맥주 양조용수로 처리하여 사용하게 된다. 수처리는 공장으로 유입되는 원수의 성분에 따라 다를 수 있으며 지하수가 오염이 되었거나 불필요한 광물 성분이 많으면 처리 과정이 더 복잡해지게 된다. 물의 성질에 따른 여러 단계의 침전과 여과, 혼탁 물질의 제거, 경도의 조정, 이미 이취를 제거하기 위한 활성탄 여과, 오존 처리 등의 과정을 거친 후 양조용수로 사용하게 된다.

4. 홉

홉(hop)은 환삼덩굴속(*Humulus*) 장미목 삼과의 식물로 유럽과 아시아 온대산이며 길이 6~12m로 자라고 줄기의 단면은 속이 빈 육각형이다. 또한, 잎은 마주 달리고 큰 잎은 3~5개, 때로는 7개까지 갈라진다(그림 3-1).

맥주 제조에 사용되는 홉은 암꽃인데, 구화(毬花)로서 거의 둥글거나 난형이며 솔방울같이 생겼다. 홉은 온대 중부 지방에서 잘 자라고 뿌리가 깊게 들어간다. 번식은 꺾꽂이로 하며 땅속줄기가 가장 잘 자란다. 맥주의 원료로서 재배를 시작한 것은 8세기 후반부터이며 14세기 후반에는 독일에서 널리 재배되었다. 홉은 필수적인 맥주 성분으로서 맥주에 쓴맛과 향기를 부여하고 맥즙 자비 시에 단백질 침전을 유도하여 맥즙의 청징 효과를 낸다. 또한, 맥주 거품 유지에 중요한 성분이며 맥주의 천연 보존제로서도 알려져 있다.

【그림 3-1】 홉

1) 홉의 분류

홉의 분류 체계를 보면 크게 세 종류로 이루어져 있으며 현재는 *Humulus lupulus*종에서 파생된 다양한 종류의 유럽산과 미국산 홉이 재배되고 있다(그림 3-2).

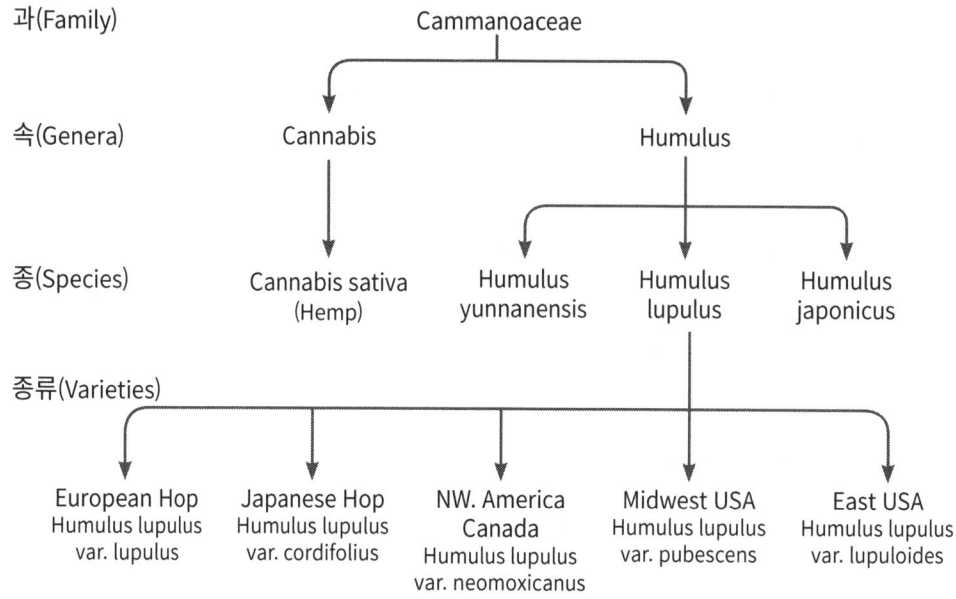

【그림 3-2】홉의 분류 체계 [112]

2) 홉 재배

홉 재배는 하루 일조량이 16~18시간 되는 위도 35~55도 사이에 위치한 지역에서 이루어지며 남반부보다는 북반부에 위치한 국가들이 많이 재배한다(그림 3-3). 세계 최대 재배지는 토양과 기후가 최적인 독일 남부 할러타우(Hallertau) 지역이며 그 외 체코, 폴란드, 슬로베니아, 영국, 프랑스 및 스페인 등지에서 재배되고 있다. 유럽의 경우 여름철(6월~8월)에 월평균 강수량이 100mm 이하가 되면 수확 후 알파산 감소가 나타나기도 한다.

미국의 경우 초기에 동부 연안 지역에서부터 시작된 홉 재배가 서부 지역(워싱턴, 오리건, 아이다호)으로 옮겨가고 있으며, 주요 재배지는 시애틀 남동쪽의 야키마 계곡(Yakima valley)으로 알려져 있다. 이 지역은 기온(40℃)이 높아 아로마 홉 재배에는 적당하지 않아 비터 홉 재배가 주로 이루어진다. 반면 오리건과 아이다호 지역은 기후가 상대적으로 온화하여 아로마 홉 재배가 많이 이루어지고 있다. 중국의 홉은 북동쪽 고비사막(Gobi desert) 지역을 중심으로 재배되고 있으며 재배된 홉은 자국에서 대부분 소비되고 있다.

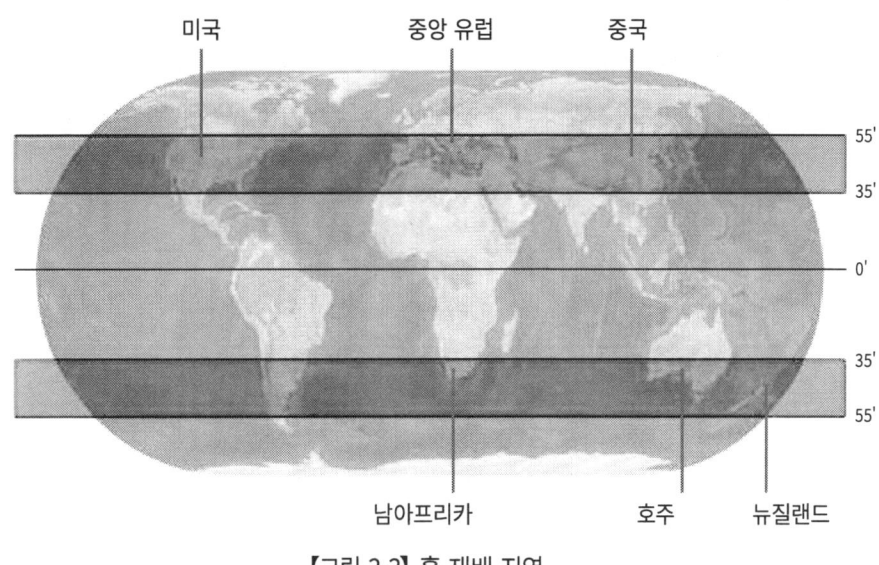

【그림 3-3】홉 재배 지역

한편, 홉 재배 면적은 전 세계적으로 점차 감소하고 있어 맥주 제조사 입장에서는 각국의 홉 재배 현황을 지속적으로 모니터링해야 하고 장기 수매계약을 통해 특히 재배를 많이 하지 않는 품종을 중심으로 안정적인 공급을 받도록 전략을 수립해야 한다〈표 3-2〉.

〈표 3-2〉홉 재배 면적 현황 [25]

구분		'90	'95	'20	'05	'08	'10	'11	'12
세계	ha	91,271	86,786	58,991	50,273	57,297	52,772	49,069	46,041
독일	ha	20,113	21,930	18,594	17,161	18,695	18,386	18,228	17,124
아로마 홉	%	63	62	58	59	56	53	54	56
비터 홉	%	37	38	42	41	44	47	46	44
미국	ha	14,357	17,490	14,627	11,924	16,551	12,147	12,147	12,467
아로마 홉	%	31	30	24	39	35	26	28	32
비터 홉	%	69	70	76	61	65	74	72	68
체코	ha	11,807	10,074	6,108	5,672	5,335	5,187	4,744	4,435
아로마 홉	%	100	100	100	99	99	98	98	98
비터 홉	%	0	0	0	1	1	2	2	2
중국	ha	8,500	6,550	4,930	3,486	5,683	5,100	4,390	3,531
아로마 홉	%	5	4	4	11	13	12	9	8
비터 홉	%	95	96	94	89	87	88	91	92

3) 홉 수확

홉은 완숙기보다는 홉방울(hop cone)의 수분이 75~80% 달하는 성장기에 수확하며 홉 품종마다 수율, 알파산 함량 및 구성 성분 등을 고려하러 수확기를 정하게 된다(그림 3-4).

【그림 3-4】 홉방울(hop cone)

예로서 독일 Hüll과 Rohrbach 지역의 Hallertauer Tradition의 성장기 중에 알파산 변화를 보면, 미숙한 홉은 암녹색(dark green)을 띠다가 황색을 거쳐 완숙기에는 갈색으로 변하게 된다. 물론 색도의 변화는 품종, 기후 및 병충해 상태에 따라 달라질 수 있으며 우기에는 색도의 변화 속도가 빠르게 진행된다. 홉의 알파산 함량 최고치는 홉방울의 숙성 후기에 나타나며 완숙기에 접어들면서 알파산의 함량은 감소하게 된다(그림 3-5).

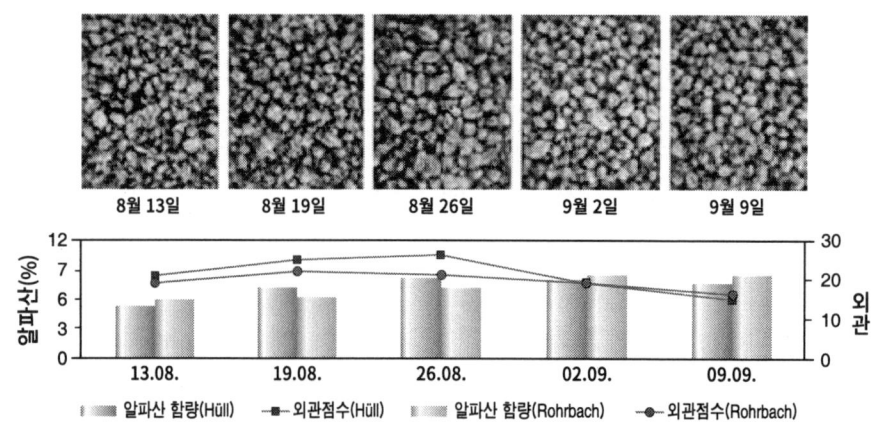

【그림 3-5】 수확 시기가 알파산 함량에 미치는 영향 [25]

한편, 홉의 정확한 수확 시기는 홉 재배자의 자체 수확 환경에 따라 다르며 대체적으로 북반구 지역에서는 품종에 따라 8월 말에서 10월 초순경 이루어진다. 각 품종의 수확 기간 중 중간에 위치한 날짜를 중심으로 7~14일 내에 수확하는 것이 좋다(그림 3-6).

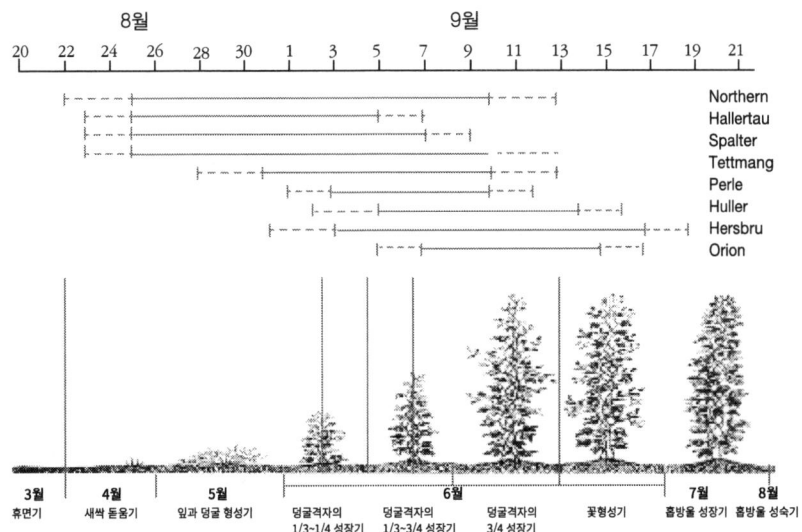

【그림 3-6】 홉 품종에 따른 성장 과정과 수확 시기(할러타우 지역) [112]

한편, 홉의 수확 기간 중에 수율과 품질의 변화가 나타나며 홉의 오일 성분, 알파산, 손실 및 외관 등을 평가하여 최적인 시기에 수확한다(그림 3-7).

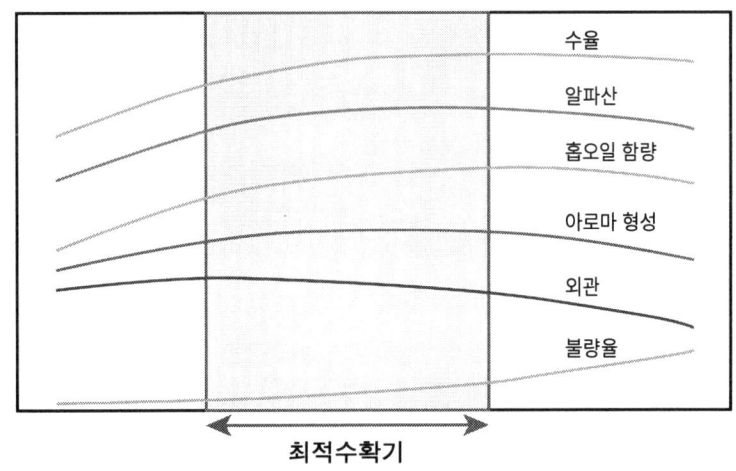

【그림 3-7】 홉 수확 기간 중의 수율과 품질의 변화 [25]

홉 수확은 홉 수확 장비를 이용하여 홉 넝쿨(hop bines)을 홉방울과 분리 후 잎과 줄기를 제거하는 방식과 홉 넝쿨과 홉방울, 잎, 줄기를 동시에 분리하는 방식 등 다양한 방식이 이용되고 있다(그림 3-8).

수확된 홉은 빠른 시간 안에 건조하여 홉의 색도 변화와 이미·이취 및 미생물 오염 발생을 막아야 한다. 홉은 65℃ 되는 홉배조기(hop kiln)에서 수분이 9~11% 될 때까지 건조하며 약 4~5시간 소요된다. 홉은 건조를 하더라도 홉방울 내부의 수분 함량은 일정치 않기 때문에 온도(20~24℃)와 습도(58~65%)가 조절되는 공간에서 컨디셔닝(conditioning) 과정을 거치면 홉방울 내부의 수분은 4시간 후 9~10%를 유지하게 된다.

【그림 3-8】홉 수확 [25]

4) 홉 품종

전 세계적으로 재배되고 있는 홉은 교잡종으로써 고미 성분과 아로마 성분을 증가시키는 추세이다. 또한, 수확량을 극대화하며 병충해에 저항력이 강하면서 살충제를 최소화하는 것을 목적으로 재배되고 있다.

독일은 주로 아로마 홉을 재배하며 대표적 지역은 Hallertau, Spalt, Hersbruck, Kinding, Tettang, Rottenburg이며, 체코 역시 Saaz, Auscha, Dauba 등지에서 아로마 홉을 재배하고 있다. 벨기에와 미국에서는 주로 비터 홉이 재배되고 있고 특히 전 세계 홉의 35%를 생산하고 있는 미국에서는 비터 홉(Cluster, Bullion, Brewers Gold)과 아로마 홉(Cascade, Tettanger, Hallertauer) 등이 다양하게 재배되고 있다.

한편, 품종에 따라 홉은 아로마 홉과 비터 홉으로 구분되며 아로마 홉은 대부분 고미가가 낮고 유쾌한 아로마 향과 섬세한 쓴맛을 부여하는 반면, 비터 홉은 거칠고 강한 쓴맛을 부여하는 것을 특징으로 한다(〈표 3-3〉, 〈표 3-4〉). 비터 홉의 경우 베타산/알파산의 비율이 0.3~0.6인 반면 아로마 홉의 경우 1.3~3.0 정도이다(교잡종 아로마 홉은 1.0 이상 또는 이하인 경우도 많다).

홉의 품종이 맥주 품질에 미치는 영향에 관한 논쟁이 있다. 일부 양조장에서는 아로마 홉만을 사용하는 맥주 제조자는 아로마 홉이 비터 홉에 비해 부드러운 쓴맛을 부여하는 것으로 판단하고 있으나 현재까지 거친 쓴맛 없이 부드러운 쓴맛만을 부여한다는 것은 학술적으로 증명된 바가 없다. 또 다른 양조장에서는 아로마 홉 향보다는 맥주의 맛 안정성(flavour stability)을 우선시하여 비터 홉만을 사용하는 경우도 있다.

그러나 홉의 품종에 따라 가격 차이가 크기 때문에 품종 선택은 매우 중요하다. 가장 손쉬운 방법은 홉을 손으로 평가하는 방법인데, 이는 홉방울에 대해 평가가 가능하고 홉 가공품에는 이용할 수 없다. 다른 방법은 품종에 따라 차이를 나타내는 홉 오일 성분 분석을 통해 품종을 구분할 수 있지만 홉 수확과 저장 중에 변화가 심해 정확한 분석이 어려운 단점이 있다. 그 외 방법은 코휴물론(cohumulon)과 코루풀론(colupulon)을 분석해 보면 품종의 차이를 알 수 있다.

〈표 3-3〉 비터 홉의 고미 성분(%)

구분	Orion	Hallertauer Magnum	Northern Brewer	Brewers Gold	Target	Record	Nugget
Total resin	23.0	28.0	21.9	16.9	25.1	18.0	25.5
α-acids	7.5	14.0	7.7	6.4	10.8	6.4	11.3
β-acids	3.7	4.9	3.4	3.1	3.8	4.4	4.1
Cohumulon	27~30	24~25	28~31	40~48	36~39	25~27	26~30
Colupulon	52~55	44~47	50~52	65~69	60~63	48~50	52~54

〈표 3-4〉 아로마 홉의 고미 성분(%)

구분	Hallertauer Mittelfrüher	Hallertauer Tradition	Spalt Select	Spalter	Hersbrucker spät	Perle	Tettanger
Total resin	17.3	18.6	17.3	14.2	15.1	20.6	14.7
α-acids	4.6	6.0	5.0	4.8	3.5	6.6	4.6
β-acids	4.7	4.5	3.9	4.9	5.7	3.2	4.4
Cohumulon	23~26	27~29	22~23	25~28	19~22	28~32	25~29
Colupulon	39~42	47~52	42~36	42~45	37~39	52~56	43~46

한편, 홉 품종 특성은 새로운 홉 품종이 개발되었을 때 비교할 수 있는 정보를 제공하기 때문에 중요하며, 홉의 화학적 구성(알파, 베타산 및 폴리페놀), 재배 특징(수율, 병충해 저항력) 및 관능 평가 등을 토대로 분류한다(〈표 3-5〉, 〈표 3-6〉).

〈표 3-5〉 주요 아로마 홉의 분류 및 특징(%) [25, 35]

구분		체코 Saaz	프랑스 Stisselspalt	슬로베니아 Aurora	독일 Nugget	영국 Fuggle	독일 Hallertauer Tradition	미국 Cascade
고미	α-acid	3.3	2.1	7.8	11.3	4.8	6.2	5.9
	$\beta : \alpha$	1.3	2.8	0.4	0.4	0.5	0.8	1.0
	Cohumulone	23	18	22	29	29	26	32
폴리페놀	Polyphenol	5.5	3.7	4.0	3.4	2.6	4.3	3.9
	Polyphenol:α	1.7	1.8	0.5	0.3	0.5	0.7	0.7
	Xanthohumol	0.31	0.21	0.42	0.68	0.26	0.41	0.28
	Xanthohumol : α	0.094	0.100	0.054	0.060	0.054	0.066	0.047
아로마 성분	Total oil	0.60	0.60	1.20	1.70	0.80	0.70	0.80
	β-Caryphyllene	0.28	0.48	0.33	0.47	0.33	0.28	0.41
	Faenesene	〉10	〈0.5	〈10	〈0.5	〈10	〈0.5	〈10
	Linalool	3	4	13	10	3	7	4
	Linalool:α	1.0	1.0	1.7	0.9	0.6	1.1	0.8

〈표 3-6〉 주요 비터 홉의 분류 및 특징(%) [25, 35]

구분		폴란드 Marynka	영국 Target	스페인 Nugget	중국 Tsingdao	독일 Northern Brewer	독일 Hallertauer Magnum	호주 Super Pride
고미	α-acid	8.2	10.5	11.2	7.2	9.2	13.9	13.9
	$\beta : \alpha$	0.5	0.5	0.4	0.6	0.6	0.5	0.5
	Cohumulone	26	36	25	35	27	27	28

폴리페놀	Polyphenol	4.7	4.8	2.4	3.3	3.9	2.6	4.0
	Polyphenol : α	0.6	0.5	0.2	0.4	0.4	0.2	0.3
	Xanthohumol	0.45	0.64	0.45	0.28	0.61	0.47	0.69
	Xanthohumol : α	0.055	0.061	0.040	0.047	0.066	0.034	0.050
아로마성분	Total oil	1.70	1.30	1.30	0.60	1.50	2.40	1.40
	β-Caryphyllene	0.50	0.40	0.46	0.38	0.34	0.28	4.7
	Faenesene	〉10	〈0.5	〈0.5	〈0.5	〈0.5	〈0.5	〈0.5
	Linalool	5	8	15	5	4	8	10
	Linalool:α	0.6	0.8	1.3	0.7	0.4	0.6	0.7

5) 홉방울의 화학적 구성 성분

홉은 포엽(strig)과 입자루(bracts)로 구성되어 있으며 분비샘을 통해 루풀린(lupulin)로 불리는 황색 가루가 존재한다. 또한, 수분, 탄수화물, 단백질, 필수 오일(essential oil, 정유), 고미 성분 및 폴리페놀 등이 존재한다. 대부분의 폴리페놀은 입자루에 필수 오일과 고미 성분은 루풀린에 각각 함유되어 있다(그림 3-9).

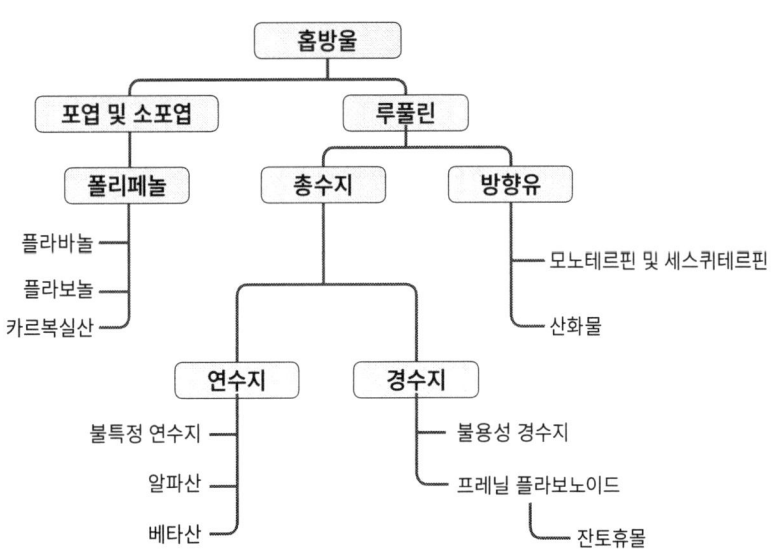

【그림 3-9】 홉방울의 구성 성분 [25]

홉방울의 단백질, 지방 및 탄수화물은 1차 대사물로서 홉의 성장에 필요하며 오일, 고미 성분 및 폴리페놀 성분은 2차 대사물로서 생리적, 약리적 효능을 지닌다.

홉방울의 화학적 구성 성분은 〈표 3-7〉과 같으며 가장 중요한 성분은 고미를 나타내는 홉 수지(hop resin)이며 경수지(hard resin)와 연수지(soft resin)로 구분된다. 연수지는 다시 알파산(α-acid)인 휴물론(humulone)과 베타산(β-acid)인 루풀론(lupulone)으로 구분된다. 맥주의 고미(bitterness)는 (알파산 + 베타산 부분/9)으로 계상하며 이때 베타산 부분은 베타산과 휴민산을 포함한다.

〈표 3-7〉 홉방울의 구성 성분(%)

	수분	10~12
총 수지	휴물론(알파산)-연수지	4~10
	루풀론(베타산)-연수지	3~6
	경수지	2~3
	단백질	11.5~20
	지방	<3
	탄수화물	4~9
	셀룰로오스	10~17
	폴리페놀	4~14
	미네랄	7~11
	오일	0.5~2.5
	지방산	0.05~0

또한, 홉에는 알파산 외에 알파산 유사 동종 성분으로 cohumulone, adhumulone, posthumulone, prehumulone 등이 있으며, 마찬가지로 베타산 외에도 베타산 유사 동종 성분으로 colupulone, adlupulone, postlupulone, prelupulone 등이 있다(그림 3-10).

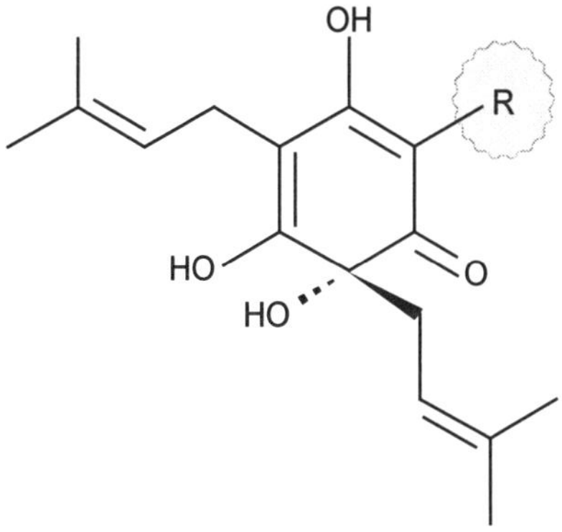

R	이름	(%)
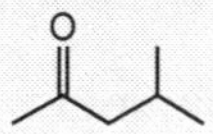	Humulone	35~70
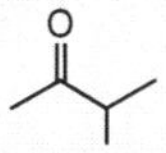	Cohumulone	20~55
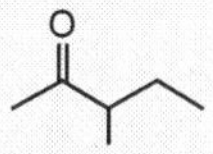	Adhumulone	10~15
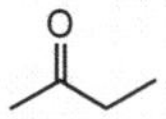	Prehumulone	1~10
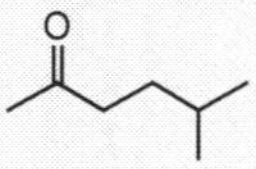	Posthumulone	1~5

【그림 3-10】 휴물론(Humulone)의 화학적 구조

    이 유사 동종 성분들은 신선한 홉에서, 수확 후 또는 건조 과정 등에서 생성되지만 물리화학적으로 특성 차이가 거의 없다. 홉 저장 및 홉 가공품의 산화에 따라 동종 성분들이 생성되기도 하는데, 주로 경수지 부분에서 발생하게 된다. 알파산은 맥즙과 맥주에 용해가 잘 안 되나 맥즙 자비 시에 이소휴물론(isohumulone, iso-α acid)으로 이성화되면서 극성을 띠게 되어 액상인 맥즙와과 맥주에 용해가 잘되어 맥주의 고미를 부여하게 된다(그림 3-11).

    맥주 발효 중 감소하는 pH로 인해 비극성 휴물론의 손실이 양적으로 매우 클 수 있기 때문에 맥즙 자비 시 휴물론이 이성화되는 과정은 매우 중요하다. 휴물론 중에서도 코휴물론(cohumulone)은 낮은 pH와 강한 극성으로 인해 이성화가 잘 이루어져 고미가를 높이는 데 중요한 역할을 한다.

    한편, 베타산은 일파산에 비해 비극성이고 맥즙 자비 시 극성으로 치환되지 못해 이성화가 어렵다. 따라서 맥즙과 맥주에서 용해가 안 돼 고미가에 영향을 거의 주지 못한다. 홉의 알파산 분석은 매우 중요한데 스펙트로메터를 이용한 분석 방법은 피하는 것이 좋으며, HPLC를 이용한 분석법이 홉에 대한 정보를 제공할 수 있다.

    맥주 자비 시에 이소알파산은 시스 또는 트랜스형-입체이성체(cis, trans-stereoisomers)로 다시 전환되며 70 : 30 비율로 생성된다. 안정이 약한 트랜스 이성체는 맥주 장기간 보관 시 트리사이클로휴몰(tricyclohumol)의 동종체로 전화되어 관능으로 느낄 때가 있다. 시스, 트랜스-이소 알파산은 맥즙 자비 시에 비산화적 분해 반응에 따라 알로이소휴물론

(alloisohumulon), 휴물린산(humulinic acid) 또는 산소가 존재하는 맥주 공정에서는 산화적 분해 반응에 따라 알로이소휴물론 하이드로과산화물(alloisohumulone hydroperoxide), 알로이소휴물론 수산화물(alloisohumulone hydroxide) 등으로 전환된다. 그러나 산화적 반응을 통해서 생성되는 농도는 역치를 벗어나지 않아 관능상에는 문제가 없다. 다만 PET(polyethylene terephthalate)병의 경우 장기가 보관 시 병이나 캔과 달리 산소 투과가 용이하여 고미의 강도가 감소하고 쓴맛이 오래 남는 등 문제를 야기할 수도 있다.

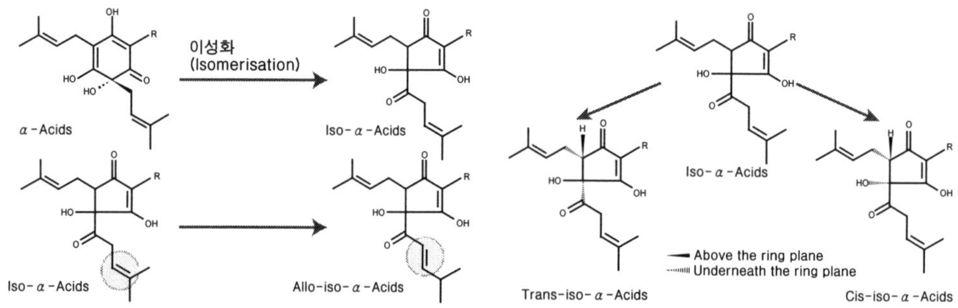

【그림 3-11】 알파산의 이성화 과정(좌) 및 이소알파산의 시스, 트랜스 변환 과정(우)

또한 이소알파산의 분해 반응이 빛에 의해 생성되는 경우도 있다. 이른바 일광취(lightstruck flavor)라 부르는 이 물질은 맥주에 리보플리빈(rivoflavin, Vitamin B_2) 존재하에 맥주가 자외선 또는 가시광선(빛의 파장이 350~500nm)에 노출되면 이소알파산으로부터 4-methylpent-3-enoyl 라디칼이 생성되어 탈탄산화를 거쳐 3-methyl-2-butenyl 라디칼로 전환된다. 이 라디칼은 황 함유 아미노산(cysteine)이 맥주에 존재하면 반응하여 아로가가 강한 3-메틸-2-부텐-1-티올을 생성하게 된다(그림 3-12). 이 성분은 매우 적은 농도(10 ng/l)라도 불쾌한 향을 풍기게 된다.

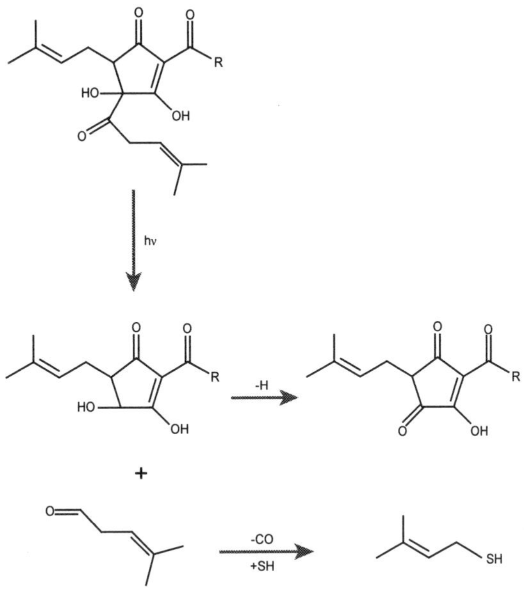

【그림 3-12】 시스, 트랜스 이소알파산으로부터 3-메틸-2-부텐-1-티올 생성 기전

    이러한 일광취는 이소알파산의 수소화(hydrogenation)를 통해 생성된 로이소알파산(Rho-iso-alpha acid) 또는 테트라하이드로 알파산(tetrahydro-iso-alpha acid)을 이용하여 억제가 가능한 것으로 알려져 있다. 그러나 최근 연구에 따르면 상기 홉 가공품을 통해 일광취를 100% 막을 수는 없어 일부 제조장에서는 병 특수 코팅을 통해 방지하는 경우도 있다. 한편, 모든 소비자가 일광취에 부정적이지 않아 독일 필스너 맥주처럼 녹색병 등을 사용하는 경우도 있다.

    Rho-iso-alpha acid는 수소화 붕소나트륨(sodium borohydride)를 첨가하여 생성되며, tetrahydro-iso-alpha acid는 촉매 수소화(catalytic hydrogenation)를 통해 만들어져 거품 유지에 도움이 된다(그림 3-13). 이와 유사힌 물질로는 상기 수소화 생성 물질을 결합하여 만든 hexahydro-iso-alpha acid이 있다. 그러나 이성화된 알파산의 수화도가 높을수록 맥주에서 용해도가 낮아 tetra와 hexa 제품은 맥주 리터당 10mg 이상 사용하지 않는다. 고미 강도는 다른 이성화된 알파산에 비해 rho-iso-alpha acid는 약하고, tetra/hexahydro는 강하다. 이러한 이미 이성화된 알파산(pre-isomerization)은 기존의 맥즙 자비 시 알파산의 손실을 줄이고 일광취를 방지하는 등의 효과가 있어 맥즙 자비 시에 첨가하거나 또는 맥주 여과 전(또는 맥주 여과 중)에 첨가하여 발효 중 알파산의 손실을 피할 수 있다.

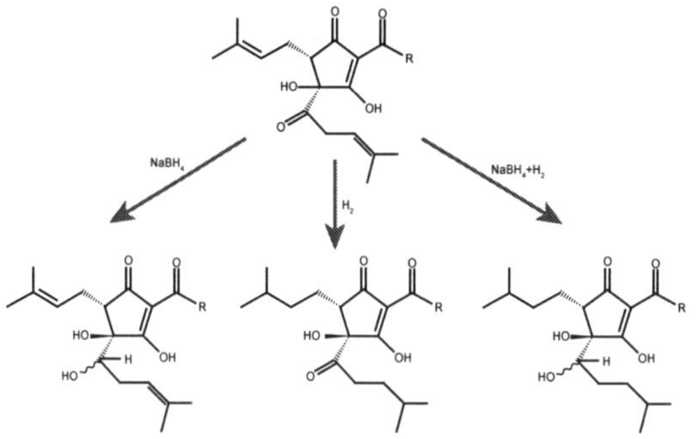

【그림 3-13】 이소알파산으로부터 rho-iso-alpha acid과 tetrahydro-iso-alpha acid의 생성 기전

또한, 이성화된 알파산은 맥주 단백질과 더불어 표면 활성 복합체를 형상하여 맥주 거품 생성과 유지에 영향을 미치는데 이성화된 알파산이 맥주 리터당 10mg 이상 함유되어야 거품 생성에 긍정적인 영향을 준다. 반대로 비극성 수화된 이성화된 알파산(tetra/hexahydro)은 매우 적은 농도(mg/l)로도 뛰어난 거품 안정성을 나타내는데, 이때 과도한 투입은 자연스럽지 못한 거품 형성 또는 혼탁의 원인이 될 수 있어 주의가 필요하다.

한편, 홉의 항균 효과는 1153년 Hildegard von Bingen에 의해 이미 알려져 있으며 16세기 초부터 다른 재료(파슬리, 아니스, 로즈메리, 벨라도나, 양귀비)들처럼 맥주 제조에 사용되었으나 맥주순수령에 따라 홉의 사용만이 허용되었다. 특히 홉의 베타산은 알파산 또는 이소알파산보다는 그람양성균에 대해 항균 효과가 있으며 맥주 오염균인 락토바실러스 브레비스(*Lactobacillus brevis*)의 증식을 막는 데 효과가 있다. 이는 홉의 양성자가 세균의 세포막을 통해 운반되어 세포의 pH를 낮추어 세포 증식을 억제하게 때문이다.

홉의 또 다른 주요 성분은 홉오일(hop oil)로써 200여 종류가 알려져 있으며, 품종과 기후에 따라 홉에 0.2%~3%를 차지하고 1,000여 종류의 오일 성분이 맥주에 아로마를 부여한다. 홉 오일은 75%를 차지하는 탄화수소 계열(hydrocarbon)과 25%를 차지하는 산소 함유 계열(oxygenated derivatives)로 분류되는데 탄화수소 계열에는 전체 홉오일의 60%를 차지하는 모노테르펜(monoterpene, myrcen), 디테르펜(diterpene, dimyrcen), 전체 홉 오일의 15%를 차지하는 세스퀴테르펜(sesquiterpene, β-caryophyllen, humulne) 등으로 구성되어 있고, 산소함유 계열에는 산화된 모노테르펜, 디테르펜, 세스퀴테르펜 및 산소와 황을 함유한 테르펜 등으로 구성되어 있다〈표 3-8〉.

<표 3-8> 홉 오일의 주요 구성 성분

탄화수소 계열	모노테르펜	40%
	세스퀴테르펜	40%
	방향족 탄화수소	< 1%
산소함유 계열	카르복실산 에스터	15%
	카르복실산	1%
	모노테르펜 산화물	1%
	세스퀴테르펜 산화물	1%
	알데히드 및 케톤	1%
	티올(황 함유)	< 1%

또한, 탄화수소 계열 성분은 휘발성이 강하고 비극성 특성으로 인해 맥즙에 불용성이며 휘발되지 못한 테르펜은 고형물(hot and cold break)과 효모에 의해 흡착된다. 따라서 최종 맥주에는 맥주 아로마에 거의 영향이 없는 극소량의 휴물렌만이 존재하게 된다. 한편, 산소 함유 계열 성분은 휘발성이 약하고 극성을 띠지만 맥주 제조공정 중에 대부분 휘발한다. 그러나 그중 일부 성분은 최종 맥주에 함유되어 홉향을 나타내기도 하는데, 일반적으로 맥주의 홉 향은 맥주 속에 잔존하는 미량의 홉 성분들이 서로 시너지 효과를 나타내는 것으로 알려져 있다 ((그림 3-14), (그림 3-15)). 이처럼 홉 아로마는 맥즙 자비 시에 대부분 손실되어 최종 맥주에는 미량만이 남아 홉 본래의 아로마(green hop aroma)를 느끼기 어렵다. 따라서 홉 아로마를 보존하는 방법은 기존 맥즙 자비 시 투입하는 방식(kettle hopping)이 아닌 대안으로서 발효조, 저장조 혹은 케그에 투입하는 방식(dry hopping)이 사용될 수 있다.

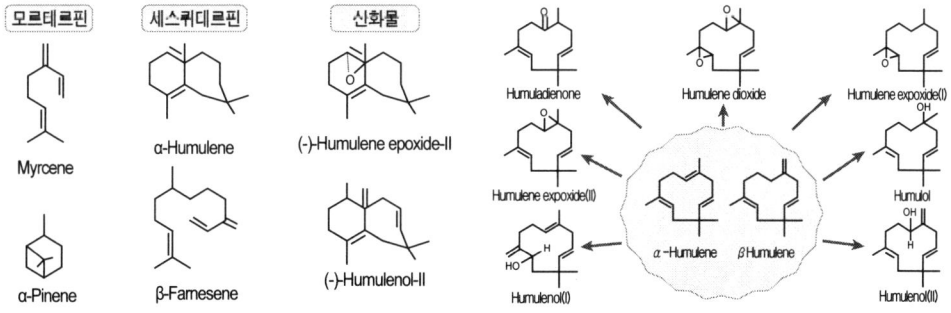

【그림 3-14】 홉 오일 종류 및 맥즙 자비 시 α- 또는 β-humulene(좌)과 그 유도체 형성 과정(우)

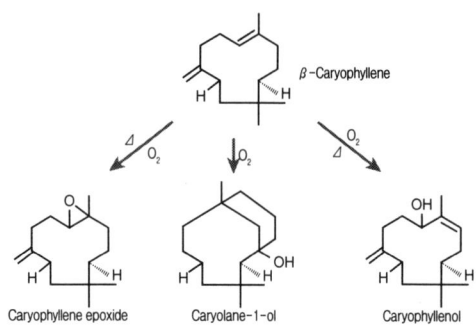

【그림 3-15】 맥즙 자비 시 β-caryophyllene과 그 유도체 형성 과정

또한 홉에는 풍부한 폴리페놀이 함유되어 있는데 카르복실산(carboxylic acid), 플라보놀 글리코사이드(flavonol glycisides) 및 플라본 3-올(flavon 3-ols) 등으로 구분된다(그림 3-16).

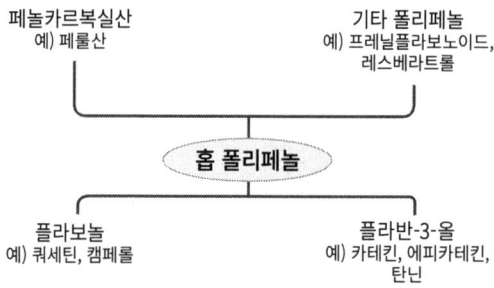

【그림 3-16】 홉의 폴리페놀 분류 [25]

홉의 폴리페놀은 건조된 홉 기준으로 품종에 따라 3~8% 정도 있으며 주요 성분은 다음과 같다〈표 3-9〉.

〈표 3-9〉 홉 폴리페놀(신선한 홉, 10% 수분 기준)

구분	농도(%)
Xanthohumol	1.2
Co-multifidol glucoside	0.3
6-Prenylnaringenin	0.03
8-Prenylnaringenin	0.01

Catechin	0.2
Procyanidin B3	0.1
Isoquercitrin(quercetin glucoside)	0.2
Astragalin(kaempherol glucoside)	0.2
Desmethylxanthohumol	0.1
Ferulic acid	0.01
Resveratrol	< 0.01

그리고 페놀은 페놀 화합물(phenolic compounds), 플라보놀(flavonols) 및 플라반디올(flavandiols)의 혼합물로 존재하나 용해가 어려워 맥즙 자비 시 일부만 최종 맥주로 전이된다. 특히 이량체 및 삼량체 폴리페놀(di-, and trimetric polyphenols)은 단백질 침전과 함께 맥주 혼탁을 유발하여 맥주 보존 기간을 단축하는 원인이 되기도 한다. 폴리페놀은 홉에 톡특한 특성을 나타내게 하며 프레닐플라보노이드(prenylflavonoids) 특히 잔토휴몰(xanthohumol)이 그 역할을 하게 된다. 이 잔토휴몰은 홉의 잎자루에 분포되어 있는 다른 폴리페놀과 달리 홉방울의 루풀린에 함유되어 있으며, 맥즙 자비 시에 isoxanthohumol로 전환된다. 잔토휴몰의 경우 신선한 홉에서 1% 정도 검출되나 저온 저장에도 불구하고 빠르게 산화되어 3월경에는 검출이 거의 안 되며 맥주 공정 중에 중요한 성분은 아니지만 고농도일 경우에는 항암 효과가 있는 것으로 알려져 있다.

6) 홉의 가공품

극히 일부 양조장에서는 아직도 자연 홉방울(natural hop corn)을 사용하나 오늘날 맥주 제조에는 홉 가공품을 이용하는 것이 일반적이다. 홉 가공품은 홉 파우더(hop powder) 또는 펠렛(pellet) 형태로 제조되며 자연 홉보다는 고미가가 일정하고 효율이 높고 품질이 일정하며 재연성이 높은 것이 장점이다. 또한, 투입 시 자동화가 가능하고 유통이나 저장 측면에서도 자연 홉에 비해 강점을 갖고 있다〈표 3-10〉.

홉 파우더 또는 펠렛 가공품은 주로 type 45(100kg의 홉방울에서 45kg의 홉 펠렛 수득) 또는 type 90(100kg의 홉방울에서 90kg의 홉 펠렛 수득) 형태로 상품화된다. 홉 엑기스(hop extracts)는 특히 순수 수지 엑기스(pure resin extracts)는 진공포장의 홉 파우더보다 더 안정적이며 홉의 주요 성분을 농축 형태로 보관이 가능하고 수송 면에서도 유리하다(그림 3-17).

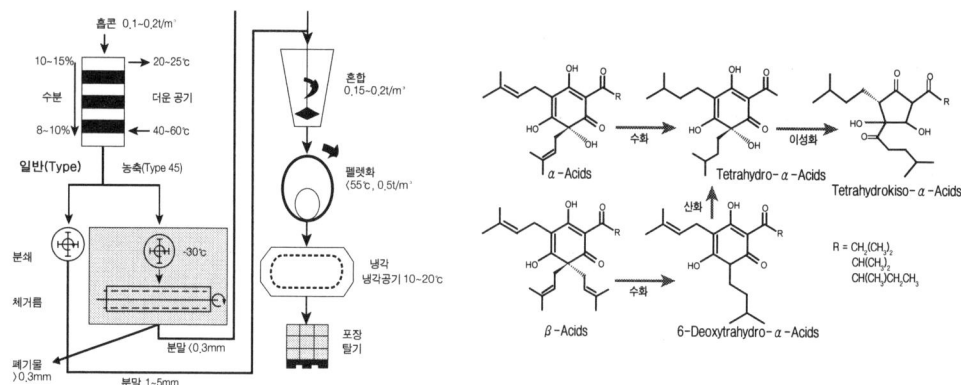

【그림 3-17】 홉 펠렛 제조 공정(좌) 및 α,β-acid로부터 tetra-hydro-iso-α-acid 제조(우), Fromm. Mayer-Bass GmbH, oHG, München [35, 112]

〈표 3-10〉 홉 가공품의 분류 [25]

비이성화된 홉	Double-compressed whole hops Hop pellets Type 90 Hop pellets Type 45 Stabilized hop pellets solvent extracts	 - hexane - ethanol - liquid carbon dioxide - supercritical carbon dioxide
이성화된 홉 가공품	Isomerized hop pellets Isomerized kettle extract Isomerized hop extracts for post-fermentaton bittering Reduced isomerized hop extracts	 - Dihydro-ρ (rho)-iso-α-acid - Tetrahydroiso-α-acids - Hexahydroiso-α-acids
홉오일 제품	Hop pellets Type 100 Oil-rich hop extract Pure hop oil Hop oil emulsions Fractionated hop oil Dry hop essences Late hop essence	 - steam distillation - molecular distillation - spicy, floral, estery, citrussy
기타 제품	Base hop fraction Purified beta fraction	

02 맥아 분쇄

앞 장에서 기술한 맥즙 제조에 필요한 곡물(맥아, 부원료), 양조용수 및 홉이 준비되었으면 맥즙 제조를 위한 첫 단계로 맥아 분쇄공정이 시작된다.

맥아 분쇄는 단순한 기계적인 공정이지만 담금공정에서의 화학적·생물학적 변환, 양질의 맥즙 획득과 맥즙 성분 구성, 그리고 맥즙 수율, 맥주 발효 및 여과, 색소, 맛 등 맥주 특성 전반에 영향을 미치게 된다.

맥아 분쇄 시 껍질은 가능한 한 적게 분쇄되어야 한다. 맥아 껍질은 불용성인 셀룰로오스가 주성분이지만 탄닌 등 고미 성분과 색소 성분이 껍질에서 과도하게 용출되어 맥주 맛에 부정적인 영향을 미칠 수 있다. 또한, 껍질은 맥즙 여과 시 여과층 역할을 하기 때문에 과도한 분쇄는 피해야 된다.

전분층은 엑기스를 함유하고 있기 때문에 곱게 분쇄하는 것이 좋다. 전분층은 균일하지 못한 생물학적 용해도 차이로 인해 분쇄 시에 분쇄되는 정도가 일정하지 않게 된다. 즉, 전분층은 위치에 따라 딱딱한 부분과 무른 부분이 존재하여 분쇄 후에 거친 분쇄물과 고운 분쇄물로 구분된다. 거친 분쇄물은 고운 분쇄물에 비해 담금 시간이 더 길어지는 문제가 있어 분쇄 시 전분층은 가능한 한 고운 분쇄물이 많아지도록 해야 한다. 전분층의 분쇄도는 맥즙의 성분 구성을 결정하고 담금 시 당화 시간을 단축시킬 수 있으며, 당분이 더 생성됨에 따라 최종 발효도 역시 증가하게 된다. 특히 용해가 좋지 않은 맥아는 분쇄의 중요성이 더욱 강조된다.

한편, 맥아가 곱게 분쇄되면 될수록 맥즙 여과 시 맥박층은 더 조밀하게 형성되기 때문에 맥즙 여과시간이 길어지게 되는데 이때 맥박층의 상태에 따라 후수(스파징수) 투입과 맥즙 여과조의 회전축 기술에 영향을 주게 된다. 비정상적인 분쇄물 구성으로 인해 맥즙 여과 시간이 길어지면 후수 처리를 더 자주하게 되어 결국 맥아 껍질의 탄닌 등 고미 성분이 과다 용출되어 맥주 색상과 맥주 맛에 부정적인 영향을 주게 된다.

1. 분쇄 방법

맥주 양조장에서는 맥아 분쇄를 건식 분쇄(dry milling), 조절된 건식 분쇄(conditioned dry milling) 및 습식 분쇄(wet milling) 등의 방식을 이용한다. 또한, 분쇄 방식과 관계없이 맥아의 수분량, 분쇄기 원통(milling cylinder) 사이의 정확한 간격, 체(sieve)의 마모 상태는 맥즙의 품질과 맥즙 수율에 큰 영향을 미치게 된다.

건식 분쇄 방식의 분쇄기는 2룰러, 4룰러, 5룰러, 6룰러 등 다양하며 소규모 제조장에서는 보통 2룰러를, 대규모 양조장에서는 6룰러 방식을 사용한다(그림 3-18). 6룰러는 분쇄물이 분쇄정도에 따라 분리되도록 3개의 체(sieb)로 구성되어 있다. 맥아의 원활한 분쇄를 위해서는 실린더의 정밀한 조정이 가장 중요하며 맥아의 수분량은 분쇄물의 조성에 영향을 주게 된다. 즉, 맥아의 수분량이 많을수록 분쇄물 중의 껍질량이 많아지고 분쇄가루(grits) 양은 감소하게 된다.

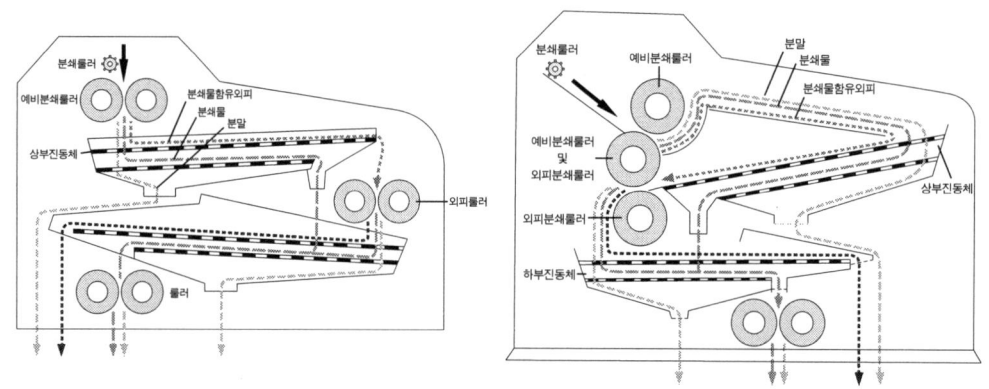

【그림 3-18】 6룰러(좌) 및 5룰러(우)를 이용한 건식 분쇄법 [69]

건식법을 이용하여 분쇄한 분쇄물의 구성 성분은 아래 표와 같다〈표 3-11〉.

〈표 3-11〉 건식 분쇄법의 분쇄물 엑기스 구성 [112]

체층(sieve fraction)	엑기스(g/100g 맥아 건량 기준)
껍질(husk)	45
껍질(Husk) + 거친 분쇄물(coarse grits) I	72
거친 분쇄물(coarse grits) II	86

고운 분쇄물 I	87
고운 분쇄물 II	88
분말	95

조절된 건식 분쇄는 우선 온수나 스팀을 이용하여 껍질을 적셔 껍질을 탄력 있게 하고 배유부분은 건조한 상태를 유지하는 방식이며 맥아 분쇄 시 껍질이 파쇄되는 정도를 최소화하는데 주 목적이 있다. 이 방식에 따라 가루 양은 30% 정도 증가하고 맥즙 여과(lauter tun) 시 20% 효율이 높일 수 있는 장점이 있고 맥즙 수율을 극대화하는 데 도움이 된다.

습식 방식(그림 3-19)은 별도의 침지 용기에 맥아를 분쇄 전 30~50℃에서 20~30분 침지시켜 맥아 껍질을 탄력 있게 하여 분쇄 시 껍질 파쇄 정도를 최소화하는데 주 목적이 있고 일반적으로 2기통 분쇄기가 사용된다. 습식 방식은 맥즙 여과 시 여과층 부피를 30~40% 정도 증가시켜 맥즙 여과를 가속화하는 장점은 있으나 여과 후 맥즙이 조절된 건식 분쇄 방식의 맥즙보다는 더 혼탁하게 된다. 기술적 측면에서 보면, 습식 방식은 분쇄기가 단순하며 분해가 좋지 않은 맥아도 맥즙 수율이 높은 장점이 있으나 에너지 소비가 크고 일정치 않은 침지 시간에 따라 분쇄물의 크기가 다르게 나타나는 등의 단점이 있다. 특히 이 방식은 분쇄기에 곰팡이균의 번식이 쉬워 CIP가 매우 중요하다.

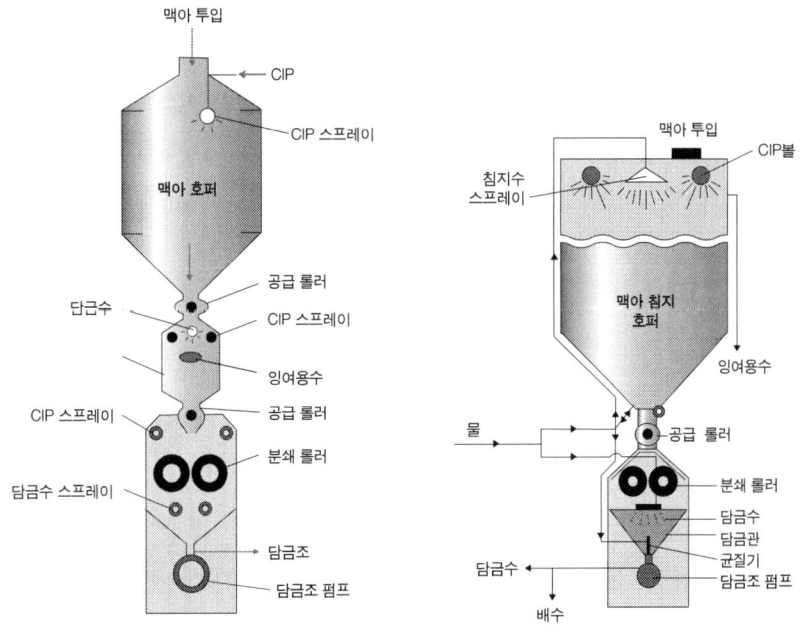

【그림 3-19】 습식법 [35]

2. 분쇄물의 조성 성분 및 특징

분쇄물의 특성과 조성에 미치는 요소는 다음과 같다.

1) 맥아의 용해도

맥아의 용해도는 분쇄 정도를 결정하게 되는데 용해도 상태가 좋지 않을수록 6롤러나 습식 방식을 이용하여 분쇄를 곱게 해야 하며 이는 담금 시 효소의 작용을 더 잘 받게 위함이다.

2) 맥아의 수분도

맥아의 수분도 역시 분쇄물의 조성에 영향을 미치며 맥아가 탄력과 습도가 높을수록 분쇄물은 거칠게 분쇄하는 것이 좋다. 분쇄기의 상태에 따라 수분이 많은 맥아는 맥아 껍질에 붙어있는 분쇄물이 담금 시 분해가 안 되는 경우도 발생할 수 있다. 맥즙 여과는 문제없으나 맥주 주박이 많이 나오게 된다. 반면에 수분이 적은 맥아의 경우 분쇄를 곱게 하면 맥아 껍질이 파쇄되고 분쇄물의 양은 증가하지만 맥즙 여과와 맥주주박 세척이 저하되고, 맥즙 수율이 감소하게 되므로 이 경우는 습식 방식으로 분쇄하는 것이 좋다.

3) 담금 방식

담금공정이 느리게 진행되고 효소 반응 시간이 길수록 반응 휴식기가 빈번할수록 분쇄물의 조성은 그리 중요치 않다. 예로서 2단 담금(two mash process) 방식에서는 분쇄물이 승온 담금(infusion mashing) 방식보다 거칠게 분쇄해도 무방하며 담금 시간이 60~80분 정도면 정상적인 담금 분해물 조성에 도달하게 된다.

4) 맥즙 여과 장치

맥즙 여과조의 경우 맥아 분쇄 시 맥아 껍질이 여과층 역할에 문제가 없도록 분쇄 정도를 조절해야 하며 조절된 습식 방식이나 습식 방식의 경우는 건식 방식에서보다 곱게 분쇄해도 무방하다. 필터 프레스(filter press)를 이용하여 맥즙을 여과하는 경우에는 맥아 껍질의 파쇄 정도가 중요치 않으나 이 경우에도 맥아 껍질이 맥즙 여과와 맥주 품질의 저하를 유발할 수 있기 때문에 과도하게 곱게 분쇄하는 것은 피하는 것이 좋으며 조절된 습식 방식을 이용하는 것이 유리하다.

03 담금

상기 분쇄된 맥아에 양조용수를 첨가하여 맥아의 구성 성분이 물에 용해되는 과정을 담금(mashing)이라 하고, 담금 공정을 통해 수득된 용액을 맥즙(wort)이라 하며, 용해된 성분들을 총칭하여 엑기스(extract)라 한다. 즉 엑기스란 당분, 단백질(고분자, 저분자 질소 화합물 포함), 지질, 미네랄 등 모든 가용성 성분을 말한다.

1. 담금 이론

고분자 불용성 맥아 성분이 물에 자연적으로 용해되는 부분은 극히 소량이며 대부분의 맥아 성분은 불용성으로 남아 있게 된다. 이러한 불용성 맥아 성분들은 제맥 공정을 통해 맥아에 형성된 효소들에 의해 담금공정을 거쳐 고분자 성분이 저분자 성분으로 분해되면서 수용성(가용성)으로 변하게 된다〈표 3-12〉.

〈표 3-12〉 담금 시 맥아 효소의 기능과 최적 조건 [14]

구분	효소	최적온도(℃)	최적 pH	분해 목표 성분	분해산물
세포용해효소 (Cytolyse)	β-glucan solubilase	62~65	6.8	결합형 β-글루칸	용해성 고분자 β-글루칸
	Endo-1,3-β-glucanase	60 이하	4.6	용해성 고분자 β-글루칸	저분자 β-글루칸 cellobiose, laminaribose

	Endo-1,4-β-glucanase	40~45	4.5~4.8	용해성 고분자 β-글루칸	저분자 β-글루칸 cellobiose, laminaribose
	Exo-β-glucanase	40 이하	4.5	cellobiose, laminaribose	포도당
단백질 분해효소 (Proteolyse)	Endopeptidase	45~50	3.9~5.5	단백질	펩타이드, 유리 아미노산
	Carboxypreptidase	50	4.8~5.6	단백질, 펩타이드	유리 아미노산
	Aminopeptidase	45	7.0~7.2	단백질, 펩타이드	유리 아미노산
	Dipeptidase	45	8.8	디펩타이드	유리 아미노산
액화·당화 효소 (Amylolyse)	α-amylase	65~75	5.6~5.8	고분자 전분, 고분자 및 저분자 α-글루칸	올리고당
	β-amylse	60~65	5.4~5.6	저분자 전분 α-글루칸	맥아당, 포도당, 자당
	Maltase	35~40	6.0	맥아당	포도당
	Limit dextrinase	55~60	5.1	한계덱스트린	덱스트린
기타 효소	Lipase	55~65	6.8~7.0	지방, 하이드로과산화지질	글리세린, 긴사슬 지방산
	Lipoxygenase	45~55	6.5~7.0	긴사슬 지방산	하이드로과산화지질
	Polyphenoloxidase	60~65	6.5~7.0	폴리페놀	산화된 폴리페놀
	Peroxidase	60이상	6.2	유기 및 무기 물질	유리 라디칼
	Phosphotase	50~53	5.9	유기결합형 인산염	무기인산염

1) 전분 분해

전분 분해는 담금공정에서 가장 중요한 공정이다. 맥아 전분은 포도당을 기본 단위로 하는 아밀로오스(amylose, α-1,4 결합, 20%)와 아밀로펙틴(amylopectin, α-1,4, α-1,6 결합, 80%)으로 구성되어 있다. 전분 분해는 호화(gelatination), 액화(liquefraction) 및 당화(saccharification) 등 3단계 과정을 거쳐 분해되며 그 순서는 바뀔 수 없으나 담금 시에 서로 혼재되어 일어나는 과정이다.

호화란 전분이 50℃ 이상의 온수에서 부풀고 팽창하여 터져 점성이 강한 용액 형태로 변화는 현상을 말한다. 호화된 전분 용액은 아밀레이스 효소로부터 분해되기가 쉽게 되고 호화되지 못한 전분 입자는 분해되기까지는 수일이 걸리게 된다. 전분의 호화 온도는 전분 종류에 따라 다르며, 예로서 맥아 전분보다는 쌀 전분의 호화 온도(80℃)가 높다.

액화란 호화된 전분의 α-1,4 결합을 α-아밀레이스 효소가 7~12개의 포도당 단위(저분자 덱스트린)로 전분 분자의 중간을 신속히 끊어 덱스트린 형태로 바꿔주는 과정이며, 전분의 점성이 급격히 감소하게 된다. 이때 β-아밀레이스는 전분 말단을 천천히 분해한다. 한편, α-아밀레이스 효소에 의해 분해되지 않는 α-1,6 결합은 α-한계덱스트린(α-limit dextrine)으로 남게 된다.

당화란 α-아밀레이스가 7~12개의 포도당 단위(저분자 덱스트린)로 분해한 저분자 덱스트린을 β-아밀레이스가 전분 분자 말단으로부터 말토오스(maltose, 맥아당), 글루코오스(glucose, 포도당), 사카로오스(saccharose, 자당)로 분해하는 과정이며 이때도 역시 β-아밀레이스 효소에 의해 분해되지 않는 α-1,6 결합은 β-한계덱스트린(β-limit dextrine)으로 남게 된다.

일반적으로 β-아밀레이스가 α-아밀레이스보다는 전분 분해 속도가 느리다. 전분 분해는 결국 호화를 거친 전분 분자가 α,β-아밀레이스 효소의 적절한 조합에 의해 액화와 당화가 동시에 이루어져 불용성 고분자 성분이 수용성 저분자 성분으로 분해되는 과정이며, 분해가 적절치 못하면 발효가 원활하지 못하게 되고 최종 맥주에 전분 혼탁(starch haze)이 유발될 수 있다.

한편, 맥아에는 α-1,4 및 α-1,6 결합을 분해할 수 있는 한계 덱스트린 효소(limit dextrinase)가 존재하지만 이 효소의 최적 활성 온도가 55~60℃이기 때문에 α, β-아밀레이스 효소의 활성화 온도인 60℃에서 이미 불활성되어 맥즙에는 항상 α, β-한계 덱스트린이 존재하여 불용성 당으로 남게 된다. 전분이 완전히 당화되었는지 여부는 담금 말기에 요오드 용액(0.02N) 반응을 통해 확인되는데, 요오드와 냉각된 전분 용액을 1:1로 섞은 후 요오드 용액의 색상이 노란색을 유지하면 당화가 완료된 것으로 판단한다. 불완전한 당화 시 요오드의 색상은 청색, 보라색 또는 붉은색으로 나타나게 된다(그림 3-20).

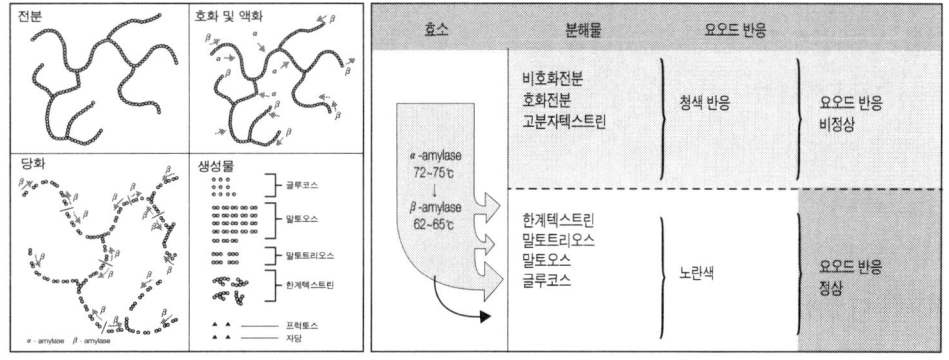

【그림 3-20】 담금 중 α,β-amylase 효소에 의한 전분의 분해(좌) 및 전분 분해물의 요오드 반응(우) [69]

한편, 담금을 통해 생성된 전분 분해물은 맥주 효모의 발효와 관련하여 덱스트린(비발효성 당), 말토트리오스(후발효 당), 말토오스(주발효 당), 글루코오스(발효 초기 당) 등으로 구분된다. 전분 분해에 따라 생성된 당 성분의 조성은 〈표 3-13〉과 같으며 말토오스(맥아당)이 가장 많이 생성되는 것을 알 수 있다. 또한, 담금공정(담금 온도, 시간, pH, 담금 농도)에 따라 당분과 덱스트린의 조성은 달라지며 발효성 당 성분의 농도에 따라 맥주 알코올 농도와 맥주 특성에 영향을 미치는 한계 발효도(attenuation limit)가 결정된다.

〈표 3-13〉 당분 조성

발효성 당분	엑기스(%)	g/100ml (12% 맥즙 엑기스 기준)	발효성 엑기스 비율(%)
말토오스	43~45	5.6~5.9	65.4
말토트리오스	11~13	1.4~1.7	17.6
포도당, 과당	7~9	0.9~1.2	11.9
자당	3~4	0.4~0.5	5.1

담금온도 62~65℃ (β-아밀레이스의 활성 최적 온도)에서 말토오스가 가장 많이 생성되며 한계 발효도도 가장 높게 나타나는데, 말토오스가 많은 맥즙일수록 발효 중에 효모가 맥즙에 오래 떠 있게 되어 발효가 활발히 진행된다. 만일 62~65℃의 온도를 거치지 않고 72℃로 담금 온도를 높이면 덱스트린이 많고 한계 발효도는 낮게 나타난다.

담금 온도 72~75℃ (α-아밀레이스의 활성 최적 온도)에서는 고분자 덱스트린이 저분자 덱스트린으로 분해된다. 실제로 β-아밀레이스는 65℃부터 불활성되고, α-아밀레이스는 72℃부터 활성이 저하되기 때문에 두 효소의 최적 온도에서 효소 기능이 감소되어 최적 온도 이전에 당화가 신속히 진행되는 것이 중요하다.

한편, 담금 온도 76~78℃는 담금 종료 온도이며 종료 온도를 78℃까지만 유지하는 것은 담금 공정 후 이어지는 맥즙 여과 때 α-아밀레이스 효소를 이용하여 잔존 전분을 분해하여 맥주의 전분 혼탁을 방지하려는 것이다.

액화·당화 효소는 담금 공정 중에 일정한 활성도를 나타내는 것이 아니라 담금 시간에 따라 활성도가 다르게 나타난다. 즉, β-이밀레이스의 경우 62℃에 도달한 후 10~20분이 경과되어야 최대 효소 활성도를 나타내며 40~60분이 경과한 후에는 효소 활성도가 급격히 저하되고 담금 시간이 연장될수록 효소 활성도는 지속적으로 떨어진다. 이는 담금공정이 진행되면서 담금액의 엑기스 농도가 높아지게 되고 이로 인해 보호 콜로이드(protective colloide) 현상이 생겨 효소가 열에 의해 불활성되는 것을 막아주게 되지만, 담금 시간이 길어질수록 담금액의 엑기스 농도 증가가 둔화되면서 보호 콜로이드 현상이 감소되어 결국 효소가 열에 의해 서서히 활성을 상실하기 때문이다. 한편, 담금 시 양조수와의 배합을 조절하여 처음부터 맥즙 농도를 높일 경우(1 : 2.5, high gravity, 농담금)에도 보호 콜로이드 현상이 나타나 열에 의한 효소의 불활성을 막아 담금 중에 발효성 당분을 높여 한계 발효도를 증가시키는 효과가 나타난다.

한편, 담금 온도가 높고 시간이 길수록 엑기스 수율, 겉보기 최종 발효도 및 발효성 엑기스가 높게 나타난다〈표 3-14〉.

〈표 3-14〉 담금 온도와 시간에 의한 엑기스 수율 및 한계 발효도

온도(℃)	엑기스 수율(%)			가성 한계발효도(%)			발효성 엑기스(%)		
	60분	30분	15분	60분	30분	15분	60분	30분	15분
60	71.4	69.4	68.2	86.7	84.0	82.7	50.1	47.2	45.7
65	79.0	78.4	76.2	88.9	86.4	84.3	56.9	54.9	52.4
70	79.1	78.7	77.4	78.5	78.5	78.0	48.5	48.5	47.4

또한, 담금공정 중의 효소는 pH에 영향을 받는데 최적의 효소 활성화를 위한 pH는 α-아밀레이스의 경우 5.6~5.8, β-아밀레이스의 경우는 5.4~5.5이며, 이런 최적 pH 범위에서 발효성 당분 증가에 따라 한계 발효도를 높일 수 있다〈표 3-15〉. 그러나 담금공정 중의 pH는 양조용수의 경도에 따라 5.6~5.9 정도로 높게 나타나는 경우도 있어 양조용수의 연수화, 산성 맥아 투입 또는 생물학적 산성화(배양 젖산균 투입)를 통해 pH를 조절해야 한다.

〈표 3-15〉 담금 온도와 pH에 따른 엑기스 수율(%)

pH	75℃	70℃	65℃	60℃	55℃
6.10	77.7	78.4	77.3	66.6	40.4
5.80	78.6	79.3	78.3	69.4	45.7
5.50	79.2	80.2	79.2	71.3	51.3
5.20	79.0	80.4	79.0	72.4	53.9
4.90	77.9	79.8	78.2	71.3	53.9
최적	5.40	5.30	5.40	5.30	5.10

2) 단백질 분해

맥즙의 총 수용성 질소(total soluble nitrogen)란 아미노산, 펩타이드, 단백질, 비타민, 퓨린과 피리미딘 그리고 그들의 뉴클레오사이드 등을 말한다. 고분자 질소 화합물(단백질과 펩타이드)은 맥주 거품과 바디감에 긍정적인 영향을 주는 반면 맥주 혼탁을 유발하기도 한다. 담금 중에 고분자 단백질은 프로테아제(protease)에 의해 저분자 단백질을 거쳐 아미노산으로 분해된다(그림 3-21).

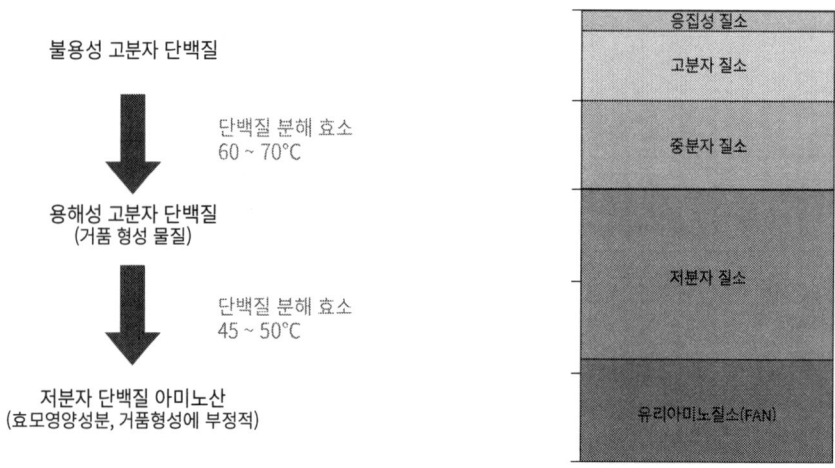

【그림 3-21】 담금 액의 단백질 조성 및 담금 중 단백질 분해 과정 [69]

저분자 질소 화합물은 발효 중에 효모 영양소로 활용되며 맥주의 휘발성 성분인 고급 알코올(higher alcohol)과 디아세틸(diacetyl) 등의 생성에 영향을 미친다. 제맥과 담금을 통해 분해된 단백질의 비율은 1 : 0.6~1 : 1 정도이며 단백질 분해물은 담금보다는 제맥의 영향이 더 크다고 볼 수 있다.

한편, 단백질 분해 효소는 크게 두 분류이다. 엔도펩티데이스(endopeptidase)는 펩티드 내부 사슬을 끊어주는 역할을 한다. 반면 엑소펩티데이스(exopeptidase)는 카르복시펩티데이스(carboxypeptidase), 아미노펩티데이스(aminopeptidase), 디펩티데이스(dipeptidase) 등을 말하며 이 효소들은 단백질 또는 펩타이드 말단 아미노기를 끊어주는 역할을 한다. 단백질 분해 효소들의 최적 pH는 5.4~5.8이며 최적 분해 온도는 비교적 넓어 45~55℃이고 45℃에서는 저분자 질소 화합물이, 55 ℃에서는 고분자 질소 화합물이 생성된다〈표 3-16〉.

<표 3-16> 담금 온도에 따른 질소 화합물 조성(1시간 담금 기준)

단위:(mg/kg)

구분	70℃	60℃	50℃	40℃	20℃	0℃
용해성 질소(soluble nitrogen)	5,030	5,890	6,070	5,630	4,880	4,370
영구 용해성 질소 (permanently soluble nitrogen)	4,400	4,890	4,590	4,080	3,250	2,920
응집성 질소 (coagulable nitrogen)	630	1,000	1,430	1,550	1,630	1,450
포르몰 질소(formol nitrogen)	1,600	-	1,850	-	-	1,280

또한, 온도와 pH외에 단백질 분해에 미치는 담금 농도, 담금 방법, 맥아 용해도 등도 질소 화합물 조성에 영향을 준다<표 3-17>.

<표 3-17> 담금 농도에 따른 질소화합물 조성

단위:(mg/kg)

담금 농도 (분쇄물 : 양조용수)	질소 화합물 조성	시간(h)			
		4	2	1	0.5
1 : 2	용해성 질소	7,390	7,100	6,780	6,490
	영구 용해성 질소	6,520	6,110	5,680	5,280
	응집성 질소	3,430	3,270	3,060	2,880
	포르몰 질소	2,380	2,170	1,940	1,810
1 : 3.3	용해성 질소	7,080	6,890	6,530	6,150
	영구 용해성 질소	6,210	5,900	5,440	5,150
	응집성 질소	3,280	3,260	2,990	2,850
	포르몰 질소	2,210	2,050	1,860	1,740
1 : 5.3	용해성 질소	6,870	6,620	6,390	6,070
	영구 용해성 질소	6,000	5,690	5,420	5,000
	응집성 질소	3,250	3,130	2,980	2,780
	포르몰 질소	2,130	1,970	1,850	1,700

담금 시에 50℃에서 단백질 분해를 장시간 하는 것은 맥주 거품에 부정적인 영향을 미치게 된다. 한편, 맥주 효모는 발효 중에 알파 아미노산을 맥즙 100ml 기준 10~14mg 흡수하게 되며,

아미노산 중에 프롤린(prolin)은 효모에 의해 흡수가 안 되므로 효모가 발효 중에 필요한 아미노산은 맥즙 100ml 기준 20mg(200ppm) 정도이다. 일반적으로 알파 아미노산은 용해가 정상적인 맥아를 이용하여 담금한 맥즙에는 충분한 양이 들어 있으나 그 농도가 적을 경우에는 효모 증식과 발효 및 숙성에 부정적인 영향을 미쳐 결국 맥주 아로마에 문제를 야기할 수 있다.

3) 베타글루칸 분해

베타글루칸은 글루코피라노오스(glucopyranose)를 기본 단위로 하여 β-1,4와 β-1,3에 의해 결합되어 있고 나선형 구조의 결합에 따라 요오드와 반응을 하지 못한다. β-1,4에 결합된 글루코오스, 즉 셀로비오스(cellobiose)는 베타글루칸의 70%를, β-1,3에 결합된 글루코오스, 즉 리미나리비오스(liminaribiose)는 30%를 차지한다. 베타글루칸은 높은 점성으로 인해 맥즙 여과와 맥주 제조에서 점성이 높아 문제를 야기하는데, 특히 분자 간 수소결합에 의해 형성된 고분자 베타글루칸 겔(β-glucan-gel)이 맥주 여과 시 문제를 유발한다. 일반적으로 베타글루칸은 엔도베타 글루카네이스(endo-β-glucanase)에 의해 분해되며 최적 분해 온도는 45~55℃, pH는 4.5~5.4이다(그림 3-22).

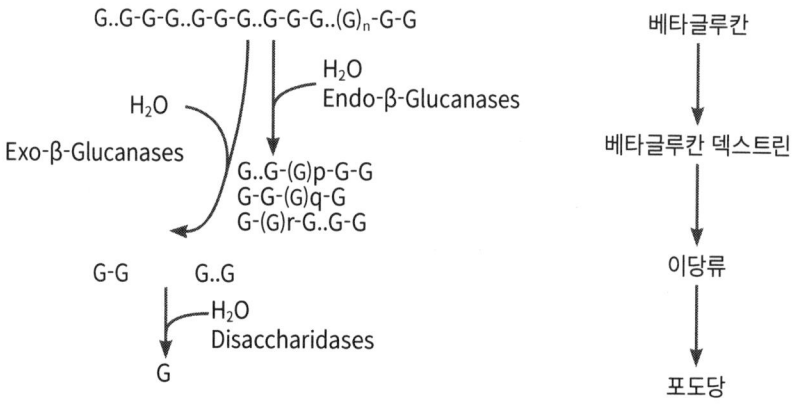

【그림 3-22】 글루칸의 효소적 분해 과정

그러나 베타글루칸 솔루비레이스(β-glucan-solubilase)의 경우는 고온에 저항이 강해 제맥의 건조공정을 통해서도 불활성되지 않아 담금공정 중 68~72℃에서도 여전히 활성이 강하다. 따라서 베타글루칸 분해 효소인 엔도 베타글루카네이스는 이미 52~55℃에서 불활성되기 때문에 제맥공정 중에 용해도가 충분치 않은 맥아인 경우 맥아의 글루칸-단백질 복합체는 베타글루칸 솔루비라제 의해 글루칸이 유리되며, 그 글루칸은 더 이상 분해되지 못해 맥즙의 점성을 높여 맥즙 여과와 맥주 여과에 문제를 유발하게 된다. 보리나 부원료 및 용해도가 낮은 맥아(undermodified malt)의 경우는 분해되지 않은 검(gum) 성분으로 인해 점성이 강하여 맥즙 여과에 더 큰 문제를 야기한다.

따라서 점성이 강한 원료를 이용하여 담금 할 때는 고온에서 저항이 강한 인공 효소인 글루카네이스(glucanase)를 사용하면 맥즙 및 맥주 여과가 원활히 진행된다〈표 3-18〉.

〈표 3-18〉 인공 효소를 이용한 글루칸의 분해 효과

구분		6일 제맥			3일 제맥		
		무첨가	효소 A	효소 B	무첨가	효소 A	효소 B
맥즙	점성(mPas)	2.04	1.87	1.66	4.39	2.17	1.84
	검(ppm)	1,604	1,072	5.6	6,711	1,702	586
	1차 맥즙(g/min)	82.5	124.7	122.4	39.4	85.3	81.0
맥주	점성(mPas)	1.74	1.67	1.52	3.28	1.81	1.64
	검(ppm)	973	734	〈 1	5,896	742	133
	베타 글루칸(ppm)	-	-	-	2,351	2,050	1673
	여과성(bar/l)	0.05	0.04	0.03	1.29	1.93	0.65
	거품유지력(Σ)	121	114	106	150	150	124

4) 지방 분해

담금 중에는 지방이 지방 분해 효소(lipase)에 의해 불포화 지방산으로 분해된다. 이 지방산은 또 리폭시게네이스에 의해 글리세린(glycerine)과 하이드록시 지방산(hydroxy fatty acids)으로 분해된다. 지방산은 다시 자동산화와 과산화효소(peroxidase)에 의해 각각 헥산알(hexanal)과 트랜스-2-노네날(tran-2-nonenal)로 전환된다(그림 3-23). 특히 트랜스-2-노네날은 맥주 맛 안정성을 저해하는 맥주 산화취의 대표적인 성분으로 마분지 냄새(cardboard flavour)를 유발한다.

대부분의 경우 담금 액에 함유되어 있는 산소가 불포화지방산을 산화시키는 요인이기 때문에 담금 액에 산소유입을 최소화하는 것이 중요하다. 그러나 담금 액의 산소를 제거하더라도 리폭시게네이스에 의한 효소적 분해는 계속 진행된다.

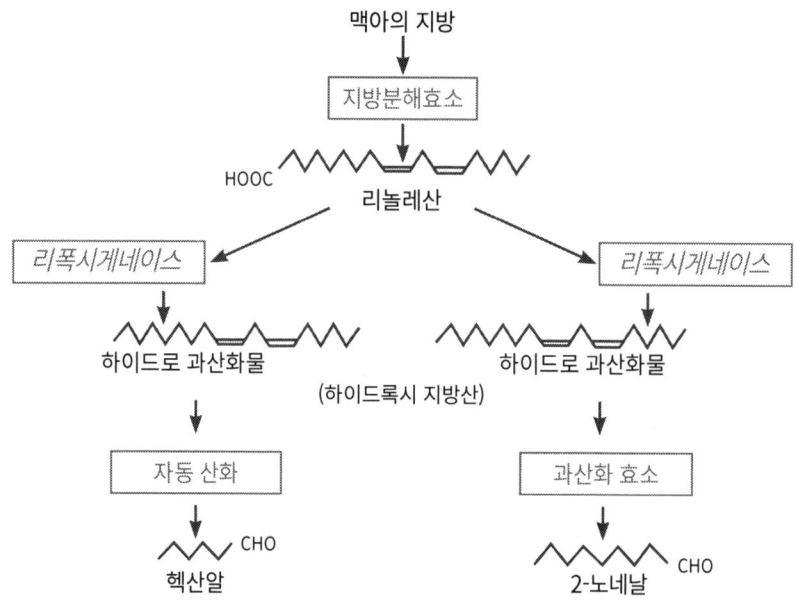

【그림 3-23】 담금 중의 지방 분해 과정 [70]

5) 기타 분해

담금공정 중에 유기적으로 결합된 인산(phosphate)은 포스파테이스(phosphatase)에 의해 분해되며 인산은 알코올 발효에 필수적인 성분이고 양조용수에서는 맥즙의 완충작용에 기여하는 바가 매우 크다. 또한, 담금공정 중에는 탄닌 성분과 안토시아닌 성분이 맥아 껍질과 배유 부분에서 유리되는데 특히 고분자 탄닌 성분과 안토시아닌은 고분자 단백질 결합하여 맥주 혼탁의 원인이 되기도 하며, 맥주 맛에 부정적인 영향을 미치게 된다. 한편, 단백질 합성과 효모 증식 및 발효에 영향을 미치는 아연(zinc)의 농도가 적을 경우 발효가 늦어지고 디아세틸의 분해가 불완전하게 된다. 맥아 속의 아연은 담금 시에 약 20% 정도만 수용액으로 전이되는데 맥즙의 아연 농도는 0.15~0.18 mg/l를 유지해야 정상적인 발효가 진행된다. 따라서 아연의 농도를 높이려면 담금공정 중에 낮은 pH, 낮은 담금 시작 온도 및 담금 비율(맥아 : 양조용수)을 1 : 2.5로 조정하는 것이 바람직하다.

6) 엑기스 조성

맥아 분쇄물의 70~80%는 수용성으로 전환되며 불용성 성분은 맥주 주박으로 분리된다. 담금을 통해 얻어진 엑기스는 당분(말토오스, 말토트리오스, 글루코오스)이고, 보리에서 얻어진 설탕과 과당으로 구성된다. 발효성 당분은 11~12% 맥즙에서는 전체 엑기스의 61~65%를 차지하며 이 농도를 기준으로 한계 발효도가 정해지고 이를 통해 가성 발효도(apparent attenuation)가 약 75~80%가 나오게 된다. 비발효성 당분은 주로 덱스트린, 단백질 성분, 검 성분 및 미네랄 성분으로 구성된다(그림 3-24).

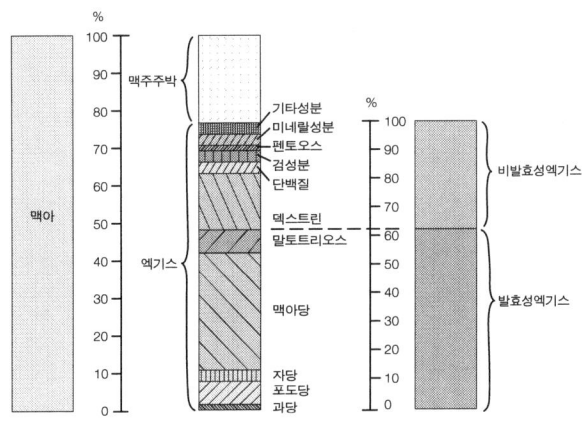

【그림 3-24】 담금 액의 엑기스 조성 [70]

2. 담금 실무

담금 시작(mashing in)이란 주어진 초기 담금 온도 조건하에 곡물 분쇄물과 양조용수를 최대한 잘 섞이게 혼합하는 초기 과정을 말한다.

1) 양조용수 및 원료량

양조용수는 담금시작할 때 투입되는 담금수와 맥즙여과시 투입되는 후수로 구분된다. 담금시에 곡물 분쇄물과 담금수와의 비율은 맥즙여과때 1차 맥즙(first wort)의 농도가 결정되므로 매우 중요하다. 일반적으로 곡물 분쇄물 100kg에 양조용수 300리터를 혼합하면 20%의 1

차 맥즙농도가 만들어지며, 이때 맥즙 조성과 맥주타입도 결정된다. 보통 담색맥주는 분쇄물 100kg에 양조용수 400~500리터를 혼합하여 담금공정시 효소반응이 빠르게 진행되게하고, 농색맥주는 분쇄물 100kg에 양조용수 300~350리터를 혼합해서 농담금(thicker mash)을 진행하여 캐러멜화를 통해 생성된 맥아의 아로마가 담금액에 스며들게 한다.

한편, 투입되는 원료량 및 담금수는 다음과 같이 계산되며, 맥즙 수율은 소규모 양조장은 70% 내외, 대규모 양조장은 73% 내외로 계상한다.

$$원료량(kg) = \frac{목표\ 최종\ 맥즙량(L) \cdot 0.96 \cdot 목표\ 최종\ 맥즙\ 엑기스(\%) \cdot 비중}{맥즙\ 수율(\%)}$$

$$담금수(L) = \frac{맥즙수율(\%) \cdot [(100\% - 목표\ 1차\ 맥즙\ 엑기스(\%))] \cdot 투입맥아량(kg)}{목표\ 1차\ 맥즙\ 엑기스(\%) \cdot 100\%}$$

일반적으로 분쇄물 100kg에 양조용수 300리터를 혼합하면 20%의 1차 맥즙 농도가 만들어지며, 이때 맥즙 조성과 맥주 타입도 결정된다. 보통 담색 맥주는 분쇄물 100kg에 양조용수 400~500리터를 혼합하여 담금공정 시 효소 반응이 빠르게 진행되게 하고, 농색 맥주는 분쇄물 100kg에 양조용수 300~350리터를 혼합해서 농담금(thicker mash)을 진행하여 캐러멜화를 통해 생성된 맥아의 아로마가 담금 액에 스며들게 한다.

2) 담금 시작 온도

기본적으로 담금 시작은 어떤 온도에서도 가능하지만 효소가 최적으로 활성화될 수 있는 온도에서 시작하게 된다. 그러나 전분이 분해되려면 전분 세포를 둘러싸고 있는 단백질, 헤미셀룰로오스 및 베타글루칸 등이 먼저 분해되어야 한다. 따라서 단백질과 베타글루칸 분해 온도인 45~50℃에서 담금을 시작할 수 있으나, 실제로는 단백질 및 베타글루탄은 단백질 및 글루칸 분해 효소에 의해 이미 35℃에서 분해되기 시작한다. 그러나 35℃에서 담금을 시작하면 담금공정이 길어지고 에너지 낭비가 크며, 과도한 단백질 분해에 따른 맥주 거품 유지력에 문제가 발생되기 때문에 35℃에서 담금을 시작하는 경우는 거의 없다. 담금 시작 시에는 분쇄물과 양조용수를 혼합할 때 덩어리가 생기지 않도록 교반기를 사용하는 것이 좋다.

3. 담금 공법

담금의 기본 원리는 담금 온도를 각각의 효소 최적 활성화 온도에 맞추고 일정 시간 효소와 맥즙이 반응이 일어나도록 정치하는 것이다. 일반적으로 단백질 분해 온도는 45~50℃, 말토오스 분해 온도는 62~65℃, 당화 온도는 70~75℃, 담금 완료 온도는 78℃이다. 담금 공법은 담금 온도 상승 방법에 따라 승온(infusion) 방식과 자비(decoction) 방식 두 가지가 있다.

승온 방식은 전체 담금 액을 각각의 효소 활성 최적화 온도에 정치하면서 담금 완료 온도까지 단계적으로 온도를 높이는 방식이다.

반면 자비 방식은 전체 담금 액의 일부(전체 담금 액의 1/3~1/4 정도)를 분리하여 끓인 후 (boiled mash) 남은 담금 액(residual mash)에 혼합하여 담금 전체 액의 온도를 단계적으로 담금 종료 온도까지 높이는 방식이다.

담금 방식의 선택에 따라 발효성 당분의 함량, 한계 발효도 및 거품 생성과 유지력을 위한 단백질 함량 조절 등이 정해지고 그에 따라 맥주의 타입과 특성에 영향을 미치게 된다. 담금 공법 중 맥아의 품질 상태에 따라 담금 온도를 조절하는데, 예로서 맥아의 단백질 용해도가 양호한 경우 단백질 분해 온도를 58~62℃에 맞춰 거품에 영향을 주는 고분자 단백질의 분해를 최소화하는 것이 바람직하다.

한편, 담금공정 중에 담금 액의 혼합을 위해 사용하는 교반기는 너무 빠르게 회전시키는 것은 담금액 내에 전단력이 발생하여 특히 베타글루칸 겔(β-glucan gel)이 생성되어 맥주 여과에 문제를 발생시키므로 피하는 것이 좋다. 또한, 담금공정 중에 담금 액에 산소가 과다 함유되면 맥즙 및 맥주의 색깔이 어두워지고 맥주 맛이 평이해지고 맥주 품질 안정성이 감소하게 된다. 따라서 담금공정 중에 담금 액의 산소량을 최소화하는 것이 중요하며 이를 위해 담금공정 중에 담금 액을 담금 용기 하부를 통해 이송하고 교반기의 속도를 빠르지 않게 하는 것이 중요하다.

1) 승온 방식

승온 방식은 가장 간단한 담금 방식이며 전체 담금 액의 온도를 1℃/min 상승시키면서 각각의 효소를 활성화시키는 방식이다. 승온 방식으로 담금되어 제조된 맥주의 맛은 평이하고 특징이 약한 특성을 나타내는데 특수 맥아 등을 일부 첨가하여 맛을 보강하기도 한다. 승온 방식은 펌프를 통한 담금 액의 이송이 없어 산소가 담금 액에 적게 유입되는 방식이며, 담금 공정의 자동화가 용이하고 자비 방식에 비해 에너지가 20~50% 가량 적게 소비된다.

승온 방식에서는 담금을 50℃에서 시작하여 단백질 분해부터 시작하지만, 용해가 잘된 맥아의 경우 단백질 분해를 생략하고 62℃에서 시작하여 단계적으로 온도를 높여 78℃에서 담금을 종료한다(그림 3-25).

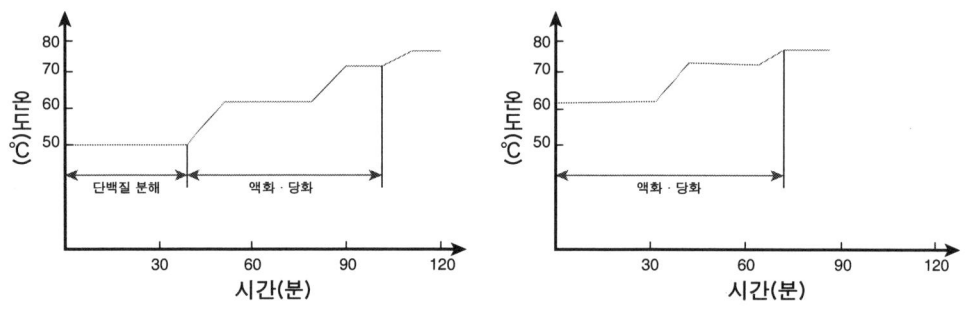

【그림 3-25】 담금 시작 온도 50℃(좌) 및 62℃(우)에 따른 승온 담금 방식

2) 자비 방식

자비 방식은 전체 담금 액에서 담금 액 일부를 분리하여 자비 후 자비하지 않은 담금 액에 혼합하여 전체 담금 액의 온도를 상승시키는 방식이다. 자비한 담금 액(thick mash, boiled mash)은 펌프를 이용하여 자비하지 않은 담금 액(thin mash, residual mash) 용기로 이송하여 목표로 하는 담금 온도를 맞추게 된다. 이때 자비한 담금 액을 자비하지 않은 담금 액으로 교반하면서 혼합해야 효소를 보존할 수 있다.

또한, 산소 유입 차단을 위해 담금조 밑부분을 통해 이송해야 한다. 자비한 담금 액의 효소는 불활성되기 때문에 자비하지 않은 담금 액의 효소를 이용하여 전분과 단백질 분해 등을 하게 된다. 담금 액의 일부를 분리하여 자비하는 방식은 신속한 끓임으로 인해 분리된 담금 액의 단백질 분해가 적고, 전분의 호화 및 액화가 강하게 진행되며 맥아 껍질의 성분이 많이 검출된다. 또한, 멜라노이딘 형성이 강하게 나타나며 디메틸설파이드의 제거가 많이 된다.

일반적으로 자비 방식이 승온 방식보다는 에너지가 20% 가량 더 소비되는 것으로 알려져 있다. 자비 방식에서 중요한 것은 어느 정도의 자비 담금 액의 양을 자비하지 않은 남은 담금 액에 혼합해야 목표로 하는 전체 담금 액의 온도를 맞추는 것이다. 보통 전체 담금 액의 1/3~1/4 정도의 양을 분리하여 끓인 후 남은 담금액에 혼합하면 목표로 하는 온도를 맞출 수 있는데 정확한 계산식은 아래와 같다.

$$\text{자비 담금액(h}\ell) = \frac{\text{전체 담금액(h}\ell) \cdot [\text{목표 온도(℃)} - \text{남은 담금액 온도(℃)}]}{95℃ - \text{남은 담금액 온도(℃)}}$$

자비 방식은 에너지 소비가 많아 가급적 자비하는 시간을 최소화하는데 일반적으로 담색 맥주의 경우 10~15분, 농색 맥주의 경우 20~30분 가량 자비한다. 자비 횟수에 따라 1회, 2회, 3회 자비 방식으로 구분한다.

1회 자비 방식(single mash process)은 승온 방식과 원리는 같으나 자비 담금 액을 65~75℃에서 분리한 후 15~30분 자비한 다음 75℃에서 담금을 종료 하는 방식이다(그림 3-26).

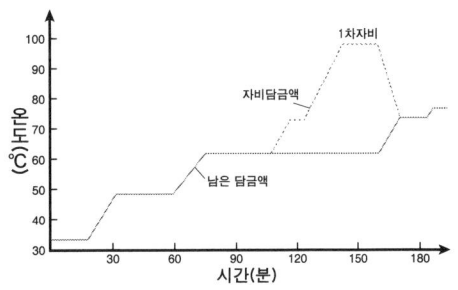

【그림 3-26】 1회 자비 담금 방식(Single mash process)

2회 자비 방식(two mash process)은 담금을 50℃에서 시작하며 약 20분 후 1차 자비 담금액을 분리한 후 15~20분 자비 후 전체 담금 액의 온도가 64℃가 되도록 맞춰 말토오스 분해를 유도한다. 그 다음 약 10분 후 2차 자비 담금 액을 분리한 후 전체 담금 액 온도가 75℃가 되도록 맞춘 후 담금을 종료하는 방식으로 약 2시간 정도 소요된다. 한편, 단백질 용해도가 좋은 맥아의 경우는 담금을 62℃에서 시작해도 단백질 분해가 용이하며 맥주 거품 형성에 도움이 된다(그림 3-27).

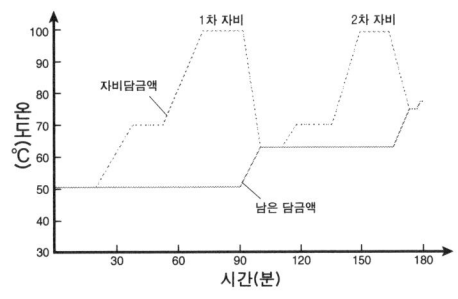

【그림 3-27】 2회 자비 담금 방식(Two mash process)

3회 자비 방식(three mash process)은 담금을 35℃에서 시작하여 3회에 걸쳐 자비 과정을 거친 후 75℃에서 담금을 종료하는 방식으로 맥아의 아로마를 특징으로 하는 맥주를 제조할 때 사용하는 방식이다. 총 담금 시간이 5~6시간 소요되어 에너지가 많이 소요되어 특수한 흑맥주 제조에만 사용되는 기법으로 볼 수 있다(그림 3-28).

그 외 담금 공법으로는 35℃에서 농담금을 시작하여 30분 후 끓은 물을 투입하여 전체 담금액의 온도를 72℃로 맞춰 β-아밀레이스에 의한 효소 분해 과정을 생략하고 바로 α-아밀레이스 분해 과정으로 진입 후 덱스트린 생성을 유도하는 방식으로 주로 알코올 함량이 매우 적은 맥주 제조에 사용된다.

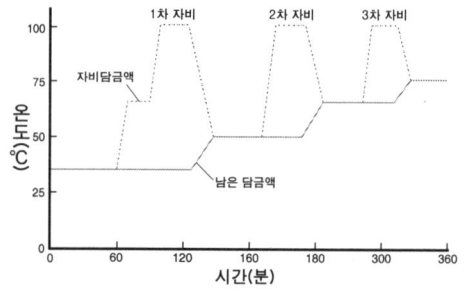

【그림 3-28】 3회 자비 담금 방식(Three mash process)

한편, 맥아 외에 맥주 제조에 사용되는 원료는 쌀, 옥수수, 수수, 당시럽 등으로 맥아에 비해 가격이 저렴하고 엑기스 수득률이 높으며 부드럽고 목 넘김이 좋은 맥주 맛 특징을 나타내어 독일을 제외한 전 세계에서 부원료로써 이용되고 있다. 〈표 3-19〉는 각 곡류별 구성 성분을 나타낸 것이다.

〈표 3-19〉 곡류별 조성(%, 건량)

구분	단백질	지방	회분	전분	셀룰로오스
보리	11.8	2.5	3.1	71	5.7
밀	14.5	2.0	2.2	76	2.9
호밀	13.5	2.0	2.4	74	2.4
귀리	13.4	6.1	3.5	61	12.4
옥수수	11.6	5.8	1.2	70	4.2
쌀	9.0	0.5	0.4	81	2.3

부원료는 자체 효소가 없어 맥아와 같이 담금을 하며 일정량만 사용하는 것이 일반적이며 호화 온도가 곡류별로 다르다. 옥수수의 경우 담금 시에 50%까지 부원료로 사용해도 담금공정에 문제가 없으나 쌀의 경우에는 담금공정에 일부 문제를 야기할 수 있기 때문에 특별히 다루어야 한다. 쌀의 호화 온도가 맥아의 호화 온도보다 높은 80℃로서 미리 호화 과정을 거친 후 맥아와 혼합하는 과정을 거치게 된다.

예로서 쌀을 이용한 담금공정은 다음과 같다. 맥아량의 10~20% 정도의 쌀을 50℃에서 담금을 시작하고 10~15분가량 정치한다. 이때 양조용수는 100kg당 400리터를 투입하여 담금 액이 진하지 않게 한다. 그 후 온도를 72~75℃로 올려 10분가량 정치한 다음 85℃까지 올려 쌀을 호화 및 액화한다. 액화된 쌀을 100℃에서 30~40분가량 자비한 후 맥아와 혼합하여 63℃를 맞춰 말토오스 분해를 유도한다. 이때 맥아 담금 액은 쌀을 100℃에서 자비하는 초기 시점에서 50℃에 담금을 시작하여 단백질 분해를 유도하여야 한다. 전체 담금 액을 63℃에서 15분 가량 정치한 후 일부 담금 액을 분리하여 15분가량 자비 후 전체 담금 액의 온도가 74℃가 되도록 맞춰 당화를 유도한다. 당화된 담금 액은 그 후 78℃까지 온도를 높여 담금을 종료한다(그림 3-29).

한편 쌀의 10% 정도의 맥아를 같이 투입하여 호화 및 액화 과정을 거쳐 맥아와 혼합하여 당화를 진행하는 공법도 사용된다.

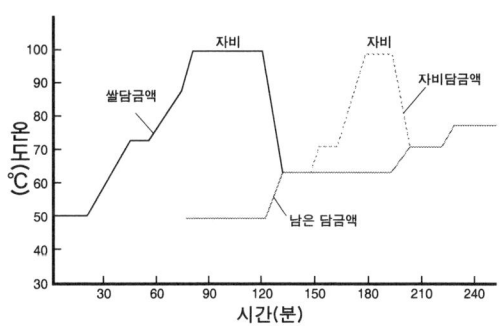

【그림 3-29】 쌀을 이용한 자비 담금 방식

04 맥즙 여과

담금 종료 후 담금 액은 수용성 성분과 불용성 성분으로 구분되는데 엑기스를 함유한 수용성 액체는 맥즙이 되고, 불용성 부분은 맥주 주박이 된다. 맥주 주박은 맥아 껍질 등으로 구성되어 있는데 담금공정 중에 수용성으로 전환되지 못한 성분들이다. 맥주 제조에 사용되는 것은 맥즙이며 맥주 주박으로부터 최대한 많이 분리하는 것이 중요하다.

이러한 맥주 주박으로부터 맥즙을 분리하는 과정을 맥즙 여과(lautering)라 한다. 맥즙 여과 시 중요한 것은 엑기스가 최대한 함유되어 있는 맑고 투명한 맥즙을 얻는 것이다. 맥주 맛의 안정성과 거품 유지력 저하 및 혼탁의 원인이 되며 고미가를 감소시키는 유리 지방산(free fatty acids)이 적은 맥즙을 얻는 것이 중요하다.

일반적으로 맥즙 여과는 맥즙 여과조(lauter tun) 또는 필터(mash filter)를 이용하여 진행된다. 맥즙 여과조를 이용한 맥즙 여과율(lautering rate)은 여과층의 압력 차이, 여과층의 투과성, 여과층의 높이 및 여과층의 면적에 달려 있다. 또한, 유량(flow rate)은 다음과 같이 요소에 의해 결정된다.

$$F = \frac{V}{t} = \frac{K^* P^* A}{\eta^* L}$$

F = 시간단위당 유량 부피, K = 여과층의 평균 투과성, P = 압력차,
A = 여과층의 직경, η = 맥즙의 점도, L = 여과층의 두께

맥즙 여과는 2단계에 걸쳐 진행되는데 담금 액이 층을 이루어 자연적으로 맥즙이 여과되어 나온 맥즙이 1차 맥즙이다. 또한, 엑기스량을 극대화하기 위해 맥주 주박을 씻어내기 위해 78℃의 후수(sparging water)를 가하는데 이때 얻어진 맥즙을 2차 맥즙이라 한다. 양조장에 따라서는 후수량을 2~3회에 나누어 투입하는 경우도 있다.

후수 투입량은 1차 맥즙의 농도와 양에 따라 다르다. 예로서 12% 맥즙 제조 시 1번 맥즙

의 농도가 14%, 16%, 18%, 20%, 22%라면 후수는 각각 1번 맥즙량 대비 70%, 100%, 120%, 150%, 190%를 첨가하면 된다.

한편, 투입되는 후수가 많을수록 맥즙 수득률은 높아지나 자비 공정에서 물을 더 많이 증발시켜야 하는 문제점도 발생하게 된다. 후수를 가할 때 담금 공정 중 분해되지 못한 잔여 전분 분해를 위해 α-아밀레이스 효소의 활성화와 담금 액의 점도 감소에 따른 맥즙 여과의 수월성을 위해 후수 온도는 78℃를 유지하는 것이 중요하다. 후수를 계속 투입하면 엑기스 농도는 0.5~0.6% 정도로 낮아진 마지막 맥즙(last wort)이 얻어지는데, 이는 전체 엑기스 농도에 영향이 미미하며 품질 높은 맥주 제조를 위해서는 필요 이상으로 후수하지 않는 것이 좋다.

1. 맥즙 여과조

맥즙 여과에 사용되는 장비는 여러 종류가 있으며 그중 맥즙 여과조(lauter tun)가 가장 일반적으로 사용되는 장비로 볼 수 있다. 이 장비의 재질은 크롬니켈강이며 외부 온도로부터 보호되는 절연제로 마감되어 있다. 담금 액은 산소 유입의 최소화를 위해 맥즙 여과조 하부를 통해 이송되며 2~6개의 유입구를 통해 맥즙 여과조로 10분 내에 이송이 완료되어야 한다. 여과 바닥판(false bottom)은 크롬니켈강 재질로써 맥즙 여과조 바닥(tun bottom)의 20mm 높이에 위치하며 0.7~0.9mm 간격으로 이루어진 원형판 모양으로 맥즙과 맥주 주박을 분리하는 여과 역할을 한다. 절단 기구(cutting unit)는 맥즙 여과기의 크기에 따라 2~6개의 팔대(arm)로 구성되어 있으며 절단 기구에는 특수한 절단기(knife)가 부착되어 있다. 절단 기구의 높이는 맥즙의 혼탁 정도에 따라 자동적으로 조절되는데 혼탁 정도가 심하면 절단 기구는 올라가고 혼탁이 약하면 내려가게 된다(그림 3-30).

또한, 맥즙 여과 과정 중에 담금 액의 맥주 주박은 점차 수축되는데 이때 발생하는 압력차(pressure difference)이 크면 절단 기구는 내려가고, 압력이 작아지면 다시 올라가게 된다.

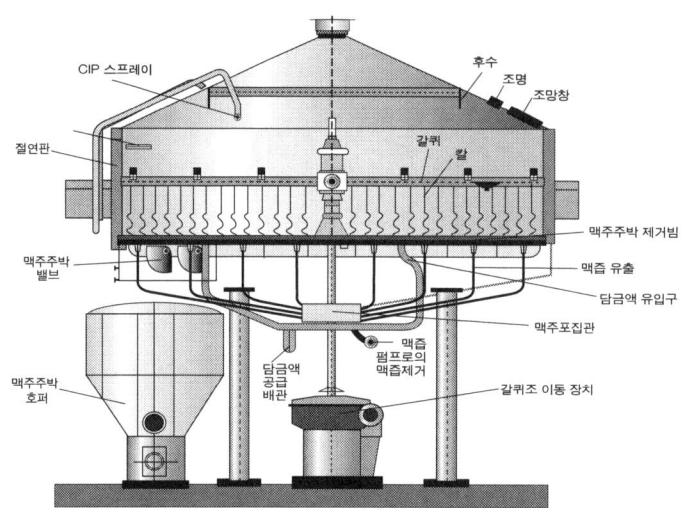

【그림 3-30】 맥즙 여과조(lauter tun)의 구조(Ziemann A., GmbH, Ludwigsburg)

2. 맥즙 여과 실무

맥즙 여과조를 이용한 맥즙 여과 공정은 여러 단계를 거쳐 진행된다.

① 신속한 여과를 위해서는 여과 바닥판의 청결과 공기 제거 및 예열이 필수적이다. 이를 위해 온수를 맥즙 여과조로 일부 이송하게 된다.

② 담금 액은 신속히 맥즙 여과조 하부를 통해 이송해야 하고, 담금 액이 여과조에 불균일하게 퍼지면 여과 수율이 낮아지므로 여과조 내에 최대한 균일하게 퍼지도록 한다. 담금 액 이송 중에는 교반기를 작동하여 담금 액이 잘 섞이도록 한다.

③ 이송 후 맥주 주박은 맥아 여과조 바닥에 가라앉아 자연적인 여과층을 형성하게 되고 1차 맥즙은 그 위에 뜨게 된다. 이 과정을 담금 휴식(mash setting)이라 하며 5~30분 가량 걸리며 담금 휴식 마지막에는 담금 액이 3개 층으로 가라앉게 된다. 하층부에는 크기가 크고 무거우며 일부 전분을 함유한 성분 등이 가라앉아 얇은 층을 형성하고 중간층에는 맥주 주박으로 이루어진 가장 두꺼운 층을 형성하며, 상층부에는 단백질 및 작은 맥아 껍질 등의 가벼운 성분 등으로 얇은 층을 형성하게 된다. 특히 상층부는 다시 2개의 층으로 구분되는데 그중 아래층은 투과성이 적은 맥주 주박으로 구성되어 있어 맥즙 여

과를 어렵게 하기 때문에 담금 액이 여과판에 균일하게 퍼지하게 하고 담금 액의 온도가 높을수록 여과가 신속히 이루어지므로 담금액의 온도가 내려가지 않도록 해야 한다.

④ 담금액의 이송이 완료되는 시점에 맥즙 여과조의 여과 바닥판과 여과 바닥 사이에 작은 입자로 이루어진 성분들이 모이게 되는데, 이 성분을 탁한 맥즙(cloudy wort)이라 하며 펌프를 통해 산소 유입을 최소화하기 위해 맥아 여과조 상층부로 이송하게 된다. 이 과정은 맑은 맥즙이 나올 때까지 지속하며 약 5~10분가량 소요된다.

⑤ 1차 맥즙이 흘러나오기 시작하며 1차 맥즙의 농도는 모든 단계에서 일정하다. 1번 맥즙은 맥주 주박을 거쳐 흘러나오는데 이때 맥주 주박과 흘러나오는 1번 맥즙 간의 저항이 발생하면서 흡입 효과(suction effect)가 나타나게 된다. 이 흡입 효과는 여과되어 흘러나가는 맥즙이 항상 여과되어 흘러오는 맥즙보다 많기 때문에 발생한다. 이 현상으로 인해 맥주 주박이 수축하게 되고 저항은 더 커지게 되면서 흘러나오는 맥즙의 양이 점차 적어지게 되며, 맥즙 여과 공정이 느려지게 된다(그림 3-31). 따라서 맥즙 여과 공정 중에 압력차를 최소화하고 맥주 주박을 느슨하게 유지하는 것이 중요하며 맥즙 여과조 내 회전하는 절단 기구를 이용하여 압력 차를 감소시키는 것이 필요하다.

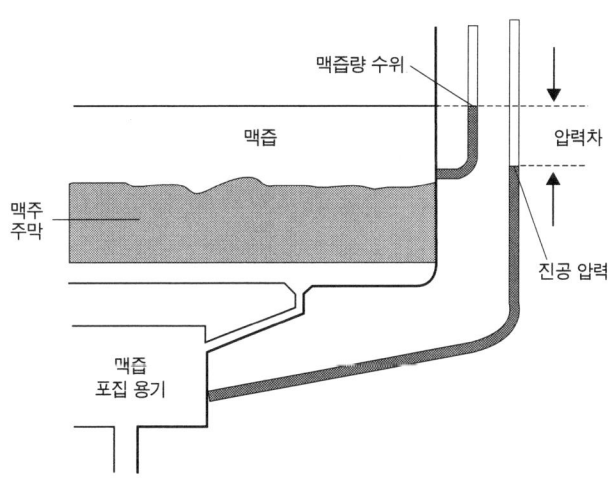

【그림 3-31】 맥즙 여과 공정 중의 압력 차 [70]

⑥ 1차 맥즙은 맥주 주박이 보일 때까지 진행하고 후수를 용기 상부를 통해 투입하여 2차 맥즙을 수득하게 된다.

이때 후수를 한 번에 투입하기도 하고 여러 차례 나누어 투입하기도 하는데 여러 차례 투입하게 되면 엑기스 수율이 높아지는 효과가 있으나 시간이 오래 걸리는 단점이 있다. 2차 맥즙 여과 시에도 절단기를 작동하며, 우선 맥주 주박 상층부를 절단하며 서서히 절단기를 하부로 이동하되 맥즙 여과조 바닥으로부터 5~10cm 위까지만 절단하게 된다. 더 깊이 절단하게 되면 맥즙이 혼탁하게 되어 피하는 것이 좋다. 절단기 작업은 맥즙 여과 시간과 청징도에 영향을 미치므로 2차 맥즙 여과 시에 압력차와 탁도를 주기적으로 측정하여야 한다. 즉, 압력 차가 크면 절단기를 작동하여 맥주 주박을 느슨하게 하고, 탁도가 증가하면 절단기를 끌어올려야 한다(그림 3-32).

한편, 담금 공법도 맥즙 점도와 여과 속도에 영향을 미치기 때문에 담금 방법 선택도 중요하며 이때 맥아 용해도가 양호한 맥아에서는 베타글루칸의 농도가 낮아 맥즙의 점도가 감소되어 맥아 여과가 용이하며, 승온 방식보다는 자비 방식으로 담금된 맥즙의 여과가 수월하게 진행된다.

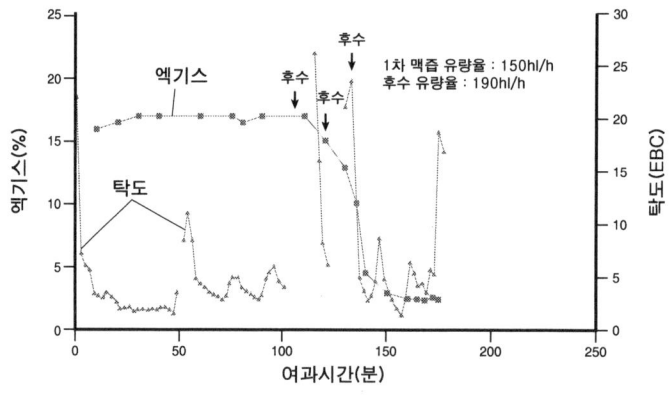

【그림 3-32】 맥즙 여과 시 탁도와 엑기스의 변화 [112]

1) 필터 프레스

맥즙 여과조와 더불어 맥즙 여과에 사용되는 공법은 필터 프레스 방법이다. 이 방법은 여과시간이 2시간 30분 가량 소용되는 맥즙 여과조의 단점을 보완한 것으로 여과 시간이 90~100분 정도 소요되며 공간도 적게 필요로 하는 장점이 있다. 특히 점도가 높은 high gravity 담금 액 및 맥아 용해도가 좋지 않은 맥아 또는 부원료가 포함된 맥즙 여과 시 유용하게 사용되며, 곱게 분쇄된 맥아를 용이하게 여과하여 맥즙 수율을 높이는 장점이 있다.

2) 필터 프레스 여과기

필터 프레스 여과기는 담금 액 유입 기능을 하는 필터 격자(module), 1,2차 맥즙 유입과 후수 분배 기능을 하는 여과판(plate), 여과 기능을 하는 여과포(filtration cloth) 등으로 구성되어 있다. 여과의 주요한 기능을 하는 여과포는 면, 나일론 등을 사용한다. 현재는 여과성과 사용 연한이 우수한 폴리프로필렌 재질의 포를 사용하고 있다(그림 3-33).

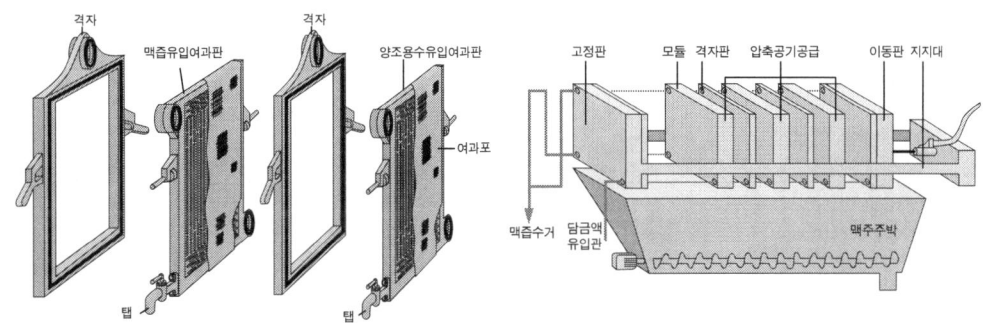

【그림 3-33】 프레스 필터(Mash filter Meura 2001)

필터 프레스를 이용한 여과 기법은 다음과 같다(그림 3-34).
① 담금액을 압력(0.15~0.2 bar)을 이용하여 여과기 하부로 주입을 한다.
② 1차 맥즙은 여과판의 여과포를 통해 바로 이송된다.
③ 1차 맥즙이 이송되면서 여과포는 맥주 주박이 쌓이게 된다. 이때 10분 이내에 압력이 상승하게 되며 이후 압력은 일정하게 유지된다. 전체 담금액이 여과포를 통과하게 되면서 여과기는 맥주 주박으로 꽉 차게 되며 1차 맥즙은 20분 정도면 완료된다.
④ 1차 맥즙 여과가 완료되면 맥주 주박을 공기 압력(0.5~0.6 bar)을 이용하여 압착하여 잔존의 1차 맥즙을 수득하게 되며 약 5분 정도 소요된다.
⑤ 78℃ 후수를 여과기 하부를 통해 투입하여 여과기 전체에 균등하게 분배되도록 하여 1차 맥즙이 흘러나오도록 유도한다. 이 과정은 약 50분가량 소요된다.
⑥ 맥주 주박을 재차 공기 압력(0.7bar)을 이용하여 잔존 엑기스를 회수하고 맥주 주박의 수분 함량이 32%될 때까지 압착하여 이 과정은 약 10분 소요된다.
⑦ 여과기를 펼쳐 맥주 주박을 제거하는 과정으로 약 10분가량 소요된다.

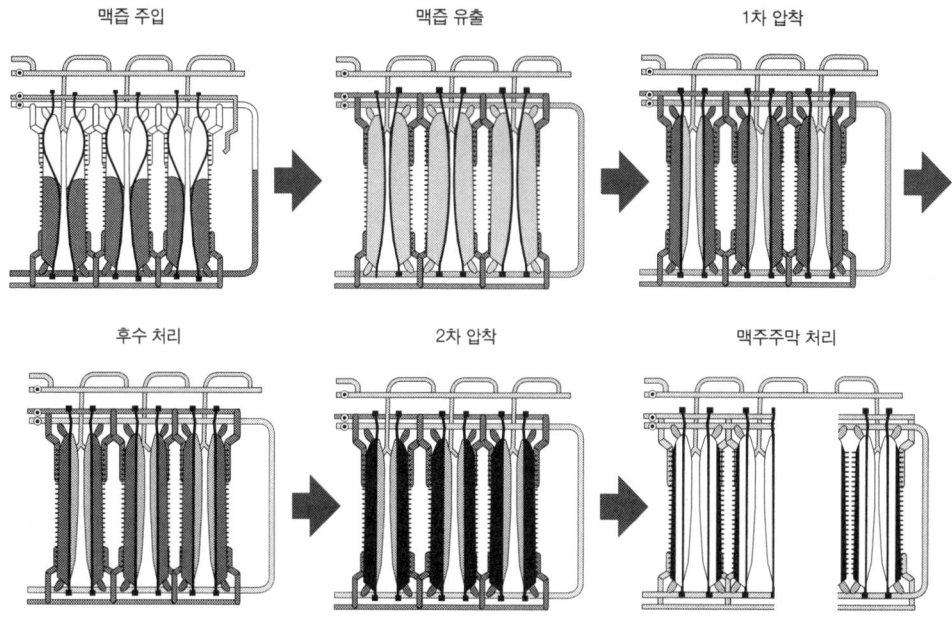

【그림 3-34】 프레스 필터 여과 원리(Meura 2001 membrane mash filter)

한편, 프레스 필터를 이용한 맥즙 여과 시 탁도와 엑기스 변화는 다음과 같다(그림 3-35).

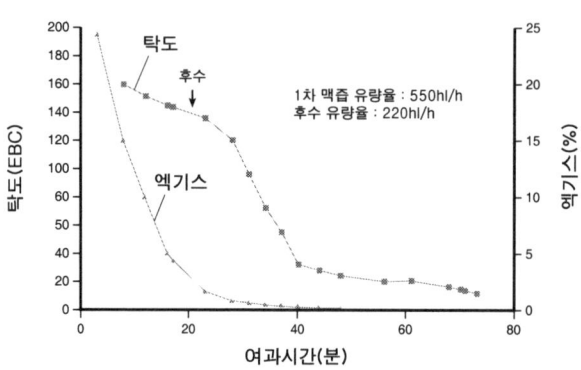

【그림 3-35】 프레스 필터 여과 시 탁도와 엑기스 변화 [112]

여러 가지 맥즙 여과 시스템에 따른 맥즙의 특성은 〈표 3-20〉과 같다. 표에서 보는 바와 같이 맥즙 여과기와 프레스 여과기와의 맥즙 특성은 차이가 거의 없으며 양조장의 특성에 따라 맥즙 여과 시스템을 구축하는 것이 바람직하다.

〈표 3-20〉 맥즙 여과 시스템과 맥즙의 특성

구분	맥즙 여과기 (lauter tun)	프레스 여과기 A (mash filterA)	프레스 여과기 B (mash filterB)
엑기스	13.21	13.80	13.23
가성 발효 엑기스(%)	3.18	2.68	2.27
가성 한계 발효도(%)	75.9	80.6	82.8
색상(EBC)	25.0	12.5	8.0
pH	5.22	5.14	5.23
점성도(mPas)	1.78	1.79	1.74
총질소(ppm)	1,126	1,074	1,034
응집성 질소(ppm)	30	24	27
$MgSO_4$ 침전 질소(ppm)	211	230	214
유리아미노질소(ppm)	240	205	188
고미가(EBC)	20	36	32
폴리페놀(ppm)	209	223	229
안토시아노겐(ppm)	77	93	105
요오드 수	0.277	0.168	0.179
베타글루칸(ppm)	101	200	163
디메틸설파이드(ppb)	16	〈 5	22
디메틸설파이드 전구체(ppb)	23	29	11

3) 맥주 주박

맥즙 여과 후 남는 맥주 주박은 70~80%의 수분을 함유하고 있으며 일반적으로 맥아 100kg 으로부터 100~130kg의 맥주 주박이 수득된다. 긴조 맥주 주박은 단백질(28.0%), 지방(8.2%), 질소 무함유 엑기스 성분(41.0%), 셀룰로오스(17.5%), 미네랄 성분(5.3%)으로 구성되어 있다.

맥주 주박은 소화성이 우수하고 영양소를 많이 함유하고 있어 농가의 가축사료로 소비되는 데 비타민이 없어 맥주 주박 단독으로는 사용하지는 않는다. 맥주 양조장 입장에서는 맥주 주박에 잔존하는 엑기스를 가능한 한 회수하여야 하는 것을 의미한다. 맥주 주박 속의 총 엑기스는 수용성 엑기스(soluble extract)와 추출성 엑기스(extractable extract)로 구분된다. 용해성 엑기스는 1kg의 맥주 주박을 손으로 압착하여 여과지에 여과 후 당도계를 통해 측정하며 0.8%가 정상적인 수치이다. 또한, 맥주 주박에는 용해성 엑기스 외에 분해될 수 있는 추출성 엑기스가 있으며 실험실에서 콘그레스 담금법에 의해 분석되며 총 엑기스는 1.3~1.8% 정도이다. 따라서 추출성 엑기스는 0.8% 정도로 볼 수 있다. 한편, 용해성 엑기스에 잔존 당도가 많이 남아 있는 경우는 여러 가지 원인이 있으며 이에 대한 대처 방법은 다음과 같다〈표 3-21〉.

〈표 3-21〉 고농도의 잔존 용해성 엑기스 원인과 대처 방법

현 상	원 인	대처 방법
용해도가 우수한 맥아에 비해 엑기스 확산이 느림	맥아의 용해도 불량	용해도가 좋은 맥아 사용
분쇄물이 반죽 상태이며 여과가 느림	과도한 맥아 분쇄	분쇄를 다소 거칠게 분쇄
엑기스가 충분히 스파징수에 확산이 안 됨	맥즙 여과 시간 짧음	스파징수를 여러 차례 나누어 투입하고 여과 시간을 연장
맥즙여과기 내 여과층 높이가 상이	불균형한 여과층	절단기를 이용한 담금액의 분배
여과의 멈춤	담금 액의 수축	절단기를 이용하여 담금 액 절단하여 압력차를 최소화
맥즙여과기와 스파징수가 냉각됨	냉각된 여과	스파징수를 78℃ 유지, 절연체 맥즙 여과기 사용
맥아의 습기가 많음	과도하게 거칠게 맥아가 분쇄됨	분쇄기 분쇄도 조정 및 부쇄를 서서히 진행
부원료 및 맥아의 불충분한 용해	짧은 담금 시간 및 부적당한 담금 방법	담금 시간을 길게하고 분리 담금액을 집중적으로 자비

05 맥즙 자비

맥즙 자비(wort boiling)는 보통 50~60분 소요되며 홉을 첨가하는 과정으로서 홉의 고미 성분과 아로마 성분이 맥즙에 전이되고 단백질이 침전되는 등 맥즙의 다양한 변화가 일어나는 과정이기도 하다. 맥즙 자비는 맥즙 자비조(wort kettle)에서 진행되고 강렬한 자비가 보장되는 장비여야 한다. 맥즙 자비 후 얻어진 맥즙을 최종 맥즙(cast wort)이라 한다. 맥즙 자비 시 일어나는 변화를 보면 다음과 같다.

1. 홉 성분의 용해 및 변화

홉의 고미 성분, 오일 및 폴리페놀 성분은 맥주 제조에 중요한 성분이며, 그중 홉의 고미 성분은 맥주에 쓴맛을 부여하기 때문에 가장 중요한 성분이다. 알파산은 차가운 맥즙에는 불용성이며 맥즙 자비 시에 알파산의 이성화에 의해 가용성인 이소알파산으로 전환되어 맥즙에 쓴맛을 부여하게 된다. 그러나 맥즙 자비 시 모든 알파산이 이소알파산으로 전환되는 것은 아니며 약 1/3 정도만이 이소알파산으로 전환된다. 또한, 맥주 제조 과정 중에 홉의 고미 성분은 일정 부분은 소실되게 된다. 한편, 맥즙 자비 시 이소휴물론의 수율과 그에 따른 맥주의 고미는 다음과 같은 요소에 의해 영향을 받게 된다.

① 이소휴물론의 특성 : 알파산은 종류에 따라 이성화되는 정도가 다르며 이소휴물론으로 가장 많이 전환되는 성분은 코휴물론이다. 따라서 Northern brewer 품종과 같이 코휴물론의 함량이 많은 홉 품종을 사용하면 맥주의 고미를 더 강화할 수 있다.
② 자비 시간 : 자비 시간이 길수록 이소휴물론의 수율은 증가하며 자비 초기에 알파산의

대부분은 이성화되고 이성화되는 수율은 시간이 지나면서 서서히 증가하게 된다. 자비 1시간 이후 대부분의 알파산은 이성화되게 된다(그림 3-36).

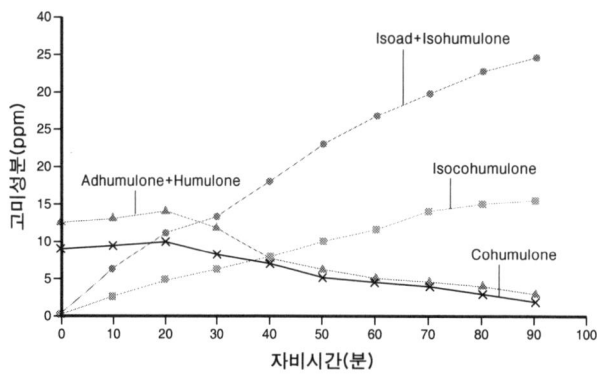

【그림 3-36】 자비 시간에 따른 알파산과 이소알파산의 변화

③ pH : pH가 높으면 홉의 이성화에 도움이 되지만 고미의 질은 낮은 pH에서 좋아진다.
④ 휴물론의 농도 : 홉의 투입량이 많으면 많을수록 이소휴물론의 수율은 낮아진다(그림 3-37).

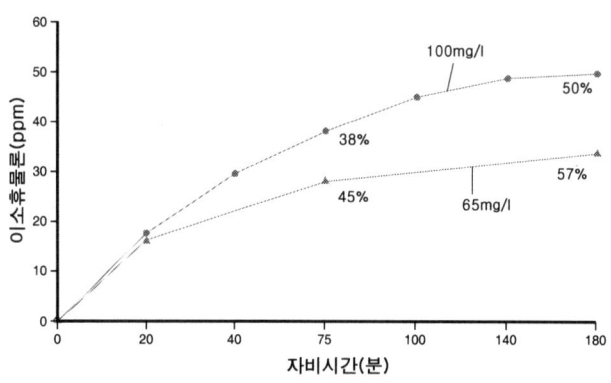

【그림 3-37】 홉 투입량과 이소휴물론의 수율

⑤ 이소휴물론의 배출 : 자비 시 적지 않은 이소휴물론이 고형물과 함께 배출된다.
⑥ 홉의 분쇄 정도 : 잘게 부서진 홉일수록 엑기스화가 용이하여 고미 수율이 증가하게 된다.

홉오일은 맥즙 자비 시 휘발되며 자비 시간이 길수록 휘발은 더 많아지게 된다. 홉오일은 맥주 아로마에 긍정적인 영향을 부여하므로 자비 종료 전 15~20분 정도에 아로마 홉을 첨가하여 아로마 향이 맥주에 일부라도 잔존하도록 담금을 하는 것이 일반적이다. 일부 맥주 제조사들은 홉향 보존을 위해 아로마 홉을 월풀 공정에 투입하는 경우도 있는데, 이때 맥주 혼탁 문제가 발생할 수 있어 유의해야 한다. 홉 폴리페놀은 안토시아닌, 탄닌 및 카테킨 등으로 구성되어 있으며, 수용성이어서 용해가 잘되며 자비 시에 응고물을 형성하게 된다. 폴리페놀의 항산화 작용으로 인해 맥주 향 안정성에 긍정적인 영향을 미치며 바디감과 고미에도 영향을 미친다.

2. 단백질 침전

홉과 맥아 유래의 단백질과 폴리페놀 결합 및 질소 함유물과 산화된 폴리페놀과의 결합은 맥즙 자비 시 분해되지 못하고 고형물(hot break)을 형성하게 된다. 굵고 묵직한 고형물이 형성될수록 자비가 정상적으로 진행된 것이고, 자비 시 강렬히 이글거리는 맥즙에 둥둥 떠 있게 되며 완제품의 혼탁 방지를 위해 유리하다.

과거에는 단백질을 최대한 제거하려고 최소 2시간 동안 자비하였으나 요즘은 에너지 비용 절감과 혼탁 물질을 제거하는 기술이 발달되어 오히려 맥주 거품 형성을 위해 필요한 응고성 단백질을 완전히 제거하지 않고 일부 남겨두는 것이 일반적이다. 최종 맥즙은 약 1,000mg 총질소/L를 함유하게 되는데 이중 황산마그네슘을 이용한 침전 질소($MgSO_4$-N) 농도가 약 150~350 mg/l에 달한다. $MgSO_4$-N과 맥주 거품은 직접적인 연관이 있고 $MgSO_4$-N 농도가 많을수록 맥주 거품 형성과 유지력이 좋아진다.

또한, 최종 맥즙의 유리 아미노질소(free amino nitrogen, FAN)는 220~250 mg/l 정도 함유되어야 정상적인 발효가 진행된다. 낮은 온도, 단축된 자비 시간, 전단력 감소 및 응고성 질소의 잔존 등으로 인해 맥주 거품 형성과 유지력이 개선된다. 응고성 질소는 냉각 맥즙(cold wort) 기준 약 20~40 mg/l가 함유되어야 한다. 한편, 유리 디메칠설파이드의 농도가 100 mg/l 이하가 되도록 자비 시간을 조절해야 한다.

3. 수분 증발

맥즙 자비를 통해 수분이 증발하는데 과거에는 증발율이 10~15% 정도면 우수한 자비조로 간주되었으나 요즘은 증발율 4% 정도를 정상적인 자비조로 평가한다. 자비 과정은 많은 에너지를 필요로 하므로 맥즙을 필요 이상으로 자비하거나 수분을 필요 이상으로 증발시키는 것 등을 피해야 한다.

4. 맥즙 살균

세균과 곰팡이균은 맥주를 상하게 하므로 맥즙 자비공정을 통해 모든 균을 살균하는 것이 중요하며, 맥즙 자비공정 이후 미생물 오염이 없도록 특별히 주의해야 한다.

5. 효소 불활성

활성화되어 있는 효소들은 맥즙 자비공정을 통해 불활성되며 맥즙 자비 이후 맥즙의 조성에 더 이상 변화는 없게 된다. 만일 맥즙 자비 이후 맥아 조성을 바꾸려면 맥아 엑기스(malt extract)나 1차 맥즙을 첨가하면 된다.

6. 맥즙의 아로마 성분과 색상 변화

리놀산과 리놀렌산과 같은 긴사슬 지방산(long chain fatty acid)은 이미 제맥과 담금공정 때 리폭시게네이스 효소에 의해 과산화물(hydroxy acid hydroperoxide)이 생성되고 그 후 휘발성 카보닐 화합물로 전환된다. 맥즙 자비 시에 이 카보닐 화합물의 일부가 휘발되며 긴사슬 지방산 역시 고형물 형성을 통해 감소되고, 또한 열에 의해 짧은 사슬 지방산(short chain fatty acid)로 전환되어 긴사슬 지방산의 농도가 감소하게 된다.

맥아와 홉에서 비롯된 페놀탄산(p-cumaric acid, ferula acid, sinapic acid)은 자비 시 페놀

과 4-hydroxybenz aldehyde로 전환되어 맥즙과 맥주 아로마에 영향을 주게 된다.

맥아로부터의 페닐에탄올(phenyl ethanol)과 헥사놀(hexanol)은 맥즙으로 유입되는데 자비 시 일부 휘발된다. 헥사놀의 경우 맥즙 아로마의 휘발 정도를 알려주는 지표로 활용되기도 한다.

한편, 자비하지 않은 맥즙에는 제맥의 건조공정과 맥아 담금공정을 통해 멜라노이딘 및 당과 아미노산의 반응에 따라 글루코실(glucosyl amine) 및 프럭토실아민(fructosyl amine)이 존재하지만 소량이다.

맥즙 아로마와 색상 변화는 대부분 맥즙 자비 시 마이얄 반응과 일부 캐러멜화에 의해 촉진된다.

이미 기술한 바와 같이 마이얄 반응은 열 에너지가 필요한 캐러멜화 반응과 달리 환원당과 아미노산의 축합 반응에 따라 1, 2차 반응물 및 중간 반응물이 생성되어 멜라노이딘 색소를 형성하여 맥즙의 색상을 갈색화하는 과정이다(그림 3-38).

총 3단계에 걸쳐 일어나는 마이얄 반응은 초기 단계에서는 환원당과 아미노산의 축합 반응을 통해 활성이 강한 글루코실아민이 생성되고, 이 성분은 아마도리 전위(amadori rearrangement)을 일으켜 프럭토실아민으로 전위된다.

중간 단계에 들어서면 아마도리 전위 생성물들의 분해와 동시에 당의 산화물인 3-데옥시오존(3-deoxyosone), 레덕톤류(reductones), 푸르푸랄(furfural) 등을 형성된다.

최종 단계에서는 아미노산의 스트렉커 분해(strecker degradation)에 따라 알파 디케톤(α-deketone)과 아미노산(루이신, 이소루이신 등)이 반응하여 알데히드(2-methyl butanal, 3-methyl butanal, phenylethanal)가 생성되는데, 이는 맥즙에서 풍기는 전형적인 맥즙 아로마이며 맥즙 자비 시 감소되지만 맥주에 잔존하여 맥주 노화에 영향을 준다. 또한, 푸르푸랄, 푸란, 파이롤, 레덕톤류 등의 상호 반응을 통해 멜라노이딘 같은 중합체를 형성하게 된다. 이들 중합체는 분자 내에 질소를 함유하고, 불포화도가 높으며 갈색으로 착색된 강한 형광성을 가진 것이 특징이며 따라서 마이얄 반응의 최종 단계에서 급격히 갈색으로 착색되는 것이다.

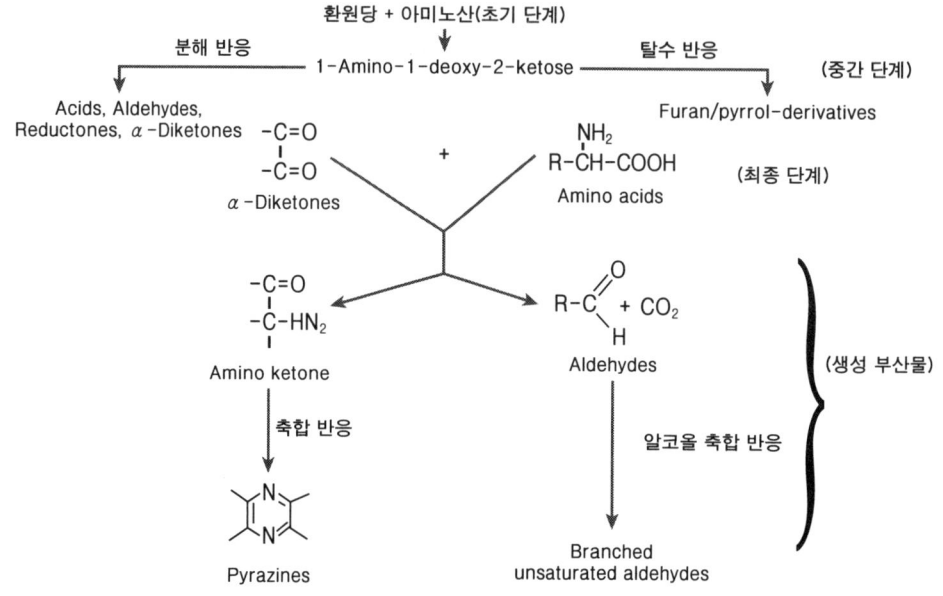

【그림 3-38】 맥즙 아로마 및 색상 생성 기전

　마이얄 반응을 통해 생성된 부산물들은 환원적 특성(산소를 결합하는 성질)을 가지며, 맥즙의 색상과 환원성은 맥아 용해가 클수록, 맥아 건조가 강할수록 증가하게 되고 맥즙 자비를 통해 그 특성은 점점 강해진다. 그러나 맥주 색상이 너무 진하게 되면 맥주 맛이 밋밋하고 거칠게 되며 멜라노이딘의 알코올 산화에 따라 맥주의 노화도 촉진된다.

　따라서 맥즙 자비 시 맥즙의 색상이 과도하게 갈색화되는 것은 피하는 것이 좋으며 특히 pH를 5.0~5.2로 유지하는 것이 중요하다.

　한편, 마이얄 반응을 통해 고분자 화합물인 멜라노이딘 생성 외에 중간 부산물이 많이 생성된다. 즉 카보닐 분해에 따른 헤테로고리형(heterocyclic ring) 화합물이 생성되는데, 이는 제맥 시 건조과정과 맥즙 자비 시에 생성된다. 특히 질소를 함유한 헤테로고리형(n-heterocyclic ring)은 맥즙 자비가 길어질수록 생성량은 증가하고, 맥주에서 팝콘취, 크래커취, 캐러멜취 및 열취 등의 원인이 된다. 이러한 성분은 맥즙 자비를 통해 증발하지만 일부는 수증기와 함께 다시 맥즙으로 유입되어 자비 후에도 검출이 된다. 따라서 맥즙 자비 시 증발 과정은 매우 중요하다.

　맥즙을 고온(120℃)에서 자비하면 pyrrole, acylpyrrolidine, 2-acetylpyridine, 5-acetyl-2,3-dehydro-1-pyrrolizines, 5-formyl-2,3-dehydro-1-pyrrolizines 등이 생성되며 주로 탄 냄새를 부여하게 된다.

TBA값은 마이얄 반응의 척도를 알려주는 지표인 HMF(hydroxymethyl furfural)과 같은 표현이며, 맥즙 자비와 월풀 공정 중에 증가하게 되므로 자비를 장시간 진행하는 것은 피하여야 하며 TBA값이 최소화되도록 하는 자비공정이 필요하다.

7. 맥즙의 산성화

맥즙 자비 시 맥즙의 산소를 결합하려는 물질, 즉 멜라노이딘이 생성되어 맥즙 색소가 어두워지게 되며 이 멜라노이딘에 의해 맥즙이 산성화되며 홉 성분도 맥즙 산성화에 영향을 미친다. 자비 전 맥즙 pH는 5.5~5.6 정도이고 자비 후는 5.4~5.5로 변한다. 맥즙 자비 시 맥즙 pH가 낮은 것이 좋은데 우선 단백질-폴리페놀 성분이 빠르게 침전하는데 도움이 되고 맥즙의 색상이 덜 어두워지게 된다. 또한, 홉의 고미가 세련되고 깔끔하게 되고 미생물적인 안정성이 증가하게 된다. 한편, 낮은 맥즙의 낮은 pH는 홉의 고미 수율이 낮아 홉을 더 많이 첨가해야 되는 단점이 있다.

8. 불쾌한 아로마 성분의 휘발

맥즙에는 맥주 아로마에 부정적인 영향을 미치는 휘발성 성분들이 함유되어 있는데 대표적인 물질로는 DMS, 지방 분해물인 헥산알(hexanal), 펜탄올(pentanol) 및 맥주 맛 안정성을 해치는 2-메틸 부탄알(2-methyl-butanal), 그리고 마이얄 반응 부산물인 푸르푸랄 등이다.

이 중 DMS 성분의 휘발이 매우 중요한데 이 DMS는 휘발성이 강한 황 화합물서 감응 농도가 50~60μg/L로 알려져 있고 맥주에서 채소 같은 향을 나타낸다. 앞서 기술한 바와 같이 DMS는 맥즙 자비 시 DMS 전구체인 SMM(S-methylmethionine)과 DMSO(dimethylsulfoxide)에 의해 생성된다. 맥아 제조공정 중 높은 건조 온도에서 생성되는 DMSO는 맥즙 자비 시 변화가 거의 없는 반면, SMM은 열에 의한 분해가 일어나게 된다. 자비 온도가 높을수록 DMS으로의 전환이 빠르고 pH가 낮을수록 전환이 느리게 된다. 또한, 맥즙 자비 시간이 길수록 SMM이 DMS로 많이 전환되고 이때 생성되는 유리 DMS(free DMS)는 증발되는데 현대 공법에서는 에너지 절약 차원에서 맥즙 자비를 1시간 내에 종료하므로 DMS가 맥아 제조 공정 중에 가능한 한 적게(100㎍/l 이하) 생성되도록 해야 한다. 보통 자비 후 30분 후에는 DMS의 농도는 최저치로 떨어지게 된다.

또한, DMS-P가 자비 종료 후 월풀조에 이송된 후 DMS로 전환되면 더 이상 제거가 불가능하게 된다.

한편, 일부 DMS-P가 발효조에 도달하면 일부 효모에 의해 대사되어 분해되기도 한다. 맥즙 자비 시간이 너무 짧으면 유리 DMS가 맥즙 자비 후반에 다시 생성되어 맥주 거품과 맛 안정성에 부정적인 영향을 미치게 되므로 이 유리 DMS가 제거되도록 맥즙 자비 시간을 조정해야 한다(그림 3-39).

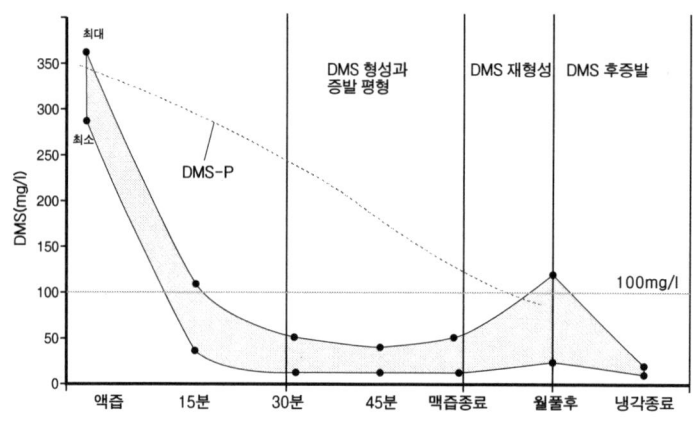

【그림 3-39】 맥즙 자비 시 DMS 생성 [70]

9. 맥즙 자비조

맥즙 자비를 50~60분 정도에 종료하기 위해서는 우수한 맥즙 자비조가 필요하다. 자비조의 가열 방식은 직접 가열 방식, 스팀 가열 방식 및 열수 가열 방식 등 3가지 방식이 있으나 현대 공법으로는 스팀 가열 방식이 가장 많이 이용되고 있다.

한편, 맥즙 자비 방식에 따라 크게 자비조는 외부 보일러(external boiler) 방식과 내부 보일러(internal boiler) 방식으로 나뉜다. 양조장의 공간 구조와 특성에 따라 자비 방식을 선택할 수 있으며 두 시스템 간의 큰 차이는 없다.

1) 외부 보일러 방식

외부 보일러를 이용한 맥즙 자비 방식에서는 자비조와 별도로 외부에 설치된 외부 보일러를 이용하여 시간당 7~8회 정도 맥즙을 순화시켜 자비하는 방식이다(그림 3-40). 이때 자비조의 자비 온도는 100℃, 외부 보일러의 자비 온도는 102~104℃ 정도이며 자비는 50~60분 가량 소요된다. 이 방식은 자비조 내의 맥즙이 혼합이 잘되고 자비 시간의 단축으로 인해 에너지 효율이 우수하다. 또한, 외부 보일러의 맥즙이 자비조로 순환되는 과정에서 맥즙이 이완되어 강한 증발이 일어나 DMS 등 맥주 아로마에 부정적인 영향을 미치는 성분들이 휘발된다. 한편, 외부 보일러 방식은 순환 펌프, 열교환기 등 부대시설과 공간이 별도로 필요로 하고 맥즙 순환에 따라 전단력이 발생하는 등의 단점이 있다.

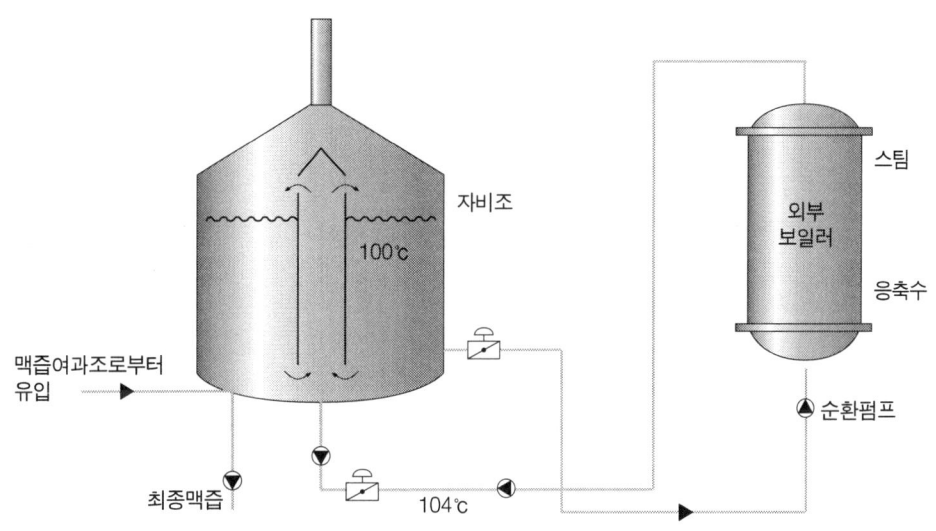

【그림 3-40】 외부 보일러 자비 방식(Huppmann, Hrch., GmbH, Machine manufacturing, Kitzlingen)

2) 내부 보일러 방식

내부 보일러 방식은 가장 흔히 사용되는 현대식 자비 공법이며, 자비조 내에 관형태의 열교환기(tubular heat exchange)를 통해 자비되는 방식이다(그림 3-41). 또한, 열교환기 상충부에 우산 형태의 장치를 이용하여 맥즙 자비 시 맥즙이 수평으로 퍼나가게 하여 자비 시 거품 생성을 방지하며 내부 보일러 방식을 통해 맥즙이 자비조 내에서 왕성하게 순환되게 된다.

내부 보일러 방식에서는 자비 온도를 단계별로 여러 형태로 조절할 수 있는데, 예로서 첫 단계에서는 102~106℃에서 15분간 강렬히 자비하여 불순한 아로마 제거 및 단백질 침전을 유도하고, 100℃로 온도를 낮춰 15분간 SMM를 DMS로 유도한 후 100℃에서 다시 한 번 10분간 자비한다. 이러한 방식을 통해 DMS의 농도 (20 ㎍/L 이하)와 TBA 값(15 이하)을 최소화하고, 거품 안정성과 맛 안정성을 개선할 수 있다. 또한, 이 방식을 통해 총자비 시간을 60~70분으로 단축 가능하며 별도의 장치나 공간이 필요치 않고 CIP에 문제가 없다.

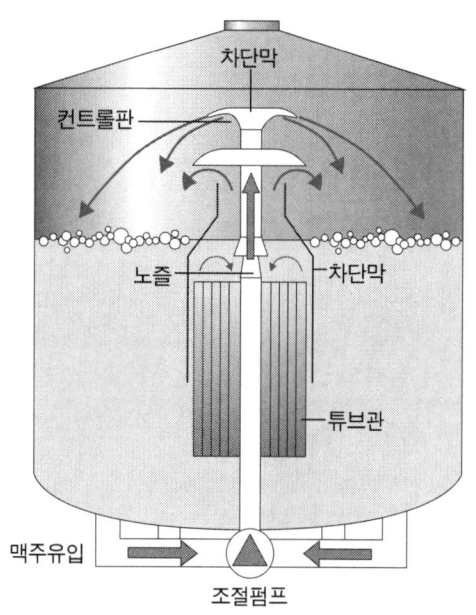

【그림 3-41】 내부 보일러 방식(Stromboli method, Anton Steinecker, Freising)

한편, 맥즙 자비 시 수증기가 발생하며 양조장 내에서 불쾌한 냄새를 풍기며 증발되는 수증기도 많은 에너지를 내포하고 있어 이 수증기를 재활용하는 것이 중요하다. 이때 필요한 장치가 수증기 농축기(kettle vapour condenser)이며 이 장치를 이용하여 수증기를 농축할 수 있다. 자비 시 발생하는 수증기를 농축기 관을 통과하게 하고 그때 물을 흘려보내 온수를 얻게 되는 원리이다. 이런 방식으로 100리터의 맥즙을 자비하면 80℃의 열수를 0.8리터 얻을 수 있다(그림 3-42).

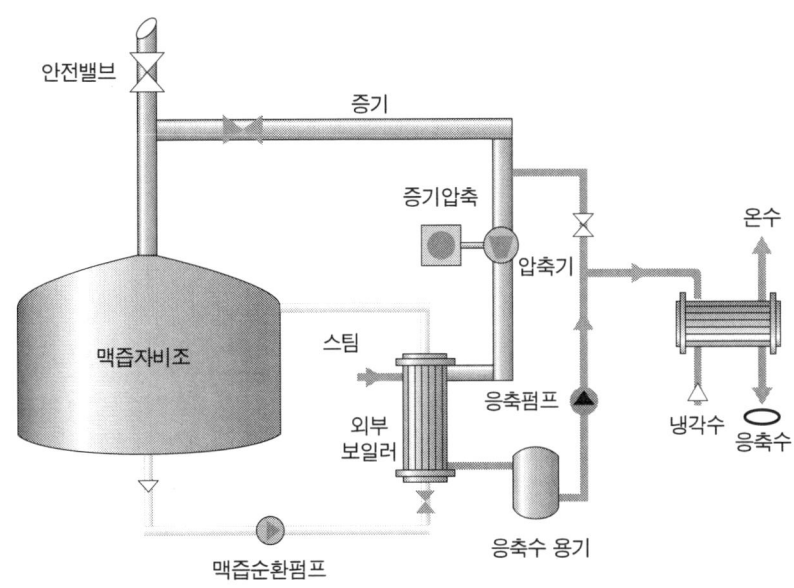

【그림 3-42】 증기 압축 장비(kaspar schulz, Bamberg)

3) 그 밖의 자비 공법

맥주 양조장에서는 맥즙 자비공정이 에너지를 가장 많이 소비하는 공정이기 때문에 대부분의 양조장에서는 맥즙 자비 시 에너지를 절약하는 자비 공법이 중요하다. 과거에는 15% 증발율에 2시간 자비 시간을 최적의 맥즙 자비공정으로 여겼으나 요즘은 4~5% 증발율에 35~40분 자비 시간을 목표로 맥즙 자비 장비들이 개발되고 있다(그림 3-43).

맥즙 자비 시 중요한 것은 맥즙이 열에 노출되는 시간을 최소화하여 TBA값을 자비 시에는 15 이하, 자비 말기에는 30~40 이하를 유지해야 맥주의 향 안정성을 기대할 수 있다.

또한, DMS도 100㎍/L로 유지되어야 하며 2-페닐에탄알(2-phenylethanal) 또는 하이드록시 지방산(hydroxy fatty acids)은 자비를 통해 분해되어야 하며, 2~3 mg/100ml의 응고성 단백질이 맥즙에 함유되어야 맥주 거품 안정성에 유리하다. 현대식 맥즙 자비에서는 맥즙의 불순한 아로마나 후공정에서 불순물의 재형성 등을 자비 후 맥즙 냉각이나 2차 증발을 통해 제거하는 공법을 이용하고 있다. 즉, 내부 보일러형 자비조에 월풀조를 기본으로 구축하고 두 장비 사이에 냉각기를 설치하는 방식으로 진화하고 있다.

또한, 최신 맥즙 자비 설비는 맥즙 증발률, 자비 온도 및 시간을 최소화하고 불순한 아로마를 최대한 제거하며 특히 DMS의 제거와 SMM의 재형성을 사전에 예방하는 개발되고 있다.

즉, 맥즙 예비냉각(wort pre cooling) 공법, 진공증발(vacuum evaporation) 공법 및 맥즙 스트립핑(wort stripping) 공법 등이 개발되어 있다.

예비 냉각공법은 자비 후 월풀로 이송되기 전 맥즙 온도가 열교환기를 통해 90℃ 이하로 냉각하면 TBA값이 현저히 감소되며 DMS의 경우 30~45% 감소하고 DMS는 더 이상 형성되지 않게 된다. 또한, 열교환기를 통과한 물의 온도가 80℃로 상승하여 양조장에서는 열수를 얻을 수 있는 장점이 있다.

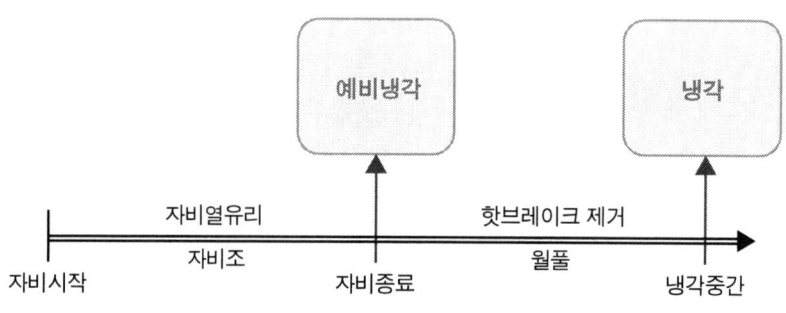

【그림 3-43】 맥즙 자비 공법의 변화

기존 맥즙 자비 공법인 100℃에서 90분간 자비하면 맥즙 증발율이 12% 정도이고 맥즙 100리터당 14kWh의 에너지가 소요되었지만, 현대식 자비 공법으로는 맥즙 증발율이 5~7%로 감소되었고 맥즙 100리터당 6kWh가 절약되었다(그림 3-44).

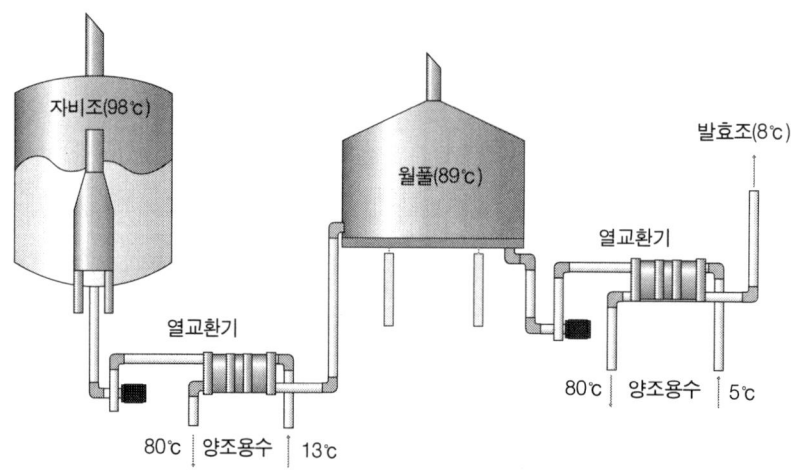

【그림 3-44】 최신 맥즙 자비 공법(GEA brewery system)

일반적으로 양조장에서는 전체 에너지 소비의 19%를 담금공정(승온 방식 기준), 30%를 맥즙 가열공정, 46%를 맥즙 자비공정, 2.5%를 CIP 공정, 2.5%를 기타 공정에서 차지한다.

한편, 자비 시간과 증발율은 사용하는 맥즙 장비에 따라 다르며 제조장의 특성에 맞게 알맞은 장비 선택이 중요하다.

〈표 3-22〉 맥즙 자비조 종류에 따른 자비 시간과 증발율 [70]

자비 시스템	자비 시간(min)	온도(℃)	증발율(%)
High performance wort kettle	90~120	10	8~11
External calandria	60~80	103	8
Internal calandria	60~80	102	8
Low pressure boilling system	45~55	101~103	3~5
Merlin	35~40	100	4
Jetstar	〉60	102	4
Stromboli	〉60	102	4
Schoko	60	98	6
High temperature wort boiling	3	130	6

10. 맥즙 자비 실무

맥즙 자비 실무에서는 맥즙 자비와 홉 첨가로 볼 수 있다.

1) 맥즙 자비

맥즙 자비 시 맥주 거품 안정성 유지를 위해 응고성 단백질이 모두 침전되지 않도록 하고 DMS는 자비를 통해 완전히 제거가 불가능하므로 맥즙 자비를 현대식 공법으로 50~60분 정도에 종료한다.

또한, 홉의 이성화와 도달하고자 하는 원 맥즙 농도 역시 맥즙 자비공정에서 중요하다.

한편, 담금과 맥즙 여과 후 여전히 분해되지 못한 전분이 잔존하여 후에 맥주 전분 혼탁을 유발할 수 있으므로 맥즙 자비 전 요오드 테스트를 통해 당화 상태를 점검해야 한다. 당화가 불완전할 경우 1차 맥즙을 투입하여 전분을 분해한 후 자비공정을 시작한다.

2) 홉 첨가

홉은 엄밀히 보면 맥주 원료라기보다는 맥주에 고미와 아로마를 부여하는 향신료에 가깝다. 상기 기술한 바와 같이 맥즙 자비 시 홉을 첨가하며 자비를 통해 홉의 알파산이 이소알파산으로 이성화되어 맥즙에 고미를 부여하게 된다. 홉 첨가 시 첨가량, 시기 및 방식이 중요하다.

고미가(bitterness units), BU)는 맥주 1리터당 고미 성분이 몇 mg 함유되어 있는지를 나타내며, 국내 라거 맥주의 고미가는 9~10 정도이며, 유럽의 필스너 맥주는 28~40 정도이다. 홉 첨가량은 또한 국가별로 다르며 유럽에서 제조되는 맥주의 고미가가 가장 높고 그다음 아프리카, 아시아, 미국 순이다(그림 3-45).

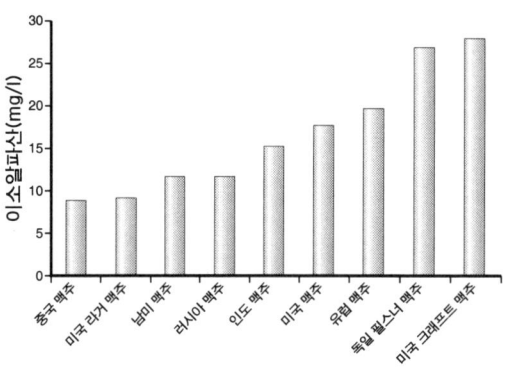

【그림 3-45】 맥주 브랜드에 따른 이소알파산 농도

한편, 맥주 타입에 따라 알파산 첨가량은 다르고 그에 따른 고미가 역시 다르게 나타난다 〈표 3-23〉.

〈표 3-23〉 맥주 타입에 따른 알파산 첨가량 및 그에 따른 고미가

구분	g α-acid/hl 맥주	고미가(BU)
밀 맥주	5.0~7.0	14~12
복 맥주	6.0~8.0	19~23
메르첸 맥주	7.0~8.5	20~25
무알코올 맥주	7.0~9.0	20~28
엑스포트 맥주	7.5~11.0	22~30
필스너 맥주	10.0~16.0	28~40

한편, 맥즙 자비 시 첨가한 홉의 고미 성분은 일부만이 맥주로 전이된다. 즉 고미 수율이 자비 시간, 자비 압력 및 pH에 따라 25~35% 정도이며, 일반적으로 고미 수율은 25~30% 정도로 본다. 맥즙 자비 시 정확한 홉의 첨가는 다음의 수식에 따라 계산하여 첨가한다.

$$\text{홉 첨가량(g)} = \frac{\text{목표 고미가}(BU) \cdot \text{맥즙량}(l) \cdot \text{홉 첨가 비율}(\%) \cdot 100\%}{\text{고미수율}(\%) \cdot \text{홉의 알파산 비율}(\%) \cdot 1000(mg/g)}$$

홉은 자연 홉, 홉 파우더, 펠렛 또는 홉 엑기스 형태로 자비 시 투입할 수 있으며 양조장의 특성에 맞게 선택하여 사용하는데 홉 타입 간의 품질 특성 차이는 크지 않다. 홉 첨가는 맥주 타입과 제조자에 따라 보통 2~3회에 걸쳐 투입하며 라거 맥주 타입은 맥즙 자비 초기에 비터 홉을 1차 투입하고 자비 중간에 비터 홉을 2차로 투입한 후 자비 종료 직전에 아로마 홉을 투입한다.

밀 맥주의 경우는 주로 아로마 홉만을 이용하며 자비 초기에 전체 홉을 투입한다.

일반적으로 홉 첨가 시 비터 홉을 우선적으로 투입하는데 이는 알파산을 최대한 이소알파산으로 이성화시키고 좋지 않은 미르센(myrcen) 성분을 휘발시키는 데 목적이 있다. 아로마 홉을 자비 마지막 단계에 투입하여 홉 아로마를 최대한 맥주에 함유토록 한다. 맥즙 자비 종료 후 맥즙의 맑기, 맥즙 수득량, 엑기스분 등을 체크하여야 한다.

한편, 이성화된 홉 엑기스(isomerizes hop extracts)는 알파산이 20~30% 함유되어 있고 액상 형태로 판매되며 발효 후 고미가 조정을 위해 사용된다.

또한, 홉의 아로마 성분은 매우 다양하며 각 성분마다 역치가 다르게 나타난다〈표 3-24〉.

〈표 3-24〉 홉 아로마 성분의 종류와 역치

성 분	아로마 표현	농도($\mu g/l$)
3-Mercapto-4-methylpentan 2 ol	그레이프푸르츠 향	0.07
(E,Z)-2,6-Nonadienal	오이 향	0.5
4-Mercapto-4-methyl-pentane-2-one	머스캇 포도, 블랙커런트	0.0005~0.0015
β-Damascenone	사과, 배, 과실 향	0.02
Ethyl-2-methylbutanoate	감귤류, 사과 향	1.1~45
Linalool	꽃 향	2~80
β-Ionone	꽃향, 딸기 향	0.6
Ethyl-4-methylpentanoate	감귤류, 파인애플	1~18

Ethyl-2-methylpropanoate	감귤류, 파인애플	6~164
β-Citronellol	리취 향	9~40
Myecene	허브향, 수지 향	9~1,000
Humilene epoxide I	건초 향	10
(Z)-3-Hexanal	풀냄새	20
β-Caryophyllene	향신료, 클로브 향	160~420
α-Terpineol	수지 향, 장미 향	330
Ethyl-3-methylbutannoate	감귤류, 사과 향	2
Geraniol	꽃 향	4~300
Limonene	감귤류, 풀냄새	1,493
4-(4-Hydroxyphenyl)-2-butanone	감귤류, 산딸기 향	21
Nerol	꽃 향, 감귤류	80~500
Humulenol II	파인애플, 쑥 향	150~2,500
1-Hexanal	풀냄새	350
Humulene epoxide II	석회 향, 향나무	450
Humulene	꽃 향	747
humuladienone		100
Geranyl isobutyrate		450
Farnesene		550
Edudesmol		10,000

한편, 맥즙에 첨가한 홉의 이성화율(isomerization rate)는 다음과 같은 요인에 의해 좌우된다. ① 시간과 온도, ② pH, ③ 홉 가공품의 타입과 신선도, ④ 홉 첨가량, ⑤ 원 맥즙 농도, ⑥ 맥즙의 구성, ⑦ 맥즙 자비 시스템

맥즙 자비 온도가 높을수록, 시간이 길수록 이성화율는 증가하며 80℃ 이하에서는 이성화가 안 되며 90℃ 이상에서 이성화가 시작된다. 또한, 월풀공정에서도 이성화는 지속적으로 이루어진다. 또한, 이성화율은 pH가 높을수록 증가하며 이성화된 펠렛 형태(iso-pellets 또는 iso kettle extract)가 이성화율이 높게 나타난다. 이때 코휴물론의 함량이 높을수록 이성화율이 높게 나타난다.

한편, 홉 첨가량이 증가할수록 이성화율은 감소하며 원 맥즙 농도가 높을수록 단백질 함량이 높고 pH가 낮아져 이성화율이 감소하게 된다.

가용성 또는 응고성 단백질 역시 이성화율이 영향을 미치는데 부원료를 사용한 맥즙의 경우 가용성 단백질이 적어 자비 시 고형물(hot break) 형성이 적어지므로 이성화율이 증가하게 된다. 또한, 알파산 함량이 낮은(0.5% 이하) 홉의 경우 이성화율이 낮게 나타난다.

맥즙에 첨가된 알파산량 대비 맥주에 함유된 이소알파산의 농도를 나타내는 이소알파산 수율(iso-alpha acid yield)은 홉에 용해도가 좋은 코휴물론(cohumulone)과 이소 코휴물론(iso-cohumulone)이 많을수록 증가하게 된다.

홉 가공품 중에는 일광취 방지나 거품 향상을 위해 이소 엑기스(iso-extract), 로이소 엑기스(rho-iso extract, 2회 수화 처리), 테트라 이소 엑기스(tetrahydro-iso extract, 4회 수화 처리), 헥사하이드로 이소 엑기스(hexahydro-iso extract, 6회 수화 처리)를 사용하는 경우가 있다.

이러한 이성화된 홉은 맥즙 자비 시에 신속히 용해되기 때문에 맥즙 자비 과정 어느 때나 첨가가 가능하며 월풀 공정에 첨가해도 무방하다.

이 가공품들은 이소 엑기스를 수화한 제품으로 수화 과정을 통해 이소알파산의 화학구조식 중 이중결합을 파괴하여 일광취의 원인을 제거한 제품이다. 수화 처리 횟수가 많을수록 맥즙에서의 용해도는 감소한다. 이소 엑기스의 경우는 맥주 여과공정 중에 투입하여 고미를 조정하는데 목적이 있고 high gravity 공법의 경우 여과 전에 투입한다. 또한, 단일 batch에서 생산된 맥주를 다양한 고미를 가진 맥주를 생산할 수 있는 장점이 있다.

로이소 엑기스의 경우는 자외선에 안정하며 맥주 여과 전에 직접 투입하고 희석 시에는 수산화칼륨(potassium hydroxide)으로 pH가 9~10으로 조정된 탈염수(demineralization water)를 사용한다.

테트라 이소 엑기스는 자외선에 안전하고 거품을 향상시키는 데 효과가 있으며 적은 농도(3~4mg/l)로도 거품 안정성을 향상시킬 수 있다. 다만 과다한 투입(5mg/l 이상)은 오히려 인공적인 거품이 형성되고 투입량에 비례하여 거품의 안정성이 향상되는 것은 아니다. 단백질 함량이 적은 부원료를 이용하여 제조한 맥주에 투입하면 고미와 바디감에 오히려 부정적인 영향을 줄 수 있다. 희석하지 않고 규조토 여과 직전에 투입하고 수율은 60~80% 정도이다. 헥사하이드로 아이소 엑기스는 사용 방법과 응용이 테트라 이소 엑기스와 같으며 보통 테트라 이소 엑기스와 혼합하여 사용하는 것이 일반적이다.

또한, 아로마를 강조한 홉 가공품도 판매되는데, 특히 영국 등에서 제조되는 에일 맥주 타입 제조에 이용되며 투입 시기는 맥즙 자비 후반부 또는 월풀 과정(late hop aroma), 발효 후, 숙성공정(dry hop aroma) 또는 용기에 직접 주입(cask conditioned)하는 방식 등 다양하게 응용된다.

한편, 맥즙 자비부터 최종 맥주 제조 과정을 거치면서 홉의 고미 손실이 나타나는데, 단백질 침전과 홉 펠렛의 고형분이 주요 원인이다. 홉의 고미 성분($α$, $β$-acid, iso-$α$-acid)은 단백질과 함께 침전되는데 이때 $α$,$β$-acid의 침전이 iso-$α$-acid보다 강하게 나타난다. 이때 잔토휴몰도 침전된다〈표 3-25〉.

〈표 3-25〉 Hot break에 함유된 고미 성분

고미 성분	초기 농도 대비 손실량(%)
이소알파산	1~3
알파산	3~6
베타산	40~80
산토휴몰	10~20

또한, 발효와 숙성공정을 거치면서 홉의 고미 성분의 손실이 나타나며 발효시 pH가 5.6~4.6으로 떨어지면서 홉의 고미 성분의 용해도가 감소하게 된다〈표 3-26〉.

〈표 3-26〉 pH에 따른 홉 고미 성분의 용해도

pH	알파산	베타산	이소알파산
4.2	4	-	120
4.4	10	-	300
4.8	24	〈 1	1,000
5.2	84	1	2,000
5.6	200	8	3,000

발효 중에 베타산은 거의 완전히 제거되고 알파산의 경우 90%가량 제거된다. 용해도가 좋은 이소알파산은 감소되는 비율이 현저히 적지만 효모에 의해 흡착되어 그 농도는 지속적으로 감소하게 된다. 이때 고미 성분을 흡착한 효모를 재사용(repitching)하면 효모가 흡착한 고

미 성분을 배출하기 때문에 홉의 고미 손실을 일정 부분 감소된다.

또한, 밀폐형 원추원뿔형 발효조(cylindro-conical tanks, CCT)가 개방형 발효조에서보다 고미 성분의 손실이 적게 나타나는데 그 이유는 밀폐형 발효조에서는 대류 현상이 강하여 고미 성분의 용해도가 증가하기 때문이다(개방형 발효조에서는 형성된 거품을 상부에서 제거하기 때문에 고미 성분이 감소하게 된다).

숙성과 저장공정을 거쳐 고미 성분은 고형물(hot-cold break)이 침전하면서 감소되고 여과 및 안정화 공정을 거치면서 멤브레인 필터와 여과 보조제(규조토) 또는 실리카겔, PVPP 등에 흡착되어 고미 성분의 손실이 나타난다.

한편, 홉의 아로마는 맥즙 및 맥주 제조 공정을 통해 계속 감소하여 최종 맥주에는 소비자가 느끼지 못할 정도로 극히 소량만이 남게 된다.

최근에는 미국 크래프트 맥주를 중심으로 홉 아로마를 다량 첨가하거나 홉을 월풀 또는 숙성조에 첨가하는 이른바 드라이 호핑(dry hopping)을 통해 홉의 아로마가 강조된 스페셜 맥주들이 제조되고 있다.

홉의 첨가 시기에 따라 kettle hop aroma(맥즙 자비 초 투입), late hop aroma(맥즙 자비 후반부 투입), dry hop(발효, 숙성, 저장조) 등으로 구분할수 있다.

이와 같이 홉 아로마를 강조하려면 홉을 맥즙 자비 종료 직전 또는 월풀에 첨가하는 것이 이상적이며 월풀의 온도가 90℃ 이상보다는 증발율이 적은 80℃에 홉을 첨가하는 것이 유리하다.

한편, 홉 첨가량은 알파산을 기준으로 첨가하였는데 이는 맥주 고미가에만 초점을 맞춘 것이고 홉 오일 또는 linalool 성분과는 관련성이 거의 없다.

최근에는 홉 가공품 라벨에 홉 고미가뿐 아니라 홉 오일 함량도 같이 표기되는 경우가 많나. 홉 아로마를 강조하기 위해 첨가하는 방식은 매우 다양하며 제조자의 레시피에 따라 투입할 수 있다〈표 3-27〉. 일부 양조장에서는 비터 홉을 맥즙 자비 후반기 또는 드라이 호핑으로 투입하기도 하며, 미국과 호주산 일부 홉 품종은 홉 아로마가 강조된 것으로서(본래 알파산 함량이 많은 비터홉) 아로마 홉으로 사용된다. 또한, 비터 홉도 홉 오일 함량이 강화된 품종으로 개발되는 추세이다.

〈표 3-27〉 스페셜 맥주 타입 제조를 위한 홉 첨가 방식

구분	맥즙 자비 초기 투입	맥즙 자비 중반 투입	맥즙 자비 후반 투입	저장조 투입
미국 라거	4.5g/hl α-acid bitter/aroma 품종	10~50g/hl α-acid aroma 품종		
독일 필스너	7g/hl α-acid bitter/aroma 품종	4g/hl α-acid bitter/aroma 품종	50~100g/hl aroma 품종	
체코 필스너	2.5g/hl α-acid Saazer 홉	8g/hl α-acid Saazer 홉	50~100g/hl Saazer 홉	
미국 브라운 에일	8g/hl α-acid 영국홉 품종			
미국 인디아 페일 에일	17g/hl α-acid bitter/aroma 품종	170g/hl α-acid aroma 품종	140g/hl α-acid, US bitter/aroma special flavor 품종	180g/hl α-acid, US bitter/aroma special flavor 품종
벨기에 골든 에일	6g/hl α-acid bitter/aroma 품종	80g/hl α-acid aroma 품종	80g/hl aroma 품종	

한편, 유럽 토종 홉은 매우 섬세한 아로마(noble hop aroma)를 특징으로 하는데 대표적으로 Hallertauer Mittelfrüh, Saazer, Tettanger, Spalter 등을 들 수 있다.

홉 오일 가공품(PHA spicy)의 경우는 spicy hop oil을 10g/hl를 첨가하면 향신료 향(spicy), 허브 향(herbal), 풀 향(grassy), 맥아 향(malty) 등이 강화되며 DMS 향이 억제되는 효과가 있다. 또한, herbal hop oil를 첨가하면 홉 본래의 향을 강화하며 DMS를 억제하는 효과가 있다.

국가마다 맥주 양조 문화가 달라 독일의 경우 주로 펠렛, CO_2 extract 및 ethanol extract홉을 사용하는데 최근에는 맥주순수령을 벗어나지 않는 선에서 일부 양조장에서 드라이 호핑을 시도하는 추세이다.

미국의 경우 에일 맥주 제조에 전체 홉(whole hop), 펠렛, 홉 오일 등을 드라이 호핑을 위해 많이 사용하고, 영국의 경우는 홉 오일을 예전부터 사용해왔다.

대형 맥주 제조사들도 홉 첨가 시 쓴맛 부여를 위해 홉 엑기스를 사용하고 아로마 향 부여를 위해서는 펠렛을 사용한 후 최종 맥주에 홉 오일을 첨가하는 등 전통 방식과 현대식 첨가 방식을 조합하는 추세이다. 쓴맛이 매우 강하면서도 아로마가 풍부한 맥주는 홉을 맥즙 자비

초기보다는 후반기에 많이 첨가로써 제조가 가능하다.

상기 기술한 바와 같이 드라이 호핑은 맥주 제조공정에 맥즙 자비 또는 월풀공정이 아닌 발효, 숙성 및 저장 또는 최종 맥주에 홉을 첨가하여 맥주 아로마를 강화하려는 것으로 미국 크래프트 맥주 시장을 중심으로 널리 퍼져 있는 양조 기술로 볼 수 있다. 또한, 드라이 호핑을 통해 기존 맥주에서 느낄 수 없는 강한 아로마를 부여함으로써 향이 풍부한 맥주를 즐기려는 추세이다. 드라이 호핑을 통해 myrcene, humulene, β-caryophyllene, linalool 및 geraniol 등의 아로마가 맥주로 전이되며 고미 성분(α-acid, polyphenol) 등의 성분도 맥주로 일부 전이된다. 드라이 호핑을 통한 라거 맥주의 성분 변화를 보면 〈표 3-28〉과 같다.

〈표 3-28〉 Dry hopping을 통한 맥주의 성분 변화

구분	Young beer	Filtered beer
리나룰(μg/l)	81	143
저분자 폴리페놀(mg/l)	50	59
고미가(IBU)	26	28
pH	4.49	4.54

또한, 드라이 호핑은 홉 아로마를 강조하려는 모든 맥주에 적용 가능하며, 특히 영국(India pale ale, extra special bitter, porter, real ales)과 미국(IPA, imperial IPA, American style, imperial stouts) 등에서 적용된다. 또한, 벨기에에서도 Belgian style과 tripels 타입 맥주에 적당하다. 원칙적으로 비터 홉 또는 아로마 홉 품종 모두 드라이 호핑으로 사용 가능하며 다양한 스페셜 맥주 제조가 가능한 특히 미국의 소규모 맥주 제조장에서 널리 이용되고 있다(그림 3-46).

【그림 3-46】 Dry hopping [25]

한편, 홉 아로마는 품종에 따라 다르게 나타나는데 32개의 홉 품종이 맥주에서 각각 느껴지는 아로마를 최근 맥주 업체 조사를 통해 4그룹으로 분류하였다(그림 3-47).

제1그룹(녹색) : 감귤 향(citrus), 과실 향(fruity), 꽃 향(floral)

제2그룹(적색) : 향신료(spicy), 허브 향(herbal), 꽃 향(floral)

제3그룹(갈색) : 풀 향(grassy), 양파 향(onion), 곰팡이 향(musty)

제4그룹(청록색) : 나무 향(woody), 담배 향(tabacco), 가죽 향(leather)

예로서 독일 홉은 대부분은 맥주에서 향신료향과 허브향으로 표현되었다.

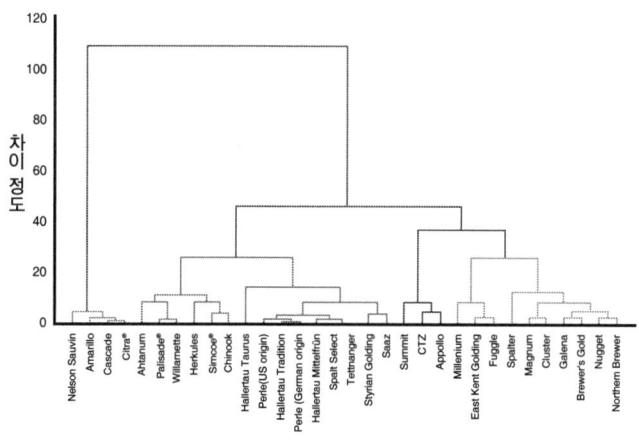

【그림 3-47】 홉 품종의 아로마 분류 체계 [25]

〈표 3-29〉는 각 홉 품종별 아로마 특성을 동일한 조건하여 평가한 관능적 표현이며 품종마다 각각의 특성을 나타내고 있다.

〈표 3-29〉 맥주에서의 홉 아로마 표현

홉 품종	맥주에서의 아로마 특성
Madarina Bavaria	만다린 향, 배 향, 오렌지 향, 석회 향
Hallertau Mittelfrüh	코냑 향, 크림 향, 베르사못 향, 향신료 향
Saaz	카밀레 향, 제라늄 향, 꿀 향
huell breeding lime 89/002/025	홍차 향, 꽃 향, 건초 향, 향신료 향
Aus Galaxy*	커런트 향, 블루베리 향, 배 향, 딱총나무꽃 향

Aus Topaz*	바닐라 향, 살구 향, 블랙커런트 향
Aus Stella*	패션푸르츠 향, 꽃 향, 과실 향
Hallertauer Tradition	살구향, 향신료 향, 베르가못 향, 감귤 향
US Citra®*	그레이프후르츠 향, 리취 향, 구스베리 향
US Mosaic®	그레이프후르츠 향, 감귤 향, 만다린오렌지 향
NZ Nelson Sauvin*	머스캇포도 향, 포도 향, 베리 향

* 아로마가 매우 강한 품종

따라서 맥주의 홉 아로마는 휴물렌과 베타 캐리오필렌(β-caryophyllene)의 산화물, 꽃 향/에스 향 성분 및 감귤 향/수지향 성분 등으로구분되며 관능상으로는 감귤 향, 허브 향, 향신료 향, 아로마성 나무 향/수지 향 및 에스터 향 등으로 구분된다.

최근 연구 결과로는 리나룰이 맥주의 홉 아로마에 가장 중요한 성분으로 알려져 있고, 그 밖에 geraniol, β-citronellol 및 thiols 성분이 맥주 홉 아로마에 영향을 미치는 것으로 나타났다.

맥주에서 리나룰은 매우 적은 농도(2.5~15㎎/100g)가 함유되어 있고 역치가 매우 낮아 (10㎍/l)맥주 홉 아로마로서 중요하다. 리나룰은 화학적으로 R과 S 등 두 개의 거울상체 (enantiomers)를 가지며, R형이 홉의 92~94%를 차지하며 S형보다는 아로마가 훨씬 약하다. 맥주에는 R형과 S형이 8 : 2비율로 함유되어 있지만 맥주가 노화되면서 점차 S형으로 전환된다. 그러나 맥주 노화에 따라 홉 아로마의 강도는 점차 약해지게 된다.

홉 아로마가 강한 홉 품종의 아로마 성분과 관능적 특성은 〈표 3-30〉과 같다.

〈표 3-30〉 홉 품종과 아로마 특성

품종	성분	아로마 특성
Nelson Sauvin	3-mercapto-4-methylpentan-1-ol(3M4MP) 3-mercapto-4-methylpentyl actate(3M4MPA) 2-methylbutyl isobutyrate	그레이프후르츠, 소비뇽블랑 아로마, 대황 향
Cascade(US) Summit Simcoe Apollo(US) Topaz(AUS)	4-mercapto-4-methylpentan-2-one(4MMP)	카시스 향, 패션프루츠 향

Summit Simcoe Apollo Willamette(US) Fuggle(UK)	3-mercapto-hexanol(3MH)	그레이프후르츠, 블랙커런트
Centennial(US)	β-citronellol	과일 향/향신료 향

 발효 공정도 맥주의 홉 아로마 농도에 직접적인 영향이 있는데, 효모는 발효 중에 게라니올 (geraniol)을 시트로네올(citronellol)로, 네롤(nerol)과 게라니올(geraniol)을 리나룰(linalool) 로 그리고 리나룰을 알파털피네올(α-terpineol)로 전환시킨다. 일반적으로 시트로네올, 리나 룰 및 게라니올은 5㎍/l 이하에서 시너지 효과를 낸다(그림 3-48).

 또한, 효모는 3-머캡토헥산-1-올(3-mercaptohexan-1-ol)을 활성 아로마인 3-머캡토헥실 아 세테이트(3-mercaptohexyl acetate)로 전환시킨다. 따라서 효모 균주의 선택이 매우 중요하며 특히 *Saccharomyces*속 효모는 효소(exo-1,3-beta-glucanase, 1,4-beta-glucosidase)를 함유하고 있어 글리코시드와 결합된 아로마 성분을 생성시키며 홉의 황함유 아로마 성분(치즈 향, 양 파 향, 채소 향)을 감소시키는 역할을 한다. 효모는 휴물렌 에폭시드 II(humulene epoxide II) 를 휴물롤 II(humulol II)로 전환시키기도 한다. 이와 같은 효모대사 산물은 효모에 의해 흡수 되어 효모 수확 시 제거되지만 다음 발효 batch에서 효모는 대사산물을 맥즙에 다시 방출하게 된다.

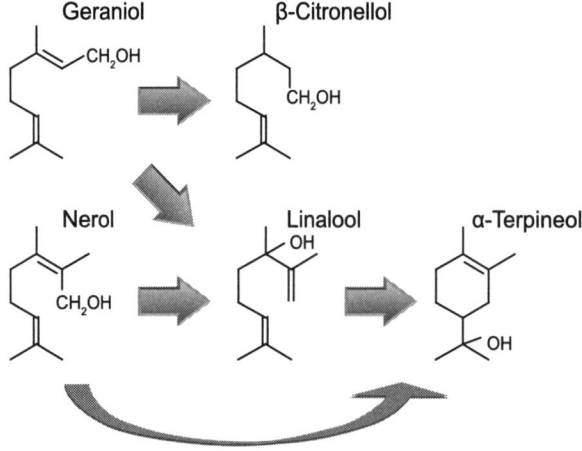

【그림 3-48】 발효 중 효모에 의한 홉 아로마 성분의 변화

홉 아로마는 맥주가 노화되면서 홉 아로마의 안정성은 감소되는데, 아로마가 강한 홉은 맥주가 노화 시 노화 물질을 마스킹하는 효과가 있어 맥주 아로마에 오히려 긍정적인 효과를 주는 경우도 있다. 또한, 맥주 저장 중에 맥주가 노화되면서 홉 아로마 특히 모노테르펜(monoterpenes)과 세스퀴테르펜(sesquiterpenes)이 병뚜껑 실링 물질로 흡착되어 소실된다. 한편, 맥주 제조에 사용되는 홉의 종류와 맥주는 (그림 3-49)와 같다.

【그림 3-49】 홉의 종류와 맥주

06 맥즙 수율

맥즙 수율(brewhaus yield)이란 투입 원료 대비 몇 %가 맥즙 엑기스로 전환되었는지를 나타내며, 전체 맥즙 제조공정이 정상적으로 수행되었는지에 대한 가늠자가 된다. 맥즙 수율 계산을 위해서는 투입 원료량, 맥즙 엑기스(당도) 및 맥즙 수득량을 우선적으로 측정해야 한다. 맥즙 엑기스는 맥즙 당도계(wort hydrometer)를 이용하여 맥즙의 온도가 20℃일 때 측정하며, 측정 온도가 20℃ 이상 또는 이하일 때는 보정을 통해 당도를 확정한다.

이때 맥즙 엑기스는 무게비(g/100g, w/w%)로 나타낸 것이기 때문에 맥즙 수율을 계산할 때는, 맥즙 엑기스의 비중을 맥즙 엑기스 농도에 곱하여 엑기스(g/100ml, w/v%)를 확정하여야 한다.

맥즙 수율 계산식은 다음과 같으며, 이때 0.96은 뜨거운 맥즙이 냉각되면서 부피가 수축하여 나타나는 차이를 교정한 factor이다. 일반적으로 맥즙 수율은 양조장의 규모에 따라 다르게 나타나며 소규모 양조장에서는 70%, 대규모 양조장에서는 73% 내외이다.

$$맥즙\ 수율(\%) = \frac{엑기스\ 농도(\%) \cdot 비중(20/4℃) \cdot 0.96 \cdot 맥즙\ 수득량(ℓ)}{투입\ 원료량(kg)}$$

07 맥즙 제조 장비 구성

 소규모 맥주 제조장에서는 1개조(담금조 겸 자비조), 1개조(여과조 겸 월풀조)로 활용이 가능하기 때문에 맥즙 제조를 위한 설비가 2개조가 필요하지만, 이러한 시스템에서는 하루에 1~2번 맥즙 제조만 가능하다. 맥즙 제조 장비의 수에 따라 연간 600번의 맥즙 제조가 가능하며, 대규모 맥주 양조장에서는 일반적으로 맥즙 제조 설비를 담금조(2개), 여과조(1개), 자비조(1개) 등 4개조 배치하며 경우에 따라서는 월풀조(1개)를 별도로 설치한다(그림 3-50).

 각 설비의 크기는 원료 투입량 100kg 기준으로 담금조 및 여과조는 6~8hl, 자비조는 8~9 hl 크기를 갖추어야한다. 한편, 설비 재질은 과거에는 구리 재질을 사용하여 외형적으로 보기 좋은 형태를 보였으나 관리 측면과 가격 면에서 유리한 크롬니켈 또는 스테인리스 재질의 설비가 일반적으로 사용된다. 이와같이 맥즙 장비 수와 배치 및 설비 성능은 맥즙 수율에 결정적인 영향을 미치는데 보통 100L 맥주 제조에 필요한 맥아는 17kg으로 계산한다.

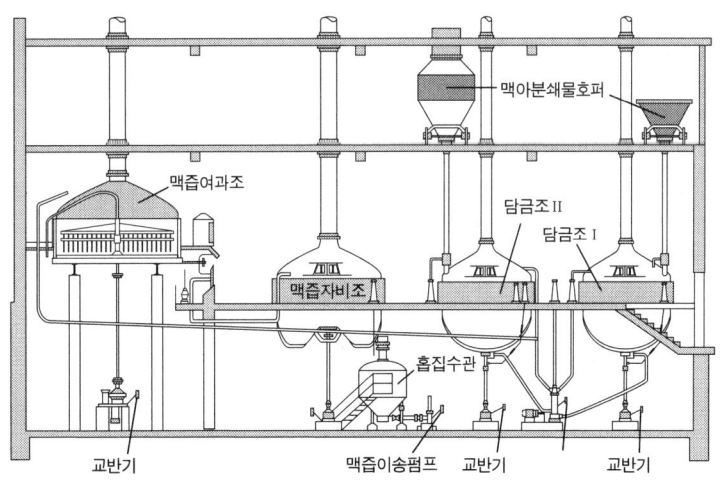

【그림 3-50】 4개조 담금 방식 [69]

08 월풀조

맥즙 자비가 종료된 맥즙은 월풀로 신속히 이송되어야 하며 또한 이송 과정 중에 전단력의 발생 등으로 인해 맥즙의 구성 성분이 손상되지 않도록 안전하게 해야 한다. 맥즙 자비 시 자연홉을 사용한 경우에는 월풀로 이송되기 전에 홉 잔여물을 제거하여야 한다.

자비된 맥즙에서 생성되는 고형물은 입자 크기가 30~80㎍ 정도이며 맥즙보다 무거워 장시간 방치하면 가라앉게 된다. 맥즙 고형물를 제거는 월풀, 원심분리 또는 여과 등 다양한 방법이 있는데 맥즙 고형물을 제거해야 하는 이유는 맥즙 청징을 방해하고, 맥즙 손실을 유발하며 맥주 여과에 문제를 야기하기 때문이다.

맥즙 고형물은 자비 맥즙 리터당 6,000~8,000mg에 달하는데 맥즙 고형물 제거 후에는 리터당 100mg으로 감소하게 된다. 맥즙 고형물에는 효모세포막 형성에 필요한 긴사슬 지방산이 자비 맥즙 리터당 1mg, 발효에 필수적인 아연이 0.10~0.15mg 그리고 200㎛ 크기의 홉 성분들도 함유되어 있다. 한편으로는 맥즙 고형물은 발효 중에 효모가 맥즙에 더 오래 머무르게 하고, pH를 더 낮추며, 엑기스 감소가 더 빠르게 진행되게 하는 역할을 하므로 자비 맥즙을 너무 과도하게 청징하는 것은 발효에 일부 단점으로 작용할 수도 있다.

고형물을 제거하는 가장 일반적인 방법은 월풀(whirlpool) 방식이다. 월풀의 작동 원리는 원심력을 이용하여 고형물이 맥즙으로부터 분리하는 것이며, 월풀 초기에는 고형분이 월풀조 외곽으로 모이다 점차 월풀조 중심으로 모여 고이게 된다. 월풀 시에 중요한 것은 맥즙이 월풀에 적합한 조건을 갖추어야하며 일반적으로 정상적인 맥즙은 5~6분 후에 월풀공정이 완료되며 그에 따라 맑은 맥즙을 얻게 된다.

월풀에서 맥즙 고형물의 분리가 잘 안 되는 것은 부실한 맥즙 여과, 배관에서의 너무 강한 맥즙 전단력 발생, 불량한 원심펌프 설치, 맥즙의 월풀로의 너무 빠른 이송, 과한 유출 속도 및 맥즙의 높이와 월풀의 직경과의 불일치 등 여러 이유가 있을 수 있다.

월풀은 밀폐된 원통형으로 바닥을 평평하게 되어 있으나 맥즙 출구 방향으로 1% 경사지게 설계되어 있다. 월풀조의 직경과 높이의 비율은 1:1~5:1 이나 최근에는 3:1 비율이 많이 사용되고 있으며 월풀은 외부의 냉기가 차단되게끔 단열처리가 되어 있다(그림 3-51).

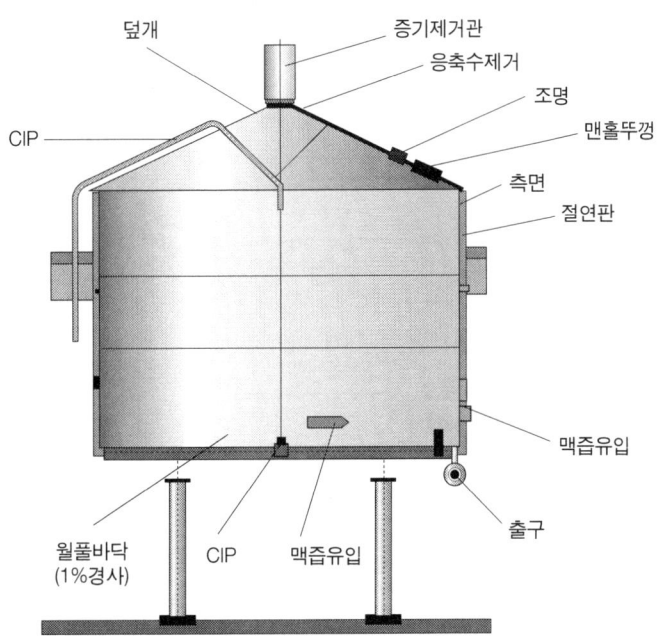

【그림 3-51】 월풀조(Huppmann, Hrch., GmbH, Machine manufacturing, Kitzlingen)

맥즙을 월풀로 이송할 때 이송펌프가 너무 빠르게 작동하면 안 되며 진공현상(cavitation)이 나타나지 않도록 한다. 맥즙 이송 속도는 초당 3.5m가 초과하지 않도록 하며 이송 후 월풀 휴식(whirlpool rest)을 20~30분간 갖도록 하는데 이는 맥즙 고형물이 최대한 모이도록 시간적 여유를 두는 것이다.

이때 맥즙이 열에 가능한 한 노출되지 않도록 휴식 시간을 20분 정도로 하는 것이 좋으며, 그에 따라 맥즙 색상 변화가 적고 맥주 향 안정성에 도움이 된다.

최근에는 다양한 월풀 장비가 개발되고 있으며 예로서 캘립소 시스템(calypso system)이 있다(그림 3-52). 이 시스템은 개방형 월풀이 단열처리된 밀폐된 외부 용기 안에 설치된 구조로서 증기배출구가 갖추어져 있다. 기존 월풀과 가장 큰 차이는 월풀 후에 맥즙을 월풀조 밑부분을 통해 빼내 월풀과 용기 사이에 설치된 순환형 파이프라인 안에 설치된 스티립핑 노즐(stripping nozzle)을 통해 분사한 후 분사된 맥즙이 월풀 외각, 즉 외부 용기로 흘러가게 한다. 월풀 휴식기에 포화 중기 온도(saturated steam temperature)로 가열해 놓은 외부 용기에 맥즙이 모이게 된다.

이때 맥즙의 DMS 및 휘발성 성분의 증발이 이루어져 기존 월풀공법보다 DMS 및 불쾌한 아로마 성분이 감소되고 고미 성분의 변화가 없는 것을 목표로 하고 있다.

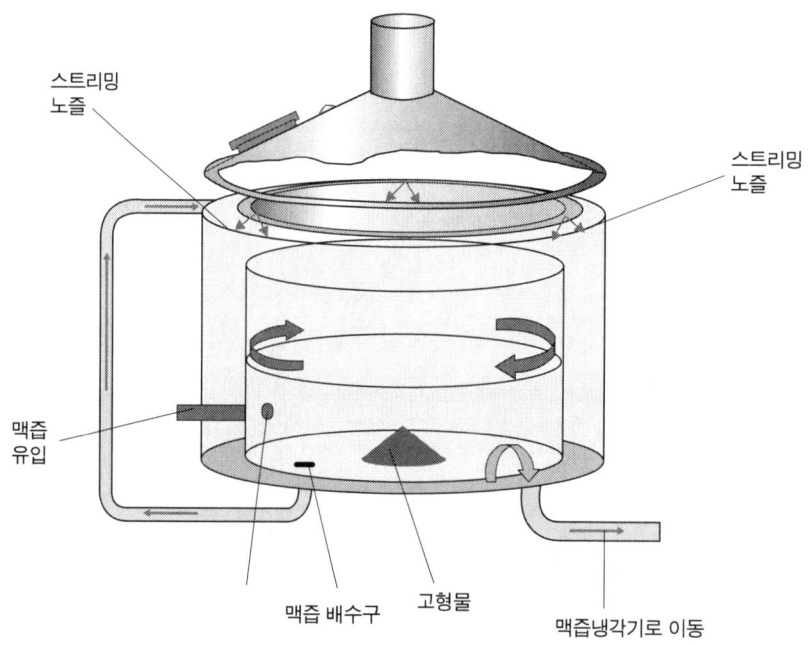

【그림 3-52】 최신 월풀장비(Calypso, Steinecker, Freising)

09 맥즙 냉각 및 청징

효모 발효를 위해 월풀 후 열교환기(plate cooler)에 의해 95~98℃의 맥즙 온도를 하면발효 온도인 5~10℃로 낮춰야하는데 이 과정 중에 맥즙은 냉각 고형물로 인해 혼탁이 형성된다. 신속한 발효와 숙성을 위해서는 냉각 고형물은 제거되어 한다. 한편 냉각공정 중에 산소 공급이 이루어져야 하며 맥즙 농도에 따라 맥즙을 추가로 증발시키거나 양조용수를 첨가하기도 한다.

1. 맥즙 냉각

맥즙 냉각 후에는 미생물 오염에 대한 특별한 주의가 필요하다. 맥즙 온도 60℃ 이하에서는 맑은 맥즙이 혼탁을 일으키는데 이는 0.5㎛ 크기의 작은 입자가 원인이다. 이 입자들은 침전이 어려우며 효모나 공기방울에 부착하게 되는데 효모에 달라붙는 이 입자들로 인해 효모는 이른바 코팅되어 맥즙과의 접촉면이 감소하여 발효가 늦어지는 원인이 될 수 있다.

냉각 고형물은 단백질-폴리페놀 복합체로 구성되어 있으며 맥즙 온도 5℃에서도 전체 냉각 고형물의 14% 정도는 여전히 용해된 형태로 남아있기 마련이다.

한편, 맥즙 리터당 120~160㎎(건량 기준) 정도의 잔여 냉각 고형물이 필요하다. 냉각 고형물 제거에 따라 더욱 부드러운 맥주 풍미(특히 고미)와 지방산 침전에 따른 맥주 거품 및 풍미 안정성이 향상되는 효과가 있다.

냉각 고형물을 제거하는 방법은 여과법(filtration), 부양법(flotation), 침전법(sedimentation), 분리법(seperation) 등이 있다. 그러나 냉각 고형물은 핫브레이크가 제거된 후 형성되기 때문에 상기 제거 방법으로 핫브레이크와 냉각 고형물을 동시에 제거할 수 있는 방법은 없다. 현대식 공법에서는 핫브레이크 제거 및 효모 발효가 최적화되어 맥즙 냉각공정을 실시하지 않는 것이 일반적이다.

2. 산소 공급

냉각된 맥즙에 공기를 이용하여 산소를 공급하는 것은 발효 시 효모의 증식을 돕기 위함이다. 효모가 증식하려면 우선 스테롤, 특히 에르고스테린(ergosterin)과 지방산을 주성분으로 하는 세포막을 형성해야 하는데 이러한 스테롤과 지방산 형성을 위해서는 산소가 필수적이다. 특히 지방산의 경우 맥즙 내의 지방산 함량은 효모 증식을 위해 충분하지 못하다.

공급된 산소는 발효 시 효모에 의해 수 시간 안에 소비되기 때문에 맥즙의 품질에 영향을 주지는 않는다. 다만, 과도한 산소 공급은 많은 에너지 소비, 과도한 거품 형성, 맥즙의 산화 및 효모세포의 산화 스트레스로 인한 세포막 손상 등이 발생할 수 있다. 공급된 공기가 냉각된 맥즙에 용해되려면 공기방울이 작고 소용돌이 형태로 주입되어야 한다.

이때 맥즙 리터당 용존산소의 농도는 8~9mg/l를 목표로 하여 공기를 주입하여야 하며, 이론적으로 맥즙 100리터당 3리터의 공기가 필요한데, 주입된 일부 공기는 용해가 안 되기 때문에 실제로는 더 많은 공기가 주입되어야 된다.

공기 주입 시 공기여과 필터를 거친 멸균 공기가 주입되어야 하며, 온도와 압력에 따라 주입된 공기가 용해도가 다르므로 공기 주입 시 온도와 압력을 체크하여야 한다.

한편, 공기 주입 장치는 여러 형태가 있는데, 예로서 세라믹(ceramic) 또는 소결된 금속 캔들(sintered metal candle), 벤튜리 관(venturi pipe)이 장착된 주입 장치, 쌍제트(two component jet)가 장착된 주입 장치 및 정치 믹서(static mixer) 등이 대표적이다.

상기 공기 주입 장치들은 주입된 공기가 좁게 설계된 장치 내에서 세밀한 노즐을 통해 형성된 작은 공기 방울들이 소용돌이치면서 맥즙과 최대한 잘 혼합되도록 하는 원리로 제작된 것이다.

IV. 발효공정

맥즙을 맥주로 전환시키는 것은 효모이다. 즉, 맥즙 성분은 효모에 의해 흡수되어 발효과정에서 효모의 대사과정에 이용되고 이때 생성되는 발효 부산물은 맥주의 품질과 특성에 영향을 미치게 된다.

효모는 산소 존재 하에(호기적 조건) 호흡을 통해 에너지를 획득하고, 산소가 없으면(혐기적 조건) 발효를 통해 에너지를 얻는다.

효모의 에너지 획득 과정은 세포질에서 포도당의 분해로부터 시작된다. 이른바 해당작용(glycolysis)을 통해 혐기적 조건(발효)하에서 포도당을 분해하여 에너지(2 ATP)를 얻는데 이때 최종 산물은 피루브산(pyruvate)이다.

이 피루브산은 기질에 산소의 존재하면 세포 내 호흡에 의해 미토콘드리아로 이송되어 구연산회로(TCA cycle)와 호흡기작(respiratory chains)에 의해 CO_2와 H_2O로 분해되고 이 과정에서 효모는 많은 에너지(38ATP)를 획득하게 된다(그림 4-1).

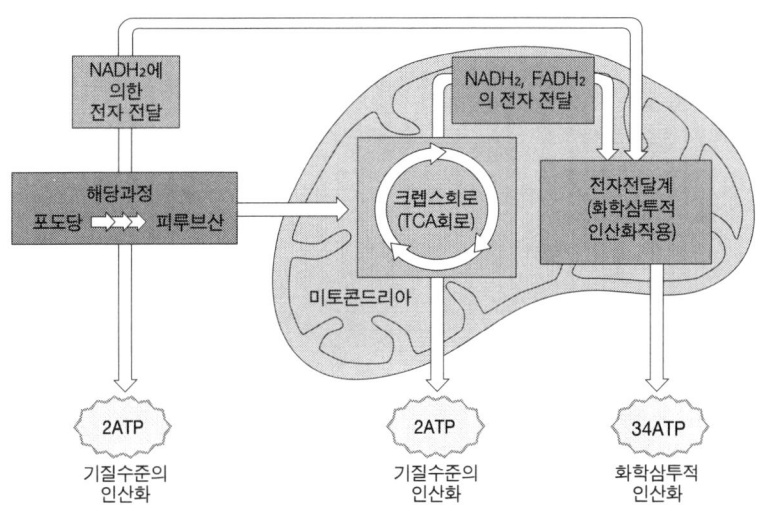

【그림 4-1】 효모의 발효와 호흡을 통한 에너지대사

맥주 제조에 이용되는 알코올 발효의 경우 산소 결핍에 의해 피루브산이 미토콘드리아로 이송되지 못하고 바로 에탄올과 CO_2로 전환되고 발효 부산물이 생성된다.

한편, 맥주 효모의 발효와 호흡대사는 산소 존재 유무와 맥즙 당도에 달려있다. 즉, 산소가 존재하면 효모 세포에 있어서의 당 분해가 억제되는 이른바 파스퇴르 효과(pasteur effect)가 나타나게 되어 효모세포는 호흡을 하게 되고, 산소가 없으면 발효를 하게 되는 것이다.

또한, 산소가 존재해도 포도당이 맥즙 리터당 0.1g을 초과하면 구연산 회로의 효소 활성이 억제되어 이른바 크랩트리 효과(crabtree effect)가 나타나 맥주 효모는 부분적으로 발효를 하게 된다.

이러한 효모대사 현상은 맥주 발효를 통해 알 수 있는데 발효 시 효모는 부족한 에너지 획득을 위해 포도당을 더 많이 분해하게 되고 그에 따라 엑기스 농도(당도)는 발효 중에 급격히 감소하게 되는 것이다.

반면, 효모 배양을 할 때 산소를 주입하게 되는데 이때 산소에 의해 효모는 파스퇴르 효과가 나타나 호흡 기전을 이용하여 증식하게 되고 에너지가 충분히 획득되어 포도당 분해가 적게 일어나므로 엑기스 농도는 적게 감소 된다.

그러나 맥즙의 포도당 농도는 리터당 0.1g을 초과하게 되므로 자연히 크랩트리 효과도 나타나 부분적으로 발효가 진행되어 호기성 조건 하에 효모를 배양해도 알코올이 검출되는 것이다.

01 효모의 개요

맥주 효모의 분류 체계를 보면 다음과 같다.

계(kingdom)-*Fungi*
문(phylum)-*Ascomycotina*
강(class)-*Saccharomycetes*
목(order)-*Saccharomycerales*
과(family)-*Saccharomycetaceae*
속(genus)-*Saccharomyces*
종(species)-*Saccharomyces cerevisiae*, *Saccharomyces bayanus* 등

*Saccharomyces*는 당균류(sugar fungi)를 의미하며 cerevisiae의 cere는 곡류, vise는 기운을 의미한다. 맥주 효모는 탄소원을 외부로부터 흡수해야 되는 종속영양생물(heterotrophic)로서 통성혐기성(facultative anaerobes)에 속한다.

증식방법에 따라서는 포자 효모(sporogeneous yeast)와 무포자 효모(asporogeneous yeast)로 분류되는데 맥주 효모는 포자 효모에 속한다.

또한, 맥주 효모를 맥주 양조 효모와 야생 효모로 구분하며, 야생 효모는 다시 발효 능력에 따라 구분된다(그림 4-2).

맥주 양조 효모(brewery culture yeast)는 상면효모(top fermenting yeast, *Saccharomyces cerevisiae*)와 하면효모(bottom fermenting yeast, *Saccharomyces carlsbergensis*)로 구별된다. *Saccharomyces carlsbergensis*는 이전에는 *Saccharomyces uvarium*으로 불리었다. 현재는 맥주 효모의 영문명은 *Saccharomyces cerevisiae*와 *Saccharomyces carlsbergensis*를 구분하지 않고 *Saccharomyces* *cerevisiae*로 통일하여 부르지만 일부 학자들 사이에서는 여전히 상면·하면 효모의 구별을 위해 구분하여 지칭하기도 한다. 한편 맥주의 상면효모는 생리적·형태학적으로 와인 효모, 증류주 효모, 빵 효모 및 막걸리 효모와 유사하다.

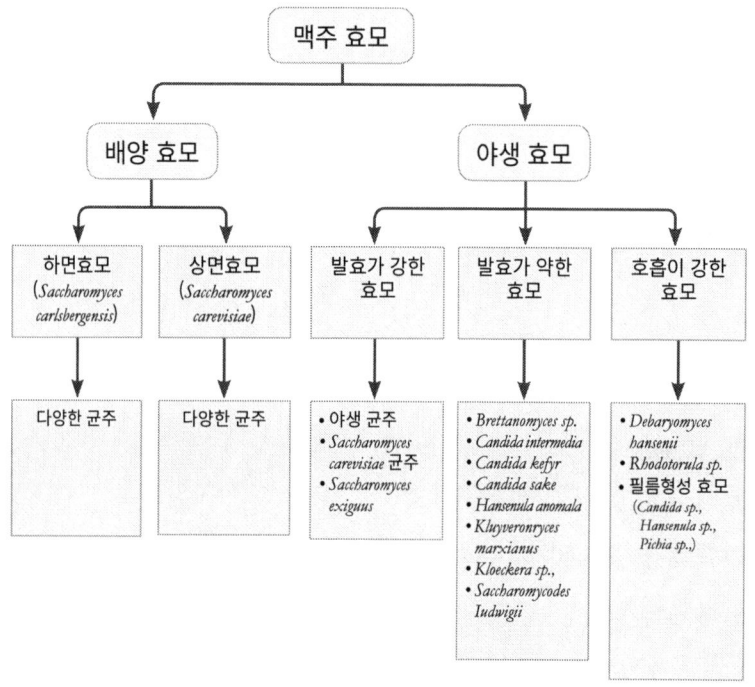

【그림 4-2】 맥주 효모의 분류 체계 [15]

하면효모는 발효온도가 4~12℃이고 출아연결 현상(어미세포와 딸세포가 분리되지 않고 붙어있는 상태)이 나타나지 않으며 발효 말기에 응집 형상을 나타내는 응집 효모(flocculent yeast)와 응집 현상이 없는 비응집 효모(powdery yeast)로 구분된다.

즉 응집 효모는 발효 말기에 응집 후 발효조 바닥으로 가라앉게 되며 비응집 효모는 바닥에 가라 앉지 않는다. 응집 효모는 일반적인 맥주 제조에 사용되고 비응집 효모는 저온에서 장기간의 숙성을 요하는 맥주 타입에 응용된다. 발효과정을 거치면서 응집 효모가 비응집 효모로 발효 특성이 변화되는 경우가 가끔 발생할 수 있으며 반대의 경우는 매우 드물게 나타난다.

하면효모는 발효 중에 아로마성 발효 부산물을 적게 생성하고 포자 형성은 드물게 발생하지만 포자 형성이 발생하면 발효 72시간 이후에 나타난다. 하면 효모는 raffinose를 효소 (β-fructosidase, α-galactosidase)를 이용하여 분해하며 이산화황은 4mg/l 가량 생성한다.

반면, 상면효모는 발효온도가 14~25℃이며 발효 중에 출아연결(chain of budded cells) 현상이 나타난다. 이러한 어미세포와 딸세포 분리되지 않고 출아가 연결되는 현상으로 인해 효모 표면적이 넓어져 이산화탄소에 의해 상면효모는 개방형 발효조에서 발효 중에 발효조 상층으로 뜨게 된다.

그러나 밀폐형 발효조에서는 상면효모는 발효 중에 발효조 내의 대류현상에 의해 발효 말기에 바닥으로 결국 가라앉게 되는데 하면효모보다는 가라 앉는 속도는 훨씬 느리다. 또한 하면효모에 비해 저온 발효온도(10℃ 이하)에 민감하고 발효 부산물(고급 알코올, 에스터, 휘발성 페놀, 황화합물 등)이 더 많이 생성된다. 포자 형성이 잘되고(발효 후 48시간 이후) raffinose 분해 효소 결핍으로 raffinose를 1/3 정도만 분해할 수 있고 이산화황은 2mg/l 정도 생성한다.

야생 효모(wild yeast)와 대비되는 이 같은 양조용 효모는 한젠(Hansen)에 의해 순수 배양된 이래 오늘날 전 세계 맥주 제조사에서 사용되고 있다(그림 4-3).

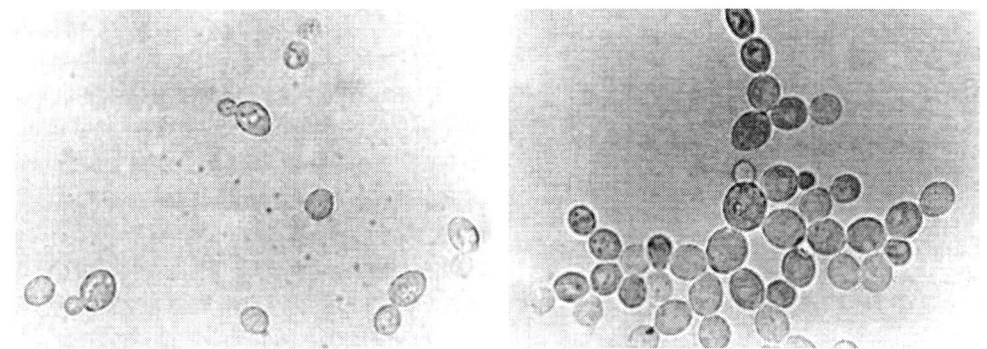

【그림 4-3】 하면효모(좌)와 상면효모(우)

일반적으로 응집 효모는 부드럽고 목넘김이 좋은 맥주 제조에 알맞고, 비응집 효모나 상면효모는 바디감이 강한 맥주 제조에 적합하다고 볼 수 있다. 또한 하면효모를 이용하여 제조한 맥주에 상면효모가 출현하면 맥주 오염으로 볼 수 있으며 반대의 경우에도 마찬가지다.

한편, 효모의 특징은 액체 상태(쌓인 상태, 탁도, 필름 형성 여부, 응집 여부)와 고체 상태(콜로니 형태, 크기, 모양, 색도, 표면 구조)를 통해 구별할 수 있으며 탄수화물 분해력에 따라 구분하기도 한다〈표 4-1〉.

〈표 4-1〉 효모 종류와 탄수화물 분해력

구분	*S. cerevisiae*	*S. carlsbergensis*	*Pichia menbranaefaciens*	*S. cerevisiae*
글루코오스	분해	분해	분해/미분해	분해
슈크로스	분해	분해	미분해	분해
락토스	미분해	미분해	미분해	미분해
멜리비오스	미분해	분해	미분해	미분해
말토오스	분해	분해	미분해	분해
갈락토오스	분해	분해	미분해	분해
라피노오스	1/3분해	분해	미분해	1/3분해
전분	미분해	미분해	미분해	분해

상기 양조 효모 외에도 맥주에 야생 효모도 출현이 가능하며 야생 효모는 사카로마이세스속(*Saccharomyces*, 예 : *Brettanomyces*), 비사카로마이세스속(non-*Sacharomyces*, 예: *Hansenula, Pichia, Candida*) 및 사카로마이세스 세레비지에속(*Saccharomyces cerevisiae*, 예: 빵 효모, 증류주 효모, 와인 효모, 막걸리 효모)으로 구분된다. 특히 사카로마이세스 세레비지에속 야생 효모는 맥주양조용 효모와 형태학적으로 구분이 어렵고 당질 발효 특성 차이를 통해 구별해야한다.

비사카로마이세스속 야생 효모(*Hansenula anomala, Pichia menbranifaciens, Pichia fermentans, Candida vini, Candida zeylanoides*)의 일반 특징으로는 대부분 호기성 야생 효모로서 개방 발효의 경우 발효 환경이 불량하면, 맥주의 상부층에 필름(막)을 형성할 수 있고 고온일수록 증식에 유리하다.

이 필름은 여러 세포층으로 구성되어 있다. 발효 능력이 있으나 *S. cerevisiae*보다 약하고 발효 초기 가장자리에 원을 형성한 후 맥주 표면에 섬(island)을 형성한 다음 점차 커져 필름을 형성하게 된다. 맥주에서는 휘발성 페놀(4-vinylguaiacol), 곰팡이취 또는 산화취를 내며 에스터(에틸아세테이트, 아밀아세테이트) 과다 생성으로 인해 제품 특유의 맛과 향을 마스킹하게 되며, 고급 알코올의 과다 생성으로 인해 맛의 변화의 원인이 된다. 또한 알코올 호흡을 통해 감소의 원인이 되기도 하는데 특히 *Pichia farinosa*(50g/l), *Candida*(1g/l)는 알코올 호흡의 부산물인 아세트알데히드, 초산 및 에스터 등을 형성하고 사과산, 구연산, 호박산 및 젖산 등도 호흡되어 엑기스가 감소된다. 한제룰라, 피치아 및 칸디다의 특징은 다음과 같다〈표 4-2〉.

<표 4-2> 야생 효모의 형태학적·생리학적 특성

구분	현미경	육안	포자 형성
Candida	둥근형, 타원형으로 다분화 출아(multila-teral budding). 위균사 또는 진균사 형성. 크기는 (4.0~8.0) x (5~21)㎛ 정도	필름 형성, 흰색 ~ 크림색, 콜로니 표면은 매우 투명하고 가끔 구부러진 형태	유성생식 없음
Hansenula	둥근형, 타원형, 원추형으로는 짝형 ~ 작은 체인 형성. 다분화 출아(multila-teral budding) 가끔 위균사 형성. 크기는 (2.0~5.5)x (4.5~20)㎛ 정도	필름 형성, 흰노란색~황토색 콜로니 표면은 거침~구부러진 형태	자낭(asus) 한 개당 1~4 둥근형 자낭 포자(ascospore) 형성
Pichia	둥근형, 타원형으로 단세포형, 짝형으로 존재. 크기는 (2.0~5.0)x(2.5~5.5)㎛ 정도	흰색 ~ 회색, 웨이브형 필름 형성. 콜로니 색상은 회색 ~ 크림색이며 표면은 완만~굽은 형태 등 다양	자낭(asus) 한 개당 1~4 둥근형 자낭 포자(ascospore) 형성

특히 Pichia속에는 88종류가 있으며 그 중 필름 형태를 형성하는 P. menbranifacien과 밀가루 뿌려놓은 듯한 형태를 보이는 P. farinosa이 대표적이다. 당도가 낮은 술덧에서는 P.anomala도 흔히 발견된다. 대부분의 Pichia는 알코올을 1~2% 생성하며 설탕은 발효를 거의 못한다. Pichia carsonii의 경우는 발효 능력은 없으나 호기성 조건 하에 당분, 전분, 펜토오스, 당 알코올 및 유기산 등을 대사한다.

대부분의 Pichia속은 에스터를 형성하기 때문에 최근 Pichia속을 이용한 호기성 알코올 발효를 연구 중이다. 일부 Pichia속은 알코올을 3%vol 생성하며 아로마 증진과 다양한 맛 증진을 위해 블렌딩용으로 활용되기도 한다.

1. 효모 형태학

효모는 단세포이며 둥근 모양 또는 계란형 모양이다. 길이는 5~12㎛, 너비는 5~10㎛이며 표면적은 약 150㎛^{2} 정도이다.

효모 세포의 구성을 보면, 세포벽은 효모 총중량의 20%를 차지하며 베타-1,3-글루칸(β-1,3-

glucan), 베타-1,6-글루칸(β-1,6-glucan), 알파-만난(α-mannan) 및 지방, 단백질, 무기질 등으로 구성되어 있다. 베타글루칸과 만난의 비율은 효모 종류와 증식 환경에 따라 다르다. 또한 세포벽의 구성 성분은 발효 중에 변화되며 응집 효모가 비응집 효모에 비해 세포벽 중량이 크다(그림 4-4).

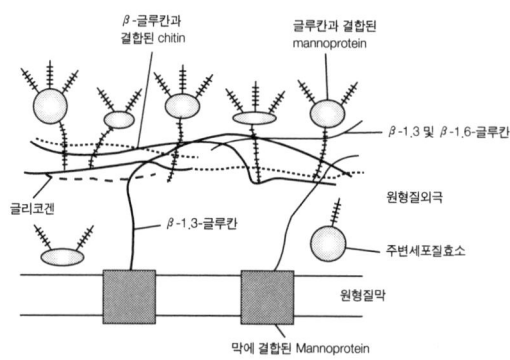

【그림 4-4】 세포벽의 구성

한편, 세포 원형질(protoplasma)은 세포핵(necleus)과 세포질(cytoplasma)로 구성되어 있다. 핵에는 유전자가 들어있고, 세포질에는 소포체(endoplasmic reticulum), 미토콘드리아(mitochondria), 리보솜(ribosome), 리소솜(lysosome) 등으로 구성되어 있다. 미토콘드리아는 리포단백질(lipoprotein)으로 구성되어 있고 리보핵산(ribonucleic acid)과 비타민 등을 함유하고 있으며, 호흡대사에 필요한 효소들을 이송하는 중요한 역할을 한다. 리소솜은 단백질 합성에 필요한 효소를 다량 함유하고 있다. 세포질은 그밖에 단백질과 글리코겐 등을 내포하고 있고 기공(vacuole)은 늙은 세포일수록 크기가 커지게 된다(그림 4-5).

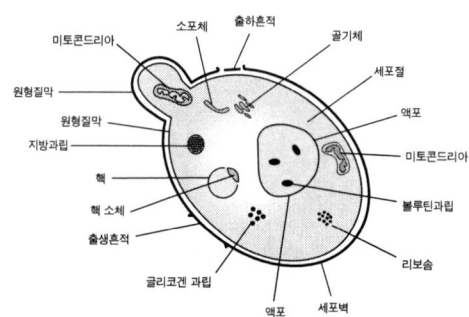

【그림 4-5】 효모 세포 형태

2. 효모의 구성 성분

효모는 건량 기준으로 보면 질소 성분(38~60%), 탄수화물(15~37%), 지방(2~12%) 및 비타민과 미네랄 성분(6~12%) 등으로 구성되어 있다.

질소 성분은 90%가 알부민(albumine), 인글로불린(phosphorglobuline) 및 핵단백질과 같은 단백질로 구성되어 있고, 나머지 10%는 유리 아미노산, 핵산 및 그의 유도체로 구성되어 있다.

탄수화물은 세포벽에서는 글루칸(8%)과 만난(2.5~10%)으로, 세포질에서는 효모의 영양 결핍 시 영양원으로 활용되는 글리코겐(glycogen, 3~15%)의 구성 성분으로 존재한다. 또한 트레할로스(trehalose)를 구성하는 성분으로 존재한다.

지방 성분은 효모의 나이와 배양 상태에 따라 다르며 어린 세포일수록 지방 함유량이 적다. 효모의 지방은 포화 및 불포화 지방산, 아실글라이세라이드(acylglyceride), 인지질(phospholipide) 및 에르고스테린 형태로 존재한다.

미네랄 성분은 건조 효모 100g 기준 인(2,000mg), 칼륨(2,400mg), 칼슘(20mg), 나트륨(200mg), 마그네슘(2mg), 아연(7mg) 및 미량의 철, 망간, 구리 등으로 구성되어 있고, 비타민의 경우 티아민(6~20mg), 비타민 B(2~8mg), 니콘틴산(30~100mg), 비오틴(0.1~1mg), 판톤틴산(2~20mg), 피리독신(3~10mg) 등으로 구성되어 있다.

3. 효모 효소

효모는 세포막, 세포질, 기공 및 세포핵 등에 다량의 효소를 함유하고 있으며 세포의 물질 흡수, 선이 및 성장 등에 관여하게 된다. 효소의 주성분은 단백질이며, 내부분의 효소는 단백질만으로도 활성을 나타내지만, 일부 효소들은 단백질만으로 활성을 나타내지 못하고 단백질 외에 비단백질성의 다른 물질이 있어야 활성을 나타낸다.

효소는 단백질로 되어 있어 각 효소마다 고유의 입체 구조를 가지며 효소의 단백질 부분을 주효소라고 하고, 효소의 작용을 도와주는 비단백질 부분을 보조 인자(co-factor)라고 하며, 주효소와 보조 인자가 결합하여 완전한 기능을 나타내는 효소를 전효소라고 한다. 보조 인자는 금속 이온과 조효소가 있으며 효소의 활동을 돕는 보조 인자 중에서 금속이온은 효소에 일시적으로 결합하여 산화 환원되면서 효소가 활성을 띠게 한다. 이러한 금속이온이 결합한 효소의 예로는 Zn^{2+}이 결합한 카복시펩티데이스를 들 수 있다.

효소 활성을 위해 필요한 유기물로 된 조효소는 비타민이나 유기 영양분이 변형된 것이 대부분이다. 이러한 조효소 중 NAD^+, $NADP^+$, FAD는 세포 호흡의 조효소로 작용한다

효모 효소는 가수분해 효소(hydrolase), 전이 효소(transferase), 산화환원 효소(oxidoreductase), 분해 효소(lyase), 이성화 효소(isomerase) 및 합성 효소(ligase) 등 6개 그룹으로 분류된다.

① 가수분해 효소는 물 분자를 첨가시켜 고분자 기질을 저분자로 분해하며 탄수화물 분해 효소(아밀레이스, 말테이스, 사카레이스, 인버테이스), 단백질 분해 효소(펩티데이스) 등이 대표적이다.
② 전이 효소는 특정 기질에서 다른 기질로 아미노기, 메틸기와 같은 작용기를 옮겨 주는 역할을 하며 알코올 발효에 이용되는 transphosphorylase, hexokinase, pyruvatkinase 등이 있고 transglycosidase는 글리코겐 합성에, transaminase는 아미노산기를 전이하는 데 관여한다.
③ 산화환원 효소는 수소나 산소의 원자 또는 전자를 다른 분자에 전달하는 산화환원 반응에 관여하는데 dehydrogenase와 oxidase가 대표적이다.
④ 분해 효소는 카복시기, 알데하이드기 등의 원자단을 기질 분자에 첨가하거나 기질 분자에서 제거하는 반응에 관여하며 decarboxylase, amino acid decarboxylase, dehydratase, pyruvadecarboxylase 등이 대표적이다.
⑤ 이성화 효소는 기질의 분자 내에서 원자의 위치만 바꿔 분자식은 변화시키지 않고 분자 구조를 변형시키는 반응에 관여하며 phosphohexoseisomerase, phosphomutase 등이 대표적이다.
⑥ 합성 효소는 에너지를 사용하여 두 분자를 연결시켜 주는 반응에 관여하고 C-N, C-S, C-O 및 C-C 결합에 관여하는 모든 효소들이 대표적이다.

4. 효모 증식과 생리

효모는 출아법(budding)에 의해 증식하며 세포의 싹(bud)이 자라나며 시간이 지나면서 하

면효모의 경우 어미세포와 딸세포로 분리된다. 이후 어미세포에는 전자현미경으로 보면 출아 흔적(bud scar)이 관찰되고 이 흔적을 통해 개개의 효모의 나이를 알 수 있다. 출아는 세포벽 어디에서든 생길 수 있으나 같은 장소에서 한번 이상 출아하지는 않는다. 한편 출아 흔적은 외부 영양 성분을 흡수를 저해하여 대사를 느리게 한다.

효모 증식은 유도기(latent phase), 대수기(log phase) 및 정지기(stationary phase) 등으로 단계적으로 구분된다. 유도기에는 효모는 증식 없이 단지 효모대사만 진행되는 단계이고 대수기에서는 효모 증식이 왕성하게 일어나며 발효가 시작되는 단계이다.

정지기에는 영양분 결핍과 알코올, CO_2 등 대사부산물에 의한 저해 등으로 인해 증식은 서서히 정지되지만 발효는 가장 활발히 일어나는 단계이다.

효모 세포 집단의 대수기에서의 평균 분열시간을 세대시간(generation time)이라고 하며 효모의 경우 6~9시간 걸린다.

최적 증식온도는 25~30℃이며 40℃ 이상에서는 효모는 증식하지 못하며 사멸하게 된다. 효모 증식에는 세포막 구성 성분인 스테롤과 불포화지방이 필요하고 이들 성분을 합성하려면 산소가 필수적이다. 다만 효모가 스테롤과 불포화지방산을 함유하고 있으면 산소가 없어도 증식이 가능하다.

그러나 아데닌(adenine), 구아닌(guanine) 등 퓨린 염기(purin base)나 시토신(cytosine), 우라실(uracil), 티민(thymine)등 피리미딘 염기(pyrimidine base)가 소진되면 증식은 정지된다.

알코올의 경우 그 농도가 6% 이상이면 효모 증식에 부정적으로 작용하지만 차츰 알코올에 적응하면서 증식하게 된다. 한편 고급 알코올, 아질산염이 양조용수에 40mg/l 이상, 과도한 금속이온 등은 효모 증식을 억제하며 소독제는 효모를 사멸하게 된다.

한편 효모는 핵에 염색체를 한쌍 보유한 이배체(diploid)이며, 딸세포가 어미세포로부터 무성생식을 통해 다시 이배체를 형성하면서 어미세포와 동일한 유전적 특성을 가지게 된다. 이에 따른 세포주기는 다음과 같다(그림 4-6).

① G_0 기간에는 영양 성분 결핍에 따른 효모가 잠복하는 기간이다.
② G_1 기간에는 딸세포가 어미세포 크기로 분열을 준비하는 시기이며 세포 내 물질 합성에 필요한 에너지를 준비하는 기간이기 때문에 대사가 가장 활발히 일어나는 시기이기도 한다. 이 시기가 세포주기에서 가장 오랜 시간이 소요된다.
③ S 기간에는 DNA 합성과 더불어 유전 정보가 복제되는 시기이며 합성대사가 활발히 일

어나는 시기이다.
④ G_2 기간에는 복제가 종료된 시점이며 합성대사가 계속 진행되며 어미세포의 핵이 딸세포 쪽으로 이동하는 시점이다.
⑤ M(mitose, 유사분열) 기간에는 체세포 분열하는 기간으로 염색체를 두 쌍의 동일한 딸세포로 분리하는 유사 분열 기간이다.

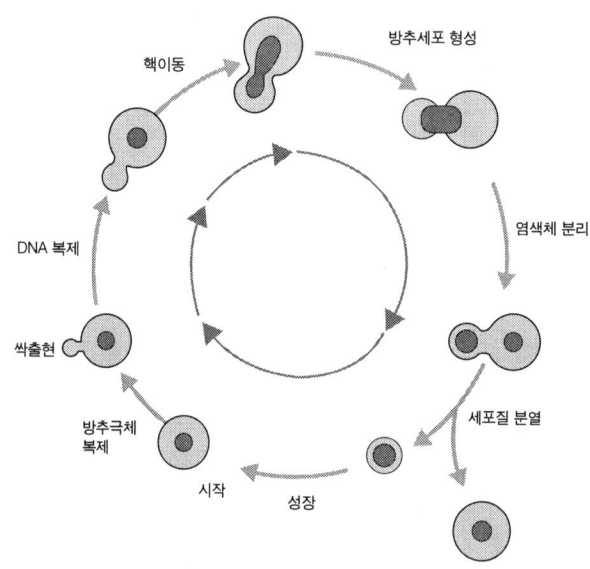

【그림 4-6】 S. cerevisiae의 무성생식 단계

이와 같은 정상적인 무성생식을 통한 출아 외에 효모는 영양 결핍 등 특정한 조건 하에서는 유성생식을 통해 증식하며 반수체(haploid)인 자낭포자를 생성하게 된다(그림 4-7).
우선 효모 안에 자낭포자 4개를 형성하고 이때 본래의 무성생식 특성을 잃고 반수체인 자낭을 형성하게 된다. 일정 시간이 지나면 자낭은 본래 효모로부터 분리되어 영양 결핍 상태에서도 장시간 생존이 가능하다. 이 자낭포자는 영양 상태가 호전되면 출아를 하고 반수체로서 무성생식을 통해 증식하게 된다.
한편, 효모의 반수체가 서로 다른 세포 즉, 자웅이주(heterothalic)인 경우 짝을 이루어 이배체 접합포자(diploid zygote) 생성 후 정상 세포와 같이 출아를 통해 증식을 하게 된다. 그러나 효모가 유성생식을 통해 증식하면 효모 본래의 특성을 잃게 되므로 바람직하지 않은 현상이다.

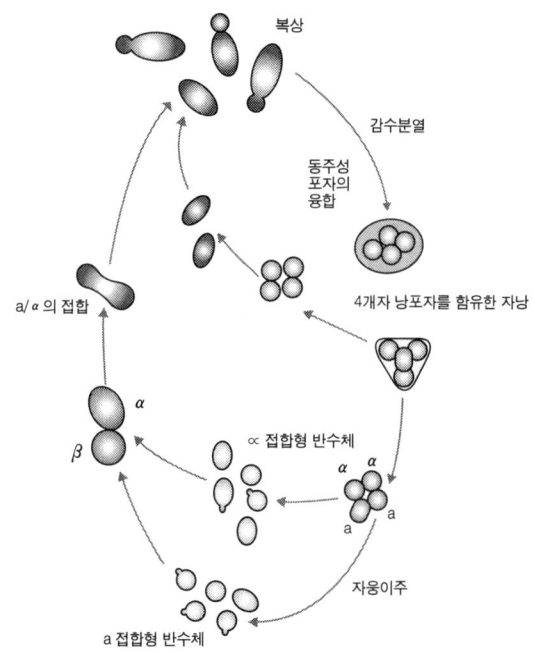

【그림 4-7】 S. cereviaise의 유성생식 단계

일반적으로 양조용 효모는 이배체인 경우는 거의 없고 3배체, 4배체 등 다배수체(polyploid)로 존재하기 때문에 유전적으로 안정적이며 자낭포자나 자낭을 형성하는 경우는 거의 없다.

한편, 최근에는 어미세포의 유전자 교배로 효모는 다양한 유전자를 가진 품종 개량이 이루어지고 있다. 기존 돌연변이 기술로는 개개의 유전자만을 변형시켰으나 유전자 재조합을 통해서는 만들어진 잡종(hybride) 효모는 개선된 발효 특성(발효도, 응집력, 덱스트린 발효력, 저알코올 발효를 위한 감소된 딩 분해력, 디아세틸 생성 감소 등)을 목표로 한다. 또한 효모의 효소(endo-β-glucanase, amylase, amyloglucosidase) 활성을 강화할 목적으로도 유전자 재조합 기술을 이용하기도 한다.

또한 효모는 발효, 숙성 및 저장 상태에 따라 자가분해(autolyse)가 일어나게 된다. 이때 효모 효소는 세포의 탄수화물과 질소 성분 등을 분해하면서 세포 구조를 파괴하게 된다. 이에 따라 아미노산, 단백질 부산물, 뉴클레오타이드 등이 증가하게 된다. 염기성 아미노산 증가와 인의 수소이온 결합에 의해 pH가 상승하고 중간사슬 지방산(C_6~C_{12})과 그의 에틸에스터가 방출되게 된다. 효모의 자가분해는 맥주의 거품 형성과 맛에 부정적인 영향을 미친다.

5. 효모 응집

효모 응집(yeast flocculation)이란 효모가 맥즙의 영양분이 소진되는 발효 말기에 서로 달라붙어 응집을 이루어 발효조 바닥으로 침전하는 현상이며, 가역적인 반응(다음 발효 시 응집이 풀어져 단세포 상태로 발효)이다. 효모 응집 현상은 맥주 발효에 매우 중요한 자연적인 현상으로 발효 말기 응집으로 인해 여과 전 영비어와 효모를 발효조에서 대부분 분리할 수 있게 된다.

반대로 발효 중에 응집이 너무 빨리 일어나면 정상적인 발효가 안 되고 맥주 품질에 문제가 될 수 있다. 효모는 맥즙에 영양분이 충분하면(새로운 발효 시) 응집이 다시 풀어지고 발효를 정상적으로 진행한다. 응집 현상은 맥즙에 영양분이 고갈되면 나타나는 현상이기 때문에 효모가 스트레스에 대한 반응으로 해석할 수도 있으나 현재 효모 응집에 대한 정확한 메커니즘이 밝혀지지 않았다. 다만, 가장 유력한 가설은 세포벽에 위치한 lectin과 유사한 단백질과 탄수화물의 상호작용에 의해 효모가 응집한다는 이른바 lectin 가설이 있다(그림 4-8).

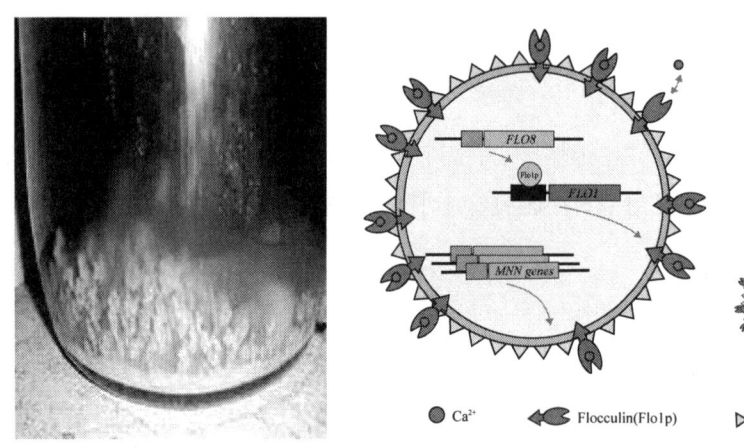
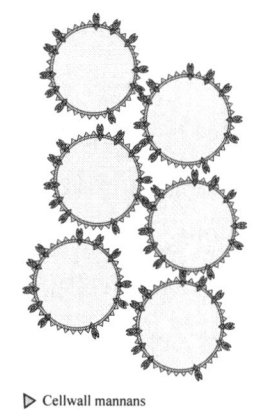

【그림 4-8】 효모 응집

02 효모대사

효모대사는 다른 생물체와 마찬가지로 정해진 물질대사에 의해 조절되며 이때 에너지를 공급하는 대사(분해대사, catabolism)와 에너지를 소비하는 대사(합성대사, anabolism)로 구분되며 이 대사들은 서로 맞물려 일어난다. 이미 기술한 바와 같이 맥주 발효에서는 이와 같은 물질대사에 의해 알코올과 이산화탄소 및 발효 부산물들이 생성되어 맥주 품질에 영향을 주게 되며 효모는 산소 유무에 따라 발효 또는 호흡대사를 수행하며 이때 얻어지는 에너지양은 서로 다르다.

호흡대사

$$C_6H_{12}O_6 + 6\,O_2 \rightarrow 6\,H_2O + 6\,CO_2 + 2824\,kJ\,(per\,mol)$$

발효대사

$$C_6H_{12}O_6 \rightarrow 2\,C_2H_5OH + 2\,CO_2 + 235\,kJ\,(per\,mol)$$
$$100\,g \qquad 51.5\,g \qquad 48.9\,g$$

효모의 대사는 탄수화물, 단백질, 지방 및 미네랄 대사 등이 중요하며 각 대사를 살펴보면 다음과 같다.

1. 효모의 탄수화물대사

효모가 당질을 이용하여 에너지를 획득하는 과정은 1단계(해당과정), 2단계(TCA 회로), 제3단계(산화적 인산화과정)를 거쳐 이루어진다(그림 4-9).

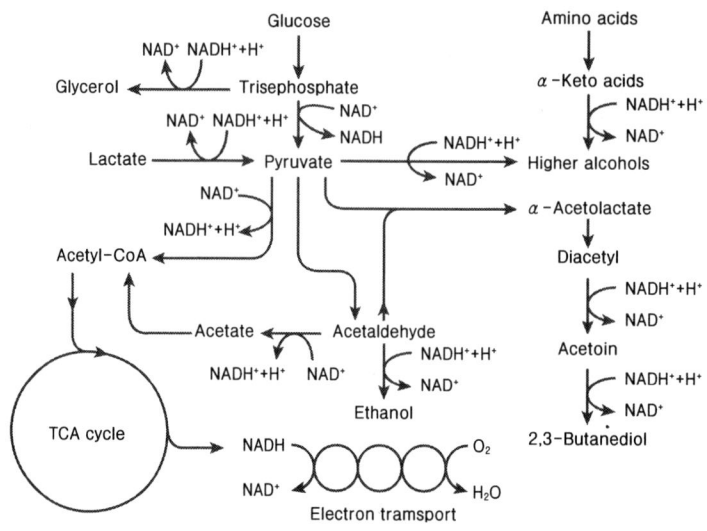

【그림 4-9】 효모대사 경로

　세포질에서 일어나는 1단계인 해당 과정은 포도당이 산화되어 피루브산으로 분해되는 과정으로 EMP 경로(Embden-Meyerhof pathway)라 말하며, 산소의 유무에 관계없이 즉, 발효나 호흡대사 모두 공통으로 거치는 과정이며 포도당이 피루브산으로 분해되기까지 연속된 10개의 화학 반응을 거쳐 이루어진다.

　이 화학 반응은 각 단계마다 서로 다른 효소에 의해 촉매되며 이 대사 과정에는 3개의 불가역적인 반응(hexokinase, phosphofructokinase, pyruvayte kinase)이 존재하여 대사는 해당 방향으로만 진행된다. 해당 과정은 포도당이 효소 헥소키네이스(hexokinase)에 의해 포도당-6-인산(glucose-6-phosphate)을 생성하는 반응을 시작으로 이것이 순차적으로 대사되어 과당-1,6-이인산화(fructose-1,6-diphosphate)을 거쳐 ATP(Adenosine triphosphate)를 계속 생성하면서 피루브산에 이르게 된다. 이때 포도당 1몰(mol)은 ATP 2몰을 생성하며, 2몰의 NADH를 생성하게 된다.

　해당 과정의 마지막 산물인 피루브산이 생성되면 혐기적 조건(발효)과 호기적 조건(호흡)에 따라 효모의 대사는 갈라진다. 즉 혐기적 조건이면 발효가 진행되어 피루브산 탈탄산 효소(pyruvate decarboxylase)에 의해 피루부산의 불가역적인 탈탄산화가 진행되어 아세틸알데히드(acetaldehyde)가 생성되고 이때 이산화탄소가 발생한다. 아세트알데히드는 알코올 분해 효소(alcohol dehydrogenase)에 의해 에탄올로 환원되어 알코올 발효가 완성된다.

한편, 산소가 존재하는 호기적 조건이 되면 해당 과정에서 생성된 피루브산은 미토콘드리아 내부로 들어가 산화된다.

이때 피루브산에서 이산화탄소가 분리되면서 남은 전자는 NAD^+에 전달하여 NAD^+를 NADH로 만들어주며 조효소(coenzyme A)와 결합하여 활성초산(acetyl CoA)이 형성되고 이 활성초산이 구연산회로(TCA cycle)에 들어가게 된다.

이어서 활성초산은 미토콘드리아에 원래 효모에 존재하는 옥살아세트산(oxaloacetate)와 축합하여 구연산(citrate)을 생성하며, 이후 순차적으로 이소시트레이트(isocitrate)로 된 다음 탈수소적 탈탄산을 받아 알파케토글루테이트(α-ketoglutate)로 된다. 이후 탈수소적 탈탄산, CoA의 이탈, 탈수소, 가수 등의 반을 받아 숙시닐 CoA(succinyl CoA), 숙신산(succinate), 푸마르산(fumarate), 사과산(malate)을 거쳐 다시 옥살아세트산에 이른다.

이 구연산 회로에 의해 2ATP, 6NADH 및 $2FADH_2$가 생성되는데 구연산 회로는 단순한 분해 과정이 아니고 다른 합성 대사의 중요한 출발점이 된다. 예로서 아미노산 합성이 필요하면 α-ketoglutaric acid로부터 glutamic acid가, oxaloacetate로부터 aspartic acid가 만들어진다.

한편 효모가 에너지를 획득하는 마지막 단계는 산화적 인산화 과정이다. 이 과정은 전자전달계의 산화, 환원 반응에 의해 생기는 에너지를 이용하여 ADP와 무기인산으로부터 ATP를 합성하는 반응으로 대부분의 에너지(ATP)가 전자전달계에서 생성된다. 이 반응 역시 미토콘드리아 내막에서 이루어지며 여러 가지 탈수소 반응에 의해 생긴 수소가 일련의 산환원 물질(전자전달체)로 구성되는 전자전달계를 거쳐 산소를 환원하여 물이 된다.

이때 전자 전달의 유리 에너지 변화에 따라 고에너지 상태가 형성되고 이곳에서 ATP가 합성된다. 미토콘드리아의 전자 전달 성분은 플래빈 단백질, 비헴철(Fe-S) 단백질, 시토크롬, 퀴논, 구리 등으로 구성하며, 대부분이 불용성 단백질로서 극성지질과 상호간에 강하게 수소 결합으로 결합하여 미토콘드리아 내막을 구성하고 있다.

이와 같이 효모는 발효과정을 통해 생성된 에너지는 포도당 1몰당 2ATP이며, 호흡을 통해 생성된 에너지는 38ATP이다. 따라서 효모는 호흡을 통해서 에너지를 발효에서보다 9배 정도 많은 에너지를 생성할 수 있다. 맥주 양조의 호흡대사는 호기적 조건인 효모 배양(yeast propagation)할 때 관찰되는 현상으로 볼 수 있다. 일반적으로 맥주 제조 시에는 당분의 98%가 발효되고 나머지 2%정도가 호흡된다.

한편, 맥주 효모가 발효할 수 있는 당은 맥즙의 단당류(포도당, 과당), 이당류(자당, 말토오스) 및 삼당류(말토트리오스)이며 저분자 및 고분자 덱스트린은 효모에 의해 흡수되지 못한다. 또한, 효모는 단당류, 이당류 및 삼당류 순으로 당을 흡수하며 발효과정에서도 이와 같은 순으로 당을 발효하게 되며 포도당과 과당은 동시에 흡수된다(그림 4-10).

단당류는 분산에 의해 효모 세포막으로 흡수되어 세포 안에서 탄수화물대사에 따라 해당 과정을 거치게 된다. 이당류는 세포벽 부근에서 인버테이스(invertase)에 의해 우선 포도당과 과당으로 분해된 후 포도당은 직접 해당 과정으로 들어가며 과당은 해당 과정에 들어가기 전에 fructose-6-phosphate로 변화된 후 해당 과정을 거치게 된다.

말토오스와 말토트리오스는 투과 효소(permease)에 의해 세포 안으로 유입된 후 α-glucosidae 에 의해 포도당으로 가수 분해되어 해당 과정을 거치게 된다.

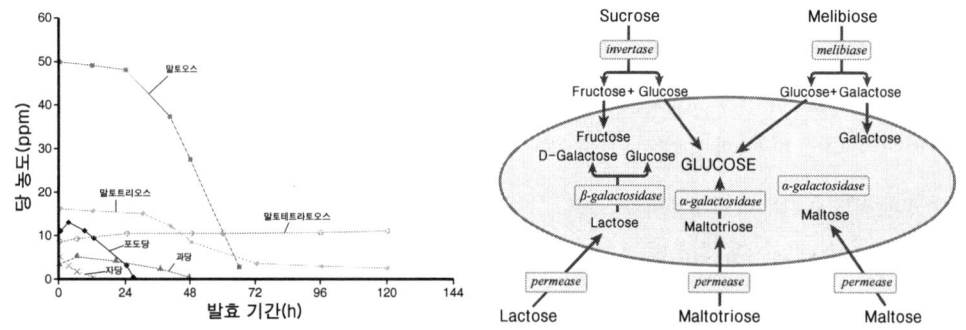

【그림 4-10】 발효 중 효모의 당질 흡수순서(좌) 및 흡수 과정(우)

또한, 효모의 탄수화물 대사는 효모의 종류와 기질 환경에 따라 다르게 나타나는데 편성호기성 효모(*Rhodotorula*, *Lipomyces*, *Cryptococcus*, *Rhodosporidium*, *Saccharomycopsis*)는 당질을 호흡기전만을 통해 에너지를 획득하고 발효를 전혀 못한다.

통성혐기성 효모에는 두 종류가 있으며 호흡기전을 선호하는 통성혐기성 효모(*Candida*, *Hansenula*, *Kluyeromyces*, *Pichia*)는 호기성과 혐기성 기전을 모두 이용하는데 주로 당질의 70% 이상을 호흡기전을 통해 에너지를 획득한다.

발효기전(해당 작용)을 선호하는 통성혐기성 효모(*Saccharomyces cerevisiae*, *Brettanomyces*, *Schizosaccharomyces*)는 90% 이상을 발효기전을 통해 에너지를 획득한다. 상기 효모군들은 맥즙의 당분 농도에 따라 기전을 달리한다. 즉, 이미 기술한 바와 같이 일반적으로 맥즙에 당분(glucose)이 일정 농도를 초과하면, 전자전달계 효소가 억제되어(cytochrom oxidase) 크렙트리 효과가 나타나 효모는 산소의 존재 하에서도 부분적으로 발효기전을 진행하는데 편성호기성 효모와 통성혐기성 효모는 크렙트리 현상이 나타나지 않는다.

반대로 발효성 효모는 크렙트리 효과가 나타난다. 즉, 발효 초기 맥즙에 산소가 존재하여 호흡기전을 통해 효모 증식이 진행되지만 포도당의 농도가 높아 부분적으로 발효기전도 동시에 진행되어 알코올과 CO_2가 생성된다. 발효 후기에는 포도당의 농도가 낮아져 크렙트리 효과는 더 이상 나타나지 않지만 산소 부재로 인해 호흡기전은 진행되지 못한다.

한편, 파스테르 효과로 인해 발효성 효모는 산소의 존재 하에 발효기전이 억제되는 현상이 나타나며, 효모는 산소가 존재하며 우선적으로 호흡기전을 작동한다. 그러나 효모 종류에 따라 호흡기전의 정도는 달라진다.

효모는 저장 탄수화물인 글리코겐과 트레할로스를 합성할 수 있는데 발효과정 중에 증식을 멈추면 혐기성 조건 하에 글리코겐과 트레할로스를 합성할 수 있다. 효모세포는 저장해 놓은 글리코겐을 발효가 시작되기 전 에너지원으로 활용하기 때문에 발효 후 10~12시간 정도에 글리코겐의 농도는 급격히 감소하였다가 발효가 진행되면서 다시 농도가 증가하는 현상을 보인다. 특히 효모를 더운 곳에 저장을 하면 글리코겐 농도가 급격히 감소하기 때문에 효모 회수 후 반드시 냉장 보관하여 다음 발효에 이용하는 것이 중요하다.

또한, 맥즙 농도 16% 이상의 양조, 즉 하이그래비티 공법(high gravity brewing)이나 18℃ 이상의 고온 발효 등 효모가 스트레스를 많은 받는 발효 조건에서는 글리코겐이 세포 밖으로 유출되어 베타글루칸 혼탁(β-glucan haze)이 생겨 여과 시 제거가 불가능하기 때문에 맥주 탁도를 1 EBC 정도 상승시킬 수 있다.

2. 효모의 단백질대사

효모 세포는 단백질을 35-60%(건량 기준) 정도 함유하고 있다. 일반적으로 단백질 함량은 발효, 숙성 및 저장 중에 변화하며 글리코겐과는 변화 정도가 반비례하는 관계에 있다. 효모는 증식과 단백질 합성(특히 효소와 비타민 합성)을 위해 질소 성분을 필요로 하는데 일반적으로 맥즙에 아미노산 형태로 충분히 함유되어 있다. 효모는 올리고펩타이드는 흡수하지 못하며 퓨린, 피리미딘 및 아미노산 등을 흡수할 수 있다.

효모에 의한 아미노산 흡수는 투과 효소에 의해 아미노산 종류에 따라 4 그룹으로 나뉘어 순차적으로 흡수된다(그림 4-11). 즉 아미노산 A그룹이 먼저 흡수되고 B 그룹은 발효 전반에 걸쳐 흡수되는데 A와 B 그룹은 주로 단백질 합성에 이용된다. C 그룹은 A그룹이 소진되고 난 후에 흡수되고, 그룹 D의 아미노산은 효소(mitochondria oxidase)의 결핍으로 인해 효모가 흡수하지 못한다.

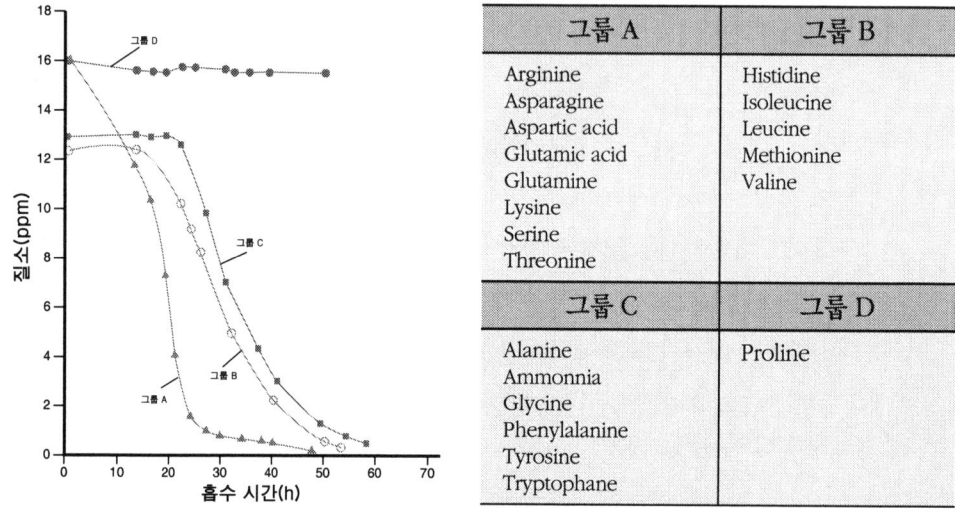

【그림 4-11】 효모의 아미노산 흡수 순서

상기 그룹 분류는 상면효모에만 적용되며 하면효모의 경우는 비슷한 그룹 분류를 나타내지만 발린과 히스티닌이 나중에 흡수되며 아르기닌의 경우 불규칙하게 흡수되는 현상이 나타난다.

또한, 아미노산의 흡수는 효모 세포막의 지방산 조성에 따라 달라지며 그 조성은 발효과정 중에 변화하기 때문에 아미노산의 흡수는 복잡한 메커니즘을 갖고 있다.

한편, 효모는 부족한 아미노산을 직접 합성할 수 있다. 즉, 아미노기 전이반응(transamination)을 통해 아미노산을 합성하여 우선적으로 단백질 구성에 사용하고 여분의 아미노산은 에너지 생산에 활용될 수 있는데 두 가지 경로를 통해 합성이 가능하다.

하나는 탄수화물대사 과정에서 생성되는 다양한 중간 대사 물질로부터 탄소골격을 얻고 암모니아로부터 아미노기($-NH_2$)를 첨가하여 아미노산을 합성하는 방법이다(그림 4-12). 그러나 단백질을 구성하는 20여 종류의 아미노산을 이상의 방법으로 직접 동화하여 모두 합성할 수 없고 일부 아미노산만을 합성할 수 있다.

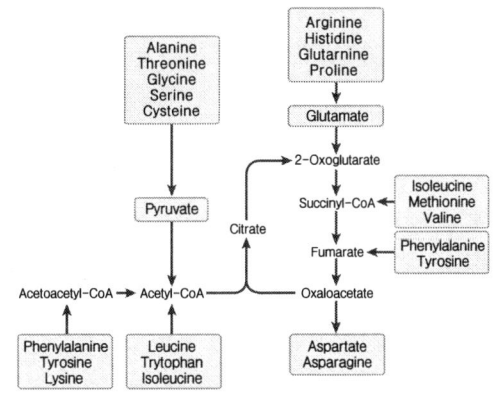

【그림 4-12】 아미노산의 탄소골격에 따른 아미노산 생합성 경로

또 다른 방법은 해당 과정과 TCA 회로상의 각종 유기산(α-케토산)들로부터 아미노산을 합성하는 방법이다. 즉, α-케토글루타릭산으로부터 글루타민산, 옥산아세트산으로부터 아스파트산, 구연산으로부터 알라닌 등이 합성되며 가역적인 반응이다. (그림 4-13)에서와 같이, 옥살아세트산에서부터 6종류의 아미노산(asparate계 아미노산)이, 피루브산에서는 3종류의 아미노산(pyruvate계 아미노산)이, 피루브산 이전단계의 물질에서부터는 6종류의 아미노산(serine계 및 방향족 아미노산계)이, 글루탐산(Glutamate)로 부터는 4가지 아미노산을 합성할 수 있다(glutamine계 아미노산).

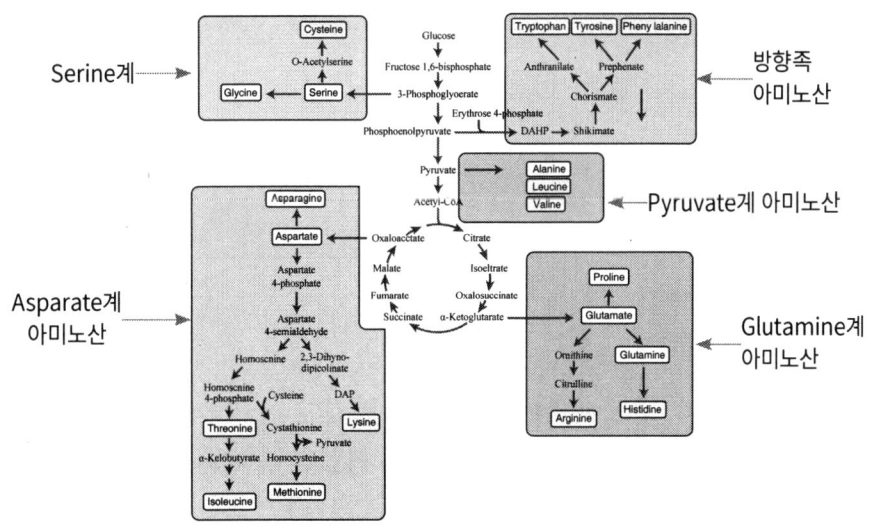

【그림 4-13】 당 분해 및 α-케토산을 통한 아미노산의 생합성 경로

한편 아미노산 합성에 필수적인 α-케토산을 필요로 하는 아미노산들이 맥즙에 충분히 함유되어 있어야 하고 그 밖의 아미노산은 별 의미는 없다. α-케토산과 연계된 아미노산의 분류는 다음과 같이 3그룹으로 분류된다〈표 4-3〉.

1그룹(아스파라긴산, 글루타민산, 아스파라긴, 글루타민, 트레오닌, 세린, 메티오닌)에 속한 아미노산은 효모대사에 큰 영향을 주지 못하며 발효 초기에 대부분 아미노산으로부터 탄소 골격을 얻어서, 발효 후기에는 탄수화물대사 중에 α-케토산을 통해 합성이 가능하다.

2그룹(이소류이신, 발린, 페닐알라닌, 글리신, 알라닌, 티로신)에 속한 아미노산은 발효 후반기에 당분로 인해 α-케토산을 통한 아미노산 합성 저해가 나타나기 때문에 맥즙에 충분히 함유되어 있어야 하는데 결핍 시에는 아미노산으로부터 탄소 골격을 얻어 새로운 아미노산을 합성해야 한다.

3그룹(리신, 히스티딘, 아르기닌, 류이신)에 속한 아미노산은 탄수화물대사를 통해 합성될 수 없어 효모는 필요 시 오직 맥즙으로부터 흡수해야 하고 이러한 아미노산이 결핍되면 효모의 단백질대사 저해에 따른 맥주 품질에 부정적인 영향을 주게 된다.

〈표 4-3〉 α-케토산과 연계된 아미노산의 분류 [25]

1그룹	2그룹	3그룹
Aspartate	Isoleucine	Lysine
Asparagine	Valine	Histidine
Glutamate	Phenylalanine	Arginine
Glutamine	Glycine	Leucine
Threonine	Alanine	
Serine	Tyrosine	
Methionine		
Prolin		

한편 아미노산 합성과 맥주 맛에 영향을 미치는 고급 알코올의 생성은 밀접한 관계가 있다. 아미노산 결핍 시 상기 기술한 바와 같이 탄수화물대사로부터 α-케토산들이 다량 증가하게 된다. 증가된 α-케토산들이 아미노산 전이반응을 통해 아미노산으로 전환되어 단백질 합성에 이용되지 못하면 아미노산은 탈아미노(deamination) 반응과 탈카르복실(decarboxylation) 반응을 거쳐 알데히드로 전환된 후 고급 알코올로 바뀌게 된다(그림 4-14).

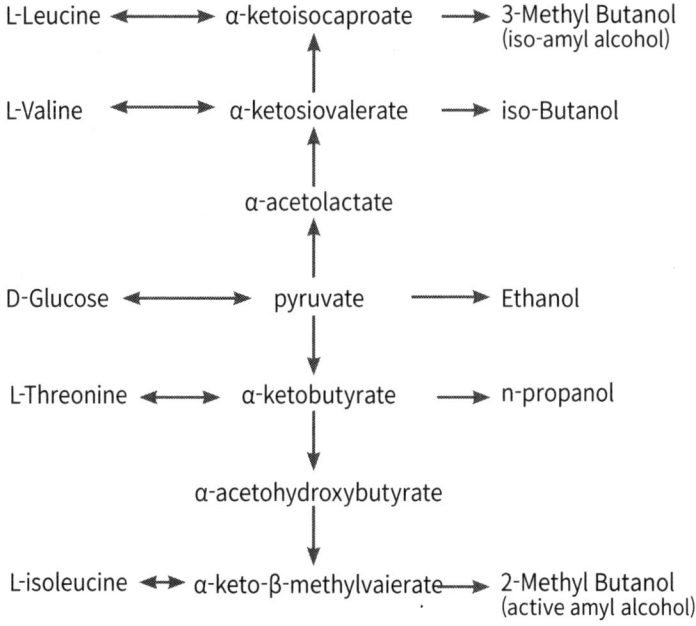

【그림 4-14】 α-케토산으로부터 고급 알코올의 생성 경로

따라서 맥즙의 아미노산 농도가 부족할수록 고급 알코올의 생성은 더 증가하게 되며 과다한 고급 알코올 함량은 맥주 품질에 부정적인 영향을 미치게 된다.

한편, 12% 당도의 맥즙에는 리터당(100% 맥아기준) 1,000mg의 질소가 함유되어 있고 쌀과 옥수수 등을 같이 이용한 경우는 그 농도가 감소하게 된다. 질소 중의 약 60%가 저분자 펩타이드이며 유리 아미노질소는 20~23%(200~260mg/l 맥즙)가량 함유되어 있다.

질소는 대부분 효모의 단백질 구성을 위해 흡수되어 사용된다. 다만, 발효 중에 pH가 감소하여 맥즙 리터당 50~70mg의 고분자 질소화합물이 일부 탈락하게 되면 효모 표면에 흡수되거나 이산화탄소 기포에 붙어 소실된다. 이때 소량의 아미노산과 펩타이드는 효모에 의해 다시 배출된다.

한편, 고급 알코올 농도는 효모 종류가 가장 큰 영향을 미치며 맥즙의 용존량과 발효온도가 높을수록 고급 알코올의 생성은 증가한다〈표 4-4〉.

〈표 4-4〉 효모 종류에 따른 고급 알코올의 농도 변화

(단위 :ppm)

구분	효모						
	A	B	C	D	E	F	G
n-propanol	5.0	6.0	4.9	5.3	5.2	5.2	5.2
2-methyl propanol	10.3	6.2	8.3	7.6	8.9	9.2	8.9
2-methly butanol	11.4	10.9	13.9	12.0	11.5	14.5	15.5
3-methyl butanol	42.5	25.1	38.8	35.7	43.6	47.5	39.6
Total higher alcohol	69.2	48.2	65.9	60.6	69.2	76.4	69.2

3. 효모의 지방대사

지방은 글리세롤과 지방산으로 구성되어 있고 단백질과 함께 효모의 세포막을 구성하며 건량 기준 세포벽의 80%를 차지한다. 효모는 발효 중에 4~8배의 가량 증식하기 때문에 단백질 외에 지질의 합성이 필요하며 지질의 합성에는 산소가 필수적이다.

지방산 합성은 당질의 해당 작용으로 생성된 피루브산이 산화적 탈탄산 과정을 거쳐 활성초산으로 전환되는데 이 활성초산이 지방산 합성의 출발점이 되는 것이며 합성은 미토콘드리아에서 이루어진다. 포화지방산은 활성초산과 말로닐 CoA(malonyl CoA)의 축합 반응에 의해 생성되며 불포화지방산은 조효소($NADPH_2$)와 산소의 존재하에 포화지방산의 산화(탈수소 반응)과정을 통하여 합성된다(그림 4-15).

인산, 마그네슘, 비오틴 및 판토텐산 등은 지방산 합성에 긍정적 영향을 미친다. 한편 긴사슬형 불포화지방산은 스테린 같은 지질 형태로 세포벽에 존재하면서 물질의 흡수를 용이하게 하며, 불포화지방산이 적으면 아미노산의 흡수는 불가능해진다. 또한 세포막의 불포화산이 부족하면 인산의 흡수도 저해되며 인산화 반응에 중요한 ATP 효소 역시 불포화지방산에 의해 촉매되므로 불포화지방산은 해당 작용에도 영향을 미치게 된다. 따라서 발효 초기에 효모의 불포화지방산 합성에 필수적인 산소 공급이 매우 중요하다.

중간 사슬형(C_6~C_{12}) 포화 및 불포화지방산은 맥즙에도 존재하며 2개 단위의 C 원소는 활성초산과 말로닐 CoA를 거쳐 긴사슬형 지방산 구성에 이용된다. 한편 발효 중에 생성되는 에

스터 성분은 불포화지방산 농도와 관계가 있는데 맥즙에 불포화지방산이 많으면 에스터 형성은 저해 받게 된다. 즉, 불포화지방산이 맥즙에 많으면 불포화지방산 합성에 필요한 활성초산은 에너지가 많이 소요되는 효모 증식에 우선적으로 활용되고 에스터 형성을 위해 사용되지 않기 때문이다. 지방을 구성하는 글리세롤의 합성 역시 탄수화물 분해 경로(EMP pathway)를 기반으로 이루어지는데 조효소 NADH에 의해 글리신인산으로 환원된 후 phosphoesterase에 의해 글리신으로 전환된다.

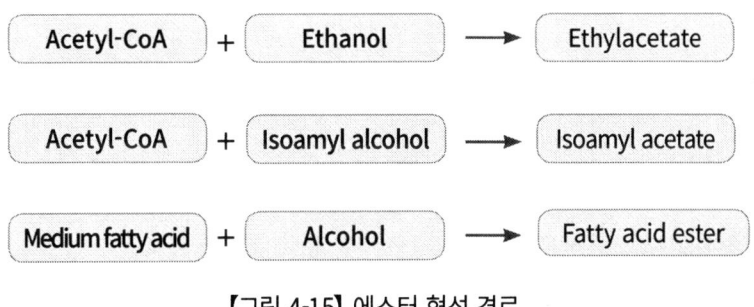

【그림 4-15】 에스터 형성 경로

한편, 스테롤은 산소가 발효즙에 존재하는 발효 초기에 합성되며 에르고스테롤이 가장 많고(90%) 그 외 zymosterol, episterol, lanosterol 및 fecosterol 등이 있다. 스테롤 합성의 출발점은 acetyl CoA이며 스쿠알렌(squalene)을 거쳐 여러 스테롤이 합성된다(그림 4-16).

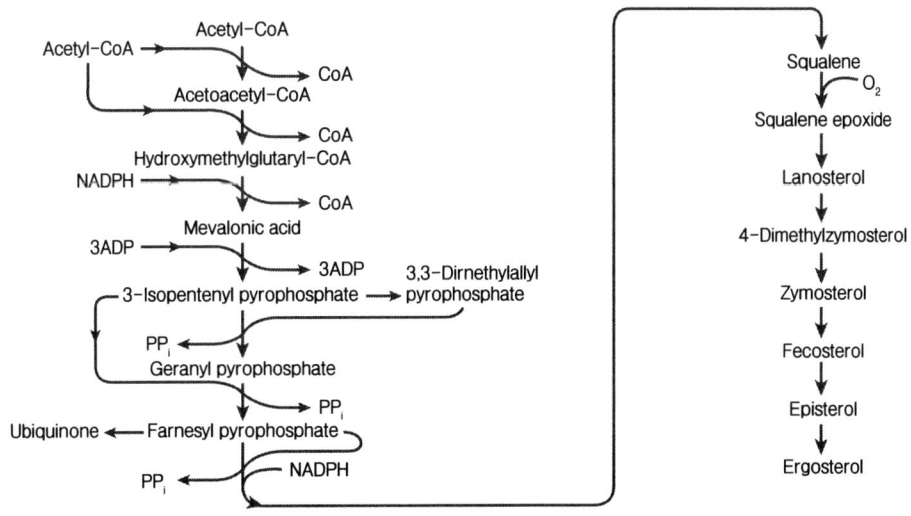

【그림 4-16】 Acetyl CoA로부터 ergosterol 생합성 경로

4. 효모의 미네랄 및 비타민대사

효모는 단백질과 조효소 및 비타민 합성을 위해 황이 필요하다. 맥즙에는 무기 황화합물(황산염)과 유기 황화합물(황함유 아마노산, 펩타이드, 단백질, 비타민)등이 들어 있다. 디메틸설파이드 및 그의 전구체들도 일부 함유되어 있다.

발효 중에 생성되는 휘발성 황화합물(황화수소, 이산화황)은 맥주 맛에 영향을 준다. 황화합물은 아미노산(시스테인과 메티오닌)을 합성하면서 생성되기 때문에 맥즙에 메티오닌의 농도가 중요하며, 비오틴과 판토텐산 등도 황화합물 조성에 큰 영향을 미친다. 이산화황(SO_2)의 생성은 맥즙의 황산염(sulfate)으로부터 생성되며 황산염은 ATP sulfurylase를 통해 아네노실인산황산(adenosylphosphosulfate, APS)으로 전환된다. APS는 다시 APS-kinase에 의해 3-phosphoadenosyl-5-phosphosulfate(PAPS)로 치환된다. 이후 PAPS는 PAPS-reductase에 의해 sulfide로 전환된다(그림 4-17).

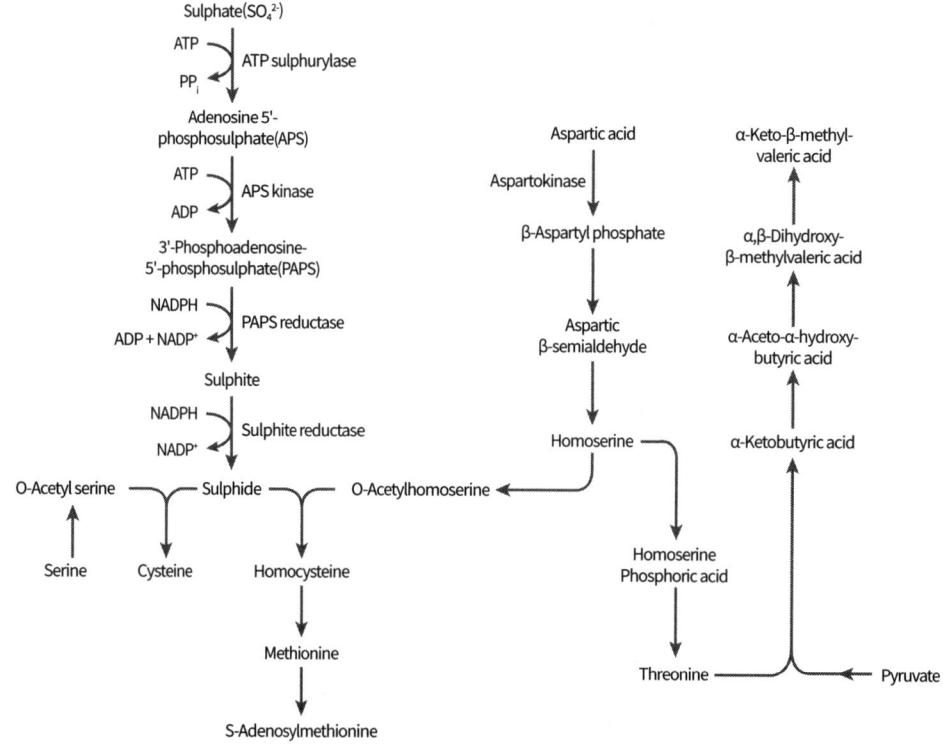

【그림 4-17】 황화합물 생성 경로

그 밖에 미네랄 성분도 효모대사에 중요한 역할을 하며 특히 인산은 세포 내 에너지(ATP, ADP) 전이 시 필요한 성분으로 세포 내 인산 결핍 시에는 지방 축적에 따른 질소 흡수가 저해된다.

칼륨은 해당 과정의 효소(pyruvate kinase) 활성화를 통해 탄수화물의 대사에 관여한다. 칼슘은 효모 증식에 긍정적인 영향을 주며 알코올 분해효소, 사과산 분해효소를 촉매하는 역할을 하고 효모 응집에도 관여한다.

마그네슘은 탄수화물대사에서 인산전이효소(transphosphatase), 탈탄산효소(carboxylase), 에놀레이스(enolase)를 촉매한다.

철은 해당 과정과 호흡대사에 중요하며, 구리는 미량으로는 효소를 촉매하는 역할을 하지만, 많을 경우 해당 과정의 phosphofructokinase, pyruvate kinase 및 그 밖의 효소 활성화를 저해하게 된다.

아연(0.1~0.15mg/l)은 단백질 합성과 세포 증식에 중요한 역할을 하며 알코올 분해 효소의 구성 성분으로서 당질 분해에 관여한다.

한편, 비타민 역시 효모대사에 중요한 역할을 하는데 티아민은 탈탄산효소의 보효소로서 탄수화물대사에, 리보플라빈은 플라빈 모노뉴클레오티드(flavinmono nucleotide)로서 산화환원 과정에 각각 관여한다, 피리독신(pyridoxin)은 아미노산의 아미노전이 과정을 촉매하고, 나이아신(niacin)은 수소이온을 전이하는 역할을 하며 티아민과 더불어 발효과정에 매우 중요한 성분이다.

판토텐산(vitamin B_5)은 coenzyme A의 구성 성분으로서 탄수화물, 지방 및 단백질 대사에 관여한다. 비오틴(biotin, vitamin H)은 맥주 효모 증식에 매우 중요하며 탄수화물대사 중 ATP에 관련된 모든 카르복실화 과정과 지방 대사에서 조효소 역할을 한다. 효모의 비오틴 결핍시 세포막의 변화가 오면서 물질 흡수가 저해될 수 있다.

03 발효 부산물

맥주 발효 시 고급 알코올, 에스터, 알데히드, 디아세틸, 아세토인 등 발효 부산물이 생성되며 맥주 맛과 향에 영향을 준다(그림 4-18). 주요 발효 부산물은 다음과 같다.

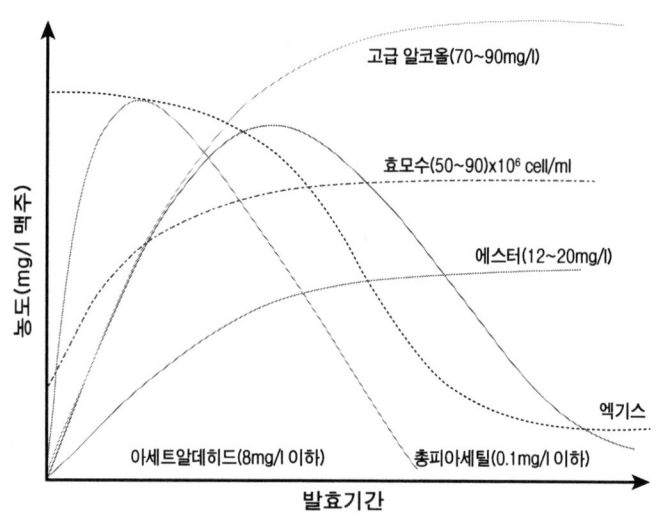

【그림 4-18】 발효 부산물 [6]

1. 고급 알코올

주요 알코올 발효 부산물로서 고급 알코올은 퓨젤유(fusel oil)로도 불리며 두 가지 경로(분해대사, 합성대사) 분해대사과 합성대사를 통해 생성된다. 분해대사에 따라 아미노산은 탈아미노(deamination) 반응과 탈카르복실(decarboxylation) 반응을 거쳐 알데히드로 전환된 후 고급 알코올로 바뀌게 되는 반응이다. 예로서 threonine은 *n*-propanol로, valine은 isobutyl alcohol로, leucine은 isoamyl alcohol로, isoleucine은 active amylalcohol로, phenylalanine은 phenylethanol로 전환된다.

또한, 이미 기술한 바와 같이 합성대사에 따라 효모는 α-케토산을 거쳐 아미노산을 합성하는데 이 과정에서 중간 대사물로서 고급 알코올이 생성되는 것이며, 고급 알코올은 합성대사를 통해 분해대사에서 보다 더 많이 생성된다(그림 4-19).

한편, 효모는 맥즙의 아미노산을 흡수 순서에 따라 세포 안으로 받아들이기 때문에 맥즙에 충분한 아미노산이 존재해도 단백질 합성에 부족한 아미노산을 합성하기 때문에 일정량의 고급 알코올의 생성은 피할 수 없다.

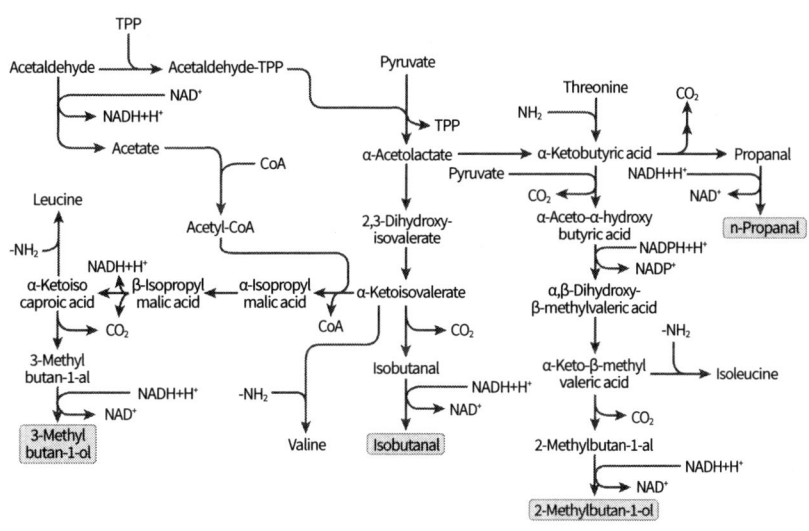

【그림 4-19】 아미노산 합성에 따른 고급 알코올의 형성 경로

맥주의 고급 알코올 농도는 60~150mg/l이며, 하면효모 발효 맥주는 보통 60~90mg/l이고 하면효모 발효 맥주 중에 응집효모 맥주에서보다 비응집 맥주에서 그 농도가 높다. 상면효모 발효 맥주의 고급 알코올 농도는 하면효모 맥주에서보다 농도가 훨씬 높게 나타난다. 일반적으로 아미노산의 조성이 정상적이면 고급 알코올의 생성은 적게 나타난다.

단백질이 결핍된 맥즙이나 용해도 좋지 않은 맥아 또는 일정량의 부원료(쌀, 옥수수 등)를 사용한 맥주는 고급 알코올의 농도가 항상 높게 나타난다.

한편, 맥즙에 아미노산이 과다하게 함유되어도 고급 알코올이 높게 나타나는데 이는 아미노산이 단백질 합성에 모두 사용되지 못하고 여분의 아미노산이 고급 알코올로 전환되기 때문이다.

또한, 발효 중에 높은 발효 온도와 교반은 고급 알코올의 농도를 증가시키는 요인으로 작용하는 반면 압력은 그 농도를 억제한다. 지방족(aliphatic) 고급 알코올 중 n-프로판올(n-propanol, propanol-1)의 농도는 2~10mg/l, n-부탄올(n-butanol, butanol-1)은 0.4~0.6mg/l, 이소부탄올(isobutanol, 2-methylpropanol-1)은 5~10mg/l, 활성 아밀알코올(active amylalcohol, 2-methyl butanol)은 10~15mg/l, 이소아밀알코올(isoamyl alcohol, 3-methyl butanol)은 30~50mg/l이다.

한편, 방향족(aromatic) 고급 알코올은 맥주 맛에 더 많은 영향을 주는데 페닐 에틸알코올(phenyl ethyl alcohol)은 10~20mg/l 정도 함유되어 있으며 맥주에 꽃향을 부여한다.

트립토폴(tryptophol)은 발효 중에 생성되었다가 숙성 중에 다시 감소하는데 농도는 0.15~0.5mg/l 정도이며 맥주에 약간 쓴맛과 페놀취를 부여한다. 티로솔(tyrosol)은 강한 쓴맛과 약간 불쾌한 맛을 내고 페놀취를 부여하며 농도는 3~6mg/l, 고온 발효인 경우 12mg/l까지 검출된다. 그러나 맥주에 함유되어 있는 대부분의 고급 알코올들은 향 역치 이하이기 때문에 맥주 향에 직접적인 영향은 없으나 다른 아로마들과의 시너지 효과로 인해 맛과 향에 일정 부분 영향을 주게 된다.

2. 에스터

에스터는 맥주 아로마의 주된 성분이며 발효 중에 활성초산으로부터 알코올 아세틸 전이효소(alcohol acetyl transferase)의 참여하에 효소 촉매를 통해 생성된다(그림 4-20). 에스터 생성은 효모 증식 메카니즘, 즉 효모의 불포화지방산 및 에르고스테린 밀접한 관련이 있다. 효모 세포막에 위치하고 있는 알코올 아세틸 전이효소가 불포화지방산과 에르고스테린에 의해 활성이 저해되면 에스터 형성이 안되기 때문에 효모 증식 기간에는 에스터가 생성되지 않는 것이다.

맥주 저장 중에 산(고정산, 휘발산)과 알코올(에틸알코올, 고급 알코올)과의 반응에 의해 그 농도가 약간 증가할 수 있다. 고온 발효에서는 에스터 생성이 많이 되고 압력이 높을수록 생성이 적어지며 아미노산 함량이 많을수록 에스터 생성이 많아진다.

또한, 원 맥즙 농도(original gravity)가 높으면 에스터가 더 많이 생성되는데 이는 고농도의 맥즙에서는 산소 용해가 어려워 효모가 증식을 위한 acetyl CoA 소비보다는 에스터 생성에 이용되기 때문이다. 한편, 발효조의 높이가 높으면 에스터가 증가하게 되는데 이는 압력과 이산화탄소가 증가하기 때문이다.

고농도 알코올 맥주 등은 장기간의 저장을 통해 에스터 향이 증가할 수 있다. 초산 에스터(acetate ester)는 하면발효 맥주에서는 농도가 10~30mg/l, 상면효모 맥주에서는 그 농도가 더 높게 나타난다(40~80mg/l). 초산 에스터 중 에틸아세테이트(ethyl acetate, 용매취)가 가장 많은 농도(12~35mg/l)를 나타내며 메틸아세테이트(methyl acetate)는 1~8mg/l, 이소아밀아세테이트(isoamyl acetate, 바나나향)는 1~5mg/l를 나타낸다.

그러나 이소아밀아세테이트의 농도가 5mg/l 이상이면 맥주에서 꽃향이 두드러지게 나타난다. 베타 페닐 에틸아세테이트(β-phenyl ethylacetate, 장미향)의 농도는 0.3~0.8mg/l 정도이다. 한편, 지방산 에틸에스터는 맥주에 사과향을 부여하며 특히 capril acid ethylester는 가압탱크에서 고온 발효 시 장기간의 저장을 통해 함량을 높일 수 있다.

모든 에스터 성분은 맥주 아로마에 기여하지만 과도한 에스터 농도는 맥주에 에스터취(estery note)를 부여하므로 피하는 것이 좋다. 한편 발효 중 생성된 에스터는 고급 알코올과 같이 숙성, 저장공정을 통해 거의 변화가 없고 최종 맥주로 이전되므로 발효 공정시 그 농도에 미치는 요인들에 대한 관리가 필요하다.

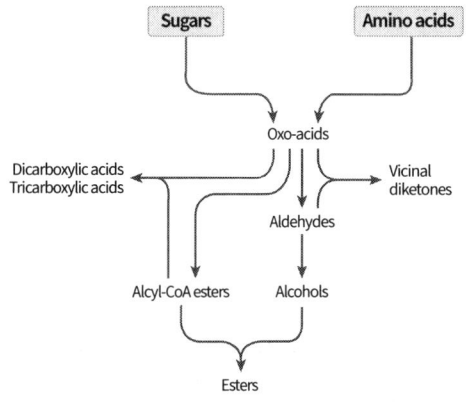

【그림 4-20】 에스터 형성 경로

3. 알데히드

알데히드(aldehyde)는 효모의 발효대사 부산물로서 피루브산의 탈탄산화를 통해 발효 시작 48시간 내에 생성된다. 그러나 발효와 숙성을 거치면서 그 농도가 감소하면서 영비어 맛이 점차 사라지게 된다.

알데히드의 대표적인 성분인 아세트알데히드의 함량은 맥주에서 3~20mg/l(역치 : 25~25mg/l) 정도이다. 과잉의 효모 첨가, 산소 공급 결핍 및 고온 발효 등은 알데히드의 생성을 증가시키는 요인이 된다. 이때 고온 발효를 통해 다량 생성된 알데히드는 발효과정을 거치면서 저온 발효에서보다 그 많큼 빠르게 그 농도가 감소하는데 이는 알데히드가 알코올로의 환원, 증발(증발온도 : 21℃) 및 유실되는 이산화탄소에 기인한다.

한편, 알데히드의 농도는 발효에 사용된 효모 종류에 따라 그 생성 농도가 달라진다(그림 4-21).

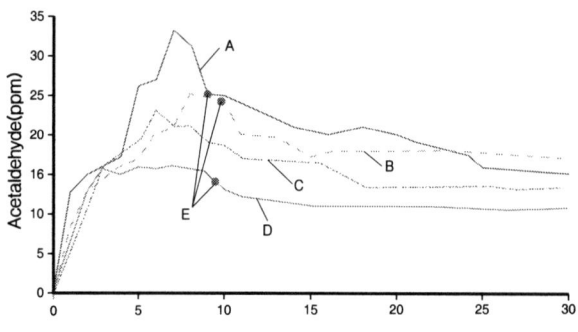

【그림 4-21】 효모 종류에 따른 알데히드 농도의 변화 [113]

4. 유기산

맥주의 휘발산(volatile acid)은 초산(acetic acid, 20~150mg/l)과 개미산(formic acid, 20~40mg/l)이며 포도당의 분해를 통해 생성된다. 초산은 발효 시 과잉의 효모 첨가, 고온 발효 및 맥즙에 다량의 산소를 공급할 때 더 많이 생성되며 효모 종류도 초산 생성 농도에 영향을 미친다. 후발효 과정에서 휘발산은 좀 더 생성된다.

고정산(fix acid)은 피루브산, 사과산, 구연산 및 젖산을 말하며 효모가 발효과정 중에 단백질 합성을 위해 아미노기(-NH$_2$)를 제거(아미노산의 탈아미노반응)하면서 생성된다. 피루브산(40~75mg/l), 사과산(60~100mg/l), D-젖산(10~100mg/l)은 효모 종류 및 발효 조건(다량의 효모 첨가, 맥즙에 다량의 산소 공급, 고온 발효)에 따라 생성량이 증가하게 되며, L-젖산(40~80mg/l)과 구연산(110~200mg/l)은 발효 조건에 영향을 받지 않는다.

젖산은 발효와 저장 과정 중에 에스화를 통해 젖산 에틸에스터(lactate ethylester)가 다량 생성된다. 한편, 발효 부산물서 글리세린(1,300~2,000mg/l)이 있으며 그 농도는 당질의 함량에 달려있다. 흑맥주의 경우 글리세린의 함량이 낮으며 알코올 함량이 높은 맥주는 글리세린 함량이 높게 나타난다. 과잉의 효모 첨가 및 고온 발효는 글리세린의 증가 요인이며 효모 종류 역시 글리세린 농도에 영향을 미친다.

5. 저분자 유리 지방산

저분자 유리 지방산은 효모가 발효 3~4일째에 지방산 합성과정에서 생성된다. 카프론산(caproic acid), 카프릴산(caprylic acid), 카프린산(capric acid), 라우르산(lauric acid) 등이 대표적이며 맥즙의 다량의 산소 공급, 고온 발효 및 과잉의 효모 첨가에 따라 유리 지방산은 생성은 감소되며 효모 종류도 유리 지방산 생성에 영향을 미친다.

효모의 자가분해 시 유리 지방산이 증가하게 되며 특히 발효를 압력 하에 진행하면 효모가 숙성기간 중에 유리 지방산을 배출하면서 그 농도가 증가하게 된다. 또한 효모의 생리 상태도 유리 지방산의 생성에 영향을 미치면서 맥주 맛과 거품에 영향을 주게 된다. 일반적으로 카프론산은 1~2mg/l, 카프릴산은 2~5mg/l, 카프린산은 0.2~0.8mg/l 정도이다.

6. 디아세틸

디아세틸(diacetyl, butandion-2,3)은 맛 역치(0.10~0.12mg/l)가 낮기 때문에 맥주 맛에 부정적인 영향을 준다. 반면 펜탄디온-2, 3은 맛 역치(0.6~0.9mg/l)가 높아 상대적으로 맥주 맛에 영향을 주지 못한다. 디아세틸은 미생물 오염(*pediococcus cerevisiae*)에 의해서도 생성된다.

디아세틸은 피루브산으로부터 아미노산 발린을 합성하는 과정에서 파생된 전구체인 2-acetolactate를 거쳐 세포밖(extracellular)에서 형성되기 때문에 2-acetolactate 농도는 맥즙의 발린 농도에 영향을 받는다. 아미노산 발린은 발효 초기 효모의 단백질 합성에 우선적으로 필요하지만 아미노산 흡수 순서 B그룹에 속해 있어 효모로부터 먼저 흡수가 될 수 없다. 따라서 효모는 발린을 합성할 수밖에 없고 이에 따라 디아세틸이 생성되는 것이다(그림 4-22).

또한, 2-acetolatate의 농도는 발효온도, 효모대사 강도 및 효모 종류에 영향을 받는다. 효모 세포로부터 배출된 2-acetolatate는 산화적 탈탄산화 과정을 거쳐 디아세틸로 전환된다. 이 과정은 효모대사와는 관계없이 발효온도와 수소이온 농도에 의해 진행된다. 또한, 생성된 디아세틸은 효모가 재흡수하여 효소적 반응(diacetyl reductase)을 통해 아세토인(acetoin)을 거쳐 부탄디올-2,3(butandiol-2,3)로 전환되는데 이 과정이 산화적 탈탄산화 과정보다 빠르게 진행된다. 디아세틸은 고온 발효 및 맥즙에 효모를 과잉 투입했을 때 증가하지만 분해도 그만큼 빠르게 진행된다.

한편, 펜탄디온-2,3는 효모가 아미노산 이소류이신를 합성하는 과정에서 생성되는 부산물로서 중간체인 2-acetohydroxybutyrate를 거치게 되며 아세토인은 맥주에 0.5~5mg/l 가량 함유되어 있다. 디아세틸은 맥주에서 미끈거리는 느낌을 주는 맛으로 역치를 벗어나면 썩은 버터냄새가 나게 된다. 영국 맥주 중 IPA(india pale ale)의 경우 저농도의 디아세틸은 바람직한 향이지만 대부분의 맥주에서는 원치 않는 향이다. 한편, 디아세틸은 맥주 숙성의 지표가 되기 때문에 저장조로 이송하기전 반드시 그 농도(0.1mg/l 이하)를 체크하여야 하며, 디아세틸의 농도가 충분히 낮아지면 다른 발효 부산물(아세트알데히드, SO_2 등)의 농도도 낮아진 것으로 판단한다.

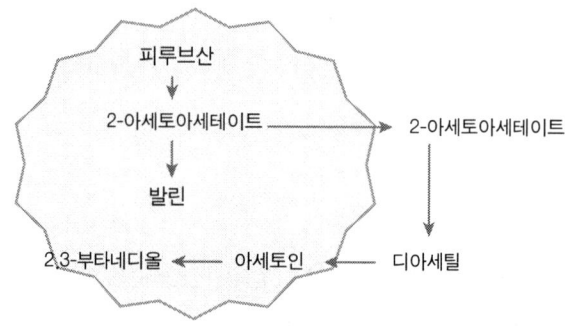

【그림 4-22】 디아세틸 형성 경로

7. 황화합물

황화합물은 맛 역치가 낮아 맥주의 풍미에 영향을 미치게 된다. 황화합물은 맥주에 황화수소(hydrogen sulfide, H_2S), 이산화황(sulfur dioxide, SO_2), 황화물(dimethyl sulfide, dimethyl disulfide, dimethyl trisulfide), 알코올(methionol), 에스터(ethyl thio acetate, methyl thio acetate, 3-methyl thio propinic acid ehtyl ester), 머캡탄(ethyl merkaptan, methyl merkaptan) 형태로 함유되어 있다. 대부분의 황화합물은 핫트룹 제거 및 발효 과정에서 침전물과 함께 침전되어 제거되거나 이산화탄소와 함께 휘발되기도 한다.

황화수소의 경우 휘발성이기 때문에 맥주에 잔존하는 농도(0.5㎍/l)는 매우 낮다. 이산화황은 발효 말기에 농도가 최고점에 달하고 숙성과 저장과정을 통해 약간 감소된다.

맥즙 조성이 우수하고 지방 성분이 많고 산소 공급이 잘된 맥즙일 때 발효 시 이산화황의 생성이 적게 나타나며, 효모 종류도 이산화황의 생성에 많은 영향을 미친다. 고농도의 맥즙(high gravity)을 이용하여 맥주 제조 시 이산화황의 농도가 증가하게 된다. 한편, 하면효모는 이산화황을 서서히 생성하지만 상면효모보다 더 많은 양을 생성하게 된다.

하면발효 중 이산화황의 생성 변화를 보면(그림 4-23) 1, 2 단계에서는 황함유 아미노산이 효모 증식에 이용되는 단계로서 이산화황의 배출이 안 되는 시기이다. 3단계에서는 산소와 영양분 결핍에 따라 효모 증식과 아미노산 합성이 저해되는 반면 황산염의 흡수는 계속되어 이산화황이 배출되는 시기이다. 보통 발효 2~5일 사이에 이산화황 농도는 증가한다. 마지막 단계에서는 발효가 종료되는 시점에 이산화황의 생성은 중단되고 맥주에 그대로 잔존하게 된다.

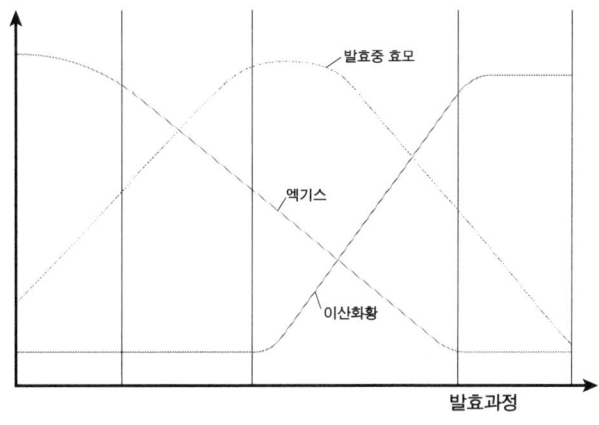

【그림 4-23】 하면효모의 발효 중의 SO_2 생성 변화

한편, 디메칠설파이드는 맥주에 70~150㎍/l 함유되어 있고 고온에서 장시간 맥아를 건조하거나 자비 담금 방법으로 맥주 제조 시 디메칠설파이드의 농도를 감소시킬 수 있다. 메티오놀(methionol)은 13~30㎍/l 정도 맥주에 함유되어 있고 디메칠설파이드의 농도가 낮으면 메티오놀의 농도는 반대로 높게 나타난다. 메틸머캡탄(methyl mercaptan)과 에틸머캡탄(ethyl mercaptan)은 발효 시 각각 1~1.4㎍/l, 0.4㎍/l 정도 생성되었다가 숙성 과정을 통해 감소되어 맥주에는 0.6~1.0㎍/l, 0.2~0.3㎍/l 함유된다. 머캡탄은 적은 농도로도 맥주에 황취를 부여하여 맥주 맛과 향에 영향을 주게 된다. 황화합물은 맥주 일광취에도 관여한다.

한편, 발효 부산물은 양조공학적인 요소에 의해서 그 농도가 달라지며 그 요소는 다음과 같다〈표 4-5〉.

〈표 4-5〉 발효공학적 요소에 따른 발효 부산물의 농도 변화

구 분	증가	감소
높은 효모 접종량	발효 강도 고미성분 손실 디아세틸 형성 및 감소 효모 자가분해	아세트알데히드 짧은사슬 지방산 고급알코올 에스터 효모 계대수
고온 발효	발효 강도 pH 감소 고미성분 손실 디아세틸 형성 및 감소 고급 알코올 에스터 효모 자가분해	거품 유지력 H_2S, DMS 지방산 색상
왕성한 교반	발효 강도 pH 감소 단백질 침전 고미성분 손실 아세트알데히드 디아세틸 형성 및 감소 고급알코올 에스터 지방산	거품 유지력 H_2S, 머캡탄

높은 용존산소	발효 강도 효모 증식 아세트알데히드 고급 알코올 에스터 α-acetolactate→디아세틸	H_2S, DMS
고농도 맥즙	고급 알코올 색상	효모 증식 pH 감소 단백질 침전 거품 유지력
고농도 CO_2		발효 강도, 효모 증식 pH 감소 단백질 침전 고미성분 손실 아세트알데히드 디아세틸 고급 알코올 에스터 H_2S, 머캡탄

04 하면효모의 실무

1. 효모 선발

효모는 맥주 원료(맥아, 양조용수, 홉)와 같이 맥주 제조와 품질에 매우 큰 영향을 미치는 요소이다. 또한, 맥주 발효 시 발효도 및 발효 부산물 생성에 관여하고 단백질, 고미 성분, 폴리페놀 성분의 제거를 통해 맥주 색도, 거품, 아로마, 바디감 및 쓴맛 등 맥주 품질에 전반적으로 영향을 미치게 된다.

발효에 투입되는 효모는 미생물 오염이 없는 위생적으로 완벽해야 하며 사균 수가 5% 이내여야 한다(사균 수가 5% 이상인 경우 투입된 효모량이 결국 적어지는 결과가 되어 발효 공정에 문제가 야기됨). 하면맥주효모는 효모가 본래 보유하고 있는 발효 특성을 나타내야 하고 강한 발효력을 보유한 효모만이 적당한 산생성과 증식을 통해 정상적인 발효를 진행하고 타 미생물에 대한 저항력이 생긴다. 또한, 하면효모는 정상적인 발효 패턴, 적절한 시간에 효모 응집 및 영비어에서 적절한 탈색을 나타내야 하며 최종적으로 맥주 맛을 통해 효모의 양조 적성을 평가 받게 된다.

2. 효모 배양

효모 순수 배양(yeast pure culture)은 한젠에 의해 시작된 이래 배양 기술의 발전에 따라 배양 방식이 다르긴 하지만 그 원리는 당시와 다르지 않다. 효모 배양(yeast propagation)의 목적은 빠른 시간 안에 생리활성이 최적인 효모를 충분히 증식시키는 데 있다.

따라서 효모가 증식할 수 있도록 멸균 산소를 공급하여 호흡 환경을 만들어 주어야 한다.

효모를 증식시키는 방법은 두 가지가 있으며 하나는 한 개의 배양탱크(propagator)를 이용하여 효모를 증식시킨 후 전량 발효에 투입하는 방식이고, 또 다른 하나는 두 개의 배양탱크를 이용하여 발효에 일부 사용하고 남은 효모에 맥즙을 투입하여 배양후 발효에 연속적인 배양방법이다.

효모 배양은 맥주발효 시 필수 원료인 효모는 우선 보존효모로부터 출발한다. 효모는 부적당한 환경에 장시간 보존하면 그의 형태 또는 생리적 성질이 변하거나 사멸하게 된다. 효모보존의 목적은 잦은 계대배양으로 인해 효모가 본래의 특성을 잃지 않고 고유의 특성을 그대로 유지하는데 있다.

효모보존에 있어 중요한 점은 다음과 같다.
- 보존 중 효모본래의 형태나 생리적 성질이 변해서는 안 된다.
- 보존기간이 길어야 하며 사균 수가 가능한 한 적어야 한다.
- 보존 중 오염이 일어나지 않아야 하며 보존방법이나 조작이 복잡하지 않아야 한다.

효모보존방법에는 여러가지가 있으며 각각의 효모에 대한 가장 적합한 보존방법과 그의 보존기간과 정기적으로 생존율을 체크해야한다.

1) 계대배양법

이 방법은 가장 오래된 방법이긴하나 엄밀하게 보면 효모보존 차원이 아닌 보관개념으로 분류할수 있으며 보통 한천배지에 생육시킨 다음 5℃에 보관한다. 이 방법은 발효시 필요한 효모를 빠른시간내에 공급할 수있다는 장점은 있으나 계대배양 시기를 적절히 해 주지 못할 경우 효모의 사멸이 일어날 수 있다. 또한 계대배양를 자주하므로 해서(3~4개월 간격) 효모의 본래의 성질, 특히 응집성(flocculation)을 잃어버릴 수 있으며 잡균에 오염이 될 수 있기 때문에 관리에 주의를 기울일 필요가 있다.

2) 유동성 파라핀 중층보존법

이 방법은 계대배양 보관법이 개량된것으로 효모가 생육한 한천배지에 유동성 파라핀을 중층함으로써 한천배지가 건조되는것을 방지하여 효모가 사멸하는 것을 방지하게되고, 산소 접근이 제한되어 대사가 서서히 진행되므로 보존기간을 연기시키는 방법이다.

3) 동결보존법

이 방법은 보호제 (10% 글리세롤)의 존재하에 세포를 동결건조상태로 보존하는것으로 저온을 유지하는데 냉동고(-20~-80℃) 또는 액체질소 (-196℃)등이 이용된다. 특히 액체질소 보존법은 가장 널리 쓰이는 방법이다.

효모의 원균은 국내외 미생물 보존 전문기관 또는 대학 등에서 구입이 가능하며 액상 효모 또는 건조 효모 상태로도 판매되고 있다(그림 4-24).

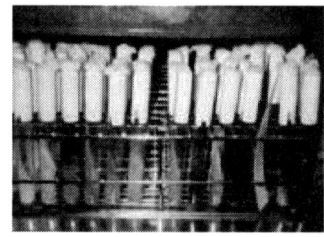

【그림 4-24】 사면배지법(좌), 유동파라핀법(중앙), 동결건조법(우)

한편, 효모 배양은 맥주 품질 전반에 영향을 미치므로 각 효모의 최적의 배양방법과 조건을 찾아야 한다(그림 4-25).

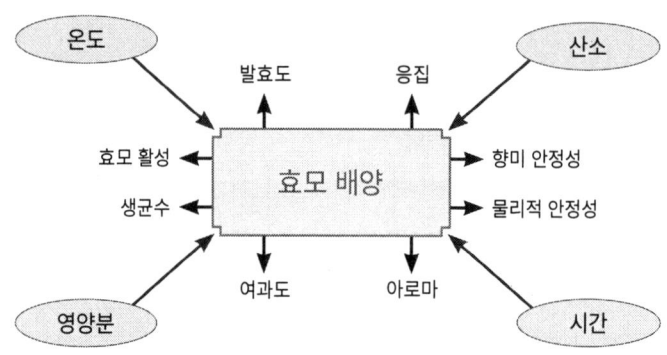

【그림 4-25】 효모 배양과 맥주 품질

배양방법을 보면, 우선 살균된 12% 농도의 맥즙 50ml에 백금이(platinum loop) 한 눈금을 채취하여 접종 후 실온에서 48시간 방치하면 효모가 증식하게 된다. 이후 50ml 배양액을 살균된 12% 농도의 맥즙 10리터에 투입(1:200)하여 간헐적으로 무균 산소를 공급하면서 20℃에서 48시간 동안 배양한다. 이때 배양기는 스테인리스 배양기(carlsberg flask) 또는 유리병 등을 사용하면 된다. 이후 10리터 배양액을 살균된 12% 농도의 맥즙 25hl(1:250)에 투입하여 20℃에서 간헐적으로 무균 산소를 공급하면서 48시간 동안 배양한다.

그 다음 배양된 25hl를 살균된 12% 농도의 맥즙 500hl(1:20)에 투입하여 발효를 진행한다. 즉, 맥즙 대비 효모 배양액 5% 정도를 투입하면 정상적인 발효를 위한 효모 개체수가 15~20 $\times 10^6$/ml 된다. 물론 필요한 배양액은 발효량에 따라 조절해야 한다(그림 4-26).

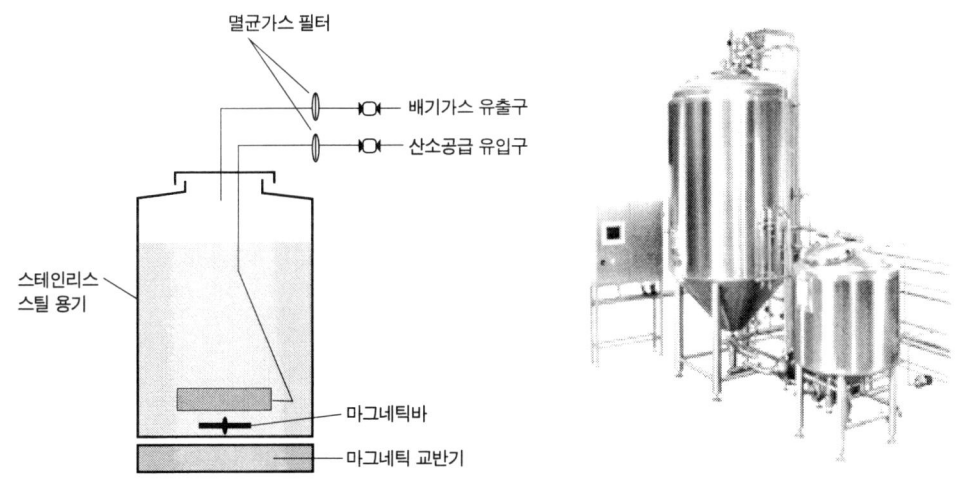

【그림 4-26】실험실 효모 배양기(좌)와 공장형 효모 배양기(우)(Søborg, DK)

3. 효모 활성도

효모 보관 후 효모의 활성도(vitality)를 측정하는 것은 중요한데 우선 메틸렌블루(죽은 세포는 청색으로 착색)나 형광현미경(fluorescens microscope)를 이용한 색소(acridin orange, 죽은 세포는 적색 또는 오렌지색으로 착색)법을 이용하여 확인할 수 있다. 양조장에서는 생균 수만을 측정하는 효모 모니터를 이용하여 효모 수를 정확히 측정하여 발효에 투입하게 된다. 효모 수 측정은 수동 및 자동화된 장비를 이용하여 가능하지만 혈구계산기(haematometer)를 이용하면 간단하다. 혈구계산기(Thoma, Malassez, Buerker-Tuerk)는 상하 두 개의 칸으로 나뉘어 있고 각 칸마다 16개의 큰 사각형이 있다(256개의 작은 사각형). 혈구계산기 깊이는 보통 0.1mm, 한 개의 사각형 면적은 0.04mm^2이므로 혈구계산기의 부피는 0.004mm^3이다. 큰 사각형 한 칸의 효모 수는 50~80개가 적당하므로 이에 맞게 배양액의 희석배수를 조절해야 한다.

효모 수 계산식은 다음과 같으며 이때 상하 큰 사각형의 대각선 방향으로 각각 작은 사각형 4칸에 존재하는 효모를 세고 평균 효모 수를 수식에 대입한다.

$$효모수(ml) = \frac{큰\ 사각형의\ 평균\ 효모수 \times 10^6}{4} \times 희석배수$$

05 하면발효의 세부 공정

하면발효 과정은 발효(전발효)와 숙성(후발효)으로 나누어 이루어지며, 발효와 숙성과정은 일정 부분 병행하여 이루어진다. 발효는 개방형 또는 밀폐형 발효조를 이용하여 5~10℃에서 6~10일간 진행된다. 압력 발효의 경우 발효온도(12~20℃)를 높여 진행하여 발효기간을 단축하기도 한다. 숙성은 숙성조에서 -2~+3℃에서 숙성방법과 맥주 타입에 따라 2~16주간 진행된다.

1. 효모 투입

맥주 발효는 맥즙에 효모를 첨가함으로써 시작되며 이러한 첨가 과정을 효모 투입(pitching)이라 한다. 효모를 투입하기 직전의 맥즙을 원맥즙(original wort)이라하며 원맥즙의 엑기스 농도는 플라토(% plato)로 나타낸다. 효모 투입 시 효모가 맥즙에 균일하게 분산시키는 것이 중요하다. 효모를 투입하여 발효가 종료된 맥주를 영비어(young beer)라 한다.

효모량은 일반적으로 12% 농도의 맥즙 리터당 슬러지 상태(발효 후 회수한 효모 기준)의 효모 0.5리터(맥즙 대비 0.5%) 투입하는데, 이때 효모 개체수가 맥즙 ml당 $15~20 \times 10^6$에 해당한다. 맥즙이 미생물적으로 불안정하거나 개방형 발효조에서 저온 발효를 할 경우에는 효모를 좀 더 투입(맥즙 ml 당 효모 개체수 $20~25 \times 10^6$)하는 것이 좋다. 이때 효모의 생리 상태도 중요한데 장시간의 보관을 거친 효모는 투입량을 늘리 것이 좋다.

또한 맥즙 색도가 어둡거나 맥즙 농도가 높을수록 효모 투입량을 늘리는 것이 좋은데 이는 색도가 어두운 맥즙의 경우 아미노산 함량이 적고 당 조성이 불안정하며, 고농도의 맥즙은 삼투압으로 인해 효모 활성이 저해되기 때문이다.

맥즙 리터당 효모 0.5리터를 투입하면 발효기간은 9일 소요되며, 1리터 투입 시 7일, 2리터 투입 시 4일 가량 소요된다. 한편, 효모 투입량이 증가할수록 효모 개체수 증가율(growth ratio)은 감소한다. 즉 0.5리터 투입 시 발효 후에는 2리터, 1리터 투입 시 2.5리터, 2리터 투입

시 3리터 가량 회수된다.

한편, 발효 시 일정한 효모 개체수가 투입되도록 현미경과 혈구계수판을 이용하여 직접 효모 개체수를 세거나 탁도계 또는 photometer를 이용하여 효모 탁도를 간접적으로 수치화하여 투입하는 방법이 있다. 대규모 공장에서는 투입될 효모량을 자동으로 계상하여 투입한다.

2. 발효과정

맥주 발효는 여러 요인에 영향을 받는데 다음과 같은 요소가 중요하다.

① 발효온도
② 맥즙 농도 및 맥즙의 용존산소 농도
③ 효모 접종량(pitching rate)
④ 발효조의 CO_2 농도 및 교반 상태
⑤ 첨가물(효소, 미네랄 등)

특히 발효온도는 효모의 발효과정에 가장 큰 영향을 미치며, 온도가 높을수록 발효열이 더 많이 발생하여 효소 활성을 가속화하는 원인이 된다. 따라서 발효과정은 일정 범위 내에서 이루어지도록 관리가 필요하며 하면효모를 이용한 발효온도는 4~12℃가 일반적이며 특수한 경우(압력발효)는 20℃까지 가능하다.

발효 형태는 주어진 발효기간에 제조하고자하는 맥주 타입과 특성에 맞춰 진행하며, 보통 저온 발효(초기 발효온도가 5℃, 최고 온도는 7~9℃)또는 고온 발효(초기 발효온도 7~8℃, 최고 온도는 10~12℃)로 발효한다.

저온 발효는 효모대사, pH 저하가 느리게 진행되고 발효 부산물(고급 알코올, 에스터)의 배출이 적어 맥주 맛이 부드럽고 정교하며 바디감과 거품 유지력이 우수하여 고품질 맥주 제조에 적당한다. 그러나 저온 발효에서는 효모 증식이 느려 발효가 지연될 수 있으므로 맥즙에 산소 공급을 충분히 해주는 것이 좋다.

고온 발효는 예전에는 흑맥주 제조에 많이 이용하였으나 요즈음은 발효실 공간 부족을 해소하기 위해 라거타입 맥주에도 적용하는 방식이다. 고온 발효 시 다량의 CO_2 생성, 급속한 pH 저하, 단백질 및 고미 성분의 배출이 많아진다. 고온 발효를 통해 제조된 맥주는 저온 발효를 통해 제조된 맥주보다 일반적으로 바디감과 거품 생성이 약하고 효모 활성이 저하될 수 있다.

발효기간은 보통 6~10일(12% 맥즙 농도기준) 가량 소요되며 맥즙에 최적의 산소를 공급하면서 효모 투입량($20~25 \times 10^6$/ml)을 높여 저온 발효에서도 10일 내에 발효를 종료하는 방식을 많이 사용한다.

흑맥주는 발효기간이 짧으며 쌀, 옥수수 등 부원료를 일부 이용하여 제조하는 맥주나 고농도의 맥즙을 발효할 경우에는 발효기간을 연장하는 공법이 유리하다. 맥주 발효 시 강한 대류현상(convection)이 일어나기 때문에 일반적으로 예상했던 발효기간보다 다소 단축되는 경우가 많다. 한편, 발효 현상을 보면 발효 1일째 하얀 거품이 생기기 시작하고 2일째에는 하얀 거품이 더 많이 생성되고 3~5일째에는 하얀 거품이 최고조에 달하며, 7~8일째에는 하얀 거품이 사그라지는 현상을 나타낸다.

물론 이러한 외형적인 변화뿐 아니라 엑기스 감소, 온도 상승 및 pH 저하에 따른 산도 증가 현상이 나타난다. 발효 말기에는 하면발효 효모는 응집 현상이 일어나 발효조 바닥에 침전하게 되며 비응집성 효모의 경우는 영비어 냉각을 조기(발효도 35%)에 시작하여 효모가 바닥에 침전되도록 유도한다. 정상적인 발효를 위해서는 효모 맥즙 100리터당 효모 0.5~1리터 ($15~20 \times 10^6$)를 투입하고 맥즙에 멸균 공기 형태로 산소를 충분히 공급(8~9mg O_2/l)하며, 초기 발효온도는 6~7℃에 설정하는 것이 유리하다.

이때 엑기스는 24시간 내에 0.8~1.0%, pH는 0.6~0.7 감소하고 발효온도는 8~9℃까지 점차적으로 증가하게 된다. 엑기스는 2일째부터는 1.7~2.3%씩 감소하고 숙성조로 이송하기 위해 발효온도를 점진적으로 내리는 시점(발효도 45~65%)에서는 엑기스는 1.0~1.5%씩, 숙성조 이송 하루 전에는 0.2~0.5% 정도 감소하게 된다. pH는 발효 말기에는 변화가 거의 없고 오히려 약간 증가하는 현상을 보이기도 한다(효모의 자가분해 시작점). 숙성조로 이송하기 직전의 영비어의 온도는 3.5~5℃가 이상적인데 그 이상의 온도에서는 숙성과정이 느리게 진행되는 문제가 발생할 수 있다. 발효과정은 온도와 당도계를 이용한 엑기스 변화 및 pH를 매일 체크해야 한다.

또한, 효모 개체 수를 체크하는 것도 중요한데 발효 초기에 개체 수가 $15~20 \times 10^6$에서 발효 중기에는 $65~90 \times 10^6$으로 증가하다가 효모 응집 후 남은 효모 개체수는 숙성조로 이송되기 직전에 $15~20 \times 10^6$ 정도 남게 된다. 숙성공정을 위해 일정한 효모 개체수 유지는 필요하나 너무 많은 효모가 이송되지 않게 해야 한다(맥주 여과에 문제됨). 한편, 발효가 지연되거나 비정상적인 발효 현상이 나타나는 경우는 맥즙 조성이나 효모 생리가 불안정할 때 발생하며, 맥즙에 산소 공급이 충분하지 않을 때도 발생되므로 맥즙을 일부 다시 첨가하거나 산소를 재공급하면 비정상적인 발효 현상을 해소시킬 수 있다.

3. 발효도

발효도(attenuation degree)란 발효 진행을 나타내는 지표로서 초기 맥즙 엑기스 대비 발효된 엑기스 양을 측정한 것을 말하며 다음과 같은 식에 의해 계산된다. 발효도는 가성 발효도(apparent attenuation degree)와 진성 발효도(real attenuation degree)로 구분된다.

$$\text{가성 발효도(\%)} = \frac{\text{원 맥즙 엑기스(\%)} - \text{발효 중의 엑기스(\%)}}{\text{원 맥즙 엑기스(\%)}} \times 100$$

가성발효도는 당도계를 이용하여 측정한 가성 엑기스(apparent extract)를 통해 알수 있다. 이때 맥주의 가성 엑기스값은 맥주의 알코올로 인하여 그 값이 진성 엑기스보다 적게 나온다. 진성 발효도는 진성 엑기스를 통해 알수 있다. 이 때 맥주의 진성 엑기스값은 맥주의 알코올을 증발시킨후 남은 맥주의 당도계로 측정한 값을 말한다. 실무에서는 측정이 가성 엑기스 측정을 통한 가성 발효도를 사용한다.

한계 발효도(attenuation limit)는 맥즙에서 최고로 도달할 수 있는 발효도를 말하며 효모가 발효할 수 있는 발효성 당질을 %로 나타낸다. 따라서 한계 발효도는 발효 이전의 맥즙으로 이미 결정되며 효모 종류나 특성과는 관련이 없다. 제맥공정에서 맥아의 아밀레이스 성분 변화에 영향을 미치는 요소(보리 재배방식, 재배지역, 기후, 제맥방법 등)들과 담금공정(62~65℃에서 β-아밀레이스에 의한 말토스를 충분히 생성)이 한계 발효도에 영향을 주는 것이다.

발효실 발효도(fermentation cellar yield)는 숙성조로 이송 직전 발효도, 즉 영비어의 발효도를 말하며 담색 맥주의 경우 66~74%, 농색 맥주의 경우 58%일 때 숙성조로 이송하는 것이 적당하다.

그리고 발효실 발효도를 정하려면 한계 발효도를 먼저 측정해야 한다. 라거 맥주의 한계 발효도는 78~82%, 필스너 맥주는 80~85%, 흑맥주는 68~75%이다. 한계 발효도를 측정하는 방법은 실험실에서 3g의 건조 효모를 여과된 맥즙 0.3리터에 투입하고 항온조(25℃)에서 4~5

일간 당도가 더 이상 떨어지지 않는 시점에 발효도를 측정하여 한계 발효도를 계상한다.

한편, 최종 발효도(final attenuation)는 발효가 종료되는 시점의 발효도를 말하며, 한계 발효도와 근접한 수치가 나오면 좋다.

4. 발효 중의 성분 변화

발효 중에는 당질이 알코올과 이산화탄소로 분해되는 것뿐만 아니라 단백질, 홉 성분 및 산의 변화 등이 일어난다. 맥즙의 초기 pH(5.2~5.7)가 발효 말기에는 4.35~4.65로 낮아지는데 이는 고정산과 휘발산의 생성 및 산성 쪽으로의 완충 이동이 원인이다. 반면 효모의 pH는 6.0으로 일정하게 유지된다. pH 감소는 효모 증식과 밀접한 관련이 있는데 효모가 증식하면서 완충작용을 하는 인산을 빼앗아가고 아미노산으로부터 암모니아를 흡수하면서 발생한다. 발효가 진해되면서 pH 저하 속도는 줄어들어 발효 말기에는 거의 일정한 pH값을 유지한다. 과잉의 효모를 투입하거나 발효온도가 높을 경우 pH값는 급속히 감소한다. 이 경우 발효 말기에 염기성 아미노산의 배출로 인해 pH가 0.05~0.1 정도 상승하게 되고 숙성조에서도 pH값이 약간씩 증가하게 된다. 라거 맥주의 pH가 4.3 이하면 신맛을 부여하므로 4.3 이상을 유지하도록 발효 관리가 필요하다.

한편, 발효 중에 질소 성분의 변화도 일어나는데 우선 단백질 합성에 따른 질소 성분 변화가 나타나며 특히 급격한 pH 저하에 따라 고분자 단백질의 배출이 발생하게 된다. 발효 중에는 산화환원 전위값(rH)도 변화가 있는데 맥즙의 rH값(20~26)이 발효 후에는 8~12로 감소하게 되며 맥즙 조성이 우수할수록 효모 활성이 강할수록 rH값은 급속하게 감소되어 ITT값도 감소하게 된다. 발효 중에는 콜로이드성 홉의 고미 성분과 폴리페놀 성분은 pH 저하에 따라 등전점에 가까워져 안정화된 상태가 불안정화된 상태로 전환되면서 침전하게 된다. 이 성분들은 이산화탄소 기포에 의해 발효액의 상충부로 밀려가고 일부는 효모에 의해 흡착되어 전체적으로 홉의 고미 성분은 약 30~35% 정도 감소된다.

맥즙 자비 시에 이성화되지 못한 알파산이 거의 대부분 침전하게 되며 이소알파산의 일부(30%)와 휴루폰(hulupone)도 침전하게 된다. 탄닌 성분과 안토시아닌도 20~30%가량 발효 중에 감소하게 된다. 한편, 발효 초기에 pH 저하 및 멜라노이딘 및 기타 색소들의 방출에 따라 맥주 색도가 EBC 단위 기준 3 정도 감소한다.

5. 맥주 이송

발효가 종료된 영비어를 숙성조로 이송하는 과정을 맥주 이송(beer transfer)이라 하며 적절한 시기에 맥주를 이송해야 한다. 맥주 이송 시 CO_2의 손실을 최소화하고 산소 유입을 차단하기 위해 숙성조 하부를 통해 이송한다. 맥주의 효모 함량에 따라 숙성온도를 조절해야 한다. 즉 효모가 많은 경우 낮은 온도를 유지하고 숙성 시간을 짧게 하고 효모가 적은 경우는 높은 온도에서 숙성 시간을 길게 한다. 맥주 이송 시 온도는 3.5~5℃가 적당하다.

또한, 영비어를 이송할 때 여러 발효조의 영비어들이 숙성조에서 혼합되도록 이송한다. 맥주 이송 시기는 맥주 제조장에서는 경험상으로 알 수 있으나 일반적으로 발효 후 엑기스 농도가 3.4~4%일 때 적당하고 이송 전날 엑기스 감소가 0.2~0.3% 정도여야 한다. (그림 4-27)은 발효와 숙성 과정 중 엑기스의 변화를 나타낸 것이다.

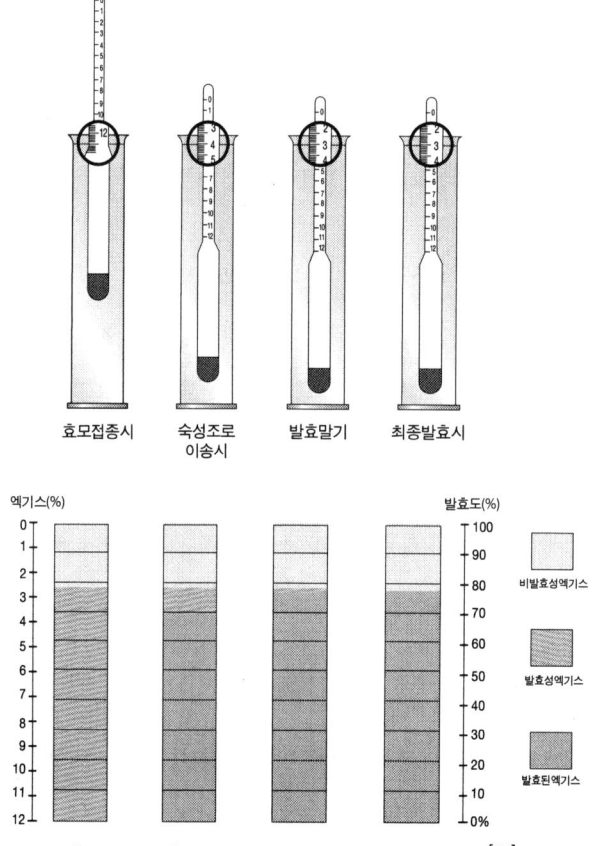

【그림 4-27】 발효와 숙성 중의 엑기스 변화 [70]

06 맥주 숙성·저장

 맥주 숙성·저장의 목적은 발효 때 남은 엑기스를 완전히 발효하고 생성된 이산화탄소를 포화시키며 효모와 기타 고형물의 침전과 맥주 맛을 순화시키는 데 있다. 발효 시 발생된 이산화탄소는 숙성·저장조에서 포화되어야 하며 CO_2 포화도는 온도와 압력에 따라 다르게 나타난다. 즉, 온도가 낮을수록, 압력이 높을수록 CO_2의 포화도는 높아진다. 최종 맥주에는 0.5%의 CO_2가 함유되어야 하므로 숙성조에서는 맥주이송 등으로 손실을 감안하여 0.5% 이상의 CO_2가 포화되도록 한다.

 맥주의 CO_2의 함량이 0.32% 이하면 김빠진 맛을 느끼게 된다. 한편, 발효 후에 효모와 저온에서 생성되는 작은 입자들이 남아 있어 영비어를 혼탁하게 한다. 특히 작은 입자들은 숙성조에서 매우 서서히 침전하며 여과 전에 제거하는 것이 중요하다. 침전은 온도가 낮을수록 유리하므로 숙성 후 저장의 온도는 -1 ~ +1로 맞추고 입자 침전을 위해 최소 7일간의 기간이 필요하다.

 한편, 숙성·저장공정은 저온에서 적은 효모 개체수(100만~400만)를 이용하여 서서히 진행되며 영비어의 아로마 변화가 나타난다.

1. 원통원뿔형 발효·숙성조

 오늘날 맥주 제조장에서 사용되는 발효·숙성조는 원통원뿔형 탱크(cylindroconical tank, CCT)이다. 이 장에서는 원뿔원통형 발효·숙성조를 이용한 맥주 발효와 숙성에 대한 양조 기술을 소개한다.

1) CCT의 구조 및 형태

CCT는 상층부는 원통형, 하층부는 원뿔형 구조이며 이러한 형태를 통해 발효 후에 효모를 모이게 하여 회수를 쉽게 하고 탱크 청소를 수월하게 하기 위함이다. CCT는 크롬니켈 재질로서 일반적으로 업계에서는 V2A로 통용된다. 원뿔원통형 탱크는 재질뿐 아니라 탱크 내부 표면처리 상태가 매우 중요하며 처리 상태는 내부 표면 거칠기를 통해 판단한다. 거칠기는 연삭과 연마를 통해 최소화할 수 있는데 0.4~0.5㎛까지 감소시킬 수 있다. 특히 미생물 오염을 방지하기 위해서는 탱크의 바닥면과 원뿔통의 거칠기가 최소화되어야 한다.

효모의 크기는 6~10㎛ 정도로 표면에 잔존할 수 없으나 세균의 경우(0.7~4㎛)로 바닥면에 남아 있을 수 있으므로 탱크 세척에 세심한 주의가 필요하다.

2) CCT의 구조

CCT의 크기는 높이 30m, 직경 10m까지 제작이 가능하나 이 범위를 벗어나지 않는 것이 좋다. 특히 원통원뿔형 발효조(cylindroconical fermentation tank)의 경우 발효 부산물은 맥즙의 높이(높이가 높을수록 효모가 압력과 CO_2에 영향을 받음)에 영향을 받기 때문에 발효조 높이를 15m 이내로 제작하는 것이 일반적이다. 원뿔원통형 숙성조(cylindroconical maturation tank)의 경우에는 디아세틸의 농도가 충분히 낮은 상태라면 맥즙 높이는 영향이 없다.

한편, 탱크 높이와 지름과의 비율이 중요한데 발효탱크 지름과 전체 맥즙 높이와의 비율은 1:2여야 하며, 발효탱크 지름과 원통의 맥즙 높이와의 비율은 1:1~1:1.5여야 한다. 원뿔의 각도는 60~75°가 적당하다(그림 4-28).

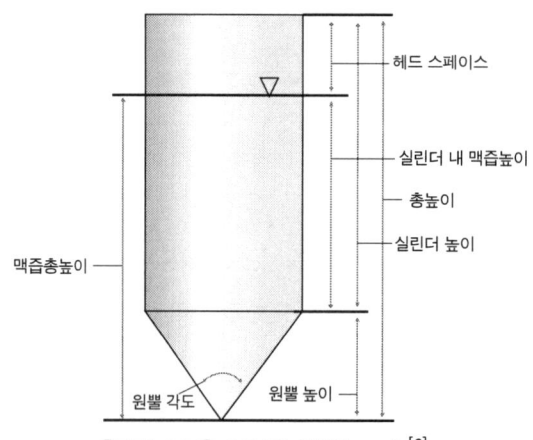

【그림 4-28】 CCV의 원뿔(corn) [6]

주어진 발효탱크의 높이와 지름과 관련하여 채울 수 있는 맥즙의 용량에 대한 계산식은 다음의 예와 같다.

전체 맥즙 높이가 9.40m, 지름이 4.20m, 원뿔의 높이가 3.6m일 때 원통원뿔형 발효조에 채울 수 있는 맥즙량은 얼마인가? 이때 필요한 수식은 원통 부피($r^2 \cdot \pi \cdot h$)와 원뿔 부피($r^2 \cdot \pi \cdot h/3$)이다. 따라서 전체 맥즙 높이(9.4m)-(3.6m)= 5.8m이므로, 원통 부피(2.10m·2.10m·3.14·5.8m = 80.31m^3), 원뿔 부피(2.10m·2.10m·3.14·3.6m/3 = 16.62m^3)의 합은 969.3hl가 되어 이 탱크에는 맥즙을 최대 969.3hl를 담을 수 있다.

한편, 발효탱크의 전체 크기는 맥즙 생산량에 따라 정해지는데 일반적으로 탱크 크기는 맥즙 하루 생산량의 절반을 기준으로 제작하는 것이 적당하다. 그 이유는 탱크 크기가 너무 크면 초기 이송된 맥즙은 이미 발효 상태인 반면 후에 발효조로 이송된 맥즙이 혼합되어 발효가 느려지기 때문이다. 또한, 이송 시간 및 발효조 세척 시간이 오래 걸리고 한 가지 브랜드의 대량 생산만이 가능하게 된다.

한편, 발효 시에 CO_2로 인해 다량의 거품이 생성되고 심할 경우에는 안전밸브 부분까지 올라가 안전밸브를 점성이 강한 맥즙이 막아 기능을 마비시킬 수 있기 때문에 발효조는 맥즙으로 완전히 채우지 않고 상층부에 여유 공간(headspace)을 둔다. 일반적으로 발효조 상층부의 여유 공간을 맥즙 부피의 25% 정도를 비워두는 것이 적당하다.

상기 맥즙 용량 계산식을 이용하여 전체 발효조의 높이를 계산하면 다음과 같다. 969hl(96.9m^3) 맥즙 부피의 25%는 242.2hl(24.2m^3)이므로 전체 부피는 121.1m^{3}이다. 또한 headspace 부피 = $r2 \cdot \pi \cdot h$(headspace)이며, h(headspace) = 24.2m^3/13.8m^2 = 1.75m이므로 발효조의 크기는 9.40m + 1.75m = 11.15m가 되어야 한다. 밀맥주의 경우 거품 형성이 강하므로 headspace는 40% 이상 두어야 한다.

지장탱크의 경우 발효탱크보다 headspace를 적게 하지만 저장조에서 맥주를 냉각만 할 때(5~8%), 디아세틸 분해가 필요할 때(10~12%), 거품 형성이 여전히 나타날 때(25%) 등 저장 상태에 따라 다르게 적용한다. CCT의 크기 때문에 보통 실외에 설치하지만 최근에는 실내에 설치하는 경향이다.

한편, CCT를 실외에 설치하는 경우는 탱크마다 단열처리가 되어야 한다. 이에 따라 각 탱크마다 개별 온도 조절이 가능한 반면 에너지가 많이 소요되는 단점이 있다. 실내 설치의 경우 단열처리된 밀폐 공간에서 개별 탱크 냉각 없이 설치하는 경우(room cooling방식)와 단열 처리된 밀폐 공간에서 개별 탱크 냉각하는 경우가 있는 이 경우 에너지 효율은 높아진다(그림 4-29).

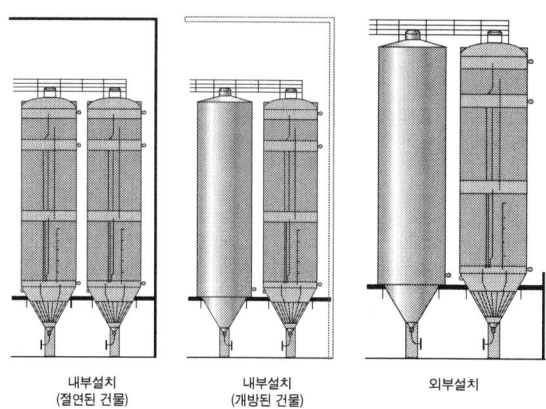

【그림 4-29】 CCV 내외부 설치 구조(Ziemann Brauer GmbH., tank and equipment, Bürgstadt/Main).

3) CCT의 내부 구성 장치

CCT의 주요 내부 구성 장치로는 컨트롤과 안정장치, 탱크 냉각장치 및 발효조의 조정 및 자동화를 들 수 있다.

(1) CCT 운전

CCT에 맥즙을 채우거나 발효 후 맥주를 이송시킬 때는 탱크 밑부분을 통해 작업해야 산소 유입을 차단할 수 있으며, 이때 맥즙, 효모, 맥주 및 세척작업 시 고무재질보다는 이송관 내부의 미생물 오염이 없도록 스테인리스 재질의 이송관을 이용하여 작업을 해야 하고, 밸브를 이용하여 입구를 자동 또는 수동으로 개폐할 수 있도록 설계되어 있다.

CCT의 상층 부분을 돔이라 부르며 외부 기온에 영향을 받지 않도록 차단되어 있으며 고압 안전밸브, 감압 안전밸브 및 CIP 장치 등으로 구성되어 있다. 발효조 크기가 클수록 탱크 내의 압력은 커지므로 일정 압력이 탱크 내에 형성되면 자동으로 압력밸브가 열리도록 설계되어 있다.

한편, 탱크가 클수록 진공에 예민하며 적은 진공(감압) 상태에서도 탱크 외관이 변형되게 된다. 가스는 데울 때 가스 부피를 1 캘빈온도(1k)씩 팽창시키며 냉각 시에는 반대로 팽창한 만큼의 수축시킨다. 즉, 데우거나 열이 가해진 탱크에 있는 가스(증기)는 냉각수로 탱크를 세척하면 가스가 수축하게 되고 탱크 내에 진공이 발생하면서 탱크가 수축하게 된다.

탱크 내 감압 제거를 위해 감압 안전밸브는 대기압이나 고압일 때는 공기입구 밸브를 자동으로 막고 감압 상태에서는 입구 밸브를 열어 외부 공기를 흡입하도록 설계되어 있다. 제조장에서는 발효조 세척 시 세척용액의 온도를 35℃ 이상 높이지 않는 것이 중요하며 밸브가 얼거나 눌어붙지 않도록 CIP 장치와 연결되어 세척되도록 설계되어 있다. 발효조 CIP의 경우 발효조 넓이 1m 세척을 위해서는 일반적으로 시간당 30hl 세척수가 필요하다.

(2) 컨트롤 및 안전장치

탱크 내의 맥주 관리를 위해서는 온도계, 용량 체크계, 압력 체크계, 최소·최대 용량 체크계 및 샘플 채취 장치 등이 장착되어야 한다. CCT 내의 영비어는 CO_2로 인해 요동이 일어나 상하부가 다르므로 온도계를 발효조 상하부에 장착하여 주기적으로 측정하여야 한다. 또한 맥즙이 headspace 이상으로 채워지지 않거나 반대로 발효조가 완전히 빈 상태에서는 이송 작업이 자동 정지되도록 최소·최대 용량 체크계를 설치하여야 한다(그림 4-30).

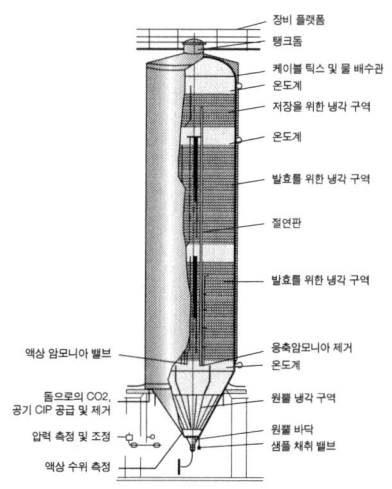

【그림 4-30】 CCV의 구조(Ziemann Brauer GmbH., tank and equipment, Bürgstadt/Main)

(3) 냉각장치

CCT의 냉각을 위해서는 냉매(글리콜 또는 암모니아)를 이용한다. 글리콜은 알코올과 물의 혼합용액으로서 냉각기에서 -5℃까지 냉각된다. 글리콜을 이용한 냉각은 간접 냉각인 반면 액상 암모니아를 이용한 냉각은 직접 냉각이라 한다.

일반적으로 암모니아를 이용한 냉각이 에너지를 30% 절약할 수 있고 냉매 이송관에서도 글리콜(100mm∅)에 비해 지름이 적게 필요하며(32mm∅) 절연체와 펌프 사용 등을 줄일 수 있는 장점이 있어 현재는 양조장에서 CCT 냉각에 암모니아 냉매를 많이 이용한다.

또한, 냉매가 흐르는 냉각재킷은 냉매의 압력을 견디게 설계되어야 하고(암모니아의 경우 11.6 bar)한다. 냉각재킷의 형태는 2가지가 있으며 글리콜의 경우 수평 방식의 부분관 구조를 이용하여 하부에서 주입되어 상부로 흐르는 방식이고, 암모니아의 경우 분배관을 이용하여 상부에서 하부로 흐르는 방식이다.

한편, 발효가 진행되는 발효조 내에서는 대류현상으로 인해 발효조 내의 전체 온도는 일정치 않아 더운 맥주는 상부로, 차가운 맥주는 하부로 모이게 된다. 그러나 발효 및 숙성공법에 관계없이 맥주 여과와 주입 전에 냉각입자 침전을 위해 저장조 온도를 최소 일주일간 0~-2℃에서 유지해야 한다. 라거 맥주의 경우 2.5℃에서 최대 밀도(엑기스 함량이 높은 bock beer는 1℃, 엑기스 함량이 낮은 맥주는 3℃에서 최대 밀도를 나타냄)를 갖게 되어 저장조의 온도를 -1℃에 맞추면 상부는 -1℃를 유지하는 반면, 하부에는 2.5℃의 맥주가 모이게 된다. 이때 하부 맥주의 온도를 -1℃에 맞추려 전체 저장조 온도를 -1℃에 맞추면 하부는 -1℃에 맞춰지지만 상부는 얼게 되어 맥주 맛을 저하시키게 된다(라거 맥주 어는점 : -2℃, bock beer 어는점 : -2.9℃). 따라서 저장조의 냉각은 상부를 3구역으로 구분하여 냉각하고, 하부(corn)는 별도 냉각장치를 설치해야 하여 냉각하게 된다(그림 4-31).

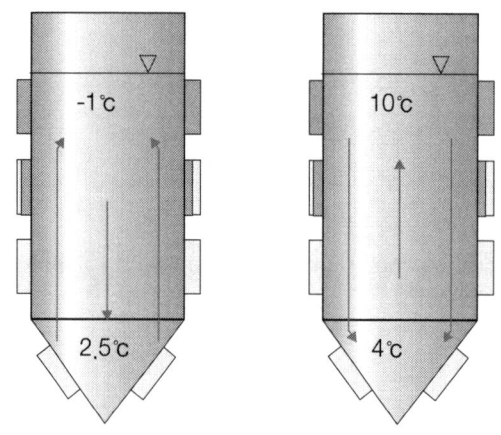

【그림 4-31】 CCV의 냉각 구조 [70]

또한, CCT의 경우 외부 온도와의 절연을 위해 절연체를 사용하는데 일반적으로 폴리우레탄 하르트샤움(polyurethan hartschaum, PU)을 100~150mm 두께로 탱크 안쪽에 사용하고 바깥 부분을 크롬니켈로 다시 입히게 된다. 한편, 개방 발효조의 경우 육안으로 발효 진행 상태를 관찰 가능하지만 밀폐형 CCT의 경우는 수동, 반자동 및 완전 자동화를 통해 발효 상태 관찰이 가능하다.

즉 발효 중에 발생되는 CO_2 농도, 알코올 및 밀도 등을 측정하여 발효 온도와 시간 등을 조절할 수 있다. 완전 자동화의 경우 컴퓨터를 통해 발효·숙성·저장조의 모든 공정이 컨트롤되며 정보가 기록·저장되며 시각적으로 관찰할 수 있게 시스템화되어 있다.

07 발효·숙성의 실무

현대 맥주 공법에서는 발효와 숙성을 CCT를 이용하여 진행하지만 발효 및 저장조에 CCT를 연계하여 진행하는 방식도 있다. 요즘 양조장에서는 17~20일간의 발효·숙성을 거쳐 고품질의 맥주를 제조하여 장비 사용의 효율성을 극대화하는데 초점을 맞추고 있다. 이는 기존 양조 장비를 통해 가능하지만 CCT를 이용하면 다양한 양조공법을 적용할 수 있는 장점이 있다. CCT를 이용하여 발효·숙성을 3주 내에 종료하는데 다음의 전제 조건이 필요하다.

① 유리 아미노산 농도가 맥즙 100ml 당 20mg 이상이어야 한다(쌀, 옥수수 등 부원료가 함유된 맥즙의 경우는 최소 15mg/100ml 이상이어야 한다).
② 맥즙에 충분한 산소 공급(8~9ppm)과 적정한 효모 투입(20~30 mio/ml, 즉, 맥즙 100리터당 0.5~1리터 슬러지 효모)이 필요하다.
③ 숙성의 지표인 디아세틸 농도가 맥주 1리터당 0.1mg 이하여야 한다.
④ 발효·숙성 후 CCT 바닥에 침전된 효모는 제거가 가능한 물성이 되면 바로 제거하여 효모의 자가분해를 방지해야 한다.
⑤ 숙성후 맥주는 콜로이드 안정성을 위해 온도를 -1~-2℃로 낮추고 최소 일주일간 이 온도를 유지한다.

한편, 발효·숙성·저장을 한 개의 CCT를 이용하는 공법(one tank system)과 발효·숙성은 CCT 발효조에서, 저장은 CCT 저장조 등 2개의 CCT를 이용하는 공법(two tank system)로 구분된다. 물론 발효는 CCT 발효조에서 숙성·저장은 기존 저장탱크를 이용하는 것도 가능하다.

2개의 탱크를 이용하는 공법의 경우는 일정한 맥주 품질 유지를 위해 발효·숙성(디아세틸 분해)은 CCT 발효조에서 진행하고, CCT 저장조에서는 콜로이드 안정, 청징 및 맛의 순화 등을 진행하는 것이 좋다.

반면, 한 개의 CCT를 이용하는 공법은 장단점이 있는데 장점은 세척을 위한 낭비가 적고, 이송이 없어 맥주, CO_2 및 에너지 손실이 적으며 산소 유입이 없다는 점이고, 단점은 저장조 부족에 따른 탱크의 비효율성을 들 수 있다. 근본적으로 맥주 품질 관련 두 공법의 차이는 거의 없다.

발효와 숙성은 하면발효를 기준으로 보면 다음 3가지 공법으로 분류된다. ① 저온 발효-저온 숙성, ② 저온 발효-고온 숙성, ③ 고온 발효-저온 숙성. 각 공법의 세부적인 실무는 다음과 같다.

1. 저온 발효-저온 숙성

이 공법은 6~7℃에서 발효 시작 후 8~9℃까지 상승하면 이 온도에서 2일간 유지한 후 온도를 서서히 낮추는 방식이다. 엑기스 잔량이 한계 발효도와의 차이가 CCT를 이용한 발효의 경우 0.8~1.0%(개방형 발효조의 경우 1.1~1.3%)일 때 맥주를 저장조로 옮겨 온도를 하루에 1℃씩 서서히 낮춰 디아세틸 농도가 0.1mg/l까지 분해되도록 유도한다. 그 후 저장온도를 -1℃까지 낮춰 최소 일주일간 저장한다. 그러나 장기 저장(5주 이상)은 효모 자가분해에 따른 효모취나 맥주 품질의 저하가 오기 때문에 피하는 것이 좋다(그림 4-32).

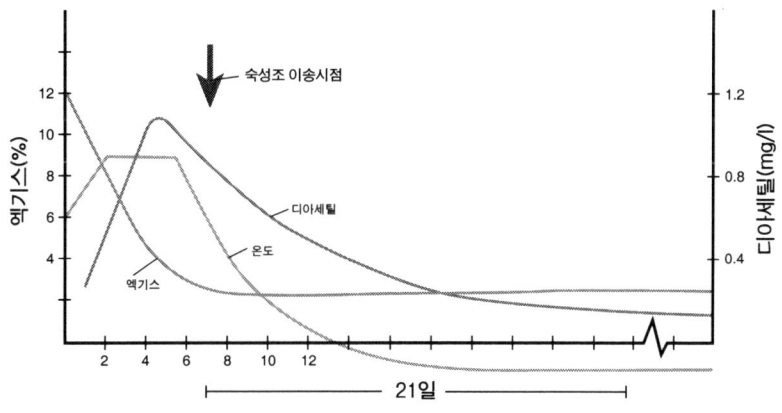

【그림 4-32】 저온 발효-저온 숙성 [69]

2. 저온 발효-고온 숙성

이 공법은 저온에서 발효 후 고온에서 숙성하는 방식으로서 발효 시 발효 부산물이 적게 생성되고 고온 숙성을 통해 부산물 분해가 용이하다. 우선 발효를 8~9℃에서 시작하여 발효도가 50% 도달하면 냉각을 중지하여 온도가 12~13℃ 상승하게 한 후 온도를 서서히 내려 디아세틸 분해를 유도한 다음 저장조로 이송하여 -1℃에서 저장한다. 이 방식은 고전적인 발효·숙성조를 이용하여 수행할 수 있으며 약 20일가량 소요된다(그림 4-33).

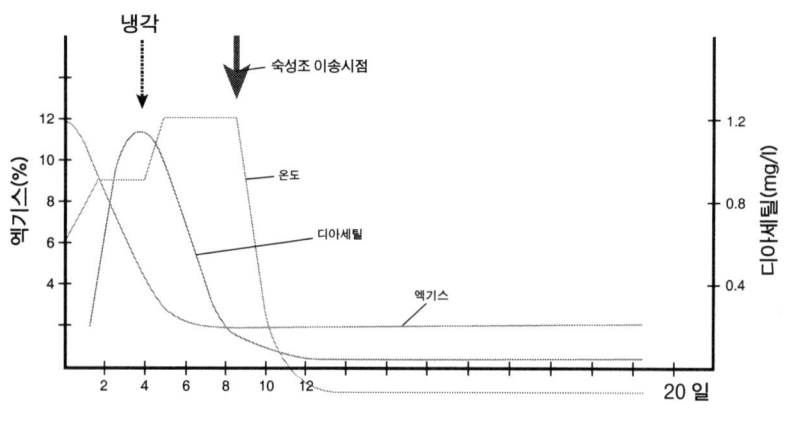

【그림 4-33】 저온 발효-고온 숙성 [69]

3. 고온 발효-저온 숙성

이 공법은 발효·숙성을 빠르게 진행하는 방식으로 발효를 8℃에서 시작하여 12~14℃까지 상승하게 하는데 이때 디아세틸이 많이 생성되지만 분해도 빠르게 진행된다. 디아세틸의 농도가 0.1mg/l 이하로 낮춰지면 저장조를 -1℃까지 낮춰 일주일간 이 온도를 유지한다. 이 공법은 17~20일 소요되며 고전적인 발효·숙성조를 통해서도 가능하다(그림 4-34).

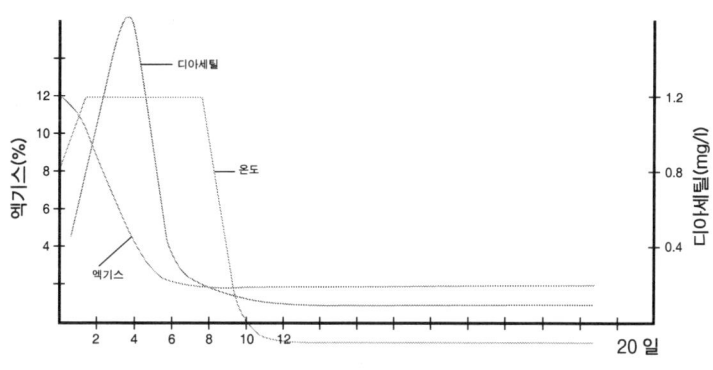

【그림 4-34】 고온 발효-저온 숙성 [69]

4. 효모 회수 및 세척

발효 말기에 효모는 응집 후 발효조 바닥에 침전하게 되는데 저장조로 이송되기 전에 여러 차례에 걸쳐 회수해야 하며 특히 상면효모의 경우 CO_2에 민감하기 때문에 적절한 시기에 회수가 필요하다. 효모 회수 시 효모가 천천히 흘러나오도록 하며 빠르게 회수하거나 CCT의 원뿔의 각이 평평하면(60~70°) 회수 시 깔때기 모양(funnel)이 형성되어 맥주가 같이 쓸려나오게 된다.

침전된 효모의 상태는 단단한 상태로 3개의 층으로 이루어져 있으며 상층부에는 발효력이 우수한 효모군이지만 홉수지 성분, 폴리페놀 및 응고성 단백질 등 불순물 등이 함유되어 있다. 중심부에 모여있는 효모군은 발효를 수행한 효모들이며 불순물이 없는 청결한 효모들이다. 하층부에는 죽은 효모들이 대부분이며 발효 초기에 침전된 효모군으로 이루어져 있다. 따라서 발효 후 침전된 효모를 회수할 때는 하층부에 모여 있는 효모를 제거한 효모를 이용하여 다음 발효에 이용하여야 한다. 발효 후 회수된 효모량은 초기 투입 효모량에 비해 3~4배 정도 된다.

회수된 효모는 가능한 빨리 다음 발효에 투입하는 것이 좋으나 1~2일 정도 지체 시에는 발효가 종료된 맥주에 보관하면 되고 더 오랜 시간(1주일 이상) 방치할 경우에는 차가운 맥즙(2℃)에 보관하는 것이 유리하다. 만일 효모가 미생물에 오염되면 원칙적으로 폐기하는 것이 좋으나 인산(phosphoric acid)을 이용하여 효모를 재생할 수 있는 방법이 있다. 즉, 회수된 효모 리터당 3%의 인산을 첨가하여 pH를 2.0으로 낮추고 교반하면서 4~6시간 방치하면 된다. 그러나 인산을 이용한 효모 세척방법은 하면효모의 발효력이 약해지기 때문에 재사용 시에는 효모 투입량을 더 높여야 한다. 효모 보관 초기에 산소를 불어넣으면 세균 증식에 따른 오염 문제가 발생할 수 있기 때문에 효모를 재투입할 때 산소를 충분히 불어넣어(30~60분) 활력을 주어야한다.

5. 효모 퇴화

느린 발효 속도, 부실한 응집 현상, 부족한 산 생성 및 효모 수확량 등의 현상이 발효 시 나타나면 효모의 퇴화(degeneration) 징조로 볼 수 있다. 이러한 효모로 발효된 맥주는 효모취와 더불어 디아세틸 농도가 높아지고 숙성을 통해서도 농도가 충분히 낮아지지 않는다.

또한, 효모는 발효 말기 또는 숙성 초기에 염기성 아미노산을 배출하여 pH를 높이고 중간사슬의 지방산을 배출하여 지방산의 에스터화에 따른 효모 에스터취가 난다. 특히 단백질 분해 효소의 영향으로 거품 형성에 필요한 단백질 성분의 분해에 따라 맥주 거품 형성에 문제를 야기한다. 따라서 효모는 생리 상태와 미생물 오염 방지를 위해 일반적으로 8~10회 사용한 후 교체하는 것이 바람직하다.

발효 후 효모는 발효조 바닥에 침전되는데 이때 효모를 이산화탄소와 압력이 존재하는 발효조에 장시간 방치하면(4℃ 이상에서 일주일 이상 방치) 효모가 퇴화된다. 또한, 맥즙에 산소 공급이 충분하지 못해 발효 초기 효모의 증식이 원활하지 못하면 효모의 노화가 빨리 일어나게 되어 결국 퇴화가 되기 시작한다. 고온 발효 및 급격한 냉각 등도 효모의 퇴화 원인이 된다. 맥즙의 당도가 매우 높거나 낮은 것도 효모 퇴화의 원인이 되고 알코올 농도 5%(w/w) 이상이 되면 발효력이 저하된다.

그 밖에 맥즙 조성, 담금방법(불충분한 단백질 및 전분 분해), 양조용수의 조성(높은 질산염), 발효온도 차이 등도 효모 퇴화의 원인이 된다. 예로서 발효에 투입될 효모의 온도는 발효맥즙(pitching wort)보다 항상 낮아야 효모 퇴화 방지에 유리하다.

효모가 발효 적성에 더 이상 부적당하면 효모를 새로 배양해야 하는데 일반적으로 새로 배양된 효모의 발효력은 저하되며, 발효횟수를 거치면서 본래의 발효력을 나타내게 된다.

한편, 효모 회수 후 맥주는 여과공정으로 이송되기 전에 온도(0~-1℃), CO_2의 농도(0.5%), pH(4.2~4.4), 효모 수도(100만~200만/ml), 디아세틸 농도(0.10 mg/l), 용존산소(0 mg/l)를 유지해야 한다.

6. 효모로부터 맥주 회수공정

맥주를 저장조에서 여과기로 이송한 후에도 저장조에는 여전히 맥주를 함유한 효모 맥주(yeast beer)가 남아 있다. 이 효모 맥주는 전체 맥주의 약 1.5~3% 정도 차지하며 회수하는 방법은 침전과 여과법, 디켄터를 이용한 분리법, 직교류 방식의 멤브레인 여과법 및 진동 멤브레인법 등이 있다. 효모 맥주는 pH가 높고(5~6), 색도가 어두우며 쓴맛을 부여한다.

또한, 거품을 파괴하는 proteaseA 및 디아세틸, 에스터, 지방산 등이 많아 본 맥주보다는 품질이 좋지 않다. 따라서 효모 맥주를 적절히 처리하지 못하면 맥주 품질에 문제를 야기한다. 효모 맥주의 pH가 높아지는 것은 효모 자가분해에 따른 단백질, 고미 성분 및 지방산의 유출 때문이며 pH가 4.5 이상으로 상승하면 메가스페라(*megasphaera*) 세균이 증식하여 미생물적 문제를 야기할 수 있다.

그러나 효모 맥주의 회수와 재사용을 위해서는 활성탄 및 실리카겔 처리, 규조토 여과 및 HTST 저온 살균 등 여러 단계의 복잡한 과정을 거쳐야 되고 맥주 품질 저하 등의 우려 때문에 맥주 양조장에서는 효모 맥주 회수를 포기하는 경우가 많다. 일반적으로 효모 맥주를 reclaimed beer라고도 하며 양조장에서는 필터 프레스 등을 이용하여 여과를 거쳐 맥주를 회수한 후 숙성탱크에 4%까지 사용하기도 한다.

7. CO_2 회수

맥주 제조에는 많은 CO_2가 필요하며 자가 소비를 위해 발효 중에 발생한 CO_2를 회수 장치를 통해 순수한 CO_2를 회수한다. 맥주 100리터 제조 시 약 1.8~2kg의 CO_2를 회수할 수 있다. CO_2 회수 장치는 거품제거기, CO_2 가스 저장소, 가스세척기, 응축기, 냉각기, 건조기, 활성탄 처리 시스템 및 액상 CO_2 저장소 등으로 구성되어 필요 시 가스 형태로 전환되어 제조공정에 활용된다.

V. 맥주 여과

01 여과 이론

숙성·저장된 맥주는 케그(keg), 병, 캔 및 PET병에 주입되기 전에 여과공정을 거치게 된다. 자연적인 방법으로는 특히 라거 맥주의 경우 미세한 입자들이 맥주에 분산되어 있어 저장조에서도 맑은 상태로 유지되지 않는다. 따라서 맥주는 인위적으로 원심분리나 또는 여과를 통해서 청징된 상태를 만들어야한다. 이러한 공정을 통해 단백질·탄닌 결합물과 홉수지 같은 혼탁물질뿐만 아니라 효모와 맥주를 손상시키는 박테리아를 제거할 수 있다. 맥주는 또한 여과를 통해서 깨끗해지고 비생물학적이나 생물학적인 혼탁 물질을 제거하여 고유의 향미를 유지하고 보존기간을 개선하게 된다. 여과 설비는 보통 저장탱크와 주입 설비 사이에 위치하게 된다.

혼탁 물질은 입자의 크기에 따라 여과과정이 달라진다. 입자 크기가 작을수록 여과를 위한 압력은 증가하고 통과액은 감소한다. 여기서는 다음과 같이 구분한다(그림 5-1).

(1) 거친 입자
입자 크기가 0.1㎛ 이상이며 이 입자들은 혼탁을 일으키는 큰 입자로 알려져 있으며 작은 입자로는 응고된 단백질, 효모 혹은 박테리아 등이 여기에 속한다.

(2) 콜로이드
입자 크기가 0.001 ~ 0.1㎛이며 부분적으로는 시험관에서 분산된 빛으로부터 볼 수 있고 주로 단백질 탄닌결합물, 검 물질, 홉 수지 등으로 구성되어 있다. 이러한 입자들을 감소시킴으로써 물리-화학적인 안정성을 개선시킬 수 있으나 맥주의 바디감이나 거품 형성을 감소시킬 수 있다.

(3) 분자성 분산 입자

입자 크기가 0.001㎛ 이하로서 이러한 입자는 눈에 보이지 않으며 분자나 분자성 결합물로 용해되어 녹아있다. 한편 인위적으로 맥주를 청징하는 방법은 침전, 거름 및 흡착 등의 있다.

(4) 침전

원심분리기에서 입자의 직경 크기와 회전수에 따라 주어진 원심력을 이용하여 입자 크기가 큰 입자는 분리하나 콜로이드성 물질은 분리되지 않는다.

(5) 거름

여과기의 기공 사이즈 보다 큰 물질은 통과시키지 않음으로써 투명하게 만드는 방법으로 여과기의 구멍 사이즈에 따라 혼탁 물질과 콜로이드보다 큰 입자를 제거하면 된다.

(6) 흡착

위에서 언급된 입자가 큰 물질 외에 여과제의 친화성에 따라 혹은 이에 상응하는 전하력에 따라 콜로이드와 용해성 물질을 제거하게 된다. 이러한 과정으로 큰 콜로이드 입자처럼 효모나 박테리아는 흡착을 통해서 제거된다.

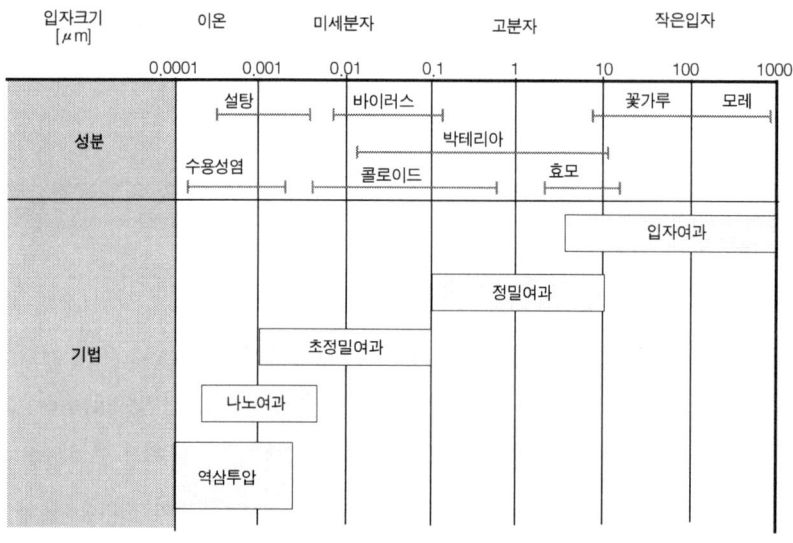

【그림 5-1】 입자 크기와 필터 구멍 크기 범위 [35]

여과기에서는 여과 및 흡착 작용이 이루어지며, 흡착은 맥주의 특성에 따라 다르게 되며 콜로이드의 함량이 적게 됨으로써 물리화학적인 안정성이 개선되고 색상이 깨끗해지나 맥주의 바디감이나 거품의 형성이 약해지는 결과를 가져오게 된다. 여과하는 설비에 따라 여러 가지 물질들이 잔존하게 되고 이에 따라 여과 중에 여과기에 미치는 영향이 각각 다르게 된다. 여과공정은 여과기의 이러한 물질들이 구멍을 작게 함으로써 여과기를 통과할 시에 여과기에 많은 힘이 가해지게 된다.

흡착공정은 물질들이 여과기에 흡착됨으로써 여과 표면적을 감소시킨다. 색소와 표면활성 물질은 장시간 여과기에 흡착되어 있다. 이러한 강력하게 흡착된 물질들은 맥주의 고유 특성에 이를 때까지 예를 들면 맥주의 색상에 이를 때까지 여과기에 흡착된 상태로 있게 된다. 여과기의 세척에 사용된 용수의 이온의 작용으로 pH는 변하게 되고, 탄산염은 맥주의 pH를 올리고 Ca이온은 좋지 않은 산화화합물을 형성하게 된다.

여과제의 흡착 작용은 차가운 혼탁성 물질뿐만 아니라 맥주의 바디감이나 거품에 영향을 미치는 콜로이드성 물질에까지 영향을 미치게 된다. 맥주의 풍미는 여과 직후에는 균형이 잡히지 않고 쓴맛이 강하게 된다. 며칠이 경과하면 존재해 있는 콜로이드는 분산 과정을 통해서 다시 균형을 이루게 된다.

면섬유(매스필터), 셀룰로오스(프레스필터), 규조토(kieselguhr) 혹은 펄라이트(perlite) 같은 여러 가지 여과 제재는 서로 다른 여과 특성을 나타낸다.

02 여과 보조제

여과 보조제(filter aids)는 규조토나 펄라이트와 같은 분말 물질로서 여과기에 고착되어 그 형태와 배열의 결과로서 여과가 가능하도록 한다. 이 여과 보조제는 지지체 여과기 위에서 층을 이루게 되므로 지지체 없이는 사용될 수 없다.

규조토는 길이는 40~60㎛, 폭은 2~5㎛의 작은 입자로 구성되어 있으며 규조토의 입자의 구조는 여과 능력에 영향을 주게 된다. 바늘 모양의 규조는 여과는 늦으나 깨끗하게 여과할 수 있으며, 칼 또는 빗 모양의 구조는 중간 수준의 여과를 할 수 있으며, 4각형 혹은 둥근 형태는 여과 속도는 빠르나 여과 상태는 좋지 않다.

규조토의 흡착 능력은 작으며(매스필터를 20, 석면을 사용할 시 1000에 비교하면 0.4~0.5 정도) 굽지 않은 미세한 규조토는 거친 입자의 규조토보다는 흡착력이 좋다. 규조토는 85~90%(약 4%의 알루미늄염 포함)의 규산(silicic acid)을 함유하고 있다.

한편, 규조토의 경제적 이용에 대한 중요한 특징은 습윤 밀도(wet density)이며 압력 하에서 그 규조토가 점유하고 있는 부피를 의미한다. 습윤 밀도는 g/l로 표시되며 일반적으로 $300g/l$이하의 습윤 밀도를 가진 규조토가 여과에 적합하다. 규조토의 사용은 80-200 g/hl 정도이고 150-180 g/hl 수준이 일반적이다. 규조토는 가격이 비싸고 사용 후 슬러리 처리에도 비용이 든다.

펄라이트는 화산 폭발로 생성된 물질로서 원칙적으로 알루미늄 실리케이트(alluminium silicate)로 구성된다. 규조토에 비해 20-40% 이하의 아주 가볍고 느슨한 가루다. 낮은 pH에서 펄라이트는 석회나 철 성분을 방출한다. 따라서 이들은 여과에 이용할 때 여과물의 pH를 고려해야 한다. 펄라이트의 여과 속도는 종류별로 비슷하다.

03 여과공정

여과에 사용되는 여과기의 종류는 다음과 같다.

① 쉬트 필터(sheet filters) : 여과 보조제를 쓰지 않는 플레이트 필터(plate filters)라고 부른다.
② 파우더 필터(powder filters) : 여과 보조제를 이용하는 여과기로서 쉬트 필터로서 플레이트 앤드 프레임 필터(plate and frame filters)라고 부르며, 캔들 필터(candle filters)와 스크린 필터(screen filters, 수평형과 수직형 필터) 분류 등이 있다.
③ 멤브레인 필터(membrane filters) : 일반적으로 정밀 여과 및 무균 여과 시 이용된다.

1. 필터 프레스 여과기

필터 프레스 여과기는 일반적으로 투과성이 상이하며 맥주의 미생물을 거르는 2차 여과기로 사용된다(그림 5-2). 프레스층은 여러 종류의 규조토와 합성수지섬유 같은 펄라이드 등의 섬유질로 구성되어 있으며 4.2~4.5mm 두께로 흡착 능력이 큰 표면적이 형성되어 있고 여기에 혼탁 물질이(단백질, 효모, 박테리아 등) 쌓이게 된다. 이에 대한 전제 조건은 필터층을 통과하는 맥주의 속도가 느려야하는데 통과시간은 90~120초이다.

프레스 여과기의 사용을 살펴보면 설치된 여과기는 0.2~0.3bar의 스팀이나 열수로 살균되며 특수강 여과기의 경우는 스팀을 권장하는데 발생되는 응축수를 고려해야한다. 맥주를 투입하기 전에 여과기는 여과층의 냄새가 맥주에 잔존하지 않도록 세척되어야 한다. 여과는 완충 탱크를 거쳐 압력에 따른 충격을 피해야 하며 여과가 중지되지 않도록 한다.

특수강 여과기의 경우 압력차는 0~1.2bar를 넘기지 않도록 하며, 이 압력을 넘을 경우에는 여과기 내부의 통과되는 맥주의 속도가 너무 빨라지고 여과층에 문제가 생길 수 있다. 냉수와 열수로 역세척을 통해서 여과기를 재생하나 여과 능력은 위에서 언급했던 방법과 비슷하다. 1차 여과한 맥주의 상태에 따라 여과되는 맥주량과 탁도가 결정된다. 1, 2차 여과를 통한 손실은 규조토 여과기나 프레스 여과기 연속으로 사용되는 경우 작아진다.

특수강 여과기를 1,2차로 분리하여 사용할 경우에는 규조토 여과기를 1, 2차로 사용했을 때의 손실과 비슷하다. CO_2로 여과기를 세척하고 공기를 제거할 경우 손실을 줄일 수 있다. 이때는 여과층에 맥주가 남아있으며 세척하여 회수한다. 세척에 사용되는 용수는 $2.3hl/m^2$, 살균에 사용되는 열수(90℃ 이상)는 $1.4hl/m^2$이다. 스팀의 사용량은 $15kg/m^2$이다. 여과층을 교체할 때 많은 노동력이 필요하다.

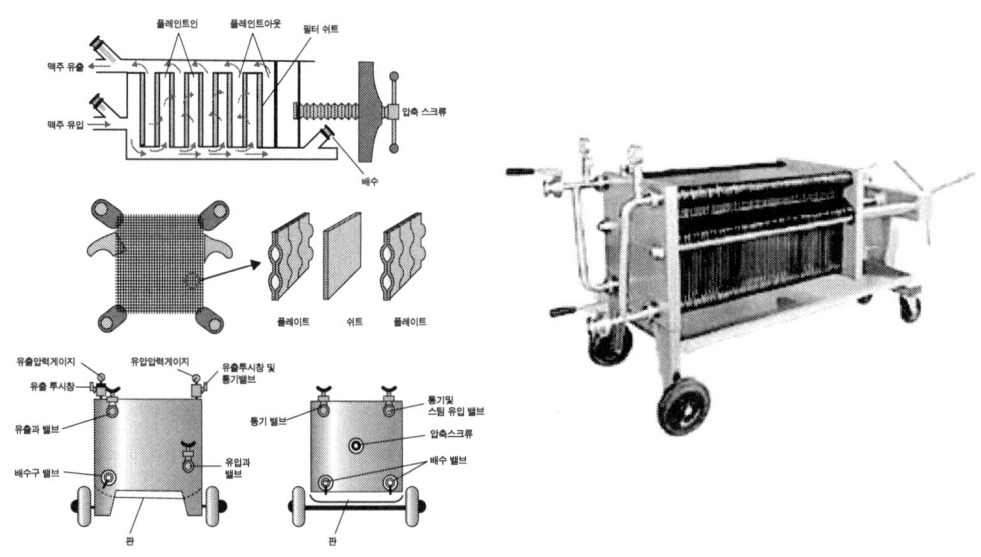

【그림 5-2】 필터 프레스 [35]

2. 파우더 필터

파우더 필터는 여과 조제(일반적으로 규조토나 펄라이트)를 여과기에 코팅하여 여과하는 여과기이다. 여과 조제의 입자가 연속적인 소량의 주입을 통해 여과기 자체에 유지될 수 있도록 프리코팅(precoating, 예비 코팅)이 필요하다. 따라서 파우더 필터에서는 예비 코팅과 여과공정 두 단계가 있다.

프리코팅의 기본 원리는 규조토 여과(그림 5-3)는 70~100㎛의 간격을 가진 미세한 와이어 메쉬(fine wire mesh)나 2~4㎛의 작은 규조보다 큰 구멍을 가진 세공 필터(fine pore filter)를 통해 이루어진다. 초기 코팅과 연속 도징(dosing)은 완전한 여과 효과를 얻기 위해 필터케익(filter cake)는 3개의 코팅층으로 형성한다. 기초 코팅, 1차 또는 사전 코팅층은 거친 규조토가 진하게 섞여 있는 탈기수를 여과기를 통해 2~3bar의 과압으로 순환시킨다. 압력에 안정된 1차 층(primary layer)은 여액을 통과시키고 고운 여과 조제는 막아준다. 이 1차 층은 이후의 케이크 형성과 여과 자체에서 가장 중요한 요소이다. 이 1차 층은 서로 지지하여 서로가 흐름에 섞이지 않도록 막아준다. 1차 코팅에는 700~800g/㎡ 정도가 이용되며 이것은 전체 프리코팅의 70%를 차지한다.

2차 프리코팅 또는 안전층(second precoat or safety layer)은 프리코팅 이후 첫 여액을 맑게 하기 위한 것이다. 이 층은 다시 탈기수를 이용하지만, 더 곱고 효과적인 규조토 혼합액을 사용하여 혼탁 물질을 걸러 내어 여과기에 남도록 한다. 프리코팅이 여과 표면 전체에 걸쳐 완전히 균일한 분포를 이루도록 하는 것은 대단히 중요하다.

프리코팅이 얇거나 가장자리 부분이 불균일한 흐름을 일으키면 통과한 여액에서 혼탁이 발생할 수 있다. 전체 프리코팅은 대체로 1,000g/㎡ 정도에 1.5-3mm 두께로 한다. 코팅 공정은 약 10~15분 소요된다. 이런 여과공정의 구체적 작업은 맥주의 상태, 여과 설비 및 펌프 등 연관된 설비의 상태와 작업자에 따라서 차이가 발생할 수 있으므로 양조장 자체의 공정 및 작업 표준을 확립하는 것이 필요하다.

연속적 도징은 주로 여과공정으로 바뀐 뒤에 일정한 부피의 여과액이 프리코팅 층을 통과할 수 있는 능력을 부여한다. 일정한 유속은 압력의 충격이 있거나 불균일한 흐름일 경우 여과망(sieve)이나 캔들(candle)에 붙어 있는 코팅층이 깨지게 되어 여과액이 탁하게 되므로 필수적이다.

연속적인 도징 동안 규조토의 사용량은 양조장에서 50-120g/hl 정도에서 정하여 사용하며 현장 실험에 따라 적정량을 산출한다.

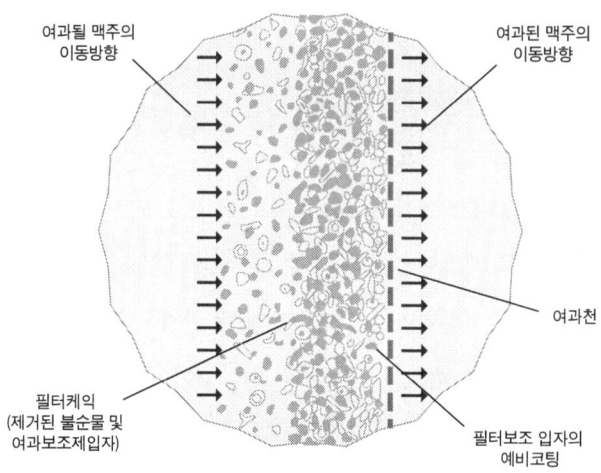

【그림 5-3】 규조토 여과의 원리

플레이트 앤드 프레임 필터(plate and frame filters)는 일반적으로 장방형의 플레이트(plate)와 프레임(frame)이 서로 엇바꿔가며 틀에 걸려 있는 구조이다. 여과지(filter sheet)가 플레이트 양면에 걸치게 되고 이것이 플레이트와 프레임 사이의 밀봉(seal)으로 작용한다.

이 여과지는 셀룰로오스와 이온교환수지로 만들어 진다. 이들은 안정하게 굳어져 여과지의 청소가 가능하고 따라서 긴 시간 동안 사용이 가능하다. 여과 뒤에 여과지의 규조토는 물로 씻겨 떨어지고 여과지는 다시 사용 가능하게 된다. 플레이트 앤드 프레임 필터는 플레이와와 프레임이 서로 엇바꿔져 구성된다. 이것은 쉬트가 플레이트의 양면에 걸쳐 걸리면 여과기가 조여진 뒤에 프레임에는 규조토 코팅을 위한 공간이 생기도록 하려는 것이다(그림 5-4).

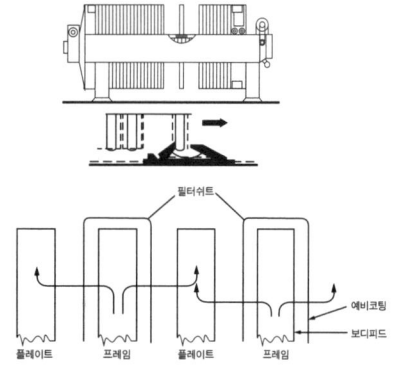

【그림 5-4】 Plate and frame 여과기

캔들 여과기(그림 5-5)는 작은 기공이 있는 금속관으로 1×2mm 굵기의 특수강으로 감겨져 있다. 여과 엘리먼트의 길이는 1.4m이고 여과 면적은 0.2㎡이며 기공의 크기는 50㎛이다. 탱크의 아래쪽에서 맥주가 투입되도록 되어 있고, 맥주나 용수가 소용돌이가 일어나지 않도록 기술적으로 설계되어 있다. 시간당 5~ 6hl/㎡를 여과할 수 있다.

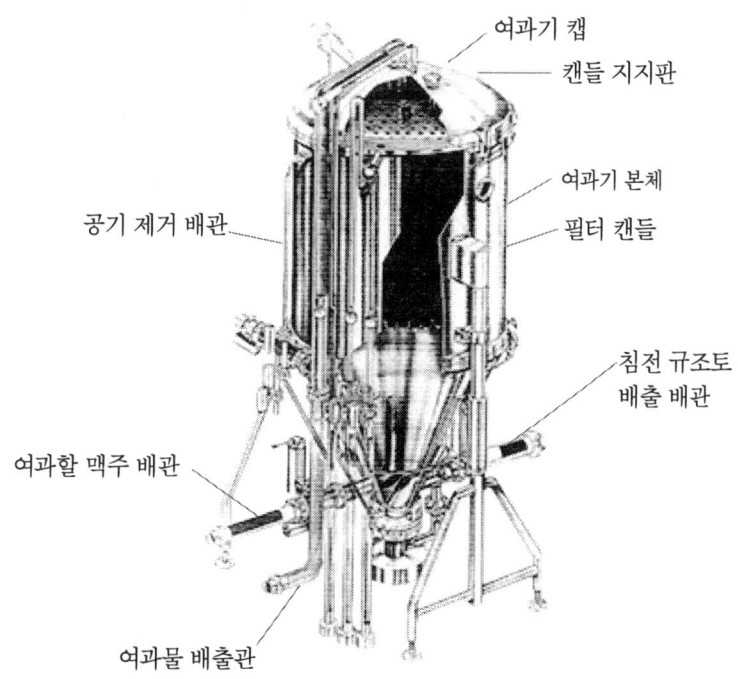

【그림 5-5】 캔들 필터(candle filter, Filtrox-Werk AG, St Gallen/Swiss)

스크린 디스크 여과기(screen disc filter)는 여과를 수행하는 많은 원형의 filter element가 배치된 속이 빈 축(hollow shaft)이 들어있는 수직 또는 수평 실린더로 구성되어 있다(그림 5-6).

이들은 기본적으로 수평 여과판을 갖고 있는 수직 스크린 필터, 수직 여과판을 갖고 있는 수평 스크린 필터 및 수평 여과판 element가 세척하는 동안 300~450rpm으로 회전하는 원심 분리 스크린 필터 등으로 분류된다.

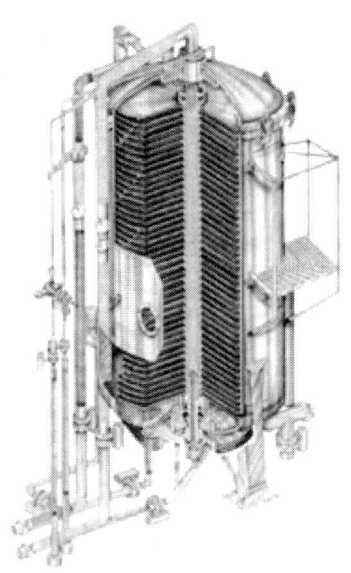

【그림 5-6】 스크린 디스크 필터(Filtrox-Werk AG, St Gallen/Swiss)

　모든 수직형 여과기는 여과되는 동안 균일한 압력을 유지하기 위해 고압 펌프가 설치되어 있다. 여과 타입이나 공장의 특성에 따라 여러 방법들이 사용될 수 있으며, 위에서 언급한 모든 타입의 여과기는 오늘날에는 모든 공정이 자동화되어 있다(살균, 세척 등). 수직형 여과기는 맥주 여과뿐만 아니라 여과 시 안정제로서 사용되는 polyvinylpolypyrrolidon(PVPP)나 hydrogel 등과 혼합하여 사용된다.
　지지층이 있는 규조토 여과기는 여과 시작 전에는 용수에 규조토를 타서 여과기의 지지층을 만들고, 처음 통과되는 맥주가 여과기를 세척한다. 이것은 공기를 제거하고 규조토가 균일하게 분포하도록 한다. 여과기는 용수로 1.2~1.3배의 여과 속도로 투입되어 공기를 제거하고 1차 코팅이 되도록 한다. 투입되는 규조토의 양은 맥주의 혼탁도에 따라 결정되며 깨끗하게 맥주를 여과하기 위해서는 더 많은 양의 규조토가 투입되기도 한다.
　지지층이 있는 여과기의 여과 시간은 일반적으로는 10~14시간이며 여과량은 50hl/㎡에 수준이다. 규조토의 제거는 폐수 사용량을 줄이기 위해 공기로 불어내거나 기구로 긁어낸다. 물론 용량이 큰 여과기는 이러한 작업은 자동화되어 있다. 1차 여과기는 거친 입자의 규조토가 사용되며, 맥주의 탁도는 1~2 EBC 된다. 2차 필터로는 고운 규조토가 사용된다. 중요한 것은 투입되는 규조토량으로 1, 2차 여과기는 동일한 여과 능력을 가져야 한다. 전체적으로 사용되는 규조토량은 정상적인 사용량의 150~170%에 달한다.

3. 멤브레인 여과

미생물을 완전히 제거하기 위한 여과를 위해서는 멤브레인 필터가 사용되고 셀룰로오스로 구성되어 있으며, 재래 필터기가 기공이 20%인데 비해 80%의 기공을 갖고 있다. 최근 양조장에서는 멤브레인 필터를 이용한 여과공법이 많이 보급되어 있다. 멤브레인은 보통 모듈필터 또는 멤브레인 캔들 형태로 구성되어 있다. 293mm 직경(0.067㎡)의 둥근 형태의 멤브레인은 균일한 벌집 같은 구조로 기공의 크기는 일정하다(그림 5-7).

여과 능력에 따라 0.2㎛~5.0㎛의 기공이 있다 세균을 제거하기 위해서는 멤브레인의 기공 사이즈는 0.4㎛(±0.05), 효모를 제거하기 위해서는 1.2㎛가 사용되며, 두께는 150㎛이다. 기계적인 지지력을 높이고, 작업을 쉽게 하기 위해 섬유질로 구성되어 있다. 여과기의 기공은 많으면 여과 능력도 높게 된다. 1차 여과를 어떻게 하느냐에 따라서 시간당, 여과 면적당 200hl/㎡까지 여과할 수 있으며 전체 여과는 1300~2,000hl/㎡까지 할 수 있다.

멤브레인 필터는 다공성 판이 있는 운반체에 맥주가 통과하여 멤브레인 안쪽으로 들어가 중앙에 배출관으로 나오게 된다. 각각의 멤브레인 필터는 특수강의 탱크 속에 정렬되어 있으며, 여과목 적에 맞게 여과가 끝났을 때는 각각의 필터를 교체할 수 있다.

사용이 끝난 멤브레인 필터는 재생하여 사용할 수 없다. 200hl/h의 여과 능력이 있는 필터의 살균처럼 필터를 교체하는 데는 약 2시간가량 걸린다. 필터 구성체는 흡착 능력은 없으며, 여과 시 맥주의 특성은 변화되지 않는다. 맥주 속의 효모는 완전히 제거되며, 박테리아는 1.2㎛ 크기의 기공에서는 제거할 수가 없다.

폴리프로필렌(polypropylen) 혹은 나일론(nylon)으로 구성된 멤브레인은 기공 사이즈가 0.45㎛ 이하에서만 살균 효과를 볼 수 있다. 락토바실러스(*Lactobacillus*)나 코커스(*Coccus*)같은 박테리아는 제거할 수 있다. 이러한 필터의 여과 능력은 0.8~1.0㎕/㎡이며 7~8시간 사용 가능하다고 열수를 통해 필터를 살균 할 수 있다.

멤브레인 필터의 폐기 시에는 친환경적인 물질로 구성되어 있어 비용이 발생된다. 세라믹 필터는 50㎡의 여과 면적을 가진 여과체로 구성되어 있으며, 직경 12㎝, 50㎝ 길이의 필터에 10~30㎛의 기공을 가지고 있다. 기공 사이즈에 따라 효모 및 박테리아를 잡을 수 있으며, 1.5kg/㎡의 규조토가 투입되어야 한다. 거친 입자의 규조토가 1차로 미세입자가 2차로 투입된다. 여과 능력은 10hl/㎡, 사용시간은 약 20시간 정도이며, 규조토 사용량은 10g/hl이고 연간 500시간 사용할 수 있다.

 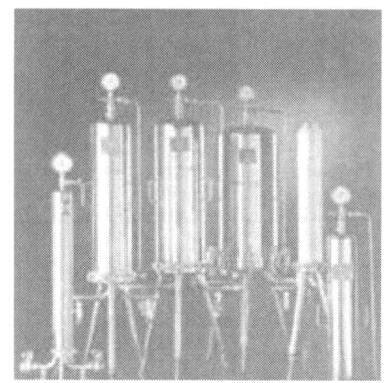

【그림 5-7】 모듈 필터(좌)와 캔들 필터(우), (Seitz Filter Werke, Bad Kreuznach)

고형 물로 인한 멤브레인의 짧은 수명의 문제는 크로스 플로우 여과법(cross-flow filtration)에 의해서 해결되었다(그림 5-8). 앞에서 설명한 모든 여과방법에서 액체의 흐름은 여과기의 표면에 대해서 직각으로 들어와 고형 입자들은 여과기 위에 쌓이고 점차적으로 여과기를 막히게 한다. 멤브레인 필터의 경우도 즉시 막히게 된다. 이때 여과할 액체의 방향을 90도 틀어주어 액체의 흐름은 여과기에 수직으로 들어오는 것이 아니고 여과기와 평행으로 들어와 흐르게 된다. 여기서 액체는 멤브레인의 표면을 따라서 흐르게 되어 멤브레인의 표면을 막는 것이 아니고 표면에 붙은 고형 입자를 깨끗이 쓸어 내는 역할을 하게 된다. 이 공정에 필수적인 것은 원주 순환을 유지하지 위한 순환 펌프 및 압력 하에서 유체의 온도 상승에 대한 플레이트 쿨러(plate cooler)로 미여과 액을 유입하는 것이다.

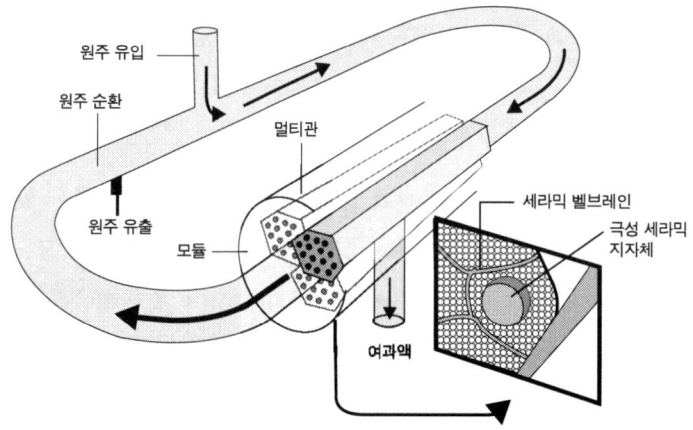

【그림 5-8】 크로스 플로우 여과법 원리(Pall SeitzSchenk filter systems, Waldstetten)

여과과정에서 시간이 경과하면서 여과량을 처리하면서 멤브레인의 표면은 점차로 막히게 된다. 이때 여과는 중지되고 먼저 수세한 다음 가성소다로 멤브레인을 처리하여 모든 불순물을 제거해야한다. 알카리 세제와 80℃의 과산화수소액을 혼합하여 처리하면 더 효과적이다.

멤브레인 여과기 앞에 1차 여과처리할 여과 설비를 먼저 설치하고 그 다음에 최종 여과기로 멤브레인 여과기가 설치된다면 여과기 표면이 빠르게 막히는 것을 예방할 수 있다. 멤브레인 여과는 중요성이 증가되고 있으며 이때 규조토 전처리 여과는 항상 이용된다. 그러나 규조토의 처리 비용도 증가하기 때문에 규조토의 이용은 배제되는 추세에 있고 규조토를 대체하려는 노력이 시도되고 있다.

4. 탄산화

맥주를 병이나 캔 등에 주입하기 전 CO_2의 농도를 측정하여 농도가 적으면 탄산화(carbonation, carbo라는 라틴어로서 이산화탄소를 말함)를 통해 CO_2를 보충해주어야 한다. CO_2는 맥즙에 산소를 불어넣는 원리와 같이 미세한 CO_2를 분사하여 맥주에 스며들도록 하는데 맥주에 용해되려면 일정 시간이 필요하다.

VI. 맥주 주입공정

01 케그 주입실

여과 후에 맥주는 케그, 병, 캔에 주입하는 공정을 거치게 된다.

여과된 맥주는 2~4bar의 압력으로 가압되고 있는 저장탱크에 저장된다. 여기서 맥주가 균일한 품질을 유지하고 주입공정에서 물리화학적, 생물학적 분석을 할 수 있다. 저장탱크는 2~4시간 주입공정에 공급할 수 있는 크기가 되며 서로 다른 종류의 맥주를 저장하기도 한다. 저장탱크의 용량은 1일 주입 공정에 공급되는 양의 1.5배의 크기이며, 탱크를 비우거나 탱크로 유입될 때 산소가 맥주에 유입되는 것을 막기 위해 가압탱크가 이용된다. 이때문에 맥즙 농도, CO_2 농도, pH, 색상 및 탁도 등의 관리가 이루어져야하며 신속하게 미생물을 검사할 수 있도록 해야 한다. 각 주입 용기별 주입공정은 다음과 같다.

1. 케그

케그 용기는 목재, 알루미늄, 혹은 특수강 등으로 제조되며, 합성수지는 사용되지 않는다. 주입 용기의 크기는 10~250L이며 대부분의 경우 30, 50, 70, 그리고 100L 용기가 사용된다. 주로 금속 용기가 사용되고 있으며 원통 형태의 용기가 도입되고 있다.

2. 케그 세척

케그는 내·외부를 세척하며 기계적으로 이루어진다. 외부 세척은 용기를 따뜻한 용수를 뿌리면서 솔로 세척하는 설비가 사용되고, 용기 내부에 용수를 채워 1차 세척을 한다. 다음으로 내부에 용수를 분산시켜 세척을 하는데 이때 냉·온수를 용기 구멍을 통해 용기에 분사시킨다. 이러한 분사기는 분사 시간이 15~30초로 시간당 100개의 용기를 세척할 수 있으며 자동화된 설비는 케그의 외부를 세척하는 솔과 분사하는 설비가 갖추어져 있다.

알루미늄 케그는 추가로 외부 코팅 상태 및 사용되는 세척제(1~3%)에 따라 30~85℃의 알칼리 세척체가 사용된다. 이어서 90℃의 열수가 분사되며 케그를 즉시 냉각시킬 필요는 없다. 마지막 분사 시에 스팀 사용도 가능하며 세척기는 케그의 크기와 분사 설비의 수에 따라 달라진다. 표면활성이 있는 제재를 사용하여 효율을 높이는 알칼리 세척제는 세척 후에 가온하여 재활용하게 된다.

시간당 40개의 용기를 세척하는 설비는 하나의 분사기로 연속적으로 1차로 용수를 분사하고 알칼리제재 및 열수를 분사하는 세척과정을 거친다. 세척된 용기의 추가적인 살균을 위해서 SO_2 가스가 이용할 수 있다. 접촉 시간은 30분이면 충분하며 SO_2 가스가 혼입된 공기는 완전히 제거되어야 한다.

3. 케그 주입

주입은 역압(counterpressure)이 걸린 상태에서 이루어지며 케그 주입 설비는 맥주와 케그 간 동일압을 유지시켜준다. 케그 주입 설비는 맥주 저장탱크와 주입관으로 이루어져 있다. 이 설비는 중간 탱크 없이 직접 주입공정이 진행될 때는 맥주 저장탱크로 사용되며 이러한 저장탱크는 한 개의 주입관을 사용해서 맥주를 공급한다. 용량이 클 경우에는 가압 공기로 작동하여 자체적으로 작동한다.

현대적인 케그 주입기는 탱크가 없으며 맥주 배관에서 주입관으로 이동된다. 주입관이 하부로 내려오면 이동 용기는 맥주 저장탱크 혹은 각 배관에 가압 공기로 1차로 분사된다. 압력가스로는 탄산가스가 사용되며 동일한 압력으로 용기 내에 가스를 배출하면서 맥주가 주입된다. 맥주는 용기 내에 이동되면서 용기 내에 있는 공기는 맥주 저장탱크로 흘러가거나 각 배관에서 배출된다.

4. 금속 재질의 원통형 케그의 세척과 주입 실무

특수강으로 제조된 용기의 무게는 50L 용기가 23kg이며 50L 알루미늄 용기는 8.5kg 정도이다. 케그는 위쪽만 개방되어 있고 케그 밸브가 갖추어진 칼 모양으로 나선형으로 잠그게 되어있다. 이 밸브로 세척, 주입 및 개폐를 할 수 있다. 케그 주입 부분은 스팀으로 반드시 살균하고 맥주를 주입하게 된다. 외부 세척 후에 케그는 세척 및 주입 설비로 이송되고 여러 단계의 공정을 거쳐 주입된다.

① 남아 있는 압력을 검사한 후 잔유물과 탄산가스를 제거하고 열수로 예비 세척을 한다. 살균된 공기로 잔존 용수를 제거하고 가열된 알칼리로 벽과 분사체를 세척하며 다시 알칼리 세척제로 채우고 가스가 있는 공간을 밀폐한다.
② 벽면과 문제가 되는 부분을 침지하여 알칼리 세척제와 접촉시킨다.
③ 살균 공기를 이용하여 알칼리 세척제, 알칼리 잔존물 및 잔류 세척용수를 제거하고, 60℃의 산으로 중간 세척한 후 살균 공기로 산세척제의 잔존물을 제거한다.
④ 열수로 중간 세척하고 스팀으로 잔존하는 열수를 불어낸다.
⑤ 살균 스팀을 집어넣는다.
⑥ 압력을 검사하고 강력한 스팀을 넣어 이완시키고 탄산가스로 남아있는 증기를 불어내고 탄산가스를 일부 남겨 예비 압력을 잡는다.
⑦ 탄산가스로 최종 압력을 맞추고 초기와 말기 주입은 천천히, 중간 주입 단계는 빠르게 주입한다.

케그는 일반적으로 윗부분까지 주입되며 집촉, 진기적 혹은 기체 역힉적으로 조절된다. 케그가 적절하게 주입되었는지 검사를 할 때에는 자동적으로 무게를 측정하는 설비가 사용되며 주입이 적절히 되지 않은 통은 무개차로 라인에서 제거된다.

02 병 및 캔 주입실

1. 용기

병의 경우 맥주 주입을 위해 다양한 병(0.33, 0.5, 0.64L)이 사용된다. 사용되는 병의 내부압을 약 6bar까지 견딜 수 있고 16bar에서는 폭발하게 된다. 병의 색상은 빛에 의한 맥주의 손상을 피하도록 밝은 갈색을 띠는 것이 좋다. 소위 일광취는 맥주가 빛의 파장 350~500nm 사이에 노출되면 나타나기 때문에 흰색이나 갈색병은 피하는 것이 좋다(그림 6-1).

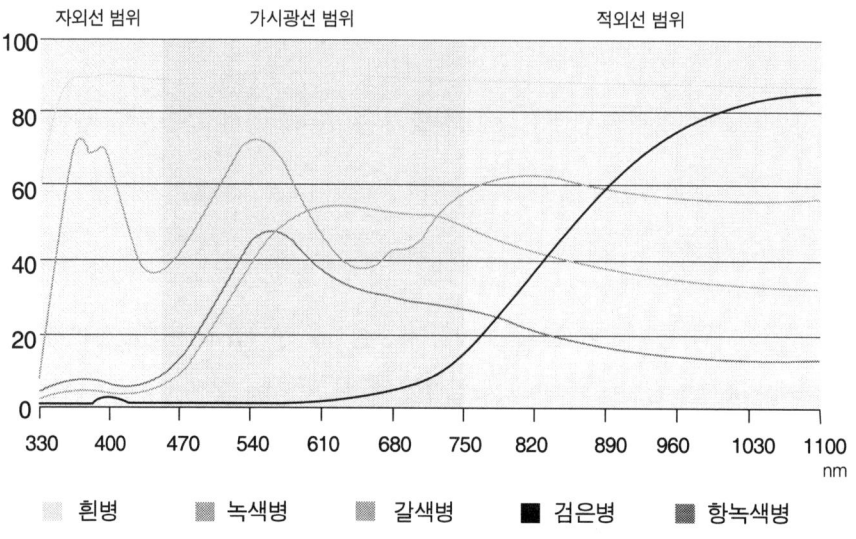

【그림 6-1】 맥주병 색상에 따른 빛 투과성 [70]

병타전 시 알루미늄 혹은 나선형의 왕관마개를 사용하며 뚜껑의 내부는 합성수지나 코르크를 사용하여 완전히 밀폐하게 된다. 마개는 플라스틱이나 알루미늄 호일을 사용하여 감싸기도 한다. 합성수지는 환경 정책에 따라 PVC가 포함되지 않은 재질이 사용되며, 현재는 폴리에틸렌, 폴리프로필렌, 에틸-비닐아세테이트-폴리머 등을 사용한다. 또한 병마개는 높은 압력을 유지하는 기능 외에 고압 하에서는(밀맥주의 경우) CO_2 배출 작용 및 산소 유입(맥주를 오래 저장할 경우)을 차단하는 역할을 하기도 한다.

한편, 캔의 경우는 거의 원통형의 형태이며 편평하고 구부러지기 쉬운 덮개가 이용된다. 캔의 크기(0.33, 0.5, 1L)는 다양하며 캔은 1회용으로 사용되고 철이나 알루미늄이 이용된다. 알루미늄 캔은 0.33리터의 경우 무게는 약 24g이고 더 가볍게 제조가 가능하다. 캔은 제조업체부터 살균되어 공급받으며 주입 시에는 간단히 물 세척을 한다. 맥주의 특성과 제조사를 인쇄하고 라벨 부착은 하지 않는다.

캔은 병보다 냉각이 안 되기 때문에 빨리 저온 살균해야 하고 빛을 피하고 신속하게 냉각되어야 한다. 흰색 캔의 경우 맥주가 금속과 접촉하는 것을 막기 위해 코팅이 되어 금속취를 방지한다. 캔의 주입 정도는 무게 측정을 통해 알 수 있다. 캔맥주는 주입 시에 산소 농도를 낮게 유지하는 것이 어려운 문제이며 캔 주입 라인은 캔의 특성에 맞는 주입기과 밀폐된 설비가 필요하다.

한편, 맥주의 거품 향상을 위해 일부 맥주에서는 캔에 위젯(widget, 플라스틱 캡슐)을 삽입한다. 위젯은 3cm 크기의 미니 공으로서 구멍이 두 개 있고 큰 구멍을 통해 고압 하에 질소가스를 삽입하고 봉인 후 캔에 삽입한다. 이때 캔 안의 압력도 대기압보다는 높게 세팅되게 한다. 캔의 압력이 대기압보다 높을 경우에는 위젯의 작은 구멍은 열리지 않으며 캔을 개방하여 압력이 감소하면 작은 구멍이 열리면서 질소가스가 맥주 안으로 분사되게 설계되어 있다. 웨젯을 장착한 캔의 경우 가격이 비싸지만 영국 맥주를 중심으로 유행하고 있는 캔 형태로 볼 수 있다(그림 6-2).

【그림 6-2】 웨젯과 질소가스

2. 병 세척

시중에서 회수된 병은 잔존 맥주와 오염물을 제거하고 생물학적으로 문제없는 상태에서 주입공정에 투입되어야한다.

작은 세척 설비들은 여러 가지 형태의 침지 설비, 세척솔 부착 설비 및 분사 설비 등을 갖추고 있다. 기계적인 세척은 40~45℃의 침지온도에서 이루어지고 솔로 세척 시 오염의 위험은 있다.

분사 설비는 침지 및 분사 설비처럼 화학적인 세제로 높은 온도와 압력에서 세척이 이루어진다(그림 6-3). 이러한 설비는 원형의 형태의 분사 설비로 시간당 2,000~6,000개의 병을 세척하며 투입은 수동으로 한다. 작업공정은 보면 우선 1차로 분사하고 65~75℃의 알칼리 세제를 다시 분사한 후 마지막으로 냉수를 분사한다. 분사는 내부와 외부에서 이루어지고 분사는 중심부에서 이루어지도록 해야 한다.

한편, 침지 및 분사 설비는 구조적은 변형이 가능하며 병은 자동적으로 투입되고 배출된다. 합성수지나 얇은 금속판으로 만들어진 바스켓을 통과하고 약 40℃로 예비세척을 하여 내부 잔존물을 제거한 후 60~80℃의 1차 알칼리제가 있는 침지탱크로 투입된다.

침지시간을 약 6분 정도 하면 생물학적인 효과를 보게 된다. 병은 60~65℃의 2차 알칼리세제로 3.5~4.5bar의 고압으로 분사되는 구간을 통과하고 이어서 40℃의 분사 압력이 2.5bar인 온수 구간으로 들어가 마지막으로 1.5bar의 냉수로 분사하는 과정을 거친다.

병은 내부에서 또한 바깥쪽으로 움직이게 된다. 위에서 언급된 잔존물을 제거하고 예비세척하는 방법은 병을 가온하는 1차 및 2차 침지를 하여 맥주 잔존물을 효율적으로 제거하며 2차 침지에서는 에너지를 절약하게 된다.

현대적인 분사방법은 낮은 압력(1.8bar)으로 많은 양을 분사하여 적은 동력으로 개선된 세척 효과를 나타내기도 한다. 이러한 분사는 효율을 증대시키기 위해 모든 분사 구간마다 병과 함께 통과시킨다. 외부 분사 방향을 변경하여 병의 움직임을 개선하기도 한다. 알칼리 침지 시 가성소다의 농도는 0.5~0.8%이며 많이 오염된 병의 경우는 금속성 라벨이나 은박지를 용해하기 위해 1.5~2%가 사용되기도 한다.

이러한 알칼리세제는 인산염이 혼합되어 있고 이들 구성 성분은 공장용수 경도에 적합해야 한다. 오염물 세척 효과는 알칼리세제의 농도를 낮추는 그물망 세제를 첨가함으로써 개선된다. 라벨 부착 시 사용되는 풀에 의해 발생되는 강한 거품을 피하기 위해 거품 억제제가 사용된다. 알칼리세제가 더럽혀졌을 때는 펌프 전후에서 여과를 하여 깨끗하게 하도록 한다. 알칼리세제의 농도를 매일 관리하면서 농도를 올려야한다.

울트라 필터 혹은 흡착 필터를 세척함으로써 알칼리 세척액은 좀 더 오래 사용할 수 있다. 사용된 알칼리세제는 주입과정 중에 발생되는 탄산가스로 중화시킨다.

세척 시에 발생하는 알루미늄염은 부분적으로는 알칼리세제 재생에 사용되기도 한다. 경우에 따라서는 병의 벽에 금속막을 형성하여 많은 양의 거품을 발생시키기도 한다. 이로 인해 많은 양의 수소가 발생하여 폭발 위험이 있기도 하다. 이러한 현상은 설비의 구리 부분 제거와 침지탱크 위쪽에 증기를 흡착함으로써 발생하는데 알루미늄 포일과 라벨의 사용을 줄여 이와 연관된 문제는 많이 해결되었다.

알칼리세제 처리과정에서 살균목적으로 병을 온수로 세척하는 것은 생물학적으로 문제가 없으며 $3\sim5g/m^3$의 염소 처리를 한다. 이때 알칼리세제에 의한 침적석은 피해야 하며 인산염의 투입으로 이러한 현상을 임시적으로 해결할 수 있다. 매일 진행되는 살균공정에서 염소 혹은 소독제를 투입은 매우 중요하다.

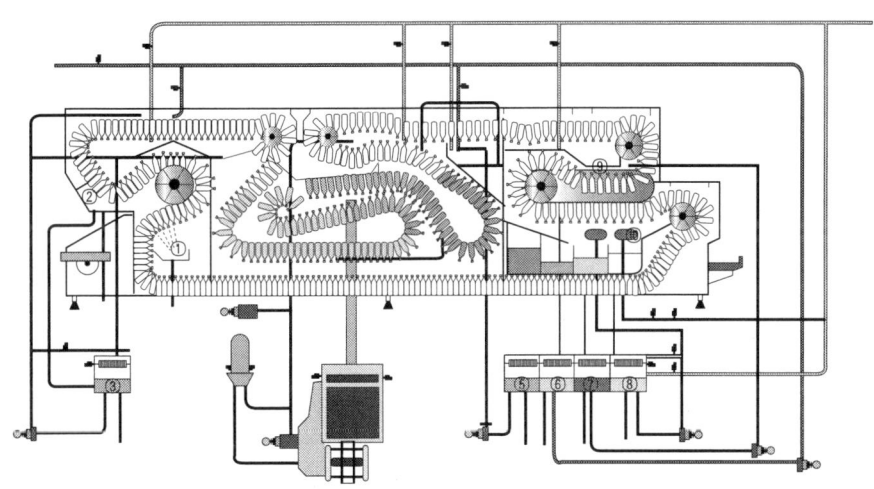

1. 잔존물 제거 2. 예비 침지 3. 예비 세척 4. 주가성소다 5. 후가성소다 6. 온수1 7. 온수2 8. 냉수 9. 침지탱크, 온수2 10. 신수

【그림 6-3】세병기의 구조 및 세척공정(Type Lavatec KES 34, Krones company, Neutraubling)

한편 주입기로 투입되는 병은 불빛으로 세척 정도를 검사한다. 자동화된 병 검사기는 수평라인에서 문제가 있는 병은 아래로 떨어져 분리하도록 되어 있다. 이 설비는 병 밑바닥에 빛을 투과시켜 빛이 포토셀(photo cell)에 도착하여 그늘이 있는 경우(오염된 경우) 병을 분리한

다. 이러한 카메라 기술은 부분적으로 나타나는 이물과 모든 합성물질을 인식한다. 병 측면의 검사는 카메라 시스템에 의해 작은 점으로 공병을 분석하고 통과하는 밝기를 평가한다. 병 입구도 유사하게 관리되며 색상을 인식하여 관리도 가능하다. 병 바닥과 입구와 동시에 병 내부 측면 벽에 이물질을 인식하기도 한다. 병에 남아있는 용액과 바닥 검사는 스캐너를 통해서 이루어지며 여기에는 추가 설치된 카메라로 바닥과 잔존 용액의 관리를 하게 된다. 알칼리 세척제가 잔존하는 경우에는 적외선 혹은 고주파 감지기가 이용되기도 한다. 검사기기는 원형이나 직선형의 라인에서도 사용할 수 있도록 고안되어 있다(그림 6-4).

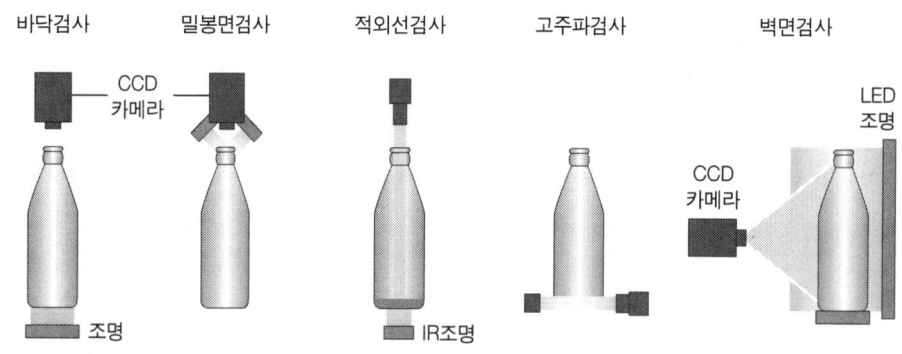

【그림 6-4】공병 검사 과정(Krones Ag, Hermann Kronseder Machine manufacturing, Neutraubling)

3. 병 주입

요즘은 병 주입기가 맥주 탱크에 구성되었거나 원형으로 설치된 주입기인 원형 라인으로 구성되어 있다(그림 6-5). 세병기로부터 주입기로 병이 이송되며 경우에 따라서는 유입 라인과의 연결을 통해 밀어주기도 한다. 주입기가 회전하는 동안 병은 올려져 주입기에 밀착되어 병과 주입기 입구가 연결된다. 병은 가압되어 2~3bar의 압력하에 맥주가 주입된다. 주입기가 회전하는 동안 주입관이 연결되어 병에 1차로 가압하고 맥주가 주입되는 동안 주입관에 설치되어 있는 배기관을 통해 공기는 배출된다. 이때 압력은 맥주 탱크의 압력과 동일하게 조절된다. 주입기 설비에 따라 주입과정은 다음과 같다.

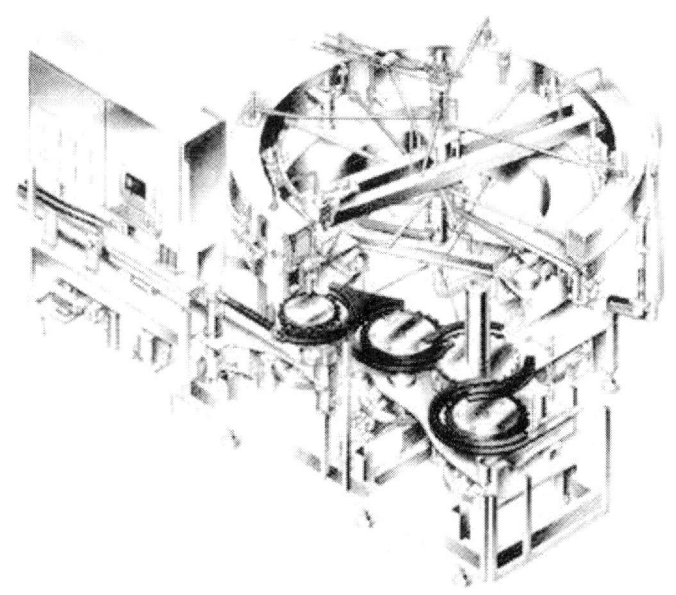

【그림 6-5】 병 주입기(KHS Machine manufacturing and engineering, Dortmund)

① 저압형 주입기는 주입 압력이 맥주의 탄산가스의 포화압을 넘는(0.8~1.5bar) 작은 압력에서 이루어진다. 대부분의 경우 직선상의 주입기로 탄산가스 함량이 5.0g/l인 경우에는 압력을 1.8~2.2bar로 높여야 한다.
② 고압형 주입기는 높은 압(5.2g/l)에서 고온 주입할때, 주입기의 능력이 클 경우 경우, 혹은 주입관이 적절치 않은 경우에 사용된다. 주입 압력은 3~8bar 수준이며, 탄산가스로 우선 주입한다.
③ 원추형 주입기는 주입기기 맥주 저장탱크의 바깥쪽에 있어 주입관 쪽으로 바닥이 경사져 있다. 구리로 구성된 둥근 형태이며 측면은 주석으로 도금되어 있다. 주입 과정에서는 탱크의 반은 맥주로 채워져 있고 맥주 수위는 앞뒤의 공기 관에 따라 조절된다. 그러나 역으로 공기가 흐를 경우, 일정량의 맥주가 역류하여 들어올 때는 생물학적으로 문제가 있을 위험이 있다. 이때 탱크내 용존 산소량은 급속하게 증가하고, 주입기가 주입 압력이 높지 않으면 탄산가스압도 높지 않게 되어 주입 능력이 떨어지게 된다.
④ 원형배관형 주입기는 원형 형태의 맥주 배관이 주입하는 동안 맥주로 채워진다. 1차 가압 공기와 배출 공기는 각각의 배관에 따라 이루어진다. 요구되는 압력 평형은 멤브레

인 밸브로 조절된다. 이러한 구조에서는 1차 가압 및 배출관에서 접촉이 없어 산소의 특성이 적절하게 유지된다.

한편 맥주와 가압 공기 사이의 압력차를 작게 조절함으로써 맥주의 종류에 따라 주입기술을 적용할 수 있다. 이 주입기는 주입관의 종류에 따라 다음과 같이 구분된다.

마개형 주입기는 오래된 구조로서 여기에는 1차 가압 공기, 맥주 주입, 배출 공기를 위한 3개의 관이 있다. 마개는 측면에 부착된 설비의 신호에 의해 회전되며 주입기가 회전하면서 요구되는 배관이 선택된다. 병을 가압 후에는 1차 가압 배관이 열리고 주입 탱크에서 주어진 압력이 병에 1차 압으로 전달된다. 다음 단계에서 1차 가압 배관은 닫혀 맥주 배관과 배출 공기 배관이 열린다. 맥주는 병에 적절한 기울기로 투입되고 배출되는 공기는 주입기의 후드나 배출 공기 탱크로 들어가게 된다. 맥주는 맥주의 수위까지 공기 배출관을 채우고 배관이 닫힌 후 병이 내려오면 병의 양쪽 배관이 비워지고 수평 배관과 결합하게 된다. 이전에 부표의 코르크가 작용하여 주입 배관이 빨리 닫히고 흐르는 맥주는 주입 배관에 모이고 닫히게 된다. 그러나 마개형 주입기는 배관이 변형되고 밀폐가 되지 않아 맥주가 소용돌이 치게 된다. 이러한 현상은 두 개의 서로 다른 금속으로 이루어진 마개와 틀이 0.7bar의 공기압으로 밀폐해야 특성이 개선할 수 있다.

쉬트형 주입기는 주입체가 2부분으로 나누어져 있다. 구멍이 나있는 쉬트가 분리되어 한쪽은 금속으로, 다른 한쪽은 합성수지로 되어 있다. 금속으로 된 부분은 주입관의 신호로 회전되고 배관과 연결되어 있고 합성수지 쉬트로 밀폐된다. 쉬트형 주입기는 마개형 주입기와 성능은 비슷하다.

가압 주입기는 병에 한 번에 주입하는 것으로 병은 앞의 전처리 공정 없이 주입관의 양대로 병에 주입된다. 주입관은 하부 밸브에 의해서 분리되면 닫히고 맥주는 더 이상 주입되지 않는다. 주입 시에 병이 열리고 하부 밸브는 맥주를 유입되도록 한다. 병에 일정 수위까지 차면 주입 압력과 배출 공기압 사이의 압력차는 소용돌이 없이 유입 속도를 높여 조절할 수 있다. 이를 통해서 탄산가스 함량이 높은 맥주의 주입이 비교적 낮은 압력으로도 가능하며 산소의 흡수도 적게 할 수 있다. 이러한 종류의 주입기는 시간당 64,000병을 주입할 수 있다.

밸브형 주입기는 긴 주입관으로 이루어지며 이 주입관은 원형의 배관의 바깥쪽에 밸브가 있다. 1차 가압 시에 연결된 배관으로 가압 가스가 주입관으로 들어가고, 가압 가스로 탄산가스나 질소가스를 사용할 경우 공기는 병의 위쪽으로 배출관을 통해 배출된다. 일정한 시간 후에 배출관이 닫히면 가압이 이루어져 불활성 기체가 병에 차게 되며 주입 밸브가 열리고 맥주가 유입되어 서서히 차오르게 된다. 병목 부분에 차오르는 맥주는 회수 가스 부분에서 조금씩 가압하여 억제하고 회수 가스관에 의해 맥주 유입 밸브가 닫히게 된다. 병입이 높이를 변경하기 위해서는(15mm의 높이) 신호가 오면 시간을 잠시 늘리면 된다. 이러한 공정은 현대 주입 구조에서는 전기적인 신호로 조절이 가능하다. 주입 밸브 및 회수 가스 밸브가 닫힌 후에 각각의 병의 개폐 과정에 의해 압력 균형을 이룬다. 단계적인 주입과 이어지는 균형으로 밸브마다 낮은 압력 혹은 탄산가스 압이 높은 맥주는 이에 맞추어 주입이 이루어진다. 주입기는 시간당 100,000병을 주입할 수 있다. 주입관이 없는 주입기는 맥주를 회수 공기 배관의 금속관을 거쳐 가압을 한 후 병의 벽을 따라 주입되어 공기는 회수공기 배관의 짧은 관을 따라 배출된다. 병에 주입이 끝나기 전에 주입 압력은 균형을 이룬다. 밸브는 원형 탱크의 용수철에 의해 맥주 속으로 가라앉게 된다.

한편, 맥주는 유입되는 동안 공기와의 접촉이 있으며, 또한 주입 시에 거품의 형성을 피하기 위해 고압(2.5~3bar)이 이용된다. 이때 산소가 맥주에 용해되는 것을 최소화하기 위해 탄산가스나 질소가스를 병목 부분에 주입하여 맥주가 공기를 흡수하지 못하도록 한다. 주입시 병에 진공을 걸어 주입하려면 진공 배관이 필요하게 되는데 주입기에 설치되어 있는 펌프를 통해서 진공이 병에 걸린다. 이러한 진공은 탄산가스나 질소가스가 사용된다. 여기서 맥주의 주입은 3단계로 이루어진다. 회수 가스 배관을 통해 불활성 기체를 천천히 채 우고, 병목 부분까지 신속히 맥주를 주입하여 양을 조절하고 병을 막는다. 이후 탄산가스나 질소가스를 주입하여 일부의 맥주를 밀어내어 병목 부분을 탄산가스나 질소가스로 채운다. 이러한 주입기는 병목 부분에 산소 함량이 적게 되어 고압으로 물을 쏘아주지 않아도 된다.

한편 일체형 병 살균기가 설치된 주입기는 세균 오염 없이 주입할 수 있다. 50~60℃의 세병기로 병이 약 110℃의 포화 스팀이 작동하는 주입기로 들어와 가열되는 원리이다. 대기의 공기는 대부분 회수 가스 배관으로 배출되고 포화 증기는 약 3초 동안 탄산가스를 세척하고 탄산가스에 의해 1차 가압되고 이어서 주입이 이루어진다. 병의 목 부분은 탄산가스로 채워지며 2차 오염을 피하기 위해 병을 증기 살균하고 세균이 제거된 왕관으로 병을 밀폐한다. 이러한 작업 방법은 주입관이 긴 주입기에서 가능하며 탄산가스 세척과 가압은 앞에 언급된 방법과 동일하게 이루어진다.

4. 주입기의 세척과 살균

여러 부분으로 구성된 병 주입기는 주입 후에는 냉수로 세척하여 맥주와 거품의 잔존물을 제거한다. 이때 주입기의 모든 공간 및 배관을 세밀하게 세척해야 하며 각각의 설비에 설치된 세척기로 세척된다. 세척 후에는 주입기는 열수(85~90℃) 혹은 스팀으로 매일 살균시켜야 하는데, 이때 멤브레인, 주입관, 패킹 등은 열 내성이 있어야 한다. 살균에 이어 살균 공기로 냉각한다. 이때 살균 온도가 주입기의 중요 부분에 적절한지를 관리하는 것이 중요하며 주입 설비의 소독은 표면장력이 큰 소독제로 가능하다.

이때 모든 배관을 소독하기 위해 병을 올려놓고, 주입관을 가압 및 주입 위치에 놓는다. 병을 회전시켜 열수나 소독액을 예비 라인에 투입하는 것도 좋은 방법이다. 주입기를 마지막으로 세척할 때 생물학적으로 문제가 없는 용수가 사용되어야 한다. 오늘날에는 주입기는 CIP로 이루어지며 세척 및 살균은 교대로 이루어진다. 가동되지 않을 때에는 주입기는 정지되고 95℃의 열수를 살포한다.

5. 병의 타전

요즈음 왕관을 자동으로 병에 타전되도록 되어있다. 설비가 큰 경우에는 주입기에 같이 설치되어 있다. 왕관은 레일을 따라 회전되는 병에 타전된다. 병의 종류에 따라 용수철에 의해 높이가 조절되며 타전기의 세척과 소독은 아주 중요하다. 알카(Alka) 타전기는 두 개의 설비로 구성되어 있으며 왕관은 타전 전에 알루미늄 밴드로 각인되고 각각의 타전기로 이동된다.

왕관은 병에 타전되는데 병의 입구에 홈이 파여 있어 돌려서 타전된다. 철사로 연결되어 타전하는 방법은 대부분의 맥주회사에서는 사용하지 않으나 외국의 경우 지역적인 상품의 경우 일부 사용된다. 기계적인 타전 방법은 타전기에 병을 올리고 중심을 맞추고 눌르며 시간당 12,000~14,000병을 타전할 수 있다.

6. 주입 후 산소의 용해

맥주 주입과 유통 사이에 맥주의 산소 유입을 관리하고 감소시키는 것은 중요하다. 숙성탱크에서 맥주는 정상적인 후발효 시에는 용존산소는 0이다. 그러나 숙성이 끝난 맥주가 저온저장이나 안정화과정에서도 탱크의 모양에 따라 산소 농도는 0.1~0.3mg/l에 이르게 된다. 탱크로 이동 시 혹은 여과하기 위해 탱크를 비울 때에 용존산소 함량은 3mg/l까지 높아진다.

병의 경우 목 부분의 빈 공간은 20ml 정도가 된다. 병목 부분의 공기량을 최소화하기 위해 맥주에 거품을 일으켜 탄산가스를 함유한 거품으로 밀어낸다. 여기서 중요한 것은 주입관이 균일하게 작용하여 맥주가 4.5g/l의 탄산가스를 함유해야 하고 거품층은 병의 윗부분까지 올라와서 병 바깥으로 흘러야 한다. 이때 병당 맥주 손실은 1~2ml 정도이며, 병당 공기량이 1.0mg를 넘지 않아야 한다. 1.0mg의 공기는 0.5L 병의 경우 산소량으로는 0.42mg/l 혹은 0.56 mg/l 산소 함량을 나타낸다.

일반적인 조건 하에서는 산소가 리터당 0.4mg 이하로 용해되어 있어 전체적으로 산소 농도는 리터당 1.0mg이 된다. 이러한 산소 함량은 나쁜 영향을 미치기 때문에 맥주에서 산소 함량을 줄이기 위해 기술적으로 많은 노력이 필요하다.

탄산가스로 가압 하에 맥주의 주입은 정상적인 주입 시에 공기와 탄산가스 혼합체를 사용하는 것은 효율적인 방법이다. 주입 압력이 2.5bar일 때 탄산가스 함량은 70%에 달하며, 탄산가스 사용량은 hl당 440g이며, 병목 부분의 공기 함량은 일반적으로는 0.3~0.4mg으로 감소된다. 병에 진공을 걸거나 탄산가스로 가압 시에는 탄산가스 농도가 90%에 이르며 탄산가스 사용량은 hl당 약 150g이다. 이때 병목 부분의 공기 함량은 0.2~0.3ml로 감소된다.

두 번의 진공을 걸면 병의 윗부분의 탄산가스 함량은 거의 100%가 된다. 이때 열수를 가하면 맥주가 넘쳐흐르며 hl당 300~400g 탄산가스가 사용된다. 공기 회수관으로 맥주가 나오고 윗부분으로 탄산가스가 유입 시에 병 목 부분의 공기 함량은 0.1~0.15mg/l가 된다. 주입관이 긴 주입기의 경우 탄산가스로 세척하여 남아있는 공기를 밀어내어 수치를 낮출 수 있다. 일반적으로 전체 산소 함량이 0.2mg/l이 되어야 한다.

사용되는 주입기에 질소가스를 이용할 때는 비용이 탄산가스보다 더 저렴하게 된다. 질소가스를 사용하여 주입할 경우 탄산가스를 사용할 때와 비교하면 품질상의 문제는 없으나 6개월 이상 유통기간에서는 탄산가스로 주입된 맥주보다 풍미에서 약간 떨어지는 변화가 나타난다.

한편 캔 주입 시에 산소의 흡수는 병보다 높게 나타난다. 그 이유는 캔에 진공을 걸면 알루미늄 캔이 손상될 수 있어 진공을 걸 수 없다. 또한 캔 상층부의 공기를 제거하는 것은 주입 시 거품층이 형성되고 탄산가스로 캔 하부에서 충진함에도 불구하고 병보다 어렵기 때문이다. 따라서 캔 주입은 탄산가스를 사용하여 주입하는 것이 산소의 흡수를 줄일 수 있으며 탄산가스로 예비 세척하는 것도 개선 효과를 볼 수 있다.

케그 주입 시에는 처음에는 천천히 일정한 용량에 이르면 정상적인 속도로 이루어지도록 해야 한다. 케그의 주입은 반드시 탄산가스압 하에서 이루어져야 하며 스팀으로 산소를 제거하고 탄산가스를 충진하여 예비 세척을 한다. 이렇게 함으로서 충진된 케그는 산소 함량이 0.1mg/l로 관리가 가능하다. 또한 산소가 없는 맥주를 주입하기 위해서는 저장탱크에서부터 각각의 중요 단계에 탄산가스를 사용한다.

7. PET 주입

음료수에는 플라스틱 용기 주입이 많이 증가하고 있으며 최근에는 맥주의 주입에도 사용되고 있다. 이 용기는 PET(polyethelene terephthalate)로 제조된 용기가 사용되고 있고 가장 큰 장점은 가벼움이다(0.5리터 용기의 무게가 30g). 또한 파손이 없고 깨지지 않으며 원하는 색깔로 염색이 가능하다. 또한 맥주 공장에서 용기를 생산할 수 있으며 공장에서 각각의 모양을 디자인할 수 있으며 재활용이 가능하다. 단점으로는 60℃까지만 열내성이 있어 가열 주입이나 저온 살균이 어렵다는 점인데 최근에는 95℃까지 견디는 용기가 개발되고 있다.

1) 페트 용기 특성

페트의 내부 구조는 온도에 따라 달라진다. 약 80℃ 이하에서는 분자 체인이 느슨하게 연결되어 있으나 80℃를 초과하면 유리 같은 상태가 되고 적절한 형태의 용기를 만들 수 있다. 120℃ 이상에서는 반 크리스탈 상태로 되고 160℃에서는 우유같이 하얀 상태에 이르게 된다. 따라서 성형온도는 90~125℃ 수준이며, 일반적으로 110~115℃가 성형온도가 된다.

페트는 용해성이 있고 산소 투과성이 있어 맥주 안정성에 좋지 않다. 일반적으로 PET병이 시간이 지남에 따라 증가하며 대기압과 맥주 사이의 부분압 차이로 몇 주가 지나면 산소의 유입으로 맥주를 산화시키게 된다.

따라서 페트병은 코팅하거나 병벽을 여러 층으로 하여 만든다. 페트병 벽의 가스 교환을 막기 위해 barrier layers(벽 사이에 벽을 만드는 것을 말함)가 적용된다. 즉 병벽을 다수층(multilayer)이나 내부 코팅을 하는 방법이 사용된다. 다수층 방법은 병벽을 3~5층으로 혹은 6~9층으로 만드는 것을 말한다. 최근에는 페트병 제조시 산소 차단재로 나일론이 소재의 AmGuard가 사용되는데 프리폼(페트T를 만들기 위한 재료) 제조 시에 다수 벽을 집어넣는다. 특별한 기술을 사용하여 이 층이 병을 불어 제조할 때 페트 내에 균일하게 분산시켜 제조한다. 내부 코팅처리 기술은 추가로 설비가 들어가며 코팅 비용이 비싸다. 또한 병을 진공 상태로 하고 병 주위에 처리실이 필요하다.

또한 병 내외를 0.1mbar를 걸어 2.5초 내에 병 내부를 무정형의 탄소 코팅을 하여 맥주와 페트병 사이에 풍미가 교환되는 것을 막는다. 이때 PICVD(Plasmax Impulse Chemical Vapour Deposition) coating이 사용되는데 hexamethyl disioloxane이라는 화합물을 사용하여 페트병 안쪽에 유리층을 형성하도록 한다. 이 화합물과 산소의 가스 혼합물은 진공 하에서 병 내부로 들어와 전자파 에너지로 가열되어 병 내부에 유리처럼 축적된다.

이 방법은 산소 및 탄산가스 혹은 화합물의 이동을 효과적으로 차단한다. 외부 코팅 처리 기술은 나노 단위 얇은 막이나 외부의 긁히지 않는 실리콘 옥사이드의 층을 외부에 차단층을 형성하는 것이다. 외부 코팅을 보호하는 것은 서로 부딪침으로 벽의 차단 능력을 떨어뜨리기 때문에 중요하다.

2) 페트병의 주입공법

병면 벽이 얇은 1회용 페트병은 진공에 매우 민감하여 미리 진공을 잡을 수가 없다. 따라서 페트병을 주입하는 데는 두 가지 방법이 있다.

첫 번째 방법은 주입 튜브가 짧은 필러를 사용하며 병속의 공기는 탄산가스를 불어넣어 제거하지만 이때 병 하부에 공기는 즉시 제기할 수 없다. 이 공기를 제거하기 위해 다량의 탄산가스가 사용되며 이때 산소 흡수량은 0.08mg/l가 된다.

두 번째 방법은 주입 튜브가 긴 것을 사용할 경우 산소 흡수량을 0.02mg/l까지 줄일 수 있는데 다음의 단계를 거치게 된다.

① 기본 위치 : 페트병이 올려지면 모든 밸브는 닫힌다.
② 탄산가스 주입 : 페트병이 주입 밸브로 올려져 탄산가스가 주입되어 공기를 밀어내고 탄산가스와 공기 혼합체는 방출된다.

③ 예비 가압 : 페트병은 주입기에 밀착되어 동일한 압력으로 탄산가스를 채운다.
④ 주입 : 주입 밸브가 올라와 맥주가 페트병의 벽을 따라 주입되어 병을 채운다. 이에 따라 채워져 있던 탄산가스는 빠져나간다.
⑤ 주입 완료 : 주입과정은 맥주가 다 채워지면 주입 밸브와 가스 밸브는 닫히고 페트병은 가압 하에 있게 된다.
⑥ 방출 : 방출 채널 쪽의 밸브는 열리나 페트병의 압력은 방출 채널이 점점 가늘어져 있어 천천히 낮아진다.
⑦ 세척 : 세척 시에는 밸브가 열리고 세척액이 순환된다.

이런 과정을 통해 맥주와 접촉했던 부분이 세척 및 소독되며 페트병 타전 시 페트병은 스크류 캡으로 밀봉된다. 스크류 캡은 개방 및 밀폐가 쉬워 사용량이 증가하고 있으며 요즘에는 음료수 병에 많이 사용되고 있다.

한편, 플라스틱 스크류 캡 타전 시에는 페트병은 일반적으로 28, 35, 38mm 직경의 투 피스(two piece) 플라스틱 캡으로 밀봉된다. 플라스틱 스크류 캡은 폴리프로필렌으로 제조되며 고온에서도 안정된 형상을 하고 있다. 캡의 안쪽에는 산소 제거를 할 수 있는 내용물이 코팅되어 있고 이것이 2~4mg의 산소와 결합하여 병 내부로 침투하는 것을 막는다. 병의 윗부분뿐만 아니라 측면도 내부압을 완벽하게 유지하도록 단단하게 밀봉되어 있고 캡은 잡기 좋도록 골이 파여져 있다. 플라스틱 병의 밀봉을 위해서는 pick과 place 공정이 많이 이용된다. 이 공정은 플라스틱 스크류캡이 회전형 컨베이어를 통해 투입되어 밀봉기 앞에 셋업되어 병 입구는 아래쪽으로 위치하고 병을 투입하도록 되어있다. 맥주를 주입할 때에는 병에서 올라오는 거품이 병 입구까지 올라오도록 하여 병목 부분에 공기를 밀어내도록 한다. 고압으로 주입은 이런 목적으로 사용된다. 거품은 더 많이 올라오고 병 입구 끝까지 있도록 해야 한다.

스크류캡으로 밀봉하기 전에 병을 스프레이하거나 공기를 불어 외부를 세척한 후 스크류캡이 밀봉된다. 그리고 페트병의 상표 부착 시에는 페트병은 유리병처럼 상표를 부착하고 페트병의 중안에 상표를 부착하는 것이 일반적이며 광고 효과가 있다.

상표는 롤(roll)로 되어 공급되며 처음과 끝에 풀을 칠하여 부착한다. 이렇게 함으로써 병 세척 전에 상표를 제거하고(재사용 병의 경우) 상표의 재사용이 가능하다. 또한 풀 사용량을 줄일 수 있고 세척제와 에너지 사용을 줄이며 상표에 의한 세척제의 오염을 막을 수 있다.

03 맥주의 저온 살균과 멸균 주입

맥주의 판매 경로가 변화함에 따라 맥주의 생물학적 안정성에 대한 요구가 높아져 맥주의 살균 주입이 필요하다. 생물학적 안정성을 위해 두 가지 방법이 사용된다. 저온 멸균에 이후 맥주의 멸균 주입(sterile filling) 혹은 병 맥주의 경우 저온 살균(pasteurization) 또는 열 주입(hot filling)을 하기도 한다.

1. 멸균 주입

멸균 주입에는 멸균여과법(sterile filtration) 또는 순간살균법(flash pasteurization)을 이용한다.

1) 멸균여과법

흡착력이 우수한 가압 여과로 세균을 제거하는 여과로서 가압 여과기는 시간당 1.0~1.3hl/m^2의 여과가 가능하며 압력차가 1.3bar를 넘으면 여과는 중지된다. 여과기의 멸균은 0.2~0.3bar의 스팀이 필요하며 주입기로 연결되어 있는 배관 및 가압 탱크에 이용된다. 여과는 미생물을 제거할 정도로 정밀하게 이루어질 뿐 아니라 여과 제재의 흡착 능력 때문에 맥주의 구성 성분이 변하기도 한다. 여과 초기에 색상, 고미 성분 및 콜로이드성 물질이 제거된다.

맥주 거품의 손상은 첫 여과 중에 일어나는데 2차 규조토 여과기에서 고운 규조토를 사용하되 이때 여과 보조제인 셀룰로오스 및 제로 겔과 함께 사용하면 좋은 결과를 얻을 수 있다. 살균 여과는 기공 사이즈가 0.45㎛ 이하의 멤브레인 여과기 혹은 세라믹 여과기가 사용된다. 이 여과기는 가압 필터와는 반대로 압력의 변동에 별로 영향을 받지 않으며 병 주입기나 케그 주입기 앞에 가압 탱크 없이 설치할 수 있다.

2) 순간살균법

순간살균법은 우선 각각의 판이 철-니켈-크롬 또는 크롬-니켈 몰리브덴철로 구성된 다수의 열 교환판으로 구성된 판형 설비를 통해서 이루어진다. 유입판은 맥주의 방향을 바꾸어 즉 가열제 혹은 냉매를 통과하여 열교환이 신속히 이루어지도록 되어 있고 4구간으로 구성되어 있다(그림 6-6).

열 교환 구간(1구간)은 맥주 가열이나 냉각하는데 사용되며 크기와 배열에 따라 열 회수율은 93~94% 수준이다. 이후 열 교환기에서 맥주 온도를 67℃로 올리고 열수로 가열된 가열판(2구간)에서 가열되어 5℃가 올라가게 된다. 이때 열수 온도는 맥주 온도보다 2~3℃ 이상 높으면 안 된다.

맥주의 저온 살균 온도(68~75℃)는 배관형 열 유지판(제3구간)에서 30~60초 유지되며 가열판은 칸막이로 이루어져 맥주의 속도를 떨어뜨리고 맥주의 소용돌이가 생기며 장시간 가열되는 것을 막는다.

한편, 저온 살균 온도는 최소 68℃를 유지해야 하며 보통은 68~72℃로 락토바실러스균을 기준으로 유지 시간은 27~52분이며 잔존 맥주의 살균을 위해서는 부분적으로는 90℃가 사용되기도 한다. 맥주는 다시 교환부분으로 들어와 열 교환하여 원래의 맥주의 온도를 유지한다. 열 회수 시에는 맥주는 배출 시에 7℃의 온도를 유지한다. 이 온도는 직접 주입이 가능하며 탄산가스 함량이 높은 맥주에서는 추가적으로 냉각부분이 필요하다.

냉각기(4구간)는 소금물 혹은 직접 증발되는 냉매(암모니아)가 사용된다. 암모니아를 냉매로 사용하는 경우에는 판형 장치 외에 관형 증발기가 사용되기도 한다.

맥주를 가열하는 동안에 이 설비는 압력이 걸려있어 탄산가스는 포화압을 유지한다. 그렇지 않으면 탄산가스는 미세하게 새어나가 단백질 혼탁물이 형성되기도 한다. 열수 탱크에서 열 교환기로 넘어갈 때 압력은 탄산가스 포화압력 이상의 3~4bar를 유지해야 한다.

순간살균법은 세균을 제거하는 여과방법보다 비용이 적게 들며, 맥주의 산소 함량도 작고 물리화학적 안정성 및 생물학적인 효과도 좋다. 살균 설비는 주변에 무리 없이 설치되고 운영되어야 하며 가능하면 통과하는 맥주는 압력 변동이 없어야 한다. 맥주 통과에 앞서 사용되는 맥주는 가스가 없어야하고 연결 배관들도 완전히 공기가 제거되어야 하며 여과기로 인해 맥주에 미생물이 있어서는 안 된다.

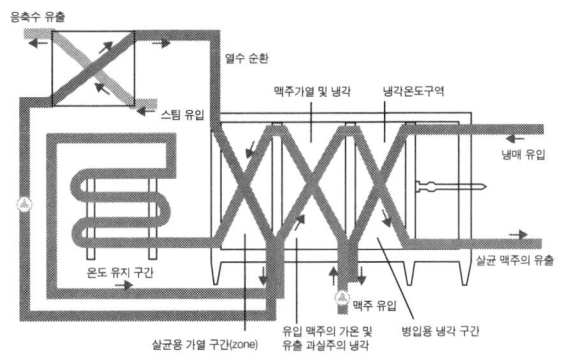

【그림 6-6】 Flash pasteurisation 살균기(KHS machine manufacturing and engineering, Dortmund)

2. 맥주의 저온 살균

효모와 맥주를 손상시키는 미생물은 살균을 통해 불활성화시키거나 멸균시키는 것이 파스퇴르 원리다. 맥주 미생물은 정상적인 조건 하에서는 포자를 형성하지 않기 때문에 비교적 낮은 온도에서 살균이 이루어진다. 맥주 미생물의 멸균작용은 온도와 시간에 달려있으며, 온도가 높으면 저온 살균 시간은 짧아지고 온도가 낮으면 살균 시간은 길어진다. 살균 효과를 나타내는 지표로서 파스퇴르 단위(pasteurization unit, PU)를 사용하는데 60℃의 온도에서 1분간 처리하는 것을 1단위로 표시하며 다음과 같은 공식이 적용된다.

$$PU = Z(분) \times 1.393^{(T-60)}$$

Z=시간을 나타내며 분으로 표시하며, T는 살균온도를 나타낸다. 1PE는 온도에 따라 달라진다. 즉 56℃=0.27, 58℃=0.52, 60℃=1 62℃=1.9, 64℃=3.8, 66℃=7.3 68℃=14 70℃=27이다. 위 식에서 보면 시간은 1차원 비례이지만 살균온도는 지수 비례이므로 살균 효과는 살균 시간보다는 살균온도에 큰 영향을 받는다. 단, 온도를 높이면 살균 효율은 좋아질 수 있으나 온도 상승에 따른 에너지 비용이 증가하고 고온 살균 설비가 필요하다. 또한 맥주를 열화시키므로 적정 온도의 설정은 대단히 중요하다. 각각의 미생물에 대한 처리 수치는 다르며 최소한의 저온 살균 단위는 다음과 같다.

3 PU : 배양 효모, 그람음성 세균(*Pectinatus*)

5 PU : *Lactobacillus brevis*, *L. coryniformis*, *L. casei*

8 PU : *Pediococcus damnosus*

18 PU : *Megasphaera*, 일반적인 맥주 손상균

20 PU : *Lactobacillus indneri*

25 PU : *Lactobacillus frigidus*

30 PU : 효모 포자, *Micrococcus kristinae*

확실한 살균을 위해서는 알려진 최소한의 온도와 시간을 지켜야 한다. 단시간 살균기는 최소 온도 66.4℃, 최소 처리 시간은 15초이며 터널형은 최소 온도 61℃, 최소 처리 시간은 4.5분이다. 저온 살균은 맥주의 생물학적인 안정성을 가져오나 높은 온도에서는 물리화학적인 안정성이 떨어지게 된다.

단백질성 콜로이드의 팽창, 탄산가스 결합의 유리 및 산화 등을 통해 혼탁이 발생하게 된다. 이러한 현상을 피하기 위해서는 맥주를 안정화시켜 풍미와 거품 유지가 되도록 한다. 저온 살균으로 맥주의 노화를 촉진시킬 수도 있다. 신선하고 풍미와 맛은 사라지고 폴리페놀의 산화, 아미노산과 잔당과의 작용, 그 밖의 중간 단계에서의 작용으로 마이얄 반응의 부산물이 형성된다.

이 밖에 지방산과 고급 알코올의 산화를 촉매하며 맥주가 갈변한다. 이러한 과정은 저온 살균된 맥주가 산소 함량이 높을수록 저온 살균 온도가 높을수록 더 빨리 진행된다. 가열처리한 맥주는 노화가 빨리 진행되며 일반적으로 맥주 주입 후에 저온 살균이 진행된다.

한편 화학발광법(chemiluminescence)에 의한 맥주의 노화 정도를 측정한 결과 살균처리 맥주에서 화학발광 발현 시점이 비살균처리 맥주에서보다 빠르게 나타난다. 또한 PU값이 크면 클수록, 보관 기간과 온도가 높을수록 발현 시점이 빠르게 나타난다(그림 6-7, 그림 6-8).

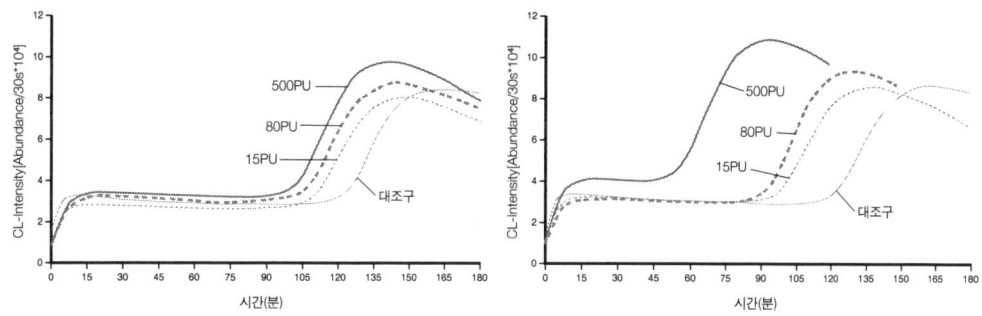

【그림 6-7】 살균 온도(60℃, 좌), (72℃, 우)에 따른 화학발광 [113]

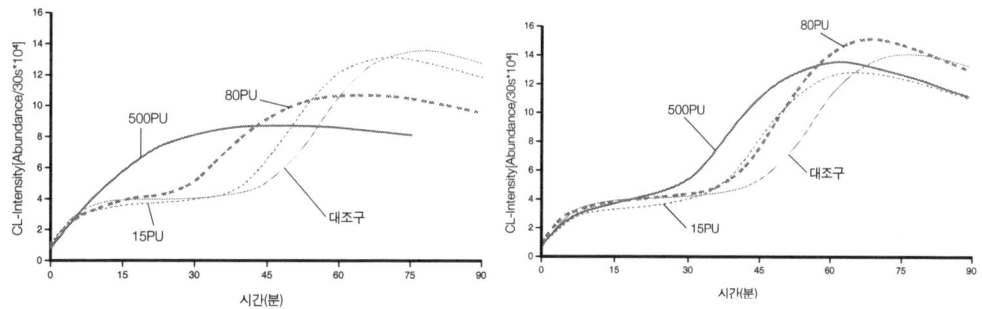

【그림 6-8】 살균 60℃(좌), 72℃(우)후 저장 온도 28℃에서 8주 저장에 따른 화학발광 [113]

병에 주입된 맥주의 저온 살균은 판형 가열기에 비해 처리 시간이 길어 전체적인 병 내용물을 원하는 온도에서 충분히 처리하게 된다. 이때 다음과 같은 조건이 충족되어야 한다.

온도 변화는 천천히 이루어져야 하는데 분당 3℃씩 올리고 냉각 시에는 분당 2℃씩 내려 병이 폭발하는 것을 막아야 하고 캔의 경우는 병보다 온도 상승과 냉각이 빨라야 한다.

병은 3%의 공간을 주어 지나친 병 내부 압력 상승을 피한다. 이것은 맥주의 탄산가스 함량에 따라 달라진다. 병이 일반적으로 12bar의 압력은 견디나 왕관이 견디는 압력은 7~8bar이다. 이러한 한계 압력을 초과할 시에는 병 폭발이 일어난다.

저온 살균은 규모가 큰 경우 완전히 자동화된 터널형 저온 살균기가 사용되고, 작은 경우 저온 살균실을 이용한다. 터널형 저온 살균기(그림 6-9)는 주입이 끝난 병을 라벨기와 주입기 사이에 설치되며 시간당 100,000병을 처리하며 공간을 절약할 수 있게 여러 층으로 만들어진다. 병은 넓은 판형 체인을 통과하며 병은 분사기나 바닥에 기공이 있는 수조에서 물을 분사함으로써 가열된다. 1차 가열부분에서는 62℃의 저온 살균 온도로 약 20분 가열되고 20분간 유지 후 마지막으로 20~22분간 25~30℃로 냉각된다. 전체 처리시간은 약 60분이다. 62℃의 저온 살균 온도를 유지하기 위해 가열매체의 온도는 67℃가 되어야 한다.

한편, 살균기를 통과한 병의 온도가 높으면 다음으로 이어지는 라벨을 붙이는 공정과 포장공정이 쉬워진다. 병을 가온하고 냉각하는 것은 판형 가열기보다는 효과가 적지만 열 교환기에서 이루어지며 병 폭발은 작은 병은 0.2%, 0.5L병은 0.3~0.4%이다. 병과 맥주의 손실 외에 바닥을 더럽히며 분사기가 막히기도 한다. 이러한 현상을 막기 위해 0.2~0.3% 농도의 소독제가 사용되기도 한다.

저온 살균의 효과는 자동 온도 조절로 확실해 지며 원하는 시간과 온도를 조절하는 것은 내부에서 병의 온도를 측정하고 저온 살균 장치로 보내는 기록계를 통해서 이루어진다.

【그림 6-9】 터널살균기(Tunnel pasteurizer)의 외부(좌)와 내부(우)

그리고 캔맥주의 경우 캔의 윗부분을 타전하고 밀폐가 확실하게 되었는지는 저온 살균기를 통과한 캔의 무게를 측정하여 알 수 있다. 캔은 신속하게 가열하고 냉각시키는 것은 문제가 되지 않으므로 정확한 온도를 지키는 것이 중요하다. 주입 능력이 작은 경우에는 저온 살균실이 이용되는데 밀폐된 방에서 저온 살균이 이루어지는데 병의 경우에는 이동용 수레를 이용하여 운반된다.

한편 비살균 맥주와 살균 맥주의 관능평가(28℃에서 4주 보관 기준)를 비교해보면 살균 온도와 PU에 따라 맛의 차이가 있으나 전체적으로 신선한 맥주에 비해 품질이 저하되어 있음을 알 수 있다. 또한 노화 물질인 2(E)-노네날이 비살균 맥주에 비해 급격히 증가했음을 알 수 있다(그림 6-10, 그림 6-11).

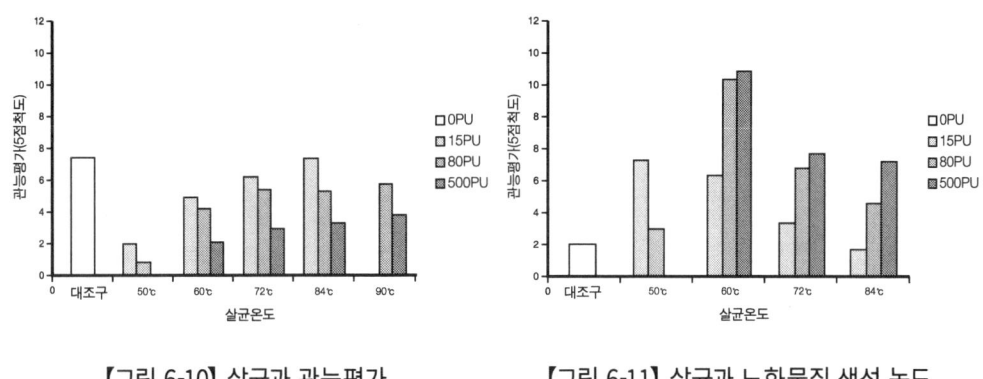

【그림 6-10】 살균과 관능평가   【그림 6-11】 살균과 노화물질 생성 농도

3. 맥주 손실

맥주 손실이란 자비 후 최종 맥즙량과 자비 후 맥즙을 통해 제조·판매된 맥주량과의 차이를 말하며 자비 후 맥즙의 %로 나타낸다. 맥주 손실은 자비 후 맥즙의 수축에 의한 손실(4%), 냉각 시 증발(2.5~3%), 발효조에서의 손실(1.3~1.7%), 저장조에서의 손실(0.6~0.8%), 여과 시 손실(0.8~1.0%) 및 주입 시 손실(0.2~0.8%) 등 총 맥주 손실은 평균적으로 8~10% 정도이다. 맥주 손실은 맥주 제조장에서의 생산성과 효율성의 중요한 지표가 되며 제조 장비와 각 공정에서의 손실 가능성을 파악하여 손실을 최소화하는 것이 중요하다.

VII. 세척 및 소독

01 장비 재질과 세척

맥주 양조장에서의 가장 기본적이고 중요한 일은 제조 장비의 세척과 소독이다. 이 장에서는 장비 및 배관의 재질 특성, 세척 및 소독제의 특성 및 세척과 소독 실무에 대해 기술한다.

알루미늄 재질의 장비는 가격이 저렴하고 맥주 맛에 영향을 주지 않는 장점이 있지만 알카리용액에 취약하고 마모되기 쉽다. 또한 재질이 부드러워 감압에 취약하며 쉽게 수축되는 문제 등이 있어 맥주 제조장에서는 사용하지 않는 추세다. 반면 현재 양조장에서는 크롬니켈 재질(chrome-nickel steel, V2A, V4A, V44A)의 탱크와 배관이 사용되며, 부식에 매우 강하고 평균적으로 크롬이 17~20%, 니켈이 8~13% 함유되어 있다.

크롬니켈 재질의 장비는 특수한 경우(pH와 온도가 높고 염소이온의 농도가 50~100mg/l일 때는 부식의 우려 때문에 장기간 장비를 사용하기 어렵다)를 제외하곤 산과 알카리 영향을 받지 않기 때문에 모든 제조장 영역에 사용이 가능하다. 다만, 크롬니켈 재질의 장비는 금속이 순수해야 하며 장비 표면에 미세한 피막(passive layer, 산화막)을 자연적으로 형성시켜야 부식을 피할 수 있다. 한편, 크롬니켈몰리브덴 재질(몰리브덴 2~3% 함유)의 장비는 가격이 매우 비싸지만 강산, 강알가리 및 고염소 이온에 저항이 강하여 모든 제조 영역에 사용이 가능하다. 제조장의 새로운 CCT 장비는 특히 내부가 연마처리를 통해 매끄러워야 하며 오염의 소지를 없애야 한다. 고무호스의 경우 약알카리만으로 세척이 가능하고 호스 내부의 긁힘 등으로 인해 미생물 오염 위험이 있어 배관으로 사용하지 않는 것이 좋다.

02 세척제

　세척제(cleaning agents)는 장비 표면의 단백질, 수지 성분, 유기·무기염 및 미생물 등 오염물을 제거하는데 사용된다. 오염물은 수용성이면서 세척 시 분해되는 물질, 에멀션(emulsion)이면서 불용성 물질(세척 시 에멀션화되어야 됨) 및 에멀션화가 안 되면서 불용성 물질(세척 시 에멀션화되어야 됨) 등으로 구분된다. 세척 시 가장 간단하면서 환경 오염을 방지할 수 있는 세척제는 물이지만 제조장의 모든 오염물을 물로써 세척하는 데는 한계가 있다. 세척제는 다음과 같은 특성을 나타내야 한다. 수용성이면서 오염물 세척이 용이하고 저온에서 세척이 가능해야 한다. 또한 거품이 나지 말아야하고 재질에 부식이 없어야 하며 가격이 저렴하면서 폐수에 문제를 야기하면 안 된다. 세척제는 분말 및 액상형으로 판매되는데 사용하기 간편한 액상형이 주로 사용된다.

　세척제는 기본적으로 산 또는 알카리 용액 같은 운반체(carrier substance)와 안정제, 용매, 세정제와 같은 활성체(active agents) 성분으로 구성되어 있다. 또한 pH에 따라 산성, 중성, 알카리 세척제로 구분하기도 한다. 알카리 세척제는 60~80%의 가성소다(NaOH)를 기본으로 하여 탄산나트륨(sodium carbonate), 다가실리콘(metasilicon), 폴리인산(polyphosphate), 인산3나트륨(trisodium phosphate), 습윤제(wetting agents), 억제제(inhibitors) 등이 첨가되어 있다. 산세척제는 인산, 황산, 질산, 글루콘산, 구연산을 기본으로 하여 억제제를 첨가한 것이다. 맥주 제조 시 맥주와 접촉하면서 설비와 배관 표면에는 초산석회 성분의 맥주석(beer scale)이 생기는데 제때 제거하지 않으면 층을 이루게 되어 미생물 오염의 원인이 될 수 있다. 맥주석 제거를 위한 세척제는 약질산이다.

　한편, 세척제의 주성분은 미생물 멸균에 탁월한 가성소다이고, 그 외 첨가제는 세정력을 높여주는 역할을 한다. 계면활성제는 첨가제 중의 하나이며 물의 표면장력을 낮춰 오염물을 용이하게 제거해 주는 역할을 하게 되며 맥주 거품에 부정적인 영향을 미치므로 세척을 통해 제거한다. 환경적인 측면에서는 생물학적 분해가 가능한 구연산이나 젖산 등을 사용하는 것이 좋다.

03 소독제

　소독제(disinfecting agents)의 경우 세척제와 같은 기능을 갖추어야 하며 세정력이 아닌 소독 또는 살균의 기능을 할 수 있어야 한다. 소독제로는 할로겐 함유 세정제로서(차아염소산나트륨(sodium hypochlorite, NaOCl), 이산화염소(chlorine dioxide, ClO_2))와 산화제로서 과산화아세트산(peracetic acid, H_2O_2), 4급 암모늄으로서(quaternary ammonium compounds, QVA) 및 양쪽성 계면활성제(amphoteric tenside) 등이 사용된다. 이산화염소는 적은 농도(0.5~2ppm)로도 소독의 역할을 하는데 미생물(효모, 세균, 곰팡이, 바이러스 및 포자)의 세포막을 통과하여 세포질의 아미노산을 파괴함으로써 살균의 기능을 하게 된다.

　과아세트산은 0.01~0.1% 농도로 사용되며 소독 후 잔량이 남지 않아 이상적인 소독제로 꼽힌다. 그러나 자낭포자(ascospore)를 형성하는 *Saccharomyces diastaticus*는 과아세트산에 민감하게 반응하지 않는다. 한편 4암모늄은 많은 소독제에 함유되어 있으며 양이온 계면활성제로 pH는 중성이고 세균 살균에 탁월하다. 다만 거품이 남아 소독 후 잔존량 처리에 문제를 야기하는 단점이 있다.

　한편, 세척제와 소독제는 환경 문제를 일으키는데 특히 염소를 함유한 세척제가 흡착성 유기힐로겐 성분으로 진화되면서 폐수 문제를 야기면서 폐수처리 비용을 상승시키는 요인이 된다. 소독제와 소독제의 종류는 많으나 사용 목적과 농도 및 설비의 적용성 등을 고려하여 선택해야 한다.

04 세척 및 소독 실무

소규모 양조장에서는 소독과 세척이 한 라인의 CIP 시스템으로 가능하지만 대규모 양조장에서는 각 공정마다 CIP 시스템을 구축하여 작업을 해야 한다. 세척제는 보통 2회 사용 가능한데 처음에는 주세척제로 사용하고 나중에는 예비 세척제로 활용하는 방법이 있다. 세척제의 효율적인 재사용을 위해 고안된 설비는 다음과 같으며 이 장치를 이용하여 세척제의 온도와 농도 등을 조절할 수 있다.

설비 세척은 우선 저압 또는 고압 분사를 통해 실시되는데 실무에서 많이 사용되는 저압 분사는 6bar 이하의 압력으로 설비에 세척 또는 소독제를 분사(20~75㎥)하여 화학 반응을 유발시키는 방식이고, 고압 분사는 60bar 이하로 분사하는 방식이다. 분사를 위해 분사헤드와 제트클리너가 설비 내부에 장착되어 있으며 설비의 구석까지 세척이 되도록 설계되어 있다.

이때 분사헤드 바닥의 작은 구멍은 아래를 향하도록 설계되어 있어 잔존하는 세척제가 밑으로 흘러내리게 되어 있다. 모든 CIP 시스템은 2개의 펌프가 필요한데 하나는 세척제를 분사헤드로 이동시키는 것이고 또 하나는 세척제를 빼내는 역할을 하며, 이때 세척제를 빼내는 펌프의 효율이 25% 정도 높아야 세척작업이 막힘없이 작동한다. 자동화된 CIP 시스템에서는 세척 속도, 세척제 온도 및 농도 등을 체크가 가능하다. 그러나 세척 시 배관 등이 세척이 안 되는 문제가 발생할 수 있으며 다음과 같은 곳이 취약한 곳이다.

손잡이(taps), 볼밸브(ball valve), 나선형 밸브(srew operated valve), 샘플 손잡이(sampling taps) 등은 수동으로 분해하여 세척 후 윤활유를 바르고 재조립해야 한다. 또한 세척제와 소독제를 다룰 때에는 안전수칙을 사전에 인지하고 화학약품을 혼합할 때는 산, 알카리, 물 순서로 섞는다. 또한 구글 안경과 작업복을 착용하며 비상 시에 대비하여 샤워 시설 등을 갖추어야 한다.

한편 세척제와 소독제는 사용은 아래와 같다〈표 7-1〉.

〈표 7-1〉 소독제 및 세척제의 응용 [113]

구분	알카리용액				산성용액				
	가성소다	가성소다 + 차아염소산나트륨	나트륨 또는 차아염소산칼륨		황산	인산 또는 질산	과산화아세트산		요오드포
최대농도	5%	5%	300mg/l 활성 염소		1.0~1.5%* 3.5%**	5%	0.0075%	0.15%	50mg/l 활성 요오드
최대온도 (℃)	140	70	20	60	60	90	90	20	30
pH 범위	13~14	≥ 11	≥ 9						≥ 3
최대염소 이온농도	500mg/l	300mg/l			150mg/l* 250mg/l**	200mg/l* 300mg/l**		300mg/l	
최대접촉 시간(h)	3	1	2	0.5	1	1	0.5	2	24

* 크롬니켈 장비, ** 크롬니켈몰리브덴 장비

VIII. 맥주 품질관리 및 스페셜 맥주

01 맥주 조성 성분

12% 원맥즙 농도로 제조된 맥주는 4~4.5%의 당 함량, 3.8~4.2w/w%의 알코올(4.7~5.2v/v%), 0.42~0.55%의 탄산가스와 90~92%의 물로 구성되어 있다.

1. 맥주의 엑기스

맥주의 엑기스는 맥즙의 당 함량과 맥주의 발효에 따라 달라진다. 엑기스는 일반적으로 3.5~5%이며 발효도가 낮은 맥주의 경우(영양 맥주) 당 함량은 더 높아진다.

맥주의 엑기스의 평균적인 구성 성분은 탄수화물(80~85%), 단백질(4.5~5.2%), 글리세린(3~5%), 미네랄(3~4%), 탄닌과 색소(2~3%), 비타민과 유기산(0.7~1%) 등이다. 엑기스분의 대부분을 차지하는 탄수화물은 덱스트린(60~75%), 단당류(20~30%), 이당류, 삼당류, 오탄당(6~8%)으로 구성되어 있다.

보통 라거 맥주의 경우 포도당 분자량이 35가 넘는 덱스트린이 15%, 중간 분자량(10~35)의 덱스트린이 약 40%, 다당류가 약 38%를 차지하고 있다. 발효성 당질인 포도당과 자당은 거의 없으며, 약 60%의 말토오스와 40%의 말토트리오스를 함유하고 있다. 발효성 당질의 농도는 맥주의 발효 특성에 달려있으며 오탄당으로는 아라비노오스, 자일로오스, 리보오스가 있다.

맥주의 질소화합물은 풍미, 거품, 물리화학적 안정에 중요하다. 보리맥아로 제조된 맥주 1리터에는 약 700~800mg의 질소화합물이 존재하며, 이 중에 20~22%는 고분자성 물질이고, 16~18%는 중분자성, 나머지는 저분자성 물질로 구성되어 있다. 고분자성 부분은 15~25 mg/l의 응집성 질소물질과 연관이 있다. 알파 아미노질소물의 함량은 약 80~150mg/l 수준이다.

맥주의 질소 함량은 흡착제로 감소시킬 수 있다. 질소화합물로는 생물학적 아민이 이에 해당하는데, 생물학적 특성을 갖고 있으며 함량이 높을 때에는 알코올과 함께 알레르기. 두통, 편두통을 일으킬 수 있다. 아민은 보통 8~30mg/l로 존재하는데 오염된 맥주에서는 이보다 더 많이 존재한다(150mg/l). 피롤리딘(pyrrolidin), 트립타민(tryptamin), 2-페닐에틸아민(2-phenylethylamin), 프트레신(putrescin), 카다베린(cadaverin), 히스타민(histamin), 티라민(tyramin)과 스페미딘(spermidin) 등이 아민과 관련이 있다.

맥주에서 함량은 티라민(tyramin), 카다베린(cadaverin), 트립타민(tryptamin)의 양에 따라 달라진다.

밀맥주의 경우에는 아민의 함량은 현격히 적다. 히스타민의 함량은 12% 맥즙으로 제조된 맥주의 경우 0.15~0.2mg/l이다. 아민은 맥아에서 기인하며 특히 맥즙 제조공정에서 나타난다.

퓨린(purin)계 질소화합물은 일반 맥주의 경우 45ppm, 라이트 맥주 경우 맥즙의 당 함량이 낮아 약 26ppm 정도를 함유한다.

글리세린은 발효산물로 맥주 1리터당 1,200~1,600mg을 함유하고 있다.

미네랄은 맥주 엑기스의 3~4%(1.4~1.8g/l)를 차지한다. 양이온으로는 칼륨(550mg/l), 나트륨(40~50mg/l), 음이온으로는 양조용수의 특성에 따라 황산염(30~250mg/l), 염소(100~200mg/), 규산염(20~60mg/l), 인산염(370~490mg/l), 질산염(5~25mg/l)이 존재한다. 미량 원소로는 철(0.1mg/l), 구리(0.1mg/l), 망간(0.15mg/l), 아연(0.05mg/l), 알루미늄(0.2mg/l) 등이 존재하며 수은, 납, 카드늄 등은 법적 한계치 이내로 함유되고 있다.

한편 탄닌성 물질은 맥아에서 2/3, 홉에서 1/3이 오는 것으로 알려져 있고, 함량은 약 150~200mg/l이며, 주요 물질로는 안토시아노겐이 50~70mg/l, 카테킨(catechin)이 10~12mg/l 함유되어 있다. 탄노이드 그룹의 물질은 10~40mg/l 수준이다.

맥주의 고미 물질은 EBC 단위로 보면, 맥주의 타입에 따라 12~50mg/l을 함유한다. 여기서 0.5~1.5mg/l의 비이성화 알파산이며, 1~3mg/l는 휴루폰이고, 나머지는 이성화된 알파산이다.

유기산은 함량이 300~400mg/l에 달하며 피루브산(50~70mg/l), 구연산(170~220mg/l), 사과산(30~110mg/l), 젖산(30~100mg/l) 등으로 구성되어 있다.

비타민으로는 B_1(30㎍/l), 비오틴(10㎍/l), 리보플라빈(300㎍/l), 피리독신(600㎍/l), 판토테닉산(1,500㎍/l), 나이아신(7,500㎍/l)을 함유하고 있다.

2. 휘발성 구성 성분

휘발성 성분은 물 이외에 알코올과 알코올 유도체, 가스 및 공기 등이 해당한다. 에틸알코올은 휘발성 물질의 대부분을 차지하며 정상적으로 발효된 맥주에서는 맥즙의 당 함량의 1/3에 달한다((w/w% 기준).

영양 맥주의 경우에는 더 적으며, 다이어트 맥주의 경우 이 수치보다 더 높다. 흑맥주는 라거 맥주보다 발효도가 낮으며 알코올 농도는 맥주마다 상이하다. 부피비(v/v%)로 보면 무알코올 맥주(0.5% 이하), 라이트 맥주(2.5~3%), 라거 맥주 (4.7~5.3%), 다이어트 맥주(4.8%), 헤비 맥주(5.9~7.5%)이다.

발효 부산물로는 하면발효에 있어서는 고급 알코올(60~120mg/l), 초산(120~200mg/l), 개미산(20mg/l)이다. 에스터(20~50mg/l), 알데히드(5~10mg/l)이다. 총 디아세틸(디아세틸과 2-아세토락테이트)은 0.08 mg/l 이하여야 하며 아세토인은 3.0mg/l 이하여야 한다.

탄산가스 농도는 풍미, 거품 및 맥주의 청량감에 중요하며 맥주에 0.35~0.55(w/w%) 함유되어 있고 케그 맥주의 경우는 0.40~0.48%인 반면 병맥주의 경우 0.48~0.55% 수준이다.

공기 및 용존 산소는 생물학적, 물리화학적 풍미의 안정성에 영향을 미친다. 맥주에 나쁜 영향을 주는 손상을 피하기 위해 맥주의 전체 산소 함량은(용존 산소와 병목 부분의 공기) 가능하면 0.35mg/l 이하로 관리하여야 한다. 맥주 1.0mg/l 수준에서는 맥주는 산화가 빨리 진행된다.

02 맥주의 분류

맥주는 맥주의 제조에 사용되는 맥즙의 농도, 맥주 색상에 따라 분류할 수 있고, 효모 종류에 따라 하면 및 상면발효 맥주로 구분할 수도 있다. 또한 색상에 따라 필스너 맥주 같은 일반 라거 맥주 색상과 흑 맥주 혹은 중간색상의 맥주 등으로 구분하기도 한다. 또한 홉에 따라 맥주 타입을 분류하기도 한다. 그러나 발효공법에 따라 분류하는 것이 일반적이다(그림 8-1).

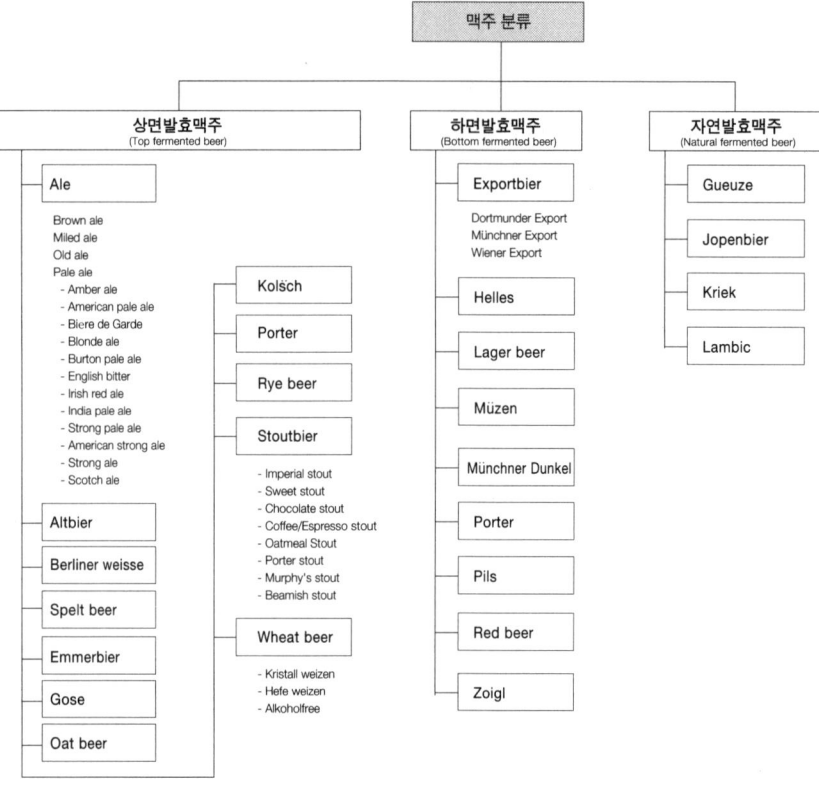

【그림 8-1】 맥주의 분류

03 맥주의 특성

1. 일반적인 특성

맥주의 비중은 1.01~1.02g/㎤이며 맥주에 존재하는 알코올에 따라 따라 다르다. 맥주의 점도는 1.5~2.2mPas이며 알파글루칸의 분해로 고분자 단백질과 맥아의 껍질로부터 베타글루칸 등으로 결정된다. 맥주의 표면장력은 42~48 Dyn/cm로 알코올 함량과 홉의 고미물질에 따라 결정된다.

맥주의 pH는 하면발효 맥주에서는 4.25~4.6 정도이며, 풍미와 유통기간을 위해서는 낮은 pH가 유리하며 pH값이 높다는 것은 맥아 품질 혹은 양조용수의 구성 성분에 따른 담금공정에서 pH 상태가 적절치 않았다는 것을 의미한다. 그러나 또한 발효가 잘 진행되지 않았을 경우에도 이런 현상을 볼 수 있다.

2. 맥주의 산화환원 전위

산소 함량 혹은 환원성 물질에 의해 결정되며 rH값이 낮은 경우 풍미가 있고 물리화학적, 생물학적 안정성에 있어서 중요하다. 저장 중의 맥주에서는 rH값이 8~10에 이르며 이 수치는 맥주의 주입 시에 산소의 유입으로 15~20으로 올라간다. 맥주는 환원 물질에 의해 일정한 수준까지 산화를 막을 수 있다. 레덕톤 혹은 멜라노이딘과 같은 디엔올-디케톤(dienol-diketone)의 평형 상태를 기준으로 문제가 있을 때는 rH값이 증가하거나 감소하는 것을 방해한다.

또한 폴리페놀, 설퍼하이드릴, 질소화합물 및 홉의 고미 물질은 환원성 특성을 나타낸다. 환원성 물질의 양은 보리의 종류 및 원산지에 따라 혹은 건조 시간에 달라진다. 잘 용해되고 건조된 맥아는 폴리페놀과 멜라노이딘의 함량이 높아 높은 환원 능력을 갖고 있다.

캐러멜 맥아, 산맥아 및 담금 시에 생물학적인 산성화는 담금과 맥즙의 산화환원 전위 능력을 높여준다. 맥아를 습윤 분쇄 시에 혹은 담금 시와 맥즙 여과 시에 공기 주입은 폴리페놀 함량(특히 탄노이드)을 감소시킬 수 있으며 중합도가 나빠지게 된다.

구리솥의 경우 특수강 솥과 비교할 때 산화과정을 촉진하며 이 때문에 솥의 바닥은 청동이나 놋쇠로 사용한다. 맥즙 자비 시에 환원 가능성은 색상이 진해지면서 증가한다. 맥즙 자비방법에 따라 일정한 최소 자비시간 이상을 유지해야 한다. 맥주 주입 시에 산소의 유입은 가능하면 적게 해야 하며 철 및 구리 등의 중금속 이온은 산소의 전달 시에 촉매 작용을 한다. 맥주의 산화환원 전위는 비타민 C의 첨가, 당 환원, 혹은 중아황산염(bisulfite)의 첨가로 개선할 수 있다.

3. 맥주의 색상

맥주의 색상은 알려진 범위 내에서 흑 맥주와 담색 맥주로 표현되는 맥주 타입으로 표시된다. 담색 맥주는 5.3~7.5(EBC 단위 기준)의 색상을 가지며, 도르트문트 맥주(9.5~11), 비엔나 맥주(18~30), 흑 맥주(45~95) 등으로 다르게 나타난다. 맥주의 색상은 순수해야 하며 각 타입에 맞는 색상을 띠고 있다. 색상이 진해지는 경우는 원료와 양조용수 품질에 문제가 있을 때, 맥즙 제조공정 시 문제, 맥즙 찌꺼기를 잘 분리하지 못했을 때, 발효가 지연되었을 때 발생한다. 맥주의 색상은 맥아의 건조, 용해, 품질에 의해 결정되며, 흑맥주는 원하는 색상을 제조하기 위해 약 1%의 컬러 맥아 혹은 캐러멜 맥아가 첨가되기도 한다. 양조 과정 중에 색상은 위에서 언급한 인자들에 의해 결정된다. 높은 온도에서 건조된 맥아는 낮은 온도에서(80℃ 정도) 건조된 맥아에 비해 높은 함량의 폴리페놀과 안토시아노겐 또는 전구색상 물질(멜라노이딘을 형성하는 1,2차 물질)에 의해 더 많은 색상 변화가 이루어진다.

용해가 잘되고 80℃에서 건조된 맥아는 담금공정에서는 색상 변화가 거의 없으며 연수의 양조용수, 맥아 껍질의 분리, 1차 맥즙의 농도가 낮을 때 색상 형성이 억제된다. 또한 담금과 맥즙 여과 시 또는 맥즙 자비 시 장시간 뜨거운 공기를 불어 넣으면 페놀성 물질의 색상을 진하게 촉진하게 된다. 지나친 가열은 마이얄 반응물이 증가하고 따라서 색상이 진하게 된다. 발효 시에는 pH가 낮아져 영비어의 색상이 밝아지며 이것이 맥주의 색상을 결정하게 된다. 이러한 현상은 맥주 여과 또는 흡착 물질에 의해서 영향을 받을 수 있다.

04 맥주의 맛

맥주 맛은 맥주의 타입에 따라 결정되며 가능하면 장시간 일정하게 유지되어야 한다. 맥주의 맛은 맥주 시음 시에 풍미를 인지하는 인체기관에서 감지하며 신속하게 맛이 사라진다. 각각의 풍미의 형성은 후각적인 의미로 직접 관계하게 된다. 첫잔 시음 시, 시음 중, 시음 후에 각각의 느낌이 전체적으로 통합적인 평형을 이루게 된다. 맛을 느끼는 강도는 맥주의 온도(차가울수록 더 적게 인지), 탄산가스의 농도, 시음자의 개인적인 취향에 따라 다르다. 맥주의 아로마는 효모 품종과 발효 시 효모에 의해 형성되는 부산물, 홉의 품종, 투입되는 양과 황 화합물에 의해 영향을 받는다.

1. 맛의 특징

맥주를 처음 마실 때 맥주의 아로마를 후각적인 의미로 표현하거나 혹은 필스너의 경우 홉의 아로마, 다른 홉을 강조하는 타입 혹은 여러 가지 고급 알코올, 에스터, 알데히드에 의한 약간의 에스터 아로마로서 표현된다. 맥아는 맥주에 4.5 EBC 이상의 색상을 가진 흑맥아 색상 혹은 캐러멜 맥아의 혼합체를 사용하여 전형적인 아로마를 부여한다. 흑 맥주 혹은 메르첸 맥주의 전형적인 아로마는 그 맥주에 맞게 많은 양의 흑맥아를 사용한다.

처음 마실 때에 다소의 바디감을 느끼며 맥즙의 구성 성분과 맥주 색상과 관련이 있는 것으로 알려져 있다. 이것은 발효 후에 맥주에 남아있는 잔당, 덱스트린, 알코올에 의해서 다른 한편으로는 맥주의 콜로이드성 물질의 크기와 양에 의해 정해진다. 이들 성분의 분산과 높고 낮은 응집도 혹은 탈수소도에 따라 이들 풍미는 강, 중, 약으로 표시된다. 콜로이드성 미세물이 많으면 맛 인지기관에서 반응 시 풍미가 강하게 느껴지는 물질로 인식하는데 영향을 미칠 수 있다. 균형이 잡힌 맥주의 풍미는 일정한 크기의 콜로이드에서는 알려진 한계치 내에 있다.

맥주 엑기스(단백질, 덱스트린, 검 물질, 탄닌성 물질, 고미 물질)는 상대적인 비율에 따라 맥주를 시음할 때 바디감이 적다거나, 바디감이 있다는 것을 느끼는 것이다. 콜로이드양이 적으면 맥주는 바디감이 없거나 맛이 없다고 볼수 있다.

완충 능력과 바디감 사이에 상호 관계가 없을 때 콜로이드의 작용에 의해 맥아에서 오는 완충 물질(인산염)로 중간 염도의 풍미로 맥주의 바디감에 기여하기도 한다. 또한 맥주의 신선함은 맛을 느끼는 중간에 나타난다. 이것은 맥주의 pH, 용해된 완충 물질의 양, 맥아 품질과 양조용수의 구성 성분에 따른 여러 인산염에 따라 달라진다. 바디감을 주는 콜로이드 즉, 단백질은 신선함을 부여한다.

맥주의 탄산가스 함량은 청량감에 직접적인 영향을 미치며 0.38~0.50%보다 높으면 맥주에 신선함을 나타낸다. 적절치 않은 맥주 구성 성분에서 탄산가스의 함량이 높으면 (콜로이드양이 적고 점도가 낮은 경우) 자극적인 맛을 유도하게 된다.

한편, 맥주의 시음 후에는 적은 양의 홉 고미 물질이 사용되었을 때 보통 고미로 표현한다. 고미가 쓴맛의 물질, 단백질, 효모에서 분비된 물질로 증가할 수 있으며, 홉에서 유래되는 고미 물질의 풍미는 이들 물질에 의해서 마스킹 된다. 이 외에 맥주를 마신 후에 약간의 신맛과 단맛이 홉의 고미 물질과 잔존 콜로이드의 비율에 따라 사라지기도 한다.

그리고 맥주의 맛 표현은 각각의 풍미 물질의 형성체가 서로 간에 조화를 이루었을 때 완성된다. 맥주의 쓴맛은 단시간 혹은 장시간에 원래의 강도가 사라지는 정도에 따라 표현된다. 또한 주입 시에 산소 유입, 운송 중의 흔들림 및 온도 변화에 따라 맛 안정성이 떨어진 경우 본래의 조화를 잃게 되는 경우도 있다.

2. 맥주 맛에 미치는 요인

맥주 바디감은 맥주의 발효도가 낮은 경우에 촉진되는 것은 아니다. 이러한 종류의 맥주는 무겁고, 알코올 함량이 높은(다이어트 맥주) 경우는 반대로 바디감이 높아진다. 콜로이드성 질소화합물이 증가하면 즉, 맥아가 잘 용해되고, 충분히 건조되고 담금이 충분한 경우에는 바디감이 증가되고 동시에 유리 폴리페놀이 광범위한 특징의 풍미적인 표현을 강하게 한다. 이러한 현상은 농담금(맥아 대비 가수량이 적은 경우), 담금 자비가 긴 경우, 담금 온도(35℃)에 따라 영향을 받는다.

보리의 단백질이 많은 경우(11%) 맥주의 질소화합물이 많게 되며 흑맥주의 경우(11.5%) 확실한 바디감을 나타낸다. 이때 맥아의 단백질 함량이 낮은 것이 좋으며 균일하지만 과용해서는 피해야 한다. 이를 통해 고분자 단백질은 점도가 높은 것처럼 바디감을 증가시킨다. 또한 고미 물질의 함량이 높으면 맥주의 바디감을 증가시키는 작용을 한다.

한편, 맥주의 아로마는 홉 꽃송이의 의미로 30~45분간의 자비로 영향을 받을 수 있으며, 홉 자비 5분 후 홉 전체 투입량의 25%를 투입하면 맥주에 휴물렌옥사이드, 카리오필렌옥시드, 휴물렌올, 리나룰 같은 성분이 전이된다. 자비 종료 20분 전에 홉을 부분적으로 나누어 투입하면 유사한 결과를 가져온다. 저장탱크에서 홉 추출액을 투입하기도 하는데 이를 통해 홉 향은 안정하지 않으나 강한 고미와 약간의 신선함을 부여한다. 특정의 수소이온과 탄산 및 비탄산염의 비율이 1:2~2.5인 경우에는 효과가 증대된다.

발효 부산물은 맛 역치 이내에 있으며 축적되면 과일향이나 에스터향을 나타내기도 한다. 보리 수확 해에 따라 아미노질소화합물이 적은 경우 이러한 종류의 아로마 맥주가 나타날 수 있다. 아미노산(valin)이 적은 경우 2-메틸-1-프로판올(이소부탄올), isoleucine이 적은 경우 2-메틸-1-부탄올이, leucine이 적은 경우 3-메틸-1-부탄올, phenylalanine이 적을 시에는 2-페닐에탄올이 증가하게 된다. 이때 발효온도가 높으면 고급 알코올이 많이 형성되게 된다. 2-페닐에탄올은 가압을 함으로써 형성을 억제하기도 한다. 아미노산 함량이 과다할 경우에도 고급 알코올의 양이 증가하는 원인이 된다.

에스터는 발효온도가 높을 시에 형성이 많이 되며 효모취를 마스킹하기도 한다. 알코올 함량이 높은 맥주를 장기간 저장할 때에는 에스터 농도가 높아지며 부드럽고 꽃향기의 아로마가 나타나기도 한다.

특정 효모를 선택할 때에는 발효 시에 맥주의 아로마에 영향을 미치기도 한다. 한편, 담금과 맥즙의 pH를 조절함으로써 즉 pH를 낮추거나 완충 물질을 증가시킴으로써 맥주의 신선함이 증가하기도 한다. 황산칼슘 혹은 염화칼슘을 첨가함으로써 pH 저하로 인해 신선함을 개선하기도 한다. 투입량이 높으면 완충 물질의 손실이 많아 맥주의 바디감이 떨어지기도 한다. 탄산가스의 함량이 증가하면 맥주의 유통 관점에서 보면 신선함을 증가시킨다.

맥주의 시음 후에 홉의 고미 물질이 강도가 특징으로 나타난다. 고미 물질의 양은 맥주 타입에 따라 15~50mg/l를 나타낸다. 고미는 맥주의 콜로이드함량에 따라 표현되며 연수지 유도체는 부드러운 쓴맛을 나타내는 반면 비이성화 알파산의 함량이 높아 일반적인 고미를 나타낸다.

탄닌성 고미 성분은 맥아 껍질에서 지나치게 유출되는데 양조용수가 적절치 않거나, 장시간의 담금 및 맥즙 여과 시 공기 유입이 원인이다. 또한 담금 후에 담금솥에 발생하는 응축수의 이용, 저장이 좋지 않은 홉의 사용 시에도 나타난다.

단백질성 고미는 잘 용해되지 않은 맥아, 충분하지 않은 담금, 맥즙 자비가 충분치 않을 경우 자비 고형물의 제거 시에 나타난다. 숙성실의 온도가 너무 늦게 떨어지거나 후발효가 적절치 않을 때 단백질의 고미는 더 강해진다.

홉오일 또는 홉오일의 산화물은 좋지 않은 고미를 유발하는 원인이 된다. 미르센이 많이 함유된 홉(Brewers gold, Northern brewer, Bullion, Late cluster) 혹은 저장을 잘못한 홉은 휘발성 분해산물을 많이 함유하고 있어 자비 시작 전이나 후에 투입하도록 한다.

한편, 효모의 고미는 대부분은 맥주의 효모취와 유사하게 나타나며 발효가 늦어지거나 숙성이 정체되면 나타나고 효모의 구성 성분 유출이 그 원인이다.

일부 고급 알코올과 에스테르는 넓은 의미의 고미를 나타내며 마신 후에 나타나는 신맛은 담금이나 맥즙에 산을 첨가함으로써 나타나고 짠맛은 염화칼슘의 양이 많거나 나트륨 이온이 많을 때 나타난다.

3. 맥주의 이미·이취

이미·이취는 기술적인 문제로, 맥즙과 맥주가 특정 물질의 접촉 및 미생물의 작용으로 발생한다. 대부분의 맥주의 이취는 산화로 나타난다.

기술적인 문제에 따른 맛의 결함은 예로서 보리껍질의 맛으로서 일부 보리 품종으로 제맥된 맥아로 제조된 맥주에서 쓴맛을 나타낸다. 이러한 종류의 맥주에서 발견되는 성분은 6-methyl-5-hepten-2-ol, 1-octen-3-ol, 2-ethyl-hexanol 등이며 일부는 보리가 발아 시에 지방대사에서 유래된다.

맥주에서 맥아 냄새는 잘 용해된 맥아로부터 오며 FAN값이 높은 경우에 발생한다. 맛을 분석하면 3-methyl-butanal, 3-methyl-butan-2-on, hexanal, 2-furfural 등의 화합물이 있으며 또한 디아세틸 및 아세토인의 함량이 높다. 불쾌한 고미는 잔존 알칼리도가 높은 양조용수나 소다수에 의해서 발생하며 탄 맥아나 칼라 맥아, 많은 양의 저장 맥주를 투입하거나 소독제를 사용할 때에도 나타난다.

훈연취는 맥아에 직접 열을 가하여 건조하거나 사용한 연료가 순수하지 않거나 할 때 담금,

맥즙 및 맥주에서 나타난다.

저온 살균취는 저온 살균의 온도가 높을수록 시간이 길어질수록 더 강하게 나타난다. 맥주의 산소 함량이 높으면 빵 향기 형성을 촉진하며 이것은 주입한 맥주의 저장 중에 가열 없이 산화취로 나타나기도 한다.

영비어 냄새는 숙성이 불충분한 경우에 나타나는데 머캡탄 및 알데히드가 원인 물질이다. 디메틸설파이드의 함량이 높으면(맥주의 타입에 따라 80~120ppb) 맥주에 맥즙 혹은 야채 종류의 냄새가 나타나며 양파취가 머캅탄에 의해 인지되기도 하며 잘못된 맥즙처리가 원인이다.

효모 종류에 따라 이러한 풍미가 강해지기도 하는데 메틸 또는 에틸머캅탄의 농도가 높아서 나타날 수가 있다.

일광취는 햇빛에 노출되었을 때 특히 녹색병에서 발생하며 갈색병의 경우 350~500nm의 파장의 빛을 일부만 흡수한다. 이는 머캡탄이 홉 고미 성분의 3-methyl-2-butenyl기와 반응하여 3-methyl-2-buten-1-thiol로 전환되는 것이 원인이다. 이외에도 아세트알데히드, 메틸과 에틸메캡탄, 디메칠과 디에칠설파이드 등도 일광취를 나타내는 맥주에서 동반 검출된다.

한편 특정 물질과 접촉함으로써 나타나는 이미·이취로는 맥주가 철이온을 공격하여 탄닌성 물질이 금속과 잉크 종류의 결합물을 형성한다. 이러한 금속취는 거품을 개선하며 갈색의 외관을 나타내기도 한다. 질산염이 함유된 양조용수나 페놀을 함유한 용수, 유리염소가 존재하는 용수 등을 사용할 때에는 페놀취 혹은 약품취를 나타내기도 한다.

문제가 있는 고무호스나 패킹은 염소 함유 소독제로 처리 시에 또는 규조토가 운송 중이나 저장에 문제가 있을 시에 나타나기도 한다. 클로로페놀의 역치는 15㎍/l, 페놀은 30㎍/l 정도이다.

생물학적 원인으로 인한 이미·이취는 맥즙 혹은 맥주에서 발생하는 미생물에 기인하며 내열성 박테리아는 셀러리 같은 풍미가 나타나며 초기 발효가 지연되면(충분히 산소 공급이 이루어지지 않았을 때, 접종 효모량이 적을 때, 탱크에서 접종된 맥즙과 후에 투입된 맥즙이 충분히 혼합되지 않았을 때) 페놀성 화합물이 증가하게 된다. 특정한 야생 효모나 내열성 세균에 오염되었을 때 페놀 함량이 증가하며 특히 내열성 세균에 오염되었을 때 디메틸 설파이드가 증가한다.

효모취는 발효와 숙성이 늦어진 경우에 효모가 자가분해로 발생할 수 있다. 효모의 자가분해는 쓴맛을 동반하는 크레졸 같은 냄새를 나타낸다. 숙성의 온도가 높거나 녹색의 호스를 사용할 시에 많은 양의 티로솔이 형성되며 이것은 전형적인 페놀취를 내는 파라옥시페닐초산으로 산화된다. 트립토폴(tryptophol 6.0mg/l) 혹은 티로솔의 함량이 높으면(5.0mg/l) 이러한 풍미가 나타난다.

야생 효모는 일종의 꽃향, 마늘의 쓴맛을 나타내나 맥주의 혼탁을 유발한다. 초산취는 공기 유입으로 마개를 딴 용기에 맥주에서 나타나며, 맥주를 부패시키는 세균에 의한 오염은 대부분은 혼탁 현상이 나타나고 바닥에 침전물이 나타난다. 맥주 젖산균은 산패취를 나타내며 사르시나(sarcina)는 맥주에 약간의 산취를 나타내기도 하며 디아세틸의 아로마를 동반하기도 한다. 디아세틸의 전구체인 2-아세토락테이트는 발효 시에 효모에 의해서 형성된다. 숙성 시 문제가 있거나 이송 시에 공기 접촉으로 디아세틸로 산화될 수 있고 이를 통해 맥주 생산 시에 전형적인 풍미를 나타내기도 한다. 대부분의 경우 주입된 맥주에서 아세토락테이트의 농도가 지나치게 높아 산화되었을 때 디아세틸취가 나타난다. 아세토인은 역치가 18mg/l이며 5~8mg/l의 낮은 농도에서는 다른 물질과 함께 디아세틸을 연상케 하는 풍미를 나타내기도 한다.

곰팡이취는 특정한 곰팡이나 박테리아로부터 나타날 수 있으며 저장이 좋지않은 맥아, 곰팡이가 핀 홉, 청소가 제대로 되지 않은 담금실, 곰팡이로 오염된 여과기 등에서 나타날 수 있다.

한편 맥주의 이미·이취를 개선하기 위해서는 효모 고미는 10~15g/l의 활성탄소를 규조토 여과 시에 투입하며, 약간의 이취가 있을 경우 활성탄소를 여과 3~7일 전에 투입한다.

맥아로부터 오는 훈연취는 저장 탱크에 50g/l까지의 활성탄소로 처리한다.

미숙성으로 인해 디아세틸 농도가 높은 맥주는 다시 숙성을 하거나 12~20% 가량 발효가 진행된 맥주 투입 후 맥주를 가온하여(10~20℃), 디아세틸 농도가 낮아질 때까지 숙성한다. 숙성은 2~4주간 진행시킬 수 있고 발효되는 맥주는 활성이 좋은 최적의 효모가 있어야하는 것이 중요하다. 고온 숙성은 미생물 오염에 의한 디아세틸 농도를 감소시켜 맥주의 풍미를 개선시킨다.

4. 맥주의 바디감

맥주의 바디감은 음용 시에 첫 번째로 나타나는 것으로 소비자들이 맥주에 강한 인상을 느끼게 한다. 맥주의 음용감은 맥주를 제조하는 맥즙의 농도에 달려있다. 농도가 높으면 바디감을 많이 느낄 수 있으며 이것은 알코올 농도와 잔당 농도 때문이다.

라이트 맥주의 경우 바디감을 주기 위해 흑맥아나 캐러멜 맥아를 사용하기도 한다. 이외에 양조용수에 황산칼슘이나 염화칼슘을 첨가하여 음용 시에 부드러움과 바디감을 증가시킨다.

05 맥주의 거품

거품은 맥주의 품질의 중요함 지표이며 거품 형성 및 유지는 맥주 품질의 특징이다. 맥주 거품이 쉽게 꺼지면 맥주의 이미·이취 등이 쉽게 느끼게 된다. 특히 맥주 거품은 맥주의 바디감이라든가 신선함과 직접적인 연관이 있다. (그림 8-1)에서 보는 바와 같이 맥주 거품 형성과 유지는 사용원료, 제조공법 및 품질관리에 따라 다르게 나타난다.

【그림 8-2】 거품 유지력의 양호(좌)와 불량(우)의 차이 [25]

1. 거품 이론

거품 형성은 맥주를 따를 때에 발생되는 탄산가스 기포 및 공기를 통해서 이루어진다. 이러한 기포들은 맥주에서 떠올라 맥주의 표면장력을 나타내는 물질과 표면에 모이게 된다. 맥주의 표면장력이 낮을수록 거품의 기포는 작아지고 단위 표면장력은 커져 소위 표면장력 활성이 있는 물질이 모여질 수 있다. 맥주의 탄산가스 농도는 표면장력의 형성에 중요한 역할을 한다. 맥주의 구성 성분에서 볼 때 탄산가스의 함량이 높으면 탄산가스 기포가 깨져서 표면에 충분히 모여질 수가 없다.

한편 거품 유지력은 표면에 모인 물질이 탄력성 있는 막을 형성하는 능력을 말하며, 거품의 형성 및 맥주 거품의 유지성에 중요하다. 장시간 거품이 발생하도록 이들 물질은 표면장력의 감소 하에 서로 반응하여 산화된다. 또한 거칠게 분산되고 여기서 부분적으로 응집이 일어나며 침전이 생긴다. 전자의 경우는 거품의 2차 반응으로 개선되나 후자의 경우는 거품 유지성이 나빠진다. 거품이 꺼지는 경우는 기포 사이에 공간으로 또는 꺼진 거품으로부터 맥주가 역으로 흐르면서 시작된다. 이러한 현상은 표면에서 증발과정을 통해 촉진된다. 표면점도가 높고 거품의 직경이 작을수록 틈새로부터 맥주가 빠르게 흐르는 것을 방해한다.

한편 거품에 긍정적인 단백질은 표면활성이 큰 물질로 탄력성이 있는 피막을 형성한다. 여기에는 고분자 단백질로 분자량은 10,000~60,000 정도이며 이들 고분자성 단백질은 높은 소수성(hydrophobicity)을 나타낸다.

분자량이 작은 단백질도 거품 형성에 기여하지만 고분자 단백질을 상당부분 거품막으로부터 밀어낸다. 이러한 이유로 고분자대 저분자 단백질의 비율이 중요하다. 즉 고분자 단백질($MgSO_4$-침전성 질소 기준) 농도가 총질소 농도 대비 20% 이상이어야 거품 형성에 도움이 된다. 글리코프로테인(glycoprotein)은 표면활성이 큰 피막형성체(단백질)에 높은 점도를 주며 거품의 안전성을 개선시킨다.

거품에 긍정적인 영향을 미치는 또 다른 물질은 표면활성이 있으나 탄력적인 피막을 형성하지는 않는 물질이다. 이 물질은 홉의 고미 물질, 멜라노이딘, 폴리페놀 등이며 이들은 단백질과 복합체를 형성하여 이로부터 형성된 피막을 강하게 한다.

그러나 탄닌과 안토시아노겐은 산화와 축합 단계에서 응집이 일어나 거품에 나쁜 영향을 미치게 된다.

거품에 긍정적인 영향을 주는 기타 물질은 점성이 높은 물질로 보리의 검 물질로서 베타글루칸과 오탄당이다. 위에서 언급한 특성 외에 콜로이드 보호체로서 기능을 하고 있다.

한편, 거품에 부정적인 물질로는 표면으로부터 피막형성체를 밀어내어 거품층을 깨는 작용을 한다. 이 성분들은 폴리페놀, 알코올 및 발효 부산물이 등이며 일정 농도를 초과하면 거품에 부정적인 영향을 준다. 또한 아미노산의 함량이 높으면 거품에 나쁜 영향을 미칠 수 있으며 여기서는 친수성 아미노산이 소수성 아미노산을 감소시키는 작용을 한다.

지질(맥아유래)로는 모노글리세라이드와 디글리세라이드가 작은 양(0.2~0.3mg/l)으로도 거품을 손상시키는 데 영향을 미친다. 스테린은 0.5mg/l의 농도부터, 포화지방산은 1mg/l부터, 불포화지방산은 0.3~0.5mg/l부터 거품을 손상을 시킨다. 발효 시에 발생하는 유리지방산도 거품에 나쁜 영향을 미친다. 카프린산은 1mg/l부터, 카프론산은 3~5mg/l부터, 중성지방(phospholipid)은 트리글리세라이드와 결합하여 거품을 손상시킨다.

그리고 맥주의 탄산가스의 농도는 거품의 형성과 유지에 매우 중요하다. 0.4~0.5w/w%에서는 맥주 거품은 탄산가스양이 증가하면 같이 증가하나 거품 유지력에는 영향이 없다. 이 소알파산의 농도가 매우 높으면 거품 형성에 긍정적인 효과가 있으며 알코올의 농도가 높은 (10% 이상) 맥주는 거품에 부정적인 영향을 주며 낮은(5% 이하) 맥주는 영향이 없다.

2. 맥주 거품에 미치는 기술적 요소

맥주 거품에 영향을 주는 요인은 단백질과 홉의 고미 성분이며 특히 낮은 표면장력, 높은 표면 점도 및 탄력성을 가진 맥아 단백질이 일차적으로 거품 형성을 촉진하는 역할을 하게 된다. 홉의 고미 성분 역시 표면활성이 강하여 맥아보리와 복합체를 이루어 거품 형성을 촉진하게 된다. 거품에 미치는 기술적인 요인을 보면 다음과 같다.

① 보리는 품종, 수확연도 및 지역에 따라 맥주의 거품 특성에 영향을 미친다. 단백질 함량이 11%까지는 거품 형성을 촉진하나 9.5% 이하이면 감소된다.
② 잘 용해되지 않은 맥아 혹은 발아 시간이 짧아 충분히 용해되지 않은 맥아를 첨가하면 맥즙에 점성이 있는 물질이 많아지고 이것이 거품에 좋은 영향을 준다. 계속 더 용해를 하면 고분자 질소화합물의 함량이 감소할 뿐 아니라 총질소가 감소되며 글리코프로테인이 감소하게 된다. 이러한 현상은 균일하게 잘 용해된 맥아는 맥아 엑기스의 발효도를 개선하며 낮은 온도의 저장실에서 지속적인 엑기스 감소와 주발효를 이끌게 된다. 이를 통해 거품

에 좋은 영향을 주는 구성 성분이 맥즙에서 맥주까지 남아있게 된다. 효소력이 좋은 보리로 맥아를 제조할 때는, 중간 정도의 수분 함량에서 발아력 좋은 맥아를 만들어지며 온도를 낮추어서 발아 시간을 짧게 유도하여 균질한 맥아가 제조하도록 계속 공정을 진행한다. 70~90℃의 높은 온도로 건조하면 거품 형성을 촉진하며 캐러멜 맥아를 3% 이상 투입한다.

③ 담금 방법도 거품에 영향을 미친다. 즉 낮은 담금 시작 온도와 45~55℃의 온도 장기간 유지, 담금 시 공기 유입을 적게 하고 담금의 pH를 낮추는 등 맥아의 단백질 및 지질의 분해를 촉진하는 방법들은 거품에 좋은 영향을 주는 콜로이드(고분자 질소화합물, 글리코프로테인, 베타글루칸)를 동시에 감소시킨다. 담금 시작 온도를 60~65℃에서 pH를 5.5~5.6으로 유지하고 70~72℃의 온도 유지 시간을 연장(글리코프로테인의 용해)하여 거품을 향상시킬 수 있다.

④ 맥즙 여과 시에는 혼탁 물질로 고가의 지방산과 중성지방이 포함된다. 이 물질은 맥즙을 여과 시에 위쪽에 존재하게 되며 거품 유지성을 손상시키게 된다.

⑤ 맥즙 자비는 시간이 진행됨에 따라 응집성 질소화합물이 침전이 증가되어 거품을 감소시키는 영향을 준다. 현대적인 자비시스템은 자비조의 온도, 가열 온도, 자비 시간을 관리하도록 되어 있다.

⑥ 핫트롭의 제거가 완전치 않을 때에는 고급 지방산과 중성지방이 발효 시에 존재하게 된다. 이외에 이들 물질은 효모에 부착되어 발효 및 숙성을 지연되도록 한다. 이러한 현상은 거품가를 떨어뜨리게 된다.

⑦ 효모 종류에 따라 거품의 차이가 있으나 효모를 충분히 활성화시키지 못하거나 증식이 충분치 않을 때, 효모 회수가 늦었을 때 저장 혹은 숙성 조건이 좋지 않을 때에는 거품 손상이 나타날 수 있다. 효모가 유리 아미노질소의 흡수가 적어 맥주 속에 염기성 아미노산, 인산염, 핵산, 지방산이 장시간 존재할 때 거품이 손상될 수 있다. 효모수를 약 25×10^6/ml로 접종하거나 공기 주입을 많이 하면 거품에 긍정적인 영향을 준다. 고온보다는 저온(9℃)에서 발효를 하거나 서로 다른 품종의 효모로 발효된 영비어를 투입하거나 숙성을 -1℃에서 오랜 기간(1~3주)에 저장하면 거품에 좋은 영향을 준다. 또한 숙성 시 어린 효모세포는 2-아세토락테이트를 신속하게 분해하고 지방산부분과 유리 아미노산을 감소시켜 거품을 개선시킨다. 효모량이 많고 저장온도를 높게 하고 저장시간이 길면 효모 분비물로 인하여 거품에 손상을 미친다. 이때 효모의 단백질 분해 효소는 주입된 맥주에서 특히 따뜻하게 보관 중일 때는 계속 작용을 한다. 이때는 짧은 시간 가열처리를 하

여 이들 효소를 불활성화시킨다.
⑧ 여과를 너무 강하게 하면 처음에는 거품 손상이 일어난다. 특정의 안정제와 효소를 투입하면 거품은 감소하게 되고 주입공정 중에 압력의 변동이 문제가 될 수 있다. 옥수수, 쌀 혹은 당의 함량이 높은 맥주는 거품 생성에 나쁜 영향을 주지만 거품의 유지성에는 영향을 미치지는 않는다. 공정 문제가 발생하여 주입기와 여과기에 오일을 함유한 공기, 증기가 포함될 경우에도 거품에 나쁜 영향을 미친다.
⑨ 맥주를 따를 때에도 문제가 되는데 이송 배관 상에 탄산가스의 포화압이 낮거나 맥주를 따르는 설비가 적절치 않거나 맥주 배관이 충분히 세척이 되지 않았을 때 또는 맥주컵이 깨끗지 않았을 때는 지방막이 존재하여 거품에 영향을 미친다. 거품을 개선시키는 방법으로 철염(0.6g/hl)을 첨가하여 환원 물질과 결합시켜 거품의 갈변화를 피하는 방법이 있다. 예로서 알긴산(algin acid)을 5~10g/hl 첨가하여 금속 이온과 고분자 단백질을 결합시키며 또한 맥아에서 유래하는 검 물질로 거품을 개선하기도 한다. 이러한 방법은 맥주의 조화로운 풍미를 깨뜨리고 풍미 안정성을 감소시키기도 한다.

또한 거품 형성에 영향을 미치는 또 다른 요소는 거품 크기이며 작은 기포일수록 거품 유지력이 높아진다. 이산화탄소가스보다는 질소가스가 더 작은 기포를 형성하여 맥주 거품이 맥주잔에서 오래 유지된다. 〈표 8-1〉는 맥주 거품에 영향을 미치는 요소와 그에 따른 거품 변화를 나타내었다.

〈표 8-1〉 맥주 거품에 영향을 미치는 요소

구분	증가분	거품변화(포인트)
응고성 질소(ppm)	1	+ 1.0
안토시아닌(ppm)	1	0.2
모노글리세리드(ppm)	0.01	+ 1.3
고미가(EBS)	1	+ 0.5
점도(mPas)	0.1	+ 2.6
$MgSO_4$-침전 질소(ppm)	10	+ 0.9
알코올(%)	0.1	1.4

06 맥주의 물리 화학적 안정성

물리 화학적 안정성(non-biological stability)은 맥주의 맛, 색도 및 거품 유지 등에 영향을 준다. 신선하게 주입된 맥주는 실온에서 장시간 보관 시에 맥주 고유의 특성을 잃게 된다. 시간이 지나면서 계속해서 침전물이 형성된다. 맥주 혼탁은 폴리페놀 플라반-3-ol(polyphenol flavan-3-ol)과 단백질 프롤린(prolin) 간의 반응으로 인해 생성되며 소량의 탄수화물, 중금속 등이 혼탁 형성에 동시에 관여한다. 단백질은 모든 곡류에 존재하고 탄닌은 주로 보리와 수수에 존재한다.

탄닌은 플라보노이드, 카테킨 및 에피카테킨으로부터 형성된다. 곡류에 있어 가장 중요한 탄닌은 프로시아니딘 B_3(procyanidin B_3, catechin-catechin dimer), 프로델피니딘(prodelphinidin, catechin-gallocatechin dimer), 중합체 분자(oligomeric molecules) 등이며 보리에는 건량 기준 100~350ppm 정도 함유되어 있다. 프로시아니딘 B2 (procyanidin B_2)와 에피카테킨-카테킨 이합체(epicatechin-catechin dimer)는 홉에서 유래한다. 폴리페놀의 종류는 (그림 8-3)와 같다.

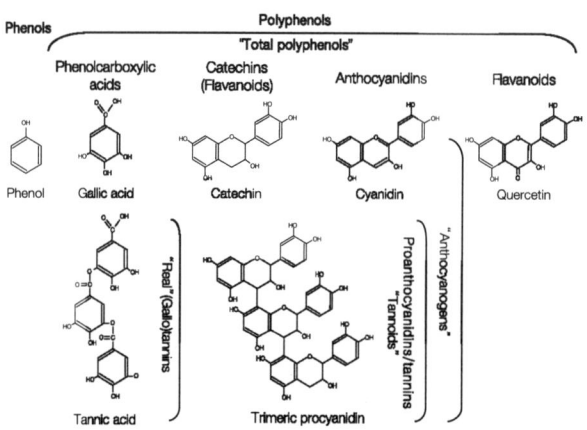

【그림 8-3】 폴리페놀의 종류 [113]

한편, 한냉 혼탁은 맥주를 저온(0℃)에서 보관하면 일시적으로 형성되는 혼탁으로 맥주 저장과 여과를 0℃ 이하에서 실시하면 초기에는 혼탁이 생기지 않는다. 다만 맥주를 특히 여름철에 고온으로 방치하다 급격히 저온에 방치하면 한냉 혼탁이 생길 수 있다. 이러한 한냉 혼탁은 폴리페놀의 하이드록실기(-OH)와 단백질의 카르복실기(-COOH)의 약한 수소결합으로 인해 맥주를 20℃로 가온하면 혼탁이 사라진다. 그러나 한냉 혼탁이 여러 번 반복되면 영구 혼탁(permanent haze)으로 변하며 이 혼탁은 사라지지 않는다. 이 영구 혼탁은 보통 6개월 이상 유통되면 나타날 수 있는 현상이다.

1. 콜로이드 혼탁의 구성 성분

맥주의 혼탁은 일련의 구성 성분이 존재할 수 있다. 혼탁의 구성 성분을 보면 단백질(58~77%), 폴리페놀(17~55%), 탄수화물(2~12%) 및 미네랄(2~14%) 등으로 구성되어 있다. 단백질성 물질과 폴리페놀 혼탁이 발생했을 때 폴리펩타이드와 폴리사카라이드(다당류) 혹은 폴리펩타이드와 미네랄 물질의 결합도 혼탁을 일으킬 수 있다.

① 폴리페놀 부분은 보리 혹은 홉 유래의 폴리페놀이 축합 혹은 중합으로 형성된다. 분자는 응집력은 없으며 맥주의 유통에는 어떤 영향도 미치지 않는다. 이들 물질은 환원적인 특성으로 좋은 영향을 주며 산화 및 중합을 통해서 단위체의 폴리페놀의 분자량을 증가시켜 폴리펩타이드를 응집을 가능하게 한다.

② 단백질 부분은 콜로이드 혼탁의 대부분은 차지하며 주로 보리에서 기인하며 맥아 및 맥주 제조 중에 어느 정도 분해된다. 혼탁물 형성체는 고분자 펩타이드와 단백질로 보리의 원 단백질체로부터의 분해 산물이다. 이들 분자량은 30,000~100,000이다. 폴리펩타이드와 폴리페놀의 결합력은 수소이온결합이며 페놀의 하이드록실기의 수소이온과 펩타이드그룹의 산소 사이에서 형성된다. 단백질성 부분은 고분자의 질소화합물의 일부가 폴리페놀 부분은 폴리페놀성 물질의 일부가 형성된다. 한편 탄수화물은 한냉 혼탁과 영구 혼탁의 일부를 차지하고 있으며 주로 알파 또는 베타글루칸과 관계가 있다.

③ 다당류에 대부분을 차지하는 혼탁은 단백질 구성 성분 혹은 고가의 미네랄물 질로 구성되어 있다. 맥주 혼탁에서 회분은 유황(단백질), 중금속(철, 구리, 아연, 알루미늄) 또는 일련의 다른 금속이온으로 구성된다. 칼슘은 칼슘옥살레이트로 혼탁을 일으킬 수 있다.

2. 콜로이드 혼탁의 형성

맥주의 분자는 작은 분자들이 충돌하여 점차 분산도를 크게 하여 움직이고 있다. 이러한 콜로이드는 저장온도가 높거나 운동에 따라 촉진된다. 단백질과 폴리페놀 상이에 흡착 결합으로 콜로이드가 형성되고 한냉 혼탁 물질 입자가 수화되면 영구 혼탁의 물질 등이 변성이 일어나게 된다. 단백질 구성 분자들의 분자량이 커질수록 폴리페놀에 더 쉽게 침전하게 된다. 이러한 종류의 혼탁물의 형성은 다당류에서도 일어난다. 전분이 충분이 분해가 되지 않은 경우 미세한 전분입자가 맥즙과 맥주에 존재하여 여과기를 통과하고 이송 용기에 들어가 침전되는 것이다.

혼탁 물질의 형성은 맥주에 존재하는 콜로이드의 양(총질소, 고분자질소, 폴리페놀 등)이 영향을 미친다. 맥주에 용해된 산소는 단백질과 폴리페놀 구성 성분과 치환이 가능하여 단백질의 경우 폴리펩타이드의 SH기의 산화로 디티오 결합(dithio bond)을 하여 분자를 크게 하며 폴리페놀은 산화되어 응집력을 높인다. 중금속(Fe, Cu, Sn)이 존재할 때는 산화를 촉매하여 단백질을 침전시키는 작용을 한다.

3. 콜로이드 안정성을 개선하는 기술적인 방법

양조보리의 단백질 함량이 낮은(10% 이하) 경우는 후에 맥주에서 질소화합물의 양이 적게 된다. 이러한 보리는 더 많이 용해하여 특히 담금 시와 맥즙 자비 시에 많은 양의 단백질이 제거되어 많은 양의 폴리페놀이 공급된다. 유사한 경우로 맥아를 높은 온도에서 건조 할 때도 나타난다.

또 다른 경우 프로시아니딘(procyanidine)이 없는 맥아와 탄닌성 물질이 없는 홉을 사용함으로써 폴리페놀 구성 성분이 제거되어 정상 맥주에 존재하는 단백질의 안정성을 개선할 수 있다. 담금 시 pH를 5.8에서 5.5로 낮추고 58~62℃의 당화온도에서는 단백질 구성 성분이 결합하게 된다. 맥즙을 pH 5.0에서 강하게 자비하면 탄닌성 홉 물질과 결합하여 단백질을 제거할 수 있다. 홉 투입 없이 단시간 맥즙을 가열하는 것도 한 방법이다.

맥아 함량을 적게 하여 질소화합물이 적은 맥즙은 홉의 폴리페놀의 침전작용을 떨어뜨린다. 핫트룹을 정량적으로 제거하고 콜드트룹을 제거하는 냉맥즙 여과로 물리 화학적인 안정성을 가져온다. 발효가 왕성하게 일어나면 혼탁을 일으키는 물질(폴리펩타이드, 폴리페놀, 글루칸)이 침전하며 이어지는 숙성온도 -1~2℃의 온도로 진행되면 맥주의 안정성이 개선된다. 원하는 숙성 후 빨리 온도를 0℃ 이하로 냉각하여 7일간 유지하면 효과를 볼 수 있다.

냉각된 여과기로 강하게 여과하면 안정성이 증가하게 되며, 맥주를 여과 전에 냉각하면 같은 효과를 볼 수 있다. 맥주 주입공정에서 산소의 유입은 가능하면 적게 하여 맥주가 금속 표면과 접촉으로부터 보호되어야 한다. 상기 방법은 단백질이나 폴리페놀에 의한 맥주의 불안정성을 개선시키는 것이며 알파글루칸(덱스트린)의 혼탁에 관여는 담금실 작업을 조심스럽게 하여 피해야 한다. 베타글루칸의 양은 담금 시에 한계까지 잘 조절하여야 하며 좋은 맥아를 사용하여 원하는 맥주의 구성 성분이 되도록 한다.

한편 맥주의 혼탁도는 평가하는 방법에 따라 수치가 다르지만 서로 호환된다(그림 8-4).

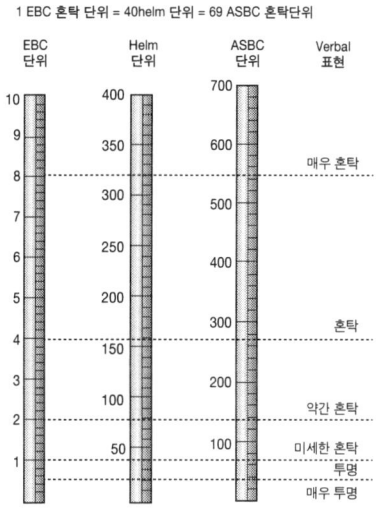

【그림 8-4】 맥주의 혼탁 단위 비교 [35]

4. 맥주의 안정화

자연적인 방법으로 콜로이드가 안정화되면 정상적인 유통기간을 지킬 수 있다. 맥주의 최소 유통기간(6개월)은 안정성에 따라 연장될 수 있다. 맥주의 안정화를 위해서는 보조제로서 흡착 또는 화학적 제재를 사용할 수 있다.

1) 흡착 물질

흡착 물질은 부분적으로는 맥주의 콜로이드를 선택적으로 흡착할 수 있다. 즉 단백질 제거에는 벤토나이트(bentonite) 또는 실리카겔(silica gel)이, 폴리페놀 제거에는 폴리아마이드(PVPP, nylon, perlon))가 사용된다.

벤토나이트는 강하게 팽창하는 알루미늄 실리카겔로 적은 양의 알칼리이온을 함유하고 있다. 주로 사용되는 알루미늄 벤토나이트는 흡착력이 커서 팽창력이 높다.

칼슘 벤토나이트는 팽창력이 다소 작으나 알루미늄 벤토나이트보다 맥주의 손실이 적으며 안정 작용도 다소 약하다. 벤토나이트는 철분이 없어야하며 풍미에 영향을 미칠 수 있다. 알칼리 벤토나이트는 거의 저장실에서 투입되며 맥주에 균질하게 분포하도록 하며 벤토나이트의 침전 속도에 따라 작용 시간을 3~7일간 -1~-2℃의 온도를 유지한다. 저장실의 온도가 높을 때에는 맥주를 이송하여 냉각시켜야 한다. 3일간의 처리 시간은 맥주의 안정성에 영향을 미치지 않으나 맥주 손실이 증가할 수 있다.

저장 시간이 8~10일로 길어지면 더 이상의 이점은 없고, 이때 맥주에 흙냄새가 날 수 있다. 벤토나이트를 사용할 시 침전 시간에 따라 맥주 손실은 3~10%에 달하며, 조건이 좋지 않으면 그 이상의 손실이 일어날 수도 있다. 맥주 이송 시에 탱크를 탄산가스로 채워 맥주에 공기 유입은 피하도록 한다.

규조토 투입 시에 알칼리 벤토나이트 투입량은 30~50g/hl가 가능하며 규조토 사용량은 많이 증가한다. 이송 시에 이미 50g/hl를 투입했다면 발효 중인 효모는 저지하지 못하며 흡착 작용은 밀폐된 용기에 저장 중인 때보다 안정성이 떨어지며 질소화합물은 다소 감소하게 된다. 또 다른 안정화는 예를 들면 여과기에서 필수적인 것은 아니지만 가압과 최적의 접촉 시간에서는 30g/hl로 안정성이 증가하며 70~80g/hl 투입 시 유통기간을 늘릴 수 있다. 맥주에 투입되는 벤토나이트의 양에 따라 효과는 다음과 같다〈표 8-2〉.

〈표 8-2〉 벤토나이트의 안정성과 맥주의 특성

투입량(g/hl)	200	100	50	0
가성 엑기스(%)	3.23	3.25	3.26	3.27
pH	4.53	4.50	4.48	4.46
색도(EBC)	8.5	9.4	10.3	11.0
총질소(ppm)	683	749	792	835

응고성 질소(ppm)	1.9	8.1	12.0	15.3
MgSO$_4$-침전성 질소(ppm)	50	94	124	155
총고미성분(ppm)	56	58	60	61
거품 유지력(Σ)	96	110	112	121
탄닌(ppm)	246	252	259	263
5 시간 후 한냉응고(Helm units)	0	0	115	925
11 시간 후 한냉응고(Helm units)	55	555	1,280	2,280
20 시간 후 한냉응고(Helm units)	200	910	1,760	2,691

질소 화합물의 흡착이 모든 부분에서 이루어질 때 응집성 질소화합물은 급격히 떨어진다. 폴리페놀과 안토시아노겐의 감소가 뚜렷하며 벤토나이트의 경우 다른 안정제보다 색상 감소와 고미 감소가 강하며 거품 손실이 높다는 것을 보여주고 있다. 맥주의 풍미도 약해지나 맥주의 안정성은 일반적으로 좋다.

규산(silicate)은 유리컵으로부터 무기산과 반응하여 세척되고 건조된 후 분쇄하여 얻는다. 하이드로겔은 50~70%의 수분을 갖고 있으며 부분적으로 건조하거나 세척공정으로 규산의 함량을 30%이상으로 농축하기도 한다. 규산은 산가수분해로 규산염에서 제조되며 모든 제재는 표면적이 400~700㎡/g이며 맥주 여과 시에 접촉하도록 사용된다. 용수 통과력은 중요한데 하이드로겔은 용수 투과상수는 100, 용수가는 240이다. 규산 제재는 팽창하지 않으며 투입 시에 침전하여 맥주 손실은 적다. 최적의 반응 시간은 제재에 따라 다르다.

일반적으로 규조토 투입 장치에서 필터케익을 통과할 때까지 시간이면 충분하며 천천히 반응하는 제재에서는 여과를 시작하면서 여과 면적이 50~200g/㎡ 되도록 한다. 규산의 작용은 경우에 따라서는 여과기 앞에 적절한 투입 장치에서 투입히여 접촉 시간을 길게 하면 효과를 더 볼 수 있다. 여과기 앞에 완충 탱크가 있어 체류 시간을 10~15분간 주면 효과가 크다.

순환 접촉을 하는 방법을 이용할 때 규산겔의 안정성은 유통기간을 충분히 연장하는데 충분하지는 않다.

이때는 벤토나이트, PVPP, 실리카겔을 조합하여 맥주 이동 시나 저장 시에 사용하는 것도 가능하다. 규산염제재는 응집성 질소화합물과 고분자성 물질에는 효과가 적으며 총질소의 감소는 벤토나이트보다는 적다. 사용 제재의 효과는 황산암모늄에 의한 침전 방법으로 확인이 가능하며 안토시아노겐의 감소가 뚜렷하며 색상 및 고미 물질은 영향을 받지 않으며 거품가는 약간 변한다. 맥주의 바디감은 영향이 없으나 고미는 약간의 변화가 있다.

순환접촉 방법을 사용 시에 규산염제재의 투입은 총질소 함량은 약간 감소하나 폴리페놀 양은 손실이 많다. 벤토나이트와 규산겔을 조합한 경우에는 각각의 장점을 이용할 수 있다. 벤토나이트를 사용할 경우에는 침전방법으로 안정화하며 사용량은 70~100g/hl이 된다.

규산염제재의 양은 황산암모늄 침전방법으로 2.2~2.5ml/10ml가 되도록 조절하면 80~100g/hl가 된다. 규산염제재는 일부는 벤토나이트를 사용하여 침전을 유도하여 개선할 수도 있다. 여과 시에 규산염제재를 사용하는 것도 가능하다. 거품가는 사용되는 벤토나이트 양에 따라 감소하며 200g/hl의 양으로 처리한 맥주와 유사한 유통기간을 갖는다.

실리카겔은 수분이 약 92%이며 황산과 유리의 중성화 반응 후에 나오는 첫 번째 생산물이다. 맥즙을 청징을 개선하기 위해 맥주의 냉각 저장 시에 혼탁 물질을 흡착하기 위해 투입되며 사용량은 30~60ml/hl이다. 이것은 맥주 여과 시에 여과성을 개선하며 안정성에 기여한다. 규조토 투입 장치에서 5~10ml/hl의 양을 사용하여 여과공정을 개선하기도 한다〈표 8-3〉.

폴리아마이드(polyamide)와 PVPP는 저분자성 물질의 중합과 축합하여 제조된 고분자 합성수지이다. 맥주의 폴리페놀성 물질을 흡착하며 맥주의 특성인 질소화합물, 색상, 거품에 영향을 주지 않고 혼탁성 폴리페놀 구성 성분을 제거한다. 요즘은 규조토로 여과한 맥주를 2차 여과기에 20~50g/hl의 PVPP를 사용한다. 여과 시간이 16시간이라면 50g/hl의 사용되며 0.9% 가성소다액으로 8분간 세척하여 PVPP와 폴리페놀 사이에 수소결합을 끊어 재생하여 사용한다. 이 때 사용한 가성소다 용액은 폐기한다. 80℃의 열수로 세척한 후 85℃의 0.9~1%의 가성소다액으로 2차 재생하고 이어 물로 세척하고 탄산가스로 불어 pH가 7.0 이하가 되도록 한다. 재생된 수지는 투입 장치에 85℃로 유지하여 미생물 오염을 피한다. 물과 함께 1차 투입량은 200g/m^2이며 탄산가스로 밀어낸다. 원하는 투입량(PVPP : 물=1 : 9)으로 여과기 하부에서 투입한다.

단시간 순환시킨 후에 맥주는 가압탱크 혹은 주입 장치로 투입할 수 있다. 맥주와 PVPP의 4~5분간의 접촉 시간은 안정화 효과를 보기에 충분한 시간이다. 적은 양을 투입할 경우에는 다수의 여과층을 가진 여과기에 이용된다. 맥주가 남아있는 여과기를 재사용 할 때는 단시간 내에 순환시킨다. PVPP 손실은 작업 방법에 따라 0.5~1.0에 달하며 재사용 시에는 구조가 변해서 더 미세해지고 투과량이 작아진다. 재생된 PVPP는 맥주에 용해되지 않는다. PVPP-안정화 여과기는 프레스 여과기에 설치되며 맥주에 존재하는 작은 PVPP-입자를 잡고 있어야 한다. 적은 양의 맥주를 안정화하기 위해서는 원심분리된 여과되지 않은 맥주가 PVPP와 규산염재제와 함께 규조토 여과기에 투입할 수 있다. 이때는 PVPP를 재생하여 사용할 수 없고 폐기한다.

1차 여과를 거친 맥주에서는 50g의 PVPP로 처리했을 때 안정화 효과는 폴리페놀을 50% 이상, 안토시아노겐은 70% 이상 감소한다. 맥주의 탄노이드 함량은 0이며 이 부분(분자량 500~3,000)은 완전히 흡착된다. 폴리페놀의 감소는 환원성 물질의 감소를 의미하며 맥주의 풍미나 안정성이 나빠진다고 알려져 있다. PVPP는 극한 테스트 결과가 좋았으나 알코올 냉각 테스트에서는 그렇지 않았다. 상대적으로 변화가 없는 고분자성 단백질 부분은 30~100g/hl의 규산염제재와 함께 처리 시의 나타난 안전성을 유사한 결과를 보이고 있다. 하이드로겔을 이용할 시에 가성소다 재생으로 PVPP에 용해될 수 있다. PVPP에 의한 안정성 효과는 알코올 냉각 테스트보다 적었으며 탄노이드 측정이 이용될 수 있다. 실리카겔과 같이 처리된 맥주는 유통기간이 가장 길었다.

폴리아마이드도 유사하게 이용할 수 있으며 흡착력이 여과 초기에 강하나 말기에는 떨어지기 때문에 주입 이전에는 여과된 맥주를 모아서 균질화하는 것이 필요하다.

〈표 8-3〉 벤토나이트와 실리카겔의 안정성과 맥주의 특성

구 분	숙성조	실리카겔	실리카겔	벤토나이트	실리카겔	벤토나이트	실리카겔	벤토나이트
투입량(g/hl)		100	80	80	60	60	40	40
원맥즙농도(%)	12.1	12.1	12.1	12.0	12.0	12.0	12.1	12.0
pH	4.4	4.4	4.4	4.5	4.4	4.5	4.4	4.5
총질소(ppm)	8.4	7.7	7.7	7.3	7.8	7.6	7.9	7.8
응고성 질소(ppm)	0.13	0.09	0.09	0.05	0.09	0.09	0.1	0.1
고미 성분(ppm)	29	25	25	25	26	26	27	25
색도(EBC)	9.6	8.0	8.0	5.5	9.0	6.5	9.0	8.0
거품 유지력(Σ)	111	109	111	95	112	100	112	111
극한 시험 1		3	5	5	3	3	20	10
극한 시험 2		3	6	7	6	3	21	14
극한 시험 3		12	18	16	20	15	55	27

2) 화학제재

화학제재는 단백질의 침전시키거나 단백질을 효소적으로 분해하며 환원작용을 통해서 맥주에 존재하는 산소의 농도를 감소시키는 작용을 한다. 화학제재에는 다음과 같은 종류가 있다.

① 탄닌은 등전점이 3.7~4인 단백질을 침전시키는데 응집성 단백질과 $MgSO_4$-침전성 질소 등을 침전시킨다. 상품으로는 가수분해할 수 있는 폴리페놀이 여기에 속하며 이 폴리페놀은 몰식자산분자의 OH기를 에스테르화한 글루코오스로 구성되어 있다. 탄닌은 맥주 저장 마지막 날 최소 맥주 여과 24시간 전에 투입하며 이를 위해 맥주는 다른 탱크로 옮겨 온도를 -1℃~-2℃까지 내린다. 사용량은 3~10g/hl이며 너무 적은 양을 투입하면 맥주 여과 시에 침전이 충분히 이루어지지 않는다. 반대로 많은 양을 사용하면 맥주 거품에 영향을 주며 산화 및 풍미에 영향을 미친다. 순정 제품은 거품이나 풍미에 영향을 미치지 않는다. 탄닌은 숙성조에 투입해도 무방하지만 효과가 적어 투입량을 30% 정도 높여야 한다. 저장조의 냉각된 맥주에 투입하면 1~2주간의 저장 중 그 침전 효과가 매우 좋다. 새로운 탄닌 제품은 규조토 여과 시에 투입할 수 있으며 여과기에 남게 된다. 또한 맥즙 자비 시에 탄닌을 투입할 수 있으며 단백질 응집이 더 효과적으로 이루어지지만 가열 시에 일부는 가수분해되기 때문에 투입량은 3.5g~6g/hl 으로 조정해야 한다.

② 단백질 분해 효소는 단백질을 혼탁을 일으키지 않는 저분자물로 분해하며 이때 사용되는 효소는 파파인(papain, 최적 pH 4.7), 브로멜린(bromelin), 피신(ficin), 펩신(pepsin, 최적 조건 37℃, pH 2)이며 저온 살균 시에도 작용한다. 효소의 투입은 맥주 주입 10~14일 전에 이루어지며 여과된 맥주나 1차 여과된 맥주에 투입되기도 한다. 맥주 이동 시에 투입은 저장 시간이 짧은 때이며 효모와 함께 일부는 침전되며 주입된 맥주에서는 산소나 중금속이 효소작용을 저해하기도 한다. 효소 투입 시에 맥주의 거품 감소가 나타나며 이는 단시간 열처리나 저온 살균한 맥주에서보다 냉각 멸균 주입한 맥주에서 더 확실히 나타난다. 맥주를 효소로 처리하게 되면 거품이 많이 나며 사용되는 양은 제품에 따라 다르며 파파인의 경우 0.5~1g/hl이다. 엔도-β-글루카네이스는 맥주의 여과성을 개선할 목적으로 맥주를 숙성조로 이송할 때 또는 저장된 맥주를 다른 탱크로 이송할 때 투입한다. 그러나 이러한 방법은 맥주의 여과성을 좋게 하지만 맥주의 거품에 손상을 주기 때문에 담금 시에 투입하는 것이 유리하다.

③ 환원성 제재는 황산염, 비타민 C 및 환원성당 등이 있다. 1mg/l의 산소와 결합하기 위해

필요한 양은 SO_2는 (4mg), 비타민 C는 (11mg), 환원당은 (175mg)이다. 황산염(중아황산염, 아황산수소염)은 황산의 유도체로 맥주를 숙성조로 이송할 때 또는 저장된 맥주를 다른 탱크로 이송할 때에 6~10mg/l 사용하며 맥주의 산소와 신속히 결합한다. 다량을 사용할 시에는 맥주에 이산화황이 높아져 풍미를 손상시킨다.

④ 아스콜빈산은 환원제처럼 디엔올(dienol)기를 갖고 있어 공기 중의 산소에 의한 산화 시 2개의 수소를 제거하여 디하이드로아스콜빈산(dehydroascorbic acid)이 된다. 이때 촉매제로 중금속이 존재할 때에는 순수한 아스콜빈산 2몰은 1몰의 산소를 산화시키며 다량의 산화성 결합물이 존재하는 맥주에서는 아스콜빈산과 반응하는 산소분자는 다른 물질을 산화시키는데 소비된다. 아스콜빈산의 투입은 적은 양의 산소가 있을 때 (0.5~1.0mg/l), 맥주의 구성 성분의 산화를 방지하는데 효과가 있다. 아스콜빈산의 투입은 주입 전 여과된 맥주에 2~8g/l 정도 투입한다.

⑤ 환원당은 알칼리 용액에서 당을 처리하여 제조되며 발생되는 색소는 산화칼슘으로 침전시킨다. 맥주 저장 시에 25~35g/hl 사용된다. 여러 가지 제재를 혼합하여 사용하며 정확히 사용할 때에는 많은 효과를 얻을 수 있다. 맥주에 용해되어 있는 산소는 글루코오스옥시데이스(glucoseoxidase)에 의해 제거되며 여기서 남아있는 글루코오스는 글루콘산으로 산화된다.

5. 맥주의 풍미 안정성

맥주의 풍미 안정성(flavor stability)의 개념은 맥주의 고유 특성이 용기 주입 후에 소비될 때까지 유지되는 것을 말한다. 또한 맥주의 품질의 기준은 맛, 향기, 거품 및 풍미 안정성이며, 특히 유통 및 보관 중에 공장 출하 상태와 같이 장기간 맥주의 신선도를 유지하려는 연구는 현재도 전 세계 모든 맥주 제조사에서 가장 관심을 갖는 분야로 볼 수 있다.

맥주를 보관하는 동안 맥주의 풍미가 변하는 것을 두 가지 현상으로 분류한다. 첫째 바디감, 신선함, 고미의 변화에 따른 전체적인 조화가 깨졌을 때, 둘째 맥주의 아로마의 변화, 일광취, 마분지 냄새, 용매취 등이 나타나는 경우이다. 이러한 현상은 동시에 진행되는 것은 아니며 첫째 현상은 비교적 빨리 일어나는데 맥주 운송 또는 저장 조건이 좋지 않을 때 발생한다. 반면 둘째 현상은 맥주의 품질 상태에 따라 나타나며 몇 달 후 발생한다.

맥주의 풍미 조화가 변화는 맥주 콜로이드의 수화도에 변화에 따라 발생한다. 맥주 콜로이드의 노화(aging)를 유도하는 모든 현상이 해당되며 이송, 온도 변화, 산화 등은 바디감을 감소시키며 약간의 쓴맛을 나타낸다. 맥주의 콜로이드가 안정화가 되지 않으면 맥주의 풍미는 더 저하된다(그림 8-5).

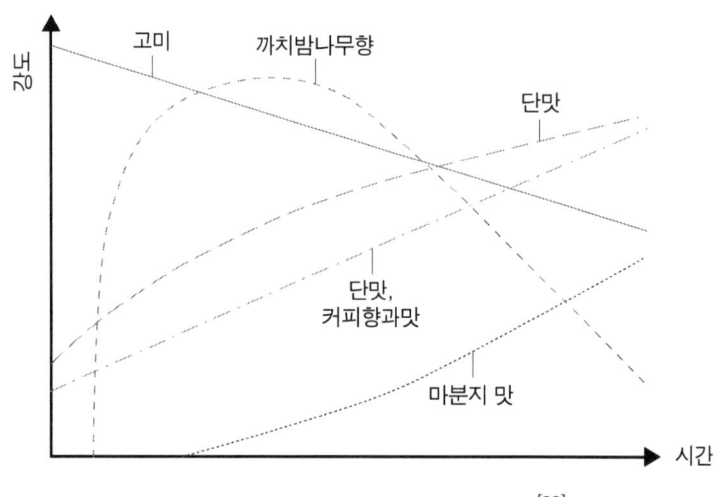

【그림 8-5】 맥주 노화에 따른 성분 변화 [33]

맥주의 고미 변화는 단지 콜로이드 때문만은 아니다. 맥주의 이소휴물론 함량이 맥주를 보관하는 동안 감소하면 맥주 고미는 폴리페놀 혹은 홉오일의 산화에 의해 불쾌한 쓴맛의 특성을 나타낼 수 있다. 맥주의 고미가 감소되는 것은 우선 화학적으로 불안정한 구조를 가진 트랜스이소 알파산(tran-iso-alpha acid)이 감소하는 것이며 시스트랜스알파산(cis-iso-alpha acid)의 감소는 상대적으로 적다. 고미 감소는 빛이나 홉 가공품의 종류와는 관련이 없고 맥주 브랜드마다 고미 감소의 폭이 매우 다르게 나타난다(그림 8-6).

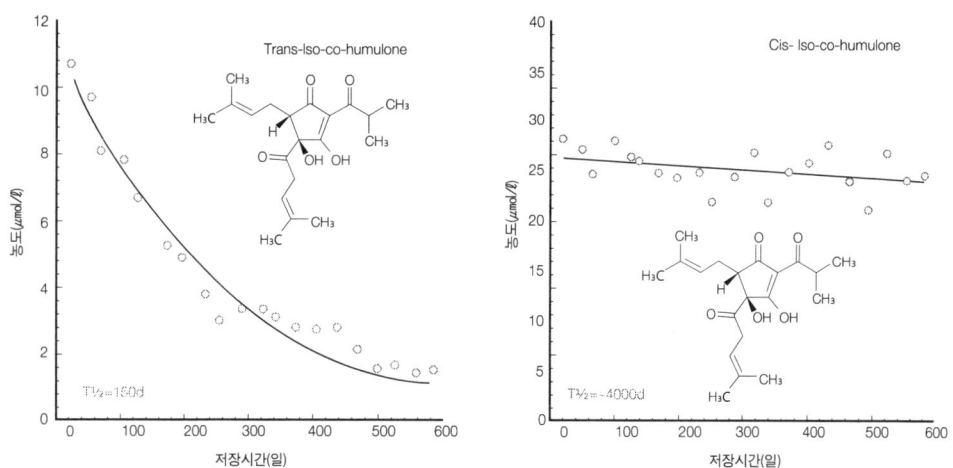

【그림 8-6】 맥주 저장 중(28°C에서 600일)의 Trans-cis-co humulone의 감소(Hofmann, TU Munich-Weohenstephan)

노화된 풍미는 여러 단계로 나타나며 처음에는 까치밥열매 같은 풍미가 나며 빵에서 나는 향 같은 냄새로 넘어가고 이때 맥주의 신선함 및 고미가 저하된다. 맥주의 풍미를 분석적으로 예견할 수 있는 방법은 화학발광법(chemiluminescence), 전자스핀공명 분광분석법(electro spin resonance spectrometry), 흡광도적분법(ansorbance integral) 및 노네날포텐셜법(nonenal potential) 등이 있다(그림 8-7).

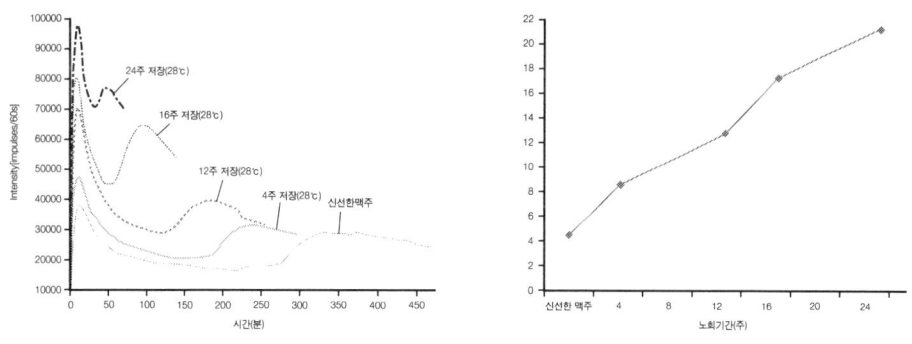

【그림 8-7】 화학발광법과 노네날포텐셜법을 이용한 맥주 노화 예견법

한편, 맥주의 노화는 대부분 산소의 존재하여 진행되지만 산소가 존재하지 않는 환경에서도 산화적 노화가 진행되는 경우도 있다. 맥주에 산소의 농도가 높을수록 산화는 더 빨리 진행되며 그 결과 휘발성 지방족 알데히드(volatile aliphatic aldehydes)가 증가하게 된다.

알데히드 중에 특히 2(E)-nonenal이 노화의 주요 물질이며 역치가 매우 낮아(ppb단위) 미량으로도 맥주 풍미에 부정적인 영향을 미치게 된다. 특히 물질(불포화 지방산 또 고급 알코올 등)의 분자 내 탄소 원자 9번째를 함유한 알데히드가 풍미가 가장 강하면서도 나쁜 풍미를 갖고 있다(그림 8-8).

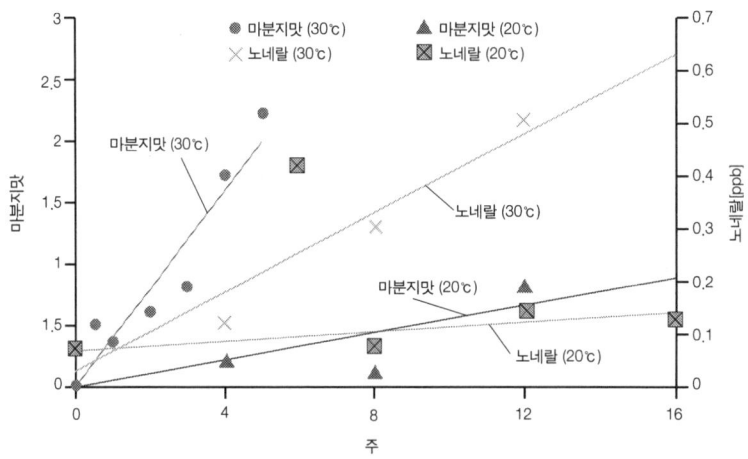

【그림 8-8】 온도에 따른 노네날의 변화

한편, 맥주 노화는 아래와 같이 다양한 메커니즘을 통해 형성된다.

① 아미노산의 스트렉커 분해(strecker degradation of amino acid)에 따라 탄소수가 하나 적은 카보닐(알데히드)이 생성된다. 빛이 없는 상태에서는 금속이온이 반응을 촉매하며 빛이 있는 상태에서는 더 신속히 진행되어 리보플라빈, 폴리페놀, 알코올에 의해 촉진된다(그림 8-9).

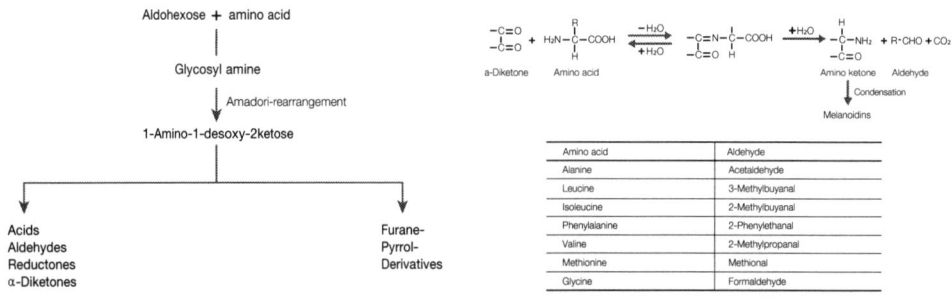

【그림 8-9】 마이얄 반응 및 strecker 분해에 의한 노화 물질 생성 기전

② 이소휴물론의 산화적 분해(oxidative degradation of isohumulones)로 C4~C7-알켄과 C6~C7-알카디엔으로 되며 리보플라빈이 존재 하에 빛에 의해 촉진된다.

③ 고급 알코올의 산화(oxidation of higher alcohols)에 따라 고급 알코올이 노화와 관련이 있는 알데히드로 전환되는데 에탄올에서 알데히드로 가는 반응은 노화취의 구성 성분의 전구체가 발생할 수도 있다(그림 8-10).

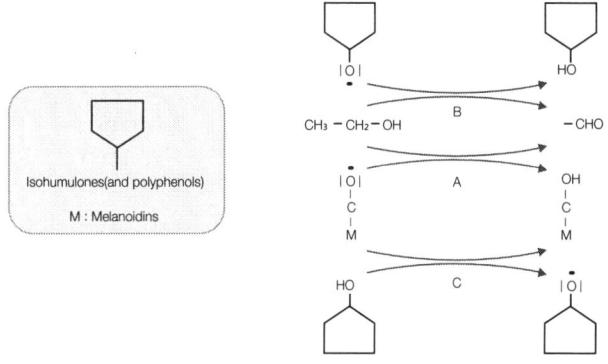

【그림 8-10】 고급 알코올의 산화에 의한 노화 물질 생성 기전

④ 긴 사슬의 불포화 지방산의 광산화(photooxidation of unsaturated fatty acids)에 따라 짧은 사슬의 알데히드(C5, C6)로 전환되며, 이 반응은 빛에 의해 촉진되며 이때 리보플라빈은 반응을 저지하는 역할을 한다(그림 8-11).

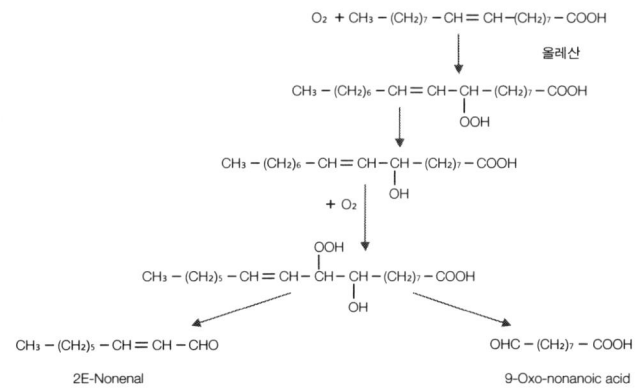

【그림 8-11】 불포화지방산의 광산화에 의한 노화 물질 생성 기전

⑤ 알돌 축합반응(aldol condensation)에 따라 짧은 사슬의 알데히드가 긴사슬의 알데히드로 변하며 프롤린(prolin)에 의해 촉매된다(그림 8-12).

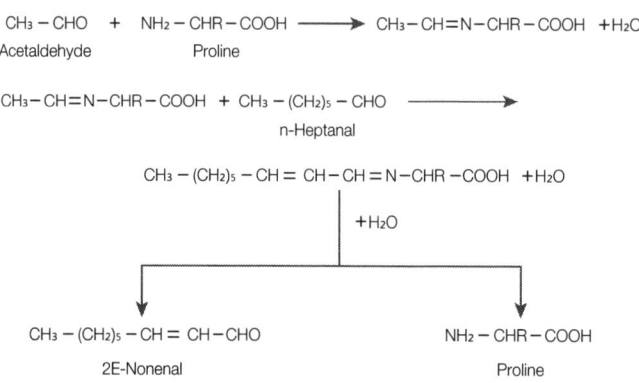

CH_3-CHO + $NH_2-CHR-COOH$ ⟶ $CH_3-CH=N-CHR-COOH$ + H_2O
Acetaldehyde   Proline

$CH_3-CH=N-CHR-COOH$ + $CH_3-(CH_2)_5-CHO$ ⟶
                                   n-Heptanal

$CH_3-(CH_2)_5-CH=CH-CH=N-CHR-COOH$ + H_2O

+H_2O

$CH_3-(CH_2)_5-CH=CH-CHO$ $NH_2-CHR-COOH$
2E-Nonenal   Proline

【그림 8-12】 알돌축합 반응에 의한 노화 물질 생성 기전

⑥ 불포화지방산의 효소적 분해(enzymatic degradation of unsaturated fatty acids)에 따라 긴 사슬 불포화지방산(리놀산, 리놀레산)이 하이드록시산(hydroxy acid)과 그의 분해물인 긴 사슬 불포화 알데히드로 전환된다. 이때 빛의 존재와 무관하게 신속히 이루어진다. 주요 반응은 페록시데이스(peroxidase)와 리폭시게네이스에 의해 이미 제맥 및 담금공정에서 이루어진다(그림 8-13).

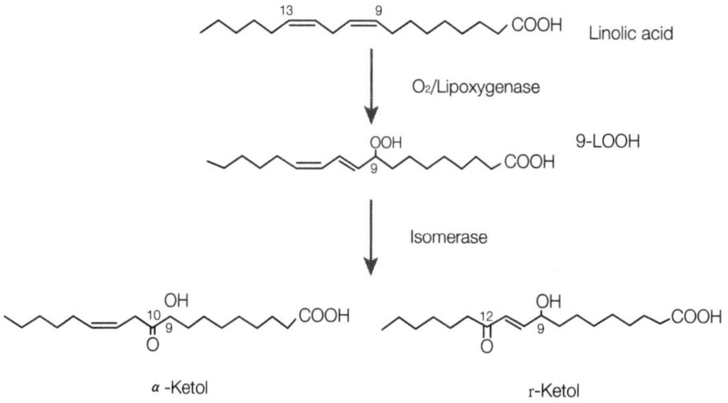

【그림 8-13】 맥아의 불포화지방산(linolic acid)의 효소에 의한 keto 생성 기전

한편, 각 불포화지방산의 분해에 따라 생성되는 알데히드는 〈표 8-4〉와 같다.

〈표 8-4〉 불포화지방산 분해에 따라 생성된 알데히드 성분

올레산(oleic acid, C18:1)	리놀산(linolic acid, C18:2)	리놀레산(linoleic acid, C18:3)
heptanal	Pentanal	(E,Z)-2,4-heptadienal
(E)-2-nonenal	Hexanal	(E,E)-2,4-heptadienal
octanal	(E)-2-octenal	(Z)-3-hexanal
decanal	(E)-2-nonenal	
(E)-2-decenal	(E,Z)-2,4-decadienal	
	(E,E)-2,4-decadienal	

⑦ 카보닐의 산화적 분해(oxidative degradation of carbonyl)를 통해 긴사슬의 불포화 알데히드가 짧은 사슬의 포화알데히드로 분해되며 이는 주로 맥주를 저장하는 동안 이들 물질이 감소하거나 증가하게 된다.

이러한 맥주 노화에는 맥주의 구성 성분들이 원인이며, 멜라노이딘의 농도 증가로 알코올 산화나 스트렉커 분해가 촉진되며 폴리페놀은 스트렉커 반응을 촉진하나 알코올 분해를 저지한다. 맥주의 품질 상태를 볼 때 특정 물질이 증가하는지를 분석하면서 맥주의 산화, 열처리의 정도 및 노화의 정도를 알 수 있다. 산소 관련 성분(3-methyl-butanal, 2-methyl-butanal, benzydladehyde, phenylethanal), 열부하 관련 성분(2-furfural, nicotin acid-ethylester, γ-nonalacton), 노화 관련 물질(산소와 열부하 관련 성분 및 3-methyl-butan-2-on, 2-acetyl-furan, 2-propionyl-furan) 등이 있다.

한편 맥즙 제조 시에 산화에 따라(2-pentanon, 2-methyl-butanal, 3-methylbutanal, 2-heptanon, 2-furfural, heptanal) 등이 증가한다.

노화 성분 알데히드와 그의 전구체 및 역치는 〈표 8-5〉과 같다.

⟨표 8-5⟩ 노화 성분 알데히드와 그의 전구체

구 분	역치(ppm)	전구체
2(E)-nonenal	0.1	9,10-dihydroxy-z-12-octadecenoic acid, α-ketol
3(Z)-nonenal	0.01	9,10-dihydroxy-z-12-octadecenoic acid
2(E)-octenal	0.3	9,10,11-trihydroxy-z-12-octadecenoic acid, 9-LOOH
2(E)-heptenal	0.5	11,12,13-trihydroxy-z-12-octadecenoic acid, 13-LOOH
2,4-nonadienal	0.05	9,10,13-trihydroxy-z-12-octadecenoic acid

또한, 맥주의 알데히드의 향 특징과 역치를 보면 ⟨표 8-6⟩과 같다.

⟨표 8-6⟩ 맥주의 알데히드와 향 특징

C 번호	Aldehyde	역치(ppm)	향 특징
2	Acetaldehyde	5,000~50,000	생엽(生葉) 향, 풋사과 향
3	Propionaldehyde	2,500~5,000	사과 향, 생엽 향
4	n-butanol Crotoaldehyde	1,000 8,000	멜론, 생엽, 니스 향 사과 향, 생엽 향, 알몬드 향
5	n-pentanal Furfural	100~500 50,000~150,000	풀냄새, 바나나 향 종이취, 껍질 향
6	n-hexanal 2(E)-hexanal	300~500 500~750 1,000,000	쓴맛, 포도주 향 쓴맛, 떫은맛, 생엽 향 노화취, 식물오일취
7	n-heptanal	50~100	포도주 향, 쓴맛, 불쾌한 맛
8	n-octanal 2(E)-octenal	1~40 0.2~0.5	오렌지껍질 향, 포도주 향, 쓴맛 쓴맛, 노화취
9	n-nonanal 2(E)-nonenal	15~20 0.1~0.5	떫은맛, 쓴맛 종이~마분지 냄새, 노화취
10	n-decanal 2(E)-decenal	5~7 1	쓴맛, 썩은취, 노화취
11	n-undecanal	3~4	쓴맛, 오렌지 향, 포도주 향
12	n-dodecanal	4	지방산취

풍미 안정성을 위한 기술적인 요소들을 살펴보면 다음과 같다.

발효와 주입 시에 산소의 유입이 맥주 노화의 주요 원인으로 알려져 있다. 맥주 제조과정에서 산소 유입을 최소화하기 위한 기술적인 조치로는 숙성 맥주의 저장조 이송과정, 여과 및 주입공정 중에 탄산가스를 불어 넣거나 탱크를 비울 때도 탄산가스를 이용해야 한다. 질소가스는 탄산가스에 비해 맥주에 손상을 주기 때문에 주입과정 등에는 사용하지 않는다.

총 산소량은(용해된 산소와 병에 존재하는 산소) 0.30ppm을 초과하지 말아야 한다. 맥아의 단백질 함량은 10.5% 이하로, 단백질 용해도는 39~41%를 유지하여 맥주가 질소화합물에 대한 부담을 줄인다. 용해도가 높게 균질화된 맥아는 제조공정상에서 문제가 없으며 질소 동화작용이 좋을 때는 최적의 발효가 일어나며 저분자성 질소화합물이 맥주까지 전이된다. 전구체로부터 스트렉커 반응이나 마이얄 반응에 의한 알데히드의 형성을 억제하는 것은 중요하다.

공기 주입이 적은 맥즙 제조는 담금 시에 분해공정을 촉진하며, 60°C 이상의 담금도 가능하다. 이러한 방법은 폴리페놀의 산화를 피함으로써 양조공정 중에 폴리페놀의 환원적 특성을 유지하게 된다. 환원력의 증가는 담금 시 생물학적인 산을 첨가함으로써도 나타난다. 이 방법은 맥즙 제조 시에 산소의 유입의 관리가 어려울 때 어느 정도까지는 효과가 있다. 마이얄 반응의 생성물은 노화성 카르보닐 화합물의 형성을 촉진하므로 맥아를 너무 높은 온도에서 건조하지 않는 것이 좋다. 82~83°C의 건조온도가 좋으며 맥즙 자비 전후에 지나친 열처리는 피하도록 한다. 나쁜 영향을 주지 않는 고온 자비 시스템은 가열 시 맥즙의 휴식기를 주어 많은 양의 비휘발성 카보닐을 형성시킨다. 형성된 카보닐은 효모에 의해 알코올과 에스터로 완전히 전환되지 못한다.

이 때문에 맥즙 자비나 냉각이 끝날 때까지 총시간이 110분을 넘지 않는 것이 좋다. 냉각이 빨리 진행되지 않는 냉각기는 맥즙의 아로마 물질이 많이 증발하게 된다. 열부하를 많이 받은 맥즙으로 제조된 맥주는 본래의 특성을 잃어버리며 저온 살균을 지나치게 하는 결과와 같다. 즉 터널 저온 살균에서 살균 시간이 지나치게 길었을 때 나타나는 현상이 발생한다.

혼탁하게 여과된 맥즙은 팔미틴산(palmitin acid, C_{16})과 리놀산(linol acid, C18:2)이 많고 맥즙 자비 시에 완전히 침전되지 않으며, 월풀에서도에 제거하기 어렵다. 따라서 지방산으로부터 카보닐이 생성되고 축적되어 노화가 빨리 일어난다.

맥즙에 충분한 산소 주입, 발효 시 균일한 효모 분산, 빠른 발효 시작 및 신속한 아미노산 흡수는 맥주 노화 방지를 위해 중요하다. 맥즙에 순수한 산소를 주입하는 것은 환원제를 소비시키기 때문에 피하는 것이 좋다.

한편, 맥아 외에 생보리 같은 곡류를 사용한 맥주는 마이얄 반응물과 지방산이 적으나 맥아만을 사용한 맥주의 노화와 큰 차이는 없다.

비타민 C(20~80ppm), 글루코오스 옥시데이스(1ppm), 이산화황($K_2S_2O_5$, 10~30ppm) 등을 맥주에 첨가하면 노화를 늦추는데 효과가 있는 것으로 알려져 있다. 11mg의 바타민 C는 1mg의 산소를 결합하는데 중금속으로 인해 50% 정도 더 첨가해야 노화를 늦추는데 효과를 볼 수 있다. 산화 방지제와 투여량을 살펴보면 〈표 8-7〉과 같다.

〈표 8-7〉 맥주 산화 방지제와 투여량

구 분	투여량
Ascorbid acid	20~80 ppm
Isona D	20~40 ppm
Glucose-oxydase	1 ppm
Koji acid	0.004~0.008 %
Sulfites(($K_2S_2O_5$로서)	10~30 ppm
sodium metabisulfite	10~30 ppm

한편, 이산화황의 맥주 노화에 대한 효과는 아래 (그림 8-14)과 같다.

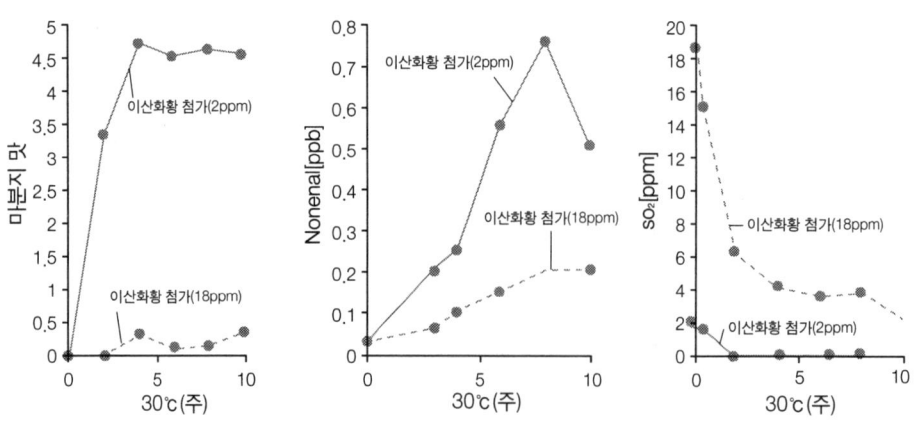

【그림 8-14】 중아황산염 첨가에 따른 풍미 안정성 변화

6. 화학적 혼탁

화학적 혼탁에는 옥살산, 소독제 및 덱스트린에 의한 혼탁이 있다.

옥살산 혼탁은 칼슘옥살산이 결정 형태나 비결정 형태로 대부분 침전 혹은 혼탁으로 나타나며 과도한 맥주의 거품을 일으키는 요인이다. 옥살산은 맥아에서 유래하며 밀맥아는 담금 시에 보리맥아(8~25ppm)보다 2배의 옥살산(30~45ppm)을 방출한다. 홉에 의한 옥살산의 유입은 별로 없다. 연수의 양조용수는 담금 시에 칼슘양이 적어 옥살산의 함량은 맥주에서 높게 된다. 황산칼슘 대비 옥산칼슘의 비율이 0.25~5이면, 칼슘 옥살산은 20ppm 이상이고, 5~13이면 15~20ppm, 13 이상이면 15ppm 이하가 된다. 연수를 사용한 맥주는 여과 시나 여과 후에 칼슘이 증가했을 때 옥살산이 침전되는 경향을 보인다.

필터 프레스를 사용할 시에 경수를 사용하여 세척하고 살균할 때 맥주의 탄산가스에 의해 탄산칼슘이 용해성 형태로 존재한다. 이때 맥주의 옥살산이 반응하여 칼슘옥살레이트가 형성될 수 있다. 전구체를 제거하거나, 여과기 세척수를 연화시키거나 탄산가스를 주입하면 이러한 문제는 대부분 해결된다. 약산(젖산이나 구연산)으로 여과기를 세척하는 것도 하나의 방법이다. 담금, 맥즙, 맥주의 옥살산의 함유량을 줄이기 위해 경우에 따라서는 연수를 경도를 높이는 방법도 있는데 이때 50~70mg/l의 칼슘, 20~30g/l의 황산칼슘 혹은 28~40g/l의 염화칼슘이 사용된다. 맥주의 칼슘 함량은 35mg/l 이상, 밀맥주의 경우 50mg/l 이상 유지하여 옥살산을 침전시킨다. -1℃에서 맥주는 적어도 2주간 저장하여 제거하도록 한다.

왕성한 발효와 숙성이 잘 되도록 상기 시간과 온도는 유지하도록 한다. 맥주에서 옥살염의 문제가 발생하면 여과 후 -1℃에서 24~48시간 저장하고 2차 여과를 한다. 황산칼슘 혹은 염화칼슘의 형태로 칼슘을 첨가하는 것은 맥주 제조공정 중에 옥살산염을 침전시켜 제거하는 방법이다.

한편, 소독제에 의한 혼탁은 소독제에 의한 용기의 금속 표면과 배관에서 맥주석이 유리되거나 주석에 의한 금속-단백질의 혼탁을 가져온다. 포름알데히드 같은 소독제는 사용 후 세척이 완전하지 않으면 혼탁을 일으킬 수 있다. 또한 여과된 맥주를 저장하는 탱크를 소독하기 위해 사용되는 표면활성이 큰 제재에서 발생된다.

풀같은 혼탁은 요오드 반응 시 붉은 혹은 푸른 자색을 띠는 덱스트린 함량이 높을 때 발생한다. 이후 발효가 진행되면서 알코올 함량이 증가하면 비용해성 덱스트린이 증가하고 점질물이나 혼탁으로 나타나게 된다. 맥아 엑기스를 약 2% 투입하여 이러한 문제를 해결한다.

7. 맥주의 거싱

거싱(gushing)은 병맥주를 땄을 때 맥주의 거품이 넘쳐흐르는 현상으로 맥주의 탄산가스의 함량이 높기 때문에 발생하는 것이 아니라 미세한 작은 소수성 응축체의 탄산가스의 방출로 일어난다(그림 8-15). 이 작은 응축체는 크리스탈 또는 금속이온을 통해서 형성되는 것으로 원료에 의해서 발생하는 1차 거싱과 생산 시에 기술적인 원인으로 발생되는 2차 거싱이 있다.

1차 거싱의 요인으로는 오염된 보리나 밀에 전염된 맥아이다. 오염된 보리나 밀은 만개 시에 곰팡이 오염으로 곡류 내부에 거싱을 유도하는 물질이 형성에 영향을 미친다. 침지수나 발아 상에서 오염으로는 이러한 현상이 일어나지는 않으나 거싱을 유도하는 물질이 형성되거나 증가할 수 있다.

거싱을 일으키는 곰팡이 종류는 *Fusarium graminearum*, *Fusarium culmorum*, *F. avenaceum*, *Alternaria alternata*, *Rhizopus stolonifer* 등으로 곡류의 배아에 포자로 분포하여 단백질과 세포벽의 헤미셀룰로오스를 분해함으로써 곡립의 표면은 붉은 자색으로 변화되고 균사체가 성장하고 독성물질이 형성된다.

맥아 제조 시에는 발아 시간을 단축하거나 보리 수분 함량이 낮을 때 거싱을 일으킬 잠재성이 높아진다. 거싱 현상은 맥아를 1년간 저장하면 감소되는 현상을 보인다. 거싱 유도체는 수용성이고 표면활성이 크며 등전점은 1.8~3.5 사이에 있으며 분자량은 10,000 이하이다.

0.1μm의 기공 사이 이하에서 멤브레인 여과를 하면 거싱 현상은 급격히 감소한다. 곰팡이에 의한 오염이 있을 경우 성장 시에 손상을 받은 곡립의 줄기에서 거싱과 관계있는 곰팡이가 성장하는 경향이 있다.

담금 시에 단백질 분해를 많이 시키거나 맥즙 자비를 강하게 하여 거싱을 감소시킬 수 있다. 맥주를 안정화 때 벤토나이트나 규산겔을 사용하는 것도 효과적이다. 저온 살균이 지속적이지는 않지만 거싱 발생 시점을 4~6주 정도는 늦출 수 있다. 칼슘 옥살염에 의한 과량의 거품 발생은 담금 시와 맥즙의 칼슘 농도를 조절함으로써 개선할 수 있다.

한편 2차 거싱은 맥주 콜로이드의 분산도의 변화에 따라 나타나며 병맥주의 금속이온에 의해 발생된다.

저장성이 좋지 않은 홉 이소엑기스물도 거싱을 일으킬 수 있다. 이 경우에는 기존 엑기스분을 추가로 사용하거나 홉분말이나 펠렛을 최소한 50%을 사용함으로써 개선시킬 수 있다.

거친 병 내부, 알칼리 용액을 완전히 제거하지 못했을 때, 주입기와 왕관 사이의 열수 투입 시 열수에 남아있는 작은 양의 철분 등이 거싱을 일으킬 수 있다.

거싱의 개선과 원인은 주입 후 일정 시간 후에 여러 원인으로 나타나기 때문에 해결이 어렵고 원인 물질의 분석이 어렵다. 다만 방지책으로서 맥아에서 거싱과 관련 있는 미생물의 검사, 보리 정밀 검사를 실시하지만 맥주에서는 취할 수 있는 방법도 한계가 있다.

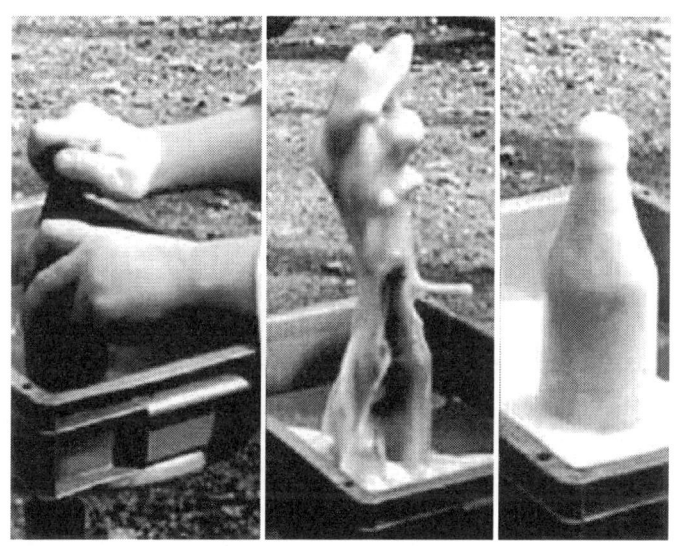

【그림 8-15】 맥주 거싱

07 맥주의 여과도

맥주의 여과도(filterability)는 주어진 시간에 여과될 수 있는 맥주량과 여과 속도로 판단한다. 여과성이 좋은 맥주는 여과 보조제를 적게 사용하는 조건에서 맥주의 청징이 좋아야한다. 여과 시에 발생하는 문제는 두 가지로 설명할 수 있으며 두 현상의 원인은 서로 다르다.

첫째, 여과기가 주어진 양을 여과하지 못하는 경우, 둘째, 여과된 맥주가 청징 후에 효모나 미생물의 남아 있는 경우이다. 첫 번째의 경우는 여과하는 동안 여과기의 압력이 급격히 상승하여 시간당 여과량을 여과하지 못하거나 여과기의 압력 한계가 일정 시간 이전에 도달하여 여과가 어려운 경우이다. 이때는 주어진 여과 시간 동안 여과층의 형성, 세척 및 재가동 등이 필요하다.

여기에 사용되는 시간은 많아져 여과기의 살균이 다르게 된다. 그러므로 여과가 만족스럽지 못하고 오염의 위험도 발생할 수 있으며, 이때 규조토 소비량은 증가하게 된다.

두 번째 경우는 청징이 완전하지 않아 여과압이 정상적으로 증가하거나 정상 이하로 증가하는 경우로 맥주는 원하는 정도의 청징도를 나타내지 못한다. 정상적인 혼탁도(0.5~0.7EBC)를 벗어나 2EBC 이상의 혼탁도를 나타내어 여과 필터에 부하를 주거나 규조토 여과의 경우에는 재여과해야 한다.

1. 맥주의 여과성이 나쁜 원인

여과기가 막히는 것은 맥주의 혼탁 물질에 의해서 발생한다. 혼탁 물질은 1㎛ 이하 크기의 콜로이드성(단백질, α, β-글루칸) 물질과 여과기 표면에 필름을 형성하거나 기공의 사이즈를 좁게 하는 효모, 박테리아 등이 있다. 맥주 여과성에는 여러 요인이 작용한다.

1) 베타글루칸

분자량이 10만~70만인 베타글루칸은 좋지 않은 보리(겨울보리 포함)로 제맥할 경우, 맥아의 용해가 충분치 않은 경우, 곡립의 발아가 늦어진 경우, 단시간 발아를 시킨 경우, 보리를 원료로 투입한 경우 나타난다.

보리 품종에 따라 검 함량이 달라지며 그에 따라 여과성이 다르게 나타난다〈표 8-8〉.

〈표 8-8〉 보리 품종과 맥주 여과성

보리 종류		1	2	3	4	5
일반분석	고운 분쇄 수확량(건량으로서, %)	78.4	80.6	79.0	80.5	79.3
	단백질 함량(건량으로서, %)	10.7	10.1	11.2	10.9	11.2
	콜바흐지수(%)	40.5	38.6	40.3	43.8	39.4
	엑기스 차이(%)	1.8	1.5	1.6	1.7	1.6
	점도(mpas)	1.60	1.54	1.54	1.55	1.57
맥주분석	여과 전 검 성분(%)	103	59	89	119	67
	여과 전 베타글루칸(%)	32	5	4	51	9
여과분석	압력차(4.2hl/㎡)	0.7	0.4	0.2	1.3	0.6

이미 기술한 바와 같이 단백질과 결합되어 있는 베타글루칸은 62~65℃의 온도에서는 베타글루칸 용해효소(β-glucan-solubilase)에 의해 유리된다. 이때 엔도-β-1-4-글루카네이스는 더 이상 활성을 갖지 못하여 베타글루칸은 맥즙 제조공정을 거쳐 맥주까지 그대로 남게 된다.

그러나 맥주의 총 베타글루칸 함량과 맥주 여과성과는 직접적인 관계가 없다. 고분자 베타글루칸(분자량이 250,000~750,000)은 겔(gel) 형성 가능성이 있는데 이 겔은 저장조에서 알코올 농도가 증가하고 말토오스의 농도가 감소하면서 형성된다. 겔은 또한 적절치 않은 영비어의 원심분리에 의해 나타나는 전단력에 의해 생성되기도 한다. 형성된 겔은 순간 살균에 의해 다시 용해되기도 하지만 베타글루칸의 양에는 변화가 없다.

따라서 맥즙의 고분자 베타글루칸은 적어야 하며 맥주에 전단력(펌프이송, 원심분리)의 부하를 피해야한다. 베타글루칸 겔 외에 콜드트룹(냉각 혼탁물)과 같은 단백질 입자와 효모도 여과 능력을 감소시키는데, 거친 입자성 규조토 필터케익은 단백질과 효모를 거르는 반면 베타글루칸은 통과시킨다. 냉각 혼탁물과 효모는 베타글루칸보다는 규조토 입자의 투과성에 적게 영향을 준다. 이러한 사항은 규조토 입자의 구조와 형태에 따라 달라지기도 한다. 베타글루칸과 맥주 여과도와의 관계는 〈표 8-9〉와 같다.

〈표 8-9〉 베타글루칸과 맥주 여과도

베타글루칸 농도 (mg/kg 맥아, 건량기준)	여과량 (hl/m²)
1,438	20.1
1,621	8.5
2,100	6.1
2,236	5.2
2,709	4.3

2) 고분자 덱스트린

고분자 덱스트린은 베타글루칸보다는 적은 분자량을 갖고 있으나 많은 양이 존재한다. 덱스트린은 발효와 숙성 과정을 거치면서 용해성이 감소한다. 이러한 덱스트린은 맥아의 품질이 좋지 않은 맥아를 사용하거나 잘못된 습식 분쇄, 담금 및 맥즙이 원인이다.

3) 단백질

단백질은 베타글루칸보다 맥주에 많이 존재하지만 단백질 혼탁은 여과 시에 비교적 적은 문제를 일으키며 알파-베타글루칸과 결합되어 있다. 냉각 말기(저장 말기 또는 여과 직전) 발생되는 이 혼탁은 여과를 어렵게 한다.

4) 담금방식

또한 승온 또는 자비 등 담금 조건이 맥주 여과도에 영향을 미칠 수 있으며 승온 담금방식보다는 자비 담금방식이 여과도에는 긍정적인 영향을 미친다〈표 8-10〉.

<표 8-10> 담금 조건과 맥주 여과도

구	분		승온	자비	승온	자비	승온	자비
발효직전 맥즙 (pitching wort)	총질소(12°P)	ppm	975	1076	926	1030	933	958
	MgSO₄-침전성 질소(12°P)	ppm	277	242	263	240	264	242
미여과 맥주 (unfiltered beer)	총질소(12°P)	ppm	680	791	694	813	627	633
	MgSO₄-침전성 질소(12°P)	ppm	196	171	186	173	200	188
여과 맥주 (filtered beer)	탁도	EBC	12	5.2	12	1.2	7.8	2.1
	압력차(4.2hl/m²) 총질소(12°P)	bar ppm	0.9	0.2	0.5	0.2	0.7 632	0.4
	압력차(4.2hl/m²) 총질소(12°P)	bar ppm	652	796	646	789	0.7 632	659
	MgSO₄-침전성 질소(12°P)	ppm	181	167	163	157	188	181

5) 효모

효모는 맥주 저장 후(여과 전)에 많은 양이 존재하며 응집성 효모는 $0.05 \sim 0.2 \times 10^6$ cell/ml 가 존재하는 반면 분산성 효모는 5×10^6 cell/ml가 존재할 수 있다. 저장기간이 짧은 경우에는 10×10^6/ml가 존재하기도 한다. 효모의 침전이 좋지 않거나 적절치 못한 탱크 이송으로 효모 충격이 발생하여 여과기에 저지층이 형성되어 여과기의 여과 능력을 떨어뜨린다. 한편 CCT 의 저장 탱크에서는 원추형 부분(탱크 미부분)에 침전되었던 효모의 불규칙적인 균열 및 탱크 압력(대형 탱크의 경우)이 감소되어 효모가 일부 떠올라 여과에 문제를 야기할 수 있다.

6) 과도한 맥주 청징 및 생물학적 혼탁

맥주의 여과도가 떨어지는 것은 콜로이드성 물질과 효모 등이 원인이지만 한편으로는 여과 전 과도하게 청징된 맥주 역시 여과도를 저해하는 요인이 된다. 여과기의 급격한 압력 상승 시에는 거친 입자의 규조토를 투입하는데 이때 작은 입자의 단백질과 알파글루칸을 거를 수 없어 맥주의 탁도는 2EBC를 초과하게 된다.

즉, 저장 시 과도하게 청징된 맥주에는 분산되어 있는 입자가 적고 여과기로 거를 수 없고 여과 효과를 보려면 여과 보조제로 일정 부분 맥주 속의 효모와 단백질이 필요하다. 따라서 과도한 영비어의 원심분리, 연장된 저장기간(pH 상승 동반), 효모의 단백질 효소의 작용, 지방산의 분비 등을 피해야 한다.

한편 많은 수의 미생물이 존재하는 경우 혹은 맥주의 환경 변화(pH 상승, 콜로이드 상태 변화 등)를 불어 일으키는 생물학적 혼탁 역시 맥주 여과성을 저하시키는 요인이다.

2. 개선 방법

베타글루칸의 문제는 맥아의 용해도 및 균질성을 개선하면 해결될 수 있다. 즉 분쇄도 차이 (1.8% 이하), 점도 (1.55mPas), 맥아의 유리성 입자 (1.5% 이하)로 유지하는 것이 중요하다. 맥아의 균질성은 중요하며 품질이 나쁜 맥아는 사용하지 말고 35℃에서 담금을 시작하고 용해가 가능하도록 한다.

담금 시에 pH 조절(5.4~5.5)과 맥즙의 pH(4.9~5.0)를 조절하는 것이 좋다.

접종 효모량은 30×10^6cell/ml을 투입하고 단계적으로 공기 주입을 올리고 맥즙을 투입하여 신속히 발효를 시작하여 pH를 떨어뜨리고 여과를 저해하는 물질을 침전시킨다. 효모 배양과 관리도 매우 중요하다.

고분자 덱스트린은 전분을 분해할 수 있는 모든 조치가 효과가 있으며 비당화성 전분의 용해는 피한다.

핫트룹이 맥즙에 들어가는 것을 피하고 정해진 혼탁물의 비율을 유지하여 부하를 줄이고 청징이 잘 되도록 저장 맥주를 냉각한다. 또한 숙성과 저장조에서 0℃ 이하의 신속한 냉각으로 혼탁 물질의 응집을 유도할 수 있다.

분산성 효모를 이용한 맥주와 상면발효 맥주는 여과 전에 청징 분리과정이 필요하며 2번에 걸친 여과가 필요하다.

CCT에서는 숙성 및 냉각 시에 일정 시간 간격으로 여과 직전까지 효모를 제거하며 탱크 밑 부분(corn 부위) 벽에 잔존 효모를 씻어내기 위해 탄산가스를 1~2초간 불어 넣어준다.

혼탁한 맥주 청징을 위해 원심분리를 하여 여과량이나 여과 품질을 개선할 수 있다. 저장실에서 청징이 잘된 맥주는 청징을 더 이상 할 필요가 없고 효모수가 $2~3 \times 10^6$/ml 수준이면 좋다.

한편, 규조토 투입장치에 규산겔을 투입(5~10ml/hl)하면 여과를 더 깨끗하게 할 수 있다. 또한 밀 맥주 제조 시 폴리페놀 함량이 높은 홉을 사용하거나 숙성·저장 시 효모 자가분해에 따른 pH 상승을 피하면 맥주 여과도를 높이는 데 도움이 된다.

08 맥주의 생물학적 안정성

맥주는 미생물에 의해 위험할 수 있으며 미생물은 맥주에서 증식하거나 혼탁 물질이나 침전물을 발생시키고 이들 대사산물이 맥주에 손상을 일으키게 된다. 맥주 오염은 원료부터 여과공정 사이에서 발생하는 1차 오염과 포장공정부터 발생하는 2차 오염으로 구분한다. 기본적으로 맥주에는 알코올, 탄산가스, 고미 물질, 낮은 pH, 혐기적인 조건, 질소화합물과 탄수화물 물질이 적어 미생물 증식이 어려운 환경이다. 그러나 효모 대사물과 효모 자가분해로 인해 생성된 물질을 오염균들은 영영분으로 이용하여 맥주 내에서 서식 내지 증식할 수 있다.

맥주 오염 유발균으로는 야생 효모, 젖산균 및 그람 음성 세균들이다. 이러한 미생물의 오염과 혼탁물 및 침전물의 발생은 일정한 시간이 경과 후에 나타나며 이러한 시간은 오염의 정도와 미생물의 적응도, 맥주의 특성, 산소 특성과 보존 온도에 따라 시간이 달라진다.

1. 오염 원인

맥주 오염 미생물은 다양하며 각 미생물별 분류와 특성을 살펴보면 다음과 같다〈표 8-11〉.

<표 8-11> 맥주 오염 미생물 분류와 특성

구분			특성
세균	그람 음성균	*Acetobacter* *Zymomonas* *Acetomonas*	간균으로 운동성이며 크기는 1x1.5㎛이다. *Flavobacterium*속, *Klesiella*속, *Escherichia*속, *Citrobacter*속, *Proteus*속, *Serratia*속 등에 속하며 맥주오염균으로는 혐기성간균인 *pectinatus*, 구균인 *megasphaera*균이 있다.
	그람 양성균	*Pediococcus*종	*Latobacillaceae*속에 속하는 균으로 쌍균 또는 사구균으로 존재한다. 크기는 0.8~1.0 ㎛이며 비운동성이다.
		*Latobacillus*종	*Latobcillaceae*속에 속하는 균으로 단균 또는 쌍구균으로 존재한다. 크기는 1.0~12 ㎛이며 비운동성이고 포자를 형성하지 않는다.
야생효모	사카로마이세스 속	*S. diascus* 종	모든 사카로마이세스 야생효모는 양조효모보다 자낭포자를 잘 형성하지만 양조효모와 현미경이나 한천배지상으로 구분하기 어렵다. *S. diascus*는 덱스트린 분해력이 있다.
	비사카로마이세스 속	*Hansenula Pichia Candida* *Torulopsis Schizosacchar-omyces* *Brettanomyces*	이들 야생 효모는 발효환경에 따라 발효 중에 얇은 피막을 형성하며, 한천배지상의 콜로니는 뒤엉켜 있는 형상으로 다른 효모와 쉽게 구별이 된다.
맥주효모	하면효모	*S. carlsbergensis*	타원형이며 단극출아 및 다극출아법으로 증식하나 단극출아 선호. 크기는 3.5~8.0 × 5.0~16.0㎛이며 한 개의 자낭에서 1~4개의 자낭포자 형성
	상면효모	*S. cerevisiae*	타원형~실린더형, 다극 및 다극출아에 의해 증식하나 단극출아 선호. 크기는 3.5~8.0 × 5.0~17.5㎛이며 한 개의 자낭에서 1~4개의 자낭포자 형성

2. 양조용 효모와 야생 효모의 생리학적 특징

각 효모는 당질 분해 능력에 따라 생리적 특성이 다르게 나타난다〈표 8-12〉. *S. cerevisiae cratericus*와 *logos*는 맥주 오염균이며, *S. cerevisiae cratericus*는 형태학적으로 생리적으로 상면효모와 유사하다. *S. cerevisiae logos*는 큰 계란형 모양을 하며 덱스트린을 발효하여 혼탁과 침전 및 이미·이취를 유발한다. 또한 raffinose를 완전 발효하는 것으로 보아 하면효모에 유사하다.

〈표 8-12〉 *S. cerevisiae* 당질 분해 능력에 따른 생리적 특성

구분	발효능력							
	자당	전분	덱스트린	말토오스	멜리비오스	말토트리오스	갈락토오스	라피노오스
S. cerevisiae	+	-	-	+	-	-/+	+	+
S. cerevisiae bayanus	+	-	-	+	-	-/+	-	+
S. cerevisiae capensis	+	-	-	-	-	-	-	+
S. cerevisiae coreanus	+	-	-	-	+	-	+	+
S. cerevisiae cratericus	+	-	-	-	-	-	+	+
S. cerevisiae chevalieri	+	-	-	-	-	-	+	+
S. cerevisiae diastaticus	+	+	+	+	-	+	+	+
S. cerevisiae ellipsoideus	+	-	-	+	-	-	+	+
S. cerevisiae globosus	-	-	-	-	-	-	-	-
S. cerevisiae logos	+	-	+	+	+	+	+	+
S. cerevisiae willianus	+	-	-/+	+	-	+	-	+
S. carlsbergensis	+	-	-	+	+	-/+	+	+

+ : 발효, - : 비발효, -/+ : 발효/비발효

또한, 맥즙 한천(wort agar) 배지에 배양한 효모의 콜로니 형태 및 세포를 현미경으로 관찰한 효모들의 형태는 다음과 같다〈표 8-13〉.

<표 8-13> 효모별 형태학

구분	맥즙 한천	현미경
S. carlsbergensis (맥주 양조용 하면효모)		
S. cerevisiae (맥주 양조용 상면효모)		
S. diastaticus (야생 효모)		
S. exiguus (야생 효모)		
S. ludwigii (야생 효모)		
S. cerevisiae var bayanus (야생 효모)		
S. cerevisiae var ellipsoideus (야생 효모)		

야생 효모는 맥주에 이미·이취를 유발하는 균으로 맥주 양조용 효모와는 형태가 종종 다르다. *S. cerevisiae diastaticus*는 맥주 양조용 상면효모와 발효 패턴이 유사하지만 전분이나 텍스트린 분해 능력이 있어 맥주에서 발효가 진행된다. 따라서 혼탁, 침전, 이미·이취를 유발하고 맥주 엑기스 감소에 따른 바디감과 고미 강도가 감소한다. 이 균은 여과하지 않은 맥주에서 주로 발견되고 균 크기가 작아 여과지를 통과하기 쉽다. *S. cerevisiae bayanus*는 생리적으로 하면효모와 유사하나 melibios는 전혀 발효를 못하고 raffinose를 1/3 정도 발효하며 maltotriose는 상황에 따라 발효가 가능하다. 따라서 맥주 내에 엑기스가 많으면 이 균으로 인해 혼탁과 좋지 않은 쓴맛이 나게 되며 주로 여과공정 전에 주로 이 균은 발견된다.

*Brettanomyces bruxellensis*는 글루코스, 프럭토스, 말토스 및 슈크로스만을 발효 및 호흡하고 다른 당질(트레할로스 예외)은 이용하지 못한다. 이 균은 벨기에 gruze, lambic, ale, porter 맥주 및 Berliner Weisse 맥주에 초산에스터 향을 부여하는 역할을 하지만 다른 맥주에서는 이미·이취를 유발한다.

한편, 야생 효모는 맥주 미생물 오염 위험도에 따라 5개 그룹으로 분류되며 다음과 같다〈표 8-14〉.

제1그룹 : 위해 균으로 분류되는 균으로 맥주 환경(낮은 pH, 혐기적 조건, 알코올, 고미 성분, 양양분 결핍)에 내성이 강하고 적응이 빠른 것이 특징이다.

제2그룹 : 유해 가능성 미생물로 특수한 맥주 환경(높은 pH, 극도의 낮은 홉의 농도, 과량의 잔당, 저알코올, 높은 산소)에서는 맥주에서 증식하여 맥주 오염의 원인이 될 수 있고 시간이 지나면서 맥주에서 증식이 가능한 균들이 포함된다.

제3그룹 : 맥주 오염을 직접 유발하지는 않지만 주의해야 될 균이며 주로 접종 효모(pitching yeast), 주발효에서 발견된다. 조기에 발견되면 브랜딩이나 여과를 통해 문제를 해결할 수 있다.

제4그룹 : 간접적 유해균으로 주로 세척과정에서 발견되며 맥주 안정성에 유해하지 않다. 다만, 제1군과 같이 서식하며 다른 균보다 우선적으로 발견되는 균으로 이 균을 조기에 발견하면 유해균을 조기에 차단할 수 있다.

제5그룹 : 식품계에 널리 퍼져있는 균으로서 맥주에 장기간 생존이 가능하며 맥주 품질 관리의 지표균으로 의미가 있다.

〈표 8-14〉 맥주 오염 효모균의 분류 [15]

그룹	맥주 내 증식 여부	오염 위험도	해당 효모	증상	현미경 형태
I	증식	위해균	*Lactobacillus brevis*	혼탁/산생성	
			Lactobacillus linderi	혼탁/산생성	
			Pediococcus damnosus	침전/디아세틸 생성	
			Pectinatus cerevisiiphilus	혼탁/프로피온산 생성	
			S. cerevisiae diastaticus	침전/혼탁	
II	무증식	위해 가능성	*Latobacillus plantatum*	약한 혼탁/디아세틸 생성	
			Lactobacillus lactis	약한 혼탁/디아세틸 생성	
			Micrococcus kristinae	침전/이미·이취	
			Zymomonas mobilis	혼탁/H_2S, DMS 생성	
			S. cerevisiae pastorianus	이미·이취/혼탁	

III	무증식	간접적 위해	*Pantoea agglomerans*	페놀, DMS, 아세토인 생성
			Obesumbacterium proteus	단백질효소, 페놀, DMS 생성
			Candida kefyr	휘발성 페놀 생성
			Pichia anomala	이미·이취 유발 (에틸아세테이트)
			Non S. cerevisiae	비정상 발효 유도
IV	무증식	품질 지표성 미생물	*Acetobacter pasteurians*	
			Acinetobacter calclaceticus	맥주 오염균들과 공동 서식
			Klebsiella pneumoniae	
			Debarymyces hansenii	
V	무증식	잠재적미생물	*Bacilli*	위생 불량 시 발생
			Clostria	

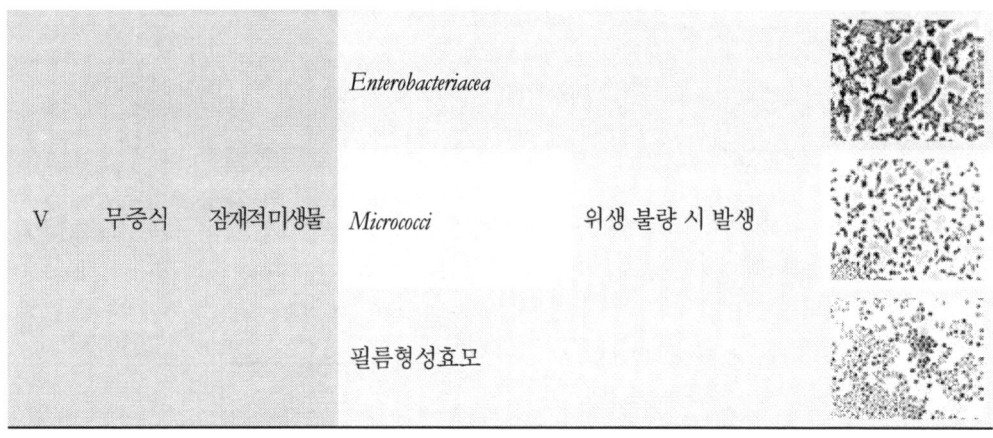

한편, 맥주 양조용 효모와 야생 효모를 미생물적으로 검출하는 방법은 (그림 8-16)과 같다.

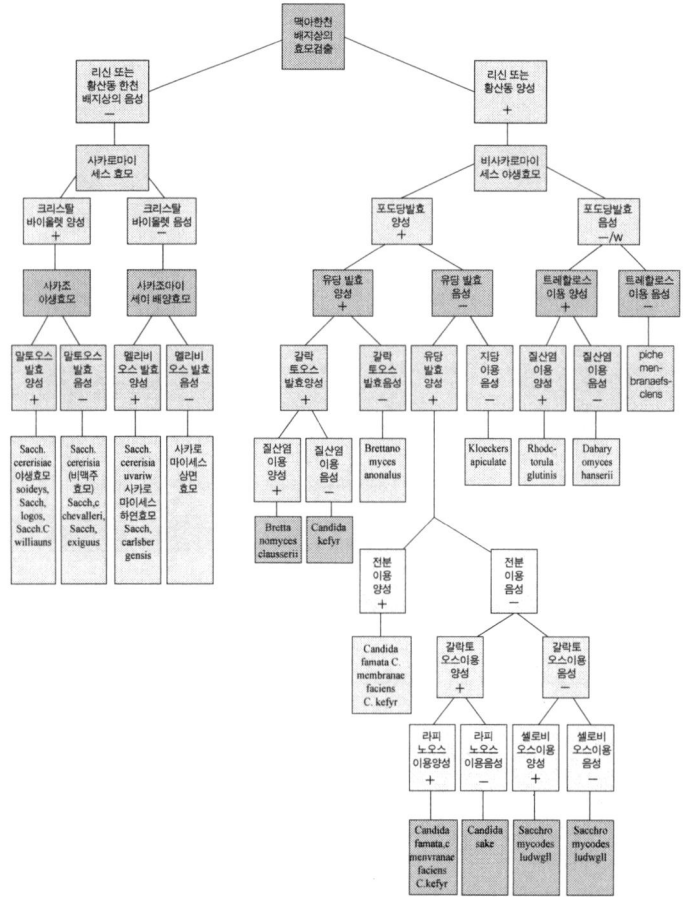

【그림 8-16】 맥주 효모 미생물 검출법 [15]

3. 맥주 오염 세균

한편, 맥주 오염 세균은 보통 3부류로 구분하고 각 부류에 따라 맥주 오염의 정도를 판단한다.

제1부류 : 맥주 오염균으로 이 균들은 증식하고 혼탁의 원인이 된다. 증식 또는 대사를 하면서 생성된 부산물들은 맥주 맛과 향, 발효공정 및 효모대사 등에 부정적인 영향을 미친다.

제2부류 : 맥주 오염 가능성 균으로 맥즙이나 맥아에 서식하지만 증식을 거의 하지 못하는 균으로서 맥주 오염에 큰 위협이 되지 않는다.

제3부류 : 무해한 균으로서 맥즙이나 맥주에서 증식을 전혀 못하는 균으로 맥주 오염과는 관련 없는 균이다.

한편, 맥주 오염 세균의 분류 및 검출방법은 (그림 8-17)과 같다.

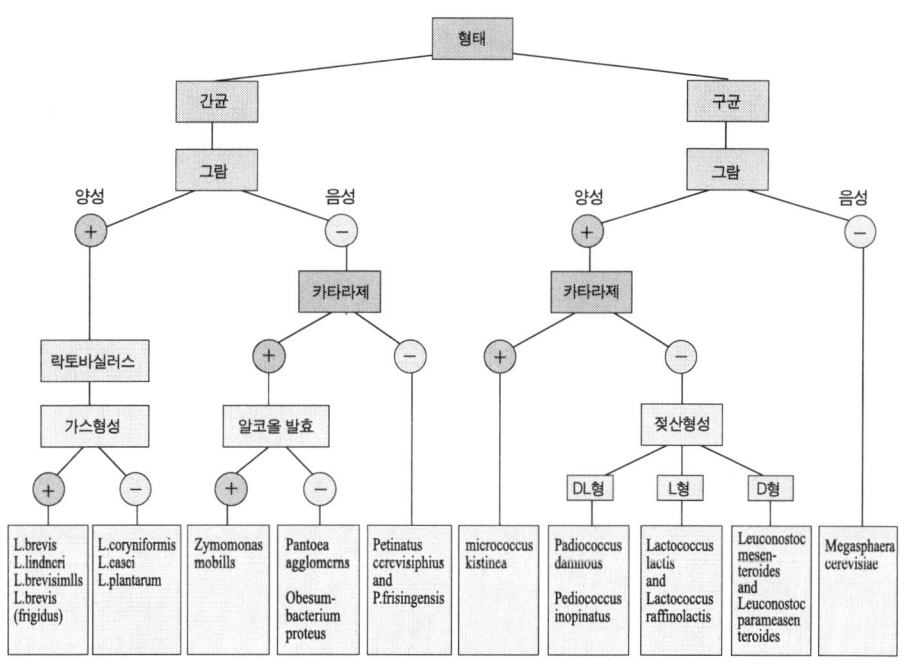

【그림 8-17】 맥주 오염 세균 분류 체계 [15]

맥주 오염 세균을 특성별로 살펴보면 크게 그람 음성균과 그람 양성균으로 구분된다. 또한 각 세균의 이미·이취를 유발하는 출처 및 각 오염 세균의 1, 2차 오염에 관한 사항은 〈표 8-15〉, 〈표 8-16〉과 같다.

<표 8-15> 맥주 오염 세균의 특성 [15]

구분		이미·이취(off flavour)	출처
그람 양성균	Pediococcus	디아세틸, 과실취	맥즙 발효공정 저장조 맥주
	Lactobacillus	디아세틸, 과실취	맥즙 발효공정 저장조 맥주
그람 음성균	Acetic acid bacteria	초산, 식초취	맥즙, 발효공정
	Enterobacteriaceae (Escherichia, aerobacter, Citrobacter, Serratis, Klebsiella, Hafnia)	디메틸설파이드, 아세트알데히드, 고급 알코올, 디아세틸, 초산, 황화수소(H_2S), 글리세롤, 아세토인, 에틸머캡탄,	맥즙
	Zymomonas	황화수소, 아세트알데히드, 썩은 사과취	저장조 맥주
	Pectinatus	황화수소, 아세토인, 메틸머캡탄, 프로피온산, 초산, 젖산, 호박산	맥주
	Megaphaera	황화수소, 아세토인, 낙산(butyric acid), 길초산(valeric acid), 초산	맥주

<표 8-16> 맥주 위해 오염 세균 [15]

구분	맥주 오염균 그룹				1차오염 (효모, 맥주라인, 미여과 맥주등)	2차오염 (포장, 병입라인)
	유해균	유해 가능성균	간접 유해균	품질 관리균		
Lactobacilus brevis	+/-	-/+	-	-	-/+	+
Lactobacilus brevismillis	+/-	-/+	-	-	+	-
Lactobacilus casei	-/+	+/-	-	-	-/+	+
Lactobacilus coryneforms	-/+	+/-	-	-	+/-	-/+
Lactobacilus frigidus	+	-	-	-	=	
Lactobacilus linderi	+	-	-	-	=	
Lactobacilus plantarum	-	-/+	-	-	-	+
Pediococcus damnosus	+	-/+	-/+	-	+	
Pediococcus inopinatus	-	+/-	-/+	-	-/+	+/-
Leuconostock mesenteroides	-	+/-	-	-	-	=
Leuconostock pamesenteroides	-	+/-	-	-	-	=

Lactococcus lactis	-	+/-	-	+	+	=
Lactococcus raffinolactis	-	+/-	-	+	+	=
Micrococcus kristinae	-	+/-	-	+	-/+	=
Pectinatus cerevisiiphilus	+					
Megasphaera cerevisiae	-/+	+/-	-	-		=
Pantoea agglomerans	-	-/+	+	+	+	-/+
Obesumbacterium proteus	-	-/+	+	+	+	-
Zymomonas mobilis	-	+/-	-	-	+	-

한편, 맥주 오염의 주요 원인균인 젖산균의 분류 및 검출방법은 (그림 8-18)과 같다.

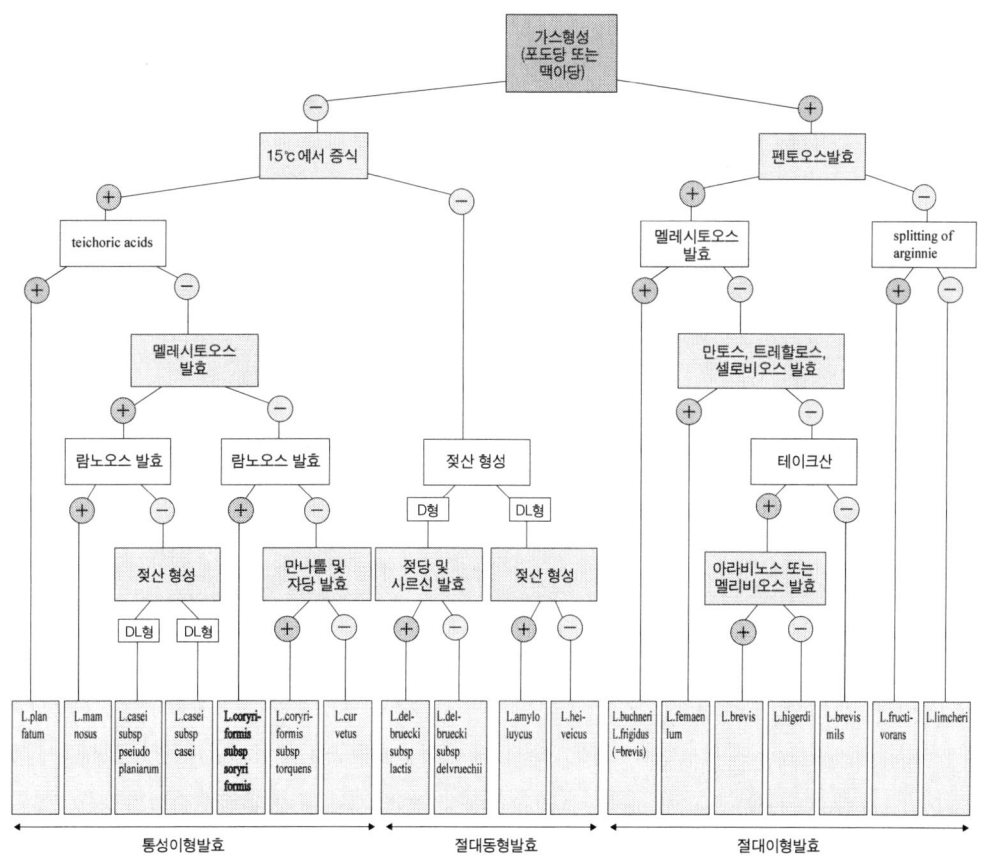

【그림 8-18】 젖산균 분류 체계 [15]

젖산균 중에 페디오코커스 담노수스(*Pediococcus damnosus*)는 단구균, 쌍구균 외에 사구균의 특성을 나타내고 주입 맥주에서는 침전물을 형성하며 신맛과, 버터와 유사한 풍미의 디아세틸 풍미를 나타낸다. 이러한 맥주 손상은 효모 저장, 발효탱크, 저장탱크에서 1차 오염원이 된다. 발효되는 동안에 디아세틸이 증가되고 오염이 심할 경우에는 여과기를 통과할 수 있다. 개선된 여과 기술로 이러한 박테리아는 주입 맥주에서는 거의 발견되지 않는다. 대부분의 문제는 Hefeweizenbier에서 나타나며, *Pediococcus damnosus* 외에 *Pediococcus inopinatus*도 존재한다. 그러나 박테리아는 일반 맥주 공장에서는 거의 나타나지 않는다.

맥주 젖산균은 맥주의 손상을 나타낼수 있는 다수의 박테리아가 있다. 젖산균은 젖산균만을 생성하는 동형 발효(homofermentative)와 젖산균 외에 산과 알코올 등을 생성하는 이형 발효(heterofermentative)로 구분되며 메커니즘은 아래와 같다(그림 8-19).

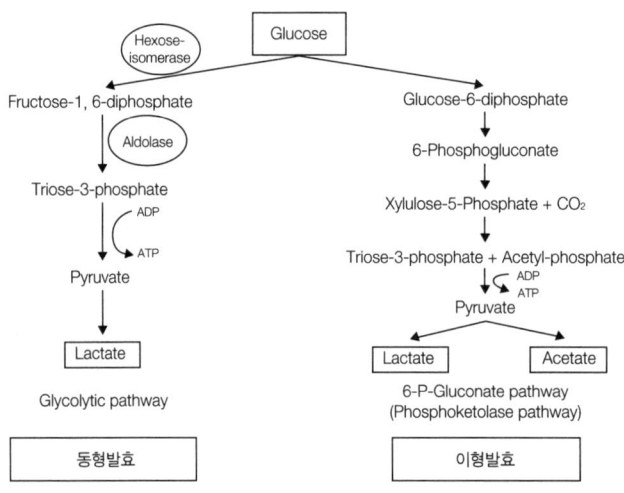

【그림 8-19】 젖산균의 이형발효와 동형발효의 기전

한편, 동형 발효균은 다시 크게 *Thermobacterium*속(*L. acidophilus*, *L. delbrueckii*, *L. helveticus*, *L. leichmannii*, *L. bulgaricus*, *L. salivarius*, *L. lactis*, *L. jensenii*와 *Streptobaterium*속(*L. casei*, *L. plantarum*, *L. xylosus*, *L. curvatus*, *L. coryneformis*)으로 구분되고, 이형발효균은 *Batabacterium*속(*L. hilgardii*, *L. trichodes*, *L. fructivorans*, *L. desidiosus*, *L. acidophilic*)과 속이 없는 (*L. fermentum*, *L. cellobiosus*, *L. brevis*, *L. buchneri*, *L. viridescens*, *L. confusus*)로 구분된다. 또한, 이형 및 동형발효균은 증식 온도 (15℃, 45℃), 당(오탄당, 육탄당) 분해력 및 티아민 요구량 등에서 차이를 보인다.

맥주 상태에 따라 젖산균의 증식이 다르게 나타난다〈표 8-17〉.

〈표 8-17〉 맥주 상태가 젖산균 증식에 미치는 요소

구 분	증식		
	최소 온도(℃)	당질 부재	용존 산소(0.4ppm 이하)
S. lactis	6~8	증식/무증식	증식/무증식
Lc. mesenteroides	4~7	증식	증식
P. damnasus	3~7	증식/무증식	증식
P. inoptinatus	5~7	증식/무증식	증식
L. casei	6~8	증식	증식
L. plantarum	3~4	증식	증식
L. brevis	2~4	증식	증식

가장 많이 나타나는 이형 발효에는 *Lactobacillus brevis*와 *L. lindneri*이며 혼탁과 산성의 풍미(젖산, 초산, 탄산가스, 에탄올의 형성)를 유발하는 원인이 될 수 있으나 디아세틸은 생성하지 않는다. 경우에 따라 동형 발효에는 *Lactobacillus casei*, *L. coryniformis* 종류가 있고 무엇보다도 홉 투입량이 적은 맥주에서는 디아세틸 형성이 강하게 일어날 수 있다(그림 8-20).

이러한 맥주 손상은 1차 오염(*Lactobacillus lindneri*)과 2차 오염(*L. brevis*의 다수종)과 관련이 있다. 젖산균은 페디오코커스처럼 강한 침전 현상이 없어 전체적으로 저장 맥주에 분산되어 있어 종종 여과층까지 도달할 수 있다. 특히 여과압에 문제가 있을 때는 주입 맥주까지 갈 수 있다.

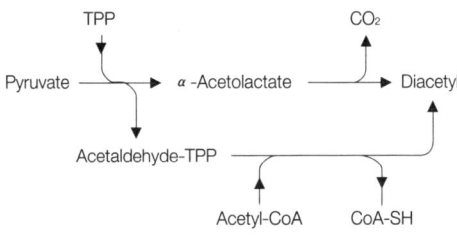

【그림 8-20】 젖산균에 의한 디아세틸 형성 경로

펙티나투스(*Pectinatus*)와 메가스패라(*Megasphaera*)는 그람 음성이며 강한 혐기성 균으로 산소가 없는 공정에서 특히 맥주 주입 시에 맥주의 pH를 증가시킨다. 메가스페라 세레비제(*M. cerevisiae*)는 비교적 큰 구균으로 둥글고 쌍구균이나 사구균의 형태로 존재한다. 버터산, 발레리안산, 카프론산의 형성으로 맥주를 부패시킨다. *P. cerevisiiphilus*는 프로피온산과 아세토인을 생성하며 굽은 형태의 외관을 가지며 생물학적인 오염 시 약 10%를 차지한다. 펙티나투스와

메가스페라의 특성은 분산 오염이며 주입 시에는 맥주병마다 발생한다. 이것은 전형적인 2차 오염으로, 특히 주입기와 타전기가 오염원이기도 하다.

한편, 언급한 통기성 맥주 유해균은 맥주 공장에서는 잠재적이고 간접적인 맥주 손상의 종류로 나타난다. 일반적으로 주입된 맥주에서는 성장하지 않으나 맥주 환경에 적응할 수가 있다. 그 외에 선택적인 맥주(무알코올 맥주, 홉 첨가가 적은 맥주 등에서는 손상을 일으킬 수 있으며 대부분의 경우 *L. lactis*, *L. plantarum*, *M. kristinae*와 관련이 있다. 간접적인 맥주 손상의 경우는 정상적인 맥주에서는 균이 성장하지 못하며 배양 효모 혹은 여과되지 않은 맥주에서 증식하여 1차적인 손상을 일으켜 주입 맥주까지 손상을 일으킬 수 있다.

또한, 맥주 오염은 단일 세균이 아닌 혼합균(*L. acetobacilli*, *Pediococci*, *Pectinatus*, *Megasphaera*)으로 나타나는 경우도 있는데 이때는 젖산균이 먼저 증식하면서 잔존 산소가 소진되고 젖산이 생성되는데 이 젖산을 편성 혐기성(strictly anaerobic) 균인 펙티나투스와 메가스페라가 이용하면서 증식하게 된다. 펙티나투스는 그람 음성균 혐기성 균으로 맥주 유해균이며 비운동성이고 증식온도는 15~40℃이며 최적 온도는 30~32℃ 정도이다. 일부 당질, 당알코올 및 유기산을 발효하며 발효성 당질이 존재하면 맥주를 산성화시킨다.

또한, 젖산과 피루브산을 발효하면 pH가 약간 상승하게 된다. 펙티나투스에 맥주가 오염되면 피로피온산, 초산, 호박산, CO_2 및 아세토인이 검출되며 주로 pH가 4.4 이상, 용존 산소 0.3 mg/l 이하에서 증식한다. 주로 글리세롤과 피루브산을 탄소원으로 이용하며 심한 침전, 혼탁, 작은 응어리가 나타나고 이미·이취(하수구 냄새)가 느껴진다. 펙티나투스는 2차 오염으로서 병입된 맥주에서만 검출되며 오염 원인은 공기, 주입기 라인, 컨베이어, 배수구 및 느슨한 바닥 타일 등 다양하다. 펙티나투스는 *P. cerevisiiphilus*와 *P. frisingensis* 2개 종이 있으며 두 종은 형태적·생리적·생화학적으로 매우 유사하다. 다만 *P. frisingensis*는 cellobiose, inisitol, N-acetylglucosamine을 통해 산을 생성하고 xylose, melibiose는 발효를 못 한다. 두 종 모두 ribose, rhmnose, mannitol, sorbitol을 발효하는 반면 lactose, maltose, saccharose 및 raffinose는 산성화하지 못한다.

한편, 메가스페라는 증식온도는 15~37℃이며 최적 온도는 28~30℃ 정도이다. 과당, 젖산 및 피루브산을 발효하며 당질이 없는 상태에서도 증식이 가능하다. 발효 부산물로는 butyric, caproic, acetic, propionic, valeric acid, CO_2, H_2 및 H_2S 등이 생성된다. 메가스페라에 오염된 맥주는 혼탁이 거의 없으나 심한 이미·이취(butyric, caproic, H_2S)를 풍긴다. 알코올 내성이 약하지만 저알코올 맥주(다이어트 맥주) 등에서는 오염에 주의해야 한다. 맥주 내 용존 산소는 0.3mg/l 이하, pH는 4.5 이상에서 증식이 가능하다. 메가스페라의 오염원은 펙티나투스에서처럼 주입 라인으로 볼 수 있다.

배양 효모는 여과공정에 문제가 있을 때에는 주입 맥주의 혼탁 혹은 가벼운 침전물, 경우에 따라서는 병맥주의 바닥에 증식할 수 있다. 특히 한계 발효도와 생산 시의 발효도의 차이가 많을 경우 위험이 존재한다. 특히 주입공정에서 산소 농도가 높을 시에 증식이 촉진되며 무알코올 맥주에서 발효가 정지되거나 효모 접촉 시에 위험하다. 이는 약간의 발효성 당이 존재하기 때문이며, 이 때문에 이러한 맥주는 가능하면 병맥주의 경우 살균해야 한다.

장내 세균(*Enterobacteriaceae*)도 맥주 오염균 중 하나로서 대부분의 경우 그람 음성이며 채소취(샐러리취)를 나타내는 원인이 된다(그림 8-21). 일반적으로 장내 세균은 pH가 4.8 이하인 포장된 맥주에서는 증식하기 어려워 간접적인 오염세균으로 분류된다. 대표적인 장내 세균으로는 *Obesumbacterium proteus*, *Enterobacter agglomerans*, *E. aerogenes*, *E. sakazakii* 및 *Klebsiella pneumoniae* 등이 있으며 특히 *Obesumbacterium proteus*와 *Enterobacter agglomerans*는 주의해야 될 균이다. 이들 세균은 통성 호기성이며 그람 음성균이다.

장내 세균은 맥즙에서는 나타나지 않으며 여과하지 않은 맥주에서 나타난다. 특히 효모를 오염시키며 8℃ 정도에서 증식하여 디메틸설파이드(DMS), 디메틸디설파이드(DMDS), 아세토인 생성을 통해 맥주의 이미·이취를 유발한다. 또한 이들 세균의 오염이 심하면 peptidase, protease를 분비하여 맥주 거품을 손상시킨다.

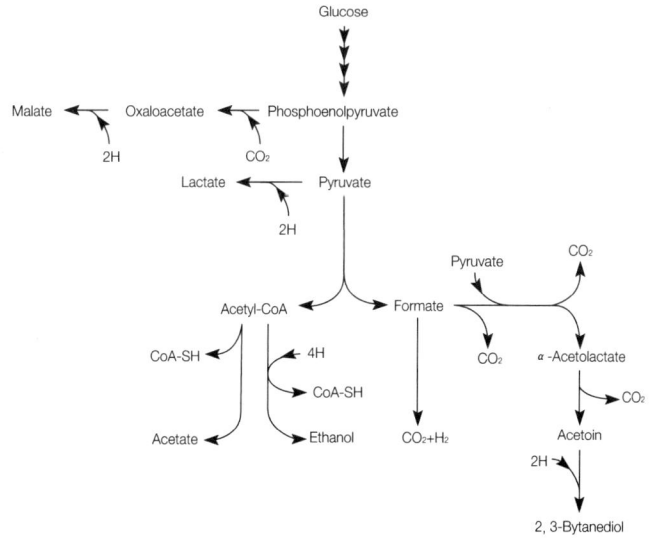

【그림 8-21】 *Enterobactrriaceae*속 세균에 의한 글루코오스 대사 경로

한편, 초산균(*Acetobacter*와 *Gluconobacter*)도 맥주 손상을 일으키는 것과 관련이 있다. 초산균은 그람 음성균이며 카타레이스 양성, 포자 미형성, 운동 및 비운동성 단균 또는 구균으로 편성 호기성 균이다. 모든 초산균은 산성 또는 중성 환경에서 알코올을 초산으로 전환시키며, 당질과 당알코올을 대사하는 반면 젖당과 전분은 이용하지 못한다. 또한 포도당 및 n-프로판올로부터 산을 생성할 수 있다.

증식 가능한 온도는 37℃ 이하이며 최적 증식온도는 25~30℃, pH는 5~6이고 낮은 pH(3.6~3.8)에서도 증식이 가능하다. *Acetobacter*속에는 4개 종(*A. aceti*, *A. hansenii*, *A. liquefaciens*, *A. pasteurianus*)이 있으며, *Gluconobacter*속에는 1개 종(*G. oxydans*)만이 있다. *Acetobacter pasteurianus*는 맥주 제조장에서 가장 흔한 초산균으로서 와인, 식초, 사과와인 등에서도 검출된다. 맥주 내 용존산소가 높으면 혼탁, 필름 등을 형성하면서 강한 신맛을 부여한다.

최대 증식온도는 32~37℃, 최적 증식온도는 25℃이며, pH는 3.8~4.0 정도이다. 글리세롤로부터 케토오스(예 : 과당)를 생성하지 못하며 n-부탄올, n-프로판올로부터 산을 생성하는데 포도당은 전혀 이용하지 못한다. 일부 균은 에탄올의 존재하여 질소원으로서 암모늄을 이용하기도 한다.

또한, 초산과 젖산을 CO_2와 H_2O로 산화시킬 수 있다. *Gluconobacter oxydans*는 와인, 과일주스, 식초 등에 존재하며 맥주 제조장(원료, 양조용수, 공기, 포장라인, 맥주)에서도 발견된다. 맥주 용존산소가 높으면 혼탁과 산을 생상하고 이미·이취를 유발한다. 최대 증식온도는 34℃, 최적 온도는 25~27℃, pH는 5.5~6.0(일부 균은 3.6) 정도이다. 그러나 젖산을 CO_2와 H_2O로 산화시킬 수 없다. 다가알코올(polyalcohol)로부터 케토스를 많이 생성하고 포도당으로부터 글루코닉산(gluconic acid) 생성이 가능하다. 글리세롤, 만니톨, 솔비톨의 이용이 가능하고 D-아리비노스, D-리보스, D-자일로스, D-프럭토스, D-글루코스, D-만노스, n-프로판올, meso-erythritol로부터 산 생성이 가능하다〈표 8-18〉.

한편, 맥주 타입에 따른 오염 가능성 세균은 〈표 8-18〉과 같다. 맥즙 농도나 홉 첨가량 및 맥주의 pH에 따라 미생물 오염도는 다르게 나타나는 것을 알 수 있다.

〈표 8-18〉 맥주 타입에 따른 오염 가능성 세균 [15]

구분	맥주 오염균													
	1)	2)	3)	4)	5)	6)	7)	8)	9)	10)	11)	12)	13)	14)
일반맥주(맥즙 농도 12%, pH 4.4~4.6)	증식/ 유해	증식/ 유해	증식/ 유해 유동적	무증식	무증식/ 무해	무증식/ 무해	무증식/ 무해	무증식/ 무해	무증식/ 무해	무증식/ 무해	무증식/ 무해	무증식/ 무해	증식/ 유해 유동적	무증식/ 무해
높은 홉첨가 맥주 (30 BU, 필스너 타입)	증식/ 유해 유동적	증식/ 유해	증식/ 유해 유동적	무증식/ 무해	무증식/ 무해	무증식/ 무해	무증식/ 무해	무증식/ 무해	무증식/ 무해	무증식/ 무해	무증식/ 무해	무증식/ 무해	증식/ 유해 유동적	무증식/ 무해
복비어(맥즙농도 15%)	유동적	증식/ 유해 유동적	무증식/ 무해	무증식	무증식/ 무해	무증식/ 무해	무증식/ 무해	무증식/ 무해	무증식/ 무해	무증식/ 무해	무증식/ 무해	무증식/ 무해	증식/ 유해 유동적	무증식/ 무해
낮은 홉첨가 맥주 (15 BU, 밀맥주)	증식/유 해	증식/ 유해 유동적	증식/ 유해 유동적	증식/ 유해 유동적	무증식/ 무해	무증식/ 무해	무증식/ 무해	무증식/ 무해	무증식/ 무해	무증식/ 무해	무증식/ 무해	무증식/ 무해	증식/ 유해 유동적	무증식/ 무해
낮은 pH 맥주 (4.3이하)	증식/ 유해	무증식/ 무해	무증식/ 무해	무증식/ 무해	무증식/ 무해	무증식/ 무해	무증식/ 무해	무증식/ 무해	무증식/ 무해	무증식/ 무해	무증식/ 무해	증식/ 유해 유동적	무증식/ 무해	무증식/ 무해
높은 pH 맥주 (4.8이상)	증식/ 유해	증식/ 유해	증식/ 유해	증식/ 유해 유동적	증식/ 유해 유동적	증식/ 유해 유동적	무증식/ 무해	증식/ 유해 유동적	증식/ 유해 유동적	무증식/ 무해	무증식/ 무해	무증식/ 무해	증식/ 유해 유동적	무증식/ 무해
저알코올 맥주	증식/ 유해	증식/ 유해	증식/ 유해	증식/ 유해 유동적	증식/ 유해 유동적	증식/ 유해 유동적	증식/ 유해 유동적	증식/ 유해 유동적	무증식/ 무해	무증식/ 무해	무증식/ 무해	증식/ 유해 유동적	증식/ 유해 유동적	무증식/ 무해
맥아맥주(BU 10 이하, pH 4.5 이상, 당첨가)	증식/ 유해	증식/ 유해	증식/ 유해	증식/ 유해 유동적	증식/ 유해 유동적	증식/ 유해 유동적	증식/ 유해 유동적	증식/ 유해 유동적	증식/ 유해 유동적	무증식/ 무해	증식/ 유해 유동적	증식/ 유해	증식/ 유해	무증식/ 무해
잔당이 많은 맥주	증식/ 유해	증식/ 유해 유동적	증식/ 유해 유동적	증식/ 유해 유동적	무증식/ 무해	무증식/ 무해	무증식/ 무해	무증식/ 무해	무증식/ 무해	무증식/ 유해 유동적	증식/유 해	증식/ 유해	증식/ 유해 유동적	
자연발효맥주 (Lambic Faro, Gruze, Deuvel)	증식/ 유해 유동적	무증식/ 무해 유동적	무증식/ 무해	증식/ 유해 유동적	증식/ 유해 유동적	증식/ 유해 유동적	무증식/ 무해	증식/ 유해 유동적	증식/ 유해 유동적	무증식/ 무해	무증식/ 무해	증식/ 유해 유동적	증식/ 유해 유동적	증식/ 유해 유동적
저탄산 맥주	증식/ 유해	무증식/ 무해	무증식/ 무해	증식/ 유해 유동적	증식/ 유해 유동적	증식/ 유해 유동적	증식/ 유해 유동적	무증식/ 무해	증식/ 유해 유동적	증식/ 유해 유동적	무증식/ 무해	무증식/ 무해	증식/ 유해 유동적	증식/ 유해 유동적

1) *L. brevis*, *L. lindneri*, *P. damnosus*. 2) *Pectinatus*. 3) *Megasphaera*. 4) *L. casei*, *L. corynoformis*, *P. inopinatus*. 5) *L. plantarum*, *Lactococcus lactis*, *L. raffinolactis*, *Leuconostoc mesenteroides*, *Leuconostoc paramesenteroides*. 6) *Obesumbacterium proteus*, *Pantoea agglomerans*, *Enterobacteriaceae*. 7) *Zymomonas mobilis*. 8) *Clostrium acetobutylicum*. 9) *Micrococcus kristina*. 10) *Acetobacter*, *Gluconobacter*. 11) *L. amylolyticus*, *L. delbrueckii bulgaricus*, *L. delbrueckii lactis*, *L. helveticus*. 12) 배양 *Saccharomyces* 효모. 13) 야생 *Saccharomyces* 효모. 14) *Brettanomyces*, *Candida*, *Pichia*.

09 맥주의 생리학적인 작용

맥주는 갈증을 해소하고, 영양학적인 가치와 다이어트 효과가 있다.

성인 기준 하루 2~3리터의 물 섭취가 필요한데 맥주는 93% 이상을 차지하는 물이 있어 수분 섭취에 매우 효과적이며 무알코올 맥주의 경우는 아이토닉 효과가 있다. 또한 맥주의 미네랄 성분은 칼륨과 나트륨의 비율이 적당하며 잔당이 거의 없어 수분 흡수를 돕는다. 베타글루칸 역시 혈압을 낮추는 데 효능이 있는 것으로 알려져 있다.

맥주의 홉 성분은 소화 촉진과 방부제 역할을 하며 특히 휴물론은 항균 효과, 골다공증 및 신장석 예방에 도움이 되는 것으로 알려져 있다. 이소휴물론은 혈압과 지방산 분해대사에 관여하여 당뇨 예방에 도움이 된다. 홉오일은 수면 증진 및 스트레스 완화에 도움이 된다.

맥주의 영양가를 보면, 엑기스가 12%인 맥즙으로 제조된 맥주는 흑맥주, 혹은 라거, 다이어트 맥주인지에 따라 평균 1,900kJ/450kcal/l의 수치를 나타낸다. 알코올 함량은 흑맥주의 경우 약 반 정도, 일반 맥주의 경우 2/3의 열량을 나타낸다. 4.4~5.5%(v/v)에서는 알코올의 자극성 및 다이어트 특성이 있어 적절하게 마시면 건강에 좋다.

맥주의 엑기스는 주로 쉽게 이용할 수 있는 탄수화물로 구성되어 있으며 이 구성물은 맥주 제조, 양조과정에서 용해되고 저분자성 물질로 분해되며 질소화합물도 유사하게 변화된다. 필수아미노산의 양은 인체에 공급되는 것은 거의 없으며 쉽게 재흡수되는 저분자성 펩타이드로 존재한다. 여러 가지 인산염으로 언급되는 미네랄 물질은 대부분은 생명 현상에 중요하며 맥주에 존재하는 비타민B 복합체는 맥주의 알코올의 소화를 높여주고 간 기능을 돕고 간세포의 지방화를 막는다.

탄산가스는 맥주의 갈증 해소 특성과 위의 온도가 떨어지는 것을 막고 위산의 분비를 촉진시킨다. 이것은 맥주의 알코올 함량이 낮을 때, 맥주의 고미 물질에 의해 촉진된다.

한편, 맥주의 다이어트 작용을 살펴보면 인산염과 비타민의 결합으로 맥주의 알코올과 엑기스 함량의 적절한 균형을 이루며 맥주의 엑기스 구성 성분은 소화가 쉽다. 또한, 이뇨작용을 촉진하고 적은 양의 알코올 함량은 호흡과 순환기에 도움을 주며 특히 신경성 질환을 안정화시킨다. 홉의 고미 물질(이소휴물론)은 결핵을 저지하는 효과가 있으며 전염성 균이 없다.

맥주 보통 고열량의 음식과 같이 섭취되는 경우가 많은데 맥주의 열량(250ml, 108kcal)은 사과주스(118kcal)나, 우유(165kcal) 및 적포도주(192kal)에 비해 열량이 적은 편이다. 또한 맥주는 식욕을 돋우고 소화를 증진하는 기능이 있다. 이와 관련 맥주를 많이 마시면 배가 나오는 현상은 맥주 섭취 자체보다는 곁들인 음식이나 안주에서 비롯된 것으로 알려져 있다. 다만 맥주를 알코올을 함유하고 있어 다량의 맥주 섭취는 피하는 것이 좋으며 개개인의 건강 상태에 따라 적당히 마시는 음주 습관이 필요하다.

한편 라거 맥주의 영양 성분을 살펴보면 다음과 같다〈표 8-19〉.

〈표 8-19〉 하루 필요한 열량과 맥주 [89]

구분	하루 권장량	라거 맥주/L	
		열량	%
에너지	2400 kcal	434 kcal	18.1
수분	2600 ml	919.6 g	35.4
지방	80 g	-	-
단백질	56 g	5.0 g	8.9
탄수화물	300 g	28.0 g	9.3
섬유소	30 g	1529 g	5.1
인	700 mg	319 mg	45.6
칼륨	2000 mg	554 mg	27.7
마그네슘	350 mg	96 mg	27.4
염소	830 mg	174 mg	21.0
불소	3.8 mg	0.49 mg	12.9
나트륨	550 mg	44 mg	8.0
크롬	100 μg	6.8 μg	6.8
망간	5 mg	0.16 mg	3.2
아연	10 mg	0.06 mg	0.6
나이아신(B_3)	17 mg	7733 mg	45.4

피리독신	1.5 mg	0.619 mg	41.3
코바랄민	3.0 mg	0.82 μg	27.3
판토텐산	6 mg	1.49 mg	24.8
엽산(B_9)	400 μg	86 μg	21.5
리보플라빈(B_2)	1.5 mg	0.335 mg	20.9
비오틴	60 μg	12 μg	20
비타민 D	5 μg	0.9 μg	18.0
티아민(B_1)	1.3 mg	0.029 mg	2.3

10 스페셜 맥주

현재 전 세계적으로 맥주 브랜드는 수만여 종류로 알려져 있다. 이것은 다양한 지역보리 종류 및 곡류 종류, 지역의 다양한 물, 다양한 효모 종류, 다양한 제맥 기술, 온도 및 기후, 문화적 다양성 등에 기인한다. 근래 와서는 가볍고 목넘김이 좋은 맥주, 투명하고 여과된 맥주, 미생물적, 물리화학적 안정성이 강화된 맥주를 선호하는 추세이다.

따라서 맥아와 부원료를 이용하고 홉 첨가를 적게 한 라거 타입 맥주가 전 세계 맥주 시장을 주도하고 있으며, 심플하고 편안하게 마시는 소비자 음주 추세에 맞춰 맥주가 제조되고 있다.

한편으로는 기존 라거 시장과는 별개로 미국과 유럽에서 소규모 양조장을 중심으로 다양한 맥아와 효모를 이용한 스페셜 맥주와 특히 홉의 고미와 향을 특징으로 하는 맥주 스타일(pale ale, India pale ale)이 증가하는 추세이고 마니아층을 중심으로 유행되고 있다. 소비자의 입장에서는 다양한 맥주를 개인 취향에 맞춰 즐길 수 있는 선택의 폭이 넓어지고 다양성과 맥주 시장의 확대라는 측면에서 긍정적인 흐름으로 볼 수 있다.

이 장에서는 다이어트 맥주, 영양 맥주, 무알코올 맥주를 중심으로 각 맥주의 원료와 제조 특징을 설명한다.

1. 다이어트 맥주

다이어트 맥주는 필스너 타입에 속하며 탄수화물(0.75g/100g 맥주)과 단백질(0.5g/100g 맥주)을 함유하고 있다. 원맥즙 농도는 11~12%이며 알코올 함량은 4.8~5.0% 수준이다. 또한 이 맥주는 pH(4.2~4.5), 색상(6~9 EBC), 고미가(22~40EBC), 탄산 농도(0.5%~0.55%)를 나타낸다.

맥아 분쇄는 최종 발효도가 80%이며 당화 효소가 풍부한 맥아가 사용되고 2~5%의 산성 맥아나 젖산균을 투입하여 담금 시, 맥즙 및 맥주의 완충 능력을 높인다. 양조용수는 연수를 사용하고 효소 반응이 잘 이루어지도록 한다. 염화칼슘을 담금수에 투입하여 아밀레이스의 작용을 돕는다.

담금 방법은 자비법을 이용하고 당화 효소의 활성이 가능하도록 45℃에서 담금을 시작하여 30분간 휴식기를 준다. 자비할 맥즙을 분리한 후 남은 맥즙을 62℃로 유지하고 전체 맥즙의 1/4씩 각 온도(64, 66, 68, 70℃에서 휴식) 각각 10~15분간 자비한다. 이후 온도를 73℃로 올리고 담금을 종료한다.

맥즙 여과는 72~73℃에서 하며 1차 맥즙 농도는 16%, 맥즙 여과는 맥즙의 농도가 1~1.5%의 되면 종료한다. 맥즙 자비는 자비 설비에 따라 60~120분 자비하고 홉은 일반 맥주에서 보다 10~15% 높게 투입한다. 맥즙의 산성화는 약 pH 5.1로 하고 발효 시에 pH가 4.25 저하되지 않도록 한다.

발효는 응집성 효모를 이용하여 7~8℃에서 시작하며 발효탱크로 이송 시 맥즙 엑기스(3%)를 투입한다. 발효온도는 9~12℃를 유지하고 가성 당도가 1%에 이를 때까지 발효를 진행시킨다. 이때 두 번째 맥즙 엑기스(1.5~3%)를 투입한다. 투입된 맥즙 엑기스가 발효되면 하루에 온도를 2℃씩 낮춰 7~9℃일 때 숙성탱크로 이송한다. 발효기간은 7~10일 소요되며 가성 당도 0까지 진행시킨다.

맥아 엑기스는 담금 시에 얻어지는데 효소(amylase, limit dextrinase, 최적 온도 55℃)가 함유된 담금액을 얻는 것이 중요하다. 2회 자비법을 진행하되 1회 자비 중에 담금조에서 50℃의 맥즙을 추출하고 냉각시킨다. 일부 양조장에서는 효소가 풍부한 분말 맥아를 투입하는 경우도 있다.

숙성은 일반적으로 9℃에서 7℃로 천천히 내리면서 당도가 2~4주 내에 걸쳐 0~0.3%까지 내려가도록 한다. 저장조(-1℃, 1~4주)에서 저장한다. 이때 안정제로서 규산제재(50~80g/hl)를 투입한다. 저장 시간이 길어지면 에스터 맛과 거품에 부정적인 영향을 준다.

맥주 안정화는 맥즙 엑기스가 많은 양의 고분자성, 응집성 질소화합물을 갖고 있기 때문에 주의해야 한다. 따라서 저장탱크에서 안정제의 투입 외에 여과 시에도 이러한 안정제를 100g/hl의 양을 투입한다. 산소의 유입은 피해야 되며 저온 살균은 효소의 불활성화에 필요한 과정이다.

다이어트 맥주의 알코올 농도(5w/w%)는 멤브레인법 또는 증류법 등 여러 방법으로 감소시킨다. 다이어트 맥주의 분석 데이터는 〈표 8-20〉과 같다.

〈표 8-20〉 다이어트 맥주 분석 데이터

구 분	평균치	최소~최대
원맥즙농도(°P)	11.5	10.4~12.3
가성 엑기스(%)	-0.1	-0.56~0.31
진성 엑기스(%)	2.1	1.5~2.5
알코올(w/w%)	4.8	3.3~5.1
가성 발효도(%)	101.3	97.0~104.8
진성 발효도(%)	101.5	98.5~103.5
색상(EBC)	8.9	7.0~11.5
pH	4.42	4.02~4.70
안토시아노겐(ppm)	62	-
총질소(ppm)	670	640~720
냉각혼탁(EBC)	6.4	4.9~8.8
비생물안정성(warm days)	4.6	4.2~5.0
탄수화물(g/100ml)	0.66	0.23~1.80
거품유지력(Σ(R&C))	97	88~111
고미가(EBC)	30	22~40
점도(mPa*s)	1.41	1.35~1.53
영양가(kcal/l)	423	385~450

2. 영양 맥주

영양 맥주는 하면발효 맥주이며 맥아만을 사용하고 알코올 농도가 1.5% 이하 또는 무알코올(0.5%이하)로 제조된다. 또한 영양 맥주는 맥즙 농도(12% 이하), pH(4.7~4.9), 색상(60~80EBC), 고미가(6~10EBC), 탄산 농도(0.4~0.5%)를 나타낸다.

맥아(90% 흑맥아, 10% 일반 맥아 또는 70% 흑맥아, 18% 일반 맥아) 투입은 다양하며 색상맥(1%)과 캐러멜 맥아(12%)를 투입하기도 한다. 이외에 담금, 맥즙, 맥주의 pH 감소를 위해 산성 맥아(3~65)를 사용한다.

양조용수는 경수나 연수 모두 가능하며 35~50/70/77℃의 2회 자비법이 사용되며 1차 담금 시에 70℃의 온도에서 유지하고 한계 발효도가 낮도록 한다. 각 자비 담금액은 72~76℃에서 당화하고 30분간 자비한다. 맥즙의 자비 시간은 70~110분으로 홉은 한번에 투입한다 (15~20mg α-acid/l).

발효는 발효도가 8~10%일 때 2℃까지 급랭시키고 발효도가 10~30%에 이르면 0℃까지 급랭시킨다. 압력은 0.4~0.5bar로 저장하여 발효도가 16~18%가 되도록 한다. 이때 기간은 1~2주 소요되며 이어 여과를 진행한다.

영양 맥주와 같이 알코올 농도(0.5%이하)가 맥주의 경우 맥즙의 pH(4.9)를 산성 맥아 또는 젖산균을 이용하여 낮추는 것이 매우 중요하다

주입 후 효모 증식과 병에서 후발효 방지를 위해 저온 살균(75℃, 20분)이 필수적이다.

3. 무알코올 맥주

무알코올 맥주(non alcoholic beer)는 일반적으로 알코올 함량이 0.5% 이하이며, 하면발효와 상면발효로 제조하며 발효 시 0.5%의 알코올 함량이 되도록 발효하거나 정상적인 맥주에서 알코올을 제거하여 제조한다.

4. 알코올 농도 저감화 공법

알코올 농도를 줄이는 방법은 발효를 중지하거나 말토오스나 말토트리오스를 발효시키지 못하는 효모로 발효하거나 또는 2단계에 걸친 젖산의 발효 후, 이어 효모로 발효시키는 방법 등이 있다.

발효 중지 공법에서는 원맥즙 농도가 보통 7~8%이며 6~6.5% 혹은 그 이하인 경우도 많은데 낮은 맥즙 농도가 맥주에서 맥즙의 풍미를 덜 느끼고 맥주 맛도 좋다.

맥아는 제조사의 타입에 따라 결정되며 색상이 5EBC인 비엔나 맥아를 대부분 사용하며, 10%의 캐러멜 맥아(25EBC 5%, 4EBC 5%)가 투입된다. 그외 필스너 맥아도 사용된다. 비엔나 맥아는 맥아 아로마가 약하며 캐러멜 맥아는 맥아 및 캐러멜의 특성을 나타내며 뮌헨 맥아보다는 아로마가 적지만 바디감을 부여하고 담금액 pH(5.4~5.5) 조정을 위해 산성 맥아를 약

3% 추가로 투입하기도 한다.

담금은 약 12% 원맥즙을 목표로 제조하며 맥즙 자비 후 냉각된 맥즙을 희석하거나 여과 전에 양조용수를 투입하여 희석한다. 양조용수의 특징은 맥주 타입에 따라 선택한다.

담금방법은 자비법(1~2회)을 사용하며 말토오스 생성온도를 넘겨 발효도가 낮도록 한다. 35/70/77℃의 방법이 적합하다.

맥즙 자비는 강하게 하여 맥즙의 아로마 물질을 증발시키며 따라서 자비 시간을 10~15% 더 연장한다. 홉의 투입은 홉의 아로마가 맥주에 남도록 아로마 홉만을 사용하며 자비조로 맥즙이 이송되면 1차 홉을 투입하고, 자비 10분 후에 2차, 25~30분 후에 3차를 투입한다.

젖산 투입은 DMS-전구체가 분해되도록 비교적 나중에 투입한다. 젖산을 일부 사용할 경우 첫 번째 투입은 자비가 끝나기 15~20분 전에 실시하여 맥즙의 pH를 4.9~5.0으로 맞추고, 두 번째 투입은 자비 종료 10분 전에 투입하여 pH 4.5가 되도록 한다. 나중에 맥주의 pH가 4.4~4.5가 되도록 하는 것이 중요하다. 홉의 투입은 맥주의 고미(20~30 BU)에 따라 조정한다.

발효는 4~6℃에서 15~25 x 10^6cell/ml의 효모를 투입하여 진행하고 48~72시간 후에 맥즙 농도는 7.2%가 되고(발효도 10%) 알코올 농도는 0.45 vol% 정도 된다. 발효 중지를 위해 원심분리하여 효모수를 0.1 x 10^6/ml로 낮추거나 여과한다. 그 후 맥주를 0~-1℃로 냉각하고 탄산 농도가 0.5%되도록 탄산가스를 주입한다.

저장 시간은 이 온도에서 14~21일이며 맥즙의 아로마를 없애기 위해 탄산가스(24시간마다 3g/hl CO_2)를 투입하여 세척한다. 여과는 50g/hl의 규산겔과 50g/hl의 PVPP를 투입하여 진행한다. 순간살균 후 혼탁 형성은 생기지 않으나 응고물이 생기면 여과제재의 흡착 능력이 충분치 않거나 이온(칼슘, 옥살염)들이 맥주에 남아있어 나타나는 현상이다. 탄산화를 너무 강하게 하면 탄산가스의 기포 표면에 단백질이 침전될 수 있다. 홉수지의 흑색 침전물이 병목 부분에 침전되기도 하는데 이 경우에는 알파산이 이성회가 더 되도록 해야 한다.

알코올 감소를 위한 또 다른 방법은 특별한 효모(*Saccharomyces ludwigii*)를 이용하는 방법이다. 이 효모는 단당류와 설탕만을 발효하기 때문에 무알코올의 맥주를 제조하는데 사용된다. 맥즙의 발효는 천천히 진행되며 효모의 회수는 효모가 침전되지 않아 어렵고 회수가 힘들어 효모의 배양을 매번 해야 된다. 특수 효모를 이용한 저알코올 맥주 품질은 일정하지 않는 단점이 있다.

한편, 젖산 발효와 효모를 이용한 저알코올 맥주 제조방법은 다음과 같이 2단계로 진행된다. 홉이 투입되지 않은 10% 농도의 맥즙을 투입하여 자비한 후 35~37℃로 냉각하고 젖산균을 접종하여 pH가 4.1~4.2가 될 때까지 진행시킨다. 이 산성 맥즙을 자비조로 이송하여 홉(아로마 펠렛 10g α-acid/hl)을 투입하여 70~100분간 자비한다. 월풀에서 핫트룹을 제거하고 맥즙의 농도를 6~7%로 조절한 후 냉각 트룹을 제거한다. 이후 효모를 투입하여 알코올 농도 0.5vol%까지 발효한 다음 저온에서 저장한다. 젖산을 이용하여 제조된 이와 같은 맥주는 일반 맥주와 유사한 맛과 풍미 안정성을 나타내지만 맥즙을 두 번 자비하고 냉각해야 되는 단점이 있다.

결과적으로 발효를 중지하거나 제한된 발효로 제조된 맥주의 구성 성분은 하면발효 또는 상면발효 효모를 사용하느냐에 따라 분석데이터 상에 차이가 있으며 밀맥주 효모의 경우 맥즙의 풍미가 나타나기도 한다. 밀맥주 효모는 발효 초기에 2-acetolactate가 급속히 증가하는데 발효를 저온보다는 약 12℃에서 진행하는 것이 좋다. 허락된 알코올 농도까지 발효를 계속하면 할수록 바람직한 발효 부산물이 생성되고 맥즙 아로마는 감소하게 된다.

5. 물리적인 알코올 제거 방법

물리적인 알코올 제거방법에서는 진공 상태에서 증류하거나 투석이나 역삼투압 등에 의한 멤브레인을 이용한 방법이 있다.

회전하는 열판을 이용한 증발장치는 원심력을 이용한 열교환으로 원추형의 열판의 회전으로 이루어진다. 맥주를 넓게 펼쳐 열판(0.2mm)을 거치고 접촉 시간은 1초 이내 이며 맥주에서 알코올이 증발된다. 알코올이 감소된 맥주는 펌프로 평판냉각기를 거쳐 냉각된다.

낙하식 증발기는 얇은 층의 증발기로 내부 벽에 얇은 필름을 거쳐 수직관으로 이동되도록 되어 있다. 이 관은 증기로 가열되며 관 바깥쪽에 증기는 응축된다. 발생되는 알코올 함유 증기는 혼합 배관을 거쳐 분리기에 모이고 동시에 맥주는 분리된다. 진공의 정도를 조절하여 맥주의 온도를 36~40℃로 유지한다. 이 설비에서는 맥주량의 약 40%까지 수증기를 제거하여 알코올을 0.6vol%까지, 60%까지 수증기를 제거하여 0.3%까지 알코올을 제거할 수 있다. 맥주의 탄산가스의 함량을 낮게 유지하여 열교환기의 표면에 남지 않도록 한다.

정류장치는 맥주를 가열하기 위한 평판 열교환기로 구성되어 약 42℃에서 증발시키도록 되어 있다. 맥주는 진공 하에서 가스제거기로 탄산가스를 제거하며 휘발성이 강한 아로마 물질(고가의 알코올과 에스터)도 제거된다. 맥주는 제거관을 통과하여 약 46℃의 온도로 모여져 정류장치로 이송되고 알코올 함유 증기는 정류층을 통과하여 약 75% 농도로 상부에 모이게 된다. 증발 알코올은 농축기에서 남게 되고 알코올이 제거된 맥주는 평판열교환기를 통과하여 0℃로 냉각된다. 가스제거기의 탄산가스는 진공배관을 거쳐 아로마 세척기로 보내져 알코올이 제거된 맥주 혹은 신선용수로 세척된다.

증발 설비는 맥주가 고온의 온도에서 장시간 열부하를 받지 않도록 하는 것이 중요하다. 계속적인 증류는 초산에스터와 고급 지방성 알코올이 증발되는 단점이 있으며 장점으로는 알코올 농도를 0.1%까지 줄일 수 있다는 것이다. 여기에 알코올 농도 6vol%의 맥주를 첨가하여 다시 아로마 물질을 주입하고 풍미의 조화를 개선할 수 있다.

한편, 투석방법은 멤브레인 분리로 농도에 따라 물질 이동이 일어나며 멤브레인이 알코올이 제거된 맥주와 투석물을 분리한다. 이들 사이에는 압력 차이도 없으며 알코올 농도는 차이가 있다. 생성물은 투석물과 멤브레인 모듈에 의해 반대 방향으로 이동하며 알코올 농도가 감소하게 된다. 알코올이 많은 투석물은 진공 증발설비를 거쳐 알코올을 제거한다. 알코올이 제거된 투석물은 투석기를 순환하며 알코올 제거는 0.5vol%가 적절하다. 맥주의 탄산가스 농도는 알코올이 제거된 맥주에서도 남아 있으며 다른 일부 물질이 소량 손실된다. 증발방법과 비교해 보면 고급 알코올과 에스터가 더 많이 잔존한다.

역삼투압 방식에서는 멤브레인을 통해 압력 차이를 이용한 것이다. 기공이 큰 멥브레인은 침투측과 체류하는 쪽 사이에의 압력차가 분리하려는 용액의 삼투압보다 클 때는 분자량이 작은 물질(염, 물, 알코올)은 통과시키며 맥주의 알코올 제거는 5~15℃의 온도와 30~45bar의 압력으로 진행된다. 맥주는 알코올 제거 후 고농도의 생성물이 되며 맥즙의 농도를 조절하여 염을 제거하고 공기가 제거된 양조용수로 채우고 탄산가스를 투입한다. 이때는 다수의 고급 알코올과 에스터가 알코올이 제거된 맥주에 증발방법을 사용했을 때 보다 많이 존재한다.

중류방법에 의한 알고올이 제기된 맥주의 제조 기술은 가스 및 탄산가스를 제거한 양조용수로 희석하여 원래의 엑기스 함량이 4%까지 유지하는 것이 아니라 엑기스 함량을 5~5.5%로 유지하여 맥주의 바디감을 부여하도록 한다. 대부분의 증발방법은 열부하를 받은 생성물에 맥주를 4~6% 투입하여 이를 개선하는 것도 중요하다. 그밖에 각 담금의 알코올 제거를 위한 양조를 하며 한계 발효도를 감소시키는 방법도 있다. 이때는 맥주 바디감을 위해 잔당을 남기고 알코올 농도를 낮춘다. 이러한 방법은 멤브레인을 이용한 방법에서처럼 정상적인 맥주나 발효 중인 맥주를 투입할 필요가 없다. 알코올이 제거된 맥주는 본래의 고미 물질이 많지 않으며 상온 발효를 하여 더 많은 발효 부산물이 형성되도록 한다. 또한 탄산가스 농도가 유지되는 상온 숙성을 할 수 있다. 증류방법을 통해 0.1~0.25%의 알코올을 함유한 맥주에 발효 중인 맥주에 투입하여 신선함과 풍미의 조화를 주며 이때 맥주는 정상적인 저장과 여과를 해야 한다.

밀맥주의 경우 병 발효 시에 발효 중인 맥주를 투입할 수 있다. 6% 발효액은 약 0.5% 정도의 엑기스를 나타내며 12~18℃에서 신속하게 발효되고 이때 탄산가스 농도는 약 0.25%까지 높아진다.

상면발효 맥주는 알코올 제거 후에 더 많은 아로마 물질을 함유하는데 이는 휘발성이 약한 물질이 많거나 에탄올보다 멤브레인을 쉽게 통과하지 못한 성분이 많기 때문이다. 그러나 맥주의 순수 아로마 대비 지방산(지방산 에스테르)의 비율이 일반 맥주에서와 다르게 반대로 나타나게 된다. 따라서 알코올 제거 맥주 제조 시에는 지방산 및 지방산 에스터 농도가 가능한 한 낮도록 제조해야 한다. 또한 활성이 우수한 효모 사용 또는 적절한 발효 및 숙성 조건을 맞추어야 한다. 상기 맥주들은 열취가 나기도 하는데 이는 푸르푸랄, 메틸부탄알이 주요 원인이다.

한편, 무알코올 맥주를 2리터 마시면 90분 안에 혈중 알코올은 증가하지 않는다. 또한 무알코올 맥주는 일반 맥주보다 칼로리가 낮으며 7~7.5%의 맥즙으로 만든 맥주는 발효가 중지되면 270~290kcal/kg의 열량을 갖는 반면 알코올이 제거된 맥주는 165~220kcal의 열량으로 훨씬 낮다.

삼투압성은 혈청의 삼투압력에 기인하며 혈액처럼 유사한 삼투압으로 음료수에서는 등장성으로 표시된다. 발효가 중지된 무알코올 맥주의 삼투압성은 실제로는 등장성이며 알코올 제거로 저삼투압성이다. 등장성 음료수에서는 손실된 용액(물), 탄수화물, 미네랄, 비타민, 아미노산등을 단시간 내에 보충하여 신체의 활동 능력을 유지하도록 한다.

6. 라이트 맥주

라이트 맥주(light beer)는 맥즙의 농도가 7~9%이며 일반 라거 맥주보다 알코올이 40%가 적거나 열량이 40% 적다. 일반적으로 맥즙의 농도는 7.1~7.4%로 알코올 농도는 2.8 vol%이다. 경우에 따라서는 알코올 농도를 50% 줄이거나 알코올이 적은 맥주가 요구되기도 한다. 이 맥주들은 하면발효와 상면발효로 제조되며 제조방법을 보면 다음과 같다.

① 7.1~7.4%의 맥즙으로 제조되며 이 농도의 맥즙은 바디감과 신선함을 부여한다. 상기 맥

즙의 농도보다 낮을 때는 풍미적인 측면에서 좋지 않다.
② 11.2~11.8%의 맥즙으로 제조된 맥주는 알코올 제거 장치로 알코올을 50%까지 감소시킬 수 있다.
③ 맥아의 사용 비율, 특별한 담금방법 등으로 7~8%의 맥즙으로 제조된 맥주의 최종 발효도를 낮추어서 일반 라거 맥주 알코올 농도의 50%까지 낮춘다.
④ 그밖에 알코올을 계속 제거하여 알코올이 적은 부류의 맥주를 만들 수 있다.

약 7% 맥즙으로 라이트 맥주를 제조할 경우에 맥아는 일반 맥주의 색상을 나타나도록 5~5.5 EBC 색상을 나타내는 비엔나 맥아를 사용하며, 맥주의 바디감(캐러멜 맥아, 5 EBC)과 색상(캐러멜 맥아, 25 EBC)을 맞추기 위해 캐러멜 맥아를 각각 5~6%를 보충한다. 또한 원하는 풍미에 따라 3~6%의 산성 맥아를 사용하기도 한다.

양조용수는 연수와 경수가 사용되며 많은 양의 산성 맥아나 젖산을 사용하여 담금할 때는 pH를 5.4~5.5로 맞춘다. 후수에 사용되는 양조용수도 연수여야 한다.

담금방법은 맥즙 농도가 낮을 때에는 담금 용수가 많으며 비율은 1 : 5~6 정도이다. 전체적인 담금은 일반적인 담금과 차이가 없다. 최종 발효도를 76~77%로 낮게 하는 2회 자비법을 사용하여 35/70/77℃로 하며 자비 맥즙은 각각 15분간 자비한다.

발효는 라이트 맥주에서는 아로마 풍미가 많은 효모가 사용되며 특히 SO_2를 많이 생성하는 효모면 더 좋다. 또한 맥주의 에스터 농도가 높을수록 좋다. 맥즙 농도가 낮아 발효성 엑기스 함량이 적어 발효시간이 짧거나 혹은 작은 발효탱크에서 낮은 발효온도(7~8℃)를 이용한다. 맥즙의 농도가 낮은 경우 발효가 지연되어 pH 감소가 느려지거나 숙성 시에 pH가 상승하는 문제가 발생할 수 있다. 따라서 라이트 비어 효모는 우수한 생리학 활성을 갖고 있어야 하며 이러한 관점에서 맥주의 저장 시간은 적절해야 한다. 안정성은 유통 기한에 맞게 되어야 하고 주입 시에 산소가 유입되지 않도록 한다.

IX. 상면발효

01 개요

원래 맥주는 상면발효공법으로 제조되었다. 하면효모는 상면효모에서 파생되었고 15세기 말 경 하면발효가 처음으로 언급되었다. 예전의 상면발효 맥주는 품질면에서 유통기간이 좋지 않은 반면 하면발효 맥주는 저온 발효와 숙성기간이 길어 균질하며 안정성이 있었다. 2차 세계대전 전까지는 벨기에, 네덜란드, 영국에서 주로 상면발효가 주된 발효방법이었고 독일에서는 생산량의 7% 정도에 불과하였다. 이후 하면발효 방식의 라거 맥주가 영국에서 붐을 이루고, 벨기에와 네덜란드에서 상면발효 타입의 맥주는 전체 생산량에서 차지하는 비율은 감소하였다.

독일에서는 각주에서 상면발효 맥주가 새롭게 도입되었다. 예로서 니더라인 주에서는 알트비어(Altbier), 쾰른 지역에서는 쾰쉬(Kölsch), 바이에른 지역에서는 밀맥주(Weizen bier), 베를린의 바이스비어(Weiss bier)도 한축을 이루었다. 밀맥주는 남부 바이에른 지역뿐만 아니라 프랑켄, 바덴-뷰르템베르그, 헤센에서까지 제조되었다.

한편, 상면발효 맥주는 하면발효 맥주와 많은 차이가 있다. 상면효모(*Saccharomyces cerevisiae*)는 12~25℃에서 발효되어 발효 말기에는 위로 떠오르게 되어 이때 회수한다. 그러나 큰 용량의 발효탱크에서는 이러한 특성이 변할 수도 있다. 하면발효 효모는 정상적으로는 5~10℃에서 발효되고 후발효가 0℃에서 일부 진행된다. 발효말기에는 발효조 밑으로 가라앉는다. 최근 공법에서는 하면발효 효모를 이용하여 12~20℃의 온도에서 발효 및 숙성을 진행하기도 한다. 상면발효 효모는 하면발효보다 맥주 특성이 강하다. 독일의 경우 상면 또는 하면발효 맥주의 차이는 독일 맥주법에 명시되어 있으며 보리 외에 다른 곡물(밀, 호밀, 귀리, 트리트케일)로 제조가 가능하다.

바이에른 지역 외에서는 상면발효 맥주 제조에 설탕과 음료용 색소가 사용되기도 한다.

02 상면효모의 형태학적, 생리학적 특징

상면효모는 하면효모와 현미경 상으로 특별한 차이는 보이지 않지만 출아 형태는 서로 다르다.

상면효모는 물이 든 유리 실린더에 넣으면 대부분 우유처럼 분산되는 반면, 응집성 하면효모는 응집 형성 후 신속하게 응집되어 침강하고 분산형 하면효모는 응집 없이 침전되기 때문에 응집성 효모에 비해 천천히 가라앉는다.

일반적으로 상면효모는 응집성이 없는 특성을 갖고 있으나 영국에서 사용되는 상면효모는 응집형과 분산형으로 분류하기도 한다.

이미 기술한 바와 같이 하면효모는 3탄당인 라피노오스를 완전히 발효시킬 수 있다. 반면 상면효모는 약 1/3 정도만 발효하는데 이는 이당류인 멜리비오스를 포도당과 갈락토오스로 분해하는 멜리비아제(melibiase) 효소가 결핍되어 있기 때문이다. 이는 상면효모와 하면효모의 유전학적인 차이 때문이다.

하면효모는 포자 형성 능력이 적어 60~72시간 정도에 천천히 포자를 형성하지만 대부분의 상면효모는 48시간이 지나면 포자를 형성하며 포자를 형성하는 비율은 계속해서 증가한다.

호흡대사에서 상면효모는 하면효모보다 활발히 진행되며, 전체 물질대사에서 보면 상면효모가 하면효모보다 약 40%정도 더 활발하다.

또한, 효모의 유전자는 효모 종류마다 차이를 보이고 있다. 모든 하면효모는 크로모솜(chromosomen)이 일정한 형태를 갖추고 있으며 종류마다 약간씩 차이가 있다. 응집형과 분산형 효모에서의 차이는 없다. 상면효모(Altbier, Kölsch, Ale, Weizenbier)는 이와 반대로 다양한 크로모솜 형태를 가지고 있다.

그 밖의 특성으로는 상면효모는 하면효모에 비해 발효 시 발효 부산물(고급 알코올, 방향성 알코올과 에스테르)를 많이 생성한다. 특히 밀맥주 효모의 경우 0.5~3.0 ppm 정도의 4-비닐과이어콜(4-vinyl guaiacol), 0.1~0.7 ppm 정도의 4-비닐페놀(4-vinyl phenol)을 생성하는 특성이 있다. 이 페놀 성분은 정향취를 내는 전형적인 밀맥주의 풍미이며, 4-비닐과이어콜은 발효 시에 밀 특히 보리맥즙에 존재하는 페룰릭산(ferulic acid)의 탈카르복실 작용에 의해 형성된다. 상면효모의 자가분해는 pH 4.7에서, 하면효모는 pH 5에서 가장 활발하게 나타난다.

상면효모는 유전적 특성에 따라 응집성이 없거나 매우 약하다(영국 효모는 예외).

발효온도를 보면 하면효모는 25℃가 최적 증식온도임에도 불구하고 0~5℃에서도 발효를 한다. 이와 같은 하면발효 효모의 온도에 대한 내성은 온도에 대한 적응과는 관련이 없고 유전적으로 정해진 것이다. 반면 상면효모는 최적 증식온도가 28℃임에도 불구하고 저온에 민감하기 때문에 발효온도는 14~25℃가 적절하다.

한편, 상면과 하면효모는 발효 시에 전혀 다른 발효 형태를 보인다. 상면효모는 증식이 끝나고 발효가 왕성할 때 대부분은 위쪽으로 올라가 개방형 탱크의 경우 표면에 위치해 층을 형성하며, 극히 일부의 효모만이 탱크 바닥에 가라앉아 얇은 층을 형성한다. 이때 발효 후 효모를 탱크 윗부분에서 회수할 수 있다. 실험실 상에서는 맥즙의 높이가 20cm 이상 되어야 상면효모가 위로 뜨는 현상을 관찰할 수 있다.

상면효모가 발효 시 위로 올라오는 이유는 출아 체인 형성 때문이다. 상면효모는 출아 시 딸세포가 모세포로부터 분리되지 않아 넓은 면적의 포도송이 형태를 형성하게 되며 그 표면에 탄산가스 기포가 고이게 되어 효모를 상부로 밀어 올리게 되는 것이다. 그러나 밀폐형 대형 탱크에서는 다량의 탄산가스로 인한 발효조 내부에 대류 현상이 일어나 상부에 고인 효모층을 아래쪽으로 끌어내리는 현상이 나타나 효모는 결국 가라앉게 되며 발효 후 탱크 하부에서 효모 회수가 가능하다.

한편, 하면효모는 발효초·중기에는 맥즙에 떠 있다가 발효 말기에 바닥으로 가라앉는데 이는 효모 응집 현상이 주원인이며 하면효모는 출아 체인을 형성하지는 않지만 세포 내 글리코겐이 많아 세포가 무거워 바닥으로 침전하는데 더 용이하다. 하면효모는 고온에서 효모 배양을 하게 되면 상면효모와 유사한 발효 패턴을 나타내는 경우도 있다.

상면효모는 하면효모보다 대사가 활발하여 증식이 더 잘되기 때문에 상면효모는 발효 초기 효모 개체 수보다 6배 증식이 가능하고 하면효모는 3~4배 증식에 그친다.

또한 상면효모를 즉시 다음 발효에 투입하지 않을 때는 0~2℃의 온도에서 며칠간은 맥주에 저장이 가능하다. 저장된 효모는 4일까지는 영향이 없으나 7~10일 저장하려면 0~2℃의 살균된 냉수에 저장하는 것이 바람직하다.

상면효모는 *Lactobacillus*에 오염되었을 경우 산세척이 가능하며 이때 pH 2.0~2.5의 인산을 투입한다. 4시간이 지난 후에 산은 살균된 냉수로 인산을 세척한다. 이로 인해 약해진 효모의 활성은 더 많은 양의 효모(20~25%)를 넣어줌으로써 균형을 맞출 수 있다.

상면효모는 하면효모보다 발효에 재투입할 수 있는 횟수가 훨씬 많다. 효모가 발효 능력에 문제가 없고 오염이 되지 않았다면 5~15번 재사용이 가능하다.

CCT에서는 밀맥주 효모의 회수 시에는 맥주를 냉각한 후에 탱크 밑부분에서 가능하다. 밀맥주 효모의 경우는 2~3번 사용하면 밀맥주의 전형적인 풍미를 나타내는 페놀(4-비닐과이어콜, 4-비닐페놀) 형성 능력이 떨어진다. 따라서 밀맥주 효모는 여러 번만 사용하고 재배양하는 것이 바람직하다.

상면효모의 배양은 하면효모와 유사하며 20~22℃의 온도에서 이루어진다. 투입할 배양액 양은 발효조의 맥즙량에 기준하며 일반적으로 맥즙량의 5%(효모수 개체수로는 $15~20 \times 10^6$/ml) 정도이며, 발효 후 회수한 효모(슬러지 형태)를 투입할 경우에는 맥즙량의 0.3~0.5%(효모수 개체수로는 $15~20 \times 10^6$/ml) 수준이다.

03 상면발효 공정

상면발효 맥즙의 구성 성분은 100% 보리맥아를 이용할 때는 하면발효와 차이가 없다. 50~70%의 밀맥아를 사용하는 경우에는 흡수성 질소 함량이 다소 낮게 나타난다(총질소화합물의 18% 알파-아미노질소, Formol-질소 24~27%). 아미노산은 정상적인 발효 부산물 생성과 효모 증식에 필수적이지만 과도한 농도는 맥주의 생물학적인 안정성에 문제가 되는 부분도 있다. 발효 전 고형물(핫드룹, 콜드트룹)은 제거해야 된다.

접종온도는 12~16℃가 적절하며 효모는 맥즙 hl당 0.25~0.5l(7~15 x 10^6 cell/ml)를 접종한다. 공기 주입은 용존산소 농도가 5~8mg/l가 되도록 해야 한다.

효모 접종 8시간 후에 홉 부유가 12~24시간 진행되며, 이때 위로 떠오르는 효모에 의해 고형물이나 홉수지 성분이 표면에 떠오른다. pH가 급속히 떨어지면서 비용해성 단백질-탄닌 콜로이드 및 고미 성분이 비용해성으로 변하면서 위로 떠오르게 된다. 순수한 발효가 진행되고 깨끗한 효모가 되도록 하기 위해서는 이들 물질을 제거한다. 밀폐 탱크에서는 공기를 불어넣는 방식으로 콜드트룹을 제거할 수 있다.

발효 시 당도 감소는 높은 온도에서 신속하게 일어나며 16~17℃에서 24시간이 지나면 2.0~2.5%, pH는 0.7 정도 떨어진다. 발효가 진행되면서 효모는 하면발효에서처럼 많은 거품이 형성되고 발효 말기까지 효모가 위로 떠오르게 된다. 보통 효모가 위로 뜨는 것은 접종 후 24~36시간 지나면 진행된다. 발효 2일째에는 당도는 급격히 감소(5.5~6.5%)되고 60~72시간 후 최종 발효도에 이르게 된다. pH는 36~40시간 발효 후에는 4.0~4.1까지 떨어진다. 발효온도는 18~22℃를 넘지 않아야 하며 발효온도가 25~28℃가 되면 오염의 위험이 있다.

발효 말기에 고형의 효모층이 형성되는데 이를 제거하는 것이 좋다. 또한 상부에 모여 있는 효모층이 장시간 머물게 되면 효모 체인이 풀어져 효모의 분리가 일어나 발효조 바닥으로 침전된다. 위로 뜨지 못하고 맥즙에 남아 있는 효모도 자연히 침전되고 이때 단백질 및 고미 성분도 같이 침전된다. CCT에서는 효모는 원추형 부분에 침전되고 20℃에서 7~10℃로 냉각함으로써 슬러지 형태의 효모를 회수할 수 있다. 이때 트룹을 제거하고 순수한 효모를 얻게 되며 효모는 다음 발효에 사용하게 된다.

발효 중 효모의 부상(浮上)은 개방형 탱크 또한 수평평 탱크에서는 쉽게 볼 수 있으며 이는 효모가 발효력이 강하다는 의미로 볼 수 있다. 위로 떠있는 효모를 조기에 회수함으로써 효모성 고미 등 맥주 품질에 부정적인 영향을 주는 요인을 막을 수 있다. 효모 부상은 균일하게 이루어져야 하며 고온 발효와 충분한 공기 주입 및 적절한 맥즙 구성 등이 정상적인 효모 부상에 도움이 된다. 또한 효모 품종이나 생리학적인 상태 역시 중요한 역할을 한다.

저장 기간이 긴 효모는 부상력이 저하되며 이때 인산과 같은 미네랄 물질을 넣어 개선시키는 경우도 있다. 상면효모의 부상에 부정적인 영향을 미치는 요소를 보면 효모의 나쁜 생리학적인 상태, 부적절한 맥즙의 구성 성분, 부족한 용존 산소량, 낮은 발효온도, 높은 맥즙의 트룹 함량, 높은 금속(철, 구리) 농도, 낮은 맥즙의 당농도 등을 들 수 있다. 효모의 부상이 갑자기 좋지 않을 경우 맥주의 특성 특히 풍미가 나빠질 수 있다.

1. 상면발효 시 맥즙의 변화

상면효모의 생리적 특성과 높은 발효온도로 인해 하면발효에서보다 pH 빠르고 지속적으로 감소한다.

상면발효에서 pH는 원 맥즙의 pH 5.4~5.7에서 4.0~4.2까지 급속히 감소한다. 효모를 고온에서 장시간 발효할 경우에는 효모자가 분해에 따라 염기성 아미노산과 인산 방출에 따라 pH가 0.1~0.2 정도 상승하는 현상을 보인다. 이러 경우 맥주 풍미가 나빠지게 된다.

높은 발효온도와 왕성한 효모 증식 등은 pH 감소에 직접적인 영향을 주며 이를 위해 맥즙의 흡수성 질소, 인산염 및 미량 원소 농도 등이 중요하다. 특히 인산은 효모대사를 촉진할 뿐 아니라 pH 감소에도 완충 역할을 한다.

질소는 pH 감소와 효모의 왕성한 증식을 통해 발효 중에 40mg/100ml로 감소하며, 하면 발효보다 30% 더 감소한다. 밀맥즙에서는 응고성 질소가 50%이상 감소하며 고분자 단백질($MgSO_4$ 침전성 질소)은 급격히 감소하게 된다. 효모 성장이 왕성함에 따라 맥즙의 유리 아미노질소가 감소되며 원래 함량의 18~22mg/100ml에서 2~6mg/100ml로 감소하며 이것은 맥주의 생물학적 측면에서나 풍미의 안정성에 도움이 된다.

맥즙의 고미 성분은 pH 조건과 탄산가스 발생 및 효모의 넓은 표면적에 따라 많은 양이 제거된다. 개방형 발효탱크에서 영비어는 50% 정도 함유하며 밀폐형 CCT에서는 60% 정도만 남게 된다. 이러한 손실은 알파산의 이성화 정도에 따라 달라지며 맥주에 잔존하는 알파산은 0.3~1.0mg/l 수준이다.

폴리페놀도 하면발효에서 보다 더 많이 감소하며, 맥주의 색상은 일반 라거 맥주보다 3~4 EBC 단위 정도 감소하는데 이는 pH 저하 및 색소 물질이 많이 제거되기 때문이다.

발효 부산물은 하면발효보다는 다른 양상을 보이는데 이는 효모 품종이 다르고 발효온도가 높기 때문이다. 상면효모는 하면효모보다 많은 양의 고급 알코올과 에스터를 생성한다. 아세트알데히드의 형성은 초기 발효 단계에서는 많은 양이 형성되고, 발효가 진행되면서 감소하여 하면발효보다는 더 적은 농도(2~4mg/l)를 나타낸다. 고급 지방 알코올은 하면효모보다 15~50% 더 높은 값을 나타내는데 이 수치는 발효 조건에 따라 영향을 받는다.

이소 부탄올은 발효온도가 16~22℃로 상승할 때 50% 이상 증가한다. 2-페닐에틸알코올은 상면맥주에서는 동일한 발효온도에서는 하면맥주에서 보다 높은 농도를 나타내지 않으며, 하면효모가 상면효모보다 더 민감하게 반응한다. 에스터는 많은 효모 증식과 왕성한 대사에 따라 상면발효에서 하면발효에서보다 50% 이상 증가하는데 상면효모의 품종에 따라 달라질 수 있다(밀맥주 효모가 알트비어 효모나 쾰쉬 맥주 효모보다 많은 에스터 생성).

디아세틸과 그 전구체는 온도가 상승하면 발효 초기보다 급격히 상승하며 높은 온도에서는 2-아세토락테이트와 2-아세토 하이드록시뷰티레이트는 감소하게 된다.

저가 유리 지방산은 상면효모에서는 왕성한 증식으로 하면발효 효모보다 낮은 수치를 나타내며 효모의 생리학적인 상태에 따라 달라진다.

한편, 밀맥주 효모는 맥즙에 존재하는 페룰릭산을 탈틴신화를 통해 4-비닐과이이콜로 변환시킨다. 페룰릭산은 맥아에서는 비용해성 펜토산이며 아라비노오스와 결합되어 있다. 이 펜토산이 제맥 및 특히 맥즙 과정 중에 가수분해가 일어나 분해되어 유리된다. 발효 시 4-비닐과이어콜의 형성은 발효 시에 페룰릭산 농도에 따라 달라지며 페룰릭산의 농도는 담금온도에 영향을 받는다.

밀맥주 효모의 품종에 따라 4-비닐과이어콜 형성은 많은 차이가 있으며(±50%) 발효조의 형태(개방형, 밀폐형) 및 효모 회수방법(상부, 하부)에 따라서도 많은 차이가 있다. CCT에서 여러 차례 발효를 진행하면 페놀 성분이 감소하며 이는 에스터의 감소와 연관이 있다.

또한 효모가 발효가 끝난 맥주에 장시간 있게 되면 바로 효모를 회수한 경우보다 4-비닐과이어콜의 농도는 높아진다. CCT에서 발효를 2~3회 정도만 하면 4-비닐과이어콜의 농도는 정상적인 수치(1.2~1.7ppm)를 나타낸다. 페놀 농도가 너무 높으면 부조화스럽고 거친 고미가 강한 맥주 맛을 내게 된다.

2. 숙성 및 저장

상면발효 숙성 맥주는 숙성조에서 잔당이 0.5~0.8%이며 효모 수는 ml당 15~40 x 10^6 수준이다. 10~18℃의 영비어를 3~5℃의 저장실의 탱크로 이송하여 천천히 냉각시켜 남아있는 잔당을 7~14일간 발효시킨다. 숙성은 효모 종류, 발효 조건과 맥즙의 구성 성분에 따라 달라진다. 탱크에서 압력은 원하는 맥주의 탄산가스 농도를 위해 숙성실의 온도를 유지하도록 유의해야한다.

즉 케그 맥주를 위한 압력은 0.3~0.4bar, 병맥주의 경우는 0.5~0.7bar를 유지해야 한다. 청징은 천천히 진행되며 청징을 완전하게 하기는 힘들다. 이는 상면효모가 응집성이 약하고 특히 왕성한 숙성과정에서는 침전이 더 어렵게 된다. 이에 따라 다른 콜로이드성 혼탁성 물질도 침전이 어렵게 되는데 이때는 냉각기를 가동하고 맥주 안정제를 투입한다. 숙성은 높은 온도(7~12℃)에서 진행하여 후발효를 진행하고 7~14일간 소요된다. 이어서 온도를 0℃로 내려 저장을 진행한다. 이때 청징이 잘 이루어지게 하기 위해서는 저장 마지막 날에 탱크의 압력을 1bar로 올리면 좋다.

일부 양조장에서는 하면효모(0.1%)를 숙성조에 추가로 투입하기도 하는데 이는 냉각된 상면효모 숙성실의 온도에서도 잔당을 원활히 발효시키려는 의도이다. 하면효모의 응집성을 통해 상면효모를 침전을 강화하고 청징을 개선시키는 효과가 있다. 상면발효 맥주의 특징인 발효 시에 이미 발효 부산물을 형성했기 때문에 하면효모는 상면발효 맥주의 특성에 전혀 영향을 주지 않는다.

최근의 발효 방법은 숙성 및 저장 단계에서 차이가 있다. 발효온도를 유지하여 디아세틸과 이들의 전구체를 감소시킨다. 이어 7℃로 냉각시켜 6~24시간 후 제거한다. 한 탱크에 숙성과 저장을 할 경우에는 -1℃에 이르면 1주일 간격으로 침전된 효모를 제거하는 것이 중요하다.

또한, 적절한 압력을 유지하여 맥주 내에 탄산가스 함량을 풍부하게 한다. 숙성공정에서 효모 농도는 숙성 시간과 온도만큼 중요치 않으나 효모 성분의 배출을 통해 pH가 상승되는 문제를 야기한다.

아미노산은 증가는 거품에 영향을 주며 생물학적 안정성을 감소시키고 병맥주의 노화를 가속화시킨다. 저가 유리지방산(헥산, 옥탄, 테칸)은 맥주 거품에 나쁜 영향을 미치고 지방산 에틸에스터 화합물의 양이 증가하면 효모취를 유발한다.

활성이 약한 효모로부터 프로테아제가 분비되면 고분자 단백질을 분해하게 아미노산이 생성되어 다시 거품에 부정적인 영향을 주게 된다.

한편, 병 발효는 영비어를 발효 직후 또는 1~14일간 5~7℃의 탱크에서 중간 저장 후에 병에 주입하여 숙성을 시킨다. 0.5~0.9%의 탄산가스 함유를 위해 보당(맥즙 혹은 설탕)을 한다. 이때 숙성과정은 탄산가스 농도를 높이고 숙성과 청징도 같이 이루어진다.

다만 상면효모만을 사용하는 경우 숙성과 청징은 많이 진행되지는 않으며 하면효모를 첨가하면 청징 효과를 개선할 수 있다. 맥주의 원하는 탄산농도 도달하도록 하기 위해 보당 시 당 함량을 계산하여 투입한다. 예로서 1g의 당이 0.46g의 탄산가스를 발생시키며, 발효가 끝난 영비어는 탄산 농도가 0.2%이고 맥주에 0.7%를 가지려면 1.08%(0.5/0.46)의 발효성 당분을 추가로 넣어주어야 한다. 첨가하는 맥즙의 경우 실제 최종 발효도가 66%임을 감안하면 투입양은 1.63%(1.08/0.66)이 된다.

이때 영비어에 발효성 당분이 있다면 이를 고려해야 하며 상면효모는 발효 말기에 급격한 당분 감소가 나타나기 때문에 발효도는 시간마다 관리하여 추가 투입할 당함량을 파악한다. 추가로 투입된 당분을 발효시키기 위해 병입된 맥주는 15~20℃에서 숙성한다. 숙성은 압력계로 관리하는데 2~3일 후에 숙성온도와 투입된 당분 농도에 따라 2~3.5bar에 이른다. 이어 맥주를 2~4℃로 냉각하고 2~3주간의 저장기간을 거치면 청징된 맥주가 된다. 일부 특수한 맥주는 저장기간을 3개월~3년까지 진행하여 특수한 아로마를 생성한다.

한편, 여과하지 않은 맥주를 케크나 병에 넣어 판매하려면 효모 및 혼탁물질을 청징제를 이용하여 제거해야 한다. 상면발효 영비어의 효모 함량이 적거나 중간 저장 중에 하면효모를 투입하여 맥주의 청징을 유도하며 젤라틴 등을 투입하는 경우도 있다.

3. 여과와 주입

　상면발효 맥주는 타입에 따라 여과하거나 여과하지 상태로 생산된다. 상면발효 맥주의 특성은 저장 말기에 비교적 많은 양의 효모($2\sim20 \times 10^6$/ml)를 갖고 있으며 높은 저장온도와 짧은 저장기간에 따라 콜로이드성 혼탁 물질이 충분히 침전되지 않는다. 여과 시 여과 부하를 줄이기 위해 먼저 규조토 여과 전 원심분리를 한다. 또한 여과된 상면발효 맥주의 안정화를 위해 여과 시에 규산제재를 사용한다.

　한편, 맥주 살균은 멸균 여과 또는 순간살균를 하며 이때 압력이 높은 맥주(밀맥주)는 탄산농도가 높아 포화압력이 높으므로 감안하여 살균한다. 영양 맥주나 맥아 맥주는 효모가 잔당을 발효시키기 때문에 저온 살균이 필수적이며 정상적으로 발효된 일반 상면발효 맥주라도 수송거리가 멀거나 많이 팔리지 않는 맥주는 저온 살균을 해야 한다. 주입 시에는 모든 상면발효맥주는 산소의 유입을 최소화해야 한다.

04 상면발효 맥주의 종류와 제조방법

1. 알트비어

알트비어는 맥즙 당도(11.2~12%), 색상(25~38 EBC), pH(4.15~4.40), 한계 발효도(71~85%) 및 고미가(28~40 EBC)를 나타내는 맥주이다.

맥아는 색상이 10~12 EBC 수준인 100% 흑맥아 또는 90% 페일 맥아와 10% 캐러멜 맥아를 사용하고 10~15%의 밀맥아를 풍미 강화를 위해 첨가하기도 한다.

양조용수는 경수와 연수 모두 사용가능하다. 담금방법은 승온법 또는 2회 자비법이 사용된다. 승온법의 경우 맥아 : 용수(1:2.5)를 투입하고 52℃에서 담금을 시작한 후 62→70→76℃로 온도를 올려서 진행하고 76℃에서 담금을 종료한다. 일반 맥아 사용(라거 맥주 제조용) 시에는 1회 또는 2회 자비법을 이용하고 50~52℃의 담금을 시작한다. 흑맥아를 사용할 때는 담금 시작 온도는 35~37℃에 맞추는 것이 좋다.

맥즙 자비는 자비조에 따라 60~90분 소요되며 알파산 값이 맥즙 1리터당 80~150mg의 고미가를 갖도록 홉을 투입한다. 홉은 아로마 홉이며 고미가에 따라 비터 홉을 30~50% 사용한다. 맥주에서 홉 아로마를 강화하려면 자비 시에 2~4번 더 넣는다. 월풀을 통해 핫트롭을 제거하고 공기 주입을 충분히 한다.

발효 시 효모는 $0.25~0.5l(7~15 \times 0^6/ml)$를 접종하고 접종온도는 발효온도, 발효탱크의 냉각 능력, 발효 진행에 따라 12~20℃ 수준이다. 개방형 발효의 경우 접종 후 12~24시간이 지나면 홉이 부유하는데 이는 제거하면 된다. 발효 최대 온도는 17~22℃이며 보통 18℃가 넘으면 상승 공간에 따라 거품이 넘치게 된다. 당 함량은 24시간이 지나면 6%까지 감소하며 발효 말기에는 부유한 효모는 한두 번 제거하며 발효기간은 3~5일 소요된다.

CCT에서의 발효는 상승 공간이 한정되어 있고 효모가 증식한 후 탄산가스 함량을 풍부하게 하기 위해 0.5~0.8bar로 가압하고 동일 탱크에서 숙성한다. 일반적으로 효모는 18~20℃에서 접종하고 이 온도는 발효 및 한계 발효도에 이를 때까지 유지한다.

발효가 너무 왕성하면 하루에 당 함량은 6%까지 감소된다. 2-아세토락테이트 분해 후에 12시간 내에 5~6℃로 냉각하고 다시 12시간 후에 원추 부분에서 효모를 회수한다. 2-아세토락테이트를 분해하기 위해 맥주는 18~20℃의 온도에서 남아있는 효모($20~40 \times 10^6$/ml)로 디아세틸 농도 이하(0.1mg/l)가 될 때까지 유지시킨다. 이때 효모는 1~2번 제거하고 이 탱크에서 0℃까지 냉각하거나 순환 냉각기로 저장탱크로 이송한 후 1~2주간 저장한다. 발효 중에 있는 맥주(10%)를 후발효를 위해 숙성 또는 저장조에 투입할 수 있다. 한편, 홉 투입은 저장조에서 수행하는데 가루 형태나 송이 형태의 홉은 1:5의 비율로 열수(85~90℃)를 가하고 30분간 추출한다. 이어 냉각하고 홉과 추출용수를 투입한다. 송이 홉은 분산되는 것을 피하기 위해 아마포에 넣어 사용한다.

여과 및 주입의 경우 상면발효 맥주가 효모가 많을 때는 원심분리기로 1차 제거하여 여과기의 부하를 줄이고 규산염으로 안정화시킨다. 케그 맥주는 탄산 느낌을 최소화하는 것이 좋으며 탄산 농도가 다소 낮아(4.2~4.5g/l)야 한다. 병맥주의 경우 높은 탄산 농도를 위해서는 저장실에서 분리하여 저장하거나 가압하거나 탄산가스 주입기를 사용하여 탄산 농도를 높이도록 한다.

2. 퀠쉬

퀠쉬 맥주는 맥즙 당도(11.2~11.8%), 색상 (7.5~14 EBC), pH(4.15~4.40) 한계 발효도(79~85%), 고미가(16~34 EBC)를 나타내는 맥주이다. 맥아는 색도 3 EBC 수준인 페일 보리맥아를 사용하고 일부 양조장에서는 맥주의 맛과 바디감을 가화하기 위해 밀맥아를 20%를 사용하는 경우도 있다. 양조용수는 연수 또는 경수를 사용하며 담금방법은 승온법을 일부 사용하고 대부분 1단 자비법이 사용된다. 담금온도는 맥아의 품질과 맥즙의 구성 성분에 따라 달라진다. 유리 아미노질소의 함량은 하면발효와 유사하며, 일반 맥주의 구성과 유사하다(12% 맥즙의 당도에서 21~23mg/ml, 총질소 21~22%).

맥즙 자비와 홉 투입 시에 자비 시간은 일반적인 방법과 같으며 홉 투입은 적게 하는 편이다. 투입하는 알파산 양은 열 맥즙 리터당 70~140mg 수준이다. 1차 투입은 부분적으로는 비터 홉을 자비 시작 15분에 투입하고, 2차는 맥즙 자비를 끝내기 10~20전에 분말 혹은 송이 형태의 홉(아로마 홉)을 투입한다. 맥즙 처리 방법은 알트비어와 유사하게 한다.

발효는 효모를 0.25~1.5l(6~40×10^6cell/ml)를 투입하며 공기 주입은 적게 하고 접종온도는 12~22℃ 수준이다. 최고 온도는 18~22℃이며 때로는 28℃까지 가능하다. 개방형 발효조에서는 12~24시간 후에 맥즙을 1~2번 정도(이단법), 밀폐형 탱크에서는 발효 초기에 12번(12단법)까지 맥즙을 투입할 수 있다.

이러한 공법을 통해 당도가 급격히 감소하며 12~24시간 후에 당도가 3~4% 감소된다. 이후 당도가 계속 떨어지며 36~48시간 후에는 발효가 종료된다. 개방형 발효조에서의 발효는 14~18℃의 온도에서 3~4일 걸리며 이어서 8~10℃로 냉각하고 잔당과 함께 숙성조로 이송한다. 효모 숙성조로 이송 후 상부에서 회수한다. 밀폐형 발효조에서는 알트비어처럼 일부 가압 발효가 이용된다.

저장은 알트비어와 유사하나 일반적으로 4~5℃에서 40~60일간 저장한다. 맥주의 당도 감소는 0.7~1% 수준이다.

여과 및 주입은 규조토 여과기와 가압 여과기를 사용하며 안정제로는 알트비어에서 사용한 것을 사용한다. 쾰쉬 맥주의 일반적인 분석치는 〈표 9-1〉과 같다.

〈표 9-1〉 쾰시 맥주 분석 데이터(ppm)

구 분	평균	최소~최대
Acetaldehyde	1.9	1~4
Ethyl acetate	23.6	15~31
Isoamyl acetate	2.1	1~4
Isoamyl alcohols	53.9	42~66
n-propanol	18.3	12~23
Isobutanol	10.3	6~16
2,3-pentanedione	0.03	0.01~0.07
Acetoin	0.76	0.6~0.9
β-phenyl ethanol	29.3	7~43
Diacetyl	0.04	0.01~0.12
2,3-pentanedione	0.03	0.01~0.07
Acetoin	0.76	0.6~0.9

3. 효모 미함유 밀맥주

효모가 함유되지 않은 밀맥주(yeast free wheat beer))는 맥즙 당도(11~12%), 색도(7~12 EBC), pH(4.1~4.3), 한계 발효도(78~85%), 고미가(12~18 EBC), 탄산 농도(0.7~0.9%)를 나타낸다. 흑밀 맥주의 색상은 40~60 EBC 수준이다.

밀맥주는 일반적으로 보리맥아 50%에 밀맥아 50%를 혼합하여 사용하는데 밀 100%를 사용해도 밀의 종피와 과피가 보리의 껍질 역할을 하므로 맥즙 여과 시 문제가 되지는 않는다. 효모가 없는 밀맥주는 밝은 색상을 띠며 페일 밀맥아와 보리맥아(색상 3EBC)를 사용한다.

양조용수는 연수를 사용하며 담금방법은 맥아의 수분 함량을 2% 높여 습식 분쇄를 하는데 이는 밀의 종피와 과피 부분이 맥즙 여과 시에 여과층을 역할을 하기 위함이다.

밀맥아는 보통 고분자 질소 성분이 많아 흡수성 질소 성분이 상대적으로 적다. 담금은 1회 또는 2회 자비법을 이용한다. 담금은 35~45℃에서 시작하며 50℃로 상승시켜 20분 휴식하면서 베타글루칸과 단백질 분해를 촉진한다. 이러한 방법으로 유리 아미노질소는(12% 맥즙 기준) 20~23mg/100ml(총 질소의 18%)를 나타낸다. 이외에 펜토산의 가수분해로 아라비노오스와 페룰릭산이 유리된다. 온도를 65℃로 상승시켜 30분간 휴식기를 가진다. 이후는 일반 2회 자비법과 동일하다.

한편, 밀맥즙은 50~60%의 밀맥아를 사용하고 있어 많은 응고성 단백질을 갖고 있다. 따라서 보리맥아 자비 때보다 자비 시간을 20% 가량 연장해서 응고성 질소가 3.5mg/100ml 이하로 유지되게 한다. 응고성 질소는 발효 시에 pH 하락에 따라 1~1.5mg/100ml까지 떨어지며 자비 시(102.5℃에서 80분)에 단백질은 계속 침전시켜 자비 후 응고성 질소가 3mg/100ml(12% 맥즙 기준) 수준을 유지하도록 한다. 그렇지 않으면 밀맥주에서 거품 형성이 나빠진다. 홉은 적은 양이 사용되며 알파산을 맥즙 1리터당 40~50mg을 투입하고 1차로 비터 홉, 2차로 자비 중간에 아로마 홉을 투입한다.

맥즙의 pH는 밀맥아 때문에 5.6~5.7이 되며 맥즙 자비 시에 pH를 조절을 하여 숙성 및 발효 시에 적절하도록 하여 영비어의 pH는 4.15~4.20이 되도록 한다. 디메틸설파이드는 밀맥아 맥즙에서는 별 의미는 없다. 맥즙의 질소 함량은 밀맥아의 단백질의 분해 능력에 따라 110~130mg/100ml에 이르며 고분자 질소화합물은 40~43%가 되어야 한다. 폴리페놀 함량은 보리맥아의 맥즙보다 적고, 점성은 맥주 여과 시에 2mPas여야 한다.

한편, 발효 시 효모는(0.3~0.5l/hl) 맥즙 냉각 후에 투입되며 접종온도는 15℃이며 최고 온도는 18~22℃이다. 냉각이 안 되는 탱크에서는 오염의 위험이 있어 맥즙이 넘치게 해서는 안

된다. CCT에서는 발효가 끝나면 효모는 원추형 부위에서 회수한다.

저장과정은 고온과 저온 공법 두 가지로 나누어진다.

고온 저장법은 다시 발효액을 사용하여 저장을 하는 방법과 발효액을 사용하지 않는 저장법으로 분류된다.

발효액을 사용하는 공법에서는 발효가 거의 끝난 영비어를 18~20℃의 저장조로 이송한다. 이때 1.6% 발효액을 투입하여 숙성을 진행하고 몇 시간 후면 원하는 CO_2 농도에 도달하게 된다. 투입된 발효액의 발효는 36~60시간 걸리며 디아세틸 감소를 위해 24~36시간의 휴식기가 필요하다. 고온 저장은 3~4일 소요되고 디아세틸은 적정한 농도로 감소하게 된다.

발효액을 첨가하지 않는 공법에서는 한계 발효도보다 2% 정도 높은 당도, 온도는 15~18℃, 효모 수는 $30~50 \times 10^6$/ml로 조정하여 숙성조로 이송한다. 이후 온도를 서서히 낮춰 디아세틸을 감소시킨다.

저온 저장공법에서는 숙성온도를 10~12℃로 맞추고 숙성을 위해 1~2%의 하면발효액을 첨가하는데 이때 효모(1~1.5l/hl)를 같이 투입한다.

10~12℃의 온도를 4~7일에 걸쳐 0~-1℃까지 냉각하고 1~2주간 저장한다. 이 때 저장기간이 길면 상면효모는 효모 개체수($4~10 \times 10^6$/ml)가 여전히 높기 때문에 효모 자가 분해물이 용해되어 맥주의 pH를 높이고 저분자 질소와 저급 유리지방산이 증가하게 된다. 이에 따라 맥주 거품 형성과 맥주 효모취 유발 등 부정적인 영향을 미치게 된다.

CCT에서는 숙성과 저장을 한 탱크에서 진행하며 디아세틸이 0.15ppm 이하로 감소되면 24시간 내에 7℃로 냉각 후 효모를 회수하고 -1℃까지 냉각한다. 이때도 효모를 1주에 1~2번 제거하는 것이 중요하다. 탄산량이 적을 경우 탄산을 인위적으로 주입하여 적정 탄산량을 맞춘다.

한편, 밀맥주의 여과와 주입은 충분한 저장 시간을 거치면 문제가 없다. 맥주의 미생물 제거는 가압 여과기 혹은 순간 살균기를 사용하여 높은 압력을 유지하여 미세한 탄산가스 기포가 분리되지 않고 단백질 혼탁을 피하도록 한다. 주입은 고압 주입기(운전 압력 5~5.5bar)가 사용되며 온도는 1~2℃를 유지하고 산소 유입 차단과 맥주의 안정화가 중요하다.

4. 효모 함유 밀맥주

효모 함유 밀맥주(Hefeweizen bier)는 맥즙 농도(11~12%), 색도(8~14 EBC), 흑맥주

(25~60 EBC), pH (4.1~4.4), 한계 발효도 (76~83%), 고미가(10~14 EBC), 탄산량(0.55~1.0%)을 나타낸다.

밀맥아 투입량은 최소 50~100%이며, 맥아의 색도는 3~5 EBC이고, 3~5%의 캐러멜 맥아(색상 30~40 EBC)와 0.5~1%의 흑캐러멜 맥아(색도 120~140 EBC)가 맥주의 바디감을 높이기 위해 사용된다. 흑밀 맥주는 보리 흑맥아(10~15 EBC) 혹은 일부 흑밀 맥아를 사용하여 제조한다. 흑캐러멜 맥아는 5%까지 사용하여 원하는 방향으로 맥주를 제조할 수 있다. 맥아의 색도는 혼합량을 조절하여 일정하게 만들 수 있다.

양조용수는 연수 또는 경수가 사용되며 효모 밀맥주는 색상 및 특성이 경수에 영향을 받지 않으며 산성 맥아는 풍미에 좋은 영향을 준다. pH가 5.7보다 낮으면 4-비닐과이어콜의 전구체인 페룰릭산이 적게 유리된다.

담금 방법은 효모 제거 밀맥주와 같고 여과 없이 맥주를 청징만 할 경우 단백질 휴식기를 35~45분으로 길게 하는 것이 중요하다. 맥아 담금수의 비율은 1:3이 적당하다.

맥즙 자비공정은 효모 제거 밀맥주와 같으며 충분히 자비하지 않으면 밀맥주의 청징이 문제가 되고 너무 강하게 자비하면 거품 형성에 문제가 발생할 수 있다.

홉 첨가는 여과하는 맥주에서보다 적게 투입한다(α-acid, 30~40mg/l). 홉은 최소 50%는 아로마 홉이 사용되며 비터 홉과 아로마 홉은 따로 투입한다. 맥즙 처리과정은 효모 미함유 밀맥주와 유사하다.

발효 과정도 효모를 제거한 밀 맥주와 유사하고 효모 회수는 개방형 발효조에서는 영비어를 이송한 후 발효조 하부에서, CCT에서는 콘 부위에서 한다.

한편, 숙성은 여러 가지 방법으로 이루어진다. 전통적인 방법은 영비어를 천천히 작동하는 교반기(8~12회/분)를 가동하면서 혼합 탱크로 이송하여 발효액과 0.1%의 하면효모를 투입한다. 발효액은 효모 제거 밀맥주에서보다 적게 투입한다. 탄산량이 과도하지 않게 적절한 발효액을 투입하는데 혼합 탱크의 당농도와 가성 한계 발효도와 차이가 1.2~1.3%이면 적절하다. 이렇게 함으로써 탄산을 0.65%에 맞출 수 있다.

상면효모는 발효 말기까지 발효가 왕성하게 진행되기 때문에 발효액 투입 시와 주입공정 중에 겉보기 당도를 잘 관리되어야 하고 필요하면 발효액을 추가로 첨가해도 된다.

또 다른 숙성 방법은 영비어에 발효액을 투입한 후 여과하고 청징된 맥주에 맥주 특성에 따라 하면발효, 상면발효 또는 상면·하면효모를 같이 혼합탱크에 투입한다. 또한, 발효도 30%를 나타내는 하면발효액을 15%가량 투입하여 숙성하는 방법도 가능하다. 여과 온도는 맥주의 혼탁도에 맞춰 조절한다.

밀맥주를 병 발효할 경우에는 병에 압력계를 설치하여 압력이 2~3.5 bar에 도달할 때까지 15~20℃에서 2~3일 저장하고 맥주 청징 상태를 관찰한다. 이후 2~4℃의 저장실로 이송하여 2~4주 저장한다. 하면발효액을 투입할 때는 5~7℃에서 저장이 가능하며 저장 시간은 4주를 넘기지 말아야 한다.

한편, 효모가 함유된 밀맥주를 컵에 따를 때는 맥주를 먼저 따르고 난 후 50~100ml 정도 병에 남았을 때 병을 흔들어서 가라앉아 있는 효모를 마저 따르는 것이 일반적이다. 이때 분산된 효모가 아닌 덩어리(응집) 상태의 효모가 따라지는 현상이 자주 발생하여 소비자의 불만사항이 된다. 이러한 현상은 병 숙성 맥주에서보다 탱크 발효 맥주에서 그리고 투입되는 효모가 오래된 효모일수록 더 심하게 나타난다.

따라서 밀맥주는 발효 직후 원심분리 후 효모와 발효액을 투입하여 병 숙성을 하거나 탱크에서 발효한 경우 발효가 종료된 밀맥주에 발효도가 0.4%인 발효액을 투입하여 원심분리 후 효모 개체수(하면효모 또는 하면·상면 혼합 효모)가 3×10^6/ml가 되도록 투입하여 병 발효를 진행한다.

생물학적 안정을 위해 밀맥주는 순간살균을 거쳐 주입기로 이송하여 72℃의 온도에서 40초 살균하며 이때 압력은 9bar를 유지하고 산소 유입이 없어야 한다.

한편, 밀맥주의 숙성은 케그에서도 가능하며 탄산량이 0.6% 수준이 되게 발효액을 투입한다. 하면효모를 투입할 경우는 숙성온도를 12~13℃, 상면효모의 경우 18~20℃에서 진행하여 디아세틸을 감소시킨 후 온도를 4℃로 맞춰 2주간 저장한다.

병 숙성의 경우 상면과 하면효모 모두 사용 가능하지만 상면효모는 유통 중에 맥주 바닥에 효모가 덩어리 형태로 응집하여 맥주를 잔에 따를 때 효모 덩어리 형태로 나올 수 있다. 또한 상면효모는 하면효모보다 자가분해가 빨라 맥주 맛에 나쁜 영향을 주기 때문에 상면과 하면 효모를 혼합하여 사용하거나 탱크 발효 후 병 숙성을 하는 경우에는 하면효모만을 사용한다. 상면발효 맥주의 특징적인 부산물(4-비닐과이어콜, 고급 알코올, 에스터)은 발효 시에 이미 형성되어 병 숙성이 부산물에 미치는 영향은 거의 없다.

밀폐형 탱크에서 발효를 할 경우에는 발효, 숙성 및 저장 공정이 상면효모로만 진행된다. 한편, 밀맥주의 관능 특성은 페놀 성분이며 이 성분의 생성 기전은 다음과 같다(그림 9-1).

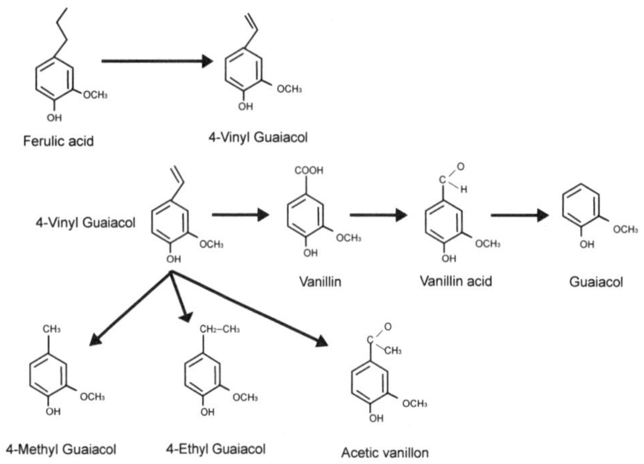

【그림 9-1】 4-vinyl guaiacol의 생성 경로

또한, 밀맥주 페놀 성분의 관능 특성은 다음과 같다〈표 9-2〉.

〈표 9-2〉 밀맥주 페놀 성분의 관능적 특성

구 분	관능 특성	역치(ppm)
Guaiacol	페놀취, 탄냄새, 의약품취, 훈연취	70
Vanillin	바닐라맛	50
Eugenol/Iso-eugenol	정향오일취/향신료취, 탄냄새	20/10
Phenol	페놀취, 소독약취	
Aceto vanillin	바닐라맛	500
p-Hydroxy benzaldehyde	의약품취, 소독약취	50
4-ethyl guaiacol	정향, 페놀취, 단맛	130
4-vinyl guaiacol	향신료취, 정향취	250
4-methylphenol	페놀취, 소독약취, 의약품취	20
4-ethylphenol	소독약취	100
4-vinylphenol	의약품취, 페놀취, 떫은 쓴맛	200
4-methyl guaiacol	강한 의약품취, 훈연취	20
4-methylsyringol	훈연취	500
4-ethylsyringol	훈연취	500
4-vinylsyringol	훈연취	50

밀맥주는 일반적으로 보리맥아와 밀맥아를 일정 비율 혼합하여 제조하는데 혼합 비율에 따라 맥아와 맥주의 특성이 다르게 나타난다〈표 9-3〉.

〈표 9-3〉 보리와 밀맥아 혼합 비율에 따른 맥아와 맥주 특성 차이 [98]

구분		혼합 비율%(보리맥아 : 밀맥아)					
		0:100	20:80	40:60	60:40	80:20	100:0
맥아	엑기스(%)	84.1	83.5	83.2	82.4	82.2	81.7
	엑기스차이(%)	1.4	1.4	1.5	1.4	1.4	1.9
	요오드당화 시간(분)	20~25	15~20	10~15	10~15	10~15	10~15
	자비 색도(EBC)	4.2	4.4	4.5	4.8	4.7	5.3
	조단백질(%)	12.7	12.2	11.7	11.2	10.7	10.2
	맥즙질소량(mg/100g 맥아)	690	680	664	688	677	654
	콜바흐 지수	34	35	36	38	40	40
	점도(mPas 8.6%)	1.81	1.81	1.74	1.65	1.58	1.55
	유리아미노질소(mg/100g 맥아)	73	81	93	101	116	130
	VZ 45%	33.4	34.6	34.5	35.5	36.4	38.1
	pH	6.14	6.07	6.00	5.97	5.93	5.87
	가성 한계 발효도(%)	76.8	76.9	77.3	78.3	79.5	79.3
	아밀레이스 역가(WK)	435	409	380	354	313	266
	알파 아밀레이스(DU)	36	40	44	49	53	59
	베타글루칸(mg/100g 맥아)	25	30	45	69	83	85
	맥즙수율(%)	77.3	77.2	76.4	76.3	75.6	75.0
맥주	가성 발효도(%)	79.2	78.9	79.7	82.4	80.9	81.6
	유리아미노질소(mg/100g 맥아)	2.2	3.0	3.4	5.5	5.0	5.5
	고분자 질소량(mg/100ml)	28.7	25.4	26.7	26.0	24.2	20.7
	점도(cP)	2.38	2.17	2.03	1.98	1.88	1.74
	거품(R&C, sec)	132	134	134	134	132	128
	베타글루칸(mg/l, 12%)	5	10	11	59	115	134
	탄닌(mg/l)	50	72	91	112	126	158
	안토시아노겐(mg/l)	13	16	19	26	30	43

5. 베를린 바이스비어

베를린 바이스비어(Berliner Weissbier)는 원산지표시제에 따라 베를린의 맥주 양조장에서만 제조가 가능하며 타 지역의 바이스비어는 이 이름으로 판매될 수 없다. 맥즙 농도 (7~8%), 색도 (5~8 EBC), pH (3.2~3.4), 한계 발효도(100%) 수준이고 당분의 일부는 젖산으로 발효되며 알코올 농도 (2.5~3%), 고미가 04~6 EBC), 탄산량 (0.6~0.8%)을 나타낸다. 이 맥주는 신맛이 나고 제조방법과 맥주의 숙성에 따라 좋은 풍미의 에스터 향이 특징적이고 딸기 시럽과 같은 것을 넣어 마시기도 한다. 밀맥아를 2/3~3/4, 나머지는 보리맥아를 사용하며 양조용수는 연수와 경수를 사용한다.

담금은 승온법을 사용하고 맥즙은 일반 맥주 처리과정과 유사하다. 발효에는 상면효모와 젖산균이 일정 비율로 분포(4~6:1)하여 진행하며 발효 조건에 따라 젖산균의 증식하거나 억제된다. 젖산균은 순수 배양하여 사용하며 발효온도가 20℃ 일 때 증식이 활발하여 젖산 형성이 많아진다. 젖산균은 발효 중에 효모와 함께 위로 상승하며 회수후 다음 발효에 빨리 재사용해야 한다. 발효기간은 효모가 젖산에 의해 저해를 받기 때문에 맥즙 농도가 낮음에도 불구하고 4일 소요되며 발효실 발효도는 75~80% 수준이다.

발효 후 맥주를 별도의 탱크로 이송하여 10% 발효액을 투입한다. 이때 청징제는 사용하지 않고 바로 병입한다. 이후 병맥주를 15~16℃에서 보관하여 탄산량을 맞춘다. 효모, 고형물 및 젖산균은 침전되어 병 바닥에 침전물이 형성되고 원하는 산농도에 이르면 맥주를 8~10℃로 냉각하고 3~4주 가량 저장한다. 2~3년의 저장 기간 후에는 특유의 꽃향기 풍미를 나타낸다.

한편, 베를린바이스 맥주는 *Pediococcus*에 의해 점성이 높은 맥주가 되는 경우가 있는데 이러한 점성은 젖산균을 순수 배양하여 투입하면 발효 중에 나타난다. 그러나 몇 개월이 지나가면 이러한 현상은 사라지고 고유의 맥주 특성이 나타난다. 한편 개방형 발효 시 발효가 종료된 맥주에서 초산균 오염이 발생할 수 있다.

베를린 바이스 맥주의 비휘발성 특성을 살펴보면 다음과 같다〈표 9-4〉.

〈표 9-4〉 베를린 바이스 맥주의 특성

구 분	평균값	최소~최대
pH	3.00	3.15~2.77
옥살산	11	7.3~14

구연산	4.7	0~23
아이소뷰티릭산	0.11	0.06~0.35
뷰티릭산	0.20	0.13~0.78
말산	9.7	0~26
2-케토글루타르산	0.6	0~1.6
아이소벨레릭산	0.40	0.23~1.3
벨레릭산	0.03	0.01~0.73
초산	500	390~628
푸마르산	0.1	0~1.9
호박산	96	54~161
프로피온산	40	27~87
카프로익산	0.98	0.60~2.7
카프릴릭산	2.3	1.7~4.2
카프릭산	0.63	0.24~1.8
라우릭산	0.31	0.09~1.3

6. 맥아 맥주

단 맥주로 불리기도 하는 이 맥주는 7~8% 맥즙으로 제조되며 여과 후에 당분을 투입하여 당 농도가 12% 되도록 한다. 알코올 농도는 0.5~1.5% 이하이고 pH는 4.5~4.9, 탄산은 0.4~0.5%, 색도는 50~80 EBC, 고미가는 6~10 EBC 수준이다.

맥아는 65~80%의 흑맥아 또는 3~5% 캐러멜 맥아(색도 120~140 EBC)를 사용하며 나머지는 일반 맥아를 사용한다. 산 맥아(3~5%)는 맥즙과 맥주의 pH를 조절하는 데 사용하기도 한다.

양조용수는 연수와 경수가 사용되며 승온법 및 1, 2회 자비법이 사용되며 37℃에서 담금을 시작하면 적절하다. 당화온도가 높여 발효도를 적게 하며 맥즙 자비는 60~90분이고 알파산 첨가는 맥즙 1리터당 15~20mg 수준이다.

발효 시작 온도는 10℃이고 상면효모는 0.3~0.5l/hl 투입한다. 24시간 후에 발효도는

12~25%(8% 맥즙 기준)에 이르며 이때 알코올은 0.3~0.8%에 도달한다. 개방형 발효조 경우 상부 효모층을 제거한 후 2~3℃로 냉각하여 숙성조로 이송한다. 숙성조에서 후발효를 진행하여 발효도를 15~32%까지 올리면 알코올 농도는 0.45~1.2%가 되고 탄산량도 일정 수준까지 이른다. 이어서 원심분리 후 규조토 여과를 진행한다.

주입과 저온 살균 주입 시에는 특별한 설비는 필요치 않으며 잔당이 많은 맥아 맥주는 병 저온 살균(70~75℃에서 20분)이 필수적이다. 멸균 여과나 순간 살균은 병 세척, 여과기, 주입기 등 주입과정이 완벽하지 않아서 안정성을 확신할 수 없다.

맥아 맥주 데이터는 다음과 같다〈표 9-5〉.

〈표 9-5〉 맥아 맥주의 분석 데이터

구 분	평균값	최소~최대값
원 액즙(°P)	12.5	10.9~16.5
알코올(%)	1.0	0.1~2.0
가성 엑기스(%)	10.1	7.9~13.5
진성 엑기스(%)	10.6	87.~14.1
색도(EBS)	81	68~97
pH	4.17	4.0~4.3
응집성 질소(ppm)	3	3~4
총질소(ppm)	359	275~433
점도(mpa*s)	1.54	1.51~1.56
거품 유지력(Σ)	97	63~145
가성 발효도(%)	19.6	1.4~32.6
한계 발효도(%)	95.3	1.6~4.0
포도당(g/100ml)	3.3	0.6~3.2
과당(g/100ml)	-	0.1~4.0
자당(g/100ml)	-	-
디아세틸(ppm)	0.8	-
고미자(EBC)	0	-

X. 고농도 맥즙 제조공법

고농도 맥즙 제조공법은 소위 하이그래비티(high gravity) 공법으로 미국에서 도입된 양조 기술이다. 이 공법은 주어진 설비의 생산 능력을 증대시키고 에너지 효율을 극대화하여 생산 단가를 최소화하는데 있다. 후공정에서 희석함으로써 에너지를 절감할 수 있으며 일반 제조 공법보다 원료를 더 적게 사용하는 경우 매우 경제적인 방법이다. 각국의 주세법에 따라 두 가지 제조공법이 가능하다.

첫 번째 공법은 담금 시 당도가 높은 맥즙을 양조하여 발효 전에 희석하는 방식이며, 두 번째 공법은 알코올 도수가 높은 맥주를 생산하여 여과 전에 희석하는 방식이다.

상기 공법은 담금실의 생산 능력을 증대하는 것으로 동일한 맥즙량으로 더 많은 맥주를 생산할 수 있기 때문에 에너지가 절약된다. 일반 제조공법의 맥즙 농도(11%P)보다 높은 맥즙 당도(14~16%P)로 담금 후 발효 전 또는 여과 전에 탈기한 양조용수로 희석하여 정상 맥즙(normal gravity)으로 조정하는 것이다. 따라서 희석수는 이미·이취가 없어야하고 용존산소가 적어야(0.1ppm 이하) 한다. 또한, 알카리도가 낮고 맥주와 동일한 온도와 동일한 CO_2 농도로 맞추고 염소와 염화페놀류가 제거되어야 한다. 옥살산 침전 방지를 위해 맥주에서의 칼슘 농도보다 적은 희석수를 사용해야 한다.

01 고농도 맥즙의 제조

고농도 맥즙 제조에는 맥즙 여과 시스템이 중요하며 담금 시에 맥아 담금액의 비율이 영향을 미친다.

요즘 맥즙 여과 설비는 여과 한계수치인 맥즙 농도(11.5~13%)보다 높은 14.5~14.8%까지 여과가 가능하다. 즉 맥즙 여과 설비 내 필터케익의 저항을 이겨낼 수 있는 긴 칼날을 충분히 장착한 경우(2~2.5개/㎡) 여과에 문제가 없다. 한편 최근 맥즙 여과기는 고농도의 맥즙(15~16%)을 압착하는데 문제가 없다.

고농도의 1차 맥즙을 얻기 위해 용수 : 맥아 비율을 1 : 3으로(1차 맥즙 농도 20%) 담금을 한다. 교반기 회전 정도는 당화 시간을 결정하는 중요한 요소이다. α-아밀레이스는 가수분해 효소로서 고농도 담금에 활성 저해를 받는다. 고농도의 담금과 맥즙은 담금 시와 맥즙 자비 시 마이얄 반응을 촉진시킨다. 이것은 담금 pH를 5.6으로 조절함으로써 억제시킬 수 있다. 담금 시에 공기 접촉을 최소화하여 폴리페놀의 산화로 인한 색도 증가를 감소시킬 수 있다.

새로운 자비 시스템은 단백질의 응고를 좋게 하고 짧은 시간 내에 자비를 끝내기 때문에 목표로 하는 이성화도에 도달하기가 어렵다. 따라서 홉의 알파산 용해도를 높이고 DMS-전구체 분해 촉진을 위해 자비 종료 10분 전에 pH를 조절한다. 또한 고농도 맥즙의 발효 촉진을 위해 pH값을 5.0 이하로 조절한다. 한편, 맥주 제조에 부원료나 설탕 첨가가 허용된 국가에서는 전분시럽이나 설탕시럽을 이용하여 자비가 끝나기 약 10분 전에 시럽을 첨가하여 고농도의 맥즙 제조가 가능하다.

고농도의 맥즙(14.5%이상) 제조 시에는 월풀 시에 트룹(고형물)의 침전이 좋지 않을 수 있다. 이러한 현상은 고농도의 맥즙 점도와 홉찌거기가 원인이며 이때는 원심분리 처리를 통해 해결한다.

월풀 후 맥즙 냉각 시에 냉각된 연수 양조용수를 첨가하여 맥즙의 농도를 낮춘다. 이때 양조용수의 용존산소 중요치 않으며 미생물 안정성이 큰 의미를 갖는다. 투입될 양조용수와 총 맥즙량을 측정하는 계수 장비와 비중을 측정하는 비중계 설치가 중요하다.

02 고농도 맥즙의 발효 및 희석

고농도의 맥즙을 발효에는 오랜 시간이 필요하다. 고농도 맥즙 발효 시에는 고급 알코올과 에스터 등 발효 부산물이 많이 생성되고 특히 에스터가 다량 생성되는데 그 이유는 고농도 맥즙에서는 효모의 증식이 좋지 않기 때문이다. 즉 효모는 산소 존재 하에 Acetyl-S-CoA를 지방산 합성에 이용하지만 산소가 없을 경우에는 에스터 생성에 활용하게 되는데 고농도의 맥즙에는 산소 용해가 어려워 효모가 Acetyl-S-CoA를 에스터 생성에 이용하는 것이다. 높은 에스터 농도는 희석된 맥주에서도 그대로 나타나며 불쾌한 맥주 맛은 아니다.

한편, 발효를 가속화시키고 효모 증식을 개선하기 위해 다음과 같은 조치가 필요하다.

① 맥즙 1%당 1mg의 산소를 공급하거나 효모와 맥즙을 1:1하여 효모를 증식시킨 후 미세관을 통해 맥즙에 강하게 공기를 넣어준다.
② 발효탱크에 여러 차례 덧술을 하고 그때마다 공기를 주입한다.
③ 발효탱크가 채워지면 8시간 후에 침전된 고향물을 제거하고 이어 탱크 밑부분(콘 부위)을 통해 탱크의 맥즙이 혼합될 정도로 30~60분 공기를 불어넣어 탱크 바닥의 효모를 상부로 이동시켜 증식을 유도한다.
④ 36시간 후에 같은 방법으로 다시 공기를 불어 넣는다.
⑤ 효모는 가능하면 신속히 회수한다. 효모는 영비어를 원심분리하여 회수하여 세척하고 공기 주입 후 신속히 재접종한다. 또한 발효 후 숙성탱크의 콘 부위에 모여 있는 탄산 및 고급 알코올로부터 효모를 가능하면 빨리 분리해야 한다.
⑥ 신선한 효모 공급을 위해 새로운 효모 배양이 필요하며 100% 맥아로 제조된 맥즙은 11.5~12%로 희석하여 효모 배양에 이용한다. 부원료가 첨가된 맥즙의 경우 유리아미노산 함량이 높아 효모 증식이 잘 이루어진다.

14.5~15%의 고농도의 맥즙에서는 정상적인 발효 및 숙성 시에 일반적인 발효 부산물이 형성되고 희석 후에도 동일하게 맥주에 나타난다. 맥즙의 농도는 가능하면 고농도의 맥즙을 제조하고 동시에 발효 부산물을 적게 형성하는 효모를 투입하는 것이 가장 경제적인 공법이다.

발효 및 숙성온도가 높을 경우는 다수의 발효산물을 증가시키기 때문에 고농도의 맥즙으로 양조할 수 있는 한계는 14.5~15%로 알려져 있다.

희석할 양조용수는 저장탱크에서 여과기로 이송 공정 중에 첨가할 수 있다. 양조용수와 맥주와의 정확한 혼합을 위해 맥즙 농도를 자동으로 분석할 수 있는 설비가 필요하며 여과된 맥주의 관리는 필수적이다. 양조용수는 냉각(0℃)되고 미생물적으로 문제가 없어야 한다. 따라서 살균 여과기를 사용하여 미생물을 제거한다(그림 10-1).

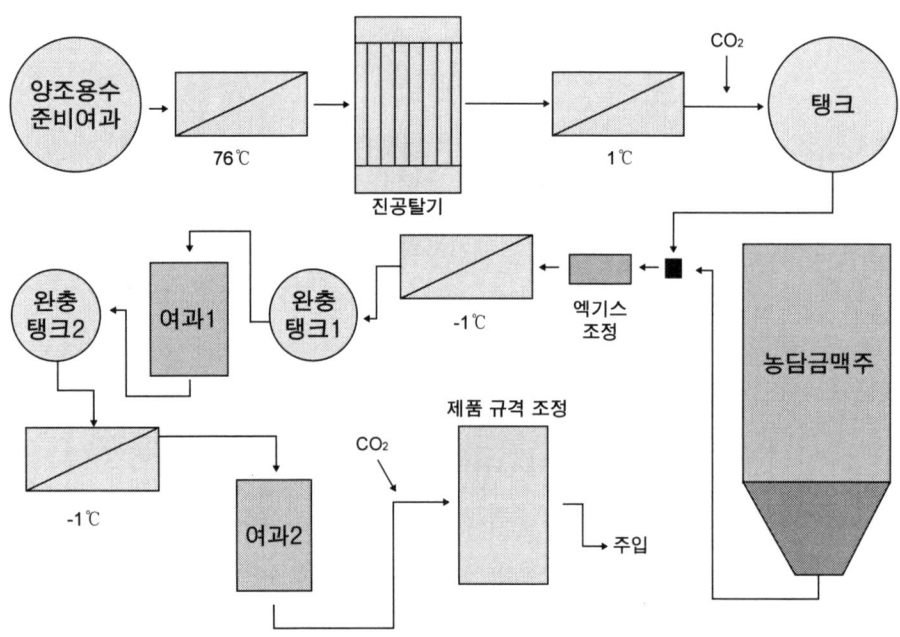

【그림 10-1】 High gravity 맥주 희석 과정

03 맥주의 특성

 14.5%~15%의 맥즙으로 맥주를 제조했을 때 맥주 맛은 양조용수로 희석한 후에도 일반 맥주와 별 차이는 없으며 고급 알코올과 에스터의 농도 역시 크게 차이는 없다. 맥주 색도도 최근 담금 설비를 이용하면 일반 맥주와 차이가 없다. 맥주의 안정성은 희석수 투입으로 냉각 혼탁 물질이 희석되어 오히려 높아지며 맛 안정성에서도 차이가 거의 없다.

 그러나 희석 농도가 증가 할수록 거품 형성은 감소할 수 있기 때문에 과도한 희석은 피하는 것이 좋으며 거품감소는 희석 비율 및 맥주 저장중의 맥주의 변화가 원인으로 볼 수 있다.

 일반적인 라거 맥주는 고농도의 맥즙으로 양조해도 맥주 품질에는 문제가 없으나 발효 시 아로마가 강한 효모보다는 마일드한 아로마를 생성하는 효모를 이용하는 것이 좋다.

 전형적인 홉아로마 풍미를 가진 필스너 타입의 맥주는 하이그래비티 공법 적용이 유용하지 않지만 이성화시킨 홉 엑기스나 홉오일 혹은 홉아로마 에센스를 사용하는 경우에는 전혀 문제가 없다.

 〈표 10-1〉은 High gravity 맥주의 희석에 따른 품질 변화를 나타낸 것이다.

〈표 10-1〉 High gravity 맥주의 희석에 따른 품질 변화 [113]

구분	원맥즙 농도(original gravity)		
	16°P	14°P	12°P
희석후 맥즙 농도	11.35	11.26	11.30
진성 엑기스	3.89	3.75	3.90
알코올	3.83	3.81	3.86
발효성 엑기스	0.01	0.01	0.0
총질소	754	674	540

색도	8.4	8.0	7.7
pH	4.43	4.34	4.32
고미가	21.5	22.5	22.0
Ethyl capronate	0.18	0.17	0.20
Ethyl caprylate	0.07	0.07	0.07
Ethyl caprinate	0.04	0.03	0.03
Butylic acid	4.1	4.6	3.7
Isobutyrlic acid	2.0	2.4	2.4
Caproic acid	2.3	1.8	2.6
Caprylic acid	3.7	3.4	4.0
Caprinic acid	0.5	0.6	0.5
Lauric acid	0.03	0.02	0.03
Acetaldehyde	4.2	2.4	1.8
Ethyl actate	23.7	17.1	13.4
Isoamyl acetate	1.0	0.7	0.7
β-Pheneyl ethyl acetate	0.18	0.11	0.12
n-Propanol	13.3	12.4	10.1
Iso-butanol	8.6	8.2	6.3
Iso-amyl alcohol	63.8	59.5	44.4
β-Phenyl ethanol	11.2	11.2	12.0
DMS	32	39	40

XI. 맥주 관능평가 실무

맥주 관능평가란 사람의 오감을 이용하여 맥주의 품질을 판단하는 것이다. 올바른 맥주 관능평가를 위해서는 장기간의 훈련을 거친 다수의 전문 패널과 적합한 테이스팅 공간이 필수적이다, 맥주 관능 훈련은 먼저 기본적인 맛 훈련 후 이미·이취 인지 훈련 그리고 상업 맥주들에 대한 비교 훈련 등 이론과 실무를 겸해 단계적으로 이루어진다.

관능평가 능력은 개인 편차가 매우 크고 특히 냄새 기억에 대한 개별적인 차이가 매우 크며, 개개인은 관능평가 시 장단점을 가지고 있게 마련이다. 대부분의 사람은 개인의 관능평가 능력을 정확히 인지하지 못하는 상태인 경우가 많고 관능평가에 대해 특별한 재능을 가진 사람은 없다. 또한 국가별, 지역별 관능평가 척도가 상이하고 맥주 관능평가 시 생리적, 심리적 특성에 대한 지식 중요하며 맥주 관능평가 척도와 전문용어에 대한 지식이 필요하다.

사람은 보통 2,000개의 미뢰를 보유하고 있고 10% 정도는 4,000개 미뢰를 보유하는 것으로 알려져 있다. 관능평가에 있어 아로마(aroma)는 냄새와 같은 개념 또는 냄새와 맛을 통해 복합적으로 식별된 개념이고, 플레이버(flavor)는 입과 코를 통한 총체적인 식별하는 개념이다. 관능평가 시 중요한 것은 감각기관이 감지할 수 있는 최소 한도의 자극량, 즉 역치(threshold, 최소 감응 농도)이며 각 감각기관은 서로 영향을 미친다. 이때 아로마가(aroma value)가 특히 중요하며 농도/역치가 1 이상일 때만 맥주 풍미에 영향을 미치는 것으로 볼 수 있다.

관능평가 시 시각이 미치는 영향이 매우 크며 샘플의 순서가 관능평가에 영향을 미치기도 한다. 또한, 포장 형태가 관능평가에 영향을 미치고 평가지도 관능평가에 영향을 미칠 수 있다.

따라서 초보자에게는 관능 후 적합한 표현에 어려우며 맥주 관능 후 표현할 수 있는 적합한 언어 필요하다. 즉 맥주 관능 후 표현 방식은 간결히고 명확헤야 하고 표현은 다른 사물과 비교하여 설명할 수 있는 언어여야 한다. 또한 품질에 문제를 일으키는 원인 물질에 대한 명확한 언어여야 한다. 현재 맥주 아로마 휠은 20년 이상 양조학자들에 의해 개발되었으며, 세계적으로 인정되는 아로마 휠(aroma wheel)이 통용되고 있다(그림 11-1).

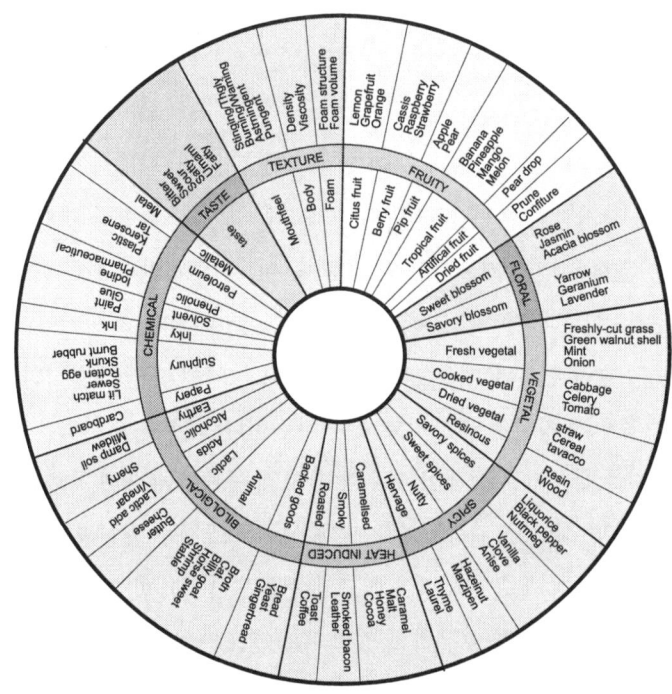

【그림 11-1】 맥주 아로마 휠

한편, 관능평가 시 패널은 맥주에 대한 긍정적 의식을 갖고 소음이 배제되고 편안하고 느슨한 분위기에서 적당한 맥주 시음온도(8~12℃)와 시각적인 요소를 중요시(맥주 거품 주시)하며 평가지와 샘플 번호매김 등을 통해 평가자의 평가 의욕을 고취하는 효과를 주어야 한다. 또한 흡연은 관능평가에 영향이 큰 없는 것으로 알려져 있으나 관능 직전에 흡연은 금물이다. 맵고 짠 음식 등 자극적인 음식은 관능 전 피해야 하고 구강 청결 및 향수 자제 등도 중요하다.

관능평가의 이상적인 연령은 30~45세이며 그 이상의 연령은 맛의 감각이 떨어진 상태로 볼 수 있다. 현재 전 세계적으로 맥주 품평회 등에서 전문 패널들이 활동하고 있으며 아래와 같은 품평회가 있다. World Beer Cup(50개국의 90개 맥주 카테고리 중 3,000여 종류의 맥주가 참가하며 금, 은, 동으로 수여), DLG(10개국의 600여 종류의 맥주 참가), European Beer Star(30개국의 80개 카테고리 중 800여 종류의 맥주 참가), Japan Beer Grand Prix(소규모 제조장 맥주를 6개 카테고리로 구분). 품질이 우수한 맥주로 평가받으려면 맥주 타입에 적합하여야 하고 타입에 적합한 flavor가 존재해야 하며 이미·이취는 없으며 지속적인 음용을 자극할 수 있는 맥주여야 한다.

01 관능평가의 척도

맥주 관능평가 시 중요한 지표에는 색깔, 청징도, 냄새, 맛의 순도, 청량감, 바디감, 쓴맛의 순도, 후미 등이 있다. 맥주 색깔은 매우 다양하며 EBC(European Brewing Convention) 단위를 사용한다.

맥주 거품은 시각적으로 매우 중요하며 맥주를 따르는 방식에 영향을 받는데 맥주 거품 유지력과 맥주 글라스 부착력이 중요하다. 맥주 냄새는 매우 다양하며 맥주 타입에 따라 달라지며 맥주 아로마는 맥아, 홉, 효모에 영향을 받는다. 맥주 아로마에 부정적인 영향은 원료, 공정 및 유통관리의 문제에서 비롯되며 그 원인은 일차적으로 관능을 통해 밝혀야 한다. 맥주는 일반적으로 매우 신선한 알코올 음료로서 와인이나 증류주에서 처럼 오크통 숙성 공정이 없다. 따라서 공장에서 갓 출하된 맥주가 가장 신선하고 맛있는 맥주이며, 공장출하 후 시작된 노화현상으로 인해 관능에 점차적으로 부정적인 영향을 미친다.

예외적으로 알코올 함량이 높은 strong beer의 경우 노화가 진행됨에 따라 바람직한 쉐리취, 포트와인취, 낡은 가죽 냄새, 말린 과실 등의 향이 나타난다. 한편, 맥주 타입에 따라 청량감이 다르고 탄산이 적은 영국 에일 맥주부터 탄산이 풍부한 독일 밀맥주까지 다양하다. 바디감은 맥주 품질의 중요한 지표로서 청량감을 해소시키는 라기 타입 맥주부터 바디감이 좋은 스페셜 맥주, 바디감이 매우 강한 복 맥주까지 다양하다. 맥주 고미는 맥주 타입에 따라 매우 다양하며 밀맥주처럼 고미가 매우 약한 맥주, 고미가 매우 강한 필스 타입 맥주, 고미의 질이 매우 뛰어난 미국 IPA 타입 맥주도 있다. 맥주 고미는 음용 후 입안에 남는 쓴맛이 없어야 하며 맥주 고미는 BU(또는 IBU) 단위로 나타낸다.

한편, 이미 기술한 바와 같이 홉에서 유래하지 않은 불쾌한 쓴맛이 맥주에 존재하는데 핫 트룹을 충분히 제거하지 못해 발생하는 단백질 고미 또는 탄닌 고미가 있다. 탄닌 고미는 주로 고분자 폴리페놀이 주요 원인이며 저분자 폴리페놀(isoxanthohumol, monomeric flavanols) 및 quercetin, kaempferol 등은 쓴맛을 전혀 나타내지 않는다. 효모 고미는 효모의 자가분해에 의해 생성되는 아미노산과 펩타이드, pH 상승에 따른 고미의 질 저하 등이 원인이다. 또한 미네랄 성분도 불쾌한 쓴맛을 나타내는데 염화암모늄(짠맛, 신맛), 염화마그네슘(짠맛, 쓴맛), 염화칼륨(신맛, 쓴맛) 등을 부여한다.

와인과는 달리 맥주 시음 시 맥주를 마셔야 맥주 품질에 대한 올바른 평가를 할 수 있으며, 후미가 좋은 맥주는 쓴맛이 남지 않으며 신맛과 단맛도 입에 남지 않아야 한다. 맥주 후미는 반드시 한잔 더 하고픈 욕구가 생기도록 해야 좋은 맥주로 볼 수 있다. 〈표 11-1〉은 맥주의 주요 성분과 관능을 표현한 것이다.

〈표 11-1〉 맥주 주요 성분과 관능 표현

관능 표현	성분	원인
바나나, 에스터취	Isomayl acetate	효모대사
과실향	Ethyl hexanoate	CCT 발효조에서 수차례 발효
장미향	2-phenyl ethanol	효모대사
곡류취	Isobutyl aldehyde	미적성 맥아 사용, 맥즙 자비 시 휘발이 불충분
단맛, 맥아향	3-methyl butanol	효모 대사
용매취	Ethyl acetate	양조 및 야생효모대사(고농도에서 불쾌취)
페놀취	4-vinylguaiacol	효모 및 야생효모대사(밀맥주에서 바람직한 향
알코올취	Ethanol	효모대사
자극취	Acetaldehyde	효모 대사, 미숙성 맥주, 미생물오염
맥즙취		무알코올 맥주(발효중지 공법)
캐러멜취	Furaneol	마이 반응물, 필스너타입에 과다 캐러멜 맥아 투입, 과다한 맥즙 자비, 장기간 살균 또는 저장
탄취		과다한 복은 맥아 투입
삶은 배추, 채소취	Dimethyl sulfide(DMS)	맥즙 자비 시 불충분한 DMS 전구체 분해, 불충분한 DMS 휘발, 원료에 DMS 전구체 과다 함유, 미생물 오염
불쾌한 쉰내, 자극취	Butyric acid	맥즙과정시 미생물 오염, *Magasphaera cerevisiae*에 의한 오염, 효모 자가분해
버터취, 자극취	Diacetyl	미숙성 맥주, 낮은 효모 활성, *Pediococcus damnosus* 오염, *Lactibacillus coryniformis*, *Enterobacteriaceen*에 오염

황냄새, 성냥냄새	SO_2	발효시 과다 SO_2 생성
썩은 계란취	H_2S	효모대사(특히 낮은 효모활성), 미생물 오염
일광취	3-methyl-2-buten-1-ol	재래식 홉사용(병색깔 중요)
곰팡이취	Trichloranisol	미생물 오염, 저장 오류, 망가진 규조토 및 청징제, 필터세척 불량
신맛	Acid	젖산 또는 초산 오염, *Brettanomyces*에 오염
하수구취	Mercaptan	효모발효, 효모자가분해
약품취	Chlorphenol/cresol	염소량이 과다한 양조용수, 포장재료, 클로로페놀, 소독제 잔여물, 효모 자가분해
수컷염소취	Octanoic acid	장기간의 숙성·저장에 따른 효모의 중간사슬의 지방산 배출
양파취		맥즙자비시(전단력 발생시) 황함유아미노산
금속취		관 부식, 철분 과다 용수, 지방산화

02 전문 패널 테이스팅 훈련

전문 관능 패널은 아래와 같은 테스트를 거쳐 선발되며 각 역치와 농도는 알코올 농도 4.5%(v/v) 라거 맥주에 첨가한 수치이다〈표 11-2〉.

〈표 11-2〉 테이스팅 훈련 프로그램

구 분	역치 (ppm)	농도(ppm)		
		1	2	3
설탕	3,000	4,500	9,000	13,500
초산	150	225	450	675
이소휴물론	3.0	4.5	9.0	13.5
아세트알데히드	25.0	37.5	75.0	112.5
디아세틸	0.15	0.225	0.45	0.675
염화나트륨	250	375	750	1125
에틸아세테이트	33.0	49.5	99.0	148.5
이소아밀아세테이트	1.6	2.4	4.8	7.2
3-메틸부탄올-1	70	105	210	315
2-클로로페놀	0.003	0.0045	0.009	0.0135
황화수소*	0.01	0.015	0.03	0.045
이산화황**	7.0	10.5	21.0	31.5
탄닌	250	375	750	1125
철***	0.5	0.75	1.5	2.25
2-트랜스 노네날	0.0003	0.00045	0.0009	0.00135
카프릴산	12	18	36	54

디메틸설파이드	0.02	0.03	0.06	0.09
카프론산에틸	0.23	0.345	0.690	1.035
황산마그네슘	1250	1875	3750	5625
이소부탄올	200	300	600	900
베타페닐에틸아세테이트	3.8	5.7	11.4	17.1
베타페닐 에탄올	125.0	187.5	375.0	562.5
디에틸설파이드	0.001	0.0015	0.0030	0.0045
이소부틸알데히드	1	1.5	3.0	4.5
에틸머캡탄	0.0017	0.00255	0.00510	0.00765
2-메틸부탄올	60	90	180	270
2,3-펜타네다이온	0.90	1.35	2.70	4.05
페놀	0.5	0.75	1.50	2.25
아세토인	50	75	150	225
에틸부틸설파이드	0.01	0.015	0.03	0.045
디메틸설파이드	0.10	0.150	0.300	0.450
메틸머캡탄	0.002	0.003	0.006	0.009
푸르푸릴머캡탄	0.010	0.015	0.030	0.045

* $Na_2S \cdot 9H_2O$와 등가량, ** $NaHSO_3$와 등가량, *** $FeSO_4 \cdot 7H_2O$와 등가량

한편, 관능평가 지표와 평가지 구성은 나라마다 다르고 전문기관마다 차이가 있지만 맛, 향, 고미, 거품 등을 주안점으로 하여 평가항목이 구성되어 있다. 아래 평가지는 관능 평가지의 예시로서 5점 척도법을 기준으로 하고 있다〈표 11-3〉.

〈표 11-3〉 관능 평가지(예시)

항목		평가	점수	가산점
시각적	색상			1
	투명도			1
	거품 생성			1
	거품 유지력			2
	거품 부착력			1

맛과 향	냄새 순도	2
	타입별 특성 냄새	1
	맛의 순도	2
	청량감	1
	바디감	2
	고미 강도	1
	고미의 질	2
	후미	1
	타입별 특성 전체 품질	2
총 점		

〈타입별 특성 전체 품질 평가 척도〉

5점: 매우 우수한 품질이면서 타입 특성에 부합

4점: 우수한 품질이면서 타입 특성에 부합

3점: 품질이 약간 저하되고 타입 특성에 일부 부합

2점: 품질이 많이 저하되고 타입 특성을 벗어남

1점: 품질이 매우 저하되고 맥주로서 평가하기 불가함

03 맥주의 이미·이취 판별법

맥주 맛에는 항상 긍정적인 맛과 부정적인 맛이 존재하지만 이미·이취는 구별되어야 한다. 이미·이취는 불쾌한 풍미로 맥주의 일반적인 인식에 나쁜 영향을 미치는 풍미를 말한다. 일반적으로 다음과 같은 풍미가 이에 속한다.

① 상한 취 : 산소가 유입되어 시간이 지나면서 나타나는 풍미로 주로 불포화지방산이 종이 판지 냄새로 변해서 나는 냄새
② 풋 냄새 : 영비어의 풍미, 풋사과향으로 숙성기간이 너무 짧고 아세트알데히드가 완전히 분해되지 않았음을 나타낸다. 또한 산소에 너무 과도하게 접촉했을 때도 발생한다. 아세트알데히드의 역치는 15mg/l이다.
③ 버터 취 : 버터향은 디아세틸에 의한 것으로 역치값은 0.1mg/l이고 주요 원인은 맥즙의 유리 아미노산(발린)이 적었을 때, 효모의 활성이 충분치 않았을 때, *pediococcus*(*Sarcina*)에 오염되었을 때 발생한다.
④ 삶은 채소 취 : 삶은 채소 냄새로 디메칠설파이드(DMS)에 의한 것으로 역치는 60ppb이다. 맥아에 전구체로 존재하는 SMM, DMSO가 휘발성 DMS로 치환된 것으로 생성 원인은 불충분한 맥아 건조와 맥즙 자비, 월풀에서의 유리 DMS 형성 및 맥즙의 세균 오염이다.
⑤ 토끼 풀 취 : 클로브 같은 향으로 페를릭산으로부터 형성되며 효모의 대사산물로 나타나는 경우도 있다.
⑥ 약품 취 : 병원에서 나는 소독취로 클로로페놀이 존재 시에 나는 냄새로 양조용수가 염소처리 되었을 경우, 소독제가 남아있을 경우 병세척이 충분치 않았을 경우 나타난다.
⑦ 잉크 취 : 잉크나 철분맛으로 2가의 산화철이 존재했을 때 나타나며 맥주가 철과 같은 금속과 접촉 시 또한 세척이 완전치 않을 경우 규조토로부터 발생하기도 한다.

⑧ 일광취 : 일광취로 썩은 달걀 냄새 같으며 태양빛에 노출되었을 때 나타난다. 홉의 이소알파산의 곁사슬(side chain)이 분해되어 나타난다.

⑨ 곰팡이취 : 곰팡이취, 치즈취, 오래된 홉취로 뷰티릭산과 이소발레릭산에 의해서 형성되며, 저장기간이 길어지는 경우 효모의 자가분해, 효모의 분비물, 펙티나투스나 메가스페라 등과 같은 세균의 오염에 의해 발생한다. 또한 홉을 너무 오랜 시간 저장했을 때도 발생한다.

⑩ 황화합물 취 : 휘발성 황 화합물에 의한 것으로 특히 황화수소(H_2S)와 머캅탄이 원인이다. 맥즙 제조 시 산소가 충분히 공급되지 않거나 담금 시에 생물학적인 산성화 전후 발효가 너무 천천히 이루어졌을 때 일어난다.

한편 맥주의 이미·이취는 발생 출처가 다양하며 일반적으로 다음과 같이 구분한다. 그 출처와 경로가 다양하여 이미·이취의 원인을 특정하기가 현실적으로 매우 어렵다.

① 제조 과정 (유황취, 곡류취, 뷰티릭산, 치즈향, 썩은 계란취, 부패취, 쉰내, 버터썩은취)
② 유통 과정(단냄새, 캐러멜취, 퀴퀴한취, 약품취, 일광취, 마분지취, 금속취, 담배취, 고양이취)
③ 판매 과정(버터취, 악취, 아세트알데히드취, 접착제취, 곰팡이취, 약품취, 초산취, 알카리취) 등

또한, 이미·이취는 일반적으로 누구나 느껴지는 성분이 있는데 예로서 금속냄새, 잉크냄새를 풍기는 금속취(원인 : 맥주의 금속이온), 약품냄새, 병원냄새, 의약품취, 페놀냄새를 풍기는 약품취(맥주의 염소), 땀냄새, 치즈취, 곰팡이취를 풍기는 부패취(효모 자가분해), 썩은 계란취를 내는 분뇨취(미숙성 맥주) 등이 있다.

반면, 사람마다 인지 상태가 다른 이미·이취 성분들이 있는데 예로서 고양이 뇨취, 블랙커런트취를 연상시키는 고양이취(맥주의 산화), 스컹크 냄새를 연상시키는 일광취(햇빛), 젖은 종이박스 냄새, 마분지 냄새를 풍기는(맥주의 산화), 미숙사과취, 쏘는맛(미숙성 맥주) 등이 있다.

맥주 노화 현상은 원료, 제조공법, 제품 및 유통 보관 상태에 따라 다르지만 알코올이 높을수록 맥주의 노화는 천천히 진행된다〈표 11-4〉.

〈표 11-4〉 알코올과 노화

맥주 타입	알코올(%vol)	저장력(년)
Heller Bock	6.5~8.0	1~3
BelgienDubbel	6.5~7.5	1~3
Weizenbock	6.5~8.5	1~3
Doppelbock	7.5~9.0	2~3
BelgienTripel	7.5~9.5	1~4
Imperial Ale(pale, Brown, Red)	7.5~10	1~7
Belgien Strong Ale	8.5~11	2~12
Eisbock/Barley Wine	8.5~12	3~20
Imperial Stout	8.5~12	3~20
Ultra Strong Ale	16~26	5~100

맥주 맛은 항상 변하며 노화에 따라 바디감과 쓴맛이 감소하고 아로마 프로필 변화(홉 특성 손실, 에스터 아로마 감소, 페놀취 감소, 흑맥아 아로마 손실, 맥주 노화 물질 생성)가 나타나며, 고양이뇨취, 젖은 종이박스 냄새, 빵, 크래커 냄새, 캐러멜 냄새, 단맛, 쉐리취, 위스키취 등을 느낄 수 있다〈표 11-5〉.

〈표 11-5〉 맥주 노화와 원인 물질

관능평가	성분	원인
단맛, 맥아맛, 캐러멜맛	Phenyl acetaldehyde (2-Phenyl ethanal)	2-Phenylethanal의 산화
찐감자맛, 열취	Methional	Methionin의 산화적 탈탄산화
블랙커런트, 고양이 이뇨취	P-Menthan-8-thiol-3-on	용존산소
젖은 종이박스 냄새	Trans-2-Nonenal	지방산 산화
아몬드취	Furfural, benzaldehyde	용존산소
쉐리취, 위스키취	산화된 isohumulone	Isohumulone의 산화

한편, 이미·이취의 기초적인 판단은 우선 맥주 고유 스타일을 벗어나는 아로마를 나타내느냐의 여부에 달려있다.

즉 탈지유취, 발효유취, 크림취 등을 유발하는 디아세틸의 경우 에일, 스타우트 및 체코 필스너 맥주에서는 맥주 아로마 및 바디감에 긍정적이지만 그 외 맥주 타입에서는 이미·이취로 간주된다.

삶은 채소취를 나타내는 디메틸설파이드는 페일 라거 맥주(유럽의 필스너 맥주) 아로마에는 긍정적이지만 그외 맥주 타입에서는 이미·이취로 간주한다.

정향취(페놀취)는 4-비닐 과이어콜(4-vinyl guaiacol) 성분으로 밀맥주에서는 아로마에 긍정적이지만 그 외 맥주 타입에서는 이미·이취로 간주된다.

과실취를 나타내는 이소아밀아세테이트, 에틸헥사노에이트 등은 모든 맥주에서 기본 아로마로 작용하지만 맥주 타입에 따라 아로마 강도와 종류가 상이하게 나타난다. 한편 맥주에서 검출된 아로마 농도는 역치에 비해 높아야 관능적으로 의미가 있으며 이는 아로마가(flavor unit, FU)로 평가된다〈표 11-6〉.

〈표 11-6〉 맥주 아로마가에 따른 맥주 구성 성분의 관능적 의미

구분		성분	특징
1차 아로마 (FU : 2이상)	일반 성분	에탄올	맥주 아로마에 큰 영향
	스페셜 맥주	홉 성분(isohumulone) CO_2 홉 성분(humuladienone) 캐러멜 성분 에스터 및 고급 알코올(high gravity)	
	이미·이취	2-trans-nonenal(노화취) Diacetyl, 2,3-pentanedione H_2S, DMS(dimethyl sulphide) 초산 2-methylbut-2-enylthio(일광취) 미생물 오염취	
2차 아로마 (FU : 0.5~2.0)	휘발성 성분	바나나향(isoamyl acetate) 사과향(ethyl hexanoate) 퓨젤유(isoamyl alcohol) Ethyl acetate Butyric acid, isovaleric acid Phenylacetic acid	맥주 아로마에 다소 영향
	비휘발성	Polyphenol 당질, 홉성분	
3차 아로마 (FU : 0.1~0.5)		2-phenylacetate o-aminoacetophenone, isovaleraldehyde, methional, acetoin, 4-ethylguaiacol, gamma-valeroactone	맥주 아로마에 영향 미미
4차 아로마 (FU : 0.1이하)		기타 아로마 성분	맥주 아로마에 영향 미미

XII. 맥주 품질 이상과 대처법

이 장에서는 맥주 제조공정에서 나타나는 대표적인 품질 이상에 대해 그 원인과 대처 방법을 간략히 기술하였다.

구분	문제점	원인	대처 방법
홉	불량한 거품 형성	• 여러 요인	• 자비시 전체 알파산 20% 추가 투입
	치즈 향	• 산화된 홉을 늦게 투입 • 자비시 불충분한 증발률	• 홉 품질 점검 • 홉 저장 조건 점검 • 홉을 자비 초에 투입
	거친 쓴맛	• 장기 저장된 홉펠릿 • 경화된 홉오일	• 장기 저장된 홉은 자비 초기에 투입
	일광취	• 3-methyl-2-buten-1-thiol	• 흰색 또는 녹색병 미사용 • 햇빛 차단하는 포장
	고미 수율 저조	• 낮은 pH • 짧은 자비시간	• 담금액 pH 조정(5.4~5.6) • 조기에 홉 투입 • 펠릿보다 엑기스 타입 투입
	맥주에 높은 질산염	• 홉 펠릿의 질산염	• Type 90보다 45사용
	약한 홉아로마	• 적은 아로마홉 투입 • 잘못된 홉 투입 시기	• 아로마홉의 오일 농도 점검 • 자비 말기 또는 월풀조에 홉 투입
	월풀 부하	• 과도한 핫트룹 • 월풀 운전 이상	• 순도 높은 홉사용(펠릿 45)
담금	저조한 여과 체류시간	• 용해가 안 된 맥아에 의한 높은 베타글루칸 농도 • 전단력에 의한 베타글루칸 겔 형성 • 균일도 〈 70%	• 용해가 잘된 맥아 사용 • 담금시 강력한 베타글루칸 용해 • 균일한 맥아 사용
	지연되는 발효	• 낮은 FAN 농도	• FAN 함량이 높은 맥아 사용 • 강력한 단백질 분해
	낮은 최종 발효도	• 낮은 발효성 당분 농도	• 베타아밀레이스 휴식기 연장 • 베타아밀레이스 최적 온도유지
	혼탁	• 불충분한 당화	• 아밀레이스 효소 휴식 시간 연장
	거품 문제	• 과도한 단백질 분해	• 담금시작 온도를 높임
	맥즙 여과 시간 지연	• 높은 베타글루칸 농도 • 과도하게 곱게 분쇄한 맥아	• 용해가 잘된 맥아 사용 • 강력한 베타글루칸 용해 • 균일한 맥아 및 분쇄도 점검

공정	이상 현상	원인	대처법
담금	과도한 색상 변화	• 과도한 산소 유입 • 과도한 열부하	• 승온법 사용 • 열부하 감소
	저조한 맥즙 수율	• 용해가 안 된 맥아 • 불충분한 당화 • 거칠게 분쇄된 맥아	• 낮은 담금 시작 온도 설정 • 용해가 잘된 맥아 사용 • 강렬한 당화 진행 • 분쇄도 점검
맥즙 자비	고농도의 맥즙 DMS	• 맥아의 높은 DMS 전구체 함량이 5mg/kg 이상 • 저조한 증발률 • 월풀에서의 미생물 오염	• 맥아의 DMS 전구체 농도 점검 • 증발률 높임 • 월풀 휴식시간 단축
	나쁜 거품 생성, 맛 안정성 저하, 과도한 맥즙의 갈색화	• 열부하	• 자비시간 단축(이때 DMS 농도에 주의) • 증발율 낮춤(이때 DMS 농도에 유의)
	핫트룹 형성 저조	• 높은 맥즙 pH • 맥즙의 질소-탄닌 농도 저조	• 맥즙 pH 5.2로 조정 • 맥아 품질에 맞는 담금공정 설정 • 홉 첨가 강화
효모 배양 및 발효	배양후 사균수 비율 5% 이상	• 부적절한 배양조건 • 과도한 배양시간 • 초기 배양효모 생리적 상태 부적절	• 초기 배양 효모수 감축 • 배양조건 최적화
	발효시 효모 증식 저조	• 과도한 초기 효모 투입(발효는 빠르게 진행되지만 효모의 생리 상태는 나빠지고 생성되는 발효 부산물의 스펙트럼이 달라짐) • 효모의 생리 상태 부적절	• 신선한 효모 투입 • 효모 투입 감축 • 맥즙에 충분한 산소 공급
	불량한 거품생성, 거친 쓴맛	• 생리 상태가 불량한 효모사용 • 과도한 효모 투입에 따른 효모 자가분해물 및 protease 유출	• 신선한 효모 투입 • 효모 투입 감축 • 맥즙에 충분한 산소 공급
	발효 지연	• 적은 효모 투입 • 적은 맥즙 산소 공급 • 효모 생리상태 불량 • 맥즙 조성 불량 • 미생물 오염	• 효모 및 산소 추가투입을 통해 해결 가능하지만 맥주 품질에는 부정적임
	불규칙한 발효력, 맥주 아로마 및 SO_2 농도	• 균일하지않은 효모, 산소투입 • 균일하지않은 효모 생리 상태	• 일정한 효모 투입 • 효모 활성 점검 • 새로운 효모 배양

효모 배양 및 발효	회수한 효모의 사균 수 증가	• 초기 효모의 생리상태 불량 • 효모 회수 지연 (고온 발효일수록 효모 회수는 조기에 하는 것이 바람직)	• 신선한 효모 투입 • 적절한 시기에 효모 회수
	장시간의 효모 저장을 통한 발효 지연(사균수 적은 상태임에도)	• 저온에서 2~3일 정도의 저장 시간은 효모 사균수에 영향이 없으나 효모 활성에 부정적	• 장시간(4일 이상)의 효모 저장을 피함
여과	알파 글루칸에 의한 여과 후 혼탁	• 맥아의 알파아밀레스 활성도가 40 ASBC 이하 • 거친 분쇄도 • 부적절한 알파 아밀레이스 휴식기 • 낮은 pH(5.4 이하) • 담금 종료 온도가 78℃ 이상 • 후수(스파징수)의 온도가 78℃ 이상 • 효모 글리코겐(high gravitiy, 고온 발효)	• 맥아 분석데이타 점검 • 알파 아밀레이스 휴식기 연장 • 맥아 분쇄기 점검 • 담금 온도 점검 • 적절한 담금 종료온도 선택
	여과 후 단백질 혼탁	• 맥아 용해 상태 • 높은 담금 pH(5.8이상) • 불량한 효모 품질 • 접종효모의 사균수 • 저장조에서 효모 침전 저조 • 저장조에서 적은 효모수에 따른 혼탁물 제거 효과 미미 • 단백질 침전 저조	• 맥아 분석 데이타 점검 • 효모 상태 점검 • 안정제 투입량 점검
	여과 보조제에 의한 혼탁	• 불량한 예비 코팅 • 불량한 지지층	• 예비 코팅 점검 • 보조제 투입량 점검
	칼슘 및 옥살크리스탈에 의한 혼탁	• 높은 저장온도와 짧은 저장시간	• 저장온도 0~1℃ 유지 • 저장시간 연장(여과할수 있는 크기의 크리스탈 형성에는 10일 소요)
	베타글루칸에 의한 혼탁	• 베타글루칸, 맥아품질 • 높은 담금 pH • 부적절한 베타글루칸 분해 휴식시 베타글루칸겔 형성	• 맥아 품질 점검 • 담금 온도 점검 • 담금시 교반날개 및 펌프 점검
거품	낮은 단백질 함량(9% 이하)	• 보리품종	• 단백질 함량이 9.5~11%인 보리로 대체
	단백질 분해도가 높거나 (45% 이상) 낮음(38% 이하)	• 보리품종, 발아공정	• 담금 시작온도 50℃

거품	저조한 FAN 농도(130mg/100g 이하)	• 담금공정	• 강렬한 담금 • 담금 시작온도 50℃ 이하
	낮은 담금 시작온도(60℃ 이하)	• 용해가 잘된 맥아일수록 거품 형성에 좋은 단백질의 과다 용해	• 담금 시작온도 60℃ 이상
	낮은 아연 농도	• 높은 담금 pH	• 담금 pH 조정
맛 안정성	주입 2주후 산화취	• 여과 또는 압력탱크내 높은 용존 산소 • 주입기 또는 병의 높은 용존 산소 • 장시간의 살균 • 높은 금속이온(구리, 철)	• 탱크압력 및 주입기 점검 • 여과시 탈기수 사용 • CO_2 순수함 점검
	저장 6주후 산화취	• 낮은 항산화제 농도 • 배관 탈기 미실시 • 주입기에 산소 유입 • 탄산화 작업시 CO_2 불량 • 왕관코르크의 품질이상 • 용기 재질 이상	• 산소 유입 가능성 담금공정 점검 • 배관 및 탱크의 산소 제거
	종이냄새 (cardboard)	• 높은 지방산화물(Trans-2-nonenal)	• 맥주공정의 산소 유입 차단 • 고형물이 적은 맥즙사용 (15~40EBC)
	제빵 또는 맥즙취	• 맥아의 높은 단백질 용해도 • 맥아 건조시 열부하 • 담금시 과도한 단백질분해 • 맥즙 자비시 열부하(마이얄 반응 부산물) • 발효 이상(FAN 농도가 너무 높거나 낮음) • 부적절한 저장 조건	• TBA값(thiobarbiturate) 및 색상 점검 • 과도한 맥아 및 맥즙 열부하 감축 • 발효 및 효모 생리상태 점검
	일광취	• 흰색 또는 갈색병 사용과 동시에 홉 첨가가 많은 경우	• Rho-iso-알파산 사용 • 자외선 차단용 용기사용
미생물	맥주의 디아세틸	• 효모 활성도 저하 • *Pediococus* 오염 • *Lactobacillus* 오염(*L. casei*, *L. caryniformis*) • 주입기 오염 • 그람음성균(*Enterobacteriae*) 오염 • 고온에서 효모 장기 저장 • 효모 회수 후 효모에 산소 공급	• 새로운 효모 배양 • 미여과 sector 점검 • 주입기 점검 • 효모 저온저장 • 발효시작 직전 효모에 산소 공급

미생물	디아세틸 감소 속도 저하	• 너무 늙은 효모 • 효모 생리활성도 저하 • 과도한 발효 횟수 • 고온에서 효모 장기 저장	• 새로운 효모 배양 • 효모 저온 저장(0~3℃)
	맥주의 DMS	• 맥즙산소 공급시 미생물 오염 가능성(담금공정에 문제가 없다는 가정하에)	• 맥즙 산소 배관 점검
	거친 쓴맛	• 과발효된 효모의 오염(*S. cerevisiae diastaticus*)	• 주입기 점검
	이상 발효	• 아연 결핍	• 맥즙 아연 농도 점검(0.15 mg/l이상)
	가성 당도 미달	• 늙은 효모 또는 스트레스 받은 효모 • 효모 활성 저조	• 적절한 효모관리 • 접종효모 사균수(4% 이하)
	발효활성 저하	• 아연 및 아미노산 결핍	• 맥즙 아연 농도 점검 • FAN 농도 강화(담금온도 48℃)
	회수 효모량 저조	• 효모 활성 저조 • 하면효모가 발효조에 부유	• 적절한 효모관리
	맥주맛과 거품, 단백질 고미, 황냄새	• 효모 활성 저조 • 효모 자가분해	• 효모 활성 개선 • 접종효모 사균수(4% 이하)
	배지 배양에서 *Pectinatus*와 *Megaphaera* 미검출	• 멤브레인 필터에 산소 존재 • *Pectinatus*와 *Megaphaera*의 사멸	• 멤즈레인 필터를 CO_2로 세척

XIII. 맥주 제조 공정도(예시)

〈Pale 라거 맥주 타입〉

공정흐름도	공정명	설비명	공정조건	비고
침맥	침맥	침맥실	12-21℃에서 2일 수분함량도 : 42~44%	
발아	발아	발아실	17~18℃에서 6~7일 수분함량도 : 40~42%	
(맥아)	건조	건조실	80~85℃에서 4시간 수분함량도 : 4%	
	제근	탈근기		
	분쇄	분쇄기	습식분쇄	
	침전물 제거	모래 여과기		
	냄새제거	활성탄		
	살균처리	오존		
	단백질분해	담금조	58℃에서 5분	
	말토오스 분해	담금조	62℃에서 30분	
	당화	담금조	72℃에서 25분	요오드 테스트
	여과	여과조	76℃에서 180분	
	자비	자비조	98℃에서 90분	자비초 : Bitter호프 자비말 : Aroma호프
(맥즙)	핫트롭 제거	Whirlpool	98℃에서 20분	
	맥즙냉각	냉각기	7~10℃	
	효모 배양	배양기	20℃에서 2일	
	맥즙포화	Pitching Tank	8ppm	
	발효	Uni Tank	효모(20Mio./㎖) 10℃에서 10일간	
	숙성	Uni Tank	20℃에서 4일	
	저장	Uni Tank	0℃에서 2주	
	여과	규조토여과기		
	탄산주입	Carbonator		
	정치	압력 Tank		
	공병세척	세병기		
	세척병 검사	검사기		
	주입 및 왕관타전	주입 및 왕관타전기		
	살균	열처리기	60~62℃에서 20분	
	용량 검사	용량 검사기		
	상표 부착	상표 부착기		
	포장	포장기		
	적재			
	보관	보관창고		

⟨Dark 라거 맥주 타입⟩

공정흐름도	공정명	설비명	공정조건	비고
보리 → 침맥수, 산소	침맥	침맥실	12~21℃에서 2일 수분함량도 : 44~47%	
← 산소	발아	발아실	22~25℃에서 6~7일 수분함량도 : 40~42%	
	건조	건조실	100~105℃에서 4시간 수분함량도 : 3%	
	제근	탈근기		
(맥아)	분쇄	분쇄기	습식분쇄	
← 수도물	침전물 제거	모래 여과기		
	냄새제거	활성탄		
	살균처리	오존		
	단백질분해	담금조	58℃에서 5분	
	말토오스 분해	담금조	62℃에서 30분	
	당화	담금조	72℃에서 25분	요오드 테스트
← 홉	여과	여과조	76℃에서 180분	
	자비	자비조	98℃에서 90분	자비초 : Bitter홉 자비말 : Aroma홉
	핫트룹 제거	Whirlpool	98℃에서 20분	
← 산소, 효모	맥즙냉각	냉각기	20℃	
(맥즙)	효모 배양	배양기	25℃에서 2일	
	맥즙포화	Pitching Tank	8ppm	
→ 효모제거	발효	Uni Tank	효모(20Mio./ml) 20℃에서 4일간	
	숙성	Uni Tank	25℃에서 3~4일	
	저장	Uni Tank	0℃에서 2주	
	여과	규조토여과기		
← 탄산	탄산주입	Carbonator		
← 공병	정치	압력 Tank		
	공병세척	세병기		
	세척병 검사	검사기		
	주입 및 왕관타전	주입 및 왕관타전기		
	살균	열처리기	60~62℃에서 20분	
	용량 검사	용량 검사기		
	상표 부착	상표 부착기		
	포장	포장기		
	적재			
	보관	보관창고		

〈Wheat 맥주 타입〉

공정흐름도	공정명	설비명	공정조건	비고
	침맥	침맥실	12~21℃에서 2일 수분함량도 : 44~48%	
	발아	발아실	17-20℃에서 6~7일 수분함량도 : 40~42%	
	건조	건조실	80℃에서 4시간 수분함량도 : 3%	
	제근	탈근기		
	분쇄	분쇄기	습식분쇄	
	침전물 제거	모래 여과기		
	냄새제거	활성탄		
	살균처리	오존		
	단백질분해	담금조	52℃에서 10분	
	말토오스 분해	담금조	62℃에서 30분	
	당화	담금조	72℃에서 25분	요오드 테스트
	여과	여과조	76℃에서 180분	
	자비	자비조	98℃에서 90분	자비초 : Bitter호프
	핫트룹 제거	Whirlpool	98℃에서 20분	
	맥즙냉각	냉각기	20℃	
	효모 배양	배양기	25℃에서 2일	
	맥즙포화	Pitching Tank	8ppm	
	1차발효	Uni Tank	효모(20Mio./ml) 20℃에서 4일간	
	2차발효	Uni Tank	효모(20Mio./ml) 4℃에서 7일간	
	숙성	Uni Tank	25℃에서 3~4일	
	저장	Uni Tank	0℃에서 2주	
	여과	규조토여과기		
	탄산주입	Carbonator		
	정치	압력 Tank		
	공병세척	세병기		
	세척병 검사	검사기		
	주입 및 왕관타전	주입 및 왕관타전기		
	살균	열처리기	60~62℃에서 20분	
	용량 검사	용량 검사기		
	상표 부착	상표 부착기		
	포장	포장기		
	적재			
	보관	보관창고		

XIV. 소규모 맥주 제조

전 세계 맥주의 95%는 대규모 맥주 제조사에서 생산되지만 자기만의 맥주를 제조하고자 하는 마니아의 증가와 소량 생산하는 제조장을 찾아 맥주 제조법과 다양한 맥주를 즐기려는 소비자가 증가하고 있는 추세이다. 이처럼 소량 제조하는 자가 맥주 제조자(홈 브루어)와 연간 500~10,000hl를 생산하는 소규모 맥주 제조자(펍 브루어 또는 마이크로 브루어)들이 전 세계적으로 증가하고 있다.

일반적으로 맥주를 상업적으로 연간 30,000hl 이하 생산하는 제조장을 micro brewery라고 부른다. 독일에는 680여 개, 미국에는 1,500여 개의 소규모 맥주 제조장이 성업 중이다.

미국에서는 연간 생산량이 17,550hl 이상이면 지역맥주, 그 이하이면 micro brewery로 취급하는데 micro brewery의 경우 독일에서와는 달리 요식업을 허가하지 않는다. 계약에 의해 맥주 양조장은 다른 맥주 양조장에 특수한 맥주들을 제조할 수도 있다. 우리나라의 경우는 현재 펍 브루어리(pub brewery)가 40여 개 성업 중이고, 마이크로 브루어리(micro brewery)에 해당하는 업체는 서너 개 정도이다.

특히 펍 브루어리는 맥주 제조와 레스토랑을 겸비하기 때문에 매장에 오는 고객은 맥주가 어떻게 만들어지는지, 브루마스터와의 대화를 통한 맥주 정보 획득과 다양하고 맛있는 맥주를 시도해보고 싶은 욕구와 편안한 분위 속에서 맥주를 즐기려는 욕구 등을 채우려한다. 또한 맥주와 어울리는 음식에 대한 호기심도 충족하려 할 것이다.

01 소규모 맥주의 정의

국내 주세법에 따르면 소규모 맥주에 대해 다음과 같이 정의하고 있다. "소규모 맥주 제조자란「식품위생법」에 따른 식품접객업 영업허가를 받거나 받을 자 또는 영업신고를 한 자로서 그 영업허가를 받거나 받을 장소 또는 영업신고를 한 장소에서 법 별표 제2호 라목에 따른 맥주를 제조하여 그 영업장(해당 제조자가 직접 운영하는 다른 장소의 영업장을 포함한다)에서 최종 소비자에게 판매하거나 다른 사업자(「식품위생법」에 따른 식품접객업 영업허가를 받거나 영업신고를 한 자를 말한다)의 영업장에 판매하는 자를 말한다. 또한 주류의 담금·저장·제성용기 중 합성수지 용기는 「식품·의약품분야 시험·검사 등에 관한 법률」제6조 제2항 제1호에 따른 식품 등 시험·검사기관의 시험분석에서 사용적격 판정을 받은 것을 사용하여야 한다." 제조시설 기준은 〈표 14-1〉과 같다.

〈표 14-1〉 소규모 맥주 제조시설 기준

시설 구분	시설 기준
1) 담금·제성·저장용기	
가) 당화·여과·자비조 등	0.5㎘ 이상
나) 담금 및 저장조	5㎘ 이상 75㎘ 미만
2) 시험시설	
가) 간이증류기	1대
나) 주정계	0.2도 눈금 0~30도 1조
3) 그 밖의 시설	유량계
가) 유량계	

이미 선진국에서는 오래전부터 소규모 제조 맥주 생산이 법적, 제도적으로 가능하였으며 독일, 미국, 일본 등 전 세계적으로 맥주 분야의 한 카테고리를 형성하고 있으며 지역의 특성에 맞춰 맥주 소비자들에게 새로운 맥주 문화공간으로서 활성화되어있는 분야이다.

기존 대기업의 맥주 유통판매체계와는 다르게 소규모 맥주제조자는 맥주 제조와 판매를 동시에 할 수 있는 영업 형태를 가지고 있으며 또한 대기업에서 생산되는 맥주들은 대량 생산 체제인 반면 소규모 맥주 제조사는 소비자의 욕구에 맞춰 소량 다품종을 제조할수 있는 장점이 있다.

즉 소규모 맥주 제조장에서 생산되는 맥주는 소비자 욕구에 충족되는 다양한 제품과 브랜드를 창출할 수 있으며, 가격면에서 일반 맥주의 2배 정도의 고가임에도 불구하고 맥주에 소비자들의 수요는 꾸준히 성장하고 있으며 이는 맥주 소비 패턴이 다양하고 차별화된 맥주를 선호한다는 반증이다. 이러한 소비자들의 맥주 소비 추세는 계속 증가할 것이며 다양하고 특색 있는 맥주를 생산하는 소규모 맥주 제조시장 확대에 긍정적 효과를 가져 온다는 점에서 향후 시사하는 바가 크다 할 수 있다.

02 소규모 제조 맥주의 특징

소규모 제조 맥주의 생산 체계는 일반 맥주 제조과정과는 달리 제맥공정 없이 주로 수입된 맥아로 맥즙공정을 거쳐 맥주를 생산하며 여과 및 주입공정 없이 소비자들에게 직접 맥주잔으로 판매된다. 최근 주세법 개정으로 외부 반출이 허용된 현재는 일부 소규모 업체에서 케그에 담아 판매하는 형태도 있다.

기본적으로 소규모 제조 맥주와 일반 맥주 제조업체 간의 생산 체계는 동일하나 사용하는 맥주 원료에 차이가 있을 수 있으며 특히 (그림 14-1)에서 보는 바와 같이 생산공정에 차이가 있다. 소규모 제조 맥주 생산에 필요한 기본 원료는 일반업체와 같이 보리, 홉, 물, 효모 등이며 이 원료들의 생화학적, 미생물학적, 물리화학적 그리고 발효공학적 특성과 각 제조공정을 파악하는 것이 중요하다.

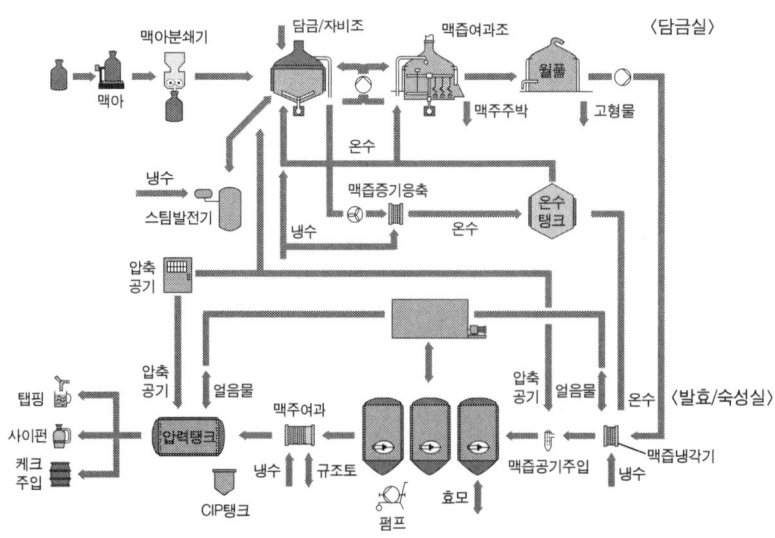

【그림. 14-1】소규모 맥주 제조공정도(BTE Brauerei-Technik, Essen)

특히 소규모 맥주 제조업체들은 생산된 맥주의 이화학적, 미생물학적인 분석이 현실적으로 어려워 맥주 품질 관리에 주의하여야 한다.

소규모 맥주 제조에서 가장 중요한 것은 맥주 제조설비이며(그림 14-2), 맥주 제조 전 과정을 투명하게 고객에게 보임으로써 맥주 품질에 대한 신뢰도를 높일 수 있다. 펍 브루어리 창업을 고려한다면 맥주 제조설비를 구입 전에 우선 판매량을 예측하고, 제조장 위치, 예상 방문객 수, 주당 담금 횟수, 설비 크기 및 용량 등을 고려해야 한다. 특히 제조설비는 세계 각국의 전문 제조설비 업체들의 명단을 확보하고 장단점을 파악한후 구입하는 전략이 필요하다.

【그림 14-2】 소규모 맥주 제조장의 담금실과 발효숙성실

한편, 펍 브루어리에서는 어떤 종류의 맥주를 제조하여 매장만의 브랜드를 창출할 것인지가 관건이다. 각 나라마다 또 매장마다 다른 맥주 제조를 시도하지만 기본적으로는 소규모 제조장에서는 알코올 도수가 낮은 맥주(맥즙 당도 : 10.5~12%)가 맛이 좋게 나타난다.

특히 맥주 아로마를 강화하기 위해 체리, 불루베리, 오렌지 및 레몬껍질 등을 첨가할 수 있고 허브나 꿀 등을 첨가하기도 한다. 꿀은 풍부한 향을 특징으로 하는데 특히 휘발성 아로마가 강하다. 또한, 하면효모 대신 상면효모 사용, 특이한 아로마(신맛)를 부여하는 *brettanomyces* 효모 사용, 젖산균 사용 등을 시도해볼 수 있다. 신맛을 강화한 맥주는 일정한 산도가 넘으면 음용이 불가하므로 순수 배양된 젖산균을 사용하는 것이 좋다.

한편, 맥주 제조를 위해서는 주설비 외에 에너지 공급 장치(보일러, 냉각기, 공기 응축기)들이 필요하며 특히 소규모 제조장 허가를 위한 법적인 조건(주세법, 식품위생법)들에 대한 사전 정보를 수집해야 한다. 소규모 맥주 제조장은 레스토랑이 제조장과 인접한 경우가 많아 미생물 오염 사고에 주의해야하며 특히 제조장의 위생 청결을 유지하여야한다.

대기업에서의 맥주 생산체제에 비해 소규모 맥주 제조의 장점은 생산하고자하는 맥주 타입을 맥아의 선택에 따라 다양화시킬 수 있으며 맥아 배합률에 따라 맥주의 맛과 색깔 등 변화시킬 수 있다는 점이다. 최근 국내에 유입되는 외국 수입 맥주들처럼 국내에서도 소비자의 취향에 따라 다양한 맥주 타입을 생산할 수 있고 효모나 홉의 선택에 따라 맥주 고미와 향과 맛을 다양화할 수 있는 장점이 있다(그림 14-3).

【그림 14-3】 풍미를 강화한 맥주

또한, 소규모 맥주 제조장에서는 맥주와 어울리는 음식과 더불어 맥주 타입에 맞는 맥주잔의 선택도 매우 중요하다(그림 14-4).

【그림 14-4】 맥주잔의 종류와 특성(출처 : 오비맥주)

한편, 최근 이태원을 중심으로 홍대, 강남 등지에서 크래프트 맥주(일명 수제 맥주)에 대한 수요가 꾸준히 증가하고 있다. 이태원 크래프트 맥주 펍 순례라는 신조어가 생겨날 정도로 이 시장에 대한 소비자의 반응은 젊은층을 중심으로 매우 뜨겁다. 전체 맥주 시장에서 수제 맥주 시장이 차지하는 시장 점유율은 아직까지 미미하지만 기존 라거 중심의 맥주 맛을 벗어나 다양하고 차별화된 맛에 대한 소비자의 맥주 소비 패턴이 서서히 변화하고 있음을 반증하고 있어 주목할 만하다.

수제 맥주는 국내에서 제조되는 맥주와 해외에서 제조되어 국내에 판매되는 형태가 있으며 주로 페일에일(pale ale)이나 인디아 페일에일(india pale ale) 또는 밀맥주(wheat beer) 형태의 맥주 타입이 유행하고 있다. 이들 맥주는 병 또는 keg 형태로 반출되는데, 특히 keg로 판매되는 수제 맥주는 매장에서 여러 가지 탭(tap)에 연결되어 소비자들이 입맛에 맞는 맥주를 선택할 수 있도록 다양한 맥주를 제공하는 등 새로운 맥주 소비 문화를 견인하고 있다. 이들 맥주들의 특징은 목넘김이 부드럽고 순한 맛을 강조한 라거 타입이 아닌 바디감과 쓴맛을 강조한 에일 타입의 맥주로 볼 수 있다. 또한 크래프트 맥주를 자주 마시는 소비자들은 한 가지 맥주를 지속적으로 소비하는 것이 아니라 새로운 맥주에 대한 호기심과 더불어 다양한 브랜드를 경험하고자 하는 욕구가 강한 편이다.

중소형 맥주 제조사들이 제조한 이러한 맥주를 수제 맥주로 통칭하는데 소규모 제조 맥주(하우스 맥주)도 그 범주에 속한다. 최근 소규모 맥주 관련 주세법 일부 개정 후 주세 감면 및 외부 유통이 허용됨에 따라 이 하우스 맥주 시장 역시 다시 후끈 달아오르고 있다.

2002년 소규모 맥주면허가 처음 시행될 당시 하우스 맥주 시장은 100개 업체가 난립할 정도로 과열된 상태였다. 그러나 맥주설비와 양조 기술 및 운영 노하우 등이 미천한 상황에서 출발한 당시의 하우스 맥주 시장은 가격대비 맥주 품질의 저하와 하우스 맥주에 대한 소비자의 인식 부족 등으로 인해 대부분의 업체들이 도산하여 현재 40여 개만이 운영되고 있는 실정이다.

이렇게 침체를 거듭하던 하우스 맥주 시장은 그간 몇 차례의 주세법 일부 개정을 거쳤고 최근 주세 감면과 외부 유통 허용 및 수입 맥아 관세 철폐 등에 따라 영업 환경이 개선되어 이 시장의 창업을 준비하는 수요가 꾸준히 늘고 있는 실정이다. 또한 국내 맥주 소비자들도 해외여행 증가와 FTA에 따른 수입 맥주 증가 등으로 인해 다양한 맥주를 접할 기회가 많아지게 되었다. 미국의 경우 현재 1,400여 개의 크래프트 맥주 제조사가 성업 중이고 연간 두 자리 수자의 성장세를 기록하고 있다. 미국 시장에서도 대형 맥주 제조사들의 성장세가 둔화 내지 감소되는 상황에서 크래프트 맥주 시장의 성장은 국내 맥주 시장에도 시사하는 바가 크다.

이러한 국내외 맥주 소비 환경 변화 관점에서 보면 향후 국내 하우스 맥주 시장은 점진적으로 확대될 것으로 보이며 가격 대비 품질 경쟁력을 갖춘다면 외국과 같이 맥주 시장의 한 카테고리를 형성할 것으로 전망된다.

부 록

1. 소규모 맥주 제조용 필스너 맥주(pilsner beer) 레시피(예시)

- 제품 규격 : 알코올 농도(4.5%), 고미가(33 BU), 탄산량 : 5g
- 맥즙 제조량(casting wort) : 1,000리터(12%)
- 원료 투입 : 양조용수(1,350L), 맥아 투입량(165kg pale malt), 홉(100g 알파산), 하면효모 (슬러지 형태 기준 10L)
- 담금방식 : 승온방식(infusion method)

본 레시피는 양조장 설비 및 원료 상태에 따라 조절될 수 있음

〈제조 공정도〉

공정	설비	조건	온도(℃)	시간(min)	비고
담금	담금조	담금 시작	52	5~10	양조용수 650L에 분쇄한 맥아 165kg 투입 후 교반
		가열	52~58	6	1분에 1℃씩 상승
		단백질 휴식기	58	5	단백질 분해를 통한 아미노산 생성
		가열	58~62	4	
		maltose 휴식기	62	30	전분분해를 통한 말토오스 생성
		가열	62~72	10	
		당화	72	20~25	잔여 전분분해 및 덱스트린 생성
		가열	72~78	6	
		담금 종료	78	10~15	맥즙 여과를 위한 온도 여과조 바닥을 온수로 예열한 후 담금액을 이송
맥즙여과	여과조	맥즙 여과 휴식기	76	5~10	이송된 맥즙의 층 형성
		혼탁물 이송	76	5~10	3~5L/min, 맥즙이 맑아지면 여과조 상층부로 이송
		맥즙 여과	75	60	7.5L/min로 조절 맥즙(17.5~18% 350L 수득)
		1차 스파징			78℃ 300L 투입
		맥즙 여과	76	15	
		2차 스파징			78℃ 250L 투입

맥즙여과	여과조	맥즙 여과	76	25	
		3차 스파징			78℃ 250L 투입
		맥즙 여과	77	25	여과 종료후 10.5% 1,100L 수득
자비	자비조 (담금조)	1차 홉 첨가(비터홉)	100	90분	3차 스파징이 진행될 때 자비조에서 자비 시작함 맥즙액 전체가 자비조로 이송된 후 맥즙이 끓기시작하면 1차 홉 첨가(50g 알파산)
		2차 첨가(비터홉)	100		1차 홉 첨가 후 40분 경과하면 30g 알파산 첨가
		3차 첨가(아로마홉)	100		자비 종료 직전 30g 알파산 첨가 자비 종료 후 12% 1,000L 맥즙 수득
월풀	월풀조	월풀	98	20	자비조에서 월풀조로 이송후 20분이 경과하면 발효온도에 맞춰 맥즙을 신속히 냉각해야 됨(월풀조에서 맥즙이 서서히 냉각되면 DMS 생성됨) 발효조로 맥즙을 이송하면서 산소를 주입함
발효	발효조	1일째	9~10		엑기스 1% 감소
		2일째	8~9		엑기스 1% 감소
		3일째	8~9		엑기스 1% 감소
		4일째	8~9		엑기스 1% 감소
		5일째	7		엑기스 0.8% 감소
		6일째	6		엑기스 0.5% 감소
		7일째	5		엑기스 0.5% 감소
		8일째	4		엑기스 0.5% 감소
		9일째	4		엑기스 0.5% 감소
숙성·저장	숙성·저장조		4	3~4일	맥즙 농도(당도)가 4~4.5%에 도달하면 숙성저장조로 이송하여 당도가 3~3.5%까지 떨어지면 탄산이 충분히 생성된 것임
			2~3	2주	저장조 압력(0.7~0.9bar)을 조절하고 탄산이 맥주에 충분히 용해되고 효모 등 침전물이 가라앉도록 함

2. 소규모 맥주 제조용 바이젠 맥주(wheat beer) 레시피(예시)

- 제품 규격 : 알코올 농도(4.5~5.5%), 고미가(20 BU), 탄산량 : 5~6g
- 맥즙 제조량(casting wort) : 1,000리터(12.5~13%)
- 원료 투입 : 양조용수(1,250L), 맥아 투입량(85kg pale malt, 90kg wheat malt, 5kg cara malt), 홉(65g 알파산), 상면효모(슬러지 형태 기준 5L)
- 담금방식 : 승온방식(infusion method)

본 레시피는 양조장 설비 및 원료 상태에 따라 조절될 수 있음

제조 공정도

공정	설비	조건	온도(℃)	시간(min)	비고
담금	담금조	담금 시작	38	5~10	양조용수 600L에 분쇄한 맥아 180kg 투입 후 교반
		가열	35~45	10	1분에 1℃씩 상승
		휴식기	45	5	
		가열	45~52	10	
		단백질 휴식기	52	10	단백질 분해
		가열	52~62	10	
		maltose 휴식기	62	30	전분분해를 통한 말토오스 생성
		가열	62~72	10	
		당화	72	20~25	잔여 전분분해 및 덱스트린 생성
		가열	72~78	6	
		담금종료	78	10~15	맥즙 여과를 위한 온도 여과조 바닥을 온수로 예열한 후 담금액을 이송
맥즙 여과	여과조	맥즙 여과 휴식기	76	10	이송된 맥즙의 층 형성
		혼탁물 이송	76	5~15	3~5L/min, 맥즙이 맑아지면 여과조 상층부로 이송
		맥즙 여과	75	80	7.5L/min로 조절 맥즙(17.5~18% 450L 수득)
		1차 스파징			78℃ 250L 투입

맥즙 여과	여과조	맥즙 여과	76	20	
		2차 스파징			78℃ 200L 투입
		맥즙 여과	76	30	
		3차 스파징			78℃ 200L 투입
		맥즙 여과	77	30	여과 종료 후11.5~12% 1,100L 수득
자비	자비조 (담금조)	1차 홉첨가 (비터홉)	100	90분	3차 스파징이 진행될 때 자비조에서 자비 시작함 맥즙액 전체가 자비조로 이송된 후 맥즙이 끓기 시작하면 1차 홉 첨가(32.5g 알파산)
		2차 첨가 (비터홉)	100		1차 홉 첨가 후 40분 경과하면 22.5g 알파산 첨가
		3차 첨가 (아로마홉)	100		자비 종료 직전 10g 알파산 첨가 자비 종료 후 12.5~13% 1,000L 맥즙 수득
월풀	월풀조	월풀	98	20	자비조에서 월풀조로 이송후 20분이 경과하면 발효온도에 맞춰 맥즙을 신속히 냉각해야 됨(월풀조에서 맥즙이 서서히 냉각되면 DMS 생성됨) 발효조로 맥즙을 이송하면서 산소를 주입함
발효	발효조	1일째	14~15		엑기스 3% 감소
		2일째	15~16		엑기스 4% 감소
		3일째	16		엑기스 5% 감소
		4일째	16		최종 발효도 도달
숙성·저장	숙성·저장조		3~4	2~3일	숙성조로 이송 후 2~3일내에 온도가 16℃에서 3~4℃로 내려가도록 함 이후 150L 라거맥주를 첨가하여 탄산 생성 유도
			2~3	2주	저장조 압력(0.8~0.99bar)을 조절하고 탄산이 맥주에 충분히 용해되고 효모 등 침전물이 가라앉도록 함

3. 기타 상면발효 맥주 레시피(예시)

1) 맥주명 : Altbier(German brown ale)

> 원맥즙 농도(11.75%), 잔여 엑기스 농도(2.75%),
> 고미가(40BE), 색도(30EBC). 알코올 농도(4.8v/v%)

원료		맥즙 100L	맥즙 20L
맥아 (엑기스 수율 80% 기준)	pilsner	9.69 kg	1.94 kg
	münchner I	4.61 kg	0.92 kg
	carared®	0.77 kg	0.165 kg
	carafa® special I	0.31 kg	0.06 kg
홉 (α-acid)	bitter(spalt)	290 g	58 g
	aroma(spalt)	190 g	38 g
효모	알트비어 상면효모(저온에서 발효력이 우수한 효모)		
양조용수 (맥즙 100L 기준)	120L(담금용수: 60L, 스파징수: 60L)		
담금조	담금 : (50℃, 10분) → (64℃, 10분) → (72℃, 10분) → 77℃ 맥즙 여과 : 스파징수 78℃ 자비 : 75분(자비 15분 후 bitter, 65분 후 aroma hop 투입) 월풀 : 20분		
발효조	18~20℃에서 7일, 엑기스(3.5~4.25%)일 때 숙성조로 이송		
숙성조	18~20℃에서 2일(디아세틸 분해)		
저장조	온도를 1℃/일 낮춰 0~4℃에서 3주 저장		
특징	고미가 가미된 달콤한 맛과 목넘김이 부드러운 맛		

2) 맥주명 : Amber Ale(American)

> 원맥즙 농도(13.25%), 잔여 엑기스 농도(3.5%),
> 고미가(32BE), 색도(40EBC), 알코올 농도(5.2v/v%)

원료		맥즙 100L	맥즙 20L
맥아 (엑기스 수율 80% 기준)	pale ale	13.78 kg	2.76 kg
	caramaber®	2.62 kg	0.52 kg
	carared®	0.87 kg	0.17 kg
	carafa® I	0.17 kg	0.03 kg
홉 (α-acid)	bitter(chinook)	82 g	16 g
	aroma(willamette)	43 g	9 g
	aroma(centennial)	85 g	17 g
효모	미국 에일 효모		
양조용수 (맥즙 100L 기준)	120L(담금용수: 60L, 스파징수: 60L)		
담금조	담금 : (65~69℃, 60분) → 76℃ 맥즙 여과 : 스파징수 78℃ 자비 : 60분(자비 5분 후 bitter, 55분 후 aroma hop 투입) 월풀 : 30분		
발효조	16~21℃에서 7일		
숙성조	16~21℃ 2일		
저장조	온도를 1℃/일 낮춰 0~4℃에서 2주 저장		
특징	맥아향이 강조되고 조화로운 홉아로마 향이 특징		

3) 맥주명 : India Pale Ale(American IPA)

> 원맥즙 농도(15%), 잔여 엑기스 농도(3.5%),
> 고미가(56BE), 색도(44EBC). 알코올 농도(6.1v/v%)

원료		맥즙 100L	맥즙 20L
맥아 (엑기스 수율 80% 기준)	pale ale	10.93 kg	2.19 kg
	melanoidin	3.97 kg	0.79 kg
	carared®	3.48 kg	0.7 kg
	carapils® I	1.49 kg	0.3 kg
홉 (α-acid)	bitter(simcoe®)	125 g	25 g
	aroma(amarillo®)	70 g	14 g
	aroma(cascade)	70 g	14 g
	aroma(crystal)	70 g	14 g
효모	미국 상면 효모(chico yeast)		
양조용수 (맥즙 100L 기준)	120L(담금용수: 60L, 스파징수: 60L)		
담금조	담금 : (64~66℃, 60분) → 76℃ 맥즙 여과 : 스파징수 78℃ 자비 : 75분(자비 15분 후 bitter, 70분 후 amarillo hop 투입) 월풀 : 30분(cascade와 crystal 홉 투입)		
발효조	16~21℃에서 7일		
숙성조	16~21℃ 2일		
저장조	온도를 1℃/일 낮춰 0~4℃에서 2주 저장		
특징	멜라노이딘 맥아의 캐러향(비스켓향)과 바디감이 우수한 맛		

4) 맥주명 : Pale Ale(American)

> 원맥즙 농도(11.5%), 잔여 엑기스 농도(2.5%),
> 고미가(34BE), 색도(17.4EBC). 알코올 농도(4.8v/v%)

원료		맥즙 100L	맥주 20L
맥아 (엑기스 수율 80% 기준)	pale ale	10.35 kg	2.07 kg
	münchner I	1.50 kg	0.3 kg
	diastase malt	1.50 kg	0.3 kg
	caraamber® I	1.50 kg	0.3 kg
홉 (α-acid)	bitter(galena)	85 g	17 g
	aroma(willamette)	95 g	19 g
효모	미국 에일 효모(chico 56 ale yeast)		
양조용수 (맥즙 100L 기준)	120L(담금용수: 60L, 스파징수: 60L)		
담금조	담금 : (68℃, 60분) → 76℃ 맥즙 여과 : 스파징수 78℃ 자비 : 60분(자비 5분 후 bitter, 55분 후 aroma hop 투입) 월풀 : 20분		
발효조	16~21℃에서 7일		
숙성조	16~21℃ 2일		
저장조	온도를 1℃/일 낮춰 0~4℃에서 2주 저장		
특징	영국 pale ale에 비해 레몬향이 나는 홉을 사용		

5) 맥주명 : India Pale Ale(England IPA)

> 원맥즙 농도(17.5%), 잔여 엑기스 농도(4%),
> 고미가(45BE), 색도(26.7EBC). 알코올 농도(7.2v/v%)

원료		맥즙 100L	맥즙 20L
맥아 (엑기스 수율 80% 기준)	pale ale	22.47 kg	4.5 kg
	brown malt	0.47 kg	0.1 kg
	crystal	0.47 kg	0.1 kg
홉 (α-acid)	bitter(golding)	235 g	47 g
	aroma(fuggle)	110 g	22 g
	aroma(golding)	110 g	22 g
효모	영국 에일 효모		
양조용수 (맥즙 100L 기준)	120L(담금용수: 60L, 스파징수: 60L)		
담금조	담금 : (65~66℃, 90분) → 77℃ 맥즙 여과 : 스파징수 78℃ 자비 : 90분(자비 30분 후 bitter, 75분 후 fuggle hop 투입) 월풀 : 20분(golding hop 투입)		
발효조	18℃에서 7~10일		
숙성조	18℃ 2일		
저장조	온도를 1℃/일 낮춰 0~4℃에서 2주 저장		
특징	홉향이 강조되는 맥주맛		

6) 맥주명 : Kölsch(Germany)

> 원맥즙 농도(11.25%), 잔여 엑기스 농도(2%),
> 고미가(26BE), 색도(5EBC). 알코올 농도(4.9v/v%)

원료		맥즙 100L	맥즙 20L
맥아 (엑기스 수율 80% 기준)	pilsner	12.5 kg	2.5 kg
	helles weizen	1 kg	0.2 kg
	carapils®	0.75 kg	0.15 kg
	acid malt	0.45 kg	0.09 kg
홉 (α-acid)	bitter(tettnanger)	160 g	32 g
	aroma(tettnanger)	160 g	32 g
효모	상면 Kölsch 특수 효모		
양조용수 (맥즙 100L 기준)	120L(담금용수: 60L, 스파징수: 60L)		
담금조	담금 : (43℃, 5분) → (66℃, 30분) → (70℃, 15분) → 78℃ 맥즙 여과 : 스파징수 78℃ 자비 : 70분(자비 10분 후 bitter, 60분 후 aroma hop 투입) 월풀 : 30분		
발효조	15~21℃에서 3~4일		
숙성조	15~21℃ 2일		
저장조	온도를 1℃/일 낮춰 0~4 ℃에서 4주 저장		
특징	1997년 유럽의 지리적 표시제 획득, pale ale 맥주 맛		

7) 맥주명 : Porter London(England)

> 원맥즙 농도(12.5%), 잔여 엑기스 농도(2.75%),
> 고미가(32BE), 색도(203EBC). 알코올 농도(5.2v/v%)

원료		맥즙 100L	맥즙 20L
맥아 (엑기스 수율 80% 기준)	pale ale	14.22 kg	2.85 kg
	chocolate	1.65 kg	0.33 kg
	crystal	0.25 kg	0.05 kg
	black	0.15 kg	0.03 kg
	roasted barley	0.12 kg	0.02 kg
홉 (α-acid)	bitter(golding)	175 g	35 g
	aroma(golding)	220 g	44 g
효모	Londoner ale yeast		
양조용수 (맥즙 100L 기준)	120L(담금용수: 50L, 스파징수: 70L)		
담금조	담금 : (68℃, 45분) 맥즙 여과 : 스파징수 78℃ 자비 : 70분(자비 15분 후 bitter hop 투입) 월풀 : 30분(aroma hop 투입)		
발효조	16~21℃에서 7일		
숙성조	16~21℃ 2일		
저장조	온도를 1℃/일 낮춰 0~4℃에서 2주 저장		
특징	CO_2 농도(2.5~3.5g/L)가 낮고 아로마가 풍부한 맥주 맛		

8) 맥주명 : Scotch Ale I(Scottland)

> 원맥즙 농도(24%), 잔여 엑기스 농도(6.25%),
> 고미가(30BE), 색도(66EBC). 알코올 농도(9.4v/v%)

원료		맥즙 100L	맥즙 20L
맥아 (엑기스 수율 80% 기준)	pale ale	31.07 kg	6.34 kg
	carapils®	1.32 kg	0.26 kg
	roasted barley(crip)	0.33 kg	0.07 kg
	peat-smoked(simpson)	0.16 kg	0.03 kg
홉 (α-acid)	bitter(golding)	160 g	32 g
	aroma(golding)	100 g	20 g
효모	스코트랜드 상면 특수효모		
양조용수 (맥즙 100L 기준)	120L(담금용수: 60L, 스파징수: 60L)		
담금조	담금 : (65℃, 60분) 맥즙 여과 : 스파징수 78℃ 자비 : 90분(자비 30분 후 bitter, 75분 후 aroma hop 투입) 월풀 : 30분		
발효조	10~18℃에서 10~14일		
숙성조	10~18℃ 2일		
저장조	온도를 1℃/일 낮춰 0~4℃에서 3~4주 저장		
특징	CO_2 농도(4g/L)가 낮고 아로마가 풍부한 맥주 맛		

4. 기타 하면발효 맥주 레시피(예시)

1) 맥주명 : Lager premium(American)

> 원맥즙 농도(12.5%), 잔여 엑기스 농도(3%),
> 고미가(18BE), 색도(6EBC). 알코올 농도(5v/v%)

원료		맥즙 100L	맥즙 20L
맥아 (엑기스 수율 80% 기준)	pilsner	13.1 kg	2.62 kg
	6줄 겨울맥아	1.65 kg	0.33 kg
	쌀가루	1.65 kg	0.33kg
홉 (α-acid)	bitter(willamette)	115 g	23 g
	aroma(saaz)	30 g	6 g
효모	미국 lager 효모		
양조용수 (맥즙 100L 기준)	120L(담금용수: 60L, 스파징수: 60L)		
담금조	담금 : (50℃, 15분) → (65℃, 20분) → (72℃, 20분) → 76℃ 맥즙 여과 : 스파징수 78℃ 자비 : 90분(자비 30분 후 bitter, 50분 후 aroma hop 투입) 월풀 : 30분		
발효조	9~11℃에서 10~14일		
숙성조	18~20℃ 2일		
저장조	온도를 1℃/일 낮춰 0~4 ℃에서 2~3주 저장		
특징	미국 라거 맥주는 맥아 대신 쌀을 일부 사용하여 부드러운 맛을 강조한 맥주		

2) 맥주명 : Pilsner Böhmen Modern III(Czech)

> 원맥즙 농도(11.75%), 잔여 엑기스 농도(2.75%),
> 고미가(24BE), 색도(7.6EBC), 알코올 농도(4.8v/v%)

원료		맥즙 100L	맥즙 20L
맥아 (엑기스 수율 80% 기준)	pilsner	9.23 kg	1.85 kg
	carapils®	3.08 kg	0.62 kg
	münchner	2.31 kg	0.46 kg
	acid malt	0.77 kg	0.15 kg
홉 (α-acid)	bitter(Saaz)	135 g	27 g
	aroma(Saaz)	90 g	18 g
효모	체코 하면효모		
양조용수 (맥즙 100L 기준)	120L(담금용수: 60L, 스파징수: 60L)		
담금조	담금 : (50℃, 30분) → (62℃, 20분) → (72℃, 20분) → 76℃ 맥즙 여과 : 스파징수 78℃ 자비 : 75분(자비 15분 후 bitter, 60분 후 aroma hop 투입) 월풀 : 30분		
발효조	12℃(잔여 엑기스 4.5%일 때 숙성조로 이송)		
숙성조	18~20℃ 2일		
저장조	온도를 1℃/일 낮춰 1℃에서 2~3주 저장		
특징	pilsner Urquell과 유사하며 맥아향을 강조한 맛		

참고 문헌

⟨국내 논문⟩

1. 무라카미 미쓰루(이현정 옮김), 맥주 문화를 품다, 알에이치코리아, 2012.
2. 야콥 블루메(김희상 옮김), 맥주 세상을 들이켜다, 도서출판 따비, 2010.
3. 조호철, 나만의 맥주 만들기, 넥서스, 2005.
4. 정동효, 발효와 미생물공학, 선진문화사, 1990.
5. 김영만·심상국·임무현, 발효공학, 유림문화사, 2002.
6. 하덕모, 발효공학, 신광출판사, 2009.
7. 동양맥주주식회사, OB20년사, 동양맥주주식회사, 1972.
8. 이기중, 유럽맥주 견문록, 즐거운 상상, 2009.
9. 장 루이 스파르몽·장 클로드 콜랭·크리스티앙 드글라(김주경 옮김), 맥주, 창해, 2001.
10. 서용원·현종내·이동건·이용진·김미정, 「하우스맥주 적합 맥주보리 생산기초기술개발 및 특성평가」, 농촌진흥청, 2009.
11. 김지효·김지현·이승주·홍광원·권영안·박종철·김왕준, 「한국산 6조 보리를 이용한 맥주 발효 kinetiecs 특성」, 산업식품공학, 17(3): 189~197, 2013.

⟨해외 논문⟩

1. Anger H.M. Analysen 2001, Jahrbuch VLB Berlin. p. 234~261. 2001.
2. Annemüller G. Manger H.J, Lietz P. Die Hefe in der Brauerei. VLB Berlin Verlag. Berlin. Germany. 2005.
3. Annemüller G, Manger H.J, Lietz P. Die Berliner Weisse. VLB Berlin Verlag. Berlin. Germany. 2008.
4. Annemüller G, Manger. H.J. Fachrechnen für Mälzerei- und Brauereitechnologen. VLB Berlin Verlag. Berlin. Germany. 2005.
5. Annemüller G, Manger H.J. Klärung und Stabilisierung des Bieres. VLB Berlin Verlag. Berlin. Germany. 2011.

6. Annemüller G, Manger H.J. Gärung und Reifung des Bieres. VLB Berlin Verlag. Berlin. Germany. 2013.

7. Annemüller G. Lehrbriefreihe Bier, Hefe 2.

8. Aufhammer G, Bergal P, Horne H.R. Barley Varieties. European Brewery Convention 2th Edition. Elselvier Publishing Company Amsteldam, London, New York, Princeton. p.1~147. 1958.

9. Aufhammer G, Fischbeck G. Getreide. Produktionstechnik und Verwertung. Gemein schaftsverlag. DLG Frankfurt/M., BLV München, Landwirtschaftsverlag Hiltrup, Öster reicher Agraverlag, Wien, Verlag Wirz, Aarau Schweiz, p. 209~283. 1973.

10. Back W, Forster C, Krottenthaler M. Brauwelt 38. p. 1677~1692. 1997.

11. Back W. 35th Technologisches Seminar Weihenstephan 1/3.

12. Back W. Diener C. Sacher B. Brauwelt. 28/29, p. 1279~1284. 1998.

13. Back W. Bierschädliche Bakterien. Nachweis und Kultivierung bierschädlicher Bakterien im Betriebslabor. Brauwelt 120. p. 1562~1569. 1980.

14. Back W. Ausgewählte Kapitel der Brauereitechnologie. Fachverlag Hans Carl GmbH. Nürnberg. Germany. 2005.

15. Back W. Colour Atlas and Handbook of Beverage Biology. Fachverlag Hans Carl GmbH, Nürnberg. Germany. 2005.

16. Back W. Mikrobiologie der Lebensmittel. Getränke. Behrs Verlag GmbH. Hamburg Germany. 2008.

17. Back W. Brauwelt 42. p. 2275~2277. 1993.

18. Bak S.N, Ekengren Ö, Ekstam K, Härnulv G, Pajunen E, Prucha P, Rasi J. European Brewery Convention Manual of Good Practice. Water in Brewing. Hans Carl. Nürnberg. p. 128. 2001.

19. Barth H.J, Klinke G, Schmidt C. The Hopatlas. Barth & Sohn GmbH Co. KG. Nürnberg. Germany. 1994.

20. Barth S.J. Das grosse Hopfenaromabuch. Ein Geschmacksleitfaden. Volume 1~3. Joh. Barth & Sohn GmbH Co. KG. Nürnberg. Germany. 2014.

21. Barth S.J. Ferment, 12(5), 40. 1999.

22. Bast E. Mikrobiologische Methoden. 3th. Edition. Springer-verlag Berlin. Heidelberg. Germany. 2014.

23. Belitz H.D, Grosch W. Lehrbuch der Lebensmittelchemie. Springer Verlag. Germany. 1992.

24. Benitez J.L, Forster A, De Keukeleire D, Moir M, Sharpe F.R. Verhagen L.C, Westwood K.T. European Brewery Convention-Manual of Good Practice: Hops and Hop Products. p. 186. Verlag Hans Carl. Nürnberg. 1997.

25. Biendl M, Engelhard B, Forster A, Gahr A, Lutz A, Mitter W, Schmidt R, Schönberger C. Hops. Their cultivation, composition and usage. Fachverlag Hans Carl GmbH, Nürnberg. Germany. 2014.

26. Brautechnische analysenmethoden. Rohstoff. Selbstverlag der MEBAK. Freising-Weihenstephan. Germany. 2006.

27. Brautechnische analysenmethoden. Wasser. Selbstverlag der MEBAK. Freising-Weihenstephan. Germany. 2005.

28. Brautechnische analysenmethoden. Band IV. Self-published by MEBAK. Freising-Weihenstephan. Germany. 1998.

29. Brautechnische analysenmethoden. Band III. Self-published by MEBAK. Freising-Weihenstephan. Germany. 1996.

30. Briggs D.E, Hough J.S, Stevens R, Young T.W. Malting and Brewing Science. Vol 1. Malt and Sweet wort (2nd edn). Chapman and Hall. London. p. 194. 1981.

31. Brits G, Linsley-Noakes G.C. Proc. 8th. Conv Inst. Brewing. Africa Section. Sun City. South Africa p. 176. 2001.

32. Brudzynski A, Baranovski K.J. Inst. Brewing, 109, p. 154. 2003.

33. Dalgliesh C.E. Proc. 16th Congr. Eur. Brew. Conv. Amsterdam. p. 623. 1977.

34. De Cooman L, Aerts G, Overmeier H, De Keukleire D.J. Inst. Brewing, 106, p. 169. 2000.

35. Dennis E. Brewing. Science and practice. Woodhead Publishing Limited, Cambridge. UK. 2004.

36. Deinzer M, Yang X. EBC Monograph XXII Symposium on Hops, Zoeterwoude. P. 181.

1994.

37. De Kreuleleire D, Verzele M. Tetrahedron. 27. p 4939. 1971.

38. Denk V. Brauwelt. 33/34. p. 1311~1321. 1997.

39. Deutsche Brauer-Bund e.V. 23th Statistischer Bericht 2001.

40. Drawert F, Tressel R. Tech. Quart. MBAA, 9. p. 72. 1999.

41. Donhauser S, Friedrichson U, Ritter H, Schmitt J. Enzym-polymorphismen bei Hefen. 1, Genetische Varibilität der PGM, HK, MPI, GP., G6PD und 6PGD bei *Saccharomyces*. Monatsschrift für Brauwissenschaft 29, p. 306~310. 1976.

42. Donhauser S, Friedrichson U, Ritter H, Schmitt, J. Enzym-polymorphismen bei Hefen. European Brewery Convention, Proceedings of the 16th Congress, Amsteldam, p. 285~296. 1977.

43. Dornbusch. H. Die Biersorten. Ihre Geschichte und Rezepturen. Fachverlag Hans Carl GmbH. Nürnberg. Germany. 2014.

44. Eiselt G. Dissertation TU Berlin 1995.

45. Forster C. Arbeitstagung. Bund der Österreicher Braumeister. Maria Taferl. 19997.

46. Forster, C. Der Einfluss der Darrtechnologie auf die Malz- und Bierqualität. Dissertation. TU München. 1996.

47. Geisler G. Planzenbau. Berlin. Paul Parey. p. 11~281. 1985.

48. Grenson M, Amino acid tranporters: structure, function and regulation. Molecular Aspects of Transport Proteins. J. De Pont, ed, p. 219~245. Elsevier Science Publishers, London. 1992.

49. Greenhoff K, Wheeler R.E. J. Inst. Brewing 87, p. 35. 1981.

50. Hind H.L. Brewing and Science Vol II. Brewing Processes. Lomdon. Chapman and Hall. p. 507~1020. 1950.

51. Hahn J.G. Die Hausbrauerei. Die Werkstsatt GmbH. Göttingen. Germany. 2006.

52. Hausbrauer Rezeptesammlung. Hans Carl Verlag GmbH. Nürnberg. Germany. 2004.

53. Hermann H, Kantelberg B, Lenz B. Brauwelt Internat 1. 22. 1990.

54. Heyse K.U. Praxishandbuch der Brauerei. Hans Carl GmbH, Nürnberg. Germany. 2014.

55. Hinrichs J. Microbiology. VLB Berlin. 2003/2004.

56. Home S, Linko M. Proceedings European Brewery Convention Congress Copenhagen. p. 55~60. 1981.
57. Home S. Manuscript EBC Barley and Malt Committee. 1985.
58. Hughes P.S. J. Inst. Brewing, 106. p. 271. 2000.
59. Hughes P.S. J. Chromatography A, 731. p. 327. 1996.
60. Inglis T. Ferment, 12(5), p. 19~18. 1999.
61. Jackson M. Ultimate Beer. DK. Publishing. London. 1998.
62. Jones M, Pierce J.S. Proc. 25th Cong. Eur. Brew. Conv. Interlaken, p. 151. 1970.
63. Kaneda H, Kano Y. Koshino S, Ohya N.J. Agric. Food Chem. 40. p. 2102. 1992.
64. Kieninger H. Malzeinsatz bei oberärigen Bieren. Brauwelt 117. No. 25. p. 821. 1975.
65. Kiessling, L, Aufhammer G. Bilderatlas zur Braugerstenkunde. Verein zur Förderung des deutschen Braugerstenanbaus E.V., Berlin. p. 3~16. Tafel I~XXII. 1931.
66. Kohnke V. Versuche zur Optimierung der technologischen Verarbeitung von Weichweizensorten in Mälzerei und Brauerei. Dessertation D86, TU Berlin. FB 13 Lebensmittel- und Biotechnologie p. 1~96. 1986.
67. Kraus W. Brauwelt 5. p. 213~216. 1996.
68. Kreger-Van Rij, N.J.W. The yeasts, a toxonomic study. Third revised and enlarged edition. Elsevier Science Publishers B. V. Amsterdam. 1984.
69. Kunze W. Technologie Brauer und Mälzer. 7th Edition. VLB Berlin Verlag. Berlin. Germany. 1994.
70. Kunze W. Technology Brewing & Malting. 4th Edition. VLB Berlin Verlag. Berlin. Germany. 2004.
71. Leggett G. Brewer Intern, 4(2), p. 42. 2004.
72. Lindemann A. Dissertation TU Berlin. 1995.
73. Manger H.J. Maschienen, Apparate und Anlagen für die Gärung- und Getränkeindustrie. VLB Berlin Verlag. Berlin. Germany. 2001.
74. Mändl B, Geiger E, Piendla A. Brauwelt. p. 57~66. 1974.
75. Martini A.V. Saccharomyces paradoxus comb. nov., newly separated spieces of the Saccharomyces sensu sticto complex based upon nDNA/nDNA Homologies. System. Appl.

Microbiol. 12, p. 179~182. 1989.

76. Martini A.V, Martini A. The state of the art of the calssification of *Saccharomyces sensu stricto*. 14th International spezialized Symposium on yeast. Yeast Taxonomy, Theoretical and practical aspects. Smolenice, Czechoslovakia. p. 22~24. 1990.

77. Mason L.M, Claus G.W. Phenotypic characteristics correlated with deoxyribonucleic acid sequence similarites for three species of *Gluconobacter* : G. oxydans(Henneberg 1897) De Ley 1961, G. frateurii sp. nov., and G. asaii sp. nov. Inst. J. Syst. Bacteriol. 39. p. 174~184. 1989.

78. Maye J.P, Mulqeen S, Weis S, Priest M.J. Amer. Soc. Brew. Chem, 57. p. 55. 1999.

79. MEBAK. Sensory Analysis. Self-published by MEBAK. Freising-Weihenstephan. Germany. 2014.

80. MEBAK. Wort, Beer, Beer-base Beverages. Self-published by MEBAK. Freising-Weihenstephan. Germany. 2014.

81. Meilgaard M.C. Tech. Quart. MBAA, 12. p. 151. 1975.

82. Möbius J. 82th Frühjahrtagung der VLB Dresden. 1995.

83. Narziss L. Brauwelt 9. p 409~411. 1996.

84. Narziss L. Brauwelt 6. p. 178~184. 1990.

85. Narziss L. Abriss der Bierbrauerei. 16h Edition. Ferdinand Enke Verlag. Stuttgart. Germany. 1995.

86. Narziss L. Die Brauerei. Die Technologie der Malzbereitung. 8th Edition. 2009.

87. Palmer G.H. Achieving homogeneity in malting. Proceedings. EBC Congress. p. 323~363. 1999.

88. Pierce J.S. J. Inst. Brew, 93. p. 378. 1987.

89. Piendle A. Physiologische Bedeutung der eigenschaften des Bieres. Fachverlag Hans Carl, Nürnberg.

90. Planung von Anlagen für die Gärungs-und Gätrankeindustrie. 3th Edition. VLB Berlin Verlag. Berlin. Germany. 2012.

91. Quain D.E, Duffiled M.D. Proc. 20th Cong. Eur. Brew. Cong. Helsinki. p. 307. 1985.

92. Rath E 22. Intern. Braugerstenseminar der VLB, 13. Oktoberfest. 1993.

93. Röcken W. Prinzipien des Fremdhefennachweises in der untergärigen Brauerei. Brauindustrie 69. p. 1390~1395. 1984.

94. Röcken W, Marg D. Nachweis von Fremdhefen in der obergärigen Brauerei. Vergleich verschiedener Nährböden. Monatsschrift für Brauwissenschaft 36. p. 276~279. 1983.

95. Röcken W, Schulte S. Nachweiss von Fremdhefen. Bringen der Kupfersulfat-Agar und der 37℃-Test Fortschritte beim Nachweiss von Fremdhefen? Brauwelt 126. p. 1921~1927. 1986.

96. Sacher B. 81th Oktobertagung der VLB. 1994.

97. Schleifer K.H, Leuteritz M, Weiss N, Ludwig W, Kirchhof G, Seidel-Rüfer H. Taxonomic study of anaerobic gram-negative, rod-shaped bacteria from brewries: Emended description of *Pectinatus frisingensis sp.* nov., *Zymophilus raffinosivorans gen,* nov., *Zymophilus paucivorans gen* nov. Inst. J. Syst. Bacteriol. 40. p. 19~27. 1990.

98. Schildbach R. Getreide und Braugetreide weltweit. 1th Edition. VLB Berlin. Verlag. 2013.

99. Schildbach R. Eiweissgehalt der Gerste und Bierqualität. Proceedings 13th. Congress of the European Brewery Convention. Estoril Elsevier Publishing Company. Amsterdam. p. 83~94. 1971.

100. Schleifer K.H, Leuteritz M, Weiss N, Ludwig W, Kirchhof G, Seidel-Rüfer H. Taxonomic study of anaerobic gram-negative, rod-shaped bacteria from brewries: Emended description of Pectinatus frisingensis sp. nov., Zymophilus raffinosivorans gen, nov., Zymophilus paucivorans gen nov. Inst. J. Syst. Bacteriol. 40. p. 19~27. 1990.

101. Seidel H. Differenzierung zwischen Brauerei-Kulturhefen und wilden Hefen. Teil I. Erfahrungen beim Nachweis von wilden Hefen auf Kristallviolettagar und Lysinagar. Brauwissenschaft 25. p. 384~389. 1972.

102. Seidel H. Differenzierung zwischen Brauerei-Kulturhefen und wilden Hefen. Teil II. Erfahrungen beim Nachweiss von wilden Hefen auf SDM(Schwarz Differential Medium) Brauwissenschaft 26. p. 179~183. 1973.

103. Sharpe F.R, Laws D.R.J. J. Inst. Brewing, 87. p. 96. 1981.

104. Shmazu T, Hashimoto N, Kuroiwa Y. Proc. Amer. Soc. Brew. Chem, 33. p. 7. 1974.

105. Stahl U. TWA der VLB Gärung, Lagerung, Abfüllung. 2003.

106. Steinhaus M, Schieber P.J. Agri. Food. Chem, 48. p. 1776. 2000.

107. Stevens J.F, Miranda C. L, Buhler D.R, Deinzer M.L. J. Amer. Soc. Brew. Chem. 56. p. 156. 1998.

108. Tressel R, Kossa T, Renner R, Köppler H. Monatsschrift für Brauerei, 28. p. 109. 1975.

109. Tressel R, Renner R, Köppler H. Proc. 16th Congr. Eur. Brew. Convn, Amsterdam, p. 693. 1977.

110. Von Arx J.A, Rodrigues de miranda L, Smith M.T, Yarow D. The genera and the yeast-like fungi. Studies in mycology. Baarn 14. 1977.

111. Wackerbauer K. Malting Technology. Forschungsinstitut für Technologie der Brauerei. Berlin. 2003/2004.

112. Wackerbauer K. Brewing Technology I. (Water, Milling, Mashing, Adjuncts), (Wort Treatment, High gravity brewing, Miscellanneous), (Hops), (Lautering), Forschungsinstitut für Technologie der Brauerei. Berlin. 2003/2004.

113. Wackerbauer K. Brewing Technology II. (Fermentation), (Filtration), (Flavour and Flavour Stability, Head retention, special problems), (Beer characteristics, different kinds of beer), Cleaning and disinfection), (fermentation), pasteurisation, filling), Forschungsinstitut für Technologie der Brauerei. Berlin. 2003/2004.

114. Wackerbauer K, Meyna S, Pahl R. Brauwelt 48. p. 1826~1833. 2002.

115. Wackerbauer K, Tayama T, Kunerth S. Monatsschrift für Brauwissenschaft. 7/8. p. 132~137. 1997.

116. Wackerbauer K, Tayama T, Fitzner M, Kunerth S. Brauwelt 3. p. 80~86. 1997.

117. Wackerbauer K. Brauwelt 32. p.1419~1421. 1987.

118. Wackerbauer K, Methner F.J. The microorganisms of Berliner Weisbier and influence on the beer flavour. EBC Microbiology Group Meeting. Wuppertal. June. p. 13~15. 1988.

119. Wang S. S, Brandriss M.C. Molec. Cell. Biochem, 7. p. 4431. 1987.

120. Weinfurtner F, Wullinger F, Piendle A. Brauwissenschaft 19. p. 390~395. 1966.

121. Weinfurthner F. Wullinger F. Piendle A. Brauwelt 106. p. 405. 1996.

122. Weinfurtner F. Neue Erkenntnisse über den Enzymbildungsmechanismus in Keimen der

Gerste. Brauwissenschaft 19, H10, p. 390-395. 1998.

123. Weith L. Brauwissenschaft 13. p. 214~218. 1960.

124. Wiame, J.M, Grenson M, Arst H.N. Adv. Microb. Physiology, 26. p. 1. 1985.

125. Windisch S. Systematik und allgemeine Biologie der Hefen. Eine Übersicht Monatsschrift für Brauwissenschaft 34. p. 160~169. 1981.

126. Zimmermann H. 23th international Braugerstenseminar der VLB. 1994.

127. Zürcher A. 36th Technologisches Seminar Weihenstephan (10).

색인

색인

ㄱ

가성 발효도(apparent attenuation degree)   159, 254, 389, 417, 420
가용성 성분   149
개미산(formic acid)   240, 325
거싱(gushing)   360~362, 361
거울상체(enantiomers)   198
검(gum)   123, 157
게라니올(geraniol)   198
경도(degree of hardness)   31, 61~62, 124~126, 125, 154, 294, 359
경수지(hard resin)   135, 135~137
경질밀(Triticum durum)   114
고급 알코올의 산화(oxidation of higher alcohols)   308, 353
고미(bitterness)   51, 58, 126, 132~139, 143, 145~146, 166, 173, 175~177, 181, 188~195, 189, 205~206, 244~246, 255, 269, 305, 330~334, 336~337, 339, 345~347, 349~351, 367, 387~391, 394, 403~406, 409~410, 418~420, 428, 433~434, 437~438, 464
고미가(bitterness units)   133, 137, 143, 166, 173, 181, 188~190, 189, 193~195, 330, 339, 350~351, 388~390, 406, 409~410, 412, 414, 418~419, 428, 433
고정산(fix acid)   239, 241, 255
골든 메론(golden melon)   34~35
과피(pericarp)   49, 50, 51, 66, 412
구연산회로(TCA cycle)   209, 225
구운 맥아(roasted malt)   106, 114, 116
귀리(oats)   117, 120, 164, 399
규산(silicate)   57, 276, 345
규산(silicic acid)   53, 276, 324, 345~347, 360, 366, 388, 391, 408, 410
규조토(kieselguhr)   192~193, 269, 275~283, 285, 305, 333~334, 344~348, 362, 364~366, 408, 411, 420, 435, 440, 453~455
그루트(grute)   25, 28
근적외선 스펙트로스코피(infrared reflection spectroscopy, NIR)   62
글로불린(globulin)   56, 79
글루코실(glucosyl amine)   179
글루코피라노오스(glucopyranose)   156
글루텔린(glutelin)   56
글리세롤(glycerol)   57, 77, 232~233, 248, 376, 380, 382
기공(vacuole)   216~217, 274, 281, 283, 360, 363, 393
긴 맥아(long malt)   73
껍질(husk)   43~45, 49~51, 53~54, 57~60, 61, 70~71, 91, 100~101, 114~117, 145~149, 158, 162, 166, 169, 327~328, 331, 356, 412

ㄴ

내부 보일러(internal boiler)   183~184, 186
너도밤나무(beechwood)   94, 113
네롤(nerol)   198
노나디에날(nonadienal)   77
노화(aging)   180, 198, 200, 268, 308, 310~311, 350~359, 407, 433, 440~442
녹맥아(green malt)   74, 78, 81, 83, 85, 87, 89~90, 94~97, 101, 110~112, 117
농담금(thicker mash)   153, 160, 164, 330
농색 맥아   68, 94, 101, 103~106, 110~111, 117~119, 123
니트로사민(nitrosodimethylamine = NDMA)   93~95

ㄷ

다배수체(polyploid) 221
단발아 맥아(short grown malts) 113
담금(mashing) 21, 43, 52, 70, 75~76, 80, 104~106, 111~113, 123, 145, 148~171, 160, 177~179, 187~188, 201~202, 244, 254, 327~328, 330~332, 338, 342~343, 357, 359~360, 364~366, 390~395, 409~410, 418~419, 423~424, 440, 445~449, 453~455, 463
담금 시작(mashing in) 159~162, 338, 409, 446~448
담색 맥아 68, 91~92, 94, 97, 101, 103~106, 108~110, 114, 118~119, 123
담색 맥주(pale beer) 31, 108, 118, 160, 163, 254, 328
당단백질(glycoprotein) 56
당화(saccharification) 21~23, 27, 29, 53~54, 57, 73, 105~106, 114, 116, 145, 150~152, 161, 166, 188, 342, 388, 390, 419, 424, 445~446, 453~455, 460
대수기(log phase) 219
동결보존(freeze drying) 248
동형 발효(homofermentative) 378~379
두줄보리(2條大麥, two-rowed barley) 44~46, 48
드라이 호핑(dry hopping) 193~196
등전점(isoelectric poin) 56, 255, 348, 360
디메틸 설파이드(dimethyl sulphide, DMS) 78, 333
디아세틸(diacetyl) 154, 158, 221, 236, 241~242, 244~245, 264~266, 268~269, 325, 332, 372, 376, 378~379, 405~406, 410, 413, 415, 420, 439, 442, 448~449
디아스타제(diastase) 74, 113
디아스타제 맥아(diastase malt) 113
DMS 전구체(DMS-Precursor) 78, 91~92, 109, 181, 446
디테르핀(diterpene) 140~141
디펩타이드(dipeptide) 57, 150
디펩티데이스(dipeptidase) 154

ㄹ

라우르산(lauric acid) 241
라이트 맥주(light beer) 112~113, 324~325, 334, 394~395
레덕톤류(reductones) 179~180
로이소알파산(Rhoiso-alpha acid) 139
루풀론(lupulone) 136
루풀린(lupulin) 135, 135~136, 143
리나룰(linalool) 195, 197~198, 331
리미나리비오스(liminaribiose) 156
리보솜(ribosome) 216
리보플리빈(rivoflavin) 138
리보핵산(ribonucleic acid) 216
리소솜(lysosome) 216
리포단백질(lipoprotein) 216
리폭시게네이스(lipoxygenase) 57, 77, 94, 157~158, 158, 178, 354

ㅁ

마분지 냄새(cardboard flavour) 158, 349, 356, 440
마이크로 브루어리(micro brewery) 459
말토트리오스 152, 159, 225~226, 323, 369, 390
맥아(malt) 20~21, 35~36, 43~48, 50, 53~56, 61~64, 83, 85~106, 108~126, 145~152, 168~171, 177~182, 202, 246, 254, 324, 327~332, 341~343, 362~366, 387~391, 405, 424~425, 433~434, 439, 445~448, 464,
맥아당(maltose) 20~21, 77, 150~152
맥아 맥주(malt beer) 111, 408, 411, 419~420
맥아 엑기스(malt extract) 116, 178, 337, 360, 388
맥주순수령 25~27, 123, 126, 140, 195
맥주 양조 효모(brewery culture yeast) 211
맥주 여과도(filterability) 364~365, 367
맥주 오염균(beer spoilage bacteria) 140, 369, 373, 375~376, 381, 383
맥주의 생물학적 안정성(biological stability) 305, 367
맥주이송(beer transfer) 257
맥주 주박(spent grains) 43, 55~57, 148, 159, 166~174
맥즙(wort) 17, 27, 45, 53~56, 75~76, 100, 103~107, 125~127, 137~143, 145~149, 151~154, 156~161, 166~175, 177~195, 200~206, 209~210, 225~227, 230~

234, 245, 247~249, 251~255, 258~261, 267~268, 285, 289, 328~329, 331~334, 337~338, 342, 346,, 357~360, 363~366, 370~371,382~384, 388~395, 401~407, 409~414, 417~420, 423~427, 434~435, 439~440, 445~446, 448~449, 453~455, 462, 464
맥즙 당도계(wort hydrometer) 200
맥즙 수율(brewhaus yield) 126, 145~148, 160, 171, 200~202, 446
맥즙 스트립핑(wort stripping) 186
맥즙 여과(lautering) 45, 53, 100, 104~105, 116, 126, 145~149, 152, 156~157, 166~171, 173~174, 188, 203, 328, 332, 338, 388, 412, 424, 445
맥즙 여과율(lautering rate) 166
맥즙 예비냉각(wort pre cooling) 186
맥즙 자비(wort boiling) 56, 126~127, 137~143, 175, 177~195, 202, 255, 328, 332, 338, 342, 348, 357, 360, 388, 391, 409~412, 414, 419, 424, 434, 439, 448
맥즙 자비조(wort kettle) 175, 182, 187
맥즙 한천(wort agar) 370, 371
메가스패라(Megasphaera) 379
메틸머캡탄(methyl mercaptan) 244, 376, 437
멜리비아제(melibiase) 400
멤브레인 필터(membrane filters) 105, 193, 277, 283~284
멸균 여과(sterile filtration) 408, 420
멸균 주입(sterile filling) 305, 348
모노테르핀(monoterpene) 135, 140~141, 200
무알코올 맥주(non alcoholic beer) 112~113, 188, 325, 380~381, 384, 387, 390, 394, 434
무포자 효모(asporogeneous yeast) 211
물리화학적 안정성(non-biological stability) 306, 387
미드(mead) 18, 27~28
미르센(myrcen) 189, 332
미토콘드리아(mitochondria) 209, 216, 225, 232
밀(wheat) 44, 114, 120, 466
밀맥아(wheat malt) 106, 114~116, 359, 403, 409~410, 412, 414, 417~418
밀맥주(Weizen bier) 114~116, 120, 259, 293, 324, 383, 399~402, 405, 408, 412~417, 433~434, 442, 466

ㅂ

바구미(weevil) 60, 102
박막(lamella) 74
반수체(haploid) 220
발아(germination) 17, 20~23, 43~44, 46, 49~51, 58~61, 63~64, 66~68, 70~92, 71, 103~104, 108~110, 112~113, 115, 117, 332, 337~338, 360, 447, 453~455
발아력(germinative energy) 63, 70, 75, 338
발아율(germinative capacity) 49, 61, 63, 75
발효도(attenuation degree) 123, 145, 152~153, 161, 246, 248, 253~255, 265~266, 337, 381, 388~391, 394~395, 407, 409~410, 412~415, 417~420, 445
발효 맥즙(pitching wort) 268
발효실 발효도(fermentation cellar yield) 254, 418
배(embryo) 49~50
배반(scutellum) 50
배양탱크(propagator) 247
배조(kilning) 71, 73, 76, 80, 85~90, 86, 93~97, 99~101, 104, 108~110, 117
배초(焙焦, curing) 89~97, 96, 108~117
베타 글루카네이스(β-glucanase) 74, 124
베타글루칸 51, 53~54, 74~76, 104, 107, 156, 156~157, 160~161, 170, 173, 216, 227, 327, 336, 338, 341, 343, 363~364, 366, 384, 412, 417, 445, 447
베타글루칸 겔(β-glucan gel) 54, 75, 156, 161, 363
베타글루칸 솔루비레이스(β-glucan-solubilase) 156
베타글루칸 혼탁(β-glucan haze) 227
베타산(β-acid) 133~134, 135, 136~137, 140, 192~193
β-아밀레이스 72~73, 94, 151~152, 164, 254
베타 캐리오필렌(β-caryophyllene) 197
β-한계덱스트린(β-limit dextrin) 151
벤토나이트(bentonite) 344~347, 360
보리(barley) 17~22, 25~27, 43~88, 71, 80, 82, 91~92, 101~104, 106, 108~110, 113~117, 164, 254, 327, 340~342, 359~363, 399, 401, 417~418, 447, 454, 462
보리의 경도(hardness) 62
보호 콜로이드(protective colloide) 153
분해대사(catabolism) 223, 236~237, 384

분해 효소(lyase) 20, 74~75, 77, 94, 154, 154~155, 157, 160, 213, 218, 235, 268, 338, 348
불포화 지방산의 광산화(photooxidation of unsaturated fatty acids) 353
불포화지방산의 효소적 분해(enzymatic degradation of unsaturated fatty acids) 354
브루 맥아(Brumalt) 110~111
비사카로마이세스속 야생 효모(Hansenula anomala) 214
비엔나 맥아(Vienna malt) 31, 110, 391, 395
비응집 효모(powdery yeast) 212~213, 216
비탄산염 경도(non carbonate hardness) 124

수수 맥아(sorghum malt) 117
수용성 엑기스(soluble extract) 174
순간 살균(flash pasteurization) 363, 413, 420
쉬트 필터(sheet filters) 277
스쿠알렌(squalene) 233
스크린 디스크 여과기(screen disc filter) 281
습식분쇄(wet milling) 453~455
승온 담금(infusion mashing) 148, 162, 365
시스 또는 트랜스형입체이성체(cis,trans-stereoisomers) 137
시트로네올(citronellol) 198
실리카겔(silica gel) 193, 269, 344~347
싱커 테스트(sinker test) 103
싹 맥아(chit malts) 113

ㅅ

사각형 발아기(rectangular germination units) 83
사면배지(slant agar) 248
사카로미세스 칼스버전시스(Saccharomyces carlsbergensis) 32
산성 맥아(acid malt) 112~113, 154, 388, 390~391, 395, 414
산화환원 효소(oxidoreductase) 218
3-데옥시오존(3-deoxyosone) 179
상피(epithelium) 50~51, 72
세대시간(generation time) 219
세스퀴테르핀(sesquiterpene) 135, 140~141, 200
세척제(cleaning agents) 290~291, 296, 304, 316~319
세포막분해 효소(cytase) 51
세포용해(cytolysis) 75, 149
세포 원형질(protoplasma) 216
셀로비오스(cellobiose) 156
셀룰로오스(cellulose) 52~54, 79, 136, 145, 164, 173, 275, 280, 283, 305
소독제(disinfecting agents) 219, 295, 300, 310, 315, 317~319, 332~333, 359, 435, 439
소포체(endoplasmic reticulum) 216
수분 감수성(water sensitivity) 63
수소화(hydrogenation) 139

ㅇ

아라비노오스(arabinose) 54, 323, 405, 412
아로마가(aroma value) 90, 160, 193~195, 197~198, 200, 331, 391, 427, 431~432, 434, 464
아로마 휠(aroma wheel) 431~432
아마도리 전위(amadori rearrangement) 179
아미노산이 펩타이드(peptide) 57
아미노펩티데이스(aminopeptidase) 154
아밀레이스(amylase) 47, 51, 72~74, 94, 106~107, 124~125, 151~153, 164, 218, 254, 388, 417, 424, 447
아밀로펙틴(amylopectin) 52~53, 150
안토시아니딘(anthocyanidins) 91
알데히드(aldehyde) 90~91, 141, 179, 230, 236~237, 240, 325, 329, 333, 351~357
알돌 축합반응(aldol condensation) 354
알로이소휴물론(alloisohumulon) 138
알로이소휴물론 수산화물(alloisohumulone hydroxide) 138
알로이소휴물론 하이드로과산화물(alloisohumulone hydroperoxide) 138
알부민(albumin) 56, 79, 217
알카날(alkanal) 64
알카놀(alkanol) 64
알트비어(Altbier) 399, 405, 409, 411

α-글루칸(α-glucans)　53, 150
알파-만난(α-mannan)　216
알파산(α-acid)　128, 130~131, 136~140, 175~176, 188~194, 255, 324, 350, 391, 409~410, 412, 419, 445, 448
α-아밀레이스　73, 94, 151~153, 164, 167, 424
알파털피네올(α-terpineol)　198
α-한계덱스트린(α-limit dextrine)　151
압력차(pressure difference)　166, 168, 170, 174, 278, 298, 305, 363, 365, 393
액화(liquefraction)　112, 150~152, 162, 165~166
야생 효모(wild yeast)　21~22, 92, 211, 212, 213~215, 333~334, 367~371, 375
에르고스테린(ergosterin)　206, 217, 238
S-메틸 메티오닌(S-methyl methionine, SMM)　91
에스터취(estery note)　239, 268, 434
HMF(hydroxymethyl furfural)　181
에일(Ale)　17~18, 27~29, 105, 112, 114, 120, 192, 194~195, 433, 442, 465~466
에틸머캡탄(ethyl mercaptan)　244, 333, 376, 437
에틸아세테이트(ethyl acetate)　214, 239, 373, 436
엑기스(extract)　45, 49, 55, 62~63, 80, 105~106, 115~117, 124, 143~147, 159~160, 172~175, 189~192, 210, 214, 251, 253~257, 262, 323~324, 344, 360~361, 363, 371, 388~389, 393~394, 417, 420, 427, 445
엑소펩티데이스(exopeptidase)　154
엔도펩티데이스(endopeptidase)　154
여과 보조제(filter aids)　193, 276~277, 305, 362, 366, 447
여섯줄보리(6條大麥, six-rowed barley)　44~47
역치(threshold)　33, 138, 190, 198, 238, 240~243, 331, 333~334, 352, 356, 416, 431, 436, 439, 442
연수지(soft resin)　135, 135~136, 331
연질밀(Triticum aestivum)　114
열교환기(plate cooler)　87, 183~184, 186~187, 205, 393
열 주입(hot filling)　305
영구 용해성 질소(permanently soluble nitrogen)　155
영구적 경도(permenant hardness)　124
영구 혼탁(permanent haze)　341~342
영비어(young beer)　222, 246, 253~254, 256~257, 261, 328, 338, 363, 366, 405~407, 412~414, 425, 439
영양 맥주(nutrient beers)　112, 325, 389~390, 408
올리고 펩타이드(oligopeptide)　57
외부 보일러(external boiler)　183
용적중(hectolitre mass)　61~62, 103
용해(modification)　51, 56, 63~64, 70, 74~81, 89~91, 103~106, 110~111, 137, 143, 145, 148~150, 155~157, 161~162, 164, 170~171, 174~175, 177, 180, 206, 238~239, 301~302, 327~328, 330, 332, 337~338, 346~347, 359, 363~364, 384, 413, 424~425, 445~448
용해성 질소(soluble nitrogen)　105, 115, 155
원맥즙(original wort)　30, 251, 323, 347, 388~391, 427
원뿔원통형 숙성조(cylindroconical maturation tank)　258
원추원뿔형 발효조(cylindro-conical tanks, CCT)　193
원통원뿔형 발효조(cylindroconical fermentation tank)　258~259
원형 상자형(circular boxes)　84
월풀　43, 177, 181~182, 186, 191~193, 195, 201~205, 357, 392, 409, 424, 439, 445~446
위젯(widget)　293
유근(rootlet)　50, 70~71, 71, 73, 77~78, 90, 99~101, 108, 110~111, 113, 117
유도기(latent phase)　219
유동파라핀(oil paraffin)　248
유리 아미노산 질소(free amino nitrogen, FAN)　55
유리 휘발성 DMS(free volatile DMS)　78
유아초(acrospire)　44, 50, 70~72, 71, 77, 97, 103, 108, 110~111
응고성 단백질　54, 177, 185, 187, 191, 267, 412
응집성 질소(coagulable nitrogen)　154, 155, 173, 323, 338, 345, 389, 420
응집 효모(flocculent yeast)　212~213, 216
2단 담금(two mash process)　148
이배체(diploid)　219~221
이성화된 펠렛 형태(iso-pellets)　191
이성화된 홉 엑기스(isomerizes hop extracts)　190
이성화 효소(isomerase)　218
이소아밀아세테이트(isoamyl acetate)　239, 436, 442

이소아밀알코올(isoamyl alcohol) 238
EMP 경로(Embden-Meyerhof pathway) 224
인디아 페일에일(India pale ale) 28, 466
인버테이스(invertase) 218, 226
일광취(lightstruck flavor) 138~139, 191, 244, 292, 333, 349, 435, 440, 442, 445, 448
일시적 경도(temporary hardness) 31, 124
1차 맥즙(first wort) 157, 160, 167~172, 178, 188, 328, 388, 424
입자루(bracts) 135~136

젤라틴화(gelatination) 89, 97
종속영양생물(heterotrophic) 211
종실(kernel) 44~46, 49~50, 70~72
종피(testa) 49, 50, 51, 66, 71, 412
중탄산염(bicarbonate) 31, 124
지베렐린(gibberellin) 51, 70, 72, 79~80
지질 56~57, 149, 232, 337~338
진공증발(vacuum evaporation) 186
진성 발효도(real attenuation degree) 254, 389

ㅈ

자가분해(autolyse) 221, 241, 244, 253, 264, 266, 269, 333, 367, 401, 415, 434~435, 440, 446, 449
자비 시 고형물(hot break) 191
자웅이주(heterothalic) 220
자일로스(xylose) 54, 383
잔토휴몰(xanthohumol) 135, 143, 192
장내 세균(Enterobacteriaceae) 381
저온 살균(pasteurization) 269, 293, 302, 305~310, 333, 348, 357, 360, 389~390, 408, 420
적 아토시아니딘(red anthocyanidins) 91
전단력(shear forces) 161, 178, 183, 202~203, 363, 435, 445
전발효 251
전분 17, 20, 45, 49~53, 55, 58, 60, 62~63, 70, 72~74, 76~77, 79, 89, 103, 123~125, 145, 150~152, 151, 160, 167, 169, 188, 214~215, 268, 342, 369, 371, 382, 424
전분 과립(amyloplasts) 52
전이반응(transamination) 228, 230
전이 효소(transferase) 218
접합포자(diploid zygote) 220
정상 맥즙(normal gravity) 423
정지기(stationary phase) 219
제근 99~101, 453~455
제맥 손실(malting loss) 101
제맥 수율(malting yield) 101

ㅊ

천립중(1,000 kernel weight) 61~62, 62, 103
초기 건조(initial drying) 89, 91~92, 94~96, 96, 115, 117
초산(acetic acid) 57, 214, 239~241, 316, 334, 371, 376, 379~380, 382, 393, 418~419, 435~436, 440, 442
총경도(total hardness) 124~125
총 수용성 질소(total soluble nitrogen) 154
총질소 54, 105, 115, 173, 177, 336~337, 342, 344~347, 365, 389, 403, 410, 420, 427
최종 맥즙(last wort) 160, 175, 177, 311
최종 발효도(final attenuation) 126, 145, 153, 255, 388, 395, 403, 407, 445
추출성 엑기스(extractable extract) 174~175
출아법(budding) 218
출아연결(chain of budded cells) 212~213
출아흔적(bud scar) 219
침지(steeping) 47, 49, 60, 62~64, 66~71, 74, 78, 81~83, 85~88, 86, 91, 97, 101, 103, 108, 110, 112~113, 115, 117, 147~148, 291, 294~295, 360
침지도 67~68, 70, 78, 97, 110

ㅋ

카라레드(Carared) 112
카라뮌헨(Caramünch) 112
카라아로마(Caraaroma) 112

카라엠버(Caraamber) 112
카라필스(Carapils) 112
카라힐(Carahell) 112
카르복시펩티데이스(carboxypeptidase) 154
카르복실산(carboxylic acid) 135, 141~142
카보닐의 산화적 분해(oxidative degradation of carbonyl) 355
카프론산(caproic acid) 241, 337, 380, 437
카프린산(capric acid) 241, 337
카프릴산(caprylic acid) 241, 436
캐러멜 맥아(caramel malt) 108, 111~112, 116, 328 ~329, 334, 338, 390~391, 395, 409, 414, 419, 434
컬러레드 맥아(colour red malts) 114
케그(keg) 142, 273, 289~291, 302, 305, 325, 406, 410, 415, 462
코루풀론(colupulon) 133
코휴물론(cohumulon) 133, 137, 176, 191
콘그레스 담금법(congress mashing) 104, 175
콘그레스 맥즙(congress wort) 91, 105
콜바흐 지수(Kolbach index) 76, 106, 417
쾰쉬(Koelsch) 114, 399
쿠말린(comalin) 70
크랩트리 효과(crabtree effect) 210

ㅌ

탁한 맥즙(cloudy wort) 169
탄닌(tannins) 53, 58, 70, 114, 126, 142, 145~146, 158, 177, 255, 273, 323~324, 330~331, 333, 336, 340, 342, 345, 348, 403, 417, 433, 436, 446
탄산염 경도(carbonate hardness) 124
탄산화(carbonation) 285, 391, 448
탈아미노(deamination) 230, 237, 241
탈카르복실(decarboxylation) 230, 237
테트라하이드로 알파산(tetrahydro-iso-alpha acid) 139
통성혐기성(facultative anaerobes) 211, 226
퇴화(degeneration) 44, 268

투과 효소(permease) 226~227
트랜스-2-노네날(tran-2-nonenal) 157
트레할로스(trehalose) 217, 227, 371
트리사이클로휴몰(tricyclohumol) 137
특수 맥아(special malts) 108, 123, 162
TBA값(thiobarbituric acid amount) 91~93, 106~ 107, 181, 185~186, 448
TTC(tetrazolium-tetrachloride) 63

ㅍ

파쇄성(friability) 76
파스퇴르 단위(pasteurization unit) 307
파스퇴르 효과(pasteur effect) 209~210
파우더 필터(powder filters) 277~278
펄라이트(perlite) 275~278
펍 브루어리(pub brewery) 459, 463~464
페놀 화합물(phenolic compounds) 143
페디오코커스 담노수스(Pediococcus damnosus) 378
펙티나투스(Pectinatus) 379~381, 440
펜탄디온-2,3(pentandion-2,3) 242
펜토산(pentosan) 51, 53~54, 116, 405, 412
포르몰 질소(formol nitrogen) 106, 155
포엽(strig) 135
포자 효모(sporogeneous yeast) 211
포터(porter) 28~29, 112, 114, 120
폴리페놀 플라반-3-ol(polyphenol flavan-3-ol) 340
폴리 펩타이드(polypeptide) 57
표피(epidermis) 51
푸르푸랄(furfural) 179~181, 394
푸사리움(fusarium) 59
퓨젤유(fusel oil) 236, 442
프럭토실아민(fructosyl amine) 179
프레닐플라보노이드(prenylflavonoids) 142, 143
프로안토시아니딘(proanthocyanidins) 91
프로테아제(protease) 154, 407
프롤라민(prolamin) 56
프롤린(prolin) 156, 340, 354

플라반디올(flavandiols) 143
플라보놀(flavonols) 135, 142, 142~143
플라보놀 글리코사이드(flavonol glycisides) 142
플라본 3-올(flavon 3-ols) 142
플라토(% plato) 251
플레이트 앤드 프레임 필터(plate and frame filters) 277, 280
피루브산(pyruvate) 209, 224~225, 229, 232, 240~242, 324, 380
PET(polyethylene terephthalate) 138, 273, 302
필수 오일(essential oil, 정유) 135~136
필터 프레스(filter press) 148, 170~171, 269, 277~278, 359

ㅎ

하맥 70, 86
하면 효모(bottom fermenting yeast, Saccharomyces carlsbergensis) 193, 212
하이그래비티 공법(high gravity brewing) 227, 427
한계 덱스트린 효소(limit dextrinase) 151
한계 발효도(attenuation limit) 123, 152~153, 173, 254~255, 265, 390, 409~410, 412~414, 417~418, 420
한냉 혼탁(chill haze) 341~342
할러타우(Hallertau) 128, 131
합성대사(anabolism) 220, 223, 236~237
합성 효소(ligase) 218
해당작용(glycolysis) 209
헤미셀룰로오스(hemicellulose) 52~53, 74, 79, 160, 360
헤테로고리형(heterocyclic ring) 180
헥산알(hexanal) 157, 158, 181
혈구계산기(haematometer) 249~250
호분층(aleurone layer) 50~51, 55~58, 72
호화(gelatination) 124, 150~151, 162, 165~166
호흡기작(respiratory chains) 209
홉(hop) 22, 25~28, 30~35, 43, 126~145, 175~177, 187~200, 246, 255, 267, 324, 326~334, 340~342, 359~361, 367, 371, 379~380, 383~385, 387~388, 390~392, 409~412, 433, 440~442, 445~446, 448, 462,
홉 넝쿨(hop bines) 132
홉방울(hop cone) 130~133, 135, 135~136, 143
홉 수지(hop resin) 136, 273
홉의 이성화율(isomerization rate) 190
화학발광(chemiluminescence) 308~309, 351
환삼덩굴속(Humulus) 127
활성 아밀알코올(active amylalcohol) 238
효모 맥주(yeast beer) 269
효모 배양(yeast propagation) 210, 225, 246~249, 248, 366, 401, 425, 446, 448~449, 453~455
효모 순수 배양(yeast pure culture) 246
효모 응집(yeast flocculation) 125, 222, 235, 246, 253, 401
효모 투입(pitching) 251, 253, 264, 268, 446~447
효모 함유 밀맥주(Hefeweizen bier) 413
효소역가(diastic power) 47, 74, 107
후발효 152, 241, 251, 301, 332, 390, 399, 406, 410, 420
후수(sparging water) 100, 145~146, 160, 167, 170~171, 395, 447
훈연 맥아(smoked malt) 113, 118
휘발산(volatile acid) 239~241, 255
휴물론(humulone) 136~137, 177, 384
휴물린산(humulinic acid) 138
흡입 효과(suction effect) 169

저자 소개

정철
- 학력 : 독일 베를린공대 생물공학과 박사(양조학 전공)
- 경력 : 서울벤처대학원대학교 융합산업학과(양조학)
  롯데 중앙연구소 선임연구원(주류부문)
  한국식품과학회 양조분과위원장
  식품의약품안전처 주류위생안전 자문위원

박천석
- 학력 : University of California, Davis Ph.D.
- 경력 : 경희대학교 식품생명공학과 교수
  한국식품과학회 편집, 사업 및 학술 간사

여수환
- 학력 : 오사카대학 대학원 공학박사(발효공학 전공)
- 경력 : 농촌진흥청 국립농업과학원 농식품자원부 발효식품과학과
  오사카 대학 연구원
  한국생명공학연구원 연구원

조호철
- 학력 : 서울벤처대학원대학교 발효식품과학과 박사
- 경력 : 국세청주류면허지원센터
  우리술 빚기, 나만의 맥주만들기,
  100가지 술 담그기 등 저술

노봉수
- 학력 : University of California, Davis 식품공학 박사
- 경력 : 서울여자대학교 식품공학과 교수
  동서식품 (주) 기술연구소 연구원
  한국식품과학회 편집위원장
  (FoodScience and Biotechnology)

맥주개론

초판 인쇄 2016년 10월 21일
초판 발행 2016년 10월 26일
저자 정철, 박천석, 여수환, 조호철, 노봉수
발행인 김갑용
발행처 진한엠앤비
주소 서울시 서대문구 독립문로 14길 66 205호
　　　(냉천동 260, 동부센트레빌아파트상가동)
전화 02) 364 - 8491(대) / 팩스 02) 319 - 3537
홈페이지주소 http://www.jinhanbook.co.kr
등록번호 제25100-2016-000019호 (등록일자 : 1993년 05월 25일)

ISBN 979-11-7009-882-9 (93590)　　　[정가 30,000원]

☞ 이 책에 담긴 내용의 무단 전재 및 복제 행위를 금합니다.
☞ 잘못 만들어진 책자는 구입처에서 교환해드립니다.
☞ 본 도서 자료는 농림축산식품부에서 제공하여 주었습니다.
☞ 본 도서는 [공공데이터 제공 및 이용 활성화에 관한 법률]을 근거로
   출판되었습니다.